भारत
की
भाषा-समस्या

भारत
की
भाषा-समस्या

रामविलास शर्मा

राजकमल प्रकाशन

ISBN : 978-81-267-0570-2

मूल्य : ₹995

राजकमल प्रकाशन से पहली बार संशोधित
एवं परिवर्द्धित दूसरा संस्करण : 1978
सातवाँ संस्करण : 2017
This book is printed on **Print on Demand** Technology : 2026

प्रकाशक : राजकमल प्रकाशन प्रा. लि.
1-बी, नेताजी सुभाष मार्ग, दरियागंज
नई दिल्ली-110 002

शाखाएँ : अशोक राजपथ, साइंस कॉलेज के सामने, पटना-800 006
पहली मंज़िल, दरबारी बिल्डिंग, महात्मा गांधी मार्ग, प्रयागराज-211 001
1, अनमोल सोराबजी सन्तुक लेन, धोबी तलाव, मरीन लाइंस, मुम्बई-400 002

वेबसाइट : www.rajkamalprakashan.com
ई-मेल : info@rajkamalprakashan.com

BHARAT KI BHASHA-SAMASYA
by Dr. Ram Bilas Sharma

प्रथम संस्करण की भूमिका

भाषा की समस्या मूलतः जातीय समस्या का ही एक अंग है। इस देश में अनेक भाषाएँ बोलनेवाली जातियाँ रहती हैं। इनसे मिलकर भारत राष्ट्र बना है। इस राष्ट्र में जातियों की सम्पर्क-भाषा क्या हो, एक ही सम्पर्क-भाषा हो या अनेक हों—यह समस्या का एक पक्ष है। कुछ लोग इस देश को उपमहाद्वीप कहते हैं; उनका मत है कि राष्ट्रीयता का भाव अंग्रेज़ों का विरोध करने से पैदा हुआ; वास्तव में यह देश राष्ट्र नहीं है क्योंकि यहाँ एक भाषा के बदले अनेक भाषाएँ बोली जाती हैं। इस तरह राष्ट्रभाषा की समस्या का विवेचन करते हुए राष्ट्र की व्याख्या करना आवश्यक हो जाता है, विशेष कर भारतीय राष्ट्रीयता के ऐतिहासिक विकास पर कुछ कहना आवश्यक हो जाता है। राष्ट्रभाषा की समस्या विशुद्ध भाषाविज्ञान की समस्या न होकर बहुजातीय राष्ट्र के गठन और विकास की ऐतिहासिक-राजनीतिक समस्या बन जाती है।

भारत की जातियों में हिन्दी-भाषी जाति संख्या की दृष्टि से सबसे बड़ी है। कुछ लोग इस जाति के अस्तित्व से ही इनकार करते हैं। वे कहते हैं कि उत्तर भारत के पुराने जनपदों में रहनेवाले लोग स्वतंत्र जातियाँ हैं; बुन्देलखंडी, अवधी, ब्रजभाषा आदि हिन्दी की बोलियाँ नहीं हैं, वे हिन्दी से स्वतंत्र भाषाएँ हैं। हिन्दी क्षेत्र में भाषा और बोलियों की यह समस्या हिन्दी-भाषी जाति के विकास की समस्या बन जाती है। इस विकास को समझे बिना भाषा और बोली के प्रश्नों का उत्तर नहीं दिया जा सकता। भाषा-समस्या का यह दूसरा पक्ष है।

इसी हिन्दी प्रदेश में बोलचाल की भाषा के आधार पर साहित्यिक भाषा के दो रूप—हिन्दी और उर्दू—विकसित हुए। उर्दू मुसलमानों की भाषा है या हिन्दुओं और मुसलमानों के मिलने से बनी? भारत में जो मुसलमान आए? वे एक क़ौम के थे या कई क़ौमों के? उनकी एक भाषा थी या वे कई भाषाएँ बोलते थे? क्या हिन्दी का विकास हिन्दू राष्ट्रवाद के अभ्युत्थान के कारण हुआ? क्या मुसलमानों की अलग क़ौम है? उर्दू को क्षेत्रीय भाषा बनाया जाए या नहीं?—ये सभी प्रश्न हिन्दी-भाषी जाति के सामाजिक और सांस्कृतिक विकास के साथ जुड़े हुए हैं। भाषा-समस्या का यह तीसरा पक्ष हुआ।

भारतीय जनता के सामाजिक और सांस्कृतिक विकास के लिए यह आवश्यक है कि हम अपने बहुजातीय राष्ट्र की विशेषताएँ पहचानें; इस राष्ट्र में हिन्दी-भाषी जाति की भूमिका पहचानें। इस दृष्टि से भारत की भाषा-समस्या का व्यापक महत्त्व है, इसमें किसी को सन्देह न होना चाहिए।

इस पुस्तक में पिछले तीस वर्षों में भाषा-समस्या पर लिखे हुए मेरे अधिकांश निबन्धों का संग्रह है। इससे पाठक देख सकेंगे कि इस अवधि में भाषा-समस्या के कौन से पक्ष, किस समय एक हिन्दी लेखक के मन को आन्दोलित करते रहे। इन वर्षों में मेरे विचार बदले हैं। लेखों में समस्या के विभिन्न पक्षों पर, अलग-अलग समय पर कम-ज़्यादा ज़ोर दिया गया है किन्तु मेरी तीन बुनियादी मान्यताओं में कोई अन्तर नहीं आया। पहली यह कि अंग्रेज़ी भारत की सभी भाषाओं पर साम्राज्यवादियों द्वारा लादी हुई भाषा है और उसका प्रभुत्व जल्दी-से-जल्दी खत्म करना चाहिए। दूसरी यह कि हिन्दी और उर्दू मूलत: एक ही भाषा हैं और आगे चलकर दोनों घुल-मिलकर एक होंगी, बोलचाल की भाषा के आधार पर एक ही साहित्यिक भाषा का विकास होगा। तीसरी यह कि बुन्देलखंडी, ब्रज, अवधी आदि हिन्दी की बोलियाँ हैं, स्वतंत्र भाषाएँ नहीं हैं।

भारत की बहुजातीय राष्ट्रीयता के बारे में, हिन्दी-भाषी जाति के विकास के बारे में, हिन्दी-उर्दू की बुनियादी एकता और हिन्दी की जनपदीय बोलियों के परस्पर सम्बन्ध के बारे में मेरी मान्यताओं में कोई परिवर्तन नहीं हुआ।

भारतीय संविधान के अनुसार सन् '65 में केन्द्र के राजकीय काम-काज में अंग्रेज़ी का व्यवहार समाप्त हो जाना चाहिए था। स्वभावत: इस वर्ष मैंने जो लेख लिखे हैं, उनका सम्बन्ध अंग्रेज़ी-हिन्दी अथवा अंग्रेज़ी बनाम भारतीय भाषाओं वाले विषाद से अधिक है। मेरे कुछ मित्रों ने मुझे याद दिलाया है कि सन् '49 में मैं अनिवार्य राजभाषा का विरोधी था; अब हिन्दी को राष्ट्रभाषा बनवाने के लिए अन्ध राष्ट्रवादियों की तरह दूसरों पर ज़ोर-ज़बर्दस्ती से हिन्दी लादने का आन्दोलन कर रहा हूँ।

इन मित्रों की सेवा में निवेदन है कि जैसे मैं अनिवार्य राजभाषा का विरोधी सन् '49 में था, वैसे ही आज भी हूँ। मैं किसी भी भाषा पर हिन्दी लादने का विरोध करता हूँ। मैं हिन्दी को सम्पर्क-भाषा बनाने के पक्ष हूँ, दूसरी भाषाओं के क्षेत्र में राजकीय और शिक्षा-सम्बन्धी कार्यों में हिन्दी के व्यवहार के पक्ष में नहीं हूँ। सम्पर्क-भाषा को भी कुछ लोग हिन्दी का लादा जाना समझते हैं। मैं किसी भी प्रदेश की इच्छा के विरुद्ध उसके लिए हिन्दी को सम्पर्क भाषा बनाने का भी समर्थन नहीं करता। लेकिन मैं यह भी कहता हूँ, अंग्रेज़ी-प्रेमियों को हिन्दी-भाषी प्रदेशों पर अंग्रेज़ी लादने का कोई अधिकार नहीं है। अहिन्दी-भाषी प्रदेशों के नेता नहीं चाहते कि केन्द्र में अंग्रेज़ी की जगह हिन्दी का चलन हो, उनकी इच्छा। वे केन्द्र में हिन्दी

के अलावा अन्य भाषापों का चलन कर सकते हैं। इसमें उन्हें अराजकता दिखाई देती हो तो अंग्रेज़ी ही चलाएँ लेकिन वे हिन्दी-भाषियों को बाध्य नहीं कर सकते कि लोक सभा, राज्य सभा तथा केन्द्रीय राजकाज में वे भी अंग्रेज़ी का व्यवहार करें।

हिन्दी-भाषी जाति भारत की सबसे बड़ी जाति है। वह केन्द्र में अपने प्रतिनिधियों को हिन्दी लिखने-बोलने के लिए बाध्य करके अंग्रेज़ी का प्रभुत्व खत्म कर सकती है। 14 मार्च, सन् '65 के 'धर्मयुग' में इस आशय का मुझाव देखकर कम्युनिस्ट नेता श्री योगीन्द्र शर्मा ने लिखा था कि यह गृहयुद्ध की ललकार है।

मई, सन् '58 के 'समालोचक' में मैंने लिखा था : "यदि हिन्दी-भाषी जनता संगठित हो, यदि वह अपने प्रदेश में हिन्दी को पूर्ण रूप से राजकाज की भाषा बनाए तो यह असम्भव है कि यह विशाल प्रदेश और बहुसंख्यक जनता सारे देश को अपने साथ खींचकर न ले चल सके।"

6 जनवरी, सन् '63 के 'धर्मयुग' में मैंने लिखा था : "यदि समस्त हिन्दी-भाषी प्रदेश में शिक्षा-संस्थाओं, न्यायालयों, राजकीय कार्यों में हर स्तर पर हिन्दी का व्यवहार होने लगे, यदि विधान-परिषदों के सदस्य प्रतिज्ञा करें कि वे अपना सार्वजनिक कार्य हिन्दी में ही करेंगे, यदि लोक सभा के सदस्य तय कर लें कि वे राजभाषा के रूप में हिन्दी का ही व्यवहार करेंगे, तो क्या इसमें किसी को सन्देह हो सकता है कि समूचे राष्ट्र का वातावरण बदल जाएगा और हिन्दी को राष्ट्रभाषा बनाते ज़रा भी देर न लगेगी?"

योगीन्द्र शर्मा जी नोट कर लें, जिसे वह गृहयुद्ध की ललकार कहते हैं, वह बात काफ़ी पुरानी है।

इस संग्रह में काफ़ी लेख ऐसे हैं जो कम्युनिस्ट पार्टी के सदस्यों और मार्क्सवादी लेखकों में आपसी बहस के लिए लिखे गए थे। सन् '49 में जो लेख 'कम्युनिस्ट' पत्रिका में छपा था, उसके ऊपर लिखा था : 'बहस के लिए लेख'। सितम्बर, '64 के 'न्यू एज' (मासिक) में हिन्दी और राष्ट्रीय एकता पर मेरा जो लेख छपा था, उस पर भी लिखा था : 'बहस के लिए लेख'। यह बताना इसलिए आवश्यक है कि पाठकों को यह भ्रम न हो कि मैंने अपने लेखों में जो बातें कही हैं, वे कम्युनिस्ट पार्टी की स्वीकृत मान्यताएँ हैं।

यद्यपि मैंने हिन्दी-उर्दू समस्या तथा हिन्दी क्षेत्र में भाषा और बोलियों के प्रश्न पर अनेक बार और काफ़ी विस्तार से लिखा है, किन्तु मेरी स्थापनाओं का विरोध करनेवालों ने कहीं भी मेरे तर्कों का खंडन नहीं किया। इसके बदले वे मुँहज़बानी मेरे बारे में अफवाहें फैलाते रहे हैं। इधर जब से अंग्रेज़ी को लेकर संघर्ष तेज़ हुआ है, वे उन अफवाहों को छापे के हरूफ़ों में प्रकाशित भी करने लगे हैं। इन मित्रों से निवेदन है कि फतवे देने से भाषा-समस्या का समाधान नहीं हो सकता। तर्क का उत्तर तर्क से ही दीजिए।

भाषा-समस्या का घनिष्ठ सम्बन्ध राष्ट्रीय एकता से है, यह बात किसी से छिपी नहीं है। जिस राष्ट्र में जितनी ही आन्तरिक दृढ़ता होगी, उतना ही वह हर तरह का तनाव और बोझ सह लेने की स्थिति में होगा। जिस देश की फ़ौज और जनता में दृढ़ भाईचारा होता है, जिस फ़ौज में नायकों और सैनिकों के बीच दृढ़ भाईचारा होता है, जिस देश की राज्यसत्ता के पीछे संगठित जनता की शक्ति होती है, वह देश अपराजेय होता है। भाषा-समस्या का सही समाधान राष्ट्रीय एकता को दृढ़ करके उसे अजेय बना सकता है; भाषा-समस्या का ग़लत समाधान लोगों में असन्तोष पैदा करके राष्ट्रीय एकता को कमज़ोर कर सकता है। इस तरह का असन्तोष हर अवस्था में विघटनकारी होता है; दीर्घकालीन युद्ध की परिस्थितियों में वह विशेष रूप से खतरनाक साबित हो सकता है। हमारी राष्ट्रीय एकता हर परिस्थिति में हर तरह का तनाव बर्दाश्त करके अटूट बनी रहे, हमें यही प्रयत्न करना चाहिए।

इस संग्रह के कुछ लेख अंग्रेज़ी में प्रकाशित हुए थे; उनका यहाँ अनुवाद दिया गया है। 'भाषा और साहित्य में पाकिस्तान' लखनऊ की एक बंगला पत्रिका में प्रकाशित हुआ था; उसका भी अनुवाद दिया गया है। अधिकांश लेख हिन्दी पत्र-पत्रिकाओं में प्रकाशित हो चुके हैं और यहाँ पहली बार संकलित किये गए हैं। कुछ लेख मेरे अन्य निबन्ध-संग्रहों में आ चुके हैं। अन्तिम तीन लेख इस संग्रह में पहली बार प्रकाशित हो रहे हैं। कुछ लेखों के अनावश्यक अंश काट दिये गए हैं, किन्तु उनकी कोई मुख्य स्थापना न बदले, मेरी दृष्टि में आज वह सही हो या ग़लत, इसका मैंने ध्यान रखा है। सन् '49 वाले निबन्ध में मैंने अनिवार्य केन्द्रीय राजभाषा का विरोध किया था और कहा था कि हिन्दी को केन्द्रीय राजभाषा बनाने से बड़े पूँजीपतियों को लाभ होगा। यह स्थापना उस निबन्ध में रहने दी है, यद्यपि बड़े पूँजीपतियों की भूमिका और केन्द्रीय राजभाषा के बारे में मेरे विचार वही नहीं हैं। मैं केन्द्रीय राजभाषा को अनिवार्य बना देने, यानी दूसरों की इच्छा के विरुद्ध उन पर लादने का विरोधी हूँ किन्तु इस बात को आवश्यक और वांछनीय समझता हूँ कि भारत के विभिन्न दल हिन्दी को केन्द्रीय राजभाषा बनाने के लिए प्रयत्न करें; इन दलों के नेता ही जनमत के प्रतिनिधि बनते हैं, वे अपनी पार्टियों के केन्द्रीय दफ्तरों से अंग्रेज़ी निकालें तो उन्हें अखिल भारतीय सम्पर्क के लिए पहले अपनी पार्टी में, फिर शासन-व्यवस्था में हिन्दी के व्यवहार की उपयोगिता दिखाई देने लगे।

भारत की राजनीतिक पार्टियों में मेरा सम्बन्ध कम्युनिस्ट पार्टी से रहा है। मैंने यह आवश्यक समझा कि खुद कम्युनिस्ट पार्टी के अन्दर अंग्रेज़ी का व्यवहार खत्म करने के लिए आन्दोलन किया जाए। इस आशय से कुछ बातें मैंने सितम्बर, सन् '64 की 'न्यू एज' पत्रिका में लिखी थीं। यह पत्रिका भारतीय कम्युनिस्ट पार्टी का

मुखपत्र है। 'भाषा की समस्या—अति आवश्यक' और 'भाषा की समस्या और राष्ट्रीय विघटन' लेख 'जनशक्ति' में प्रकाशित हुए। 'जनशक्ति' भारतीय कम्युनिस्ट पार्टी की बिहार शाखा का मुखपत्र है। इसमें श्री योगीन्द्र शर्मा ने मेरी मान्यताओं का खंडन करते हुए दो लेख लिखे। 'भाषा की समस्या और मज़दूर वर्ग' तथा 'भारत की राजभाषा अंग्रेज़ी और राष्ट्रीय जनतांत्रिक मोर्चा' उनके लेखों के प्रत्युत्तर हैं। ये भी 'जनशक्ति' में प्रकाशित हुए थे।

मैं 'जनशक्ति' के सम्पादकों का कृतज्ञ हूँ कि उन्होंने कम्युनिस्ट पार्टी के एक अखिल भारतीय नेता के विरुद्ध मेरे तीव्र खंडनात्मक लेख छापे।

मेरे अनेक भाषा-सम्बन्धी लेख 'धर्मयुग' में प्रकाशित हुए हैं जिससे मेरी बात हज़ारों ऐसे पाठकों तक पहुँची है जो मेरी पुस्तकों और लेखों से एकदम अपरिचित थे। इसके लिए मैं 'धर्मयुग' के सम्पादकों का कृतज्ञ हूँ। 'धर्मयुग' ने अंग्रेज़ी-विरोधी आन्दोलन में सक्रिय भाग लेकर सराहनीय कार्य किया है। उसका बीटनिक-प्रेम थोड़ा कम हो जाए तो वह हिन्दी भाषा और साहित्य की और भी सेवा करे।

5 अक्टूबर, '65

—रामविलास शर्मा

दूसरे संस्करण की भूमिका

1965 में 'राष्ट्रभाषा की समस्या' नाम से मेरी एक पुस्तक छपी थी। बहुत दिन से यह अप्राप्य है। उसी का दूसरा संस्करण 'भारत की भाषा-समस्या' नाम से अब प्रकाशित हो रहा है। पुस्तक में भाषा-समस्या के अनेक पक्ष हैं। राष्ट्रभाषा की समस्या वाला पक्ष उनमें से एक है। पुस्तक का पुराना नाम प्रकाशक का दिया हुआ था। उसे बदलना मैंने ज़रूरी समझा।

भारत में विभिन्न भाषाएँ बोलनेवाले आपस में सम्पर्क के लिए किसी एक भाषा का व्यवहार करें, यह समस्या का एक पक्ष है। हिन्दी-भाषी प्रदेश में हिन्दी और उर्दू दो भाषाओं के रूप में स्वीकृत न की जाएँ, हिन्दी प्रदेश की एक ही जातीय भाषा स्वीकार की जाए; विभिन्न जनपदों की उपभाषाएँ जातीय भाषा हिन्दी की तुलना में गौण स्थान पाएँगी, यह भाषा-समस्या का दूसरा पक्ष है। सारे देश के लिए हिन्दी को ही सम्पर्क-भाषा बनाने की बात होती है और यही हमारी—हिन्दी प्रदेशवासियों की—जातीय भाषा भी है, इसलिए समस्या के ये दोनों पक्ष एक दूसरे से जुड़े हुए हैं। इन्हीं दो पक्षों पर इस पुस्तक के अधिकांश निबन्ध लिखे गए हैं। इन दो पक्षों के अलावा तीसरा पक्ष उन भाषाओं का है जिन्हें जातीय भाषाओं के रूप में मान्यता प्राप्त नहीं हुई अथवा जो राजनीतिक और सांस्कृतिक कार्यों के लिए व्यवहार में नहीं आतीं। भारत में चार मुख्य भाषा-परिवार हैं : आर्य, द्रविड़, कोल और नाग। सभी परिवारों में कुछ भाषाएँ ऐसी हैं जिन्हें अपना उपयुक्त स्थान नहीं मिला। आर्य भाषा-परिवार में ऐसी भाषाओं की संख्या कम है। इससे अधिक संख्या द्रविड़ भाषाओं की है और इनमें से अधिकांश द्रविड़ भाषाएँ ऐसी हैं जो अन्य द्रविड़ भाषा-क्षेत्रों से ही घिरी हुई हैं। ऊपर से देखने में लगता है कि विंध्याचल के दक्षिण में चार मुख्य द्रविड़ भाषाएँ हैं : तमिल, मलयालम, तेलगू और कन्नड़। प्रचार यह किया जाता है कि आर्यों ने उत्तर भारत जीतकर द्रविड़ों को दक्षिण भारत में ठेल दिया; द्रविड़ भाषाओं के क्षेत्र में इन भाषाओं की कोई अपनी समस्या नहीं है। किन्तु अधिकांश पिछड़ी हुई जातियों और कबीलों की द्रविड़ भाषाएँ आर्य भाषा-क्षेत्रों में नहीं हैं, वे द्रविड़ भाषा-क्षेत्रों में हैं। दक्षिण भारत

के चार द्रविड़ भाषा-भाषी राज्यों में पच्चीसों द्रविड़ भाषाएँ ऐसी हैं, जो चार प्रमुख द्रविड़ भाषाओं से भिन्न हैं। भाषाविज्ञानी इनका अस्तित्व स्वीकार करते हैं, उनपर शोध-कार्य किया जाता है, किन्तु उन्हें राजनीतिक और सांस्कृतिक कार्यों के लिए मान्यता प्रदान नहीं की जाती। इन भाषाओं का व्यवहार करनेवालों का जातीय जीवन पुनर्गठित करना आवश्यक है। जहाँ आर्थिक दृष्टि से आत्मनिर्भर इकाई बन सके, वहाँ उनका राज्य बनाना चाहिए। जहाँ ऐसा सम्भव न हो, वहाँ बृहद् राज्यों के अन्तर्गत उनके स्वायत्त क्षेत्र क़ायम करने चाहिए।

कोल भाषा परिवार भारत का अत्यन्त प्राचीन भाषा परिवार है। यही एक ऐसा परिवार है जिसकी भाषाएँ बोलनेवालों का भारत में कोई अपना राज्य नहीं है। इस परिवार की भाषाएँ बोलनेवाले अंग्रेज़ों के विरुद्ध स्वाधीनता-संग्राम में लड़ चुके हैं। इनमें सन्थालों का वीरतापूर्ण संग्राम विशेष रूप से स्मरणीय है। ये लोग पश्चिम से पूर्व तक पूरे मध्यभारत में फैले हुए हैं। यदि आर्थिक दृष्टि से आत्मनिर्भर इनका राज्य बन सके तो उसे अवश्य बनाना चाहिए, न बन सके तो बिहार, उड़ीसा और मध्य प्रदेश जैसे राज्यों में इनके स्वायत्त क्षेत्र क़ायम करने चाहिए। कोल भाषाएँ बोलनेवाले लोग जातीय निर्माण की विभिन्न मंज़िलों में हैं। इनके सामाजिक विकास की विविधता का विस्तृत अध्ययन करके इनकी भाषा-समस्या सुलझाने का प्रयत्न करना चाहिए। यहाँ 'कोल' शब्द के व्यवहार के बारे में दो बातें कहना आवश्यक है। इस शब्द का एक अर्थ 'सूअर' होता है। इस कारण कुछ लोग इस शब्द को अपमानजनक समझते हैं। इसके बदले वे 'मुंडा' शब्द का व्यवहार करना पसन्द करते हैं। जिस कोल शब्द का अर्थ सूअर है, वह कोल भाषा परिवार का ही है, इसमें मुझे सन्देह है। यह शब्द यूरोप की लिथुआनियन भाषा में भी है और वहाँ भी उसका अर्थ सूअर है। इस लिथुआनियन भाषा के लिए कहा जाता है कि इसमें इंडो-यूरोपियन परिवार के प्राचीन लक्षण अधिक सुरक्षित हैं। अत: सूअर के पर्यायवाची कोल शब्द को इंडो-यूरोपियन परिवार का प्राचीन शब्द माना जा सकता है। इससे भिन्न है दूसरा कोल शब्द, जिसका अर्थ है : वीर पुरुष या नौजवान। गण-समाजों की यह परम्परा रही है कि उनकी भाषा में जो शब्द पुरुषत्व-सूचक होता है, उसी को गण-समाज का नाम मान लेते हैं। उत्तर भारत का पुरु वंश प्रसिद्ध है। पुरुष शब्द उसी पुरु से बना है। नाग-भाषा परिवार में नाग या नगा मूलत: 'नग' शब्द है, जिसका अर्थ है : पुरुष। कश्मीरी, हिन्दी आदि भाषाओं में अब भी एक नग, दो नग का अर्थ होगा : एक आदमी, दो आदमी। कबीले का नाम बतानेवाले कोल शब्द का अर्थ गौरवपूर्ण है। उसे हीन समझकर छोड़ना न चाहिए। पर कोल शब्द के लिए मेरे आग्रह का मुख्य कारण दूसरा है। अवध से लेकर छोटानागपुर तक जहाँ भी कोल जनों की बस्तियाँ रही हैं, वहाँ स्थानों के साथ यह नाम जुड़ गया है और उसका ऐतिहासिक महत्त्व है। बैसवाड़े में एक गाँव कुलहा है। स्पष्ट ही

इसका सम्बन्ध कोल जनों से है। छोटानागपुर में इससे ठीक मिलता-जुलता एक स्थान है—कोलहा। मेरा अनुमान है कि गढ़ा-कोला जैसे स्थानवाचक नामों में भी गढ़ के साथ दूसरा शब्द विशेष जनसमुदाय अर्थात् कोल जनों का सूचक है। कोल शब्द के सहारे भाषाविज्ञान, समाजशास्त्र और इतिहास की अनेक गुत्थियाँ सुलझाई जा सकती हैं। अत: मैं इसी शब्द का व्यवहार करता हूँ।

भारत में नाग-भाषा परिवार ही एक ऐसा परिवार है जिसकी भाषाएँ बोलनेवाले लोगों ने अपने राज्य की भाषा को अंग्रेज़ी बताया है। अंगामि, सेमा आदि गण अपने दैनिक जीवन में अपनी-अपनी गण-भाषाओं का व्यवहार करते हैं। आपस में और दूसरों से सम्पर्क में आने पर वे एक प्रकार की हिन्दी का व्यवहार करते हैं जिसमें अनेक भाषाओं के तत्त्व आकर घुल-मिल गए हैं। अंग्रेज़ी बहुत थोड़े लोग जानते हैं किन्तु ईसाई धर्म-प्रचारकों के प्रभाव से इनके राज्य का नाम नागालैंड है और इस राज्य की भाषा अंग्रेज़ी है। अन्य प्रदेशों की तरह यहाँ भी यह सत्य है कि जब नाग भाषाओं को अपना स्वत्व प्राप्त होगा, तब अंग्रेज़ी की स्थिति कमज़ोर होगी और वे लोग जो टूटी-फूटी मिश्रित हिन्दी का व्यवहार करते हैं, उन्हें इस सम्पर्क भाषा को सुदृढ़ करने का अवसर मिलेगा। यहाँ यह भी उल्लेखनीय है कि छोटानागपुर में कोल और द्रविड़ जन इसी प्रकार की टूटी-फूटी मिश्रित हिन्दी का व्यवहार करते हैं। कोल भाषाओं को उनका स्वत्व प्राप्त होने के साथ-साथ यह टूटी-फूटी हिन्दी भी सुदृढ़ सम्पर्क-भाषा के रूप में प्रयुक्त होगी।

यहाँ परिनिष्ठित भाषा और उसके अपरिनिष्ठित रूपों की चर्चा करना आवश्यक है। नागालैंड और छोटानागपुर केवल दो ऐसे प्रदेश नहीं हैं जहाँ हिन्दी के अपरिनिष्ठित रूपों का चलन है। डॉ. सुनीतिकुमार चाटुर्ज्या सन् 1928 से कलकत्ते की हिन्दी की वकालत करते रहे हैं। 18वीं सदी के अन्त में अंग्रेज़ तथा यूरोप के अन्य व्यापारी, उत्तर भारत और बंगाल के विभिन्न पेशों के लोग, इसी हिन्दी से काम चलाते थे। दक्षिण भारत में दकनी नाम से हिन्दी का एक रूप विख्यात है। वहाँ शिक्षित लोग साहित्य में परिनिष्ठित उर्दू या हिन्दी का व्यवहार करते हैं किन्तु सामान्य जन उस अपरिनिष्ठित दकनी से काम चलाते हैं। अंग्रेज़ों ने दक्षिण भारत में अपना राज्य-प्रसार करते समय गोरे फ़ौजी अफ़सरों के लिए दकनी की जानकारी अनिवार्य कर दी थी। इससे परिणाम यह निकलता है कि राष्ट्रभाषा या सम्पर्क-भाषा के रूप में विभिन्न क्षेत्रों में साधारण जनजीवन के स्तर पर जो हिन्दी स्वीकार की जाती है, वह परिनिष्ठित नहीं होती। यह उसकी शक्ति का बहुत बड़ा लक्षण है और इस बात का भी प्रमाण है कि हिन्दी दूसरों पर लादी हुई भाषा नहीं है। हैदराबाद और कलकत्ते की तरह बम्बई की अपनी हिन्दी है और उसका अपना रस है। हिन्दी प्रदेश के बाहर ही नहीं, इस प्रदेश के भीतर भी हिन्दी के स्थानीय रूप हैं। इससे सिद्ध होता है कि हिन्दी प्रदेश के जनपदों पर हिन्दी भाषा लादी नहीं गई। उच्चस्तरीय राजकाज,

सांस्कृतिक कार्यवाही आदि में परिनिष्ठित भाषा की उपयोगिता स्वयंसिद्ध है। इनसे भिन्न, जीवन के अनेक क्षेत्रों में और साहित्य में भी—यथा उपन्यासों और नाटकों में—हिन्दी के अपरिनिष्ठित स्थानीय रूपों की बहुत बड़ी उपयोगिता है। जो लोग समझते हैं कि अपरिनिष्ठित रूपों का ही व्यवहार होना चाहिए, वे परिनिष्ठित भाषा की आवश्यक उपयोगिता अस्वीकार करते हैं तथा जो लोग परिनिष्ठित भाषा का ही व्यवहार सर्वत्र देखना चाहते हैं, वे हिन्दी की शक्ति के एक बहुत बड़े स्रोत को बन्द कर देना चाहते हैं।

यह आश्चर्य की बात है कि अंग्रेज़ी को अनिवार्य राज्यभाषा के पद पर प्रतिष्ठित रखने के लिए आज जो तर्क दिये जाते हैं, वे काफ़ी पुराने हैं। इनमें पहला तर्क यह है कि दूसरों पर उनकी इच्छा के विरुद्ध हिन्दी भाषा लादना अनुचित है। इस तर्क के पीछे एक प्रच्छन्न मान्यता यह रहती है कि अंग्रेज़ी को राजभाषा बनाए रखने का काम सबकी इच्छाओं के अनुसार हो रहा है। विभिन्न प्रदेशों में हिन्दी के जो स्थानीय रूप बने हैं, वे हिन्दी लादने से बने हैं या सामान्य जनता द्वारा स्वेच्छा से उसका व्यवहार करने से बने हैं? हिन्दी के स्थानीय रूपों पर ध्यान न देकर अंग्रेज़ी-प्रेमी हिन्दी-प्रचारक—हिन्दी प्रचार के नाम पर—हिन्दी को लादने और न लादने की समस्या का विवेचन करते रहे हैं। इनका दूसरा तर्क यह है कि हिन्दी को राष्ट्रभाषा बनाना है, इसलिए उसमें सभी भारतीय भाषाओं के शब्द होने चाहिए। यह राष्ट्रभाषा हिन्दी जातीय भाषा हिन्दी से भिन्न होगी। ऐसी राष्ट्रभाषा अभी बनी नहीं है, अत: अंग्रेज़ी अपनी जगह क़ायम रहेगी। अंग्रेज़ी को विश्वभाषा बनाने से पहले उसमें विश्व की कितनी भाषाओं के कितने तत्त्व समेट लिये गए हैं? कुछ लोग बड़े गर्व से कहते हैं कि अंग्रेज़ी ने अनेक भाषाओं से शब्द लिये हैं इसलिए वह अत्यन्त समृद्ध हो गई है और विश्वभाषा का दर्जा भी पा गई। जितने विदेशी शब्द अंग्रेज़ी में हैं, उतने हिन्दी में भी हैं, पर यह तो स्पष्ट है कि ब्रिटेन या अमरीका की राजभाषा अंग्रेज़ी और विश्वभाषा अंग्रेज़ी एक ही हैं, दो अलग भाषाएँ नहीं हैं। यह अद्भुत प्रचार केवल भारत में होता है कि जातीय भाषा के रूप में जिस हिन्दी का व्यवहार होता है, वह राष्ट्रभाषा के रूप में काम न आएगी। उसके बदले एक नई स्वदेशी भाषा गढ़ना आवश्यक होगा। इसके साथ ही यह भी ध्यान देने की बात है कि छोटानागपुर या नागालैंड जैसे प्रदेशों में जिस मिश्रित हिन्दी का व्यवहार होता है, जिसमें सहज भाव से अनेक भाषाओं के शब्द आ गए हैं, उसकी ओर ये स्वदेशी भाषा के निर्मातागण ध्यान भी नहीं देते।

पिछले दिनों एक नई समस्या की चर्चा होती रही है, वह है हिन्दी को विश्वभाषा बनाने की समस्या। नागपुर में होनेवाले विश्व हिन्दी सम्मेलन (जनवरी, 1975) के बारे में 'प्रतिवेदन' नाम से जो पुस्तक छपी है, उसमें विश्वभाषा वाली समस्या की यथेष्ट चर्चा है। भूतपूर्व केन्द्रीय स्वास्थ्य मंत्री डॉक्टर कर्णसिंह के बारे में लिखा है :

"विशाल जनसमूह को हर्षित एवं उल्लसित करते हुए उन्होंने हिन्दी को संयुक्त राष्ट्रसंघ की भाषा बनाने का प्रस्ताव सम्मेलन के विचारार्थ सुझाया और कहा कि करोड़ों व्यक्तियों की यह भाषा विश्वभाषा के रूप में काम आए, इसके लिए मैं माँग करूँगा कि जिस प्रकार यूनेस्को ने अपने यहाँ हिन्दी को स्थान दिया है, उसी प्रकार संयुक्त राष्ट्रसंघ में जहाँ छह अन्य विश्वभाषाओं को स्थान मिला है, वहाँ हिन्दी को भी अन्तरराष्ट्रीय भाषा के रूप में स्थान मिले" (पृ. 16-17)। इसी सम्मेलन में मॉरीशस के प्रधानमंत्री सर शिवसागर रामगुलाम ने कहा : "हिन्दी भारत की राष्ट्रभाषा तो है, लेकिन हमारे लिए इस बात का अधिक महत्त्व है कि यह एक अन्तरराष्ट्रीय भाषा है। मॉरीशस, सुरीनाम, गियाना, फीजी, अफ्रीका के कई देश इस बात का मान करते हैं कि भारत की राष्ट्रभाषा को अन्तरराष्ट्रीय भाषा बनाने में उनका हाथ रहा है। आज हिन्दी अनेक देशों में बोली जाती है। अनेक देशों में हिन्दी की पत्र-पत्रिकाएँ प्रकाशित होती हैं। बोलनेवालों की संख्या को देखते हुए आज हिन्दी विश्व की चार प्रमुख भाषाओं में से एक है।" (पृ. 15)

यह सब पढ़कर हृदय में बड़ा आनन्द उत्पन्न होता है। 19वीं सदी में अंग्रेज़ व्यापारी सस्ती मज़दूरी कराने के लिए भारत से जिन हज़ारों मज़दूरों को बाहर ले गए, उन्होंने आज हिन्दी को विश्वभाषा बना दिया है। इनमें अपनी भाषा के प्रति ममता उन भारतवासियों की अपेक्षा कहीं अधिक है जो ब्रिटेन और अमरीका में बस गए हैं और अपनी भाषा बोलने में असमर्थता प्रकट करते हैं। मज़दूरों द्वारा फैलाई हुई हिन्दी के अलावा नेपाल और श्रीलंका जैसे पड़ोसी देश आर्य भाषा परिवार की भाषाएँ ही बोलते हैं। यहाँ की सामान्य जनता के लिए अंग्रेज़ी की अपेक्षा हिन्दी अन्तरराष्ट्रीय भाषा के रूप में सुगम पड़ती है। इन देशों में हिन्दी फ़िल्मों की लोकप्रियता इस तथ्य की पुष्टि करती है। किन्तु मूल प्रश्न यह है कि अन्तरराष्ट्रीय भाषा हिन्दी राष्ट्रीय स्तर पर अंग्रेज़ी का स्थान लेती है या नहीं। 1948 में पेरिस की एक सभा में डॉक्टर सुनीतिकुमार चाटुर्ज्या ने भी हिन्दी को राष्ट्रसंघ में स्थान देने की बात कही थी। किन्तु जब हिन्दी को केन्द्रीय राज्यभाषा बनाने का प्रश्न सामने आया, तो उन्होंने भाषा-आयोग के बहुमत से अलग अपनी विरोधी राय प्रकट की। यदि भारत के प्रतिनिधि राष्ट्रसंघ में हिन्दी का व्यवहार करें या किसी अन्य भारतीय भाषा में अपने विचार प्रकट करें तो संसार को पता चल जाए कि भारत अब अंग्रेज़ी और अंग्रेज़ों का अर्द्ध-उपनिवेश नहीं रहा। तब राष्ट्रसंघ की एक भाषा हिन्दी हो, यह माँग करते हुए अच्छा भी लगेगा। पर अभी तो भारत की लोक सभा में अंग्रेज़ी का बोलबाला है। जब भारत की लोक सभा में अंग्रेज़ी छाई हुई है, तब विश्व-संस्था राष्ट्रसंघ में हिन्दी को स्थान देने की माँग हम किस मुँह से कर सकते हैं? ऐसा प्रतीत होता है कि हिन्दी को विश्व-भाषा बनाने के प्रति राजनीतिज्ञों में जो गहरी दिलचस्पी पैदा हो गई है, उसका कारण

ही यह है कि लोग यह न पूछें कि लोक सभा में और अखिल भारतीय सेवाओं में अंग्रेज़ी का चलन क्यों है।

भाषा की समस्या मात्र प्रशासन-सम्बन्धी समस्या नहीं है। इसका गहरा सम्बन्ध देश के जनतांत्रिक आन्दोलन और देश की सुरक्षा से है। जनतंत्र से जितना लाभ या हानि सम्पत्तिशाली लोगों को होती है, उससे अधिक लाभ या हानि श्रमिक जनता को होती है। भारत के सामाजिक विकास का यह अकाट्य तथ्य है कि हिन्दी प्रदेश से अलग, भिन्न प्रदेशों में, हिन्दी-भाषी मज़दूरों की संख्या बहुत बड़ी है। जिन कारणों से हिन्दी प्रदेश के गरीब और मुफ़लिस किसान अपना देश छोड़कर अफ्रीका, फीजी, मॉरीशस आदि द्वीपों, महाद्वीपों में कुलीगीरी करने गए थे, उन्हीं कारणों से इनके भाई-बन्धु अपना प्रदेश छोड़कर बम्बई-कलकत्ता जैसे बड़े नगरों में मज़दूरी करने गए थे। कलकत्ते के मज़दूरों में आधे से कुछ ज़्यादा ही हिन्दी-भाषी होंगे। इसी तरह बम्बई के मज़दूरों में एक बहुत बड़ा हिस्सा हिन्दी मज़दूरों का है। जिस तरह देश छोड़कर जानेवाले हिन्दी मज़दूरों ने अपनी भाषा को विश्व-भाषा बनाया है, उसी तरह अपना प्रदेश छोड़कर जानेवाले, बंगाल-महाराष्ट्र आदि में मज़दूरी करनेवाले, हिन्दी श्रमिकों ने अपनी भाषा को राष्ट्रभाषा बनाया है। हिन्दी के बिना अखिल भारतीय स्तर पर मज़दूरों का संगठन हो ही नहीं सकता। जनतंत्र की एक अत्यन्त जागरूक शक्ति मज़दूर है, इसलिए जो लोग जनतंत्र की रक्षा की बातें करते हैं, उन्हें अविलम्ब भारत के सामाजिक जीवन से अंग्रेज़ी के व्यवहार को निकाल बाहर करना चाहिए।

दूसरी बात सुरक्षा की है। स्वाधीन भारत ने अभी किसी बड़े युद्ध का सामना नहीं किया, पर हो सकता है, निकट भविष्य में उसे ऐसे युद्ध का सामना करना पड़े। आधुनिक युद्ध की विशेषता यह है कि वह सैनिकों और असैनिक जनता में विशेष भेद नहीं करता। सैनिकों और असैनिक जनता के सहयोग से ही युद्ध में सफलता मिलती है। युद्ध के मोर्चे पर चाहे आगे बढ़ना हो, चाहे सैनिक कारणों से पीछे हटना हो, दोनों स्थितियों में परस्पर सहयोग अपेक्षित होता है। यदि युद्ध दीर्घकाल तक चला या छापेमार लड़ाई चलाने की नौबत आई, तो जनता का सम्पर्क और सहयोग और भी अधिक अपेक्षित होगा। इसके लिए बहुत ज़रूरी है कि जनता और सेना, दोनों किसी एक भाषा का व्यवहार करके एक-दूसरे की बात समझ सकें—भले ही यह भाषा टूटी-फूटी हो, अपरिनिष्ठित हो, पर उसका कामचलाऊ होना बहुत ज़रूरी है। जनता के अलावा स्वयं सेना के भीतर अफ़सर और सिपाही के बीच जितना फ़ासला कम होता है, उतना ही फ़ौज भीतर से मज़बूत होती है। यदि अफ़सर अंग्रेज़ी के रंग में रँगे होंगे तो उनके और साधारण सैनिकों के बीच में फ़ासला ज़्यादा होगा और उतना ही सेना की जुझारू शक्ति कम होगी। इसलिए अंग्रेज़ी का प्रभुत्व समाप्त करना और उसकी जगह कामचलाऊ हिन्दी का व्यापक प्रसार करना राष्ट्र के जीवन-मरण का प्रश्न है।

निस्सन्देह जो लोग अंग्रेज़ी के व्यवहार के आदी हैं, उन्हें इस भाषा का मोह छोड़ते थोड़ा कष्ट होगा। अपने दिल को हिम्मत बँधाने के लिए उन्हें यह बात याद कर लेनी चाहिए कि 19वीं सदी में 'राजपूताना' में स्थित अंग्रेज़ अफ़सर वहाँ के राजाओं से हिन्दी में ही पत्र-व्यवहार करते थे। राजा बलवन्तसिंह कॉलेज के हिन्दी अध्यापक डॉ. श्री मोहन द्विवेदी की देख-रेख में महेशचन्द्र गुप्त राजस्थान के प्रशासनिक 'कार्यों में हिन्दी का प्रयोग' (1857-1974) विषय पर शोध-कार्य कर रहे हैं। उन्होंने 1857 से पहले के और उसके बाद के भी काफ़ी दस्तावेज़ इकट्ठे किये हैं। इन दस्तावेज़ों में वे पत्र हैं जो अंग्रेज़ों ने राजाओं को लिखे; इनके अतिरिक्त वे पत्र हैं जो राजाओं ने अंग्रेज़ों को लिखे; साथ ही ऐसे पत्र हैं जो राजाओं ने एक दूसरे को लिखे। यदि राजस्थान में 19वीं सदी में हिन्दी राजभाषा के रूप में काम आती थी और उसका व्यवहार हिन्दुस्तान के लोग ही नहीं, अंग्रेज़ भी करते थे, तो कोई कारण नहीं कि 20वीं सदी के अन्तिम चरण में अंग्रेज़ी-प्रेमी भारतवासी अपना अंग्रेज़ी मोह त्यागकर हिन्दी का उपयोग न कर सकें।

राष्ट्रीय सुरक्षा के साथ राष्ट्रीय एकता का प्रश्न जुड़ा हुआ है। राष्ट्रीय एकता केवल हिन्दुओं और मुसलमानों की एकता नहीं है। पश्चिमी पाकिस्तान के धर्मान्ध लोगों ने पूर्वी बंगाल के लोगों की भाषा और जातीय संस्कृति की अवहेलना करके धर्म के नाम पर उन्हें दबाकर रखने का प्रयत्न किया। इसमें उन्हें सफलता न मिली। बचे हुए पाकिस्तान में आन्तरिक संघर्ष विकट रूप धारण कर रहा है और धर्म के नाम पर अपीलें जारी करके उसे शान्त करना असम्भव हो गया है। यदि भारत में मूल सामाजिक समस्याएँ हल न की गईं, तो यहाँ भी भयानक अशान्ति फैल सकती है। राष्ट्रीय एकता विभिन्न भाषाएँ बोलनेवाले समुदायों की एकता भी है। इंग्लैंड की अंग्रेज़ी-भाषी जाति को दो राज्यों में बाँट दीजिए तो क्या इससे इंग्लैंड की राष्ट्रीय एकता मज़बूत होगी? विभिन्न भाषाएँ बोलनेवाले मिलकर राष्ट्रीय एकता मज़बूत करें, इसके लिए ज़रूरी है कि कोई एक भाषा बोलनेवाला समुदाय भी विभाजित न हो, वरन् आन्तरिक रूप से मज़बूत हो। महाराष्ट्र, आन्ध्र प्रदेश, केरल, गुजरात आदि प्रदेशों के लोगों ने भाषा के आधार पर राज्यों के पुनर्गठन की माँग की। केन्द्रीय सत्ता ने पहले विरोध किया, फिर वही माँग स्वीकार की। अंग्रेज़ों ने बम्बई और मद्रास प्रेसीडेंसी नाम से जो बड़े-बड़े सूबे बनाए थे, उन्हें तोड़कर नये राज्य गठित किये गए। हिन्दी प्रदेश में इससे उल्टी स्थिति है। यहाँ प्रश्न बड़े राज्यों को तोड़कर छोटे राज्य बनाने का नहीं है। प्रश्न है : अनेक हिन्दी-भाषी राज्यों को मिलाकर एक बड़ा राज्य बनाने का। अनेक प्रशासन विशारद आपत्ति करते हैं कि इतने बड़े राज्य का शासन चलाना बहुत कठिन होगा, इसलिए उत्तर प्रदेश जैसे बड़े राज्य को भी दो-तीन टुकड़ों में बाँटना उचित होगा। जहाँ तक शासन चलाने का सम्बन्ध है, आगरा नगर महापालिका एक शहर की नालियों की ही सफाई नहीं करा पाती; यदि हर

मुहल्ले की एक-एक पालिका बना दी जाए, तो शायद यह शहर आदमियों के रहने लायक हो जाए। पर विश्वास नहीं है कि मुहल्ला पालिका भी मुहल्ले की सफाई करा सकेगी क्योंकि आदत यह है कि अपने घर का कूड़ा दूसरे के घर के सामने डालो और हाजत रफा करने के लिए नालियाँ हैं—जिनमें गहराई बहुत ही कम है क्योंकि ठेकेदार कहता था, नालियाँ गहरी करें तो इंजीनियर को पैसा कहाँ से देंगे! जनतंत्र की रक्षा करना, शासन-तंत्र चलाना नये सिरे से सीखना है। प्रश्न छोटे-बड़े राज्य का नहीं है। प्रश्न है : शासन चलाने की योग्यता का। आजकल विकेन्द्रीकरण की काफ़ी चर्चा है। केन्द्रबद्ध शक्ति और शक्ति का विकेन्द्रीकरण परस्पर-विरोधी बातें नहीं हैं, वे एक-दूसरे की पूरक हैं। भारत जैसे विशाल देश में राष्ट्रीय योजनाएँ बनाना, राष्ट्रीय नीति निर्धारित करना केन्द्रीय शक्ति का काम है। इस राष्ट्रीय ढाँचे के भीतर नीतियों को कार्यरूप में परिणत करना, आवश्यकतानुसार उनमें परिवर्तन करना राज्यों का काम है। विकेन्द्रीकरण का एक स्तर राज्य है। पर विकेन्द्रीकरण की प्रक्रिया इसी स्तर पर समाप्त नहीं हो जाती। लोग गाँव, ताल्लुका, तहसील, ब्लॉक आदि की बातें करते हैं। राज्य के बाद वाला स्तर जनपद का है। हिन्दी-भाषी प्रदेश में ब्रज, अवध, बुन्देलखंड, मिथिला, मगध आदि जनपद साफ़ पहचाने जाते हैं। मुख्य बोलियों के ऐसे विशेष क्षेत्र महाराष्ट्र, बंगाल, तमिलनाडु आदि प्रदेशों में भी हैं। इन्हीं को शासन का मूलाधार बनाना चाहिए; यही विकेन्द्रीकरण का दूसरा स्तर है। हमारे यहाँ जो कमिश्नरियाँ बनी हैं, उनमें जनपदों की सीमाओं का ध्यान नहीं रखा गया। जैसे भोजपुरी क्षेत्र आधा बिहार में है और आधा उत्तर प्रदेश में; जैसे ब्रज क्षेत्र कुछ उत्तर प्रदेश में है और कुछ राजस्थान में; जैसे बुन्देलखंड मध्य प्रदेश और उत्तर प्रदेश में विभाजित है, वैसे ही कमिश्नरियाँ जनपदों की सीमाएँ तोड़ती हैं। जब कोई एक जनपद दो अलग राज्यों में विभाजित होगा, तब किसी एक ही कमिश्नरी के अन्तर्गत वह संयुक्त कैसे होगा?

बिहार, उत्तर प्रदेश, मध्य प्रदेश, दिल्ली, हरियाणा आदि हिन्दी राज्यों को मिलाकर एक विशाल राज्य बनाना चाहिए। इस राज्य की इकाइयाँ उसके जनपद होंगे; विशेष बोलियों के क्षेत्र होंगे। प्रत्येक जनपद में कम-से-कम एक विश्वविद्यालय, एक आकाशवाणी केन्द्र और उच्च न्यायालय की एक शाखा होनी चाहिए। तब हिन्दी प्रदेश का—देशी-विदेशी राजनीतिज्ञों द्वारा उलझाया हुआ—गोरखधन्धा कुछ सुलझ सकता है। अनेक राज्यों की विधान सभाओं पर जो करोड़ों रुपया ख़र्च होता है, वह बचाकर विकास-कार्यों में लगाया जा सकेगा। व्यापार के प्रसार में राज्य स्तर की चुंगी आदि की रुकावटें दूर की जा सकेंगी। हिन्दी-भाषी जनता अपनी शक्ति पहचानेगी और राष्ट्र के जीवन में अपनी भूमिका निबाहेगी। विभिन्न राज्यों में बँटे होने से उसकी सांस्कृतिक एकता छिन्न-भिन्न हो गई है, वह फिर सूत्रबद्ध होगी। जनपद को राजकीय और सांस्कृतिक कार्यवाही की मूल इकाई बनाने से

इस प्रदेश के राजनीतिक और सांस्कृतिक जीवन को पुष्ट जनतांत्रिक आधार प्राप्त होगा। केन्द्रबद्ध शक्ति और विकेन्द्रीकरण के सिद्धान्तों का समन्वय होगा। अभी जहाँ सिद्धान्तहीनता और नियमविहीन अव्यवस्था है, वहाँ सैद्धान्तिक आधार पर जातीय प्रदेश का पुनर्गठन होगा।

यह हिन्दी प्रदेश काफ़ी बड़ा होगा किन्तु सोवियत संघ के रूसी क्षेत्र से और चीनी गणतंत्र के चीनी क्षेत्र से वह बड़ा न होगा।

अशोक, समुद्रगुप्त, अकबर और औरंगजेब के समय में इस देश के भीतर जितनी भी राजनीतिक एकता क़ायम हुई है, उसका आधार हिन्दी प्रदेश की एकता रही है। हिन्दी प्रदेश को विभाजित रखकर राष्ट्रीय एकता की बातें करना प्रलाप मात्र है। हिन्दी प्रदेश की एकता सबसे पहले राष्ट्रीय एकता को सुदृढ़ करने के लिए आवश्यक है।

इस पुस्तक के दूसरे संस्करण में दो निबन्ध और जोड़ दिये हैं। एक निबन्ध हिन्दी के आधुनिक विकास-सदर्भ में ब्रजभाषा की भूमिका है, दूसरा निबन्ध हिन्दी-भाषी प्रदेश के बहुभाषा-भाषी होने की समस्या से सम्बन्धित है।

14 जून, 1977

—रामविलास शर्मा

अनुक्रम

1

स्वदेशी भाषा और अहिंसावादी साहित्य

हिन्दी साहित्य-सम्मेलन के अनेक पदाधिकारी इस बार अपनी असाहित्यिकता के कारण एक विशेषता लिये हैं। साहित्य में जितने भी जन अधिक संख्या में दिलचस्पी लें, हमें उससे प्रसन्न होना चाहिए। परन्तु ये मेधावी हिन्दी साहित्य के पास विद्यार्थी के रूप में नहीं आए। उसे जानने-पहचानने की उन्होंने चेष्टा नहीं की। राजनीतिक क्षेत्र में कार्य करनेवाली अपनी प्रकृति के अनुसार उन्होंने हिन्दी साहित्यिकों को तरह-तरह के उपदेश दिये हैं। यदि वे हमारे साहित्य का सहृदयतापूर्वक अनुशीलन कर उसकी त्रुटियाँ साहित्यिकों को बताते तो उनके कार्य पर सबको हर्ष होता। पर उनकी असाहित्यिकता और साहित्य के अज्ञान का घोष उनके उपदेश की मधुर वाणी से मेल नहीं खाता।

सम्मेलन के सभापति ने, शायद अपने पूर्व राष्ट्रपति होने का स्मरण कर, कहा है : "सुविधा के विचार से हिन्दी को राष्ट्रभाषा हमने माना है।" फिर इस सुविधा के मार्ग में जो अड़चनें आएँ, उन्हें क्यों न हटाया जाए? आप कहते हैं : "हिन्दुस्तान में हिन्दू, मुसलमान, पारसी, ईसाई, सिख बसते हैं और तो भी वह हिन्दुस्तान है। उसी प्रकार हिन्दी में सभी भाषाओं से उत्तम शब्द हम लेंगे और तो भी वह हिन्दी ही रहेगी।" जैसे कांग्रेस, राष्ट्र की एकता का प्रतीक, अपने भीतर सभी प्रान्तों के प्रतिनिधि रखती है, वैसे हिन्दी तब तक राष्ट्रभाषा न होगी, जब तक उसमें सभी भाषाओं के प्रतिनिधि शब्द न होंगे। सम्मेलन के स्वागताध्यक्ष श्री ब्रजलाल बियाणी ने इस बात को भली भाँति समझा है और उसे सबसे अधिक स्पष्ट रूप में कहा है : "हिन्दी भाषा के प्रचार तथा सर्वप्रियता के लिए आवश्यक है कि उसका शब्द-भंडार सब भाषाओं से लिये हुए शब्दों से भरा हो। हरेक प्रान्तवासी में हिन्दी के लिए ममत्व पैदा होने के लिए हिन्दी के शब्दकोश में उसका भी हिस्सा होना आवश्यक है।" जब तक यह शब्दकोश न बने, तब तक इस भाषा की कल्पना करना कठिन है। अभी अन्य प्रान्तों के भिन्न भाषा-भाषी हिन्दी ही सीखते थे, अब वे उसके साथ थोड़ी-थोड़ी सभी प्रान्तीय भाषाएँ सीखेंगे। हिन्दी बोलनेवाले, जिन्हें तमिल, कन्नड़, बंगला, मराठी, गुजराती आदि का ज्ञान नहीं—कोश देखकर शुद्ध

हिन्दी बोलेंगे। यह भाषा हिन्दी होगी या और कुछ, इसे काका साहब श्री कालेलकर ने अच्छी तरह समझा है। इस भाषा का अपना नामकरण करते हुए उन्होंने कहा है : "स्वदेशी भाषा में हम बोलेंगे।"

भाषा-संस्कार के साथ इन हिन्दी के शुभेच्छुकों को हमारे साहित्य की उन्नति का भी ध्यान है। राजनीतिक सुविधाओं के लिए हिन्दी की आवश्यकता नहीं। बाबू राजेन्द्र प्रसाद के अनुसार : "राष्ट्र का प्राण साहित्य होता है और उस साहित्य का निर्माणकर्ता समाज का बहुत बड़ा सेवक होता है।" तब हिन्दी साहित्य की त्रुटियाँ दूर होनी ही चाहिए। काका कालेलकर के अनुसार : आधुनिक साहित्य का पूर्व भाग दूसरों की नकल का फल है। "इस ज़माने का हमारा प्रारम्भिक साहित्य अनुकरणरूप ही था और अनुकरण तो निष्प्राण ही हो सकता है।" 'हमारे साहित्य' में किन-किन साहित्यों की गणना है, नहीं मालूम; यदि हिन्दी की है तो उसके साथ अन्याय है। 'इस ज़माने का हमारा प्रारम्भिक साहित्य' एक ऐसा गोल वाक्य है कि समय ठीक से निर्धारित नहीं हो सकता। फिर भी भारतेन्दु से लेकर आज तक जो नये युग का जीवन है, उसमें उत्पन्न किसी भाग के साहित्य पर ऊपर का आक्षेप लागू नहीं होता। अन्य साहित्यिक जागृतियों की भाँति हमारे यहाँ बाहरी साहित्यों के सम्पर्क से विचारों में नवीनता आई है, पुरानी रूढ़ियों का ध्वंस और नई धाराओं का निर्माण हुआ है। यदि यह अनुकरण है तो कोई भी जीवित साहित्य उससे नहीं बचा।

"पिछले थोड़े वर्षों में हिन्दी ने बंगला, मराठी, गुजराती आदि प्रान्तीय साहित्यों से अपना साहित्य कम समृद्ध नहीं किया है। आदान-प्रदान में हिन्दी सिद्ध हो चुकी है। हम हिन्दी को जो कुछ देते हैं, वह उसे संशोधित कर देश के कोने-कोने में पहुँचा देती है।" किसी नवजाग्रत भाषा के साहित्य की ऊँचाई जल्दी आँकना आसान नहीं। जो कृतियाँ शीघ्र प्रसिद्धि पाती हैं, वे बहुधा पाठकों की पूर्व-निश्चित धारणाओं के बहुत-कुछ अनुकूल तथा कुछ-कुछ पुरानी रूढ़ियों का अवलम्ब लिये होती हैं। हिन्दी में अब भी इतने रूढ़िवादी हैं कि पक्के क्रान्तिकारियों को उचित श्रेय या विज्ञापन नहीं मिला। जो हमारे यहाँ का वास्तविक मौलिक साहित्य है, उसकी समुचित छानबीन धीरे-धीरे ही सम्भव है। परन्तु वैसा करना उसकी ओर से आँख मूँदकर राय देने से सम्भव नहीं, उसके लिए अध्ययन करना पड़ेगा।

हिन्दी-भाषा में अरबी-फ़ारसी के प्रचलित शब्दों के बहिष्कार के समान हमारे नेताओं ने हिन्दी साहित्य में अश्लीलता का दु:स्वप्न भी देखा है। गांधी जी का वश चले तो वह साहित्य-सम्मेलन से उस रस को त्याज्य ही मनवा दें। वश चले तो गांधी जी ब्रह्मचर्य द्वारा सबसे सन्तति-निग्रह करवा दें। परन्तु वश चले तो भी यह हानिकर होगा। समयानुकूल प्रकृति की पुकारों को न मानने से बुरा फल मिलता है। असाधारणों का नियम सब पर लागू नहीं हो सकता। यदि साहित्य का सम्पर्क जीवन से रहेगा तो उसमें श्रृंगारी वर्णन अवश्य आएँगे। क्या हिन्दी, क्या संस्कृत,

बड़े-बड़े संतों ने अपने साहित्य में जीवन का पूर्ण चित्र उतारने के लिए शृंगार का बहिष्कार नहीं किया। देखना केवल यह होता है कि यह शृंगार पतित मनोभावों का परिचायक तो नहीं है? हिन्दी के गुज़रे साहित्य के लिए यह आक्षेप सही हो सकता है। तब कवि जिस रस का वर्णन करता था, चाहता था कि उसी के अनुकूल आचरण करने के भाव पाठक या श्रोता के मन में उत्पन्न हों। आधुनिक साहित्य में कलात्मक आनन्द की ओर अधिक ध्यान है। किसी ख़ूनी का चित्रण करके कवि हमें ख़ूनी बनने के लिए नहीं कहता। संसार के बड़े-से-बड़े साहित्यिकों ने पाप को अपना विषय बनाकर अद्भुत कृतियों को जन्म दिया है। अस्तु, यदि पुरुष के पारस्परिक मनोभावों और आकर्षण-प्रत्याकर्षण का स्वस्थ वर्णन हो तो वह साहित्य भी समाज को उठानेवाला होगा।

काका कालेलकर को साहित्य-नियंत्रण के सम्बन्ध में और किसी से कम चिन्ता नहीं। आज साहित्य पर न राजसत्ता का नियंत्रण है, न धर्माचार्यों का। "जो लोग साहित्य का रस जानते हैं और समाज का हित चाहते हैं, इतिहास और आदर्श, दोनों की दृष्टि रखकर जो लोग समाज की प्रगति में मदद कर सकते हैं, ऐसे पुरुषों का ही नियंत्रण साहित्य पर रहना चाहिए। दु:ख के साथ कहना पड़ता है कि हमारे साहित्य-जगत् ने मनमानी मचाने की ठान ली है।" हमें काका साहब से सहानुभूति प्रकट करने की आवश्यकता नहीं, हमारे यहाँ आचार्य लोग अब भी अधिकांश प्यूरिटन प्रवृत्ति के हैं। यह सभी जानते हैं कि अश्लीलता का कहीं आभास पाते ही वे धरती सिर पर उठा लेते हैं। परन्तु काका साहब को इन पर विशवास नहीं। उन्हें आशा है, एक दिन साहित्यिक शासन की बागडोर उनके हाथों में आएगी; तब वह इन उच्छृंखल व्यक्तियों को गिन-गिनकर फाँसी पर लटकाएँगे। ..."भारतीय साहित्य परिषद् जब पूर्ण रूप से विकसित होगी, तब साहित्य-शुद्धि सँभालने की ज़िम्मेवारी क़ानून या धर्मतंत्र के हाथों में नहीं रहेगी, साहित्य ही अपने क्षेत्र को सँभाल लेगा।"

आदर्श साहित्य-निर्माण के लिए गांधी जी, बाबू राजेन्द्र प्रसाद, काका साहब आदि सभी ने उपदेश दिये हैं। इन्हें देखकर कोई अपरिचित यही समझेगा कि हिन्दी में एकदम पतित और समाज का अहित करनेवाला साहित्य रचा जा रहा है। इसका उत्तर एक लेख में देना सम्भव नहीं। साहित्यिकों के नाम गिनाने की अपेक्षा उनकी कृतियों का सुचारु विवेचन अधिक श्रेयस्कर होगा। तब तक अपने नेताओं की शुभकामनाओं के लिए अनुगृहीत होते हुए हम यही आशा करते हैं कि यदि उनका हमारे साहित्य से कुछ दिन और सम्पर्क रहा तो वे उसमें अपने अनेक सिद्धान्तों को कार्य-रूप में परिणत पाएँगे।

[1936]

2

राजनीतिक नेता और हिन्दी

राजनीतिक नेता लोग साहित्य पढ़ेंगे, इसकी आशा करना व्यर्थ जान पड़ता है। फिर भी साहित्य राजनीति से अलग नहीं किया जा सकता। नेताओं की राजनीति गँदली होने पर उसका प्रभाव साहित्य पर भी पड़ सकता है, विशेष कर जब थोड़ा-बहुत शासनाधिकार हाथ में होने से वे बालकों और नवयुवकों की शिक्षा के लिए उत्तरदायी भी हों। ऐसी दशा में शिक्षा और भाषा में हस्तक्षेप करने के पहले उन्हें साहित्य के विकास और उसकी मूलधारा का ज्ञान होना आवश्यक है। आज की भारतीय राजनीति समझौते पर निर्भर है। यह समझौता कभी 'इंडिया एक्ट' के लिए अंग्रेज़ सरकार से कुछ शर्तें मनवाकर होता है, कभी केन्द्रीय तथा प्रान्तीय शासन में बँटवारा करने के लिए श्री जिन्ना से महात्मा गांधी और श्री जवाहरलाल नेहरू की बातचीत के रूप में प्रकट होता है। हमने हिन्दी साहित्य में समझौता करना नहीं सीखा। हम समझौता नहीं, एका करने में विश्वास रखते हैं और यह एका एक स्वतंत्र अविभाजित राष्ट्र की भूमि पर ही हो सकता है। जो प्रान्तीयता और साम्प्रदायिकता लेकर आगे बढ़ता है, वह राष्ट्रीयता का द्रोही है। उससे एक राष्ट्र-प्रेमी समझौता कैसे कर सकता है? इस उग्र राष्ट्रीयता की भावना में राजनीतिज्ञ हिन्दी साहित्य से शिक्षा ले सकते हैं। हमारे साहित्य का उद्‌भव ही एक विदेशी साम्राज्यवाद के प्रतिरोध से हुआ था और सदियों तक देश की भाषा और संस्कृति की रक्षा के लिए हमारे साहित्यिकों ने इस विदेशी साम्राज्यवाद से मोर्चा लिया है। यह मोर्चा नये ब्रिटिश साम्राज्यवाद के विरुद्ध भी जारी रहा है। इस दासता में भी हमने अंग्रेज़ी को क्यों नहीं अपनाया? इसलिए कि हमारी भाषा हमारी राष्ट्रीय चेतना की प्रतीक है! अरबी और फ़ारसी के विरुद्ध इसी तरह तुलसीदास और भूषण ने हिन्दी की पताका ऊँची रखी, इसलिए कि समाज के जीवित रहने का अर्थ हिन्दी का जीवित रहना भी था। यद्यपि हिन्दी का रूप बदलता रहा है, लेकिन उसकी एकता नष्ट नहीं हुई। गुलाम देशों की यह मनोवृत्ति रही है कि वे विदेशी संस्कृति और भाषा को जल्दी अपना लेते हैं क्योंकि उनका अपना सामाजिक जीवन नहीं के बराबर होता है। क्रान्ति के पूर्व के रूस में वहाँ के शिक्षित और धनी वर्गों में इसी प्रकार फ्रेंच भाषा का बोलबाला था। रूसी

भाषा को लोग गँवारू और अर्थगाम्भीर्य से हीन समझते थे। यदि वहाँ के साहित्यिक इस कुत्सित मनोवृत्ति के सामने सिर झुका देते तो आज का रूसी साहित्य कहाँ होता? हमारे देश में भी अंग्रेज़ी के शब्दों का प्रयोग करके लोग अपनी शिक्षा का परिचय देना आवश्यक समझते हैं। जो बाबू वर्ग इंग्लिस्तानी में बातचीत करता है, वह इसलिए कि अपनी भाषा में विचार करने की उसमें अक्षमता है। उसकी भाषा तीन कौड़ी की होती है और भाव दो कौड़ी के। हिन्दी को राष्ट्रभाषा बनाने के लिए कुछ लोगों ने अंग्रेज़ी, अरबी, फ़ारसी—सभी से शब्द भर लेने की सलाह दी है। जहाँ नये-नये अर्थों के शब्द खोजने पड़ें, वहाँ संस्कृत से न लेकर उन्होंने अंग्रेज़ी से लेने को कहा है। माना अंग्रेज़ी के पारिभाषिक शब्द खुद उसके घर के हों, उसने उन्हें लैटिन और ग्रीक से उधार न लिया हो। ग्रीक और लैटिन के शब्द अंग्रेज़ी की चलनी में छनते हुए हिन्दी में आएँ, उन्हें स्वीकार है; संस्कृत से हम शब्द लें, उन्हें स्वीकार नहीं।

जो भारत की जलवायु में पला है, उसे भारत की भाषा और संस्कृति अपनानी होगी, उसे भारत की ही महत्ता का स्वप्न देखना पड़ेगा। भारतीय भाषाओं को अभारतीय ढाँचे में ढालने की चेष्टा पुरानी साम्राज्यवादी मनोवृत्ति का एक अवशिष्ट चिह्न है, हम उससे किसी प्रकार समझौता नहीं कर सकते। जिस तरह हम भारत की भूमि से अन्न-जल ग्रहण करते हैं, उसी तरह उसकी भाषा भी। जब हम देश से प्रेम करना सीखेंगे, तब उसकी भाषा से भी प्रेम करेंगे। न हम देश-प्रेम में किसी से समझौता करना चाहते हैं, न भाषा-प्रेम में। देश-प्रेम और भाषा-प्रेम, दो अलग वस्तुएँ नहीं, एक हैं।

[1939]

3
भाषा और राष्ट्रीयता

इसी साल अभी अगस्त के महीने में श्री रवीन्द्रनाथ ठाकुर ने कलकत्ता में महाजाति भवन का शिलान्यास करते हुए बताया है कि बंगाल ने भारतवर्ष के नये अभ्युत्थान में किस प्रकार योग दिया है। बंगाली भाषा, साहित्य, कला और संगीत—सभी का उन्होंने उल्लेख किया। इसके साथ ही उन्होंने इस बात पर भी अभिमान प्रकट किया कि विदेशी सभ्यता का स्वागत करने में बंगाल सर्वप्रथम था। अंग्रेज़ी समाचार-पत्रों में उनका वाक्य इस प्रकार छपा था : "Bengal led India in welcoming European culture to her heart." यूरोप की सभ्यता अपनाने में बंगाल भारत का अग्रणी था। विदेशी सभ्यता विदेशी शासन के ही साथ हमारे देश में आई है। स्वाभाविक था कि राष्ट्र-प्रेमी व्यक्तियों ने विदेशी शासन के समान उस सभ्यता से भी अपने-आपको दूर रखा। परन्तु बंगाल में ऐसे ख्यातनामा व्यक्ति थे, जिन्होंने अपने उत्थान के लिए अंग्रेज़ी शिक्षा को आवश्यक समझा। उस शिक्षा के प्रसार के साथ बंगाल के नये साहित्य का उद्‌भव भी हुआ। इसलिए अनेक बंगाली अपने साहित्य पर गर्व करते हुए उस शिक्षा पर भी गर्व करते हैं। फिर भी गुलामी गुलामी है, उस पर अभिमान करना किसी को शोभा नहीं देता।

बंगाली विद्वानों के हृदय में विदेशी शिक्षा और सभ्यता के प्रति यह भावना कितनी दृढ़ता से घर कर गई है, इसका एक और प्रमाण देखिए। बंग-साहित्य-सम्मेलन के सभापति सुप्रसिद्ध विद्वान् डॉ. सुनीतिकुमार चाटुर्ज्या ने इसी बात का उल्लेख कर कहा था : "ऊनविंश शतके इंग्रेजेर अनुगामी बंगाली इंग्रेजी शिक्षाय भारतेर गुरुस्थानीय छिल।" और यही नहीं कि केवल घटनाचक्र में पड़कर अंग्रेज़ के अनुगामी बंगाली को अंग्रेज़ी-शिक्षा लेनी पड़ी हो, बंगाल के अन्यतम भाषातत्त्वविद् डॉ. चटर्जी ने उसी शिक्षा की आवश्यकता बतलाते हुए कहा है : "इंग्रेजी के बाद दिया अन्य कोन भाषा के ताहार स्थाने बसाइते गेले आमादेर मानसिक क्षति घटिबे।" इतना बढ़ा-चढ़ा अंग्रेज़ी के प्रति इनका प्रेम है कि उसके स्थान पर अन्य किसी भाषा को रखने से मानसिक क्षति की सम्भावना है। ऐसे शब्द उसी व्यक्ति के मुँह से निकल सकते हैं जिसकी परमुखापेक्षिता चरम सीमा को पहुँच चुकी हो।

[1939]

4
भाषा और साहित्य में पाकिस्तान

राष्ट्रभाषा को लेकर बहुत दिनों से विवाद चल रहा है। हिन्दी-भाषी कहते हैं कि हिन्दी राष्ट्रभाषा होगी। बंगाली लोग बंगला को राष्ट्रभाषा बनाने में लगे हुए हैं। उर्दू-भाषी लोग उर्दू को भारत की 'आमफहम' और 'मुश्तर्का ज़बान' मानते हैं। कांग्रेस के नेता कहते हैं, देश की 'कॉमन लैंग्वेज़' हिन्दुस्तानी है। हिन्दुस्तानी नाम की कोई भाषा है या उस भाषा को अभी जन्म लेना है, यह स्पष्ट नहीं है।

राष्ट्रभाषा के बारे में इतनी बातें सुनकर लगता है कि हमारा भी एक राष्ट्र है। राष्ट्र के गठन के रास्ते में कोई अड़चन नहीं है, इसीलिए राष्ट्रभाषा की समस्या इतनी महत्त्वपूर्ण हो गई है। किन्तु कुछ दिन से देश में एक 'पाकिस्तान' की चर्चा होने लगी है। अख़बारों को देखने से लगता है कि 'पाकिस्तान' हास-परिहास का विषय बना हुआ है। आश्चर्य की बात यह है कि जिन्होंने देश के अन्दर एक नये पाकिस्तान की कल्पना की है, वे उर्दू को भी राष्ट्रभाषा के रूप में स्वीकार करने को तैयार नहीं हैं।

मुस्लिम लीग के नेता यह आन्दोलन करते हैं कि कांग्रेसी नेता उर्दू के शत्रु हैं और उनका उद्देश्य केवल हिन्दी-प्रचार करना है। इससे पहले मुस्लिम लीग के यही नेता कहते थे कि देश की राष्ट्रभाषा उर्दू है। अब उर्दू-प्रचार में अड़चनें देखकर या अड़चनों की कल्पना करके उन्होंने तय कर लिया है कि उनकी भाषा राष्ट्रभाषा न होगी, इसलिए राष्ट्र भी क़ायम न रहेगा! तब यह पाकिस्तान की चर्चा कोरा राजनीतिक आन्दोलन है या उसका और भी कोई आन्तरिक महत्त्व है? पाकिस्तान का 'गुल' खिलते देखकर अनेक मुसलमानों का चित्त चंचल हो उठा है। इस भारत-उद्यान में यह 'गुल' क्या अत्यन्त तुच्छ और निकृष्ट खाद्य पाकर ही नहीं खिला है? साहित्य और भाषा में मुसलमानों ने जो आन्दोलन छेड़ दिया है, उसे देखकर लगता है कि इस विषवृक्ष की जड़ें धरती में बहुत गहरी चली गई हैं।

मध्य भारत में बहुत दिनों से हिन्दी और उर्दू का विवाद चलता रहा है। लखनऊ और दिल्ली को मुस्लिम संस्कृति का केन्द्र कहा जाता है। इस कारण देश के इस भाग में दरबारी संस्कृति के साथ भारत की एक अन्य व्यापक और अधिक प्राचीन

संस्कृति का संघर्ष स्वाभाविक हो गया। किन्तु हिन्दी-भाषी समझते हैं कि इस तरह का संघर्ष उन्हीं के साहित्य में पाया जाता है; अन्य प्रान्तों में भाषा-सम्बन्धी कोई समस्या है, ऐसा उन्हें नहीं मालूम होता। किन्तु वर्तमान काल में अन्य प्रान्तों में भी भाषा को लेकर संघर्ष चल रहा है; वह संघर्ष चाहे तेज़ हो, चाहे धीमा हो, उसके अस्तित्व से इनकार नहीं किया जा सकता। बंगला के हास्य-रसात्मक पत्रों में भाषा को उर्दू का नया लिबास पहनाने की बात लेकर अनेक व्यंग्य प्रकाशित हुए हैं। किन्तु मौलवी फजलुलहक़ का मंत्रिमंडल क़ायम होने के बाद बंगला भाषा को विकृत करने की चेष्टा और ज़ोरों से होने लगी है। अब वह चर्चा हास-परिहास का विषय नहीं रह गई। देश में आन्दोलन द्वारा उसका प्रतिकार आवश्यक हो गया है।

बंगीय-साहित्य-सम्मेलन में डॉ. सुनीतिकुमार चाटुर्ज्या ने इस बारे में कई बातें कही हैं। उन सब पर विचार करने से भाषा-समस्या की गम्भीरता समझ में आ जाती है। आजकल के अरबी-फ़ारसी-प्रेमी अनेक मुस्लिम नेताओं की तुलना में भारत के आदि-मुस्लिम आक्रमणकारी भी इतने साम्प्रदायिक नहीं थे। डॉ. चाटुर्ज्या ने कहा है : "वे बुतशिकन या मूर्तिध्वंसी थे, किन्तु ज़बान-शिकन या भाषा-ध्वंसी वे नहीं थे।" उन्होंने कलमा मूल भाषा में प्रकाशित न करके उसका अनुवाद देशी भाषाओं में प्रकाशित किया था। किन्तु आज साम्प्रदायिकता इतनी प्रबल हो गई है कि कलमा तो दरकिनार, साहित्य को कलमे की भाषा में लिखने का प्रयत्न हो रहा है।

तुर्की से अरबी-फ़ारसी शब्दों का बहिष्कार हुआ, फ़ारसी से अरबी शब्दों का बहिष्कार हुआ, यह सब साम्प्रदायिक मुस्लिम नेताओं को दिखाई नहीं देता। वे 'पैन इस्लामिज़्म' की बातें करते हैं। किन्तु अन्य मुस्लिम देशों की राह छोड़कर उन्होंने अपनी नई राह पकड़ी है, यह बात वे भूल जाते हैं। भाषा के अलावा भावों में भी साम्य होता है। भारत के साम्प्रदायिक नेता, भाव और भाषा, दोनों ही क्षेत्रों में, अन्य स्वाधीन मुस्लिम राष्ट्रों से एकदम अपरिचित हैं। डॉ. चाटुर्ज्या ने बंगाल में यह भाषा-ध्वंसी कुचेष्टा देखकर सखेद कहा है : "पश्चिम के मुसलमान लेखकों में अन्धाधुन्ध भाषा में अरबी-फ़ारसी शब्द भरने की प्रवृत्ति को रोकने की बात चली है। क्या केवल बंगला भाषा में उस रीति को नया रूप देकर ग्रहण किया जाएगा और पाँच करोड़ से ऊपर जनता की दुर्लभ भाषागत एकता को स्वेच्छा से विनष्ट कर दिया जाएगा?"

मध्य भारत में उर्दू को सहज और सरल बनाने के लिए उसे अरबी-फ़ारसी के शब्द-जाल से मुक्त करने के लिए आन्दोलन हो रहा है। इस आन्दोलन के सुधारों में अनेक प्रगतिशील लेखक हैं। वे कोशिश कर रहे हैं कि साहित्य यथासम्भव जनसाधारण के लिए बोधगम्य हो। लोकप्रिय सुबोध साहित्य रचने के लिए उसे अरबी-फ़ारसी के कठिन शब्द-जाल से मुक्त करना ही होगा। सभी लोग प्रयत्न

करते हैं कि उनकी भाषा का प्रसार हो। किन्तु अन्ध साम्प्रदायिकता का जाल अरबी-फ़ारसी के शब्द समेटकर बहुसंख्यक जनता के लिए भाषा को दुर्बोध बना देता है। इस तरह का प्रयत्न मुस्लिम साम्राज्य के वैभव के दिनों में न हुआ था। आज वह प्रयत्न इतना समर्थ क्यों हो गया है?

मुस्लिम साम्राज्य में पुराने हिन्दी साहित्य का चरम विकास हुआ था। तुलसीदास, सूरदास आदि कवि उसी युग में हुए थे। और उस युग के साहित्यिक थे रहीम, रसखान जैसे मुसलमान कवि। वे हमारे देश के, हमारी भाषा के कवि हैं। क्या उनकी ख्याति किसी भी मुसलमान लेखक के चाहने योग्य नहीं है? सर इक़बाल का हम नाम सुनते हैं। रहीम के दोहे और रसखान के छंद गाँवों के हिन्दू और मुसलमान, दोनों के ही कंठ में बसे हुए हैं। क्या वह लोकप्रियता पाकिस्तान के जन्मदाता के लिए दुष्प्राय नहीं है? मुस्लिम साम्राज्यकाल में मुस्लिम साहित्यकार अपनी भाषा में अपना कोई स्मृतिचिह्न न चाहते थे। साम्राज्य का नाश होने पर अनेक लोगों के हृदय में यह इच्छा हुई कि बीते वैभव का एक सांस्कृतिक चिह्न सुरक्षित कर लिया जाए। उर्दू भाषा का विकास तभी सम्भव हुआ जब मुस्लिम साम्राज्य का अध:पतन आरम्भ हो गया। उस युग के साहित्य में सामाजिक और राजनीतिक पतन के अनेक लक्षण स्पष्ट दिखाई देते हैं। जनसाधारण की भाषा छोड़कर दरबारी साहित्यकारों ने एक नई दरबारी भाषा का आविष्कार किया। उसे खूब मार्जित करके उन्होंने उसे अपना सांस्कृतिक चिह्न मान लिया। भाषा में ऊपरी चमक-दमक थी। किन्तु उस भाषा में देश के प्राणों की गूँज नहीं थी। कविता का प्रधान गुण हो गया चमत्कार-प्रदर्शन। उस चमत्कार-प्रदर्शन की भाषा हुई उर्दू। इस चमत्कारप्रियता ने ही सर्वनाश की राह दिखाई। इस सर्वनाश से कोई भी 'चमत्कार' उनका उद्धार न करेगा, यह बात उनके दिमाग में नहीं आई। ईरान की पतनकालीन साहित्यिक परम्परा को अपनाकर मुसलमान दरबारी कवियों ने अपने साहित्य का विकास किया। आज अरबी-फ़ारसी शब्दों का मोह त्यागने की बात आने पर उन्हें लगता है कि उनके गौरव का इतिहास नष्ट हो जाएगा। मुस्लिम साम्राज्य के वैभवकाल में मुसलमान साहित्यकारों ने लोकभाषा का व्यवहार करके कितनी शक्ति प्राप्त की, यह बात इनके दिमाग में बैठती ही नहीं।

देश में जो लोग पाकिस्तान चाहते हैं, वे पाकिस्तान लेकर भी सन्तुष्ट न होंगे। वे अब भी विगत साम्राज्य की मधुर स्मृति में निमग्न हैं। उनकी समझ में उस स्मृति के साथ अरबी-फ़ारसी शब्दों से लदी हुई भाषा का कोई आध्यात्मिक सम्बन्ध है। इसलिए राजनीति में जो पाकिस्तान के समर्थक हैं, वे भाषा का भी विभाजन करने को तैयार हैं। वे सोचते हैं कि उनकी नई भाषा समय बीतने पर देश की अन्य भाषाओं पर अपना आधिपत्य क़ायम कर लेगी। इसीलिए अरबी-फ़ारसी संस्कृति को आधार बनाकर उन्होंने भारत की अनेक भाषाओं में विध्वंस-कार्य आरम्भ कर दिया है।

हमने अरबी, फ़ारसी या अन्य विदेशी शब्दों का बहिष्कार किया हो, ऐसा नहीं है। हिन्दी साहित्य की लोकप्रिय और धर्मग्रंथ के समान पूजनीय पुस्तक 'रामायण' में अनेक विदेशी शब्द हैं। हिन्दी के किसी भी उत्तरदायी साहित्यकार ने कभी यह नहीं कहा कि हमारी भाषा केवल संस्कृत शब्द लेकर समर्थ बनेगी। लेकिन अस्वाभाविक रूप से हिन्दी में अपरिचित शब्द भरने से विकास-क्रम भंग होगा, यह बात भूलना न चाहिए। भारत की अधिकांश भाषाओं का एक सामान्य सांस्कृतिक आधार है। थोड़े परिश्रम से लोग हिन्दी, बंगला, मराठी आदि भाषाएँ समझ लेते हैं, कारण यह कि इन भाषाओं में बहुत-से शब्द सामान्य हैं। देश को एकता के सूत्र में बाँधने के लिए भाषा की यह एकता प्रधान साधन है। अपनी कुचेष्टा से अनेक जन इस एकता पर आघात कर रहे हैं किन्तु जितना आघात करेंगे, उतना ही देश की भाषाओं का परस्पर साम्य-बोध और भी दृढ़ होगा। तभी देशवासी इस राष्ट्रघातक प्रयत्न को समूल नष्ट कर देंगे।

[1941]

5

हिन्दी गद्य-शैली पर कुछ विचार

आज से लगभग सत्तर वर्ष पहले भारतेन्दु हरिश्चन्द्र ने नये हिन्दी गद्य की नींव डाली थी। वैसे ब्रजभाषा से भिन्न नई हिन्दी लिखने का प्रयास और भी पहले आरम्भ हो गया था। इसलिए हम कह सकते हैं कि अब तक नये हिन्दी गद्य के सौ वर्ष बीत चुके हैं और अब इस बात पर विचार करना आवश्यक है कि साधारण गद्य के लिए हम एक साफ़-सुथरी शैली बना सके हैं या नहीं। हिन्दी गद्य के विकास में जो दो-तीन मार्ग-चिह्न स्पष्ट दिखाई देते हैं, उनमें सबसे पहले तो आधुनिक हिन्दी के जन्मदाता भारतेन्दु बाबू हरिश्चन्द्र और उनके सहयोगियों ने ही हिन्दी गद्य-शैली पर एक अमिट छाप डाली है। इस शैली पर विचार करते हुए दो बातें सभी आलोचक मानते हैं। पहली तो यह कि इसमें एक ऐसी ज़िन्दादिली है जो बाद के गद्य में प्राय: नहीं मिलती। दूसरी यह कि इस भाषा में परिष्कार की ज़रूरत है और अपने तात्कालिक रूप में वह शैली आज ग्रहण नहीं की जा सकती।

इन दोनों बातों पर कुछ ठहरकर विचार करना आवश्यक है। भारतेन्दु-युग के लेखकों की शैली में ज़िन्दादिली क्यों है और बाद के गद्य से वह लोप क्यों हो गई? इसका कारण कुछ लोग यह बतलाते हैं कि भारतेन्दु और उनके सहयोगी बहुत गम्भीर चीज़ें न लिखते थे। इसलिए उनकी शैली में हँसी-मजाक की गुंजाइश ज़्यादा रहती थी। आगे चलकर हमारी शैली में भाव-गाम्भीर्य आया और इसलिए यह ज़रूरी हो गया कि इस गहराई में ज़िन्दादिली डूब जाए। एक बात ध्यान देने की यह है कि भारतेन्दु-युग के लेखक इस पीढ़ी के लेखकों की तुलना में संस्कृत के अधिक निकट थे। उनके सामने हिन्दी गद्य की कोई विकसित परम्परा न थी और इसलिए होना तो यह चाहिए था कि संस्कृत के शब्दों की भरमार से उनकी शैली बोझिल बन जाती, लेकिन हुआ इसका उल्टा ही। इसके सिवा यह बात भी सही नहीं है कि उस युग में गम्भीर आलोचना नहीं लिखी गई। उस युग के मासिक पत्रों की जिल्दों में सैकड़ों सुन्दर आलोचनात्मक निबन्ध आज भी सुरक्षित हैं। (यानी जहाँ उन्हें रद्दी में बेच नहीं डाला गया या जिल्दों में दीमक नहीं लग गया।) उनका संकलन करके अब तक किसी ने उन्हें प्रकाशित नहीं किया, इसका बहुत बड़ा श्रेय हमारे

प्रकाशकों को है। उन निबन्धों से आज के बहुत ही मामूली आलोचनात्मक निबन्धों की तुलना की जाए तो दोनों की शैली का भेद मालूम हो जाएगा। उस समय के अधिकतर लेखक यह कोशिश करते थे कि कठिन और दुरूह बातों को भी आसानी से समझा दें। आज के काफ़ी लेखकों की यह कोशिश होती है कि साधारण बातों को भी असाधारण शब्दावली में प्रकट करके अपने निबन्धों को गम्भीर बना दें।

यह सही है कि भारतेन्दु-युग की गद्य-शैली में परिष्कार की ज़रूरत थी। लेकिन यह ज़रूरत इतनी बड़ी न थी, जितनी कि लोग समझते हैं। बालकृष्ण भट्ट के निबन्ध, भारतेन्दु के नाटकों में वार्तालाप, राधाचरण गोस्वामी के प्रहसन—इनमें बहुत परिष्कार की गुंजाइश नहीं है। इसके अलावा जो परिष्कार आप करेंगे, वह कुछ शब्दों को लेकर होगा। वाक्य-रचना, शब्दों के चुनाव, शैली के प्रवाह आदि में इससे ज़्यादा अन्तर न पड़ेगा यानी भारतेन्दु-युग का कोई सचेत लेखक व्याकरण की दो-चार अशुद्धियाँ बताता हुआ गद्य लिखता तो उसकी ज़िन्दादिली में ज़्यादा फ़र्क़ न पड़ता। इसलिए ज़िन्दादिली का सबब साहित्य का हल्कापन नहीं है। अगर ऐसा हो तो हल्केपन के डर से कोई भी ज़िन्दादिल लेखक साहित्य की दुनिया में पैर ही न रखे।

भारतेन्दु-युग की गद्य-शैली पर थोड़ा और विचार करने से उसकी कुछ ऐसी विशेषताएँ सामने आती हैं जो बाद के गद्य में, विशेष कर सन् '20 से सन् '40 तक के गद्य में, कम मिलती हैं। पहली विशेषता यह है कि इन लेखकों के मन में शब्दों का चुनाव करते हुए किसी तरह के निषेध का विचार आड़े नहीं आता। द्विवेदी-युग में हमारे भीतर एक निषेध-भावना घर कर गई थी—एक शब्द को हम जानते हैं, बातचीत में उसका प्रयोग भी करते हैं लेकिन गद्य में उसे लिखें या न लिखें, यह प्रश्न बार-बार लेखकों के सामने आता था। भारतेन्दु-युग के लेखकों ने नई हिन्दी का रूप सँवारते हुए बंगला और संस्कृत की ओर भी ध्यान दिया, लेकिन सबसे ज़्यादा ध्यान उन्होंने उस बोलचाल की भाषा पर दिया जो नित्य ही उनके कानों में पड़ती थी। भारतेन्दु-युग की गद्य-शैली का आधार बोलचाल की भाषा है। उस समय के निबन्धों को पढ़िए तो यह नहीं लगता कि उन्हें किसी ने लिखा है। ऐसा मालूम होता है कि लेखक हमसे बातें कर रहा है और हम छापे के अक्षरों में भी उसकी आवाज़ सुनते जाते हैं। द्विवेदी-युग में परिष्कार के बहाने गद्य-शैली का आधार बदल दिया गया। अनेक लेखकों ने बोलचाल की भाषा से बार-बार बचने की कोशिश करते हुए शुद्ध साहित्यिक हिन्दी को अपनी शैली का आधार बनाया।

बोलचाल की भाषा को आधार बनाने से ही भारतेन्दु-युग के लेखक अपनी शैली में एक बहुत ही बलवती ग्राहिका शक्ति पैदा कर सके थे। वे जिस शब्द को भी चाहते थे, उसे हिन्दी में पचा लेते थे। इस तरह वे फ़ारसी, अरबी और अंग्रेज़ी के शब्दों का ही रूपान्तर न कर लेते थे बल्कि हिन्दी और संस्कृत का भेद मानते

हुए संस्कृत शब्दों का रूपान्तर भी कर लेते थे। हमारी ग्रामीण भाषाओं में यह प्रवृत्ति है कि संस्कृत के शब्द अपने सरल तद्भव रूप में काम में लाये जाते हैं। भारतेन्दु-युग के लेखकों ने अपनी शैली में इस प्रवृत्ति को उभारा। उन्होंने तद्भव शब्दों का बहुतायत से प्रयोग किया, इसके अलावा ग्राम-भाषाओं से भी जहाँ तक हो सका, शब्द खींचे और इस तरह नई हिन्दी को समृद्ध किया। आगे चलकर यह प्रवृत्ति बदल गई। संस्कृत शब्दों के तद्भव रूप पर ज़ोर देने के बदले हम तद्भव शब्दों को भी तत्सम रूप देने लगे।

यहाँ पर हिन्दी भाषा के मौलिक विकास पर दो शब्द कहना असंगत न होगा। पं. अमरनाथ झा अक्सर कहते सुने जाते हैं : "मेरी मातृभाषा हिन्दी नहीं है पर संस्कृत-गर्भित होने के कारण हिन्दी देश के अधिकांश भाग में बोली और समझी जाती है।" इस तरह की बातें सभा-समाज में आये-दिन हम दूसरों के मुँह से भी सुना करते हैं। यह बिलकुल सही है कि हिन्दुस्तान के अधिकांश भाग में हिन्दी बोली और समझी जाती है। देश की और किसी भाषा को यह गौरव प्राप्त नहीं है। लेकिन 'हाथ कंगन को आरसी क्या!' कलकत्ता की हरीसन रोड या बम्बई के परेल में उन लोगों की बोली सुनिए जिन्होंने हिन्दी को वास्तव में यह गौरव दिया है। इनकी बोली हुई हिन्दी का रूप पं. अमरनाथ झा की संस्कृत-गर्भित अ-मातृभाषा हिन्दी से बहुत भिन्न है। झा महोदय के लिए क्षम्य है कि मातृभाषा न होते हुए भी वह हिन्दी को उसके किसी भी रूप में बोल लेते हैं लेकिन जो लोग हिन्दी को मातृभाषा मानते हैं, उन्हें तो अपनी भाषा के उस रूप की रक्षा करनी चाहिए, जो सचमुच उनके आये-दिन के व्यवहार में प्रकट होता है।

संवत् 900 से लेकर संवत् 2000 तक हिन्दी का विकास किस ओर हुआ है? हिन्दी भाषा की भागीरथी हिमालय से समुद्र की ओर बही है या समुद्र से हिमालय की ओर? गोस्वामी तुलसीदास, भारतेन्दु और प्रेमचन्द ने हिन्दी के संस्कृत रूप को सँवारा है या उसके प्राकृत रूप को? यदि यह दावा सच होता कि भारतीय भाषाओं की एकता का आधार संस्कृत के तत्सम शब्दों का समान रूप से प्रयोग है तो बंगला, गुजराती, हिन्दी, मराठी आदि-आदि भाषाओं का अलग-अलग विकास बिलकुल अस्वाभाविक होता। इतिहास की माँग कुछ और थी, भाषाविज्ञान के आचार्यों की माँग कुछ दूसरी है। गुजराती, मराठी, बंगला, हिन्दी आदि भाषाओं का अलग-अलग विकास इसलिए हुआ है कि इन भाषाओं ने अपने प्राकृत रूप को सँवारा है। उन्होंने तत्सम शब्द भी लिये हैं और साहित्य-रचना में विशेष रूप से लिये हैं लेकिन बंगला, हिन्दी या मराठी की जातीयता, उसका विशेष रूप, उसका बाँकपन या वह भदेसपन जिसका उल्लेख गोस्वामी तुलसीदास ने किया था, संस्कृत शब्दों के प्रयोग के कारण नहीं है। भाषा की भागीरथी प्राकृत रूप समुद्र की ओर ही बह रही है, संस्कृत रूप हिमालय की ओर नहीं। हिमालय की बर्फ घुल-घुलकर जड़

से जल बन गई है और उसमें जनपदों के ऊसर और खेतों का बरसाती पानी भी मिल गया है। हिन्दी के इस समृद्ध रूप को छोड़कर संस्कृत के आधार पर उसे समूचे भारत में लोकप्रिय बनाने का प्रयत्न काशी और प्रयाग की गंगा को छोड़कर हिमालय की चट्टानें पूजने के समान है।

हिन्दी लेखकों की नई पीढ़ी देश में एक महान् परिवर्तन देख रही है और इस परिवर्तन से भाषा और साहित्य के क्षेत्र में लाभ उठाना इस नई पीढ़ी का ही काम होगा। भाषाविज्ञान के आचार्य हिन्दी के चाहे जिस रूप की कल्पना करें, भारत के इतिहास ने उसके दूसरे ही रूप को रचना और सँवारना शुरू कर दिया है। अभी तक हम हिन्दी को जनता की भाषा कहते आए थे, लेकिन जनता का 90 फीसदी भाग हमारी इस हिन्दी से अपरिचित था। अब समय आ गया है कि 90 फीसदी जनता शिक्षित होकर अपनी भाषा को पहचाने और उसका रूप सँवारने में हाथ बँटाए। शिक्षा का प्रसार एक ऐसी बाढ़ होगी जो हमारी भाषा और साहित्य के उद्यान पर एक बार छा जाएगी और यहाँ की तमाम विनाशकारी घास-पात को बहा ले जाएगी। वे दरिद्रनारायण, जिनका नाम लेकर हम हिन्दी को राष्ट्रभाषा मानते आए हैं, हिन्दी बोलेंगे और लिखेंगे भी। भाषाविज्ञान के आचार्यों ने चौका लगाकर, छूत-पाक का बड़ा विचार करते हुए, जो तत्सम खिचड़ी पकाई थी, उसमें अब दरिद्रनारायण भी हिस्सा बटाएँगे। यह मानी हुई बात है कि ऐसा होने पर आचार्य लोग यह विवाद करेंगे कि इन असंस्कृत और अशिक्षित व्यक्तियों ने हमारे शुद्ध साहित्य और शुद्ध संस्कृति के चौके को छूत कर डाला। दरिद्रनारायण को बहुत दिन तक भूखा रखा गया है। साम्राज्यवाद ने उनके पेट को ही नहीं मारा, संस्कृति के नाम पर भी उन्हें यथाशक्ति भूखा मारने की कोशिश की है। शिक्षित और जाग्रत होने पर जनता लकीर खींचकर चौके से बाहर नहीं रखी जा सकेगी। वास्तव में वही संस्कृति की निर्माता है, वही तद्भव और तत्सम रूपों का, संस्कृत और प्राकृत रूपों का, मातृभाषा और राष्ट्रभाषा के प्रश्नों का समाधान करनेवाली है। उस समय देखना होगा कि हिन्दी की गद्य-शैली आज की-सी ही रहती है या उसमें बहुत बड़ा परिवर्तन होता है।

ऊपर जो कुछ कहा गया है, उसका यह अर्थ नहीं है कि हिन्दी के बड़े लेखकों ने बोलचाल की भाषा को आधार मानकर अपनी शैली को रचा ही नहीं है। प्रेमचन्द के उपन्यास इस बात की जीती-जागती मिसाल हैं कि बोलचाल की भाषा को आधार मानने से कितनी लोकप्रिय रचनाएँ की जा सकती हैं। कविता के क्षेत्र में श्री मैथिलीशरण गुप्त, दिनकर, नरेन्द्र, सुमन, गिरिजाकुमार, केदारनाथ, नेपाली आदि ने सरल और सुबोध शैली अपनाने की चेष्टा की है। युद्धकाल में और उसके बाद कुछ लेखकों ने सचेत होकर इस तरफ ध्यान दिया है और उन्होंने छायावाद के उत्तरकाल की शैली को बदला है। कोई नहीं कह सकता कि इस प्रयत्न से उनकी व्यंजना-शक्ति कम हो गई है। वास्तव में यह शक्ति कम होने के बदले और बढ़ गई है।

पुरानी शैली की जड़ता सबसे ज़्यादा नाटकों में अखरती है। नाटक की सफलता सबसे अधिक बातचीत की स्वाभाविकता पर निर्भर है। हिन्दी में जिन लोगों ने नाटक लिखने का रिकॉर्ड तोड़ा है, उन्होंने भी इस स्वाभाविकता को बार-बार ठुकराया है। यदि नाटक की कथावस्तु ऐतिहासिक या पौराणिक हुई, तब तो लेखक अपने लिए छूट मानता है कि वह अधिक-से-अधिक अस्वाभाविक शैली अपना सकता है। बात संस्कृत शब्दों की नहीं है; तत्सम रूप नाटकों में भी खपाये जा सकते हैं। अस्वाभाविकता की जड़ लम्बे-लम्बे उलझे हुए वाक्यों की रचना है। जिस लेखक को रंगमंच का थोड़ा भी ज्ञान होगा, वह तुरन्त परख लेगा कि जिस नाटक के वाक्य बोलने में अभिनेता हाँफ जाए और दर्शक उसके आदि-अन्त का ही पता लगाता रह जाए, वह नाटक कभी सफल नहीं हो सकता। दुर्भाग्य से अस्वाभाविक वाक्य-रचना को कठिन समझकर उससे पाठ्यक्रम की शोभा भी बढ़ाई जाती है। एक नाटक इंटरमीडिएट के विद्यार्थियों को पढ़ाया जाता है। इसको अचानक बीच से खोलने पर विक्रममित्र नाम का पात्र यह कहते देखा जाता है :

"यवनों के आक्रमण से जब मालव और शिविगण मूल स्थान के निकट नहीं ठहर सके और मगध की केन्द्रीय मौर्यशक्ति ने भी अपने कर्तव्य का पालन जब नहीं किया तब उन्हें सिन्धु के दक्षिण मध्यनिका और कर्कोटक में शरण लेनी पड़ी। मेघवाहन क्षारवलि और पितामह वसुमित्र ने सेना-साधन में उनकी सहायता कर उन्हें उन्हीं स्थानों में स्थिर किया और आगे बढ़कर यवनों के उस पार शाकल तक पहुँचा दिया।"

इन वाक्यों में 'उन्हें, उन्हीं' और 'स्थान, स्थिर' के जोड़े दर्शनीय हैं। यदि नाटककार आँख खोलकर लिखने के साथ कान खोलकर अपने वाक्य सुनते भी जाएँ तो विक्रममित्र से ऐसे अनगढ़ वाक्य न कहलाएँ। उसी पृष्ठ पर विक्रममित्र महाशय पुन: कहते सुने जाते हैं :

"इन मालवों की सनातन वैदिक विधान में जो आस्था थी, उसने पितामह वसुमित्र को तो प्रभावित किया ही, जैन क्षारवलि तो उससे इतना प्रभावित हुआ कि उसने मालव महेन्द्रादित्य के साथ अपनी पुत्री सौम्यदर्शना का विवाह कर दिया।" इस वाक्य में 'आस्था' शब्द पर ध्यान दीजिए। यह 'आस्था' कर्ता है, उसने वसुमित्र को प्रभावित किया। लेकिन आगे कर्ता से बदलकर करण बन गई और जैन क्षारवलि उससे प्रभावित हो गया। कर्ता-करण के उलझाव में वाक्य अशुद्ध और अस्वाभाविक बन गया। छपने पर उसने चार पंक्तियाँ घेरी हैं, यह अलग से।

एक सामाजिक नाटक लीजिए। इसमें नीतिराज 'एक समाजवादी युवक; उम्र चौबीस वर्ष' और 'विमला एक युवती, उम्र बाईस वर्ष' आधुनिक विज्ञान पर बहस कर रहे हैं। नीतिराज कहता है :

"आख़िर आप रमणी हैं न? जिस दिन आप कमल-कुसुम के समान वर्तमान सामाजिक पानी की तह से ऊपर उठ आएँगी, उस दिन यह कह देंगी कि त्यागवाद

महान् नहीं हो सकता। जिस त्याग का ढिंढोरा पीटा जा रहा है, वह या तो समाज में इस समय जो धर्म प्रचलित है, उस धर्म के भय से किया जा रहा है या वह समाज में प्रतिष्ठित स्थान प्राप्त करने के लिए किया जाता है। सारे दान-पुण्य, सत्कर्म कहे जानेवाले कार्य इन्हीं दो कारणों के परिणाम हैं। सारा सामाजिक संगठन अवैज्ञानिक नहीं है। जो चीज़ वैज्ञानिक नहीं है, वह महान् हो ही नहीं सकती। मिस विमला, इस युग के दो सबसे बड़े तत्त्ववेत्ता हैं—डार्विन और कार्ल मार्क्स। दोनों ग्रहणवादी हैं।"

बाईस साल की लड़की के धीरज की प्रशंसा करनी होगी। लगभग पूरा पृष्ठ सुन जाती है और एक बार भी उस चौबीस साल के युवक को नहीं टोकती। नीतिराज ने भी, मालूम होता है, कॉलेज में हिन्दी के नाटक ही पढ़े हैं। इसलिए विमला से कहता है : "आख़िर आप रमणी हैं न!" क्या ही अच्छा हो कि कॉलेज के लड़के सहपाठिनी विद्यार्थियों के लिए ऐसे ही सुन्दर शब्दों का प्रयोग किया करें। 'सामाजिक पानी की तह' से ऊपर उठाना भी कमाल है। एक वाक्य में नीतिराज सर्वनामों का प्रयोग भूल गया है, इसलिए 'जो धर्म प्रचलित है उस धर्म के भय से'—बार-बार धर्म की दुहाई देने लगता है। 'समाज में प्रतिष्ठित स्थान प्राप्त करना' आदि ऐसे टुकड़े हैं जो नाटक की वाक्य-रचना में ठूँठ-जैसे खड़े हैं। नीतिराज ने डार्विन और कार्ल मार्क्स को ही पानी नहीं दिया, बोलचाल की हिन्दी पर भी पानी फेर दिया है।

नाटकों में इस तरह की शैली ज़्यादा दिन नहीं चल सकती। पाठ्यक्रम में शामिल करने पर भी इस तरह के नाटक हिन्दी के रंगमंच का उद्धार नहीं कर सकते।

आलोचना में गम्भीर चिन्तन के नाम पर हर तरह की वाक्य-रचना क्षम्य समझी जाती है। एक उदाहरण देना ही काफ़ी होगा। "सामाजिक शक्ति के संगठन में परस्पर-विरोधी शक्तियों का संघर्ष होता है, साहित्य उसका सजीव चित्रण कर यह स्पष्ट कर देता है कि उसमें वह सक्रिय रूप से भाग ले रहा है और यह कि वह सामाजिक संगठन एक स्थिर वस्तु नहीं है, बल्कि गतिमान और परिवर्तनशील है।" इस बात को और भी सरल ढंग से कहा जा सकता था और इस तरह का वाक्य रचने के लिए गम्भीर चिन्तन की दुहाई नहीं दी जा सकती। वाक्य के बेढंगेपन का कारण गम्भीर चिन्तन नहीं, अंग्रेज़ी के 'that' का भद्दा अनुवाद है, 'यह कि वह।'

संक्षेप में हिन्दी की गद्य-शैली को सँवारने के लिए वाक्य-रचना पर ध्यान देना सबसे ज़्यादा ज़रूरी है। लिखते समय हम वाक्यों को सुनते भी जाएँ या लिख लेने पर उन्हें ज़ोर से पढ़कर सुनें-सुनाएँ जिससे कि उनका अस्वाभाविक प्रवाह तुरन्त मालूम हो जाए और हम उनमें आवश्यक सुधार कर सकें। इसके अलावा संसार की हर भाषा के पुष्ट गद्य का आधार आम जनता की बोलचाल की भाषा रही है। हमें अपनी गद्य-शैली को सबल और समर्थ बनाने के लिए फिर यही आधार क़ायम करना है। ऐसा करने से हिन्दी भारत की दूसरी भाषाओं से दूर न

जा पड़ेगी। यह भय इसलिए पैदा होता है कि हम भारतीय भाषाओं के विकास को ही ग़लत समझ बैठते हैं। यह विकास संस्कृत की ओर नहीं लौट रहा है बल्कि तद्‌भव रूपों को अपनाता हुआ भाषा के प्राकृत रूप की ओर बढ़ रहा है—प्राकृत, अपने मौलिक और व्यापक अर्थ में। भारतेन्दु और प्रेमचन्द की शैली इसी विकास की ओर संकेत करती है। हिन्दुस्तान की अधिकांश जनता हिन्दी बोलती है या उसे समझती है। लेकिन हम अपनी गद्य-शैली को उस जनता के बोलने-समझनेवाले रूप से बहुत दूर ले आए हैं। इस तरह हिन्दी लोकप्रिय नहीं बन सकती। साक्षरता फैलने पर यह गद्य-शैली बदलेगी। नई पीढ़ी के लेखकों पर विशेष रूप से यह भार है कि वे अपनी शैली को इस तरह गढ़ें कि शिक्षा-प्रसार में उससे सहायता मिले और देश की कोटि-कोटि जनता के सम्पर्क से वे स्वयं भी अपनी भाषा और साहित्य को समृद्ध बनाएँ।

[1947]

6
राष्ट्रभाषा हिन्दी और हिन्दू राष्ट्रवाद

हिन्दी को राष्ट्रभाषा बनाने की माँग कुछ नई नहीं है। भारतेन्दु से लेकर अब तक इस माँग का आधार यही रहा है कि हिन्दी जनता की भाषा है; बोलने, लिखने और समझने में वह सरल है; हिन्दुस्तान की अधिकांश जनता अभी भी उसे बोलती और समझती है। अपनी माँग को पुष्ट करने के लिए हिन्दी-भाषियों ने जनता को अपनी कसौटी बनाया था। उन्होंने राष्ट्रभाषा की समस्या को जनतांत्रिक ढंग से ही सुलझाने का प्रयत्न किया था। लेकिन इधर कुछ वर्षों से यह परिस्थिति बदल रही है। साहित्य-सम्मेलन के मंच से हिन्दी-हिन्दुस्तान का नारा लगाकर अपनी भाषा के प्रसार को संकुचित करने और उसके सहज विकास को रोकने का प्रयास किया गया है। एक तरफ तो हम गर्व के साथ कहते रहे हैं कि हिन्दी आम जनता की भाषा है जिसके बोलनेवाले सभी जातियों और धर्म के लोग हैं, दूसरी तरफ राष्ट्रीयता के नाम पर साम्प्रदायिकता का जहर फैलानेवाला यह नया हिन्दू राष्ट्रवादी दल भाषा को धर्म के साथ जोड़कर हिन्दी को जनता की भाषा के पद से हटा देना चाहता है। ऊपर से देखने में मालूम होता है कि ये हिन्दू राष्ट्रवादी हिन्दी के समर्थक हैं, जो उसका प्रसार और विकास चाहते हैं, वास्तव में इनसे बड़ा शत्रु हिन्दी का कोई दूसरा नहीं हो सकता। राष्ट्रों की तरह भाषा का विकास भी जनतांत्रिक आधार पर होता है, जनता की उपेक्षा करके फासिज़्म को आधार बनाने पर राष्ट्र की तरह भाषा का भी सत्यानाश होना अनिवार्य है। हिन्दी का सत्यानाश करना तो विधाता के लिए भी कठिन होगा। विधाता की इच्छाओं के एकमात्र टीकाकार ये हिन्दू राष्ट्रवादी उसके विकास में कुछ देर के लिए बाधा ज़रूर डाल सकते हैं।

राष्ट्रभाषा के साथ हिन्दू राष्ट्रवाद के गठबन्धन को सबसे ताजी मिसाल श्री रविशंकर शुक्ल की लिखी हुई एक पुस्तक है, जिसका नाम है : 'हिन्दीवालो, सावधान'! 'इस्लाम खतरे में है' की तरह लेखक ने 'हिन्दू धर्म खतरे में है' कहकर हिन्दीवालों को सावधान करने की चेष्टा की है। जहाँ-जहाँ 'इस्लाम खतरे में है' का नारा लगाया गया है, वहाँ-वहाँ साबित हो चुका है कि इस्लाम के बदले किसी की ज़मीन-जायदाद ही खतरे में थी जिसे बचाने के लिए यह खतरे की घंटी बजाई

गई थी। इस बहाने जायदाद की हिफाजत हो नहीं पाती और जनता इस ठग-विद्या को पहचानकर जायदाद को जब्त करके ही दम लेती है। लेखक ने इतिहास को साक्षी न मानकर खुलेआम धर्मान्धता को आदर्श मानकर उसके पीछे चलने की सिफारिश की है। प्रत्येक हिन्दू राष्ट्रवादी ऊपर से जिन्ना का विरोधी होते हुए भी हृदय से उन्हीं को अपना आदर्श मानता है। कांग्रेस और देश के स्वाधीनता संग्राम के बारे में वह लीग के प्रतिक्रियावादी नेताओं के समान ही झूठा प्रचार करता है। रविशंकर शुक्ल का अभियोग है कि कांग्रेस ने हिन्दुओं के साथ 'घोर विश्वासघात किया है।' ('हिन्दीवालो, सावधान'; परिशिष्ट, पृ. 67) हिन्दुओं का विश्वासपात्र तो कोई हिन्दू जिन्ना ही हो सकता था लेकिन लेखक के दुर्भाग्य से 'हिन्दुओं का ऐसा कोई नेता नहीं है जो मि. जिन्ना से टक्कर ले सके।' (उप.) हिन्दुओं में ऐसा नेता पैदा करने के लिए ज़रूरी है कि हर हिन्दू के हृदय में राष्ट्रीयता की परम्परा को निर्मल कर दिया जाए। इसलिए कांग्रेसी नेताओं के लिए लेखक ने यह दावा किया है कि उन्होंने 'जन्म-भर मनसा, वाचा और कर्मणा—यह सिद्ध करने की चेष्टा की है, और अब भी कर रहे हैं, कि वे हिन्दू नहीं हैं।' (उप.) कांग्रेस पर अहिन्दू होने का अभियोग लगाने का एकमात्र उद्देश्य यह है कि कांग्रेस की प्रेरणा से जो जनवादी परम्परा क़ायम हुई है, उससे निहित स्वार्थों की रक्षा की जाए। इस हिन्दू-प्रेम के पीछे पूँजीवाद और ज़मींदारी प्रथा का प्रेम छिपा हुआ है जो लेखक से इस तरह की दलीलें पेश कराता है—पं. नेहरू को हिन्दुस्तान के नाम से चिढ़ है क्योंकि उसमें हिन्दू नाम जुड़ा हुआ है। इसलिए वह चाहते हैं कि देश को 'इंडिया' ही कहा जाए और इस मामले में गांधी जी 'उनकी पीठ थपथपा रहे हैं।' (परिशिष्ट, पृ. 68) पं. नेहरू के भाषणों को जनता भी सुनती है और वह अच्छी तरह जानती है कि वे इंडिया शब्द का प्रयोग करते हैं या हिन्दुस्तान का। लेकिन फासिज़्म का आधार झूठ होता है और हिन्दू राष्ट्रवाद एक फासिस्ट विचारधारा है।

हिन्दू और मुस्लिम प्रतिक्रियावादी एक-दूसरे के कितने निकट हैं, इसकी एक मिसाल देखिए। दोनों ही नेहरू सरकार की एक हिन्दू सम्प्रदायवादी सरकार के रूप में कल्पना करते हैं। फ़र्क़ इतना ही है कि मुस्लिम प्रतिक्रियावादी उसे हिन्दू सरकार पहले से ही मानते हैं और उनके हिन्दू भाई उसे ऐसी बनाना चाहते हैं। शुक्ल जी कहते हैं कि 'हमारा संसार नेहरू सरकार को हिन्दू सरकार बनाना और समझता है—जबकि वास्तव में अर्थात् अमल में वह हिन्दू सरकार नहीं है। रोमी भ्रांति का कारण नहीं रहने या भविष्य में उत्पन्न होने दिया जा सकता। (उप.) सारे संसार में चर्चिल और उनके पिट्ठू ही ऐसा प्रचार करते हैं और बी.बी.सी. दुनिया-भर में विज्ञापित करती है कि पं. नेहरू की हिन्दू सरकार मुसलमानों का नाश कर देना चाहती है। लेकिन संसार में सब चर्चिल, फ़ीरोज़ खाँ नून या उनके हिन्दू नक्काल (रविशंकर शुक्ल जैसे) ही नहीं हैं। दुनिया का

हर जनतंत्रवादी न तो नेहरू सरकार को एक हिन्दू सम्प्रदायवादी सरकार मानता है और न उसे होने देना चाहता है।

हिन्दू राष्ट्रवाद की खुली घोषणा इस प्रकार है :

"हिन्दुस्तान एक हिन्दू राष्ट्र हो जिसका राज-धर्म हिन्दू धर्म हो और जिसमें सब प्रमुख पदों पर हिन्दुओं और अमुस्लिमों की नियुक्ति हो! ऐसा कोई व्यक्ति जो स्पष्ट रूप से हिन्दू धर्म न मानता हो, हिन्दुस्तान सरकार का प्रधान नहीं हो सकता।" (उप.) स्पष्ट रूप से हिन्दू धर्म मानने का मतलब क्या है? यह कि जो मुसलमानों को हिन्दुस्तान में रहने दे, वह पूरा हिन्दू नहीं है। "इस्लाम धर्म के किसी अनुयायी को हिन्दुस्तान में नागरिकता के अधिकार नहीं मिल सकते" और "अल्पसंख्यक के किसी झूठे नाम पर पाकिस्तान के फिफ़्थ कॉलम को स्वच्छंद नहीं छोड़ा जा सकता।" (पृ. ९९) यह है सच्चे हिन्दूपन की कसौटी! अगर लीगी नीति धर्मान्ध है तो क्या हम नहीं हो सकते? अगर वे एक बार कुएँ में गिरे हैं तो हम सौ बार गिरेंगे! हिन्दू राष्ट्रवाद की वीरता इसी प्रकार की है।

इस हिन्दू राष्ट्रवाद को भाषा के क्षेत्र में लागू करना मुश्किल नहीं है। जैसे हिन्दुस्तान का हर मुसलमान पाकिस्तान का फिफ़्थ कॉलम है, वैसे ही हिन्दी में आया हुआ अरबी-फ़ारसी का हर शब्द फिफ़्थ कॉलम है, जिसे निकाल बाहर करना चाहिए। बात कुछ बहुत मौलिक नहीं है क्योंकि मराठी में वीर सावरकर भी यह काम कर चुके हैं। उन्हें सफलता कितनी मिली है, यह मराठी का कोई अख़बार उठाकर देख लीजिए।

कठिनाई तब पैदा होती है जब जनता के व्यवहार का प्रश्न सामने आ जाता है। हिन्दू राष्ट्रवादियों के दुर्भाग्य से इस देश की जनता हिन्दू-मुसलमान शब्दों की पहचान नहीं कर पाती। फल यह होता है कि इस जनता से प्रेरणा पानेवाले कवि और लेखक भी हिन्दू-मुस्लिम शब्दों का भेदभाव भूल जाते हैं। इसलिए हिन्दू राष्ट्रवाद के इन आचार्य ने जनता का झगड़ा ही खत्म कर दिया है। आपने लिखा है : "जनता तो भेड़ों के झुंड के समान है। उसे नेताओं ने जिधर हाँक दिया, उधर चल दी...जनता को पेट-भर खाने और तन-भर कपड़े के सिवाय किसी और चीज़ की चिन्ता नहीं होती।" (मूल पुस्तक, पृ. 85)

यह तर्क भी अधिक मौलिक नहीं है। जब हिन्दुस्तान में आज़ादी का आन्दोलन चला, तब अंग्रेज़ साम्राज्यवादियों ने भी यही दलील पेश की थी कि हिन्दुस्तान की आम जनता को तो खाने-पहनने से मतलब है; कुछ थोड़े-से असन्तुष्ट लोगों ने उसे आज़ादी का नाम लेना सिखा दिया है। अगर उन्हें पकड़कर जेल में बन्द कर दिया जाए तो वह आज़ादी का हल्ला भी एक दिन में खत्म हो जाएगा। इस विचार के अनुसार : जनता को भेड़ और अपने को भेड़िया समझनेवालों ने काम भी किया लेकिन उसका फल क्या हुआ, इसे सारी दुनिया जानती है। श्रीमान् रविशंकर शुक्ल जनता को 'लैंग्वेज़ कांशस' करने के फेर में स्वयं जनता की शक्ति से 'अनकांशस'

हो गए हैं! लेकिन अंग्रेज़ बहादुर की शक्ति पर आपका विश्वास अडिग है! भारतीय जनता तो अपनी भाषा के प्रति कभी जागरूक नहीं रही लेकिन 'भला हो अंग्रेज़ बहादुर का जिसने फ़ारसी को हटाकर प्रान्तीय भाषाओं को प्रतिष्ठित किया।' (पृ. 58) गोया लॉर्ड मैकाले ने हिन्दी का सर्वनाश करने के लिए कुछ उठा रखा था और उनकी चलाई हुई शिक्षा-प्रणाली के लिए हिन्दुस्तानियों को उनका कृतज्ञ होना चाहिए! अपनी जनता को गाली कि वह भेड़ है और अंग्रेज़ के उठा लिये शाबाशी कि वह इन्साफ़पसन्द है—यह है हिन्दू राष्ट्रवाद का सच्चा रूप!

हिन्दी-भाषी जनता को भेड़ियाधसान बनाकर इस लेखक ने हिन्दी के बड़े-से-बड़े साहित्यिकों को भी उसमें शामिल कर लिया है। यह हिन्दी के लिए गर्व की बात है कि उसके बड़े-बड़े साहित्यकारों ने बोलचाल की भाषा को अपना आधार बनाया है। रविशंकर शुक्ल की समझ में इस बोलचाल की भाषा को अपनाने का मतलब है : उर्दू कोश को अपनाना। लिखा है : "उर्दू कोश केवल 'हिन्दी शब्द-सागर' में ही नहीं समाया हुआ है, वह व्यवहार में भी बहुत हद तक हिन्दी पत्रों और पुस्तकों के पन्नों पर विद्यमान है, और हिन्दी के बड़े-से-बड़े साहित्यिकों की बोलचाल में भी विद्यमान है, बल्कि यों कहिए, बोलचाल में और भी अधिक प्रबल रूप से विद्यमान है।" (पृ. 3) इस बोलचाल के खतरे से बचने के लिए आपने यह बाबा-वाक्य प्रमाण रूप में रखा है—'कण्ठगतेऽपि प्राणे यावनीं न वदेत्।' और टीका की है : "संस्कृत की इस अखंड पीढ़ी में आज हिन्दी है। आज हिन्दी को वही काम करना है जो संस्कृत ने, पालि ने और अपभ्रंश ने किया है।" (पृ. 9) संस्कृत की अखंडता से अपभ्रंश कैसे पैदा हो गई, अपने अद्भुत भाषाविज्ञान का प्रकाश इस प्रश्न पर भी डाल देते तो हिन्दीवाले और सावधान हो जाते।

लेखक को हर जगह हिन्दी हारती हुई और उर्दू जीतती हुई दिखाई देती है। उर्दू की जीत का कारण उसका विशुद्धतावाद यानी हिन्दी शब्दों के बहिष्कार की प्रवृत्ति बताई गई है। अब उस विशुद्धतावाद को हिन्दी में लागू करने का हठ किया गया है। वास्तव में हार न हिन्दी रही है, न उर्दू, हार रहे हैं दोनों तरफ के विशुद्धतावादी, जो दोनों को बोलचाल के अस्सी फीसदी शब्दों के आधार पर नज़दीक आते देखकर हाय-हाय करके छाती पीट रहे हैं। उनका यह काम उचित भी है क्योंकि दोनों के पास आने को वे बिलकुल नहीं रोक पाते! लेखक ने कई जगह ऐसे शब्दों की सूची बनाई है जिन्हें वह हिन्दी से निकाल देना चाहता है। पृ. 22-23 पर ऐसे शब्दों की सूची देखने लायक है। इसमें तलाश, सूराख, वजन, शोरगुल, पैदावार, दाग, दर्द, रोशनी, हजम करना, सख्त, नज़दीक, मेहमान, कमरबन्द, बीवी, दिल, किताब, अन्दर, तरफ़, इनकार, खरीदना, आवाज़ देना, ख़ून जैसे शब्द हैं जिन्हें हिन्दू संस्कृति के लिए घातक बताया गया है। पाठक स्वयं सोचें कि हिन्दी भाषा को इन शब्दों से ख़तरा है या रविशंकर शुक्ल जैसे उसके समर्थकों से।

इन शब्दों के हिन्दी पर्यायवाची तो और भी मनोहर हैं! किताब के लिए केवल 'पोथी' लिखना चाहिए और बीवी के लिए 'बहू!'

हिन्दीवालों को सावधान करनेवाले इन सज्जन से अगर कोई पूछे कि क्या आपने यह 'पोथी' अफ़ीम खाकर लिखी थी तो कोई बेजा सवाल न होगा? ऐसे एक-दो नहीं, पच्चीसों शब्द हैं जिन्हें आपने हिन्दी से निकालने की सलाह दी है लेकिन जो दूसरी जगह आपके 'लैंग्वेज कांशस' दिमाग पर भी सवार हो गए हैं। मिसाल के लिए पृ. 33 पर आप 'किला' शब्द निकाल देने की सलाह देते हैं लेकिन पृ. 156 पर हिन्दी शत्रुओं का मुक़ाबला करने के लिए 'किले' की शरण ले बैठे हैं।

इसी सूची में आपने 'बच्चा' शब्द भी रखा है जिसे हिन्दी से आप विदेशी समझकर निकालना चाहते हैं! पाठकों को ऐसी अपार मूर्खता पर विश्वास न हो तो इस पुस्तक के पृ. 34 की दूसरी लाइन देख लें। लेकिन वाह रे बच्चो, शाबाश! पृ. 176 पर जब लेखक महाशय हिन्दी रक्षा संघ स्थापित करने में लगे थे, तभी आठवीं पंक्ति में तुम भी आ कूदे ('हिन्दी जनता में प्रबल आन्दोलन किया जाए कि वह अपने बच्चों को...' इत्यादि)। इसी तरह 'आबादी' का आप विरोध करते हैं लेकिन पृ. 25 पर अवध को 'आबाद' करते हैं। आदत आपको पसन्द नहीं लेकिन पृ. 27 पर आप खुद उसके 'आदी' दिखाई देते हैं। जादू वह, जो सिर पर चढ़कर बोले और वह आपके ही नहीं, हिन्दी-उर्दू, दोनों के विशुद्धतावादियों के सिर पर चढ़कर बोलता है। जितना ही बोलचाल के शब्दों से पर झाड़ते हैं, उतना ही वे चिपकते जाते हैं!

पृ. 40-41 पर एक दूसरी सूची है—उन शब्दों की, जो बोलचाल में प्रचलित नहीं हैं। इनमें बगावत, कुर्बानी, गद्दार, हिमायत, उस्ताद, हमदर्दी, नाराज, नाख़ुश, सर्दी जैसे शब्द भी हैं। पूछना चाहिए कि आप किस देश के रहनेवाले हैं जो इन शब्दों को बोलचाल का नहीं समझते? आपका दुराग्रह कितना बढ़ा हुआ है, यह इस बात से ज़ाहिर है कि आपने 'देशदूत' जैसे पत्र और बेढब बनारसी जैसे लेखक को भी—जिन पर हिन्दी-उर्दू के मामले में उदार होने का कलंक कभी नहीं लगाया जा सकता—उर्दू-परस्तों की पंक्ति में बिठा दिया है!

आप पर प्रतिक्रियावादी होने का आरोप लगाया जाएगा, यह आप पहले से ही जानते हैं। इसलिए पृ. 83 पर आपने गर्व से घोषणा की है : 'हमें एक बार नहीं, सौ बार प्रतिक्रियावादी कहलाना स्वीकार है।' उसके बाद यह भी मुक्तकंठ से स्वीकार किया है कि 'ये सब बातें पुनरुत्थान की भावना से प्रेरित हैं।' (उप.) बोलचाल के शब्दों के आने से आप भाषा को कृत्रिम मानते हैं; अधिक संस्कृतनिष्ठ होने से हिन्दी स्वाभाविक हो जाएगी! (पृ. 88-89)

एक सुझाव मार्के का है। अगले प्रान्तीय चुनाव के लिए हिन्दी जनता को अभी से तैयार करना चाहिए। (पृ. 176) राष्ट्रवादी मुसलमानों और कांग्रेस के नेताओं पर

यह विषवमन उस चुनाव की तैयारी का ही एक अंग है। ऐसे लोगों की कमी नहीं है जो देश को जनतंत्र की तरफ़ बढ़ने से रोककर साम्राज्यवाद की पाली-पोसी हुई व्यवस्था क़ायम रखना चाहते हैं। इनके प्रचार में एक ऐसी हिन्दी को स्थान दिया गया है जिसका भारत की जनता से यथासम्भव कम सम्बन्ध है! जितना सम्बन्ध हिन्दू राष्ट्रवाद का हिन्दू जनता से है, उतना ही हिन्दी के इन समर्थकों का हिन्दी से है। कलम पकड़ते चार दिन नहीं हुए कि तुलसीदास, भारतेन्दु और प्रेमचन्द—सभी की परम्पराएँ उलटने को तैयार हैं। मानो ईश्वर के यहाँ से हिन्दी की जायदाद का बैनामा कराके लौटे हैं! हिन्दी के उस एक बड़े लेखक का नाम बताइए जिसने इन सिद्धान्तों को मानकर रचना की हो? भाषा के निर्माता कुछ अन्धे प्रतिक्रियावादी नहीं हो सकते। उसके निर्माता हिन्दुस्तान के करोड़ों किसान, मज़दूर और साधारण लोग हैं जिनकी बोलचाल की भाषा से आपको असली ख़तरा दिखाई देता है। हिन्दी बोलनेवालों ने जिन शब्दों को अपना लिया है, उन्हें तमाम मुसलमानों को क़त्ल करके भी हिन्दी से नहीं निकाला जा सकता। यह संस्कृति की राम-दुहाई जनता के भय से उत्पन्न हुई है क्योंकि एक बार अंग्रेज़ी से टक्कर लेने के बाद यह जनता उनके देसी नक्कालों से डरकर चुप रहनेवाली नहीं है! जिस समय हिन्दी-उर्दू के कथित हिमायती एक-दूसरे को कोसते रहे हैं, उस समय यही जनता खेतों, खलिहानों और कारख़ानों में एक मिली-जुली भाषा गढ़ती रही है जिसकी उपेक्षा करना दोनों में से किसी के लिए भी सम्भव नहीं है। हिन्दी अमर है, इसलिए कि वह अपनी स्वाधीनता के लिए लड़नेवाली जनता की सजीव भाषा है।

[1948]

7
हिन्दी का 'संस्कृतीकरण'

बहुत-से लोगों का विचार है कि संस्कृत ने मृत भाषा का रूप इसलिए ले लिया कि पंडितों ने उसे व्याकरण के नियमों से जकड़ दिया था। परन्तु व्याकरण और भाषा की सजीवता में कोई ऐसा अन्तर्विरोध नहीं दिखाई देता कि संस्कृत की मृत्यु के लिए व्याकरण को दोषी ठहराया जाए। अगर आज की जीवित भाषाओं को लें तो देखेंगे कि वे व्याकरण से कम अनुशासित नहीं हैं और किसी हद तक तो उनके व्याकरण में ऐसी विशेषताएँ मौजूद हैं जो तर्कबुद्धि को स्वीकार ही नहीं होतीं। कौन नहीं जानता कि अंग्रेज़ी-व्याकरण बारह साल पढ़ने के बाद भी भाषा में अशुद्धियाँ रह जाना एक साधारण बात है! फिर भी अंग्रेज़ी संसार की सबसे सजीव भाषाओं में है। संस्कृत की अपेक्षा उसमें स्वच्छंदता कहीं कम है। संस्कृत वाक्य-रचना में आप शब्दों का हेर-फेर कर सकते हैं—'एतद् मम पुस्तकम्' को मम, पुस्तकम् एतद्—किसी भी शब्द से प्रारम्भ करके लिख सकते हैं। लेकिन अंग्रेज़ी में 'दिस इज़ माई बुक' को 'इज़ दिस माई बुक' लिखकर देखिए, कितना अन्तर हो जाता है! और कहीं 'बुक माई इज़ दिस' लिख दीजिए, तब तो वाक्य का कचूमर ही निकल जाएगा! छोटे बच्चे अंग्रेज़ी सीखते हुए अक्सर इस तरह की वाक्य-रचना करते हैं। और बच्चे ही क्या, बालिग भी हिन्दी से अंग्रेज़ी शुरू करते हैं, तो आरम्भ में यही ग़लती करते हैं। अगर कोई समझे कि 'राम: रामौ रामा:' की रटन्त से अंग्रेज़ी ही अच्छी, तो उसे हिन्दी के 'राम से, राम में, राम पर' आदि रूप याद रखने चाहिए और बिहारी भाइयों की 'ने' सम्बन्धी कठिनाई को न भूल जाना चाहिए।

इसका यह मतलब नहीं है कि संस्कृत, हिन्दी और अंग्रेज़ी, दोनों से सरल है और इसलिए उसे राष्ट्रभाषा बना देना चाहिए। ऊपर की बातें कहने का उद्‌देश्य यह है कि संस्कृत के मृत भाषा बनने का कारण व्याकरण नहीं, कुछ और है। दरअसल संस्कृत कुछ गिने-चुने शिक्षितों की भाषा रह गई थी और लोक-प्रचलित भाषा से इतनी दूर चली गई थी कि आम जनता के लिए वह दुरूह हो गई थी। उसका व्याकरण कितना भी सरल किया जाता, वह 'जीवित' भाषा का पद न पा सकती थी। अक्सर अनेक ग्राम-भाषाओं का व्याकरण संस्कृत से कम कठिन नहीं

होता, बल्कि उससे भी अधिक गहन और विस्तृत होता है, फिर भी ग्रामीण बच्चे बिना सूत्र धोखे हुए ही व्याकरण के अनुसार नित्य वाक्य-रचना करते रहते हैं। फ्रांस और स्पेन के कुछ भागों में 'बास्क' नाम की ऐसी बोली आज भी प्रचलित है। उनका व्याकरण लैटिन से भी दुरूह बताया जाता है लेकिन लैटिन संस्कृत के पद को प्राप्त हुई और बास्क अब भी जीवित है। बास्क के लिए एक कहानी प्रचलित है कि खुदा ने शैतान पर खफा होकर उसे बास्क-व्याकरण याद करने के लिए भेजा। सात साल तक परिश्रम करने के बाद भी शैतान कोरा-का-कोरा ही वापस लौटा।

व्याकरण की कठिनाई नई भाषा सीखनेवालों को महसूस होती है। जो उसे नित्य-प्रति बोलते हैं, उनके लिए व्याकरण 'सीखने' का प्रश्न नहीं उठता।

इसी प्रकार कोश देखकर भी कोई हिन्दी, उर्दू या हिन्दुस्तानी में बातें नहीं करता। काफ़ी दिन तक कोश-निर्माण में परिश्रम करने के बाद अधिकांश लोग यह समझ गए हैं कि हिन्दी, उर्दू, हिन्दुस्तानी की समस्या का चाहे जो हल हो, वह कम-से-कम कोश-निर्माण से हल नहीं हो सकती।

लेकिन कोशकार भला यह कब माननेवाले हैं! उनके लिए अमर-कोश पहले है, कालिदास बाद को। उनके लिए भाषा के बोलनेवाले बाद को हैं, उनकी कोश-रचना पहले है। जनता क्या बोलेगी; वैज्ञानिक, डॉक्टर, वकील, राजनीतिक नेता, आदि-आदि किन शब्दों का प्रयोग करेंगे, इस अन्देशे से दुबले कोशकार मोटे-मोटे कोशों का निर्माण करने में लगे हैं। कोश-रचना में ऐसे शब्द नहीं रखे जाते जो व्यवहार में आते हैं बल्कि ऐसे शब्द गढ़कर रखे जाते हैं जो व्यवहार में लाये जाएँगे। अगर 'जनता' की समझ और व्यवहार का जिक्र कीजिए तो जनता को मूर्ख और अशिक्षित कहकर भाषा के क्षेत्र से उसे निकाल बाहर किया जा सकता है और कोशकार दत्तचित्त होकर फिर अपने शब्द-निर्माण में लग जाते हैं।

छोटे से बड़े तक अनेक पंडित-महापंडित कई वर्षों से इस कार्य में लगे हैं। हिन्दी में लगे हैं और उर्दू में लगे हैं और इनके साथ बंगला जैसी अन्य भाषाओं में भी लगे हैं। इस हिसाब से हम इसे 'भारतीय साहित्य का कोश-युग' कह सकते हैं।

कोशकार अपने निर्दोष कार्य में लगे रहते और उनके एकान्त चिन्तन में बाधा देने की कोई ज़रूरत न थी, अगर उनकी कोश-रचना आम जनता पर लादी जाने को न होती। जब उनके इस कार्य को सरकारी या अर्द्ध-सरकारी संरक्षण मिल जाता है, तब यह खतरा पैदा हो जाता है कि कचहरी-डाकखाने में हमें ऐसे काग़ज़-पत्र पढ़ने को मिलेंगे जिन्हें समझने के लिए भारी-भरकम कोश साथ लेकर चलना पड़ेगा।

कल्पना कीजिए, एक 'अपसर्जित' व्यक्ति अपने 'अपसर्जक' पर अभियोग लगाता है और 'अपसर्जक' का मित्र 'आपचय' करता है। आप अदालत में 'प्रत्याख्यान' करते हैं। वकील 'अत्यय की अभ्युक्ति' करता है। इतने ही में एक 'अपनयन' का मुकदमा और पेश होता है लेकिन मुकदमे का 'लम्बन' हो जाता है

या वह 'विकृष्ट' हो जाता है। आपका 'अभिकर्ता' 'शपथ-पत्रक' देता है जिससे फिर 'व्यक्त विकर्षण' होता है। इसके बाद 'पुनर्वाद के अत्यय' की नौबत आती है और तब 'अपचारक' से कहा जाता है कि 'इस वाद का व्यय बाद के परिणाम का अनुसरण करेगा।'

यदि आप हिन्दी-प्रेमी हैं, तो इन शब्दों पर कुछ देर तक विचार कीजिए। यदि अंग्रेज़ी और हिन्दी पर्यायवाची शब्दों के बिना आप इनका मतलब समझ लेंगे तो 'वीर सराहौं तोहिं' हमें कहना पड़ेगा। ऊपर के शब्द उस कोश से लिये गए हैं जिसे उत्तर प्रदेश की सरकार और टिहरी राज्य की सहायता से नागरी प्रचारिणी सभा तैयार कर रही है। बानगी के तौर पर कुछ शब्द 2 जून, 1948 की 'अमृत बाज़ार पत्रिका' में छपे हैं। यदि नागरी प्रचारिणी सभा ऐसी ही हिन्दी का प्रचार करना चाहती है तो उसे लोगों को धोखे में न डालकर अपना नाम बदल डालना चाहिए।

इसमें संशय है कि ये शब्द संस्कृत में भी उसी अर्थ में प्रयुक्त होते हैं जो कोशकारों को अंग्रेज़ी के आधार पर अभीष्ट हैं। यह संस्कृत और हिन्दी, दोनों के साथ अन्याय है। इस तरह की भाषा को यू.पी. सरकार, टिहरी राज्य और नागरी प्रचारिणी सभा—तीनों मिलकर और उन-जैसे दस-पाँच नहीं चला सकते; क्योंकि ये शब्द जनता के गले से उतरेंगे नहीं। कोशकार भले ही आज जनता को अशिक्षित कहकर उसकी बोलचाल की भाषा की उपेक्षा करें, लेकिन यह कोश-भाषा आख़िर बुलवाना तो उसी जनता से है!

हिन्दी के इस 'संस्कृतीकरण' से हिन्दी का राष्ट्रभाषा बनना तो दूर, उसका प्रान्तीय भाषा के रूप में भी लोकप्रिय रहना कठिन हो जाएगा। यह हिन्दी की सेवा करना नहीं, उसका गला घोंटना है। हर हिन्दी-प्रेमी को इसका विरोध करना चाहिए।

यह बात नहीं है कि संस्कृत से शब्द लेना एकदम बन्द कर देना चाहिए। लेकिन शब्द लेना एक बात है, भाषा को संस्कृतमय बना देना दूसरी बात। इन कोशकारों की नज़र में हिन्दी का कोई स्वतंत्र अस्तित्व नहीं है। उसमें जो कुछ है और होना चाहिए, वह केवल संस्कृत का! इनके लिए मध्यकाल से लेकर अब तक केवल सांस्कृतिक पतन ही होता आया है और जितनी जल्दी सतयुग की ओर लौट चलें, उतना ही अच्छा। यह हठधर्म कुछ नया नहीं है। जब गोस्वामी तुलसीदास ने 'रामचरितमानस' रचा था और पंडितगण उनकी रचना को 'भदेस' कहकर हँसते थे, तब से यह क्रम चला आ रहा है। यूरोप में इस प्रकार लैटिन के आगे 'वल्गर टंग' का मजाक उड़ाया जाता था, लेकिन वही 'भदेस' भाषा संसार की सबसे समृद्ध भाषाएँ बन गईं। वह पद हिन्दी भी प्राप्त करेगी, लेकिन कोश-रचना और संस्कृतीकरण के रास्ते पर चलकर नहीं।

ऊपर की कोश-निर्मित शब्दावली सरल शब्दों में भी लिखी जा सकती है। लेकिन कोश-प्रेमियों का कहना है कि सरल शब्दावली पारिभाषिक कहाँ हुई! इस

तरह हिन्दी को इतना पारिभाषिक बनाया जाएगा कि वह 'भाषा' न रहकर केवल 'परिभाषा' रह जाएगी!

हैदराबाद के स्वनामधन्य निज़ाम साहब उर्दू के लिए ऐसे ही कोश बनवा चुके हैं। उनसे उर्दू कितनी लोकप्रिय हुई है, इस बात पर हिन्दी-प्रेमियों को विचार करना चाहिए।

'सारे देश में समझी जाए'—इस बहाने हर भाषा के कठमुल्ले अपनी भाषा की जान लेने पर तुले हुए हैं।

पश्चिमी बंगाल की अत्यन्त प्रगतिशील सरकार के 'स्वराष्ट्र विभाग' ने सरकारी कामों के लिए 'व्यवहार्य परिभाषा' का पहला भाग प्रकाशित किया है। सरकार की तरफ से छपी हुई चीज़ है, इसलिए उसमें नुक्ताचीनी की गुंजाइश भी कम है। आप 'परिभाषा' का जो मतलब लगाते हों, बंग सरकार ने उसका अर्थ 'शब्दावली' किया है, यह याद रखें।

इसके रचयिताओं में डॉ. सुनीतिकुमार चाटुर्ज्या का प्रसिद्ध नाम भी है। भूमिका में बताया गया है कि 'हिसाब' शब्द प्रचलित होते हुए भी उसकी जगह 'गणन' और 'गणन' से 'गाणनिक' और 'महागाणनिक' शब्द रचे गए हैं! रवीन्द्रनाथ के बंगाल में यह ललित पदावली रची जा रही है। इसी प्रकार 'अदालत' शब्द काफ़ी सम्मानपूर्ण नहीं, 'not dignified enough' समझा गया है, इसलिए उसकी जगह 'धर्माधिकरण' सजाया गया है, जिसका नाम सुनते ही अपराधियों के छक्के छूट जाएँ।

'भूमिका' में भाषाविज्ञान की यह अपूर्व बात भी कही गई है : 'Bengali, Hindi, Marathi and the rest now depend upon Sanskrit—they are not free to utilise their own basic elements.' यानी बंगला, हिन्दी, मराठी वगैरह को खुद अपने भीतर से शब्द-निर्माण करने की छूट नहीं है। उन्हें संस्कृत का ही मुँह जोहना पड़ेगा।

हिन्दुस्तान में भाषाविज्ञान ने कितनी प्रगति की है, यह ऊपर के इस एक वाक्य से प्रकट है, जिस पर डॉ. सुनीतिकुमार चाटुर्ज्या के हस्ताक्षर हैं।

नागरी प्रचारिणी के कोशकारों की सेवा में हम इस बंगीय 'परिभाषा' से कुछ शब्द पेश करते हैं। आप लोग अलग-अलग न जाने क्यों परिश्रम कर रहे हैं; हिन्दी-बंगला जब दोनों संस्कृत से लेती हैं, तब उनमें भेद कहाँ रहा? आप्टे के शब्दकोश पर हिन्दी, बंगला लिखकर क्यों नहीं चालू कर देते? बानगी देखिए :

न्यासपाल, महा-व्यावहारिक (संज्ञा है, विशेषण न समझ लीजिएगा), स्थपति, भाचित्रकार, कूपी धावक (यह बोतल धोनेवाला है!), आत्ययिक, वक्रचर नियामक, दोहवर्धन आधिकारिक (डेरी से सम्बन्ध), दुष्कृति विमर्श विभाग, उप-आयुक्तक, उप-प्रादेशिक परिवहन महाध्यक्ष, उप-आराक्ष्याध्यक्ष, उप-अधिकर्ता, ताड़ित-उपदेष्टा, धूमोत्पात परिदर्शक, साधित्र रक्षक, लेख्य-प्रापक, राजस्व-करणिक,

विक्रयिक, विशिष्ट-मुद्रितक-उपदेष्टा, परियाण-करणिक अवर, अन्त: शुक्ल कृत्यक, शिल्प व संभरण मंत्रक, राष्ट्रभृत्यानियोगाधिकार, कन्या प्रणिधि, तूर्ण पत्र (एक्सप्रेस चिट्ठी) इत्यादि।

इस शब्दावली के निर्माण, जानते हैं कि उसे बंगाल में कोई न समझेगा। इसलिए नौजवानों को आदेश दिया गया है कि जितना समय अंग्रेज़ी सीखने में लगाते हो, उसका चौथाई भी मातृभाषा (यानी संस्कृत) सीखने में लगाओ तो वे अपरिचित शब्द उतने अपरिचित न रह जाएँगे!

इन कोशकारों के लिए सबसे अच्छी सज़ा यही है कि इनसे इन्हीं के बनाए हुए कोश याद कराए जाएँ। जहाँ भूलें, वहाँ फिर याद करने की ताकीद कर दी जाए। जब हिन्दी, बंगला आदि के कोशकार अपने-अपने कोश या सम्मिलित महाकोश याद कर डालें तभी वह कोश जनता तक पहुँचे, उसके पहले नहीं।

हिन्दी का संस्कृतीकरण पारिभाषिक शब्दों को लेकर ही नहीं है। साधारण साहित्य में, दैनिक और मासिक पत्रों आदि में भी तत्सम शब्दों को इसलिए भरा जाता है कि इससे हिन्दी सुबोध हो जाएगी—खुद हिन्दी बोलनेवालों के लिए नहीं बल्कि दूसरी भाषाओं के बोलनेवालों के लिए। मिसाल के लिए, शायद बंगाल के लोग संस्कृत-बहुल हिन्दी को बोलचाल की खिचड़ी भाषा से ज़्यादा अच्छी तरह समझ सकेंगे। देखना चाहिए कि बोलचाल की बंगला में तत्सम शब्दों का अनुपात कैसा रहता है। इस पर डॉ. सुनीतिकुमार चाटुर्ज्या से ज़्यादा कौन अधिकारी विद्वान राय दे सकता है? बंगला भाषा की उत्पत्ति और विकास पर लिखे हुए अपने प्रसिद्ध ग्रंथ के पहले भाग में उन्होंने यह मत प्रकट किया है :

"In Modern Bengali, the colloquial has a surprisingly small 'percentage of Sanskrit words' (The Origin and Development of the Bengali Language, Vol. 1, p. 221)" यानी बोलचाल की बंगला में संस्कृत शब्दों की तादाद असाधारण रूप से कम है!

हिन्दी पाठक इस वाक्य पर कुछ देर तक विचार करें। जिन अन्य भाषा-भाषियों की दुहाई देकर हिन्दी को बिगाड़कर उसे संस्कृतमयी बनाया जा रहा है, वे स्वयं बंगाल जैसे प्रान्त में भी संस्कृत शब्दों का कम-से-कम प्रयोग करते हैं।

पारिभाषिक शब्दों की समस्या बोलचाल की भाषा के नियमों को तोड़कर हल नहीं की जा सकती। बोलचाल की भाषा में अंग्रेज़ी और फ़ारसी के शब्द भी आते हैं और संस्कृत से भी आते हैं। लेकिन आर्य संस्कृति के जोश में शुद्धतावादी केवल संस्कृत के तत्सम शब्दों को लेने पर तुले हुए हैं। वे यह भूल जाते हैं कि स्वयं संस्कृत दूसरी भाषाओं से शब्द लेकर समृद्ध होती रही थी। इस बात को सुनीति बाबू भी मानते हैं। उपर्युक्त पुस्तक में लिखा है : "The Aryan speech has been borrowing words from the Dravidian ever since the former came to

India"—(Ib., p. 178) अर्थात् "आर्यों की भाषा हिन्दुस्तान में आने के बाद से ही द्रविड़ भाषाओं से बराबर शब्द उधार लेती रही है।" लेकिन 'देववाणी' भले शब्द लेती रही हो, देशवाणी के कलजुगी समर्थक ज़ोरों से हृदय-कपाट बन्द किये हैं कि कहीं विदेशी हवा लगने से उनका देवत्व खंडित न हो जाए!

अगर कोई कहे कि इनकम टैक्स इंस्पेक्टर, वारंट, करेंसी, गार्जियन, रिपोर्ट, रिसीवर, समन, सब-जज आदि अंग्रेज़ी के प्रचलित शब्दों को ग्रहण कर लेना चाहिए और उनकी जगह नये शब्द न गढ़ने चाहिए तो यह राष्ट्रभाषा के प्रति द्रोह कहा जाएगा। लेकिन इन्हीं शब्दों को सुनीति बाबू ने अपनी पुस्तक में 'typical naturalised English Words' (पृ. 645-48) कहा है। ये शब्द बंगला के अपने शब्द मान लिये गए हैं और यही नहीं, इनके साथ एग्जिबीशन, वेटिंग-रूम, कौंसिल, गिरीमेंट (एग्रीमेंट), नोटिस, बर्ज्जाइस (बुर्जुआ), मरगिज, रजिस्ट्री, लिवर, हाफ साइड आदि शब्द भी बंगला की स्वीकृत सम्पत्ति माने गए हैं। लेकिन बंगला की 'व्यवहार्य परिभाषा' उठाकर देखिए तो इन्हीं शब्दों या इन जैसों के बदले डॉ. सुनीतिकुमार और उनके सहयोगी नये-नये भारी-भरकम शब्द गढ़ते दिखाई देंगे और खुद बंगालियों की समझ में न आने पर उनसे कहेंगे कि अपनी मातृभाषा सीखने में कुछ समय लगाओ।

इसी तरह अपनी पुस्तक के पृ. 217 (खंड 1) पर उन्होंने बैलेट, सेक्रेटरी, प्रिंटर, गजट, टाइमटेबल, रोमांस, रोमांटिक, क्लासिक, ट्रैजिक, कॉमिक, आर्ट, फ्यूचरिज़्म, साइंस, प्रोटोप्लाज़्म, प्लीस्टोसीन, लॉ, प्लॉट, केमिस्ट्री, फिज़िक्स आदि शब्दों के लिए लिखा है कि वे 'are being bodily adopted at the present day' यानी वे जैसे-के-तैसे बंगला में अवतार ले रहे हैं। लेकिन मजाल क्या कि वही सुनीति बाबू अब इनके लिए संस्कृत की किसी धातु से नया शब्द न गढ़ लें!

अपनी पुस्तक के पृ. 212 (खंड 1) पर उन्होंने यह भी लिखा था कि बंगला के मुसलमान लेखक ज़्यादा संख्या में आगे आ रहे हैं, इसलिए फ़ारसी, अरबी के शब्दों का बंगला में आना बिलकुल स्वाभाविक होगा ('will be in the nature of things') लेकिन 'व्यवहार्य परिभाषा' में इन स्वाभाविक रूप से आए हुए शब्दों को ढूँढ़ने के लिए अब आपको खुर्दबीन की ज़रूरत पड़ेगी।

जिस तरह पूँजीवादी नेता चुनाव में किये हुए वादों को मंत्री बनने पर भूल जाते हैं, वैसे ही 'रिवाइवलिज़्म' के जोश में (आर्य संस्कृति के मोह में) सुनीति बाबू जैसे भाषा-वैज्ञानिक खुद अपने बनाए हुए सिद्धान्तों को भूल गए हैं। यह पूँजीवादी संस्कृति के ह्रास का चिह्न है, उसके उत्थान का नहीं। यह रास्ता बंगला और हिन्दी की उन्नति का नहीं, उनकी अवनति का है।

[1948]

8
उर्दू साहित्य की सांस्कृतिक परम्परा

हिन्दी-उर्दू की समस्या का एक पहलू उनके साहित्य की परम्परा का भी है। हिन्दी और उर्दू एक भाषा हैं, या एक भाषा की दो शैलियाँ हैं, वे आगे चलकर मिलेंगी या उनमें से एक ही रह जाएँगी, आदि मसलों को पेश करते हुए और उनका हल खोजते हुए इन दोनों की सांस्कृतिक परम्परा का सवाल भी उठाया जाता है।

उर्दू की साहित्यिक और सांस्कृतिक परम्परा क्या है? यह परम्परा हिन्दी की साहित्यिक और सांस्कृतिक परम्परा से कहाँ तक अलग है? क्या दोनों की कोई सामान्य परम्परा भी है जिसे आगे विकसित किया जा सकता है?

इन प्रश्नों का जवाब देने से हिन्दी-उर्दू की समस्या को सही तौर से पेश करने और उसे हल करने में सहायता मिलेगी।

1

उर्दू की सांस्कृतिक परम्परा के बारे में एक मत यह है कि वह विदेशी है; उसी की वजह से देश के बँटवारे की नौबत आई (या वह परम्परा भी बँटवारे का एक कारण है); इस परम्परा से हिन्दी का कोई समझौता नहीं हो सकता और दरअसल उस परम्परा को, चूँकि वह राष्ट्रद्रोही है, जल्दी-से-जल्दी खत्म कर देना चाहिए।

इस मत को हिन्दी साहित्य-सम्मेलन के नये सभापति सेठ गोविन्ददास ने बड़ी धूमधाम से पेश किया है। इसी मत को श्री राहुल सांकृत्यायन, श्री सम्पूर्णानन्द, श्री पुरुषोत्तमदास टंडन आदि सज्जन भी पेश कर चुके हैं। सेठ गोविन्ददास ने उसे पेश करने में धूमधाम के अलावा किसी मौलिकता का परिचय नहीं दिया, इसलिए यहाँ पर श्री पुरुषोत्तमदास टंडन के शब्दों को उद्धृत करना ज़्यादा अच्छा होगा। टंडन जी सम्मेलन के प्राण हैं। सम्मेलन के सालाना सभापति जो मत प्रकट करते हैं, उनमें इन प्राणों की ध्वनि ही गूँजती रहती है।

सम्मेलन के पैंतीसवें अधिवेशन में टंडन जी ने उर्दू की सांस्कृतिक परम्परा पर ये विचार प्रकट किए थे :

"उर्दू कवियों की जो कविताएँ हुईं, वे अरब और ईरान के तहजीब की प्रतीक थीं। उर्दू कविताएँ हमें अपने नगर, अपने देश, अपने गली-कूचों की ओर ले जाने के बजाए, ईरान और अरब के नगर तथा गली-कूचों की ओर ले जाती हैं। उसकी सांस्कृतिक परम्परा हमारे देश की, हमारी मिट्टी से निकली हुई जो संस्कृति है, उसके विपरीत है।

"उर्दू कवियों के रूपकों में उर्दू कविता का सांस्कृतिक प्रयत्न स्पष्ट दिखाई पड़ता है। उनकी कविताओं में यदि वीर की उपमा दी जाती है तो रुस्तम, सोहराब, अफ्रासियाब को याद किया जाता है; कहीं पर आपको भीम, अर्जुन, आदि की उपमा नहीं मिलेगी। नदी की उपमा जब आती है तो उन्हें अरब की, मेसोपोटामिया की और ईरान की नदियाँ याद आती हैं। पर्वत की याद होती है तो उन्हें ईरान के पहाड़ों की याद आती है, हिमालय पर्वत की याद नहीं आती। फलों में उनको 'नर्गिस' की याद आती है। पक्षियों में उनको बुलबुल दिखाई पड़ता है। अपने देश के जो सुन्दर और अच्छे पक्षी हैं, उनकी चर्चा नहीं करते। उनका यह प्रयत्न था कि लखनऊ की गलियाँ 'अश्वाँ' बन जाएँ। 'अश्वाँ' ईरान का एक नगर है। सरूर जो कि लखनऊ का कवि था, उसका एक शेर 'फसाना अजाएब' में यह है—'बुलबुले शीराज को है रश्क नासिख़ का शुरू। अश्वाँ इसने किये है, लखनऊ के कूचे और गलियाँ'। कहने का तात्पर्य यह है कि उर्दू का सांस्कृतिक क्रम पृथक्वाद है और उसका परिणाम यह हुआ है कि जैसे-जैसे उर्दू का विकास हुआ, वैसे-वैसे सांस्कृतिक पृथक्ता बढ़ती गई। जहाँ-जहाँ उर्दू का साम्राज्य था, वहाँ-वहाँ पृथक्वाद का विशेष बल था, जैसे उत्तर प्रदेश और पंजाब में।"

[हिन्दी साहित्य सम्मेलन, पैंतीसवें अधिवेशन का विवरण, प्रयाग, पृ. 79-80]

यह सब कहने का सीधा मतलब यह है कि उर्दू की सांस्कृतिक परम्परा अलगाव पैदा करती रही है, इसलिए उसे खत्म कर देना चाहिए। आगे जब टंडन जी कहते हैं कि "मुझे उर्दू कविता अच्छी लगती है", तब उनसे पूछा जा सकता है कि इस राष्ट्र-विरोधी कविता के अच्छा लगने का पाप आप जैसे विशुद्ध भारतीयता-प्रेमी से कैसे हो गया? अगर उर्दू की सांस्कृतिक परम्परा हिन्दुओं और मुसलमानों में फूट डालती है तो इस बारे में दो मत नहीं हो सकते कि ऐसी परम्परा को खत्म कर देना चाहिए। ऐसी परम्परा तो फूटपरस्तों को ही अच्छी लग सकती है।

2

उर्दू साहित्य के इतिहास पर दृष्टि डालने से पहली चीज़ यह दिखाई देती है कि उर्दू की सांस्कृतिक परम्परा परिवर्तनशील रही है। जो परम्परा ज़ौक या दास की

थी, वही परम्परा ज्यों-की-त्यों जोश या कृश्न चन्दर की नहीं है। हमें देखना चाहिए कि यह परम्परा पहले क्या थी और उसमें कौन-कौन-सी खास तब्दीलियाँ हुई हैं।

जिस तरह हम भारतेन्दु के पहले की हिन्दी कविता को मोटे तौर पर रीतिकालीन कविता कहते हैं, उसी तरह हाली के पहले की उर्दू कविता को मोटे तौर पर हम रीतिकालीन कविता कह सकते हैं।

इस ज़माने की उर्दू कविता पर दरबारी संस्कृति की ज़बर्दस्त छाप है। उसके भावों और भाषा पर सामन्ती संस्कृति की छाप है। यह सामन्ती संस्कृति साहित्य में ईरानी साहित्य की परम्परा को अपनाती थी। उसने ईरानी साहित्य में प्रचलित उपमाओं, रूपकों वगैरह को अपने साहित्य में सजाने की कोशिश की।

हर देश के रीतिकालीन साहित्य में—उस समय के साहित्य में जब उद्योग-धन्धों के विकास से सामन्ती ढाँचा खत्म नहीं हुआ—बात कहने के ढंग पर ज़्यादा ज़ोर दिया जाता है, भावों और विचारों की मौलिकता पर कम ज़ोर दिया जाता है। हिन्दी की रीतिकालीन कविता, बिहारी और देव की रचनाओं में यह शैली हम देख सकते हैं। यही बात उर्दू की रीतिकालीन कविता पर भी लागू होती है। आगे चलकर रीतिकालीन परम्परा ज़्यादा साथ नहीं देती। उसमें चाहे भीम और अर्जुन का गुणगान हो, चाहे सोहराब और अफ़्रासियाब का, उस परम्परा से नाता तोड़ना ही होता है। हिन्दी की रीतिकालीन परम्परा में 'रामायण' और 'महाभारत' के वीरों की कमी नहीं थी, फिर भी खड़ी बोली के कवियों ने उस परम्परा का ज़ोरों से विरोध किया और छायावादी कवियों ने उससे नाता तोड़कर एक नई परम्परा को जन्म दिया। उर्दू साहित्य में भी उसकी रीतिकालीन परम्परा एक निर्जीव परम्परा हो गई है। उर्दू साहित्य उससे बहुत आगे बढ़ चुका है। रीतिकालीन परम्परा का विरोध करने और उससे नाता तोड़ने पर खुद उर्दू के लेखकों और कवियों ने ज़ोर दिया है।

जैसे हिन्दी में भारतेन्दु से पहले की सभी रीतिकालीन कविता ऐसी नहीं है, जिसे उठाकर रद्दी की टोकरी में फेंक दिया जाए, उसी तरह उर्दू की रीतिकालीन कविताओं में बहुत-सा हिस्सा सांस्कृतिक परम्परा का अंग बनकर सुरक्षित रहेगा। उर्दू के बहुत-से पुराने कवियों की ऐसी सैकड़ों पंक्तियाँ हैं जो अपनी उक्ति-चातुरी की वजह से बार-बार उद्धृत की जाती हैं और अब उन्होंने बोलचाल में कहावतों की जगह ले ली है। मसलन :

बड़ा शोर सुनते थे पहलू में दिल का,
जो चीरा तो इक क़तर-ए-ख़ूँ न निकला।

× × ×

ज़मीने चमन गुल खिलाती है क्या-क्या,
बदलता है रंग आस्माँ कैसै-कैसे!

× × ×

न ज़ोरे सिकन्दर न है क़ब्रे दारा,
मिटे नामियों के निशाँ कैसे-कैसे!

× × ×

अब तो घबरा के ये कहते हैं कि मर जाएँगे,
मर के भी चैन न पाया तो किधर जाएँगे?

× × ×

हज़रते दाग़ जहाँ बैठ गए बैठ गए
और होंगे तेरी महफ़िल से उभरनेवाले।

इस तरह की पंक्तियाँ बोलचाल में इस तरह आती हैं कि उन्हें हिन्दुस्तानी (खड़ी बोली) बोलनेवाली जनता की सांस्कृतिक परम्परा का एक अंग कहा जा सकता है।

हाली से पहले की उर्दू कविता की देन इतनी ही नहीं है। हाली से पहले भी बहुत-से कवियों ने रीतिकालीन परम्परा से बँधे न रहकर अपना नया रास्ता बनाया था। इन कवियों में ग़ालिब का नाम सबसे पहले आता है जिनके व्यक्तित्व की छाप उनकी रचनाओं पर इस तरह पड़ी है जिस तरह अपने व्यक्तित्व की छाप डालना किसी भी रीतिकालीन कवि के लिए मुमकिन नहीं है। ग़ालिब ने अपने जीवन के बारे में बड़े दर्द से लिखा है। इस तरह का दर्द दूसरों की रचनाओं की नकल करने से नहीं पैदा होता। इटली के महान् कवि दांते ने जिस तरह अपने जीवन की अपार वेदना अपने महाकाव्य में उड़ेल दी थी, उसी तरह ग़ालिब के शेर उस ज़माने के वातावरण के प्रति क्षोभ, ग्लानि और वेदना में डूबे हुए हैं।

ग़ालिब के ज़माने में बहुत-से लोग इल्म की शायरी करते थे। वे फ़ारसी साहित्य की उपमाएँ और रूपक लेकर अपनी रचनाओं को सँवारने की कोशिश करते थे। इन सब में फ़ारसी साहित्य से प्रभावित होते हुए भी ग़ालिब एक महान् प्रतिभाशाली कवि के रूप में हमारे सामने आते हैं।

ग़ालिब की पचीसों पंक्तियाँ साधारण बोलचाल में बराबर उद्धृत की जाती हैं। मिसाल के लिए :

हमको मालूम है जन्नत की हक़ीक़त लेकिन,
दिल के ख़ुश करने को ग़ालिब य' ख़याल अच्छा है।

× × ×

उनको देखे से जो आ जाती है मुँह पर रौनक़,
वो समझते हैं कि बीमार का हाल अच्छा है।

× × ×

कर्ज़ की पीते थे मय लेकिन समझते थे कि हाँ,
रंग लायेगी हमारी फ़ाक़ामस्ती एक दिन।

× × ×

रगों में दौड़ने फिरने के हम नहीं क़ायल
जो आँख ही से न टपका तो फिर लहू क्या है!

× × ×

न था कुछ तो ख़ुदा था, कुछ न होता तो ख़ुदा होता,
डुबोया मुझको होने ने, न होता मैं तो क्या होता!

× × ×

मुश्किलें मुझ पर पड़ीं इतनी कि आसाँ हो गईं।

× × ×

दर्द का हद से गुज़रना है दवा हो जाना।

× × ×

है कुछ ऐसी ही बात जो चुप हूँ,
वरना क्या बात कर नहीं आती।

अनेक हिन्दी लेखकों की रचनाओं में ग़ालिब के शेर उद्धृत किये जाते हैं। उग्र जी की शायद ही कोई पुस्तक, शायद ही कोई लेख हो जिसमें ग़ालिब के शेर उद्धृत न किये गए हों। निराला जी ने जहाँ-तहाँ ग़ालिब के शेर उद्धृत ही नहीं किये, उन पर 'प्रबन्ध पद्य' में लिखा भी है। ग़ालिब की रचनाएँ किस तरह हिन्दी लेखकों की सांस्कृतिक परम्परा बन गई है, इसकी एक मिसाल निराला जी के जीवन में मिलती है। निराला जी को अपने जीवन में जो मुसीबतें उठानी पड़ी हैं, जो अपमान सहने पड़े हैं और जिस तरह विरोधियों के मुक़ाबले में अपने आत्मविश्वास को अडिग रखना पड़ा है, उससे ग़ालिब की रचनाओं से उन्हें एक आन्तरिक सहानुभूति पैदा हो गई थी। मैंने उन्हें पचीसों बार इन पंक्तियों को गाते सुना है और आख़िरी बार अभी पिछले साल बनारस में जब वह काफ़ी अस्वस्थ थे, उन्हें फिर ग़ालिब के शेर गुनगुनाते सुनकर काफ़ी ताज्जुब भी हुआ कि इनके मन की दुनिया में और बहुत-से उलट-फेर हुए, लेकिन ग़ालिब, रवीन्द्रनाथ और तुलसीदास—ये तीन महाकवि अपनी जगह अब भी क़ायम हैं।

रहिये अब ऐसी जगह चलकर जहाँ कोई न हो,
हमसुख़न कोई न हो और हमज़बाँ कोई न हो।

बेदरो-दीवार-सा इक घर बनाना चाहिए,
कोई हमसाया न हो और पासबाँ कोई न हो।

पड़िये गर बीमार तो कोई न हो तीमारदार
और अगर मर जाइये तो नौहख़्वाँ कोई न हो।

जब श्री पुरुषोत्तमदास टंडन उर्दू की सांस्कृतिक परम्परा को विदेशी और राष्ट्र-विरोधी कहकर उस पर हमला करते हैं, तब हम यह सोचने पर मजबूर होते हैं कि हिन्दी की सांस्कृतिक परम्परा को 'निराला' की देन महान् है या श्री टंडन की? निराला की देन महान् है और इसीलिए महान् है कि उनके हृदय में वह संकीर्ण साम्प्रदायिकता नहीं थी जिसका परिचय श्री टंडन ने बार-बार दिया है। संकीर्ण हृदय से महान् सांस्कृतिक परम्परा का कोई सम्बन्ध नहीं हो सकता।

ग़ालिब के बाद पुरानी उर्दू कविता के दूसरे महान् रचनाकार मीर हैं। मीर की बहुत-सी रचनाओं में रीतिकालीन परम्परा से साफ़ नाता टूटा हुआ दखाई देता है। कौन-सा रीतिकालीन कवि अपने घर का इस यथार्थ ढंग से वर्णन करेगा! :

लोनी लग लग के झड़ती है गाटी,
आह क्या उम्र बेमज़ा काटी।

झाड़ू बाँधा है मेह ने दिन-रात,
घर की दीवारें हैंगी जैसे पात।

बाउ में काँपते हैं जो थरथर,
उन पै रद्दा रखे कोई क्योंकर।

मीर की भी अनेक पंक्तियाँ कहावतों का दर्जा पा चुकी हैं, जैसे ये :

शाम से कुछ बुझा-सा रहता है,
दिल हुआ है चिराग़ मुफ़लिस का।

हाली से पहले जिन लोगों ने रीतिकालीन परम्परा से नाता तोड़ा, उनमें नज़ीर का नाम महत्त्वपूर्ण है। नज़ीर के काव्य में लोकगीतों, कहावतों और लोकसंस्कृति को जो स्थान दिया गया है, उससे आज भी हम बहुत-कुछ सीख सकते हैं। नज़ीर जनता के कवि थे। इन्होंने आम जनता की ज़िन्दगी के बारे में बड़ी सजीव रचनाएँ की हैं। इनकी भाषा के बारे में श्री ब्रजरत्नदास ने लिखा है :

'इनकी भाषा देशी थी और उसे विलायती बनाने का कभी इन्होंने प्रयत्न नहीं किया। इनका चलती भाषा पर पूरा अधिकार था और फ़ारसी तथा अरबी के कोशों से चुन-चुनकर अपनी भाषा को लद्दू बनाने की आवश्यकता नहीं पड़ी। जैसा विषय चुना, वैसी ही भाषा ली और वैसे ही वास्तविकता से उसका चित्रण भी कर डाला।'

['उर्दू साहित्य का इतिहास', बनारस, सं. 1991, पृ. 182]

नज़ीर की बहुत-सी रचनाओं पर सूफ़ीपन का रंग है। दरअसल उनकी कविता की जड़ें उस ज़माने के समाज में दूर तक चली गई थीं। वह आदर्शवादी कवियों

की तरह ग़रीबी का गुणगान नहीं करते बल्कि इनसान की वे मुसीबतें बयान करते हैं जो ग़रीबी के सबब से उस पर आती हैं। लिखा है :

जब आदमी के हाल पै आती है मुफ़लिसी,
किस-किस तरह से उसको सताती है मुफ़लिसी
प्यासा तमाम रोज़ बिठाती है मुफ़लिसी
भूखा तमाम रात सुलाती है मुफ़लिसी,
ये दुख वो जाने जिस पै कि आती है मुफ़लिसी।

उन्नीसवीं सदी के उत्तरार्द्ध में देश के अन्दर नई राष्ट्रीय चेतना विकसित होने लगी। हिन्दी साहित्य में भारतेन्दु बाबू हरिश्चन्द्र ने किस तरह देशभक्तिपूर्ण कविताओं की परम्परा चलाई, इसे सभी लोग जानते हैं। उस समय की राष्ट्रीय चेतना पर पुनरुत्थानवाद का भी रंग चढ़ा हुआ था। भारतेन्दु बाबू ने आर्य जाति के प्राचीन गौरव के गीत गाये। हाली ने मुसलमानों के बीते वैभव के स्वप्न देखे। फिर भी हाली और भारतेन्दु—दोनों ने ही यह अनुभव कर लिया था कि देश की उन्नति हिन्दू-मुसलमानों के मेल से और उनकी मिली-जुली राष्ट्रीय चेतना से ही हो सकती है। हाली ने देश पर लिखा था :

ऐ वतन ऐ मेरे बहिश्ते बरीं
क्या हुए तेरे आसमाँ औ' जमीं
रात और दिन का वो समाँ न रहा
वो ज़मीं और वो आसमाँ न रहा।

हिन्दू-मुस्लिम-एकता पर लिखा था :

तुम अगर चाहते हो मुल्क की ख़ैर,
न किसी हमवतन को समझो ग़ैर।
हों मुसल्माँ इसमें या हिन्दू
बौद्ध मज़हब हो कि या ब्राह्मी,
सबको मीठी निगाह से देखो।
समझो आँखों की पुतलियाँ सबको।
हिन्द में इत्तफाक होता अगर
खाते ग़ैरों की ठोकरें क्योंकर?

आधुनिक हिन्दी साहित्य के आरम्भ काल में जैसे सामाजिक कुरीतियों पर बहुत-सी रचनाएँ की गईं, उसी तरह उर्दू साहित्य में भी समाज-सुधार पर बहुत-सी चीज़ें लिखी गईं। बीसवीं सदी में आकर साहित्य का मतलब मुख्य रूप से कविता नहीं रहता; उसके दूसरे रूप कहानी, उपन्यास, आलोचना वगैरह भी फलने-फूलने

लगते हैं। इस नये ज़माने का हिन्दी-उर्दू साहित्य और भी नज़दीकी सांस्कृतिक परम्पराएँ बनाता हुआ चलता है।

हिन्दी उपन्यासों में देवकीनन्दन खत्री के ऐयारी उपन्यासों के बाद हम प्रेमचन्द के सामाजिक समस्याओं वाले उपन्यासों तक पहुँचते हैं। उर्दू में पं. रतननाथ सरशार के 'फिसान-ए-आज़ाद' से आगे बढ़ते हुए हम फिर प्रेमचन्द तक पहुँचते हैं। प्रेमचन्द ने उर्दू और हिन्दी में सामाजिक समस्याओं वाले उपन्यासों की नींव डाली। प्रेमचन्द में हिन्दी-उर्दू की सांस्कृतिक परम्पराओं का मिलकर एक होना साहित्य की बड़ी महत्त्वपूर्ण घटना है। उससे ज़ाहिर होता है कि सांस्कृतिक परम्परा की जड़ें सामन्ती साहित्य से ज़्यादा मौजूदा सामाजिक ज़िन्दगी में धँसी होती हैं। प्रेमचन्द के ज़माने में एक नई परम्परा गढ़ी जा रही थी जिसके तत्त्व इस्लाम या हिन्दू धर्म से न लिये जाकर देश के सामाजिक और राजनीतिक आन्दोलनों से, समाज की नई प्रगति में, वर्गों के नये सम्बन्धों से लिये जा रहे थे। प्रेमचन्द ने हिन्दी और उर्दू में जो नई परम्परा डाली, वह गुणात्मक रूप से साहित्य की पुरानी परम्परा से भिन्न थी। वह दाग़, जौक़, बिहारी, पद्माकर की परम्परा से ही भिन्न न थी, वह हाली और भारतेन्दु की परम्परा से भी काफ़ी अलग थी। प्रेमचन्द साहित्य के विकास की वह मंज़िल थे जो अपने में सुधारवादी राष्ट्रीयता ख़त्म करके नये प्रगतिशील साहित्य की तरफ इशारा करती है।

प्रेमचन्द एक नई परम्परा को इसलिए जन्म दे सके कि हमारे समाज में नये परिवर्तन हो रहे थे, उसमें नई आशाएँ, नये उद्देश्य लेकर नये आन्दोलन चल रहे थे।

हिन्दी-उर्दू साहित्य में प्रेमचन्द की परम्परा इस बात का सबसे बड़ा सबूत है कि संस्कृति रचने का काम मनुष्य का सामाजिक जीवन करता है। यह सामाजिक जीवन बदलता रहता है, इसलिए संस्कृति की धारा भी बदलती रहती है। सामाजिक जीवन के मुक़ाबले में धर्म-सम्प्रदाय, मत-मतान्तरों के संस्कार बहुत ही कमज़ोर साबित होते हैं, और संस्कृति पर उनका असर कम-से-कम होता जाता है।

प्रेमचन्द खुद इस बात को बहुत अच्छी तरह जानते थे कि सामन्त-काल की सांस्कृतिक परम्परा खत्म हो रही है और नये ज़माने की एक नई परम्परा क़ायम हो रही है। वह जानते थे कि दोनों के उद्देश्य, दोनों के साहित्यिक रूप, दोनों के सौन्दर्य-सम्बन्धी मानदंड अलग-अलग हैं।

पुरानी साहित्यिक परम्परा के बारे में उन्होंने लिखा था :

"हमारे साहित्यकार कल्पना की एक सृष्टि खड़ी करके उसमें मनमाने तिलिस्म बाँधा करते थे। कहीं फिसान-ए-अजाएब की दास्तान थी, कहीं बोस्ताने ख़याल की और कहीं चन्द्रकान्ता सन्तति की। इन आख्यानों का उद्देश्य केवल मनोरंजन था और हमारे अद्भुत रस—प्रेम की तृप्ति...।

"क्या हिन्दी और क्या उर्दू—कविता में दोनों की एक ही हालत थी।...ऐसे पतन के काल में लोग या तो आशिकी करते हैं या अध्यात्म और वैराग्य में मन रमाते हैं।

"कला का नाम था और अब भी है, संकुचित रूप-पूजा का, शब्द-योजना का, भाव-निबन्धन का। उसके लिए कोई आदर्श नहीं है, जीवन का कोई ऊँचा उद्‌देश्य नहीं है—भक्ति, वैराग्य, अध्यात्म और दुनिया से किनाराकशी उसकी सबसे ऊँची कल्पनाएँ हैं। हमारे उस कलाकार के विचार से जीवन का चरम लक्ष्य वही है। उसकी दृष्टि अभी इतनी व्यापक नहीं कि जीवन-संग्राम में वह सौन्दर्य का परमोत्कर्ष देखे।"

[लखनऊ, प्रगतिशील लेखक सम्मेलन में सभापति पद से दिये गए भाषण से]

इस परम्परा को प्रेमचन्द खत्म कर रहे थे। उन्होंने साफ़ माँग की थी कि साहित्य के पुराने मानदंडों को बदला जाए। उन्होंने कहा था :

"हमें सुन्दरता की कसौटी बदलनी होगी। अभी तक यह कसौटी अमीरी और विलासिता के ढंग की थी। हमारा कलाकार अमीरों का पल्ला पकड़े रहना चाहता था...उसकी निगाह अन्त:पुर और बँगलों की ओर उठती थी। झोंपड़े और खँडहर उसके ध्यान के अधिकारी न थे। उन्हें वह मनुष्यता की परिधि के बाहर समझता था। कभी उनकी चर्चा करता भी था तो उनका मजाक उड़ाने के लिए।" (उप.)

प्रेमचन्द का हर शब्द उनके सच्चे जनवादी हृदय से निकला है जो समाज के नये विकास के लिए, साहित्य की परम्परा बदलने के लिए ज़ोर से ललकारता है।

"यदि साहित्य ने अमीरों के याचक बनने को जीवन का सहारा बना लिया हो, और उन आन्दोलनों, हलचलों और क्रान्तियों से बेख़बर हो, जो समाज में हो रही हैं—अपनी ही दुनिया बनाकर उसमें रोता और हँसता हो तो इस दुनिया में उसके लिए जगह न होने में कोई अन्याय नहीं है।" (उप.)

प्रेमचन्द के ये प्रभावशाली शब्द—उनके हृदय के ये सच्चे उद्‌गार—बतलाते हैं कि साहित्य की जो परम्परा धार्मिक अन्धविश्वासों, साम्प्रदायिक विद्वेष और भेदभाव, सामन्ती रूढ़ियों और प्राचीनतावाद को अपना आधार बनाती है, वह खत्म हो जाती है। साहित्य की वह परम्परा जो समाज के गतिशील जीवन को, उसके क्रान्तिकारी वर्ग को, जनता के संघर्ष को अपना आधार बनाती है, वह जीवित रहती है और वही परम्परा जीवित रह सकती है। प्रेमचन्द ने हिन्दी-उर्दू में इसी परम्परा को जन्म दिया था।

कुछ लोगों के मन में शंका पैदा हो सकती है कि प्रेमचन्द ने तो यह सब काम हिन्दी में किया था, उसका जिक्र उर्दू साहित्य के सिलसिले में क्यों किया जा रहा है? ऐसे पाठकों की सेवा में प्रेमचन्द के ये शब्द अर्पित हैं :

"मेरा सारा जीवन उर्दू की सेवकाई करते गुजरा है और आज भी मैं जितनी उर्दू लिखता हूँ, उतनी हिन्दी नहीं लिखता।"

['प्रेमचन्द : कुछ विचार', पृ. 191]

हिन्दी-उर्दू के लिखनेवालों का सामाजिक वातावरण आम तौर से एक-सा रहा है, इसलिए उनकी साहित्यिक परम्परा के उतार-चढ़ाव, उसके मोड़ और नई दिशा

में प्रवाह भी मिलते-जुलते रहे हैं। हिन्दी में रीतिकालीन परम्परा का विरोध किया गया। उर्दू में भी उस परम्परा का विरोध किया गया। हिन्दी में राष्ट्रीय कविता का युग आया, चकबस्त और इक़बाल, यह युग उर्दू कविता में भी लाये।

हिन्दी कविता में छायावाद के नाम से नई रोमांटिक कविता का युग आया। इस तरह की रोमांटिक कविता का युग उर्दू में भी आया।

गुलज़ार में कोयल की सदा गूँज रही है,
कोहसार में पुरशोर हवा गूँज रही है,
कुलकुल से जुनूँखेज़ फज़ा गूँज रही है,
मैदान में घनघोर घटा गूँज रही है;
बरसात है, बरसात है, बरसात है,
बरसात!

छायावादी कविता के उत्तरकाल में जैसे हिन्दी के कुछ कवियों ने निराशा, ऊब और अकेलेपन के गीत गाये, वैसे ही उर्दू में :

शहर की रात और मैं नाशाद ओ नाकारा फिरूँ,
जगमगाती जागती सड़कों पै आवारा फिरूँ,
ग़ैर की बस्ती है कब तक दर-ब-दर मारा फिरूँ,
ऐ ग़मे दिल, क्या करूँ, ऐ वहशते दिल, क्या करूँ।
यह रुपहली छाँव यह आकाश पर तारों का जाल,
जैसे सूफ़ी का तसव्वर, जैसे आशिक़ का ख़याल,
आह लेकिन कौन जाने कौन समझे जी का हाल,
ऐ ग़मे दिल, क्या करूँ! ऐ वहशते दिल, क्या करूँ।

हिन्दी में जैसे कुछ कवियों ने प्राचीनतावाद को ऐसा साधन बनाया है कि साहित्य का पानी उतर जाए, उसी तरह उर्दू में भी अलगाव और फूट पैदा करनेवाले, इस्लाम से उर्दू का नाता जोड़नेवाले, मुसलमानों को अलग जाति और उर्दू को अरब और ईरान की संस्कृति से मिलानेवाले शायर भी हुए हैं। लेकिन उनकी वजह से उर्दू साहित्य को साम्प्रदायिक समझना उतनी ही बड़ी अक्लमन्दी होगी, जितनी किप्लिंग की वजह से अंग्रेज़ी साहित्य को साम्राज्यवादी समझना।

श्री पुरुषोत्तमदास टंडन का कहना है कि उर्दूवाले राम, कृष्ण, अर्जुन वग़ैरह का नाम लेना अपनी संस्कृति के ख़िलाफ़ समझते हैं। अगर ऐसा है तो नज़ीर ने 'कन्हैया का बालपन' क्यों लिखा? और लिखा तो ऐसों को जाति-बाहर क्यों नहीं कर दिया गया? नज़ीर ने लिखा है :

यारो सुनो ये दधि के लुटैया का बालपन,
औ मधुपुरी नगर के बसैया का बालपन,

मोहन-स्वरूप नृत्य करैया का बालपन,
बन-बन के ग्वाल गौएँ चरैया का बालपन,
क्या-क्या कहूँ मैं कृष्ण कन्हैया का बालपन।

नज़ीर ने दीवाली पर लिखा था :

हर इक मकान में जला फिर दिया दिवाली का,
हर इक तरफ़ को उजाला हुआ दिवाली का,
सभी के दिल में समा भा गया दिवाली का,
किसी के दिल को मज़ा ख़ुश लगा दिवाली का,
अजब बहार का है दिन बना दिवाली का।

होली पर दूसरे सुर-ताल में लिखा था :

जब फागुन रंग झमकते हों तब देख बहारें होली की,
और डफ़ के शोर खड़कते हों तब देख बहारें होली की।

नये युग के कवियों में सागर निज़ामी ने कृष्ण के बाँसुरी बजाने इत्यादि पर लिखा है :

अय गोपाल झूमकर बंसरी बजाओ फिर।
बंसरी के कैफ़ से दिल को गुदगुदाओ फिर,
प्रेम और प्रीति की, रीति को जगाओ फिर

× × ×

ख़ुद ही तुम कमल बनो, ख़ुद ही मुसकराओ फिर,
बूयेगुल के रूप में, सबके पास जाओ फिर,
बंसरी बजाओ फिर दो जहाँ पै छाओ फिर,
अय गोपाल झूमकर बंसरी बजाओ फिर।

यहाँ पर अकबर इलाहाबादी का जिक्र करना उचित होगा, जिनके ढेरों शेर अनेक हिन्दी लेखकों की रचनाओं में उद्धृत किये हुए मिलेंगे। उनके बहुत-से शेर कहावतों का दर्जा पा गए हैं :

खींचो न कमानों को न तलवार निकालो,
जब तोप मुक़ाबिल हो तो अख़बार निकालो।

× × ×

क़ौम के ग़म में डिनर खाते हैं हुक्काम के साथ,
रंज लीडर को बहुत है मगर आराम के साथ।

अकबर को नज़र अक्सर धार्मिक आस्था और पुरानी तहजीब पर रहती है। वह अंग्रेज़ियत के ख़िलाफ़ हैं लेकिन उसके बदले एक नई जनवादी संस्कृति का नक्शा उनके सामने नहीं है। उनके ज़माने की सीमाएँ भी थीं। फिर भी प्राचीनतावादियों पर कैसा व्यंग्य किया है! :

पेट मसरूफ़ है किलर्की में
दिल है ईरान और टर्की में।

प्राचीनतावाद और कट्टरतावाद के ख़िलाफ़ बहुत-से उर्दू कवियों ने लिखा है। सही सबब है कि वह अपने यहाँ एक जनवादी और प्रगतिशील परम्परा क़ायम कर सके हैं।

मुस्लिम प्राचीनतावादिगों पर व्यंग्य करते हुए जोश ने लिखा है :

आ ही नहीं सकता मेरे मुँह लालाए बुज़दिल।

[यानी बुज़दिल लाला मेरी बराबरी नहीं कर सकता।]

मैं पाक, वो नापाक, मैं गोरा हूँ, वो काला,
क्या उसका मेरा ज़िक्र, वो देशी मैं विदेशी,
मैं मिस्र की मस्जिद, वो बनारस का शिवाला,
गंगा की हर इक लहर में गल्तीदा है पस्ती,
दजले की हर एक मौज में रक्साँ है हिमाला।

[प्राचीनतावादी मौलाना फर्माते हैं कि गंगा की लहरों में पस्ती है और दजला की मौजों में हिमालय का नज्जारा है!]

जोश ने लिखा है कि शैतान मौलवी को यों फँसा लेता है :

यही कह-कह के राह करता है गुम
कि ख़ुदा के हो ख़ानदान से तुम।

प्राचीनतावाद के विरोध के फलस्वरूप हिन्दू-मुस्लिम एकता पर उर्दू कवियों ने बहुत सुन्दर रचनाएँ की हैं।

इक़बाल ने लिखा था :

आ ग़ैरियत के पर्दे इक बार फिर उठा दें,
बिछुड़ों को फिर मिला दें, नक्शे दुई मिटा दें।
सूनी पड़ी हुई है मुद्दत से दिल की बस्ती,
आ इक नया शिवाला, इस देश में बसा दें।
दुनिया के तीरथों में ऊँचा हो अपना तीरथ,

दामाने आसमाँ में उसका कलस मिला दें।
हर सुबह उठके गाएँ मंतर वो मीठे-मीठे,
सारे पुजारियों को मय पीत की पिला दें।
शक्ती भी शान्ती भी भक्तों के गीत में है
धरती के बासियों की मुक्ती पिरीत में है।

यह याद रखना चाहिए कि हिन्दू-मुस्लिम एकता की अडिग और पक्की नींव जनतंत्र ही है; भावुकता के आधार पर क़ायम की हुई एकता, सिर्फ़ ईश्वर-अल्ला का नाम लेकर क़ायम की हुई एकता टिकाऊ नहीं हो सकती। बहुत कांग्रेसी नेता एकता का दम भरते थे; आज वे प्राचीनतावाद और हिन्दू सम्प्रदायवाद के भक्त नज़र आते हैं। कारण यह है कि किसान-मज़दूरों के आन्दोलन का विरोध करके, उनके संघर्ष को अपने लिए काल समझकर कोई भी एकता का हिमायती नहीं हो सकता। उसे एकता अपने लिए एक खतरा मालूम होने लगती है। इक़बाल भी इस एकता को छोड़कर सम्प्रदायवाद की तरफ झुक गए थे।

उर्दू में अंग्रेज़ी साम्राज्यवाद के ख़िलाफ़ बहुत काफ़ी और बहुत ज़ोरदार कविताएँ लिखी गई हैं। इन पर एक नज़र डालने से ही ज़ाहिर हो जाता है कि यह आरोप कितना झूठा है कि उर्दू के कवियों को अपने देश से प्रेम नहीं है। जोश ने ख़ास तौर से साम्राज्य-विरोधी आन्दोलन पर बहुत सुन्दर पंक्तियाँ लिखी हैं।

लन्दन में बादशाह सलामत के राजगद्दी पाने पर जोश ने हिन्दुस्तान के बारे में लिखा था :

किश्वरे हिन्दोस्ताँ में रात को हंगामे खाब,
करवटें रह-रह के लेता है फ़ज़ा में इनक़लाब,
गर्म है सोज़े बग़ावत से जवानों का दिमाग़,
आँधियाँ आने को हैं ऐ बादशाही के चिराग़

× × ×

आपके ऐवान में रक्साँ हैं लपटें ऊद की,
हिन्दियों की साँस से आती है बू बारूद की।

साम्राज्य-विरोधी आन्दोलन पर जोश ने लिखा था :

क्या हिन्द का ज़िन्दाँ काँप रहा है गूँज रही हैं तकबीरें,
उकताए हैं शायद कुछ क़ैदी और तोड़ रहे हैं ज़ंजीरें।

× × ×

क्या उनको ख़बर थी, ओठों पर जो कुफ़्ल लगाया करते थे,
एक रोज़ इसी ख़ामोशी से टपकेंगी दहकती तकरीरें,

सँभलो कि वो ज़िन्दा गूँज उठा, झपटो कि वो क़ैदी छूट गए,
उट्ठो कि वो बैठी दीवारें, दौड़ो कि वो टूटी ज़ंजीरें।

ईस्ट इंडिया कम्पनी के फ़र्जन्दों से कहा था :

इक कहानी वक़्त लिक्खेगा नये मज़मून की
जिसकी सुर्ख़ी को ज़रूरत है तुम्हारे ख़ून की।

जोश का साम्राज्य-विरोध 15 अगस्त, सन् '47 के बाद गुमराह हो गया है। आजकल वह 'आजकल' के सम्पादक हैं। वह उन लोगों में हैं जो अपनी जनता का साथ छोड़कर उस दल के साथ जा मिले हैं जो हिन्दुस्तान को साम्राज्यवादी खेमे के साथ बाँधे हुए हैं।

3

उर्दू पर यह दोष लगाया जाता है कि उसमें फ़ारसी की दस-पाँच बहरें ही काम में लाई जाती हैं और हिन्दी के हज़ारों छंदों के भंडार को अछूता छोड़ दिया गया है।

यहाँ पर पहले तो यह याद रखना चाहिए कि उर्दू की बहरें अब सिर्फ़ उर्दू तक सीमित नहीं रहीं। हिन्दी में बहुत-से कवियों ने उन्हें अपना लिया है और उनमें बेरोक रचनाएँ करते हैं। इस तरह की रचनाएँ वे कवि भी करते हैं, जो प्राचीनतावाद के उपासक हैं, जैसे दिनकर।

धुँधली हुईं दिशाएँ, छाने लगा कुहासा,
कुचली हुई शिखा से, आने लगा धुआँ-सा,
कोई मुझे बता दे, क्या आज हो रहा है
मुँह को छिपा तिमिर में, क्यों तेज़ रो रहा है।

इसके अलावा फ़ारसी की बहरों और हिन्दी के छंदों में उतना फ़र्क़ नहीं है जितना कुछ लोग समझते हैं। श्री हरिशंकर शर्मा ने अपने 'उर्दू साहित्य के इतिहास' (पृ. 19) में लिखा है : "उर्दू में इस्तेमाल होनेवाले कुछ छंदों के नाम ये हैं—सुमेरु, विधाता, विहारी, शास्त्र, पीयूषवर्षा, भुजंगप्रयात, खरारी, हरिगीतिका, आनन्दवर्द्धक, दिग्पाल, भुजंगी, चौपाई आदि।" इससे यह तो ज़ाहिर ही होता है कि छंदों के लिहाज़ से हिन्दी-उर्दू की सांस्कृतिक परम्पराओं के बीच कोई गहरी न पट सकनेवाली खाई नहीं है।

छायावादी कवियों ने—खास कर निराला जी ने—जिस तरह मुक्त छंद लिखने की प्रथा डाली थी, उसी तरह उर्दू में बहुत-से कवियों ने भी मुक्त छंद में रचनाएँ

कीं। लेकिन जो चीज़ हिन्दी-उर्दू कवियों को सबसे ज़्यादा नज़दीक लाती है, वह उनके गीत हैं। उर्दू कवि एक अरसे से गीत लिखते आए हैं। प्रगतिशील कवियों ने जो गीत लिखे हैं, वे रोमांटिक गीतों के तंग दायरे से निकलकर आम जनता के गले में रम चुके हैं। ऐसे गीत एक-दो नहीं, सैकड़ों हैं। उर्दू साहित्य का यह पहलू उसका सबसे लोकप्रिय और जनवादी रूप हमारे सामने लाता है। इन गीतों की सांस्कृतिक परम्परा एक ऐसी शक्तिशाली और प्रगतिशील परम्परा है जो हिन्दी-उर्दू के बाकी भेदभाव को दूर करने में बहुत बड़ी मदद करेगी। इन गीतों को देखने से पता चलता है कि जब हम जनता के संघर्ष, उसकी मुसीबतों, आशाओं और आदर्शों को लेकर साहित्य रचते हैं, तब प्राचीनतावाद के तमाम अलगाव पैदा करनेवाले रूप आप-से-आप खत्म हो जाते हैं। हमारी जनता की संस्कृति एक है। हमारा साहित्य जितना ही जनता के नज़दीक आता है, उतना ही उसकी सांस्कृतिक परम्परा प्राचीनता से मुँह मोड़कर अपने लिए मौजूदा ज़माने से तत्त्व चुनती है। जनता की यह सबल सांस्कृतिक परम्परा पुराने ज़माने की संस्कृति से सिर्फ़ वे चीज़ें लेती हैं जो उसमें धार्मिक अन्धविश्वास और भेदभाव पैदा करने के बदले उसे एकता, आज़ादी और जनतंत्र के नज़दीक ले जाती हैं और जनवादी भावनाओं को मज़बूत करती हैं।

उर्दू के कवियों ने हमारे जन-आन्दोलन को जो गीत दिये हैं, उनमें मखदूम मुहीउद्दीन का गीत : 'यह जंग है जंगे आज़ादी आज़ादी के परचम के तले' मज़दूर वर्ग का अपना गीत है। बंगाल के अकाल पर वामिक का यह गीत लोकप्रिय हो चुका है :

पूरब देस में डुग्गी बाजी फैला दुख का जाल,
दुख की अगनी कौन बुझाये सूख गए सब ताल,
जिन हाथों ने मोती रोले आज वही कंगाल,
रे साथी आज वही कंगाल!
भूखा है बंगाल!
भूखा है बंगाल रे साथी, भूखा है बंगाल!

इसी तरह मजाज़ का गीत 'बोल अरी ओ धरती, बोल, राजसिंहासन डाँवाँडोल', अली सरदार जाफरी के कई गीत, प्रेम धवन का 'अरे अब भागो, लन्दन जाओ' उर्दू में एक ऐसी परम्परा की नींव डाल चुके हैं जिसे हम हिन्दी-उर्दू की मिली-जुली परम्परा कह सकते हैं।

आधुनिक उर्दू-कविता उन तमाम रूपकों और कल्पनाओं से पीछा छुड़ा चुकी है जिन्हें श्री रघुपतिसहाय फ़िराक़ ने 'सदा बहार और सदा सोहाग' कहा था। उन्होंने भारतेन्दु से लेकर निराला तक हिन्दी साहित्य के तमाम विकास पर जो बुहारी फेर दी थी, उससे हिन्दी को उर्दू के नज़दीक लाने में मदद न मिल सकती थी। इसके

अलावा हिन्दी के तमाम विकास पर कीचड़ उछालने के बाद उन्होंने आदर्श रूप से जो शेर पेश किये थे और पुराने रूपकों के शाश्वत सौन्दर्य की जो व्याख्या की थी, वह एक प्रतिक्रियावादी काम था, जिसका विरोध करना ज़रूरी था। पुराने रूपकों और प्राचीनतावाद का विरोध जिस तरह उर्दू के नये कवियों ने—खास तौर से प्रगतिशील कवियों ने—किया है, उसके लिए उनकी जितनी तारीफ की जाए, थोड़ी है। इस सिलसिले में सिब्ते हसन का लेख विशेष ध्यान देने योग्य है जिसमें उन्होंने इक़बाल की जनतंत्र-विरोधी धारणाओं की आलोचना की थी। यह लेख 'नया अदब' में छपा था (जब 'नया अदब' लखनऊ से निकलता था)। जिस तरह हिन्दी की प्रगतिशील कविता पर यह तोहमत लगाई जाती है कि उसने प्राचीन संस्कृति से नाता तोड़ लिया है, वह छिछली राजनीतिक और प्रचारात्मक हो गई है वगैरह, उसी तरह उर्दू की प्रगतिशील कविता पर भी आरोप लगाये जाते रहे हैं। इनका जवाब देते हुए एहतेशाम हुसेन ने बहुत-कुछ लिखा है और उन्होंने उर्दू में नई तरह की आलोचना को आगे बढ़ाया है। उर्दू की आलोचना, उसके नाटक, कहानियाँ, उपन्यास आज उसी तरह नये रास्ते पर चल रहे हैं जिस तरह हिन्दी साहित्य के ये रूप। उपन्यासों और कहानियों का सम्बन्ध अवाम की ज़िन्दगी से होता है, इसलिए इनमें प्राचीन रूपकों, अलंकारों वगैरह का असर नहीं के बराबर होता है। हिन्दी के बहुत-से पाठक 'हंस' में कृश्न चन्दर की कहानियाँ, स्केच पढ़ चुके होंगे। खास तौर से रुद्रदत्त भारद्वाज पर उनका स्केच, 'तीन गुंडे' नाम की कहानी यह ज़ाहिर करती है कि उर्दू साहित्य मौजूदा ज़िन्दगी से अपनी विषयवस्तु चुनकर एक मिली-जुली जनवादी परम्परा गढ़ रहा है।

उर्दू की नई कविता में पुरानी व्यवस्था का विरोध और जनतंत्र की तरफ बढ़ने की ख्वाहिश पग-पग पर मिलती है। उर्दू कविता में देश-विदेश की महत्त्वपूर्ण घटनाओं, जन-आन्दोलनों की गहरी छाप है। रूस पर हिटलरी हमला, लाल फ़ौज का वीरतापूर्ण संग्राम, बर्लिन की जीत, हिन्दुतान में क्रिप्स-मिशन का आना, देश का बँटवारा, साम्प्रदायिक दंगे, गांधी जी की हत्या, आज़ाद हिन्दुस्तान में जनता के आन्दोलनों का दमन, नये जनसंघर्ष—इन सभी की तसवीरें उर्दू कविता में मिलेंगी। इनसे स्पष्ट हो जाता है कि उर्दू की सांस्कृतिक परम्परा को आज वही घटनाक्रम, वही सामाजिक परिस्थितियाँ, वही जनसंघर्ष रच रहे हैं जो हिन्दी की सांस्कृतिक परम्परा रच रहे हैं।

[1949]

9
भारत की भाषा-समस्या

भाषा-समस्या का सामान्य महत्त्व

भाषा-समस्या मज़दूर वर्ग, उसकी पार्टी, तमाम श्रमिक जनता और प्रगतिशील बुद्धिजीवियों के लिए महत्त्वपूर्ण है क्योंकि लेनिन के शब्दों में : "भाषा मानवीय सम्पर्क का सबसे महत्त्वपूर्ण साधन है" (जातियों के आत्मनिर्णय का अधिकार)।

भाषा-समस्या का महत्त्व सामाजिक विकास की मंज़िलों में अलग-अलग होता है।

पूँजीवाद से पहले सामन्ती और क़बीलाई सामाजिक सम्बन्ध विभिन्न जनसमूहों को एक ही जाति (नेशन) में संगठित होने से रोकते हैं; इसलिए वे आधुनिक भाषाओं के विकास में भी बाधा डालते हैं। वस्तुगत रूप से पूँजीवाद किसी जाति के गठन में प्रगतिशील भूमिका पूरी करता है, इस तरह वह आधुनिक भाषाओं के विकास में भी प्रगतिशील भूमिका पूरी करता है।

इससे स्पष्ट हो जाता है कि जातीय समस्या और भाषा-समस्या में बड़ा गहरा सम्बन्ध है, किसी जाति के सामाजिक विकाम तथा उस विकास के सांस्कृतिक प्रतिबिम्ब में गहरा सम्बन्ध है। यह सांस्कृतिक प्रतिबिम्ब सामाजिक विकास को भी प्रभावित करता है।

लेनिन के अनुसार : "समस्त संसार में सामन्तवाद पर पूँजीवाद की अन्तिम विजय का युग जातीय आन्दोलनों के साथ जुड़ा रहा है। इन आन्दोलनों का आर्थिक आधार यह है कि बिकाऊ माल की पैदावार को पूर्ण विजयी बनाने के लिए पूँजीपतियों के हाथ में घरेलू बाज़ार आ जाना चाहिए, उनके अधिकार में राजनीतिक रूप से एकताबद्ध प्रदेश होने चाहिए जहाँ के लोग एक ही भाषा बोलते हों; इस भाषा के विकास में और साहित्य में उसके व्यवहार को सुनिश्चित करने में जो भी अड़चनें आती हैं, उन्हें दूर करना होता है।"

पूँजीवादी सामाजिक विकास की आवश्यकताएँ, बड़े पैमाने पर जातियों के आत्मनिर्णय का अधिकार, व्यापार-सम्बन्ध क़ायम करने की आवश्यकताएँ, घरेलू बाज़ार को सुव्यवस्थित करने की आवश्यकताएँ, संक्षेप में यह कि जातीय पैमाने

पर पूँजीवादी सामाजिक सम्बन्धों के गठन की आवश्यकताएँ भाषा की एकसूत्रता और उसके विकास की प्रक्रिया को आगे बढ़ाती हैं। भाषा की एकता और विकास के बिना आधुनिक जातियों का विकास असम्भव है।

'मार्क्सवाद तथा जातीय और औपनिवेशिक समस्या' नाम की पुस्तक में स्तालिन ने बताया है कि जो जातियाँ पूँजीवादी विकास में पिछड़ गईं, जिन्हें बहुजातीय पूँजीवादी राष्ट्र में राज्य बनाने के अधिकार नहीं मिले, उनका उत्पीड़न उन बड़ी जातियों के पूँजीपतियों ने किया, जो पूँजीवादी विकास में आगे रही थीं। ज़ारशाही रूस में ग़ैर-रूसी जातियों की भाषाओं का दमन किया गया। अपनी भाषा का व्यवहार करने के लिए संघर्ष जातीय आन्दोलन का मुख्य अंग बन गया। उत्पीड़ित जाति के पूँजीपति सभी वर्गों को अपने हितों के लिए एकजुट करने का प्रयत्न करते हैं। भाषा-समस्या को लेकर भी उनकी यही नीति रहती है। किन्तु भाषा की समस्या उत्पीड़ित जाति के मज़दूर वर्ग के लिए भी महत्त्वपूर्ण है। स्तालिन के अनुसार : "तातार या यहूदी मज़दूर को सभा और भाषाओं में अपनी भाषा का व्यवहार करने की सुविधा न दी जाए। यदि उसके स्कूल बन्द कर दिये जाएँ तो उसके बौद्धिक विकास की कोई सम्भावना न रहेगी।" ('मार्क्सवाद तथा जातीय और औपनिवेशिक समस्या') मज़दूर वर्ग के हित में है कि वह स्कूलों, भाषणों, अख़बारों आदि में अपनी भाषा के व्यवहार के लिए लड़े।

स्तालिन ने यह भी बताया है कि उत्पीड़न से पूँजीपतियों के लिए यह आसान हो जाता है कि मज़दूर वर्ग को यह भुलावा दें कि उसके और पूँजीपतियों के हित एक हैं। जातीय समस्या मुख्य सामाजिक प्रश्नों से लोगों का ध्यान हटा देती है। भाषा-समस्या से भी पूँजीपति इस प्रकार लाभ उठाते हैं और लोगों को क्रान्ति के रास्ते से हटा देते हैं।

समाजवादी क्रान्ति के बाद जातियों का नया स्वाधीन विकास आरम्भ हुआ। सोवियत संघ में जातियाँ स्वायत्त सत्ता के अधिकार को व्यवहार में ला सकें, इसके लिए अपनी भाषा के विकास और व्यवहार का प्रश्न फिर सामने आया। स्कूलों, अदालतों, सरकारी संस्थाओं आदि में अपनी भाषा के व्यवहार के बिना कोई भी जाति सोवियत स्वायत्त शासन को अमली रूप नहीं दे सकती।

समाजवादी क्रान्ति के बाद भी सोवियत संघ में पूँजीवाद के अवशेष बने रहे। ये अवशेष इस बात से ज़ाहिर हुए कि जातीय समस्या को लेकर छोटी और बड़ी, दोनों ही तरह की जातियों में अन्ध-राष्ट्रवाद के रुझान दिखाई दिये। एक तरफ़ तो सोवियत संघ में ऐसे लोग थे जो कहते थे कि उक्रैनी नाम की कोई जाति ही नहीं है; इन लोगों का विचार था कि बोल्शेविक पार्टी कृत्रिम रूप से इस जाति को गढ़कर खड़ा कर रही है। दूसरी तरफ़ ऐसे लोग थे जो कहते थे कि समाजवाद की जीत के बाद सब जातियाँ मिलकर एक हो जाएँगी, उनकी भाषाएँ आपस में घुल-मिल जाएँगी और सबकी एक ही सामान्य भाषा होगी। ग़ैर-रूसी जातियों में कुछ लोग

ऐसे थे जो यह माँग करते थे कि उनकी जाति के मज़दूरों की संस्कृति को रूसी मज़दूर वर्ग की संस्कृति के प्रभाव से मुक्त रखा जाए। इस प्रकार समाजवादी क्रान्ति के बाद भी विभिन्न रूपों में अन्ध-राष्ट्रवाद का खतरा बना रहा।

मज़दूर वर्ग को भाषा-समस्या का दोहरा महत्त्व समझना चाहिए। मज़दूर वर्ग के अपने राजनीतिक और सांस्कृतिक विकास के लिए भाषा-समस्या का महत्त्व है; साथ ही क्रान्ति के विरुद्ध पूँजीपति वर्ग उसका उपयोग मज़दूरों को भटकाने के लिए भी करता है।

पूँजीवाद से पहले के समाज में मुख्य कर्तव्य यह होता है कि सामन्ती विघटन के ख़िलाफ़ भाषा की एकता के लिए संघर्ष किया जाए। आगे बढ़ी हुई जातियों के सर्वहारा वर्ग का कर्तव्य है कि वह पिछड़े लोगों को जाति-रूप में सुगठित होने में मदद दे।

जहाँ जातियाँ औद्योगिक विकास की मंज़िलें पार कर चुकी हैं लेकिन जिन्हें अपनी भाषा का व्यवहार करने की आज़ादी नहीं है, वहाँ उत्पीड़क और उत्पीड़ित, दोनों ही तरह की जातियों के मज़दूर वर्ग का कर्तव्य यह है कि जनवादी क्रान्ति की आवश्यकताओं को ध्यान में रखते हुए जातीय भाषा के व्यवहार के अधिकार के लिए संघर्ष करें। पूँजीवाद पर मज़दूर वर्ग की विजय के पहले और बाद को—दोनों ही स्थितियों में—इस बात का ध्यान रखना चाहिए कि भाषा-समस्या को लेकर छोटी और बड़ी—दोनों ही तरह की—जातियों में अन्ध-राष्ट्रवादी रुझान पैदा न हों।

यह हुआ भाषा-समस्या का सामान्य महत्त्व।

भारत में भाषा-समस्या का विशेष महत्त्व

ब्रिटिश साम्राज्यवाद के ख़िलाफ़ भारत की तमाम जनता संघर्ष करती रही है—सबसे पहले भाषा-समस्या का महत्त्व इस संघर्ष के सन्दर्भ में है।

ब्रिटिश साम्राज्यवाद ने अंग्रेज़ी को अनिवार्य राजभाषा के रूप में भारत पर इसलिए लादा कि वह जनता का शोषण कर सके। इस प्रकार उसने भारत की अनेक जातियों की भाषाओं की प्रगति में बाधा डाली। स्वाधीनता-संग्राम के दौरान भारतीय जनता ने यह माँग बराबर पेश की कि शिक्षा संस्थाओं, अदालतों, शासनतंत्र आदि में अंग्रेज़ी की जगह उसकी भाषा का चलन हो। जातीय प्रदेशों में अंग्रेज़ी की जगह वहाँ की भाषाओं का व्यवहार हो, जनता के लिए यह अब भी ज्वलन्त प्रश्न बना हुआ है और अगस्त, सन् 1947 के राजनीतिक परिवर्तनों के बाद यह समस्या अभी कहीं हल होती नहीं दिखाई देती।

हिन्दुस्तानी क्षेत्र तथा समस्त भारत की राजभाषा हिन्दी, उर्दू अथवा हिन्दुस्तानी हो—इस सन्दर्भ में भारत की भाषा-समस्या विशेष महत्त्वपूर्ण हो गई है। सबसे कटु विवाद समस्या के इसी पक्ष को लेकर हुए हैं। प्रमुख सामाजिक समस्याओं से

जनता का ध्यान हटाने में उच्च वर्गों के पास हिन्दी-उर्दू समस्या सबसे महत्त्वपूर्ण सांस्कृतिक साधन रही है। साम्प्रदायिक विद्वेष पैदा करने के लिए इस समस्या का उपयोग विशेष रूप से किया जाता है। भारत और पाकिस्तान में चरम प्रतिक्रियावादी अपने हित साधने के लिए इस समस्या का उपयोग करते हैं।

भारत-जैसे बहुजातीय देश में अनिवार्य राजभाषा का प्रश्न महत्त्वपूर्ण है क्योंकि बहुजातीय पूँजीवादी राज्यों में देखा जाता है कि इस तरह की अनिवार्य राजभाषा राजनीतिक-सांस्कृतिक क्षेत्रों में दूसरी भाषाओं के व्यवहार पर रोग लगाती है और कभी-कभी उनके इस अधिकारों को एकदम अस्वीकार करती है। भारत के बड़े पूँजीपतियों से अन्य जातियों और जनसमूहों का जो सम्बन्ध है, उसे देखते हुए राष्ट्रभाषा का प्रश्न अपना वर्ग-महत्त्व रखता है।

कुछ प्रदेश ऐसे हैं जहाँ लोग मिली-जुली बोलियाँ बोलते हैं। वहाँ सामन्ती सम्बन्ध अब भी क़ायम है। वहाँ के जातीय प्रदेश में टकसाली जातीय भाषा का विकास अभी तक नहीं हो पाया। राजस्थान, हिमाचल प्रदेश जहाँ पहाड़ी बोलियाँ बोली जाती हैं, ऐसे ही इलाके हैं।

भाषा-समस्या क़बीलों और पिछड़े हुए जातीय गुटों के लिए महत्त्वपूर्ण है। विभिन्न पूँजीवादी गुट इनका शोषण करते हैं। उन्हें अपनी भाषाओं के व्यवहार करने का अधिकार नहीं है। उनकी भाषाओं का अस्तित्व ही अस्वीकृत कर दिया जाता है।

इतनी बातों से ही स्पष्ट हो जाता है कि मज़दूर वर्ग और उसकी पार्टी को भाषा-समस्या पर क्यों ध्यान देना चाहिए।

ब्रिटिश साम्राज्यवाद और राजभाषा के रूप में अंग्रेज़ी की भूमिका

शिक्षा और संस्कृति के मामलों में ब्रिटिश साम्राज्यवाद की नीति यह रही है कि आम जनता को अज्ञान और पिछड़ेपन की दशा में रखा जाए। शासन-व्यवस्था के लिए क्लर्कों की फ़ौज तैयार करने के लिए साम्राज्यवाद ने अंग्रेज़ी की पढ़ाई अनिवार्य कर दी और उसे शिक्षा का अनिवार्य माध्यम बनाया। पाश्चात्य विचारधारा के सम्पर्क से भारतीय भाषाओं और साहित्य को जो भी लाभ हुआ, वह अप्रत्यक्ष रूप से हुआ; वह लाभ साम्राज्यवादियों की आशाओं के विपरीत था। इस बात का प्रचार वे बराबर करते रहे कि भारत भाषाओं का अजाएबघर है और उसमें जो भी एकता है, वह इसलिए कि अंग्रेज़ी ने 'लिंगुआ फ्रांका' की भूमिका पूरी की है। यूरोप के अनेक प्रसिद्ध भाषाशास्त्रियों ने ब्रिटिश साम्राज्यवादियों की यह स्थापना मान ली, इसलिए भी कि अपने उपनिवेशों में वे भी यही खेल खेल रहे थे।

भारतीय जनता ने माँग की कि शिक्षा, अदालत, कचहरी, शासन इत्यादि में अंग्रेज़ी की जगह उसकी अपनी भाषा चले। यह बिलकुल न्यायपूर्ण माँग थी। राष्ट्रीय

नेताओं से आशा की जाती थी कि सन् 1947 में आज़ादी पाने के बाद इस माँग को वे पूरा करेंगे। लेकिन विभिन्न कारणों से वे उसे पूरा नहीं कर सके। सबसे पहला कारण तो यह है कि अक्सर ये नेता स्वयं अंग्रेज़ी में डूबे होते हैं। उन्होंने भारतीय भाषाओं के विकास के लिए प्राय: कुछ भी नहीं किया। दूसरा कारण यह है कि वे विभिन्न जातीय भाषाओं में संस्कृत के शब्द ठूँसने की नीति पर चल रहे हैं, जिससे कि आम जनता देश के राजनीतिक और सांस्कृतिक जीवन में भाग न ले सके। जब इस संस्कृत-गर्भित भाषा पर लोग हँसते हैं और उनकी हँसी उचित ही है, तब वे एक सर्द आह भरकर अंग्रेज़ी की शरण में लौट आते हैं और कहते हैं कि अंग्रेज़ी अभी पाँच या दस साल और चलने दी जाए। दस साल तक उद्योग-धन्धों का राष्ट्रीयकरण न होगा, वैसे ही पाँच या दस साल तक आम जनता की उच्च शिक्षा, राजनीतिक और सांस्कृतिक कार्यवाही उसकी अपनी भाषा में न होगी।

कुछ विद्वान् हिन्दी के ही संस्कृतीकरण की माँग नहीं कर रहे हैं। बंगला जैसी भाषा में भी वही विद्वान उसी संस्कृतीकरण की माँग कर रहे हैं और उनका उद्देश्य भी वही है। कुछ समय पहले पश्चिम बंगाल की सरकार ने उच्चकोटि के विद्वानों की एक समिति बनाई जिसमें प्रसिद्ध भाषाविद् डॉ. सुनीतिकुमार चाटुर्ज्या भी थे। इस समिति को यह काम सौंपा गया था कि वह शासन में व्यवहार के लिए बंगला में पारिभाषिक शब्दावली बनाए। इस शब्दावली की भूमिका में उन उच्चकोटि के विद्वानों ने कुछ प्रचलित शब्दों को अस्वीकृत कर दिया क्योंकि उनकी समझ में वे शब्द काफ़ी गरिमायुक्त नहीं हैं। उनके बदले उन्होंने ऐसे शब्द रखे हैं जो जनसाधारण की समझ में नहीं आते, जो कभी-कभी असाधारण जनों की समझ में नहीं आते। इसलिए पारिभाषिकी-निर्माताओं ने बंगाली जनता के देश-प्रेम को ललकारा है कि जैसे वे अंग्रेज़ी का अध्ययन करते रहे हैं, वैसे ही मातृभाषा के अध्ययन को भी अधिक समय दें।

केन्द्रीय और प्रान्तीय सरकारें जनता की इस माँग को पूरा नहीं कर पा रही कि शिक्षा-संस्थाओं, कचहरी, अदालत, सरकारी दफ्तरों आदि में जनता की भाषाओं का व्यवहार हो। शिक्षा और संस्कृति के क्षेत्र में ब्रिटिश साम्राज्यवाद की विरासत क़ायम है।

पूँजीवादी सामन्ती औपनिवेशिक व्यवस्था भारतीय भाषाओं के पूर्ण विकास को रोकती है। शासक वर्ग जनता को या तो अंग्रेज़ी की शरण लेने को कहते हैं या भारतीय भाषाओं का ऐसा संस्कृतीकरण करते हैं कि वे लोगों को दुर्बोध हो जाएँ।

अनिवार्य राजभाषा का सवाल

विभिन्न प्रदेशों में अंग्रेज़ी की जगह भारतीय भाषाओं का व्यवहार हो, यह सही माँग है और मज़दूर वर्ग को इसका समर्थन करना चाहिए। लेकिन अंग्रेज़ी की जगह

सारे देश में एक ही भाषा का चलन हो, यह माँग उस जनतांत्रिक माँग से भिन्न है। अंग्रेज़ों ने सारे भारत पर अंग्रेज़ी लादी—यह साम्राज्यवादी कार्य था। उसका स्थान एक भारतीय भाषा ले ले, यह बात जनतांत्रिक और न्यायपूर्ण न होगी। फिर भी पूँजीवादी नेता हिन्दी-उर्दू या हिन्दुस्तानी और अंग्रेज़ी को भी अनिवार्य राजभाषा बनाने का कार्य करते रहे हैं।

भारत की कम्युनिस्ट पार्टी के राजनीतिक प्रस्ताव में कहा गया है कि बड़े पूँजीपति महाराष्ट्र, केरल, तमिलनाडु आदि प्रदेशों के आत्मनिर्णय के अधिकार को नहीं मान रहे। 'हिन्दुस्तान टाइम्स' ने 9 दिसम्बर, 1948 के अंक में लिखा है कि ब्रिटिश 'सम्पर्क' की कुछ विरासत सुरक्षित रहनी चाहिए, जैसेकि हाईकोर्टों में केन्द्रीय भाषा का ही चलन होना चाहिए और विभिन्न प्रान्तों में एक ही केन्द्रीय भाषा का चलन न होने से उच्च शिक्षा की प्रगति में बाधा पड़ेगी। इस प्रकार विभिन्न प्रदेशों के हाईकोर्टों और उच्च शिक्षा-संस्थाओं में एक ही केन्द्रीय भाषा के चलन की माँग करके बड़े पूँजीपति जातियों के पूर्ण राजनीतिक और सांस्कृतिक विकास में बाधा डालते हैं।

भारत के बड़े पूँजीपति चाहते हैं कि अंग्रेज़ों की जगह देश के शोषक बन जाएँ; यह सम्भव न हो तो विदेशी मालिकों के साथ मिलकर शोषण में हिस्सा बँटाएँ। जब तक साम्राज्यवाद में समझौता नहीं हुआ था, तब तक वे भाषायी इलाकों—अर्थात वहाँ के पूँजीपतियों—के आत्मनिर्णय का अधिकार मानते थे। विदेशी मालिकों की छत्रच्छाया में जहाँ एक बार उनका अधिकार राज्यसत्ता पर हो गया, वहाँ उन्होंने राष्ट्रवाद, एकता, केन्द्र आदि के नाम पर अपने वादे तोड़ना आरम्भ कर दिया। भारत के बड़े व्यापारी सारे भारत के लिए एक राष्ट्रभाषा या राजभाषा की चर्चा बराबर करते रहे हैं क्योंकि इसके द्वारा वे अपने हित में बाज़ार को सुदृढ़ कर सकेंगे और दूसरी जातियों के पूँजीपतियों को निकाल सकेंगे।

जो लोग हिन्दी, उर्दू या हिन्दुस्तानी बोलते या लिखते हैं, उन्हें बड़े पूँजीपतियों की महत्त्वाकांक्षाओं से दिलचस्पी नहीं हो सकती। वे बिलकुल न चाहेंगे कि किसी भारतीय भाषा के पूर्ण और स्वतंत्र विकास में बाधा डाली जाए। बड़े पूँजीपति उनकी साम्राज्य-विरोधी भावना से लाभ उठाना चाहते हैं। वे पूछते हैं : अंग्रेज़ी जाए, उसकी जगह कौन-सी भाषा ले?

आम जनता अवश्य चाहती है कि अंग्रेज़ी उन पर न लदी रहे, जैसे वह अब तक लदी रही है। बड़े पूँजीपति इस बात को जानते हैं। इसलिए वे कहते हैं कि अंग्रेज़ी जाए। लेकिन वे लोगों को यह सोचने का मौका नहीं देते कि उसकी जगह कौन लेगा? बजाए यह कहने के कि जब अंग्रेज़ी जाएगी, तब प्रत्येक भारतीय भाषा को अपने स्वत्व प्राप्त होंगे। वे पूछते हैं, कौन-सी एक भाषा अंग्रेज़ी की जगह लेगी? इस तरह सवाल को पेश करके वे जनता को गुमराह करते हैं।

जो लोग चाहते हैं कि इस तरह के सवाल जनतांत्रिक ढंग से हल किये जाएँ, वे सबसे पहले हर जाति का यह हक मानेंगे कि हर स्तर पर वह अपने राजनीतिक और सांस्कृतिक कार्यों में अपनी भाषा का व्यवहार कर सके और इस अधिकार पर कोई भी रोक न लगनी चाहिए।

रूस के पूँजीवादी-सामन्ती राज्य में बोल्शेविक पार्टी ने माँग की थी कि अनिवार्य राजभाषा का चलन बन्द किया जाए। उसने हर जाति को राजनीतिक और सांस्कृतिक क्षेत्रों में अपनी भाषा के व्यवहार की पूरी छूट दी। बोल्शेविक पार्टी पर यह आरोप लगाया गया कि उसकी नीति अव्यावहारिक है। लेनिन ने इस आरोप का उत्तर देते हुए लिखा : "हर जाति के राष्ट्रवादी पूँजीपतियों की दृष्टि में सर्वहारा का सारा काम जातीय समस्या के सन्दर्भ में हवाई होता है। सर्वहारा जन हर तरह के राष्ट्रवाद का विरोध करते हैं, इसलिए वे 'हवाई' समानता की माँग करते हैं। वे माँग करते हैं कि सिद्धान्तत: किसी को थोड़े-से भी विशेषाधिकार न मिलें।"

पूँजीपति भाषा-समस्या का व्यावहारिक समाधान पेश करते हैं। वे कहते हैं कि इतनी भाषाओं में पाठ्य-पुस्तकें छपवाने से व्यर्थ का ख़र्च होता है। तमाम उच्च न्यायालयों और विश्वविद्यालयों में एक ही केन्द्रीय भाषा का चलन होना चाहिए। मज़दूर वर्ग इस तरह की व्यावहारिकता को स्वीकार नहीं कर सकता।

सोवियत संघ में रूसी अनिवार्य राजभाषा नहीं है। प्रधान सोवियत में हरेक को अपनी भाषा में बोलने का अधिकार है और सदस्य ग़ैर-रूसी भाषाओं में दिये हुए भाषणों के अनुवाद की माँग कर सकते हैं। सोवियत संघ के प्रजातंत्रों में रूसी की पढ़ाई स्कूलों और कॉलेजों में अनिवार्य है। इसमें कोई बुराई नहीं है। जातियों की मर्जी के ख़िलाफ़ रूसी की पढ़ाई अनिवार्य नहीं की गई। भारत में यदि सभी जातियों से बराबर संख्या में जनवादी ढंग से चुने हुए प्रतिनिधि शिक्षाक्रम में किसी स्तर पर किसी एक भारतीय भाषा का अध्ययन अनिवार्य करना चाहें और किसी जाति के प्रतिनिधि इसका विरोध न करें तो इस तरह की अनिवार्य शिक्षा में कोई दोष नहीं है। मुख्य बात यह है कि कोई भाषा किसी जाति पर उसकी इच्छा के विरुद्ध लादी न जानी चाहिए।

बहुजातीय पूँजीवादी राष्ट्र में जातियों का उत्पीड़न होता है; उसमें अनिवार्य राजभाषा बड़े पूँजीपतियों के हित-साधन का कारण बनती है। उससे विभिन्न जातियों की श्रमिक जनता में एकता नहीं पैदा होती वरन् परस्पर विग्रह उत्पन्न होता है। हम नहीं चाहते कि कोई एक भाषा अंग्रेज़ी की जगह ले। विदेशी साम्राज्यवाद ने हमारे ऊपर अंग्रेज़ी लादी थी। हम नहीं चाहते कि किसी भारतीय भाषा के पूर्ण विकास पर कोई देशी साम्राज्यवादी रोक लगाएँ। बड़े पूँजीपति उन जातियों के अधिकार नियंत्रित करते हैं जो कमोबेश आर्थिक विकास कर चुकी हैं; जो जातियाँ पिछड़ी हुई हैं, उनके राजनीतिक और सांस्कृतिक विकास को ये बड़े पूँजीपति अवरुद्ध कर

देते हैं। वे उनसे कहते हैं : तुम्हारी अपनी कोई भाषा नहीं है; जो भाषा हम तुम पर लादें, वही तुम्हारी भाषा होगी। इस नीति का हम विरोध करेंगे।

बहुजातीय देश में समाजवादी सत्ता स्थापित होने पर उत्पीड़ित जातियों की भाषाओं को नया जीवन प्राप्त होता है। उनकी भाषाएँ और संस्कृतियाँ नई शक्ति पाकर लहलहा उठती हैं। समाजवाद आने पर विभिन्न जातियों की भाषाएँ मुरझाकर खत्म न हो जाएँगी और बड़ी जाति की भाषा उनकी जगह न ले लेगी। इसलिए बहुजातीय समाजवादी राज्य में भी एकमात्र अनिवार्य राजभाषा का चलन न होगा।

सोवियत संघ में रूसी भाषा सबसे ज़्यादा बोली और समझी जाती है। वह ग़ैर-रूसी जातियों की मातृभाषा तभी बन सकती है, जब उनका रूसीकरण हो जाए। स्तालिन ने बताया है कि तमाम दुनिया में समाजवादी क्रान्ति की विजय हो जाने के बाद भी भाषा और संस्कृति के भेद रहेंगे। इससे स्पष्ट है कि भविष्य में जनता का राज क़ायम होने पर भी सारे देश में केवल एक ही भाषा बोली जाए, ऐसा न होगा। देश में जनता का राज क़ायम नहीं हुआ। इसलिए खतरा यह है कि जातियों की समानता का सिद्धान्त ऊपर से मान लिया जाए और अमल में उसका उल्लंघन किया जाए। इसलिए भारत में अनिवार्य राजभाषा के रूप में या सारे देश की एकमात्र सामान्य भाषा के रूप में हिन्दी स्वीकार न की जाएगी।

भारत की कम्युनिस्ट पार्टी के राजनीतिक प्रस्ताव में दूसरों पर हावी होनेवाले बड़े पूँजीपतियों का उल्लेख है जो केरल, महाराष्ट्र, आन्ध्र आदि के आत्मनिर्णय के अधिकार का विरोध करते हैं। ये बड़े पूँजीपति मुख्यत: मारवाड़ी हैं। बिड़ला, डालमिया, सिंघानिया, गोयनका आदि जिन्होंने भारत में अपना जाल बिछा रखा है, इसी जाति के हैं। इनमें अन्य पूँजीपति भी शामिल हैं जो मारवाड़ी नहीं हैं। बिड़ला, गोयनका आदि की मातृभाषा हिन्दी नहीं, राजस्थानी है। ब्रिटिश साम्राज्यवाद ने सामन्तवाद को सुरक्षित रखा। ये सज्जन अपने घरेलू बाज़ार को सुगठित करके पूँजीपति नहीं बने; आरम्भ से ही अपने व्यापार और उद्योग-धन्धों का प्रसार वे अन्य प्रदेशों में करते रहे, यही कारण है कि इन्होंने राजस्थानी के लिए कुछ नहीं किया लेकिन हिन्दी पत्र निकालने में वे पूँजी लगाते हैं। उनकी नीति से दक्षिण तथा अन्यत्र लोग हिन्दी को अपने ऊपर हावी होनेवाली जाति की भाषा समझने लगे हैं। अंग्रेज़ और उनके हाली-मवाली भाषा-समस्या को लेकर विभिन्न जातियों में द्वेष फैलाने के लिए ज़िम्मेदार हैं। जातीय विद्वेष की जो अग्नि वे भड़का रहे हैं, उससे इन भाषाओं में परस्पर आदान-प्रदान का क्रम भंग होता है और बहुत-से अन्ध हिन्दी राष्ट्रवादी यह समझने लगे हैं कि और सब उनकी भाषा सीखेंगे, वे किसी की भाषा न सीखेंगे।

बड़े पूँजीपतियों की नीति हिन्दी को अनिवार्य राजभाषा बनाने की है। इसके विपरीत प्रान्तीय पूँजीपति कहते हैं कि उनके विरोधी भाषायी साम्राज्यवाद क़ायम करना चाहते हैं। और वे अपनी जाति को आत्मनिर्णय का पूरा अधिकार देने की

बात कहते हैं, बशर्ते कि इस प्रश्न पर मज़दूर वर्ग उनके झंडे के नीचे आ जाए। प्रान्तीय पूँजीपति जब इस तरह के दावे करते हैं, तब उनका पर्दाफाश करना चाहिए।

प्रान्तीय पूँजीपतियों की नज़र पड़ोसी इलाकों पर है। बिहार के आदिवासी इलाकों के लिए बंगाल और बिहार के पूँजीपतियों में झगड़ा है। बम्बई और मद्रास किसके हिस्से में होंगे, इसको लेकर झगड़े हैं। श्री पट्टाभि सीतारमैया श्री क.मा. मुंशी के भाषायी साम्राज्यवाद का विरोध कर रहे हैं। लेकिन हैं दोनों एक ही थैली के चट्टे-बट्टे।

सभी जातियों की श्रमिक जनता मज़दूर वर्ग के नेतृत्व में केन्द्रीय और प्रान्तीय, दोनों तरह के पूँजीपतियों तथा ज़मींदारों के ख़िलाफ़ संघर्ष करके हर जाति के लिए स्वतंत्रतापूर्वक राजनीतिक और सांस्कृतिक विकास का अधिकार सुनिश्चित कर सकती है। यही तरीका है कि बड़े पूँजीपति दूसरों पर अनिवार्य राजभाषा न लाद सकेंगे और सभी जातियों की भाषाओं को विकसित होने का पूरा अवसर मिलेगा।

हिन्दी-उर्दू-हिन्दुस्तानी समस्या

समस्या यह है कि हिन्दुस्तानी प्रदेश की भाषा हिन्दी, उर्दू या हिन्दुस्तानी में कौन-सी है या तीनों हैं या इनमें कोई दो हैं?

हिन्दी केवल हिन्दुओं की भाषा नहीं है, मुस्लिम जनता भी हिन्दी बोलती है। उर्दू भी केवल मुसलमानों की भाषा नहीं है। बुनियादी तौर से हिन्दी-उर्दू एक ही भाषा हैं। दोनों का आधार जनसाधारण की बोलचाल की भाषा है। इस बोलचाल की भाषा के सहारे के बिना न तो हिन्दी का एक वाक्य लिखा जा सकता है, न उर्दू का। उर्दूवाले कहते हैं, उनकी भाषा आम जनता की ज़बान है। वे ठीक कहते हैं, इस अर्थ में कि जनता की भाषा के बिना उर्दू का एक वाक्य नहीं लिखा जा सकता। हिन्दी-उर्दू में भेद उनके बोलचाल के रूप में नहीं है; भेद है उनकी उच्च स्तरीय शब्दावली में। बोलचाल की एक ही भाषा की दो शैलियाँ हैं। उनके भेद का कारण यह है कि ब्रिटिश साम्राज्यवाद के अन्तर्गत हमारे देश की जातियों का विकास विषम रूप में हुआ है।

विदेशी पूँजी ने भारतीय सामन्तवाद को अपना दोस्त बनाया। उसने भारतीय उद्योग-धन्धों का विकास रोका, आम जनता का बुरी तरह शोषण किया और उसे अशिक्षित रखा। ज़मींदारों का वर्ग बनाकर अपने लिए सहायक तैयार किये, यहाँ की भाषाओं के विकास को भरसक रोका और जनता पर विदेशी भाषा लादी और बड़े पूँजीपतियों से सौदा पक्का किया कि मिलकर देश का शोषण करें।

इस कारण आम जनता संस्कृति के क्षेत्र में अपनी एकता का प्रभाव पूरी तरह न डाल सकी। पाश्चात्य शिक्षा, भाषा और साहित्य से बुद्धिजीवियों को जो भी

प्रेरणा मिली हो, आम जनता अपने साम्राज्य-विरोधी, सामन्त-विरोधी, पूँजीवाद-विरोधी दृष्टिकोण का प्रभाव संस्कृति पर नहीं डाल पाई। ब्रिटिश साम्राज्यवादियों ने रायसाहबों, रायबहादुरों, खानबहादुरों आदि की सेना तैयार कर ली और ये हिन्दी-उर्दू के नेता बन गए। इनके साम्राज्य-परस्त दृष्टिकोण का प्रभाव भाषा के विकास पर भी पड़ा। ब्रिटिश साम्राज्यवाद प्रत्यक्ष रूप से तथा अपने सहायकों के ज़रिये अप्रत्यक्ष रूप से भाषा और संस्कृति के मामलों में दख़ल देता रहा। भाषा और साहित्य में वह धार्मिक विद्वेष भड़काता रहा। ग्रियर्सन का मत था कि इस्लाम के साथ उर्दू दूर-दूर तक फैली; उन्हें इस बात का ध्यान न रहा कि भारत में इस्लाम के प्रवेश के बहुत दिनों बाद उर्दू का विकास आरम्भ हुआ। ग्रियर्सन ने यह नहीं बताया कि इस्लाम के साथ उर्दू भारत में ही क्यों आई; मिस्र, अलजीरिया, तुर्की या इस्लाम के घर अरब में क्यों नहीं पहुँची?

ब्रिटिश साम्राज्यवाद ने सामन्तवाद का पोषण किया। सामन्ती वर्ग की विशेष विचारधारा है पुनरुत्थानवाद। इसके प्रभाव से धार्मिक और साम्प्रदायिक रुझान मज़बूत हुए हैं। ब्रिटिश साम्राज्यवाद ने भारत की हर जाति को ब्रिटिश सूबों और देशी राज्यों में बाँट दिया। इस कारण जातियों की सांस्कृतिक और राजनीतिक एकता दृढ़ करने में रुकावट हुई।

भारत के नेता जब ढुलमुल तरीके से साम्राज्यवाद का विरोध कर रहे थे, तब वे भाषा और संस्कृति को धर्म से परे मानते थे। वे कहते थे कि नागरी और फ़ारसी लिपि में लिखी जानेवाली हिन्दुस्तानी राष्ट्रभाषा होगी। वे साम्राज्यवाद से समझौता करने और जनवादी क्रान्ति के विरोध के रास्ते पर चले। साम्राज्यवाद के ख़िलाफ़ जनता में जहाँ क्रान्तिकारी उभार आया, उन्होंने उसे दबाया। उन्हें भय था कि विदेश साम्राज्य के खात्मे के साथ कहीं उनकी शोषण-व्यवस्था भी खत्म न हो जाए। कांग्रेस के भीतर और बाहर उन्होंने किसानों और मज़दूरों के वर्ग-संगठन बनाने का विरोध किया। किसानों और मज़दूरों की एकता ही राष्ट्र की एकता को मज़बूत कर सकती है, देश की हर जाति की भाषा और संस्कृति की एकता को मज़बूत कर सकती है।

इस नीति के कारण राष्ट्रीय नेता राष्ट्र के साम्राज्यवादी विभाजन में ही साझीदार नहीं हुए, वे अपने अन्दर भी अन्ध राष्ट्रवादी रुझान पालते रहे हैं। राष्ट्रीय स्वयंसेवक संघ जैसी फासिस्ट संस्थाओं से संघर्ष करने का दिखावा करते हुए वे उस तरह की प्रवृत्तियों को कांग्रेस के अन्दर ही पुष्ट करते रहे हैं। वे सामान्य संस्कृति और सामान्य भाषा की मीठी-मीठी बातें भूल गए और चरम साम्प्रदायिक रुझानों का समर्थन करने लगे हैं। वे भाषा-विवाद जैसी चीज़ों का उपयोग इसलिए कर रहे हैं कि जनता जनतंत्र और समाजवाद के लिए संघर्ष करना बन्द कर दे। भाषा-विवाद और प्रान्तों के विभाजन से सम्बन्धित झगड़े उनके हाथ में ऐसे अस्त्र हैं जिनसे जनता का ध्यान मुख्य सामाजिक समस्याओं से हटा दिया जाए। सामन्ती-पूँजीवादी

शोषण क़ायम रखने के लिए वे जनता में फूट डालनेवाले साम्राज्यवाद के तमाम दाँवपेंच इस्तेमाल कर रहे हैं। इसलिए यह आशा करना व्यर्थ है कि वे इन समस्याओं को हल करने में रत्ती-भर सहायता करेंगे। भारत में मज़दूर वर्ग और उसके साथी किसान और मध्य वर्ग के लोग हर जाति की सामान्य संस्कृति और सामान्य भाषा का निर्माण करेंगे।

कानपुर या आगरा की एक ही मिल में काम करनेवाले हिन्दू और मुसलमान मज़दूर क्या दो भाषाएँ बोलते हैं? उनकी भाषा एक है। उत्तर प्रदेश के किसान भी एक ही भाषा बोलते हैं और एक-दूसरे की बात समझते हैं। अपने दफ्तरों और मुहल्लों में मध्यवर्गी कामकाजी लोग आपस में एक ही भाषा बोलते हैं। हर प्रदेश में हिन्दू और मुसलमान मज़दूरों की भाषा एक है, हिन्दू और मुसलमान किसानों की भाषा एक है, मध्यवर्ग के कामकाजी हिन्दुओं और मुसलमानों की भाषा एक है। इस भाषा में स्थानीय भेद होते हैं किन्तु धर्म के आधार पर भेद नहीं पैदा होता। जब बोलचाल की भाषा साहित्य और उच्च सांस्कृतिक कार्यों के लिए प्रयुक्त होती है, तब उसकी शब्दावली में भेद पैदा हो जाता है।

हिन्दी-उर्दू बुनियादी तौर से एक हैं किन्तु अपने साहित्यिक रूपों से भिन्न हैं। यह अन्तर्विरोध सामाजिक अन्तर्विरोध का ही परिणाम है। साम्राज्यवाद ने सामन्तवाद क़ायम रखा और पूँजीवादी वर्ग में हिन्दू-मुस्लिम आधार पर भेद डाला। पूँजीवादी नेताओं की समझौतापरस्ती के कारण साम्राज्यवादी नीति सफल हुई। यह कहना कि बोलचाल की भाषा से उच्च शिक्षा और संस्कृति के सभी कार्य सम्पन्न किये जा सकते हैं, सामाजिक विकास के वास्तविक अन्तर्विरोध से आँखें मूँद लेना है।

हिन्दी और उर्दू को हिन्दू धर्म और इस्लाम से सम्बद्ध नहीं किया जा सकता। उर्दू में ईरान और अरब की साहित्यिक परम्परा का अनुसरण है। उसकी साहित्यिक शब्दावली अरबी और फ़ारसी के आधार पर रची गई है। हिन्दी की साहित्यिक शब्दावली का आधार संस्कृत है और वह भारत की साहित्यिक परम्परा का अनुसरण करती है। दोनों की ही साहित्यिक परम्परा में सामान्य जनवादी तत्त्व विद्यमान हैं और इन्हीं के आधार पर भविष्य में सामान्य साहित्यिक भाषा का विकास होगा। जो विशुद्ध धार्मिक तत्त्व हैं, वे विलीन हो जाएँगे; पुरानी गाथाएँ, वेद-कथाएँ आदि सामान्य सांस्कृतिक परम्परा का अंग बन जाएँगी? हिन्दी और उर्दू में आज जो परस्पर-भिन्न साहित्यिक परम्पराएँ दिखाई देती हैं, वे एक ही साहित्यिक भाषा और सामान्य साहित्यिक परम्परा के विकास में दुर्लंघ्य बाधा नहीं हैं। जनसाधारण की उच्च सांस्कृतिक आवश्यकताएँ पूरी करने के लिए (अर्थात् उन्हें दर्शन, राजनीति, अर्थशास्त्र आदि की शिक्षा देने के लिए) जनवादी आन्दोलन की बढ़ती के साथ दोनों के बीच का फासला दूर होगा।

बोलचाल की भाषा में केवल संस्कृत के या केवल अरबी-फ़ारसी के शब्द नहीं होते। साहित्यिक शब्दावली में शुद्धता की रक्षा न की जा सकेगी। राहुल जी ने संविधान का 'मसौदा' लिखा है जबकि डॉ. रघुवीर ने मसौदे के लिए 'प्रारूप' लिखा है। कुछ लोग कहते हैं कि साहित्य की भाषा और जनता की भाषा में सदा अन्तर रहेगा। यह भेद उच्च वर्गों और जनसाधारण की संस्कृति का भेद प्रकट करता है। जनतंत्र और समाजवाद की ओर प्रगति के साथ यह भेद भी मिट जाएगा। प्रगतिशील लेखक जब जन-संघर्षों को आगे बढ़ाने के लिए साहित्य रचते हैं, तब यह भेद खत्म हो जाता है या कम हो जाता है।

उदारपंथी पूँजीवादी नेता हिन्दी-उर्दू को मिलाने में असफल हुए। वे यह न जानते थे कि दोनों में भेद क्यों है। उन्होंने इस समस्या का सम्बन्ध आम जनता की सांस्कृतिक और राजनीतिक प्रगति से नहीं जोड़ा। उन्होंने यह नहीं देखा कि इस समस्या का सम्बन्ध जनता की निरक्षरता दूर करने से है; जनसाधारण के लिए साहित्य और संस्कृति सुलभ करने से है। ब्रिटिश साम्राज्यवादियों के सहयोगियों ने बुद्धिजीवियों में जो पुनरुत्थानवादी रुझान पैदा किये हैं, उनसे संघर्ष करने से है।

साम्प्रदायिक अनुपात लागू करने से (अर्थात् मुसलमानों आदि के कितने एम.एल.ए. होंगे, यह निश्चित करने से) हिन्दू-मुस्लिम समस्या हल न हो सकती थी। इसी तरह फ़ारसी और संस्कृत के कोशों से किसी निश्चित अनुपात के अनुसार शब्द लेकर मिलाने से सामान्य साहित्यिक भाषा का विकास न हो सकता था।

दो लिपियों में लिखी जानेवाली हिन्दुस्तानी भाषा-समस्या का कोई हल प्रस्तुत नहीं करती। दोनों लिपियों में यदि शब्दावली भिन्न है, तो हिन्दुस्तानी नाम देने से बेहिसाब झगड़े बढ़ते हैं। हिन्दी और उर्दू में आज वास्तविक भेद है। यह भेद खत्म करके तुरन्त हिन्दुस्तानी नहीं गढ़ी जा सकती। इसलिए अभी कुछ समय तक हिन्दी और उर्दू, दोनों का चलन स्वीकार करना चाहिए जिससे कि स्वाभाविक रीति से दोनों मिलकर एक हो जाएँ।

पारिभाषिक शब्दावली की समस्या

लोग कहते हैं कि भारतीय भाषाएँ संस्कृत से उत्पन्न हुई हैं। इसलिए हिन्दी का जितना ही संस्कृतीकरण होगा, वह सारे भारत में उतनी ही सुबोध और लोकप्रिय होगी। पिछले पाँच सौ वर्षों का इतिहास बतलाता है कि भारतीय भाषाओं में असंस्कृत रूप निरन्तर विकसित होते गए हैं। ये रूप लोकप्रिय हैं, इसमें ज़रा भी सन्देह नहीं। कहा जाता है कि बंगला में संस्कृत शब्द सबसे ज़्यादा हैं। 'बंगला भाषा का उद्भव और विकास' नामक ग्रंथ में डॉ. सुनीतिकुमार चाटुर्ज्या ने लिखा था : "आधुनिक बंगला के बोलचाल वाले रूप में संस्कृत शब्दों का अनुपात आश्चर्यजनक रूप से

कम है।" (खंड 1, पृ. 221) कारण यह है कि "तद्भव शब्दों का सम्बन्ध आये-दिन के जीवन से है और भाषा में, कहना चाहिए, सबसे ज़्यादा श्रम इन्हीं को करना पड़ता है।" (उप., पृ. 197-98)

संस्कृत के शब्द अपने तद्भव रूप में सुरक्षित रहते हैं। शुद्धतावादी के लिए ये शब्द अशुद्ध हो जाते हैं। न केवल बंगला में वरन् उन तमाम भारतीय भाषाओं में, जो संस्कृत से सम्बद्ध हैं, तत्सम शब्दों की संख्या आश्चर्यजनक रूप से कम है। संस्कृतीकरण द्वारा हिन्दी को लोकप्रिय बनाने की माँग ग़लत है और लोगों को उसका विरोध करना चाहिए। उर्दू को फ़ारसी-गर्भित करना उर्दू के लिए हानिकारक है और उर्दू-प्रेमियों को उसका विरोध करना चाहिए।

इसका यह अर्थ नहीं है कि हिन्दी-उर्दू संस्कृत-फ़ारसी से शब्द न लें। यह कार्य विवेक से, बोलचाल की भाषा की प्रकृति पहचानते हुए करना चाहिए। इससे भाषा समृद्ध होगी और उसका लोकप्रिय रूप नष्ट न होगा। नये शंब्द गढ़ने और उधार लेने के अलावा, बोलचाल की भाषा की रचनात्मक क्षमता को भूल न जाना चाहिए। हिन्दी-उर्दू की उच्च शब्दावली में अंग्रेज़ी शब्दों का प्रवेश भी बिलकुल बन्द न करना चाहिए।

कई लोग पारिभाषिक शब्दों के छोटे-बड़े कोश बना रहे हैं। वे कहते हैं कि जो शब्द प्रचलित है, वह पारिभाषिक नहीं हो सकता। संविधान के अनुवादक श्री घनश्याम सिंह गुप्त में लिखा है : "सभी भाषाओं में लोक-प्रचलित शब्द अर्थ की दृष्टि से शिथिल और अनिश्चित होते हैं...हर विशेष विषय की अपनी विशेष शब्दावली होती है और लोक-प्रचलित भाषा से यह उद्देश्य सिद्ध नहीं लेता।" ('भारतीय संविधान का प्रारूप', 1948)

अज्ञानी हिन्दी पाठक की सहायता के लिए डॉ. रघुवीर ने संविधान के मसौदे के अन्त में शब्द-सूची दे दी है। इस सूची से बहुत अच्छी तरह पता चल जाता है कि पारिभाषिक तथा लोक-प्रचलित शब्दावली में किस तरह का सम्बन्ध है। शब्द-सूची के पहले तीन पृष्ठों में इस तरह के अंग्रेज़ी शब्द दिये हुए हैं :

ओपन, फायर-आर्म, ऑडिट, अलाउंस, एक्ट वारंट, एडवोकेट, मीटिंग, सीट, क्लेम, आर्डिनेंस, आर्टिकल, लाइसेंस, ग्रांट, प्रैक्टिस, की, सेफ्टी, एजेंट, इंजीनियरिंग, रेलवे, माइनर इत्यादि। ये शब्द अंग्रेज़ी में ही लोक-प्रचलित नहीं, उनमें से बहुतों को इस देश के अशिक्षित लोग भी समझते हैं। अधिपत्र, अधिष्ठान, अयोमार्ग क्या हैं? वारंट, सीट और रेलवे!

यदि अंग्रेज़ी के लोक-प्रचलित शब्द उस भाषा में पारिभाषिक माने जा सकते हैं तो कोई कारण नहीं कि उस नियम का पालन हिन्दी में न किया जाए। कठिन शब्दावली का फल यह होगा कि जनसाधारण शिक्षा और संस्कृति से दूर रहेंगे। दुख की बात यह है कि डॉ. रघुवीर के बनाए हुए बहुत-से शब्दों को उच्च शिक्षा

पाये हुए लोग भी नहीं समझते। इस जड़ता को भारत के प्राचीन गौरव और राष्ट्रीय एकता के नाम पर न्यायपूर्ण नहीं ठहराया जा सकता। अपनी शब्द-सूची की भूमिका में डॉ. रघुवीर ने लिखा था : "हमने भौगोलिक ही नहीं, ऐतिहासिक दृष्टि से भी भारत की एकता का ध्यान रखा है। भारत के दीर्घकालीन गौरवमय अतीत में जो कुछ उपयोग्य था, उसे हमने आत्मसात् कर लिया है।"

वास्तव में उन्होंने जो कुछ किया है, वह इसका ठीक उलटा है। उन्होंने वे तमाम शब्द छोड़ दिये हैं, जो न केवल हिन्दी-भाषी प्रान्तों में वरन् दक्षिण भारत तथा अन्यत्र समझे जाते हैं। ये शब्द उनके लिए पारिभाषिक नहीं हो सकते क्योंकि इनमें लोकप्रियता का दाग लग गया है! उन्होंने वे तमाम शब्द छोड़ दिये हैं जो अतीत में जनता के परस्पर सम्पर्क के कारण प्रचलित हो गए हैं। महापंडित राहुल सांकृत्यायन ने डॉ. रघुवीर की आलोचना की है और उनके अनुवाद के बदले अपना अनुवाद प्रस्तुत किया है।

इसमें कोई सन्देह नहीं कि नये शब्द आवश्यक हैं और वे या तो दूसरी भाषाओं से लिये जाएँगे या प्राचीन भाषाओं के शब्दों, धातुओं के आधार पर गढ़े जाएँगे। जो लोग इन शब्दों का व्यवहार करेंगे, उनकी आवश्यकताएँ ध्यान में रखी जाएँ तो यह कार्य ज़्यादा सन्तोषजनक ढंग से सम्पन्न होगा। सबसे पहले उन शब्दों का संग्रह करना चाहिए जिनका व्यवहार विभिन्न पेशों के लोग पहले से ही कर रहे हैं। इसके बाद संस्कृत, फ़ारसी या अंग्रेज़ी से आँख मूँदकर शब्द न लेने चाहिए वरन् इस बात का ध्यान रखना चाहिए कि वे बोलचाल की भाषा की प्रकृति के अनुकूल हैं या नहीं। ग्रीक और लैटिन के आधार पर बनाए हुए जो अंग्रेज़ी के शब्द यूरोप की अन्य भाषाओं में प्रचलित हैं, उन्हें विदेशी होने के कारण ही न छोड़ देना चाहिए। आवश्यकतानुसार उनकी जगह लोकप्रिय हिन्दुस्तानी शब्दों को दी जा सकती है।

हिन्दी-उर्दू की उच्च स्तरीय सांस्कृतिक शब्दावली देर में घुल-मिलकर एक होगी, लेकिन सामान्य बोलचाल की भाषा की तरह हिन्दी-उर्दू की पारिभाषिक शब्दावली भी एक दिन मिलकर एक होगी, इसमें ज़रा भी सन्देह नहीं है।

लिपि का प्रश्न

लिपि भाषा का अभिन्न अंग नहीं है। यूरोप की अनेक भाषाएँ लैटिन वर्णमाला का व्यवहार करती हैं। किन्तु इससे वे मिलकर एक नहीं हो जातीं। भारत में हिन्दी और मराठी की लिपि प्राय: एक सी है, फिर भी दोनों भाषाओं में बहुत अन्तर है। इस दृष्टि से लिपि का प्रश्न गौण है। फिर भी लिपि-भेद होने से हिन्दी-उर्दू के बीच का फासला बढ़ा है। यदि हिन्दी के पाठक उर्दू से और उर्दू के पाठक हिन्दी से परिचित

होते तो यह फासला इतना न बढ़ा होता। एक लिपि होने से उन्हें निकट लाने और मिलाने में सुविधा होगी।

एक लिपि की स्वीकृति स्वेच्छा से ही हो सकती है। फिर भी मज़दूर वर्ग को आन्दोलन करना चाहिए कि एक ही लिपि का चलन हो जिससे हिन्दी-उर्दू जल्दी-से-जल्दी घुल-मिलकर एक हो सकें। यह लिपि कुछ संशोधनों के साथ देवनागरी ही हो सकती है।

पिछड़ी हुई जातियों की भाषाओं का प्रश्न

भारत में मराठी, बंगला, तमिल, तेलगू आदि सुविकसित भाषाओं के अलावा बोलियों के अनेक ऐसे क्षेत्र हैं जहाँ किसी बोली ने विकसित होकर अभी भाषा का रूप नहीं लिया। इस तरह के क्षेत्रों में राजस्थान है। कुछ इलाके ऐसे भी हैं जिनके लिए पड़ोसी प्रान्तों के पूँजीपतियों में आपस में झगड़ा है। बिहार के आदिवासी इलाकों के लिए बंगाली और बिहारी पूँजीपतियों में झगड़ा है। कुछ प्रदेश ऐसे हैं जहाँ लोग अभी आदिम समाज-व्यवस्था में ही रह रहे हैं। मध्य प्रदेश और राजस्थान के आदिवासी न अपना, न अपनी भाषाओं का विकास कर पा रहे हैं। इनकी भाषाओं के विकास की बात कोई हवाई सैद्धान्तिक प्रश्न नहीं है। यह उनके सामाजिक और सांस्कृतिक विकास का प्रश्न है। जनवादी आन्दोलन और मज़दूर वर्ग को उनके राजनीतिक और सांस्कृतिक अधिकारों के लिए लड़ना चाहिए।

हर बोली या भाषा के लिए एक प्रजातंत्र का सवाल

महापंडित राहुल सांकृत्यायन कुछ समय पहले तक यह माँग करते रहे हैं कि उन प्रदेशों में प्रजातंत्र क़ायम किया जाए जहाँ अवधी, ब्रजभाषा, बुन्देलखंडी आदि का चलन है। उनके चरणचिह्नों पर श्री शिवदानसिंह चले (देखिए उनकी पुस्तक 'प्रगतिवाद' में 'जनपद-आन्दोलन' नामक निबन्ध), श्री व्योहार राजेन्द्र सिंह, श्री बनारसीदास चतुर्वेदी आदि जनपद-आन्दोलनों में योग देते रहे हैं। प्रश्न यह है कि अवधी, ब्रजभाषा, बुन्देलखंडी आदि बोलियाँ हैं या भाषाएँ; उनके बोलनेवाले हिन्दुस्तानी जाति के अन्तर्गत हैं या भिन्न-भिन्न स्वतंत्र जातियों के रूप में विकसित होंगे। दूसरा प्रश्न यह है कि क्या इनमें से हरेक के लिए प्रजातंत्र या प्रान्त बनना चाहिए?

गाँवों में किसान अवधी, ब्रज आदि का व्यवहार करते हैं। शहरों के मज़दूर, खास तौर से मिलों और कारख़ानों के श्रमिक आपस में खड़ी बोली का व्यवहार करते हैं। कानपुर में उन्नाव, रायबरेली, सीतापुर, गोंडा और छपरा तक से मज़दूर

आते हैं। लखनऊ, आगरा और झाँसी के लोको वर्कशॉप, कारखानों आदि में इसी तरह विभिन्न क्षेत्रों के मज़दूर काम करते हैं। जो किसान सीधा गाँव से आकर मज़दूर बना है, वह अपनी गाँव की बोली बोलता है और उसके साथी उसकी बात समझ लेते हैं। कुछ समय बाद वह शहर की बोली—खड़ी बोली—सीख लेता है और अपने साथियों से इसी में बात करता है, यद्यपि घर पर वह अपनी गाँव की बोली का ही व्यवहार करता है।

हिन्दुस्तानी प्रदेश के मज़दूर वर्ग में अवधी, ब्रज आदि बोलनेवाले लोग हैं। इनका सामान्य परिवेश और सामान्य आर्थिक सम्बन्ध उन्हें एक सामान्य भाषा बोलने पर मजबूर करते हैं। यह भाषा खड़ी बोली या हिन्दुस्तानी होती है। अख़बारों में अर्ज़ी लिखने के लिए, इश्तहारों के लिए झाँसी, आगरा, कानपुर और लखनऊ के मज़दूर बुन्देलखंडी, ब्रजभाषा या अवधी का व्यवहार नहीं करते। ये मज़दूर हिन्दी-उर्दू का ही व्यवहार करते हैं और उनकी बोलचाल में कोई भेद नहीं होता। शहरों के मध्यवर्ग का भी यही हाल है।

खड़ी बोली और फ़ारसी के संघर्ष में खड़ी बोली (उर्दू) की विजय हुई। कविता में ब्रजभाषा का व्यवहार हो या खड़ी बोली का, इस संघर्ष में खड़ी बोली (हिन्दी) की विजय हुई। भारतेन्दु भोजपुरी क्षेत्र के थे, प्रतापनारायण मिश्र अवध के, राधाचरण गोस्वामी ब्रज के—इन सबने गद्य के लिए खड़ी बोली को अपनाया। यह विकास उन्नीसवीं सदी में हुआ किन्तु उसका आरम्भ पहले हो चुका था। इस विकास का कारण था पूँजीवाद का विकास। भारत में पूँजीवाद उन्नीसवीं सदी से आरम्भ नहीं हुआ। व्यापारी पूँजीवाद उन सौदागरों के साथ शुरू हुआ जो अपने साथ खड़ी बोली सुदूर हैदराबाद ले गए। ब्रिटिश पूँजीवाद से टक्कर होने पर भारतीय पूँजीवाद के सहज विकास में बाधा पड़ी लेकिन वह रुक नहीं गया। पूँजीवाद के विकास के साथ हम मिलों और कारख़ानों में मज़दूरों को खड़ी बोली बोलते देखते हैं। देहात में जहाँ सामन्ती सम्बन्ध अब भी दृढ़ हैं, वहाँ भाषायी एकीकरण का यह काम पूरा नहीं हुआ। मध्यवर्ग पूँजीवादी विकास का ही परिणाम है और किसानों की अपेक्षा यह वर्ग खड़ी बोली को अधिक अपनाता है। इसी कारण हिन्दी-उर्दू लेखकों में ऐसे लोग हैं जो घर में खड़ी बोली से अलग अन्य कोई बोली भी बोलते हैं। श्री मैथिलीशरण गुप्त घर में बुन्देलखंडी, श्री राहुल सांकृत्यायन भोजपुरी, श्री शिवमंगलसिंह 'सुमन' और अली सरदार जाफरी अवधी बोलते हैं, या पहले बोलते थे।

इसका अर्थ यह है कि उपर्युक्त बोलियों के बोलनेवाले पूँजीवाद के विकास के साथ एक ही जाति में संगठित हुए हैं—एक ऐसे स्थायी जन-समुदाय के रूप में गठित हुए हैं जिसकी सामान्य भाषा है और सामान्य आर्थिक जीवन है। यह विकास पूरा नहीं हुआ। सामन्ती सम्बन्ध अभी बने हुए हैं। इसीलिए हिन्दुस्तानी प्रदेश में भाषा और बोली का प्रश्न भी हमारे सामने आता है। खड़ी बोली 'भाषा'

बनी; ब्रज, अवधी आदि 'बोलियाँ' रहीं। यह प्रक्रिया अनोखी नहीं है। जिन देशों में भी सामन्ती सम्बन्धों की जगह पूँजीवादी सम्बन्ध विकसित हुए हैं, वहाँ इससे मिलती-जुलती प्रक्रिया देखने को मिली है। लन्दन के आसपास की अंग्रेज़ी, पेरिस के आसपास की फ्रांसीसी, मास्को के आसपास की रूसी सामाजिक सम्पर्क और साहित्य की भाषा बनी। ब्रिटेन में वेल्श जैसी भाषा अंग्रेज़ी के मुक़ाबले और फ्रांस में प्रोवाँसाल जैसी समृद्ध साहित्यिक भाषा फ्रांसीसी के मुक़ाबले बोली की हैसियत ही पा सकी।

समाज में किसान या मज़दूर वर्ग के कुछ हिस्से अपनी बोली छोड़ते नहीं हैं या टकसाली भाषा के साथ उसका भी व्यवहार करते हैं, तो यह भारत में होनेवाली कोई अद्भुत क्रिया नहीं है। फ्रांस जैसे विकसित पूँजीवादी देश में भी बोलियों का अस्तित्व है। भाषाविद् वान्द्राई ने ब्रेतों बोली के बारे में लिखा है : "मछुओं में, तराई के नमक बनानेवालों में, स्लेट-मज़दूरों और घुमन्तू सौदागरों में ब्रेतों का व्यवहार अब भी होता है और कोई नहीं कह सकता कि कब तक होता रहेगा।" (वान्द्राई, 'भाषा', लन्दन, 1931, पृ. 286) मेइये के अनुसार : इसी प्रकार फ्रांस और स्पेन में बास्क का व्यवहार होता है। इसलिए इसमें आश्चर्य न होना चाहिए कि हिन्दुस्तानी प्रदेश में टकसाली भाषा के अलावा अनेक बोलियों का भी चलन बना हुआ है।

भाषा और बोली का भेद केवल भाषागत भेद नहीं है; वह सामाजिक भेद भी है। किसी समय हमारे यहाँ ब्रजभाषा और फ्रांस में प्रोवाँसाल समृद्ध साहित्यिक भाषाएँ थीं। पूँजीवाद के विकास के साथ दिल्ली, मेरठ तया पेरिस के आसपास की बोलियों को व्यापारी दूर-दूर तक ले गए। बोलियों ने भाषा का रूप लिया। जिन क्षेत्रों में अवधी, ब्रज आदि बोलियाँ अभी बोली जाती हैं, उनकी टकसाली भाषा खड़ी बोली है। इस टकसाली भाषा के कारण—साम्राज्यवाद और पूँजीवाद के बावजूद—यहाँ की जनता सीमित विकास कर सकी है। इन क्षेत्रों के मज़दूर टकसाली भाषा यानी खड़ी बोली के ज़रिये एक-दूसरे के निकट आते हैं। इस तरह इस टकसाली भाषा का विकास जनवादी क्रान्ति की विजय के लिए अत्यन्त महत्त्वपूर्ण है। 'जनयुग' और 'नया ज़माना' अवधी, ब्रजभाषा आदि में निकाले जाएँ तो इससे मज़दूरों की एकता दृढ़ न होगी। मैंने 'जनयुग' के लेख अवधी में उल्था करके उन्नाव और रायबरेली के किसानों को सुनाये हैं, यह देखने के लिए कि उनकी शब्दावली में कितना परिवर्तन करना पड़ता है। व्याकरण-रूपों को छोड़कर 98 फीसदी शब्दावली वही रहती है। ये बोलियाँ एक-दूसरे के इतना निकट हैं कि यदि एक ही लेख—खास तौर से अख़बारी लेख—का उल्था उनमें करें तो 98 फीसदी इबारत एक-सी होगी। ये बोलियाँ मुहावरों, सुन्दर अर्थ-व्यंजक शब्दावली और अलंकृत वचनों से समृद्ध हैं। टकसाली भाषा के लेखक इनसे बहुत-कुछ सीख सकते हैं। इनमें अछूता

खजाना है जिसे अपनाने से टकसाली भाषा की व्यंजना-शक्ति बहुत ज़्यादा बढ़ेगी। लेकिन इसका यह अर्थ बिलकुल नहीं है कि इनका व्यवहार करनेवालों को हम स्वतंत्र जातियाँ मान लें।

श्री राहुल सांकृत्यायन तथा अन्य लोगों की यह माँग कि अवधी, ब्रज, बुन्देलखंडी आदि को विभिन्न जातियों की टकसाली भाषा माना जाए, प्रतिक्रियावादी माँग है। यह माँग केवल सामन्ती वर्गों के हित में है जो इस तरह एक पतनशील व्यवस्था की रक्षा करना चाहते हैं। इस माँग से हिन्दुस्तानी प्रदेश के मज़दूरों की एकता में बाधा पड़ती है।

हर बोली के लिए एक प्रजातंत्र या प्रान्त बनाने का सवाल नहीं है। सोवियत संघ में 60 से ऊपर भाषाएँ हैं; प्रजातंत्र इनसे बहुत कम हैं। अवधी, ब्रज आदि विभिन्न जातियों की भाषाएँ होतीं, तो भी उनके लिए हर जगह प्रजातंत्र क़ायम न किये जाते। वे बोलियाँ हैं, इसलिए उनमें से हरेक के लिए प्रजातंत्र बनाने की माँग विशेष रूप से हास्यास्पद है। ओरछा के महाराज जनपद आन्दोलन में खास दिलचस्पी लेते रहे हैं, यह बात आकस्मिक नहीं है।

भारत में भाषा-समस्या के ये कुछ मुख्य पहलू हैं।

[1949]

10
जातीय भाषा के रूप में हिन्दी का प्रसार

जातीय भाषा बनने से पहले हिन्दी या खड़ी बोली एक जनपद की भाषा थी। ब्रज, अवध, बुन्देलखंड आदि जनपदों में ब्रज, अवधी, बुन्देलखंडी आदि भाषाएँ बोली जाती थीं। इन जनपदों में रहनेवाले छोटी-बड़ी रियासतों में बँटे हुए थे। वे सब किसी जाति में संगठित न हुए थे और इसीलिए एक जातीय भाषा के रूप में उनके पास आपसी व्यवहार की कोई भाषा न थी। कुछ पढ़े-लिखे लोग संस्कृत से काम चलाते थे लेकिन उसे आम जनता न तो समझती थी, न बोलती थी।

तब के समाज की दो विशेषताएँ ध्यान देने योग्य हैं। एक तो यह कि समाज चार वर्णों में बँटा हुआ था, जिनके अन्तर्गत सैकड़ों जात-बिरादरियाँ थीं। दूसरी यह कि गाँव बहुत-कुछ खुदमुख्तार थे; ऊपर से आँधी-तूफान निकलते रहें, ये छोटे-छोटे पंचायती राज अपनी जगह बदस्तूर क़ायम रहते थे।

तेरहवीं-चौदहवीं सदी में सामन्ती समाज का यह ढाँचा ढीला पड़ने लगा था, वर्ण-व्यवस्था शिथिल हो रही थी और लोग अपने खानदानी पेशे छोड़कर नये पेशे अपनाने लगे थे। तुर्कों के हमलों से यह ढाँचा और कमज़ोर पड़ा हालाँकि उसे तोड़नेवाली ताक़तें उसके भीतर ही पैदा हो रही थीं। तिलक, जो हिन्दी और फ़ारसी दोनों जानता था और अबुलहसन और महमूद गजनवी की सेवा में रहा था, एक नाई का लड़का था। रहूप नाम का एक बनिया परिहार राजा से क़िला छीनकर इल्तमश से लड़ा था। ('कैम्ब्रिज हिस्ट्री ऑफ़ इंडिया', खंड 3, पृ. 53) गुजरात में तगी चमार ने दिल्ली के बादशाह के ख़िलाफ़ विद्रोह की अगुआई की। हेमू, जिसने अकबर का मुक़ाबला किया था, बनिया था। अकबर का चित्रकार दसवन्त कहार था। रामानन्द के शिष्यों में कबीर जुलाहा, रैदास चमार और सेना नाई थे। कबीर के उत्तराधिकारी धरमदास बनिया थे। दादू के लिए कहा जाता है कि वह मोची थे। उनके शिष्य सुन्दरदास बनिया थे और मलूकदास खत्री थे। इस तरह की और भी मिसालें दी जा सकती हैं। इससे नतीजा यही निकलता है कि संस्कृति पर अब ब्राह्मण-पुरोहितों का इजारा टूट रहा था; राज्य और धरती पर क्षत्रियों का अधिकार ढीला पड़ रहा था।

तुर्क बादशाहों ने बाज़ार, तोलने के बाट, सिक्कों आदि के बारे में जो सुधार किये, उनसे सौदागरों को फायदा पहुँचा। इस ज़माने में नई-नई मंडियाँ और नये-नये शहर आबाद हुए। फ़ीरोज़ तुग़लक के लिए कहा जाता है कि उसने फ़ीरोज़ाबाद, फ़तहाबाद, फ़ीरोज़पुर, बदायूँ, जौनपुर आदि शहर बसाये। शेरशाह के ज़माने में पटना शहर फिर व्यापार का केन्द्र बना। उसके समय में जो सड़कें और नहरें तैयार हुईं, उनसे व्यापार बढ़ा। शेरशाह ने साराएँ बनवाईं, धार्मिक उदारता की नीति बरती, और खास बात यह कि राज्य और किसान के बीच सीधा सम्बन्ध क़ायम किया। पहले गाँव का मुखिया मालगुज़ारी तय करता था, उसका वह हक छिन गया। इस तरह एक तरफ तो सौदागरी और व्यापार के केन्द्रों के तौर पर शहर बढ़ती पर थे, दूसरी तरफ गाँवों की ख़ुदमुख़्तारी पर पाबन्दी लगी। अकबर ने बारूद का महत्त्व समझा। राज्य में शान्ति क़ायम रखने के लिए उसने खास तौर से बारूद का भरोसा किया। सामन्ती युग के तीर-कमान और तलवार पुरानी चीज़ें बनते जा रहे थे। अकबर ने सारे राज्य में एक-सी मुद्रा-व्यवस्था चलाकर व्यापार की बढ़ती में मदद की। तनख्वाह के लिए जागीरें दीं लेकिन मालगुजारी वगैरह तय करने का हक़ जागीरदारों को नहीं दिया। कभी-कभी उन्हें जागीर से दूर भी तैनात कर दिया जाता था। इस तरह सामन्तों और जागीरदारों की ताक़त कम हुई। धार्मिक मामलों में अकबर ने उदार नीति बरती।

मुग़ल बादशाहों को खुद भी व्यापार से दिलचस्पी थी। अकबर खुद व्यापार करता था। लखनऊ यूनिवर्सिटी के डॉ. पंत के अनुसार : गुजरात, आगरा और कश्मीर के बढ़िया उद्योगों का इजारा उसके हाथ में था। शाहजहाँ ने नील का व्यापार अपने हाथ में रखा था और मनोहरदास को राज्य में उधार रकम देकर व्यापार करने की आज्ञा दी थी और मुनाफे में हिस्सा लेता था। नूरजहाँ को भी नील और जरी के वस्त्रों के व्यापार से दिलचस्पी थी। बादशाहों के भाई-भतीजे सौदागरी से धन कमाते थे। मुग़ल राज्यसत्ता की आमदनी का जरिया सिर्फ ज़मीन न थी, बल्कि व्यापार भी था।

व्यापार की उन्नति से पुराने जनपदों का अलगाव दूर हुआ। पटना, बनारस, इलाहाबाद, आगरा और दिल्ली ऐसे केन्द्र बन गए जिनके चारों तरफ एक क़ौमी बाज़ार क़ायम हुआ। यात्री मानरीके के अनुसार सन् 1640 में आगरा की आबादी छह लाख थी। मार्क्स ने भारतीय इतिहास पर अपनी पुस्तक में लिखा है कि अकबर के ज़माने में दिल्ली दुनिया का सबसे बड़ा शहर था। जो नया बाज़ार क़ायम हुआ, उसके सबसे बड़े केन्द्र आगरा और दिल्ली ही थे।

ब्रिटेन में हिन्दुस्तानी कपड़े की माँग बढ़ने से यहाँ का रोज़गार और चमका। सत्रहवीं सदी के पहले हिस्से में आगरा से विलायत कपड़ा भेजा जाता था और यह कपड़ा अवध से बनकर आता था। इस तरह ब्रज और अवध एक बाज़ार में संगठित

हुए। खुद अवध में दरियाबाद और खैराबाद अपने उद्योगों के लिए मशहूर हुए। इसी तरह पटना, बनारस, लखनऊ वगैरह ने आसपास के देहात को अपनी तरफ समेटा और उनका पुराना अलगाव बहुत-कुछ दूर किया। फ्रांसीसी यात्री बर्नियर ने जिन मुग़ल कारख़ानों का जिक्र किया है, मुमकिन है कि वे पूँजीवादी पैदावार की पहली मंज़िल रहे हों। बहरहाल जुलाहों को सौदागर पेशगी रुपया देते थे और उनसे तैयार माल लेते थे। पेशगी लेने पर जुलाहा अपने माल पर अधिकार खो देता था। पेशगी के ज़रिये सौदागर उसकी श्रमशक्ति खरीद लेता था। यह पैदावार का पूँजीवादी तरीका था। सन् 1844 में एंगेल्स ने अपनी पुस्तक 'इंग्लैंड के मज़दूर वर्ग की दशा' में लिखा था : "मशीनें चालू होने से पहले कच्चे माल को कातने और बुनने का काम मज़दूर के घर पर होता था।" सत्रहवीं सदी में यह सिलसिला यहाँ भी क़ायम था। लेनिन ने मिखाइलोव्स्की को जवाब देते हुए बतलाया था कि सत्रहवीं सदी में आपसी विनिमय की बढ़ती से, बिकाऊ माल के चलन के धीरे-धीरे तेज़ होने से, और छोटे-छोटे बाज़ारों के एक बड़े बाज़ार में सिमटने से रूसी जाति का निर्माण हुआ। सत्रहवीं सदी में इसी तरह हमारे यहाँ भी हिन्दुस्तानी जाति का निर्माण शुरू हुआ था।

भाषा और साहित्य के क्षेत्र में हम जनपदों का एक-दूसरे के नज़दीक आना और उनका अलगाव दूर होना देखते हैं। 'रामचरितमानस' अवधी में लिखा गया है, लेकिन ब्रज, भोजपुरी आदि के इलाकों में भी वह अपनाया जाता है। यही नहीं, गोस्वामी जी ब्रज और अवधी, दोनों में कविता करते हैं और उनकी भाषा में एक से अधिक बोलियों के शब्द और प्रयोग देखे जा सकते हैं। उधर ब्रजभाषा की कविताएँ—मीरा, सूर, रसखान और रहीम की रचनाएँ दूर देहात तक पहुँच रही थीं। खड़ी बोली में भी खुसरो, कबीर आदि रचनाएँ करने लगे थे। रहीम ने किसी को खड़ी बोली में ही गाते सुनकर लिखा था—झुक-झुक मतवाला गावता रेखता था।

दक्खिन में खड़ी बोली का अलग विकास हुआ। गद्य और पद्य, दोनों में यह प्रदेश मुख्यत: तेलगूभाषी था और खड़ी बोली वहाँ कम तादाद के लोगों की भाषा थी। उत्तर की भाषा पर उसका असर कुछ देर से पड़ा।

शहरों में व्यापार और विनिमय के लिए जिस भाषा का उपयोग होता था, वह भाषा खड़ी बोली या हिन्दी थी। इसका सबसे बड़ा सबूत यह है कि देश-विदेश के जो लोग काम-काज के लिए दिल्ली या आगरा आते थे, वे यही भाषा सीखते थे। ग्रियर्सन ने लिखा है : "उन दिनों के कुछ अंग्रेज़ सौदागर नि:सन्देह धड़ल्ले से हिन्दुस्तानी बोल सकते थे...।" ('लिंग्विस्टिक सर्वे ऑफ़ इंडिया', खंड 1, पृ. 2) और इतिहासकार सरदेसाई ने लिखा है कि इतालवी यात्री मनुच्ची ने शिवाजी से, बिना किसी दुभाषिये की मदद के, उर्दू में बातचीत की। फ़ारसी के दबाव की वजह से यह भाषा पहले-पहल दक्खिन में फूली-फली।

हिन्दुस्तान में जो तुर्क, पठान, ईरानी, उजबक आदि जातियों के लोग आए, वे यहाँ किसी नई भाषा को जन्म न दे सके। उनके बहुत-से शब्द यहाँ वालों ने ले लिये। उनके प्रत्यय लगाकर कुछ नये शब्द भी गढ़े—जैसे पागलखाना, अफीमची (और पिछले दिनों जंगबाज़) वगैरह। लेकिन हमारी भाषा की व्याकरण-व्यवस्था, उसके मूल शब्द-भंडार में कोई भारी तब्दीली नहीं हुई। तुर्कों, पठानों, ईरानियों, उजबकों आदि के आने से पहले भी हिन्दी भाषा थी, उनके हिन्दुस्तानी बन जाने के बाद भी रही। इसलिए बादशाहों के लश्करों में नई ज़बानें गढ़ने की कल्पना भ्रामक है।

बाहर से आनेवाले लोगों के शब्दों से हमारी भाषा और समृद्ध हुई लेकिन उसने अपने जातीय रूप की रक्षा की। भाषा के बारे में शेरशाह और अकबर की नीति अंग्रेज़ों की तरह अनुदार नहीं थी। शेरशाह ने तो फ़ारसी के साथ हिन्दी में काम-काज करने की हिदायत दे रखी थी।

ब्रजभाषा, अवधी, खड़ी बोली आदि सभी ने हिन्दुस्तानी जाति के निर्माण में मदद दी। हमारी जाति का चरित्र संघर्षों द्वारा और पक्का हुआ। इन संघर्षों के दो पहलू थे : एक तो जातीय, दूसरा जनवादी। यानी एक तरफ तो यहाँ के लोग विदेशी आततायियों के ख़िलाफ़ लड़े, दूसरी तरफ वे सामन्ती उत्पीड़न के ख़िलाफ़, वर्ण-व्यवस्था और पुरोहितों-सामन्तों के विशेष अधिकारों के ख़िलाफ़ भी लड़े। भक्ति-आन्दोलन में ये दोनों पहलू मौजूद हैं। जुलाहे और किसान इस आन्दोलन को शक्ति देनेवाले हैं। सौदागर उसके सहायक हैं। हिन्दू और मुसलमान, सूफी और संत, दोनों उसमें शामिल हैं। भक्ति-आन्दोलन एक जातीय और जनवादी आन्दोलन है। क्या उस समय हिन्दुओं और मुसलमानों की दो संस्कृतियाँ थीं? कुछ धार्मिक भेदभाव ज़रूर था लेकिन दो संस्कृतियाँ नहीं थीं। जायसी, रसखान, रहीम, आलम, शेख, पजनेस वगैरह की वही संस्कृति थी जो सूर, मीरा, तुलसी, नन्ददास, दादू, रैदास आदि की थी। यह संस्कृति जातीय और जनवादी थी, इसीलिए कबीर को हिन्दू और मुसलमान, दोनों अपनाने के लिए तैयार थे। दरबारों की संस्कृति अलग थी। मुग़ल राज्यसत्ता इस जनवादी संस्कृति को आश्रय देनेवाली न थी।

हिन्दुस्तान के लोग सामन्ती ढाँचा खत्म करके अपनी जातीय राज्यसत्ता क़ायम कर लेते लेकिन तभी अंग्रेज़ों की दख़लअन्दाजी से उनकी ऐतिहासिक प्रगति में बाधा पड़ी।

उन्नीसवीं सदी में अंग्रेज़ों ने हिन्द प्रदेश को अपने अधिकार में किया। हिन्दुस्तान में ऐसी परिस्थितियाँ थीं जिनसे फायदा उठाकर उन्होंने भाषा और संस्कृति के मामलों में दख़ल देना और यहाँ के लोगों में फूट डालना शुरू किया।

महाराष्ट्र, आन्ध्र, बंगाल, पंजाब आदि में वे परिस्थितियाँ न थीं, जो हिन्दी भाषी इलाके में थीं। महाराष्ट्र में शिवाजी एक जातीय रियासत क़ायम कर चुके थे। वैसी कोई कोशिश यहाँ न हुई थी। शिक्षा का कोई मिला-जुला जातीय क्रम

निश्चित न था, मुल्ला-पंडितों के हाथ में अब भी शिक्षा की ज़िम्मेदारी थी। इस धार्मिक शिक्षा की वजह से दो लिपियों का प्रयोग होता था और भाषा की एकता के हिसाब से सब जगह एक ही लिपि का चलन न था। मुग़ल साम्राज्य के उखड़ने के बाद नवाबों के अड्डे ज़्यादातर हमारे इलाके में रहे। बंगाल, महाराष्ट्र, आन्ध्र, वगैरह इनसे अपेक्षाकृत मुक्त रहे। हैदराबाद में उर्दू के असर से तेलगू भाषा में कुछ तब्दीली हुई, लेकिन उस हद तक नहीं कि तेलगू में हिन्दी-उर्दू की तरह दो धाराएँ चल पड़ें।

अंग्रेज़ों ने जिस अलगाव से फायदा उठाया और उसे गहरा बनाया, वह यहाँ की धार्मिक शिक्षा और सामन्ती पिछड़ेपन की वजह से था। बहुत-से राज-दरबारों में ब्रज भाषा के आगे नई जातीय भाषा हिन्दी की पूछ न थी; नवाबों के यहाँ खड़ी बोली के लोकप्रिय रूप और जनवादी कविता की क़द्र न थी। इस तरह खड़ी बोली में दो धाराएँ चल निकलीं—एक तो लोकप्रिय धारा, दूसरी सामन्तों के आश्रयवाली धारा। कुछ कवियों ने साधारण भाषा के शब्दों के बहिष्कार की नीति अपनाई जिससे उनकी शैली बोलचाल की भाषा से अलग मालूम होने लगी।

अंग्रेज़ी ने इस भेद को और गहरा किया। गिलक्राइस्ट ने हिन्दुओं और मुसलमानों की अलग भाषाओं के सिद्धान्त की रचना की। रिज़ले ने धर्म के आधार पर दो क़ौमें गढ़ीं और ग्रियर्सन ने भाषा और संस्कृति के क्षेत्र में फूट के उसूल को धार्मिक रूप दिया। सर सैयद ने लश्करों में नई भाषा बनने की तजवीज़ पेश की। इक़बाल ने मुस्लिम क़ौम और मुस्लिम संस्कृति का नारा लगाया। ये सब साम्राज्यवादी विषवृक्ष के फल थे।

अंग्रेज़ों के राज में गाँवों की पुरानी व्यवस्था तो टूटी लेकिन उन्होंने सामन्तवाद और सामन्ती संस्कृति को मज़बूत भी किया। इसी जर्जर सामन्ती संस्कृति पर उन्होंने अपनी तहज़ीब का ताज रखा। हिन्दी-भाषी इलाके को उन्होंने कई सूबों में बाँटा, यहाँ ताल्लुकेदारों और नवाबों को पाला-पोसा, और भाषा के मामले में जातीय उत्पीड़न का एक नया तरीका निकाला। कभी हिन्दुओं को दबाया, मुसलमानों को उभारा, कभी हिन्दुओं को उभारा और मुसलमानों को दबाया। कचहरी, अदालत और पुलिस में वह ज़बान चलाई कि किसान कभी समझ ही न सके और उसे ठगने और लूटने में उन्हें आसानी हो। इस तरह एक तरफ़ उर्दू की धारा बही, दूसरी तरफ़ हिन्दी की। फिर भी भाषा के बुनियादी शब्दों और मूल व्याकरण-व्यवस्था के बिना कोई भी धारा आगे न बढ़ सकती थी।

हिन्दी उर्दू का भेद उन्नीसवीं सदी से पहले नगण्य है। उन्नीसवीं सदी में अंग्रेज़ी राज क़ायम होता है और तभी यह भेद गहरा होता है। इसलिए उस भेद के लिए सबसे ज़्यादा अंग्रेज़ ही ज़िम्मेदार हैं। अगर सूफियों और संतों की परम्परा ज़िम्मेदार होती तो इस तरह की दो धाराएँ बंगाल, महाराष्ट्र, गुजरात वगैरह में भी बहती दिखाई

देतीं। वहाँ नहीं दिखाई देतीं, यह इस बात का प्रमाण है कि हिन्दी-उर्दू का भेद अस्थायी है, जो जनता के स्वाधीनता-आन्दोलन की बढ़ती के साथ कम होते-होते मिट जाएगा। आख़िर अभी सौ साल भी तो इस खाई को नहीं हुए।

हिन्दी-भाषी इलाके में सामन्ती अवशेष क़ायम रखकर, हिन्दी-उर्दू के सवाल से साम्प्रदायिकता उभारकर, एक ही भाषा की दो धाराएँ बहाकर और दोनों पर अंग्रेज़ी लादकर, आम जनता को अशिक्षित रखकर अंग्रेज़ों ने हमारे सामाजिक और सांस्कृतिक विकास को भारी नुक़सान पहुँचाया है।

फिर भी हर जगह उनकी मनचीती नहीं हुई। हिन्दुस्तानी जनता ने आसानी से उनका जुआ स्वीकार नहीं किया। 1857 में दिल्ली, मेरठ, कानपुर, झाँसी आदि शहरों के और अवध, भोजपुरी, बुन्देलखंड आदि जनपदों के वीरों ने अंग्रेज़ों के दाँत खट्टे कर दिये। अगर अंग्रेज़ों को हिन्दुस्तानियों से ही मदद न मिलती तो देश का इतिहास ही दूसरा होता। हमारे साहित्यकारों ने जनवादी संस्कृति की परम्परा को निबाहा। हिन्दी-उर्दू के लेखकों के सहयोग को अंग्रेज़ खत्म नहीं कर पाए। भारतेन्दु, प्रतापनारायण मिश्र, बालमुकुन्द गुप्त, जो आधुनिक हिन्दी के निर्माता हैं, उर्दू के भी लेखक थे। प्रेमचन्द ने उस परम्परा को और आगे बढ़ाया।

कांग्रेस और लीग के नेताओं ने क्रान्तिकारी जन-आन्दोलन का तो विरोध किया, लेकिन साम्राज्यवादियों की स्वाधीनता-योजना स्वीकार की। भारतीय जनता से भय खाकर अंग्रेज़ों ने अपना झंडा और अपनी फ़ौज तो हटा ली लेकिन अपने पूँजीवादी पंजे देश में और भी गड़ा दिये।

अंग्रेज़ी पूँजी का हित इस बात में है कि बँटवारे के बाद क़ायम की हुई दोनों रियासतें आपस में लड़ें या उनमें तनातनी रहे जिससे कि लोगों का ध्यान छिपे हुए लुटेरों की तरफ न जाए। इसके लिए उन्होंने दंगे कराये, कश्मीर की लड़ाई कराई और साम्प्रदायिक दलों के ज़रिये तनातनी क़ायम रखी।

साम्प्रदायिकता से फ़ायदा उठाकर पाकिस्तान के शासकों ने वहाँ की भाषाओं को दबाया और उन पर उर्दू लादी। हिन्दुस्तान के साम्प्रदायिकों ने कहा कि अब तो उर्दू पाकिस्तान गई और यहाँ उसकी बात करना भी राष्ट्रद्रोह है। राजर्षि टंडन और महापंडित राहुल ने इस विषैले प्रचार का नेतृत्व किया। उत्तर भारत के सूबों में हिन्दी ठीक ही राजभाषा घोषित की गई, लेकिन उर्दू के व्यवहार और शिक्षा आदि में तरह-तरह के अड़ंगे लगाये गए।

हिन्दी के कुछ लेखक इस परिस्थिति को सन्तोषजनक समझते हैं। लेकिन उर्दू को दबाने से हमारी जातीय भाषा के विकास में बाधा पड़ती है, इसलिए इस परिस्थिति को सन्तोषजनक कैसे कहा जा सकता है? उर्दू में लोकप्रिय साहित्य का बहुत बड़ा हिस्सा मौजूद है। उसमें बोलचाल के मुहावरों का निखरा हुआ रूप ही नहीं है, हमारी भाषा और साहित्य का इतिहास उसके बिना अधूरा रहेगा। इसलिए

अपनी जाति के सांस्कृतिक इतिहास के लिए, अपनी जातीय भाषा के विकास के लिए मैं उर्दू के दबाने का विरोध करता हूँ।

कांग्रेसी नीति के ख़िलाफ़ उर्दू के कुछ लेखकों ने विधान की सहायता लेते हुए इलाकाई ज़बान का सवाल उठाया है। हिन्दी से अलग उर्दू का कोई अलग इलाका नहीं है हालाँकि उर्दू या हिन्दी को अपनी एकमात्र साहित्यिक भाषा समझनेवाले लोग हैं। इसलिए उर्दू के पढ़ने-पढ़ाने और उसे व्यवहार में लाने में जो भी बाधाएँ आती हैं, उन्हें दूर करने के लिए आवाज़ बुलन्द करना सभी जनवादियों का कर्तव्य है। उसे अलग इलाकाई ज़बान मानना ग़लत है।

हिन्दी-भाषी इलाके की जनता के लिए किसानों में शिक्षा का सवाल भाषा की समस्या के साथ जुड़ा है। किसानों को आम शिक्षा किस लिपि में दी जाए? अगर किसानों को एकजुट करना है, उनकी राजनीतिक चेतना को विकसित करना है, उनके आन्दोलन को राष्ट्रीय आन्दोलन की धुरी बना देना है तो आम शिक्षा के लिए दो लिपियाँ रखना हानिकारक होगा। इसलिए मेरी राय है कि देवनागरी लिपि के ज़रिये आम जनता में शिक्षा के प्रचार पर ज़ोर देना चाहिए।

अंग्रेज़ों ने 1857 से सबक लेकर हमारे इलाके को सबसे ज़्यादा टुकड़ों में बाँटा है। सदियों से एक साथ रहनेवाले आगरा और दिल्ली भी अलग हो गए। हिन्दी-भाषी इलाका एक होना चाहिए। इसके बारे में यह बहाना भी नहीं चल सकता कि बड़े सूबे को छोटे सूबों में हम बाँटना चाहते हैं। यहाँ सवाल छोटे टुकड़ों को मिलाकर बड़ा सूबा बनाने का है। अलग-अलग प्रान्तीय सभाएँ और हुकूमतें चलाने का ख़र्च बचेगा, व्यापार और उद्योग-धन्धों की तरक़्क़ी में मदद मिलेगी। हमारा सांस्कृतिक आन्दोलन पूरे प्रदेश में जातीय पैमाने पर चलेगा और भाषा भी अपना जातीय रूप निखार सकेगी।

किसान-आन्दोलन की बढ़ती के लिए यह आवश्यक है कि बोलियों में साहित्य रचा जाए। अभी भी वह रचा जा रहा है। लेकिन हर जनपद के लिए अलग सूबा या प्रजातंत्र बनाने की माँग करना जातीय प्रदेश के बँटवारे को दूसरे रूप से क़ायम रखना है। इससे सावधान रहना चाहिए।

हिन्दी-भाषी लेखकों का हित इस बात में है कि वे भाषावार प्रान्त-निर्माण के आन्दोलन का समर्थन करें, दूसरों की मर्ज़ी के ख़िलाफ़ उन पर हिन्दी भाषा लादने का विरोध करें। इससे दूसरी भाषाओं के लोग उनकी जातीय एकता के आन्दोलन का समर्थन करेंगे। उन्हें इस भ्रम में कि संस्कृत-गर्भित होने से हिन्दी दक्षिण में ज़्यादा समझी जाएगी, अपनी भाषा को बिगड़ने न देना चाहिए। संस्कृत-गर्भित हिन्दी के पक्षपाती साहित्य-सम्मेलन ने दक्षिण भारत में हिन्दी-प्रचार का काफ़ी अहित किया है। वहाँ पर हिन्दी का प्रचार किया है 'दक्षिण भारत हिन्दी प्रचार सभा' ने, जिसकी नीति सम्मेलन से भिन्न है।

हिन्दी-भाषी इलाका भारत का सबसे बड़ा जातीय इलाका है। संख्या के विचार से हिन्दुस्तानी जाति दुनिया की तीन-चार सबसे बड़ी जातियों में गिनी जाएगी। ऋग्वेद और महाभारत की रचना इसी प्रदेश में हुई है। यहीं की नदियों के किनारे वाल्मीकि और तुलसी ने अपने अनुष्टुप और चौपाइयाँ गाई हैं। तानसेन और फैयाज़ खाँ, हाली, मीर, अकबर, ग़ालिब, भारतेन्दु, प्रेमचन्द, निराला यहीं के रत्न हैं। ताजमहल और विश्वनाथ के मन्दिर यहीं के हाथों ने गढ़े हैं। आल्हा और कजली ने सैकड़ों साल तक यहीं का आकाश गुँजाया है। अठारह सौ सत्तावन में यहीं की धरती हिन्दुओं और मुसलमानों के ख़ून से सींची गई है। जिस दिन यह विशाल हिन्दी प्रदेश एक होकर नये स्वाधीन जनजीवन का निर्माण करेगा, उस दिन इसकी संस्कृति एशिया का मुख उज्ज्वल करेगी। किसानों और मज़दूरों की एकता जो जनता की एकता की धुरी है, वह दिन निकट लाएगी। हिन्दी और उर्दू के लेखकों को इस जनता के हितों को ध्यान में रखकर अपनी जातीय परम्परा के अनुसार लोकप्रिय भाषा और जनवादी साहित्य के विकास में आगे बढ़ना चाहिए।

[1953]

11
हिन्दी-उर्दू समस्या

अन्तरराष्ट्रीय परिस्थिति का तनाव दूर करने के लिए शान्ति-प्रेमी जनता ज़ोर-ज़बर्दस्ती के बदले समझौते की बातचीत का रास्ता पसन्द करती है। भारतीय शान्ति-आन्दोलन के नेताओं ने भी तीसरे महायुद्ध की तैयारियाँ रोकने के लिए समझौते की बातचीत चलाने पर ज़ोर दिया है।

मेरा विचार है, हिन्दी-उर्दू समस्या को लेकर जो तनाव पैदा किया गया है, उसे दूर करने के लिए भी समझौते की बातचीत चलाना और छुरेबाजी को प्रोत्साहन न देना श्रेयस्कर हो सकता है।

पिछले दिनों उर्दू-प्रेमियों की तरफ से उर्दू को क्षेत्रीय भाषा के रूप में मानने और उसके लिए क्षेत्रीय भाषा के अधिकार माँगने के बारे में आन्दोलन हुआ था। उस आन्दोलन के जवाब में कुछ हिन्दी-प्रेमियों की तरफ से भी आन्दोलन हुआ और लखनऊ में उर्दू-प्रेमियों के सम्मेलन के अवसर पर एक उर्दू-प्रेमी को एक हिन्दी-प्रेमी ने छुरा मारकर उसे अस्पताल भेज दिया।

आप मानेंगे कि टैंक और एटम बम का खतरा न होने पर भी लखनऊ जैसे शान्ति-प्रेमी नगर में यह कांड होना ज़ाहिर करता है कि जैसे अन्तरराष्ट्रीय तनाव दूर करने के लिए बमबाज़ी का रास्ता बुरा बताया जाता है, वैसे ही भाषा की समस्या हल करने के लिए छुरेबाज़ी का रास्ता भी बुरा समझा जाना चाहिए।

उकसावा पैदा करनेवाले आन्दोलन अक्सर अर्द्धसत्यों को लेकर चलते हैं। इसमें शक नहीं कि बहुत-से उर्दू-प्रेमियों में सम्प्रदायवादी भी हैं, और पहले भी रहे हैं। लेकिन इस बात को लेकर अर्द्ध-सत्यप्रेमी सज्जन यह नतीजा निकालते हैं कि सभी उर्दूवाले सम्प्रदायवादी हैं, उर्दू का जन्म ही सम्प्रदायवाद से हुआ है, पाकिस्तान का जन्म भी उर्दू के कारण हुआ है (भले ही पूर्वी पाकिस्तान के लोग उर्दू को राजभाषा बनाने के ख़िलाफ़ लड़े हों) और इसलिए जितना ही जल्दी उर्दू को मिटाया जाए, उतना ही अच्छा!

इसमें भी शक नहीं कि हिन्दी-प्रेमियों में बहुत-से सम्प्रदायवादी हैं और पहले भी रहे हैं। लेकिन इस बात से उर्दू-खेमे के अर्द्ध-सत्यप्रेमी यह नतीजा निकालते हैं कि

सभी हिन्दी-प्रेमी सम्प्रदायवादी हैं, हिन्दी का जन्म ही सम्प्रदायवाद से उर्दू के मीठे सरल शब्दों को निकालकर उनकी जगह संस्कृत के कंकड़-पत्थर भरकर हुआ है। हिन्दी को बिहार या उत्तर प्रदेश की राजभाषा बना दिया गया है, यह हिन्दी-प्रेमियों की साम्प्रदायिकता का सबसे बड़ा प्रमाण है!

इसी तरह हिन्दी-खेमे के अर्द्ध-सत्यप्रेमी उर्दू-विरोध को राष्ट्रीयता की पहली शर्त मानते हैं। यह उर्दू-विरोध जल्द ही मुस्लिम-विरोध का रूप ले लेता है और उकसावा पैदा करनेवाली 'दलीलें' दी जाती हैं जिन्हें सुनकर मालूम होने लगता है कि जनता की भुखमरी, अशिक्षा, अकाल और महामारी का एकमात्र कारण उर्दू है!

उधर उर्दू-खेमे के अर्द्ध-सत्यप्रेमी उर्दू को हिन्दी से और दूर खींचकर, हिन्दुस्तानी जनता के सांस्कृतिक इतिहास से और दूर ले जाकर, इस्लाम से उर्दू का सम्बन्ध अपनी समझ में और पक्का करके, अलगाव की भावना को और मज़बूत करते हैं। समूची हिन्दुस्तानी जनता कैसे साक्षर होकर अपनी मिली-जुली संस्कृति, अपना मिला-जुला लिखित साहित्य आगे बढ़ाएगी; अवधी, ब्रज, बुन्देलखंडी, भोजपुरी आदि से हम अपनी भाषा के लिए क्या लेंगे, कैसे उसे सोलह करोड़ के लिए सुलभ बनाएँगे—ये समस्याएँ उनके लिए हैं ही नहीं। उल्टा वे किसी महाअश्लील पत्रिका की बिक्री का हवाला देकर पूछेंगे : 'कहिए, आपके यहाँ कोई पत्रिका इतनी बिकती है?' या अपने बड़प्पन की डींग हाँकेंगे : 'हमने जितना कमाल हासिल किया है उतना किसी ने किया ही नहीं है।'

उर्दू-खेमे के ये अर्द्ध-सत्यप्रेमी आशा और निराशा के बीच झकोले खाते हैं। कभी तो वे उर्दू के अजर-अमर होने की बात सोचकर गद्गद हो उठते हैं और कभी उसका विनाश निश्चित समझकर वैसे ही उदास और परेशान हो जाते हैं।

किसी ज़िले या सूबे को ध्यान में रखकर हिन्दी-उर्दू की समस्या स्थायी रूप से हल नहीं की जा सकती। यह समस्या तभी हल होगी जब हम हिन्दी-प्रेमी और उर्दू-प्रेमी, दोनों समूची हिन्दुस्तानी जाति के राजनीतिक और सांस्कृतिक पुनर्गठन की समस्या के सन्दर्भ में उस पर विचार करेंगे। सवाल यह है कि जैसे तेलगू, मराठी, तमिल या कन्नड़ भाषाएँ बोलनेवाले अपने-अपने प्रदेश में अपना राजनीतिक और सांस्कृतिक पुनर्गठन करने के लिए उठ खड़े हुए हैं या उठ खड़े हो रहे हैं, वैसे ही क्या हिन्दुस्तानी लोग भी मुग़ल और ब्रिटिश राज के अपने अलगाव को खत्म करके एक जातीय प्रदेश में अपने राजनीतिक और सांस्कृतिक पुनर्गठन के लिए उठेंगे; या वे अपनी सामान्य समस्याएँ अलग-अलग अपने ज़िलों और सूबों में ही उलझाते-सुलझाते रहेंगे?

अभी पिछले दिनों भाषावार प्रान्त बनाने के सिलसिले में जो सम्मेलन हुआ, उसमें और भाषाओं के प्रतिनिधियों ने तो अपने जातीय इलाकों के पुनर्गठन की बात उठाई लेकिन हिन्दुस्तानी प्रदेश का सवाल वहाँ उठा ही नहीं। इसका सबब यह है

कि हिन्दुस्तानी जनता का प्रदेश और जातियों के प्रदेश से कहीं ज़्यादा बँटा हुआ है, यहाँ की जातीय चेतना की कभी हिन्दी-उर्दू विवाद से, कभी भोजपुरी या मैथिली प्रान्त के आन्दोलन से, कभी बिहारी-बंगाली फसाद से सही रूप में विकसित होने नहीं दिया गया।

हिन्दी-उर्दू समस्या को लेकर जो लोग साम्प्रदायिक प्रचार करते हैं, वे हिन्दुस्तानी जनता की जातीय चेतना पर सबसे पहले प्रहार करते हैं।

हिन्दी-उर्दू के अर्द्ध-सत्यप्रेमी हिन्दुस्तानी जाति के प्रदेश का सवाल, उसके राजनीतिक और सांस्कृतिक पुनर्गठन का सवाल नहीं उठाते, यह बात आकस्मिक नहीं है। वे सारे हिन्दुस्तान में हिन्दी फैलाने के लिए कटिबद्ध हैं, लेकिन जब दक्षिण के लोग उनसे पूछते हैं—हिन्दी किस प्रदेश की भाषा है तो वे बगलें झाँकने लगते हैं।

यह बात आकस्मिक नहीं है कि हिन्दी खेमे के कुछ अर्द्ध-सत्यप्रेमी हिन्दुस्तानी जाति के इलाके को 'बोलियों' के आधार पर ग्यारह हिस्सों में बाँट देने का प्रचार करते हैं। 'भाषा' के आधार पर वे प्रान्त-निर्माण की बात नहीं करते वरन् 'बोली' के आधार पर एक जातीय प्रदेश के बहुत-से टुकड़े करने की बात करते हैं।

समूचे हिन्दुस्तानी प्रदेश को ध्यान में रखते हुए हिन्दी-उर्दू समस्या पर विचार किया जाए, तो ये परिणाम निकलते हैं :

1. जहाँ तक साधारण जनता की बोलचाल का सम्बन्ध है, हिन्दी-उर्दू का कोई भेद नहीं है।
2. हिन्दी-उर्दू का भेद लिखित भाषा के सिलसिले में उठता है।
3. उर्दू को लिखित भाषा के रूप में काम में लानेवाले लोग आम तौर से सम्प्रदायवादी नहीं हैं। वास्तव में कुछ हिन्दू सम्प्रदायवादी भी लिखित भाषा के रूप में उर्दू का प्रयोग करते हैं। उर्दू का प्रयोग करनेवाले सब मुसलमान ही नहीं, ग़ैर-मुसलमान भी हैं।
4. लिखित भाषा के लिए जो लोग हिन्दी का प्रयोग करते हैं, उनकी संख्या उर्दू का प्रयोग करनेवालों से ज़्यादा है। इससे नतीजा यह निकलता है कि हिन्दुस्तानी प्रदेश में एक 'सांस्कृतिक अल्पमत' लिखित उर्दू का प्रयोग करता है।
5. व्यवहार में इस सांस्कृतिक अल्पमत की ज़रूरतों का ध्यान रखा जाता रहा है, जैसे फ़िल्मों में हिन्दी लिपि के माथ उर्दू का प्रयोग, अनेक ग़ैर-साम्प्रदायिक संगठनों का उर्दू पत्र निकालना (जिनमें कम्युनिस्ट पार्टी भी शामिल है)।

हिन्दी-खेमे के अर्द्ध-सत्यप्रेमी यह मानने के लिए तैयार नहीं हैं कि उर्दू एक सांस्कृतिक अल्पमत के काम में आनेवाली लिखित भाषा है। वे इस सत्य को दोहराकर कि जनता की भाषा यानी 'बोलचान की भाषा' एक है, इस बात से इनकार

करते हैं कि लिखित भाषा में आज भेद है और उर्दू एक सांस्कृतिक अल्पमत की ज़रूरतें पूरी करती है।

इसलिए वे हिन्दी को राजभाषा बनाकर उर्दू के साथ ऐसा व्यवहार करना चाहते हैं जिससे लिखित भाषा के एकीकरण का सवाल एक-दूसरे से सीखकर, कुछ आपस में आदान-प्रदान करके हल न हो, बल्कि एक लिखित रूप को दबाकर हो।

उर्दू-खेमे के अर्द्ध-सत्यप्रेमी यह मानने से इनकार करते हैं कि समूचे हिन्दुस्तानी प्रदेश में उर्दू का व्यवहार एक लिखित भाषा के रूप में एक सांस्कृतिक अल्पमत करता है। वे यह मानने से इनकार करते हैं कि सवाल सांस्कृतिक अल्पमत की लिखित भाषा की रक्षा करने, उसके उपयोग की सुविधाएँ देने का है। वे कभी राजकाज के लिए दोनों लिपियों के चलन की बात कहते हैं, कभी उसे क्षेत्रीय भाषा मानकर उसके लिए दिल्ली, भोपाल और लखनऊ का 'क्षेत्र' ढूँढ़ने लगते हैं।

उर्दू-खेमे के ये दोस्त हकीकत पहचानने में ग़लती करते हैं, जिससे हिन्दी-खेमे के सम्प्रदायवादी ही मज़बूत होते हैं, उर्दू की रक्षा और उसके व्यवहार की सुविधा देने का असली प्रश्न टल जाता है।

लिखित भाषा के रूप में हिन्दी का प्रयोग हमारे प्रदेश के बहुसंख्यक लोग करते हैं। इसलिए उनकी ज़िम्मेदारी सबसे ज़्यादा है कि एक ही लिखित भाषा के विकास के लिए अनुकूल परिस्थितियाँ तैयार करने में मदद दें। इस काम में एक बाधा यह प्रचार है कि लिखित भाषा के रूप में उर्दू को दबाने से हमारी भाषा-समस्या सुलझ जाएगी। जो लोग इस तरह का प्रचार करते हैं, वे अर्द्ध-सत्य का सहारा लेकर लिखित उर्दू के सामन्ती साहित्य, उसकी ईरानी परम्पराओं का हवाला तो देते हैं लेकिन लिखित उर्दू के जनवादी और लोकप्रिय साहित्य के बारे में खामोश रहते हैं या सरासर झूठा प्रचार करते हैं।

सन् '47 के बाद हिन्दी-खेमे के सम्प्रदायवादियों ने नये सिरे से ज़ोर मारा है। राजनीतिक जीवन से उखड़े होने पर कुछ सज्जन भाषा को लेकर सम्प्रदायवाद का प्रचार करने लगे। कुछ मित्रों को यह भ्रम है कि ऐसे लोग केवल भाषा के मामले में सम्प्रदायवादी हैं, बाकी मामलों में असाम्प्रदायिक और जनवादी हैं।

इस तरह की धारणा बनाते हुए बहुत सतर्क रहना ज़रूरी है।

सन् '47 में—भारत-विभाजन के बाद—राहुल जी ने हिन्दी-उर्दू समस्या के सिलसिले में ही कहा था :

"इस्लाम को भारतीय बनना चाहिए—उनका भारतीयता के प्रति यह विद्वेष सदियों से चला आया है सही, किन्तु नवीन भारत में कोई भी धर्म भारतीयता को पूर्णतया स्वीकार किये बिना फल-फूल नहीं सकता।"

बात थी उर्दू की, नतीजा निकला कि "उनका भारतीयता के प्रति यह विद्वेष सदियों से चला आया है," यानी मुसलमान मूलतः राष्ट्र-विरोधी हैं।

और 'आज की राजनीति' (1960) में राहुल जी ने हिन्दी-उर्दू समस्या के सिलसिले में ही लिखा था :

"इस्लाम ने जो भी कहा हो, किन्तु मुसलमानों ने अपने को देश की धारा का अंग मानने से सदा इनकार किया।"

बात थी उर्दू की, नतीजा निकला कि मुसलमानों ने अपने को इस देश की धारा का अंग ही न समझा!

और भी, उसी पुस्तक में राहुल जी कहते हैं :

"इस्लाम का भारतीयकरण करना ही हितकर होगा। मौलाना आज़ाद की यह मनोवृत्ति यदि भारतीय मुसलमानों में रही, तो उनकी भक्ति तथा सहानुभूति हमेशा भारत की अपेक्षा पाकिस्तान के साथ रहेगी। यह भावना भारतीय मुसलमानों को छिपा पंचमाँगी बनाकर छोड़ेगी।"

यदि मुसलमान पंचमाँगी बन रहे हैं, तो उनके साथ व्यवहार भी वही होगा जो देशद्रोहियों के साथ होता है! हिन्दू-मुस्लिम दंगे कराने के लिए इससे ज़्यादा क्या कहा जा सकता है? आप कहेंगे, यह तो भाषा-सम्बन्धी मनोवृत्ति को लेकर लिखा गया है।

मान लिया, भाषा-सम्बन्धी मनोवृत्ति को लेकर लिखा गया है, लेकिन इस किताब में युधिष्ठिर नाम का पात्र—जो राहुल उवाच की जगह सूत्रधार का काम करता है—कहता है : "आप कुरान को उठाकर किसी धर्म के प्रमुख ग्रंथ से मिलाकर देख लीजिए, वह हर तरह से निम्नकोटि का जँचेगा।"

अब आप पता लगाइए कि दुनिया के तमाम मुसलमानों के धर्मग्रंथ से हिन्दी-उर्दू समस्या का क्या सम्बन्ध है?

देखिए, राहुल जी का केवल भाषा के सवाल पर सम्प्रदायवादी होना अकल ठीक करने के कैसे सुन्दर नतीजे तक पहुँचता है!

हमारे अनेक शुभ विचार रखनेवाले भाइयों ने राहुल जी का विरोध करना तो दूर, उनकी पीठ थपथपाई कि आप वास्तव में प्रगतिशील विचारक हैं! उनका खयाल था कि राहुल जी का पर्दाफाश करने से 'संयुक्त मोर्चा' टूट जाएगा (राहुल जी की नीति से उन्हें संयुक्त मोर्चे के लिए कोई भय न था!), इसलिए कभी तो वे उनके 'भाषा-सम्बन्धी' प्रचार को 'आदर्श' कहते रहे, कभी चुप रहे और कभी घेरे जाने पर बोले कि राहुल जी को सम्प्रदायवादी कहने से क्या होता है, सभी हिन्दी लेखक वैसा ही सोचते हैं!

इस अवसरवादी नीति को, साम्प्रदायिकता को, तरह देने का नतीजा यह हुआ कि राहुल जी के चरणचिह्नों पर चलनेवाले और 'प्रगतिशील' लेखक भी आगे आ रहे हैं।

उत्तर प्रदेश में उर्दू को क्षेत्रीय भाषा बनाने के आन्दोलन के सिलसिले में 'उत्तर प्रदेश भाषा समिति, लखनऊ' ने अखिल भारतीय कांग्रेस कमेटी और उत्तर

प्रदेश कांग्रेस कमेटी के अध्यक्षों के नाम एक आवेदन-पत्र छपवाया था। इसमें कहा गया था :

"हम इस प्रदेश की भाषा के बँटवारे और भाषा को बाँटकर जनता में फूट डालने की विषैली साम्प्रदायिक नीति का घोर विरोध करते हैं। यह प्रवृत्ति जन-विरोधी, राष्ट्रीयता-विरोधी और देशद्रोही है।"

जब कोई प्रवृत्ति 'देशद्रोही' करार दी जाएगी, तो उसके साथ कैसा व्यवहार किया जाएगा? आवेदन-पत्र ने ऐसा वातावरण तैयार करने की कोशिश न की जिसमें हिन्दी-उर्दू लेखक बैठकर समस्या पर विचार करते और उसे सुलझाने की कोशिश करते। उर्दू-प्रेमियों ने क्षेत्रीय भाषा के लिए जैसे हिन्दी लेखकों से सलाह-मशविरा किये बिना आन्दोलन छेड़ दिया था और उर्दू की रक्षा की सही माँग को क्षेत्रीय भाषा की ग़लत माँग से उलझा दिया था, वैसे ही और उससे पचास कदम आगे बढ़कर उत्तर प्रदेश भाषा समिति ने इन उर्दू-प्रेमियों की कोशिश को देशद्रोह करार दे दिया!

इससे खुले सम्प्रदायवादियों ने फायदा उठाया और छुरेबाजी के लिए वातावरण पैदा कर लिया।

अब यह स्पष्ट हो गया होगा कि अन्तरराष्ट्रीय मामलों की तरह भाषा-सम्बन्धी मामलों में भी उकसावे की नीति के बदले सुलह-समझौते की बातचीत चलाना क्यों ज़रूरी है।

आवेदन-पत्र पर भाषा समिति के मंत्री की हैसियत से सुप्रसिद्ध प्रगतिशील कलाकार यशपाल के दस्तख़त हैं!

यशपाल जी यह अर्द्ध-सत्य मानकर कि हिन्दुस्तानी जनता की एक भाषा है, उसके दो लिखित रूपों की आज की आवश्यकता को सिर्फ एक लिखित रूप रखकर तुरन्त खत्म कर देना चाहते हैं। उनके विचार से हिन्दी-उर्दू के आदान-प्रदान का सवाल नहीं है। समझा-बुझाकर एक लिपि चलाने का सवाल नहीं है। सवाल है दो में से एक ही रूप रखकर समस्या को हल करने का। हिन्दी-उर्दू की समस्या को ज़ोर-ज़बर्दस्ती से हल करने का समर्थन करते हुए यशपाल कहते हैं :

"दमन और जब्र बड़े अप्रिय शब्द हैं। हम इन शब्दों को सदा ही अपने विरोधियों के गले मढ़ते हैं। लेकिन किसी भी नियम या अनुशासन को दमन और जब्र कह दिया जा सकता है। अनिवार्य शिक्षा भी एक प्रकार का दमन और जब्र है और पैदावार के साधनों का राष्ट्रीयकरण तो बहुत बड़ा दमन और जब्र बताया जाएगा।" ('नया पथ', सितम्बर, 1953)

कहाँ राष्ट्रीयकरण, कहाँ हिन्दी-उर्दू समस्या! पहले तो भारत में पैदावार के साधनों के राष्ट्रीयकरण का सवाल ही नहीं उठता और जहाँ उठता है या उठा है, वहाँ कामचोर वर्गों की मिल्कियत खत्म करने को उठा है। क्या जो लोग लिखित भाषा के लिए उर्दू काम में लाते हैं, कामचोर वर्गों के लोग हैं? यशपाल जी की उपमा ही

ज़ाहिर करती है कि उन्होंने कामचोर वर्गों की वास्तविक समस्या भुलाकर (और ये वर्ग लिखित भाषा के लिए हिन्दी-उर्दू, दोनों का प्रयोग करते हैं!) तमाम उर्दू-प्रेमियों को—या लिखित भाषा के लिए उर्दू-प्रयोग की सुविधा चाहनेवालों को—कामचोर-वर्ग बना दिया है और उन्हें अधिकारहीन करने का फैसला कर लिया है।

अनिवार्य शिक्षा का चलन करने पर दमन और जब्र जनता पर नहीं होता बल्कि उन कामचोर वर्गों पर होता है जो जनता को निरक्षर रखते हैं। राष्ट्रीयकरण में जो व्यवहार कामचोर वर्गों के साथ होता है, उसकी तुलना जनता को अनिवार्य शिक्षा देने से करके यशपाल जी ने जनता और शोषक वर्गों का भेद भुला दिया है।

जब तक हमारे कुछ लेखक यह प्रचार करते रहेंगे कि ज़ोर-ज़बर्दस्ती से हल करने पर लिखित भाषा की एकता क़ायम हो जाएगी, तब तक वह एकता उतनी ही दूर चली जाएगी, जनता में फूट डालनेवाले भाषा के सवाल को प्रेम से इस्तेमाल करेंगे और इस सबसे हिन्दुस्तानी जनता के राजनीतिक और सांस्कृतिक पुनर्गठन का सवाल—हिन्दी प्रदेश के एकीकरण का सवाल—खटाई में पड़ा रहेगा।

यह समझना भूल होगी कि सभी हिन्दी लेखक राहुल जी या यशपाल जी की तरह सोचते हैं।

अगस्त, 1953 की 'अवन्तिका' ने सम्पादकीय नोट में इस बारे में लिखा है।

'अवन्तिका' उर्दू को किसी क्षेत्र की अलग भाषा नहीं मानती। लेकिन वह उसे स्वदेशी भाषा मानती है, राहुल जी की तरह अरब जेहादियों का कीर्ति-स्तम्भ नहीं। वह उसके विकास में बाधा देने का विरोध करती है, ज़ोर-ज़बर्दस्ती से राष्ट्रीयकरण या इस्लाम के भारतीयकरण का सवाल नहीं उठाती।

इससे यह परिणाम निकलता है कि उकसावा पैदा करनेवाला वातावरण खत्म करके अगर हिन्दी-उर्दू के जनवादी लेखक इस समस्या को सुलझाने बैठें तो ऐसा हल निकल सकता है, जिसमें किसी के साथ जब्र भी न हो और क्रमशः हमारे हिन्दुस्तानी प्रदेश में एक लिखित भाषा के विकास के लिए अनुकूल परिस्थितियाँ भी तैयार हो जाएँ।

[1953]

12
भाषा और प्रान्तीयत

इस बार गर्मियों में जब कलकत्ता गया तो लगा, शहर कुछ बदला-सा है। बंगला-भाषी मित्र बंगला छोड़कर आम तौर से दूसरी भाषा में बात न करते थे। कुछ लोगों ने यह शिकायत भी की कि बस या ट्राम में किसी बंगाली कंडक्टर से हिन्दी में टिकट माँगो तो वह टिकट न देगा या उपेक्षा दिखलाएगा। दफ्तरों में हिन्दी बोलकर काम कराने जाओ तो बीस बिसुवे काम होगा नहीं। एकाध साहित्य-प्रेमी ने कहा : "आप जो कुछ हिन्दी भाषण में कहते हैं, उसे अंग्रेज़ी में भी कहें, हम उसमें बंगला साहित्यकारों और प्रोफेसरों को भी बुलाएँगे। उन्हें भी मालूम होना चाहिए कि हिन्दी में क्या है।"

एक बंगला-भाषी हिन्दी-प्रचारक मित्र ने कहा : "आपके यहाँ से कुछ लोग आकर हमारा काम चौपट कर जाते हैं। यहाँ आकर कहते हैं—बंगला में है क्या? रवीन्द्रनाथ ने जो कुछ लिया है, कबीर से।' अरे बाबा, आप लोग हिन्दी-हिन्दी क्या चिल्लाते हो? है क्या आपकी हिन्दी में? और हिन्दी-प्रचार तो हम राजा राममोहन राय के समय से कर रहे हैं जब आपके यहाँ लोग हिन्दी-प्रचार का नाम भी न जानते थे।"

एक चौहत्तर वर्ष के क्रान्तिकारी, विचारक और लेखक ने पूछा : "हिन्दुस्तान के भविष्य के बारे में क्या सोचते हो?" मैंने कहा : "इस प्रश्न का उत्तर तो मुझसे अच्छा आप दे सकते हैं। मेरी समझ में हमारा भविष्य उज्ज्वल है।" उन्होंने कहा : "गृह-युद्ध होनेवाला है।" पूछा : "किसमें?" मेरे मन में आया, शायद मज़दूर-पूँजीपतियों की लड़ाई की बात सोचते होंगे। लेकिन वह बोले : "हिन्दुस्तानियों और बंगालियों में युद्ध होगा।" सुना था, कुछ दिन पहले बंगाली और हिन्दुस्तानी ट्राम-मज़दूरों में झगड़ा हो चुका था। अख़बारों में असमियों और बंगालियों के दंगों की बात भी पढ़ चुका था। इसलिए गृह-युद्धवाली बात मैं हँसकर टाल न सका।

कलकत्ता की लगभग आधी जनता हिन्दुस्तानी है। यहाँ के मारवाड़ी व्यापारी आपस में राजस्थानी बोलते हैं लेकिन शिक्षा, भाषण, प्रकाशन आदि के लिए हिन्दी ही काम में लाते हैं। एक ओर तो ये बड़े-बड़े व्यापारी हैं, दूसरी ओर अवधी, भोजपुरी, मैथिली आदि बोलनेवाले पूर्वी हिन्दी-भाषी प्रदेश के लोग हैं जो ज़्यादातर मेहनत-

मजूरी के सहारे ज़िन्दगी बसर करते हैं। शाम को अपने डेरों पर ढोल-मँजीरा या खँजरी या हुड़ुक लेकर ये अपने लोकगीत गाते हैं। बंगला और हिन्दी-भाषी भद्रजन समान रूप से इन्हें असभ्य और असंस्कृत समझकर इनसे प्राय: घृणा करते हैं। इनके अलावा बहुत-से अध्यापक और लेखक हैं, जिनमें से अधिकांश का उद्देश्य कलकत्ता आकर पैसा कमाना है, साहित्य-सेवा करना नहीं।

ऐसी स्थिति में कौन बड़ा है, कौन छोटा है, यह भाव लोगों के मन में बड़ी जल्दी पैदा होता है। इसका नतीजा यह होता है कि देश की विभिन्न जातियाँ आपस में मित्रता बरतने के बदले एक-दूसरे से बैर मानने लगती हैं। एक-दूसरे से सीखने के बदले अपने बड़प्पन की डींग हाँकने में सारा समय लगा देती हैं। जहाँ तक साहित्य का सम्बन्ध है, यहाँ की जातियाँ एक-दूसरे से सहयोग करके ही उसे सँवारती रही हैं और आगे भी उसे सँवार सकती हैं। सूर और तुलसी के युग में यहाँ के सांस्कृतिक आन्दोलन बराबर एक प्रदेश के बाहर के लोगों को भी प्रभावित करते रहे हैं। यदि ये व्यापक आन्दोलन न होते तो न सूर के पद रचे जाते, न चंडीदास के। इसी तरह आधुनिक काल में देशभक्ति की जो लहर सारे देश में फैल गई, उसमें अनेक जातियों के लेखकों का हाथ था। इसलिए किसी भी भाषा के साहित्य पर गर्व करते हुए उसके प्रेमियों को यह न भूल जाना चाहिए कि उसका विकास दूसरों के सहयोग से ही सम्भव हुआ है और उससे मिलती-जुलती विशेषताएँ दूसरों के साहित्य में भी हैं।

जहाँ तक भाषा का सम्बन्ध है, वास्तविक स्थिति यह है कि बंगाल आदि राज्यों में बंगला-जैसी समृद्ध भाषाएँ भी वहाँ के राजकाज की भाषाएँ नहीं बनीं। अंग्रेज़ी का बोलबाला अब भी है और तनाव अंग्रेज़ी और देशी भाषाओं के बीच नहीं, हिन्दी और यहीं की दूसरी भाषाओं के बीच है। हिन्दी-प्रेमियों का हित इस बात में है कि बंगला आदि भाषाएँ राजकाज के लिए अपने देश में पूरी तरह काम में लाई जाएँ। जब तक अहिन्दी-भाषी प्रदेशों में वहाँ की भाषाएँ अपने पूर्ण अधिकार नहीं पातीं, तब तक उनके बीच हिन्दी भी पूरी तरह परस्पर व्यवहार का माध्यम नहीं बन सकती। इसके विपरीत उन्हें डर रहेगा कि हिन्दी हमारी जगह छीनना चाहती है।

इधर शिक्षा के माध्यम को लेकर जो विवाद चल पड़े हैं, उनसे परिस्थिति और बिगड़ गई है। कई जगह यह प्रचार किया गया है कि किसी भाषा-विशेष के बदले हिन्दी ही शिक्षा का माध्यम बनेगी। तर्क यह होता है, हर जगह हिन्दी शिक्षा का माध्यम न होगी तो विश्वविद्यालय आपस में ज्ञान-विनिमय न कर सकेंगे, विज्ञान की उन्नति न हो सकेगी, देश की सांस्कृतिक एकता टूट जाएगी, इत्यादि। इस स्थिति से लाभ उठाकर अंग्रेज़ी-भक्त कहते हैं : "यह सब बहस बेकार है, सबसे भली अंग्रेज़ी; इससे नया ज्ञान भी मिलेगा, पारिभाषिक शब्द गढ़ने की समस्या भी न रहेगी और भारत की एकता भी बनी रहेगी।" इधर कुछ विश्वविद्यालय इस ओर काफ़ी

सरगर्मी दिखा रहे हैं। विभिन्न भाषा-क्षेत्रों में जितना ही वहाँ की भाषाओं के हक मारे जाएँगे, उतना ही अंग्रेज़ी उनके सिर पर सवार रहेगी, यह बात असन्दिग्ध है। आवश्यकता इस बात की है कि देश की भाषाएँ समान अधिकार पाकर विकसित हों और इनके बोलनेवाले अन्तर्जातीय व्यवहार के लिए हिन्दी अपनाएँ; साहित्य के क्षेत्र में बड़प्पन की होड़ लगाने के बदले भारतीय साहित्य की सामान्य विशेषताओं को भी पहचानें और एक-दूसरे से सीखने की बात सोचें। यद्यपि कुछ पढ़े-लिखे लोगों और धनी जनों में जातीय द्वेषभाव काफ़ी बढ़ा हुआ है, तथापि जनसाधारण में परस्पर प्रेम और देशभक्ति के भाव कितने दृढ़ हैं, इसका एक प्रमाण गोवा का सत्याग्रह है। इस छोटे-से प्रदेश को मुक्त कराने के लिए बंगला, मराठी, पंजाबी, हिन्दी आदि अनेक भाषाएँ बोलनेवाले नौजवानों ने अगने प्राणों की बाजी लगा दी। किसी ने यह सोचकर आगा-पीछा नहीं किया कि गोवा के लोगों की भाषा तो कोंकणी या मराठी है, हम उनके लिए क्यों जान दें! पन्द्रह अगस्त के बाद देश में जो व्यापक प्रदर्शन हुए, वे भी इसी जातीय सहयोग और देश-प्रेम के सूचक हैं। जनसाधारण में यह भाईचारे का भाव देश की बहुत बड़ी सांस्कृतिक निधि है। यही वह शक्ति है जो देश को जातीय द्वेष के मार्ग से हटाकर प्रेम, समानता और सहयोग के मार्ग पर ले जाएगी। इसके बिना न तो समूचे देश का विकास सम्भव है, न किसी जाति-विशेष का।

[1955]

13
अनिवार्य राजभाषा का सवाल

भारत के संविधान में राजभाषा से सम्बन्धित धाराओं को स्वीकृत हुए चार वर्ष से ऊपर हो गए। जो कमीशन हिन्दी के व्यवहार के बारे में राष्ट्रपति के सामने अपने सुझाव रखेगा, वह भविष्य में बनेगा। किन्तु कुछ विद्वान् राजनीतिज्ञ उस भाषायी क्रान्ति की सम्भावना से घबरा उठे हैं जिसके जनक वे स्वयं थे। उत्तर प्रदेश के राज्यपाल ने पटना में भारतीय हिन्दी परिषद् के अधिवेशन में कहा था : "अगर अंग्रेज़ी हटाने पर बहुत ज़ोर दिया जाएगा तो इससे हिन्दी को लाभ नहीं, हानि होगी; राष्ट्रीयता लुप्त हो जाएगी, प्रादेशिक भावनाएँ प्रबल होंगी, भारत के टुकड़े-टुकड़े हो जाएँगे।" ऐसा लगता है कि अंग्रेज़ी की स्थिति को ज़रा-सा भी धक्का लगने पर देश की सुरक्षा खतरे में पड़ जाती है। एक अन्य राज्यपाल, मद्रास में श्री श्रीप्रकाश ने संस्कृत को भारत की राजभाषा बनाने की बात कही है।

स्पष्ट है कि संविधान की भाषा-सम्बन्धी धाराएँ स्वीकृत करने के बाद भी कांग्रेसी नेता भाषा-समस्या का अन्तिम समाधान पेश नहीं कर चुके।

सामाजिक और सांस्कृतिक जीवन में जनता की भाषाओं के व्यवहार के लिए संघर्ष स्वाधीनता और जनतंत्र के लिए होनेवाले संघर्ष का ही एक अंग है। रवीन्द्रनाथ और भारती जैसे कवियों ने बंगला और तमिल के गौरव-गीत गाये। जनता ने मैकाले की भाषा-नीति का विरोध किया, जिसका उद्देश्य विदेशी साम्राज्यवादियों की चाकरी करनेवाले बुद्धिजीवी तैयार करना था। ब्रिटिश शासकों ने कोशिश की कि जनता की भाषाएँ दबाई जाएँ, उन पर अंग्रेज़ी लादी जाए, और जनता की एकता नष्ट कर दी जाए। साम्राज्यवादियों का स्वप्न रिज़ले की पुस्तक 'द पीपुल ऑफ़ इंडिया' में इस तरह प्रकट हुआ है : "यह सम्भव है—यद्यपि सम्भावना दूर भविष्य की है—कि शायद अंग्रेज़ी ही भारत की राष्ट्रभाषा बनेगी।"

प्रारम्भिक दिनों में कांग्रेस के नेताओं की भाषा अंग्रेज़ी थी। किन्तु 1920 के बाद राष्ट्रीय स्वाधीनता-आन्दोलन की प्रगति के बाद भारतीय भाषाएँ राजनीतिक मंच पर अग्रसर होने लगीं। लेकिन भारतीय भाषाओं की यह प्रगति नेताओं को हमेशा अच्छी नहीं लगी। उनमें से कुछ चक्रवर्ती सम्राटों के गौरवमय इतिहास का स्वप्न

देखते हैं जब पुरोहितों की सहायता से वर्ण-व्यवस्था वाले समाज में संस्कृत का बोलबाला था। कुछ अन्य नेता 'डूबते को तिनके का सहारा' की मसल चरितार्थ करते हुए अंग्रेज़ी का दामन थामे हुए हैं।

कांग्रेसी नेताओं ने जब हिन्दी को राजभाषा के लिए मान्य किया, तब तक सत्ता प्राप्त किये उन्हें चार वर्ष हो गए थे। लेकिन इस फैसले के साथ उन्होंने यह भी सुनिश्चित कर लिया कि सभी सरकारी कामों के लिए अगले पन्द्रह साल तक अंग्रेज़ी का व्यवहार होगा। इस प्रकार अंग्रेज़ी का चलन उन्होंने बीस साल के लिए पक्का कर लिया। संविधान को लागू हुए पाँच साल भी नहीं बीते कि हमें उपदेश सुनने को मिलने लगे हैं कि अंग्रेज़ी को हटाना खतरनाक है। पन्द्रह साल के बाद पार्लियामेंट कानून बनाकर अंग्रेज़ी का चलन बनाए रह सकती है। कांग्रेसी नेताओं की यह मंशा नहीं थी कि अंग्रेज़ी हटाने के लिए जमकर कोशिश करें। उन्होंने स्पष्ट ही अपने सामने यह सम्भावना रखी थी कि पन्द्रह साल के बाद भी अंग्रेज़ी जारी रहेगी, शायद उसके अगले पन्द्रह साल तक भी जारी रहेगी। हो सकता है कि इसके आगे भी जारी रहे। संविधान-सभा में बहस की तमाम सरगर्मियों के पीछे यह निर्मम निश्चय साफ़ दिखाई देता है कि समस्त भारतीय भाषाओं की हानि करते हुए अंग्रेज़ी का अनिवार्य राजभाषा के रूप में चालू रखा जाए। श्री नेहरू ने बड़ी स्पष्टता से कहा है कि "आप इस बात को प्रस्ताव में चाहे लिखें, चाहे न लिखें, अंग्रेज़ी लाजमी तौर से भारत में बहुत महत्त्वपूर्ण भाषा बनकर रहेगी जिसे बहुत लोग सीखेंगे और शायद उन्हें उसे जबरन सीखना होगा।" लोग इन तमाम वर्षों में अंग्रेज़ी जबरन सीखते आए हैं। अब उनके सामने एकमात्र यह सम्भावना पेश की गई है कि अंग्रेज़ी के बिना हमारी कला और विज्ञान का पतन हो जाएगा और देश का विघटन होगा, उसका नाश हो जाएगा।

अंग्रेज़ी की विशेषाधिकार वाली स्थिति इस बात से और दृढ़ हो गई है कि उसका व्यवहार सुप्रीम कोर्ट और प्रत्येक हाईकोर्ट की कार्यवाही में, पार्लियामेंट या विधान सभाओं में पेश होनेवाले हर बिल के लिए होगा और बिल का अंग्रेज़ी रूप ही अधिकारी रूप माना जाएगा। यदि राज्यपाल या राज्यप्रमुख की आज्ञा से किसी बिल, एक्ट या आर्डिनेंस के लिए हिन्दी का व्यवहार किया जाएगा तो अंग्रेज़ी रूप ही अधिकारी रूप माना जाएगा। भारतीय जनता के लिए इससे अधिक अपमानजनक दूसरी बात हो नहीं सकती। अंग्रेज़ी के मुक़ाबले में तमाम भारतीय भाषाओं को नीचा दर्जा संविधान ने ही दे रखा है।

संविधान में यह लिख दिया गया है कि पन्द्रह वर्ष तक भारत की भाषा-नीति में कोई भी परिवर्तन न होगा। संविधान ने राज्यों को इसके लिए भी बाध्य किया है कि वे एक-दूसरे से केवल हिन्दी या अंग्रेज़ी में ही पत्र-व्यवहार करें। अपनी सरकारी कार्यवाही में विशेष कानून बनाए बिना कोई राज्य अंग्रेज़ी की जगह अपनी भाषा का व्यवहार नहीं कर सकता। नतीजा यह है कि लगभग सभी राज्यों में सारा

सरकारी काम अंग्रेज़ी में होता है। इस प्रकार यह विदेशी भाषा न केवल अखिल भारतीय स्तर पर अनिवार्य राजभाषा बनी हुई है वरन् विभिन्न राज्यों में भी अनिवार्य राजभाषा बनी हुई है।

भारत के कुछ बुद्धिजीवी अनिवार्य राजभाषा के रूप में हिन्दी का तो विरोध करते हैं लेकिन अंग्रेज़ी जो सब पर हावी है और जिसे खास अधिकार मिले हुए हैं, उसके बारे में चुप रहते हैं। ये लोग समझते हैं कि आम जनता पिछड़ी हुई है, इसलिए अंग्रेज़ी पढ़े लोगों का काम है उस पर शासन करना और जनता का काम है शासित होना। कहा जाता है कि अंग्रेज़ी के बिना देश की आर्थिक और सांस्कृतिक प्रगति बन्द हो जाएगी। लेकिन आम जनता के सहयोग के बिना किसी तरह की प्रगति नहीं हो सकती : न आर्थिक, न सांस्कृतिक।

भाषा के आधार पर राज्यों के पुनर्गठन का विरोध करने से अंग्रेज़ी का प्रभुत्व क़ायम रखने में मदद मिलती है। एक ही राज्य में अनेक जातियों के रहने से उनमें से कोई भी अपना राजकाज अपनी भाषा में नहीं कर सकती। जातीयता के आधार पर जब तक लोग अपने राज्यों में पुनर्गठित न होंगे, तब तक अंग्रेज़ी का प्रभुत्व समाप्त न होगा।

ब्रिटिश साम्राज्यवादियों के मुखपत्र लन्दन के 'इकॉनोमिस्ट' ने लिखा था : "भारत की संविधान सभा ने गरम बहस के बाद तय किया है कि हिन्दी के राजभाषा बनने से पहले अभी पन्द्रह साल तक अंग्रेज़ी राजभाषा और बनी रहेगी। इससे पता चलता है कि भारत के राजनीतिज्ञ यथार्थ का सामना करने को तैयार हैं और समझौता स्वीकार करते हैं। उनके इस रवैये की बहुत-सी मिसालें आज़ादी के बाद मिल चुकी हैं।"

इस साम्राज्यवादी पत्र और राज्यपाल श्री के.एम. मुंशी के यथार्थ-दर्शन में काफ़ी समानता मालूम होती है।

जहाँ तक अंग्रेज़ी के प्रभुत्व का सवाल है, हम वहीं हैं, जहाँ सन् '47 में थे। यह प्रभुत्व और दृढ़ ही हुआ है। असली यथार्थ यही है जिसका दर्शन आम जनता आये-दिन करती है; इस यथार्थ को बदलना है। भारतेन्दु हरिश्चन्द्र, सुब्रह्मण्य भारती, वीरेश लिंगम्, वल्लत्तोल आदि महान् साहित्यकारों ने जो संघर्ष आरम्भ किया था, उसे तब तक जारी रखना चाहिए जब तक अंग्रेज़ी को हटाकर भारतीय भाषाओं को उनके उचित अधिकार न दिला दिये जाएँ। यह संघर्ष हमारे राष्ट्रीय चरित्र, राष्ट्रीय गौरव और आत्मसम्मान की सुरक्षा के लिए संघर्ष है; यह समानता और परस्पर सहयोग के आधार पर भारतीय जनता की एकता को दृढ़ करने के लिए संघर्ष है।

भारत में पूँजीवादी राष्ट्रवाद की लपटें उठ रही हैं। उत्तर-दक्षिण के लोग भीम और दुर्योधन के समान एक-दूसरे पर प्रहार करने को उद्यत दिखाई देते हैं। संविधान-सभा की बहस में श्री एल.के. मैत्र, श्री गाडगिल, श्री रामलिंगम् चेट्टियार, श्री श्यामाप्रसाद मुखर्जी, श्री शंकरराव देव आदि ने हिन्दी के प्रभुत्व से भय की बात की। श्री श्यामाप्रसाद मुखर्जी ने कहा था : "भारतीय संविधान में एक धारा बना देने से आप सब लोगों को

बाध्य नहीं कर सकते कि वे एक ही भाषा को स्वीकार कर लें।" उन्होंने यह भी कहा था : "दुर्भाग्य से लोगों में यह भय है और कई जगह उस भय का अमली रूप भी दिखाई देता है। इन जगहों में लोगों को अपनी भाषाओं के व्यवहार की उतनी सुविधा भी नहीं दी गई जितनी घृणित विदेशी राज्य में भी उन्हें प्राप्त थी।"

संविधान में हिन्दी को राजभाषा का पद दिया गया है, किन्तु इस राजभाषा का कार्यक्षेत्र क्या है? अंग्रेज़ी ने राजभाषा बनकर प्रादेशिक भाषाओं के बहुत-से अधिकार छीन लिये थे। विभिन्न राज्यों को स्वायत्त शासन के काफ़ी अधिकार दिये बिना अंग्रेज़ी की जगह हिन्दी को देने का मतलब है, दूसरी भाषाओं के अधिकार नियंत्रित करना। संविधान में हिन्दी के विकास की बात कही गई है; अन्य भाषाओं का उल्लेख नहीं है। इस तरह की मनोवृत्ति से भारत की विभिन्न जातियों में मैत्री और भाईचारा न बढ़ेगा।

भारत की कम्युनिस्ट पार्टी के कार्यक्रम में कहा गया है : "देश की एकता के नाम पर एक प्रदेश की भाषा 'हिन्दी' को सभी जातियों और राज्यों के लिए उनकी भाषाओं का अहित करते हुए, अनिवार्य राजभाषा बना दिया गया है, इसलिए अहिन्दी जातियाँ अनिवार्य राजभाषा के रूप में हिन्दी का विरोध करती हैं और माँग करती हैं कि उनकी भाषाओं को सभी सरकारी कामों में इस्तेमाल किये जाने की सुविधा दी जाए।"

भाषावार राज्य-निर्माण का आन्दोलन ज़ोर पकड़ रहा है। यह स्पष्ट है कि जातीयता के आधार पर जो नये राज्य गठित होंगे, उनमें राजकाज की भाषाएँ प्रादेशिक भाषाएँ होंगी। जो लोग दक्षिण भारत में हिन्दी-प्रचार करते रहे हैं, वे इस बात को समझते हैं। उन्होंने कहा है कि अपने-अपने प्रान्तों में प्रादेशिक भाषाएँ ज्ञान-विज्ञान और राजकाज की भाषाएँ बन जाएँगी, तभी हिन्दी सचमुच राष्ट्रभाषा बनेगी।

मार्क्सवाद दूसरों की इच्छा के विरुद्ध किसी भाषा को अनिवार्य राजभाषा बनाने का विरोध हमेशा करता रहा है। लेकिन वह एक या अधिक भाषाओं के माध्यम द्वारा विभिन्न जातियों के परस्पर सम्पर्क क़ायम करने का समर्थक भी रहा है। लेनिन ने इस बात की ओर ध्यान दिलाया था कि स्विट्जरलैंड की पार्लियामेंट में इटालियन-भाषी प्रतिनिधि फ्रेंच बोलते हैं और कहा था : "ऐसा वे किसी बर्बर पुलिस कानून के कारण डंडे के भय से नहीं करते (स्विट्जरलैंड में ऐसा कोई कानून नहीं है) वरन् केवल इसलिए कि किसी भी जनतंत्र के सभ्य नागरिक उस भाषा का व्यवहार करना उचित समझते हैं जिसे वह संख्यक जनता समझती हो।"

सोवियत संघ के राष्ट्रपति कालीनिन ने ग़ैर-रूसी जातियों में राजनीतिक प्रचारकों से कहा था : "यह बहुत ज़रूरी है कि ग़ैर-रूसी जातियों के सैनिक रूसी भाषा सीखें। रूसी भाषा सीखे बिना फ़ौज में काम नहीं चल सकता। हमारे फ़ौजी क़ायदे-कानून रूसी में होते हैं। इसी भाषा में फ़ौजी हुक्मनामे जारी किये जाते हैं और रूसी में ही सिपाहियों की कमान होती है। सोवियत संघ में रूसी सभी जनों की सम्पर्क-भाषा है।"

लेनिन ने जातीय समस्या पर लिखते हुए कहा था : "आर्थिक सम्पर्क की आवश्यकताएँ स्वयं बता देंगी कि किसी देश में बहुसंख्यक लोगों को किस भाषा के सीखने से व्यापार आदि में सुविधा होगी।" अंग्रेज़ों के आने से पहले भारत में व्यापार का अभाव न था। अनुभव से साबित हो गया है कि कौन-सी भाषा सीखने से बहुसंख्यक जनता को लाभ होता है। यह हिन्दुस्तानी जाति की भाषा है। सोलहवीं-सत्रहवीं सदियों में ही व्यापार की उन्नति होने पर यह भाषा देश के विभिन्न और सुदूर प्रदेशों तक पहुँच रही थी। न केवल भारत के व्यापारी यह भाषा सीखते थे वरन् विदेशी सौदागर भी, अंग्रेज़ी की श्रेष्ठता पर ध्यान न देकर, यही भाषा सीखते थे। यही कारण है कि इटली के यात्री मनुच्ची ने शिवाजी से हिन्दुस्तानी में बातचीत की थी। महाराष्ट्र और तंजौर में हिन्दी में कविता रचनेवालों का अस्तित्व इस भाषा की लोकप्रियता का प्रमाण है। इसलिए यह समझना ग़लत है कि अंग्रेज़ी के बिना न राष्ट्रीय आन्दोलन होता, न राष्ट्रीय एकता होती। अंग्रेज़ों ने देश के एकीकरण में बाधा डाली; इस एकीकरण में हिन्दुस्तानी जाति की भाषा महत्त्वपूर्ण भूमिका पूरी कर रही थी। वैष्णव कवियों ने सांस्कृतिक स्तर पर जनता की एकता को दृढ़ किया। उन्नीसवीं सदी के समाज-सुधारकों और धर्म-प्रचारकों ने अपने कार्य के लिए इस भाषा को अपनाया। यह स्वाभाविक था; क्योंकि संख्या की दृष्टि से सम्भवत: चीनी जाति को छोड़कर हिन्दुस्तानी जाति संसार की सबसे बड़ी जाति है। इस कारण भारत की विभिन्न जातियों में आर्थिक और सांस्कृतिक सम्पर्क के लिए उसका व्यापक व्यवहार हुआ।

भारत की कम्युनिस्ट पार्टी अनिवार्य राजभाषा का विरोध करती है। इसका यह अर्थ नहीं है कि वह राष्ट्रीय एकता का मूल्य नहीं समझती, या उस एकता को दृढ़ नहीं करना चाहती। कम्युनिस्ट पार्टी पूरी तरह अनुभव करती है कि राष्ट्रीय स्वाधीनता की सुरक्षा और देश की आर्थिक प्रगति के लिए यह आवश्यक है कि विभिन्न राज्यों और प्रदेशों की जनता की एकता और परस्पर भाईचारा दृढ़ किया जाए। स्वभावत: प्रश्न उठता है कि जिन लोगों की मातृभाषाएँ अलग-अलग हैं, वे किस भाषा में परस्पर बातचीत करें? भारत की ठोस परिस्थितियों को ध्यान में रखते हुए कहा जाएगा कि यह भाषा हिन्दी ही हो सकती है। यह प्रक्रिया अभी भी चालू है। इसलिए अपनी मदुरा कांग्रेस में कम्युनिस्ट पार्टी ने यह स्पष्ट कहा है कि अनिवार्य राजभाषा को लादने का विरोध करते हुए भी पार्टी चाहती है कि हिन्दी विभिन्न राज्यों की जनता तथा उनकी सरकारों के बीच परस्पर सम्पर्क का साधन अधिकाधिक बने।

[1954-55]

14

अंग्रेज़ी के हिमायती

अंग्रेज़ी अन्तरराष्ट्रीय भाषा है और उसे इस पद पर बनाए रखने में भारत के राष्ट्रीय लेखकों ने काफ़ी योग दिया है। उपन्यास, कविता, राजनीति, विज्ञान—किस पर वे नहीं लिखते? किस पर वे नहीं बोलते? अभी तक साहित्य और संस्कृति का अन्तरराष्ट्रीय इतिहास नहीं लिखा गया; लिखे गए हैं विश्व, महाद्वीपों, राष्ट्रों या जातियों के इतिहास। यदि कभी अंग्रेज़ों ने अपनी भाषा का महत्त्व पहचाना और उसका अन्तरराष्ट्रीय सांस्कृतिक इतिहास लिखा तो उन्हें इन भारत के अंग्रेज़ अदीबों को महत्त्वपूर्ण स्थान देना होगा।

पिछले दिनों एक अंग्रेज़ी पत्र के 'कॉलमनिस्ट'—'अदीब'—ने भारतीय भाषाओं के बारे में रोचक विचार प्रकट किये हैं। उनका कहना है कि अंग्रेज़ी की-सी व्यंजक शक्ति किसी भारतीय भाषा में नहीं है; इसलिए भावुकता छोड़कर अंग्रेज़ी की शरण जाना ही उचित है। यह बात कितनी सही है, इसे 'अदीब' के साथ इन पंक्तियों का लेखक भी अनुभव कर रहा है। 'कॉलमनिस्ट' का पर्यायवाची हिन्दी में मिलता नहीं है; उधर अंग्रेज़ी शब्द को ज्यों-का-त्यों लिखने में खतरा यह है कि अपढ़ हिन्दी-भाषी उसे अपभ्रंश बनाकर 'कलमनष्ट' न कर दें। हिन्दी के पाठक ऐसे जाहिल हैं कि उनमें से कुछ 'अदीब' का अर्थ 'अदब' लगा लें, तो भी आश्चर्य नहीं। लेकिन इतना तो उन्हें मालूम ही होना चाहिए कि अदीब अंग्रेज़ी का शब्द नहीं है; हिन्दुस्तान का न सही, एशिया का तो है। अंग्रेज़ी के लेखक होते हुए भी 'अदीब' ने अपने लिए एशियाई उपनाम चुना, इस पर दो महीने बाद दिल्ली में होनेवाले एशियाई लेखक-सम्मेलन को उन्हें बधाई देनी चाहिए।

हिन्दी की व्यंजना-शक्ति कितनी सीमित है, इसके उदाहरणस्वरूप 'अदीब' ने इलियट की दो पंक्तियों का अनुवाद दिया है :

हम खोखले हैं!
हमारे अन्दर भूसा भरा हुआ है!

महाकवि इलियट को नोबेल पुरस्कार मिल चुका है। अब हिन्दी के पाठक उनकी रचनाओं में ऐसे महान् विचार प्रकट होते देखकर आधुनिक अंग्रेज़ी कविता

के बारे में क्या सोचेंगे, जो सोचेंगे, उससे भारत-ब्रिटेन-मैत्री कैसे दृढ़ होगी और भारत में अंग्रेज़ी साहित्य-रचना का भविष्य क्या होगा, इस तरह की समस्याएँ सभी चिन्तकों को चिन्तित कर सकती हैं। इलियट की महान् कल्पना—हम खोखले हैं; हमारे अन्दर भूसा भरा हुआ है!—'अदीब' के अनुसार हिन्दी के अनुवाद में सत्य बात कहते हुए भी हास्यास्पद हो जाती है। वास्तव में सत्य कभी-कभी हास्यास्पद हो ही जाता है, यद्यपि हिन्दी में हास्य-रस को उतना ही उच्च स्थान दिया गया है जितना अन्य रसों को। सहृदयों को तो साधारणीकरण द्वारा यहाँ भी रस-निष्पत्ति में आपत्ति न होगी!

इलियट-जैसे कवियों का उल्लेख करते हुए 'अदीब' ने पूछा है कि इनसे हिन्दी, बंगला या तमिल कैसे बुलवाएँ? बहुत ही अदब से कहना चाहता हूँ कि बंगला या तमिल में बुलवाने की ज़रूरत क्या है। राष्ट्रभाषा हिन्दी ही उन सबकी बोलियों का प्रतिनिधित्व करने के लिए काफ़ी है। फिर आपने हमारे प्रयोगवादियों की बोली नहीं सुनी? इतने दिन इलियट के भूसे में हिस्सा बँटाकर जो वत्स आनन्दमय स्वर में रँभाते रहे हैं, उनकी रागिनी पर आपने कान नहीं दिया? माना कि 'हम खोखले हैं' और अंग्रेज़ी की मूल पंक्तियों का अनुवाद करना कठिन है, लेकिन उसी काव्य-परम्परा की इस एक पंक्ति का आप ही अंग्रेज़ी में अनुवाद कर डालिए : "मैं ही मरघट का वह रिरियाता कुत्ता।"

'अदीब' ने क्या ही सुन्दर विचार प्रकट किया है :

A language is not a donkey! भाषा गधा नहीं है। गधे तो भाषा के बोलने और लिखनेवालों में होते हैं। भाषा को ठोकर मारो, चाहे पुचकारो, कोई लाभ न होगा। लेकिन यह क्रिया भाषा के बोलने या लिखनेवालों के साथ करो, अवश्य फल देगी। मेरी समझ में भारत में अंग्रेज़ी के लेखकों के प्रति हमारी राष्ट्रीय नीति पुचकारने की है और भारतीय भाषाओं के लेखकों को ठोकर मारने की। मैं इस नीति की सफलता चाहता हूँ।

और इस नीति में बुरा क्या है? भारत के लोगों ने अपनी भाषाएँ छोड़कर अभी तक अंग्रेज़ी नहीं अपना ली—जैसेकि ज़ारशाही रूस के अभिजात वर्ग ने फ्रांसीसी भाषा अपना ली थी—इस संकीर्णता को क्या कभी क्षमा किया जा सकता है? रूसी लेखक गोगल ने एक नगर की सम्भ्रान्त महिलाओं के बारे में लिखा था : "रूसी भाषा का संस्कार करने और उसे ऊँचा उठाने के लिए उन्होंने अपने शब्द-भंडार के आधे शब्द बहिष्कृत करके उनकी जगह फ्रांसीसी शब्द रख लिये थे।"

आप स्वीकार करेंगे कि दिल्ली और बम्बई-जैसे नगरों के सज्जन—अर्थात् वास्तव में शिक्षित सज्जन—उन रूसी महिलाओं से बाज़ी मार ले गए हैं।

सम्भ्रान्त रूसी समाज के पाठकों के लिए गोगल ने लिखा था : "इनके मुँह से कभी कोई सभ्य रूसी शब्द सुनने को नहीं मिलता। फ्रांसीसी, जर्मन और अंग्रेज़ी

शब्दावली का प्रवाह उनके मुँह से फूट पड़ता है। उनका उच्चारण भी तरह-तरह का होता है। वे फ्रांसीसी बोलते हैं तो नाक से, और थोड़ा तुतलाते हुए। अंग्रेज़ी बोलते हैं तो चिड़ियों की तरह, दुरुस्त चहचहाते हुए। और जब बोलते हैं तब चिड़ियों-जैसे दिखाई भी देते हैं। वे उन पर हँसते हैं, जो चिड़ियों-जैसा मुँह नहीं बना पाते। वे रूसी में कुछ नहीं लिखते। उनकी देशभक्ति इसमें प्रकट होती है कि वे ग्रीष्म-निवास के लिए रूसी शैली में झोंपड़ी बनवा लें।"

लेकिन अब शिमला, मसूरी, नैनीताल आदि में अंग्रेज़ी शैली के 'कॉटेज' होने के कारण भारत के अन्तरराष्ट्रीयतावादियों के लिए हिन्दुस्तानी ढंग की झोंपड़ी बनाना भी आवश्यक नहीं। यहाँ भी वे रूसियों से आगे हैं।

गोगल की शिकायत है कि उस समय के सम्भ्रान्त विद्वान् रूसी भाषा के लिए स्वयं तो कुछ न करते थे, लेकिन यह माँग अवश्य करते थे कि रूसी भाषा परिष्कृत और समृद्ध हो जाए, वह अपने परिष्कृत और समृद्ध रूप में आसमान से उतरे और उनका काम इतना ही हो कि जीभ निकालकर उसे गप कर लें।

लेकिन 'अदीब' की यह माँग नहीं है कि हिन्दी या अन्य भारतीय भाषाओं को समृद्ध किया जाए। उनकी माँग यह है कि भारतीय भाषाओं के बदले अंग्रेज़ी में ही सारा काम होता रहे। यहाँ भी भारत के सम्भ्रान्त विद्वानों ने ज़ारशाही रूस के सम्भ्रान्त विद्वानों को पीछे छोड़ दिया है।

'अदीब' ने चेतावनी दी है कि अंग्रेज़ी का सहारा न लिया तो पुल टूटने लगेंगे और दूसरी-तीसरी-चौथी पंचवर्षीय योजनाएँ असफल हो जाएँगी। यह चेतावनी एकदम सामयिक है। अभी हिन्दी को केन्द्रीय राजकाज की भाषा बनाने की बात ही चली है कि हैदराबाद राज्य में दो बार पुल टूट चुके हैं और जनता की भारी क्षति हुई है। जब चर्चा का ही यह फल है, तब व्यवहार में आने पर हिन्दी से कौन-सी क्षति न होगी, आप स्वयं अनुभव कर सकते हैं! इसी तरह योजनाओं के सम्बन्ध में भी। घूस और रिश्वत का बाज़ार गर्म है। योजना पूरी हो नहीं पाती कि घूस-गबन की जाँच के लिए समिति बैठाना आवश्यक हो जाता है। जब तक हिन्दी का पूर्ण बहिष्कार नहीं हो जाता, तब तक हर योजना को व्यवहार में लाने के साथ-साथ घूस और रिश्वत की जाँच के लिए पहले से ही एक समिति बना देनी चाहिए। इससे सिद्ध हो जाएगा कि योजनाओं द्वारा पैसा खानेवालों का हिन्दी से कितना गहरा सम्बन्ध है।

अन्तरराष्ट्रीय क्षेत्र में भारत का सम्मान बढ़ रहा है। राष्ट्रीय जीवन में भी अंग्रेज़ी का वैसा ही प्रभुत्व रहे तो अशिक्षा, बेकारी, बाढ़, भुखमरी आदि की समस्याएँ तुरन्त हल हो जाएँ और पं. नेहरू की गृहनीति में भी चार चाँद लग जाएँ। अन्तरराष्ट्रीय राजनीति में 'पंचशील' का शब्द ज़रूर चल पड़ा है। यह 'पंचशील' या और किसी तरह का शील उन अंग्रेज़ों-अमरीकियों को पसन्द नहीं है, जिनकी अपनी भाषा अंग्रेज़ी है। इस शब्द को त्याग देना चाहिए। इसके सिवा आपने ध्यान दिया होगा

कि रूस के प्रधानमंत्री आए थे तो अपने साथ हिन्दी बोलनेवाला दुभाषिया लाए थे। स्पष्ट है कि साम्यवादी देशों के राजनीतिज्ञ अंग्रेज़ी के बदले हिन्दी को प्रश्रय देते हैं। इसलिए जो लोग राष्ट्रीय और अन्तरराष्ट्रीय क्षेत्र में भारत द्वारा अंग्रेज़ी के बदले हिन्दी के व्यवहार पर ज़ोर देते हैं, वे जान में या अनजान में रूसी षड्यंत्र के सहायक बन जाते हैं।

'अदीब' की घ्राण-शक्ति सराहनीय है कि उन्हें हिन्दी में मध्यकालीनता की गंध मिल गई। जिनकी घ्राण-शक्ति क्षीण हो गई है, वे हिन्दी को आधुनिक भाषा समझने लगे हैं। यद्यपि विज्ञान-सम्बन्धी पुस्तकें हिन्दी में काफ़ी निकली हैं, लेकिन वैज्ञानिकों ने उसमें मौलिक पुस्तकें तो नहीं ही लिखीं। इसलिए हिन्दी और उसी की तरह अन्य भारतीय भाषाओं में भी मध्यकालीनता मिले, तो आश्चर्य क्या? अब अंग्रेज़ी को देखिए। उसके द्वारा अणु बम बनाए जाते हैं जिनसे विश्वशान्ति क़ायम है और भंग भी होगी तो जनसंख्या की समस्या हल हो जाएगी। हमारा विचार है कि प्राचीन भारत में गणित ने जो प्रगति की थी, वह भी अंग्रेज़ी के कारण। आर्यभट ने अवश्य नेसफील्ड ग्रामर पढ़ी होगी। दशमलव-ज्ञान का श्रेय भारत को दिया जाता है, लेकिन उस श्रेय में नेसफील्ड का भी हाथ है, यह बहुतों को नहीं मालूम। पाणिनि ने अपना व्याकरण लिखा और आधुनिक भाषाविज्ञान के विकास में उस व्याकरण की महत्त्वपूर्ण भूमिका स्वीकार की जाती है। दुर्भाग्य से पाणिनि पर नेसफील्ड के प्रभाव की खोज किसी भी डॉक्टरेट के उम्मीदवार ने अभी तक नहीं की। जर्मनी, इटली, फ्रांस, रूस आदि देशों में जो वैज्ञानिक प्रगति हुई है, उसका कारण यह है कि वहाँ की भाषाएँ अंग्रेज़ी से उत्पन्न हुई हैं। न उत्पन्न हुई होंगी, तो वहाँ का सारा वैज्ञानिक कार्य अंग्रेज़ी के माध्यम से होता होगा। न होता होगा, तो वह विशुद्ध वैज्ञानिक कार्य भी न होगा। जिस तरह भी विचार करें, आप यह स्वीकार किये बिना न रहेंगे कि संसार में वैज्ञानिक प्रगति अंग्रेज़ी द्वारा ही हुई है। सुना है कि मंगल नक्षत्र में जो प्राणी रहते हैं, वे भी अंग्रेज़ी बोलते हैं। अमरीकी खगोल-विशारदों ने रेडियो पर उनसे बातचीत की है। इस प्रकार अंग्रेज़ी का महत्त्व विश्वव्यापी ही नहीं, सृष्टिव्यापी है।

अस्तु! 'अदीब' के इस निष्कर्ष से सहमत होना ही होगा कि किसी राष्ट्र के जीवन में दस, सौ या हज़ार वर्ष भी क्या हैं, सोचने-विचारने और आगा-पीछा देखने के लिए समय की कमी नहीं है। तब तक आइए, हम इस मंत्र का जप करें :

हम खोखले हैं!
हममें भूसा भरा हुआ है!

[1956]

15

सोवियत क्रान्ति और भाषा-समस्या

आज से चालीस साल पहले संसार की महान् समाजवादी क्रान्ति की विजय ने पिछड़े हुए बहुजातीय देशों के सामने सामाजिक और सांस्कृतिक विकास का एक नया आदर्श रखा। यह विकास पिछड़ी हुई जातियों की भाषाओं के माध्यम से ही सम्भव था। इसलिए सामाजिक विकास की समस्याओं के साथ समाजवादी क्रान्ति ने भाषा-समस्या हल करने का भी एक नया मार्ग हमें दिखलाया।

अभी सौ साल न बीते थे जब रूस का अभिजात वर्ग रूसी को पिछड़ी हुई भाषा मानता था; वह अपने सांस्कृतिक जीवन में अधिकतर फ्रांसीसी भाषा का व्यवहार करता था। हमारे देश में भी अनेक विद्वान् हिन्दी ही नहीं, भारत की सभी भाषाओं को पिछड़ी हुई मानते हैं। इसलिए केन्द्रीय राजकाज के लिए वे बहुत दिनों तक अंग्रेज़ी का व्यवहार उचित समझते हैं। रूस के नेताओं ने अपने राजनीतिक पत्र फ्रांसीसी के बदले रूसी में ही प्रकाशित किये थे; रूसी उनके राजनीतिक जीवन की भाषा थी। ग़ैर-रूसी इलाकों के नेता वहाँ की भाषाओं का व्यवहार करते थे। इसलिए रूसी को पिछड़ी हुई भाषा मानकर संक्रमण काल के लिए अनेक वर्षों तक फ्रांसीसी भाषा के व्यवहार का प्रस्ताव उन्होंने नहीं रखा। रूसी जनता के लिए उन्होंने तुरन्त रूसी भाषा को राजकाज की भाषा घोषित कर दिया। आज तो लोग मानते हैं कि रूसी संसार की समृद्ध भाषाओं में है लेकिन यह स्थिति 1917 में न थी। तोल्स्तोय, चेख़व, गोर्की आदि कुछ उपन्यासकार अवश्य हो गए थे, जैसे भारत में रवीन्द्रनाथ, भारती, प्रेमचन्द, शरत्चन्द्र, इक़बाल आदि कवि और कथाकार हो गए हैं। लेकिन फ्रांस, जर्मनी और ब्रिटेन की तुलना में वैज्ञानिक शिक्षा की पुस्तकें उसमें कहाँ थीं? यह तर्क दिया जा सकता था कि किसी भी विषय की समुचित शिक्षा के लिए रूसी भाषा पर्याप्त नहीं है; इसलिए जब तक वह समृद्ध न हो जाए, तब तक केन्द्रीय राजकाज फ्रांसीसी में होना चाहिए। लेनिन के नेतृत्व में स्वाभिमानी रूसी जनता ने अपनी पिछड़ी कहलानेवाली, अभिजात वर्ग द्वारा उपेक्षित भाषा में ही अपना सारा राजनीतिक और सांस्कृतिक कार्य आरम्भ किया।

भारत में जहाँ भाषा और शिक्षा की हज़ारों वर्ष पुरानी परम्परा है (सिन्धु घाटी के जन भी लिखना-पढ़ना जानते थे), वहाँ आज यह दयनीय स्थिति है कि देश की सभी भाषाओं को पिछड़ा हुआ मानकर अनेक वर्षों के लिए अंग्रेज़ी के व्यवहार का समर्थन किया जाता है!

खैर, रूसी में तो रवीन्द्रनाथ, प्रेमचन्द की तरह तोल्स्तोय और गोर्की जैसे विश्वविख्यात लेखक थे। वैज्ञानिक शब्दावली में फ्रेंच के मुक़ाबले में रूसी भले ही पिछड़ी रही हो, कथा-साहित्य में हिन्दी और बंगला की तरह रूसी समृद्ध थी। किन्तु बेलोरूसी, उक्रैनी, जार्जियाई आदि भाषाओं में तो इतने बड़े नाम न थे। सोवियत राज्यसत्ता ने उन्हें भी अपने-अपने क्षेत्र में राजकाज की भाषा बनाया। इनसे भी गई-गुजरी अज़रबैजानी, ताजिक, कज़ाक आदि भाषाएँ थीं जिनमें मौखिक साहित्य ही अधिक प्रचुर था। ये भी राजकाज की भाषा बनीं। इनसे भी 'पिछड़ी हुई' चुकची, बुर्यात, मंगोल, चेरकास, समोयेद आदि भाषाएँ थीं जिनकी स्थिति भारत के अनेक आदिवासी जनों की भाषाओं से भी गई-बीती थी। इनको भी विकसित होने का मौक़ा मिला। आज उनमें व्याकरण, कोश, विज्ञान, कथा-साहित्य, काव्य—सभी-कुछ है। हमारे देश में भाषा-समस्या के विवेचन में आदिवासियों की भाषाओं की चर्चा करने का अभी चलन नहीं है।

सोवियत संघ में कहीं भी यह दलील नहीं दी गई कि भाषाएँ पिछड़ी हुई हैं, इसलिए चालीस साल तक, उनके व्याकरण और शब्दकोश तैयार होने तक, उनकी जगह रूसी भाषा का व्यवहार होगा। भाषा जनता के लिए है, जनता भाषा के लिए नहीं है। हमारे देश में जनता की आवश्यकताओं को देखकर भाषा-समस्या हल नहीं की जाती; अंग्रेज़ी से हमारे जो काम हो जाते हैं, वे भारतीय भाषाओं से होंगे या नहीं, यह समस्या पहले आती है। पारिभाषिक शब्दावली इस तरह गढ़ी जाती है मानो वह जनता के काम आने के लिए नहीं, उसकी जीभ और तालू का व्यायाम कराने के लिए है! पूँजीवादी और समाजवादी दृष्टिकोणों में यही अन्तर है। यदि भारत में साधारण जनता शासन के कामों में भाग ले, यदि उसके अपने जन-संगठन राज्यसत्ता का वास्तविक आधार हों, अर्थात् यदि इस जनवादी देश में जनता का राज सचमुच हो तो क्या यह कल्पना की जा सकती है कि एक दिन भी यहाँ अंग्रेज़ी से काम चलेगा?

'नवम्बर क्रान्ति' ने मानवता के उद्धार और विकास का नया मार्ग दिखलाया; उस मार्ग पर चलकर नवनिर्माण का आदर्श हमारे सामने रखा। इस निर्माण में एक वर्ग दूसरे का शोषण और उत्पीड़न नहीं करता; उसमें एक जाति 'फ्री वर्ल्ड' के लुटेरों की तरह दूसरी जाति को दबाकर उसकी भाषा और संस्कृति को पैरों तले नहीं रौंदती। मानव-समाज जाति और वर्गों के रूप में ही संगठित हुआ है। वर्ग मिट जाने पर भी जाति बनी रहती है; इसलिए वर्ग-शोषण मिट जाने पर किसी सीमा तक

जातीय उत्पीड़न की सम्भावना रहती है। सोवियत संघ ने सभी जातियों में परस्पर समानता, दूसरे की स्वाधीनता की रक्षा, उसके घरेलू मामलों में दख़ल न देने और एक-दूसरे की सहायता करने का आदर्श हमारे सामने रखा है। समाजवादी देशों की भाषा-सम्बन्धी नीति इसी मानववादी दृष्टिकोण का परिणाम है। भारत में इस दृष्टिकोण को अपनाकर हम अपनी भाषा-समस्या हल कर सकते हैं और अंग्रेज़ी की गुलामी से छुटकारा पा सकते हैं।

[1957]

16

अंग्रेज़ी-प्रेमी भारतवासी

अंग्रेज़ी भाषा के आदिकवि चौसर की प्रसिद्ध पुस्तक 'कैंटरबरी टेल्स' के 'प्रोलोग' (भूमिका) में एक पेशकार ('समनर') है जिसे लैटिन से बहुत प्रेम है। अदालत की कार्यवाही के सिलसिले में वह लैटिन के शब्द सुना करता है। इसलिए कुछ लैटिन शब्द उसे भी याद हो गए हैं। वैसे तो वह लोगों से अंग्रेज़ी में बातें करता है लेकिन जब शराब के नशे में होता है तब लैटिन छोड़कर बात नहीं करता।

अंग्रेज़ी राज की कृपा से कुछ लोगों ने अंग्रेज़ी भाषा सीखी है। वैसे तो वे अपनी भाषा में भी बात कर लेते हैं लेकिन जब हिन्दी को केन्द्रीय राजभाषा बनाने का सवाल उठता है, तब वे अंग्रेज़ी छोड़कर बात नहीं करते।

ये अंग्रेज़ी-प्रेमी भारतवासी अंग्रेज़ों से, विशेष कर अंग्रेज़ी साहित्य से, यह सीख सकते थे कि अपने देश और अपनी भाषा से कैसे प्रेम करना चाहिए। इनका मुख्य तर्क है कि अंग्रेज़ी समृद्ध है, विश्वभाषा है, हिन्दी दरिद्र है, चालीस फीसदी या उससे भी कम की भाषा है। थोड़ी देर के लिए हम यह तर्क स्वीकार कर लेते हैं। यदि इस मनोवृत्ति के लोग इंग्लैंड में होते तो शायद आज वहाँ अंग्रेज़ी को भी राजभाषा का पद न मिला होता, लोग 'समनर' की तरह लैटिन में ही राजकाज करते होते।

एक युग ऐसा भी था जब अंग्रेज़ी आज की हिन्दी से कहीं अधिक दरिद्र थी और अंग्रेज़ी जितना हिन्दी से बढ़कर आज है, उससे कहीं ज़्यादा अंग्रेज़ी के मुक़ाबले में लैटिन बढ़कर थी। लैटिन यूरोप की अन्तरराष्ट्रीय भाषा थी; वह ईसाइयों के संगठित धर्म-संघ की भाषा थी। सत्रहवीं सदी तक यूरोप और इंग्लैंड के लोगों में लैटिन द्वारा परस्पर कूटनीतिक सम्पर्क क़ायम रखा जाता था और अन्तरराष्ट्रीय वाद-विवाद लैटिन में होता था। इंग्लैंड में ऐसे लोगों की कमी नहीं थी जो अंग्रेज़ी को क्षणभंगुर और लैटिन को स्थायी भाषा मानकर उसी में, अथवा उसमें भी, अपने शाश्वत मूल्योंवाले ग्रंथ रचते थे। लैटिन ही नहीं, चौदहवीं-पन्द्रहवीं सदी में फ्रांसीसी भाषा अंग्रेज़ी से अधिक विकसित और समृद्ध थी। इंग्लैंड में ऐसे साहित्यकार भी थे जो फ्रांसीसी में रचना करके अमर होना चाहते थे। किन्तु इतिहास ने लैटिन और

फ्रांसीसी में लिखे हुए इनके ग्रंथों को कूड़े के ढेर में फेंक दिया जहाँ वे अब केवल अनुसन्धानकर्ताओं के काम आते हैं।

अंग्रेज़ों ने हिन्दुस्तान पर शासन किया; अंग्रेज़ों के देश पर भी रोमनों और फ्रांसीसियों ने शासन किया था। किसी समय इंग्लैंड के अभिजात वर्ग पर फ्रांसीसी भाषा का वैसा ही रौब ग़ालिब था, जैसा आज के समनर-गोत्रीय भारतवासियों पर अंग्रेज़ी का है। किन्तु लैटिन या फ्रांसीसी को अधिक समृद्ध मानकर अंग्रेज़ जनता ने उसे राष्ट्रभाषा न मान लिया। उसके साहित्यकारों ने अपनी भाषा को समृद्ध किया और उसे यूरोप की नवीन और प्राचीन भाषाओं की पाँति में सम्मानप्रद आसन दिलाया। अंग्रेज़ी समृद्ध होने के बाद राजभाषा नहीं बनी; राजभाषा होने के बाद वह समृद्ध हुई। वह लैटिन और फ्रांसीसी भाषाओं की तुलना में समृद्ध हुई जिनके हिमायती उसके उचित आसन से उसे हटाना चाहते थे।

अंग्रेज़ शासकों ने यहाँ की जनता के आर्थिक, राजनीतिक और सांस्कृतिक विकास को रोका। उन्होंने यहाँ की भाषा के ऊपर सम्राज्ञी की तरह अंग्रेज़ी को प्रतिष्ठित किया। अंग्रेज़ी भाषा को अंग्रेज़-प्रेमी भारतवासियों के पूर्वजों ने विधान सभा में प्रस्ताव पास करके स्वीकार न किया था। वह अंग्रेज़ आततायियों द्वारा लादी हुई भाषा थी। संसार में अंग्रेज़ी का बोलबाला मिल्टन और शेली के कारण नहीं हुआ, उसका प्रसार करनेवाले क्लाइव और डलहौजी की बिरादरी के थे। उत्तरी अमरीका, आस्ट्रेलिया, न्यूज़ीलैंड आदि देशों में अंग्रेज़ी का प्रसार करनेवाले वे आक्रमणकारी थे जिन्होंने वहाँ के आदिवासियों के नरमेध रचाये थे, जिनका मिल्टन और शेली से इतना ही सम्बन्ध था कि दोनों ही अंग्रेज़ी बोलते थे (कैसी अंग्रेज़ी बोलते थे, यह प्रश्न छोड़ दीजिए)। यदि समृद्धि के बल पर कोई भाषा अंग्रेज़ी की तरह 'विश्वभाषा' बनती तो पाणिनि और कालिदास की भाषा मृत भाषा न कहलाती; दांते, गेटे, तोल्स्तोय की भाषाएँ भी विश्वभाषा बन जातीं। अंग्रेज़ी के समर्थक उसके प्रसार के लिए मिल्टन और शेली का नाम लेते हैं; उस ब्रिटिश साम्राज्य की कहानी भूल जाते हैं जिसमें कभी सूर्यास्त न होता था और अर्नेस्ट जोन्स के शब्दों में जिसकी धरती पर कभी रक्त न सूखता था।

अंग्रेज़ी-प्रेमी भारतवासी अपनी प्रिय विश्वभाषा के पक्ष में जितना दलील देते हैं, उनमें एक भी ऐसी नहीं है जो पहले 'लिबरल' राजनीति-विशारदों ने न दी हो। ये 'लिबरल' भद्रजन अंग्रेज़ी राज और अंग्रेज़ी भाषा के मामले में अत्यन्त उदार थे, हिन्दुस्तानी जनता के राज और हिन्दी भाषा के बारे में अत्यन्त अनुदार थे। वे अंग्रेज़ी राज को प्रगतिशील मानते थे। अंग्रेज़ों को भारतीय अराजकता दूर करके यहाँ न्याय और शान्ति की व्यवस्था क़ायम करनेवाला मानते थे। कमी इतनी ही थी कि अंग्रेज़ उच्च पदों पर इन्हें नियुक्त न करते थे। भारतीय जनता के क्रान्तिकारी आन्दोलन से त्रस्त ये उदारपंथी महानुभाव नौकरियों में रियायतें पाने

के लिए परम प्रगतिशील अंग्रेज़ शासकों के सामने प्रार्थना-पत्र पेश करने में महान् गौरव अनुभव करते थे। उन्हीं की परम्परा निबाहनेवाले ये वर्तमान 'लिबरल' हैं जिनके लिए अंग्रेज़ी के राजभाषा न रहने से राष्ट्र छिन्न-भिन्न हो जाएगा, देश में गृहयुद्ध छिड़ जाएगा, हिन्दीवाले सब नौकरियाँ हथिया लेंगे, विश्व-संस्कृति से आदान-प्रदान के द्वार बन्द हो जाएँगे, इत्यादि। अंग्रेज़ों के चले जाने से बहुसंख्यक हिन्दू अल्पसंख्यक मुसलमानों और अछूतों को खा डालेंगे—राउंड टेबुल कॉन्फ्रेंसों में जैसे ब्रिटिश प्रधानमंत्री यह दलील पेश करते थे, वैसे ही स्वाधीन भारत के ये 'लिबरल' अंग्रेज़ी के बारे में कहते हैं, अंग्रेज़ी गई नहीं कि हिन्दीवाले सारी नौकरियाँ हथिया लेंगे, उत्तरवाले दक्षिण पर अपना साम्राज्य स्थापित कर लेंगे, अहिन्दी भाषाओं का नाम-निशान मिट जाएगा। यह बात नहीं है कि राउंड टेबुल कॉन्फ्रेंसों के दिनों में सम्प्रदायवादी रूढ़िवादी हिन्दू नहीं थे जो अछूतों को गुलाम बनाकर रखना चाहते, जो मुसलमानों को अपना शत्रु समझते थे। किन्तु इनसे अछूतों और मुसलमानों की रक्षा करने के लिए यह आवश्यक न था कि हिन्दू-अहिन्दू सभी अंग्रेज़ों की शरण जाते। आज भी ऐसे हिन्दी-प्रेमी हैं जो अहिन्दी भाषाओं को दबाकर हिन्दी को वही स्थान देना चाहते हैं जो अंग्रेज़ी को प्राप्त था। इनसे अहिन्दी भाषाओं की रक्षा करने का मार्ग यह नहीं है कि हम अंग्रेज़ी की शरण में जाएँ।

अंग्रेज़ी को राजभाषा बनाए रखने के पक्ष में उदारपंथियों की दलीलों का खंडन देशभक्त भारतवासियों ने ही न किया था, वरन् उनका खंडन भारत-प्रेमी अंग्रेज़ों ने भी किया था। उदाहरण के लिए उदार-हृदय सी.एफ. एंड्रूज़ ने 'द ट्रू इंडिया' नाम की अपनी पुस्तक में लिखा था : "अभी तक अंग्रेज़ी भाषा को समझनेवाले मुट्ठी-भर बुद्धिजीवी ही हैं किन्तु यह उभरती हुई साधारण भाषा जो हिन्दुस्तानी कहलाती है, उत्तर और मध्य भारत में पचीस करोड़ जनता द्वारा आसानी से समझी जाती है, दक्षिण में भी जहाँ द्रविड़ भाषाएँ बोली जाती हैं, उत्तर की इस भाषा से लोग थोड़ा-थोड़ा परिचित हो गए हैं। यहाँ मद्रास प्रेसीडेंसी के इस तिरुपत्तुर आश्रम में जब मैं लोगों की बातचीत सुनता हूँ तो उत्तर के उन संस्कृत शब्दों को पहचान लेता हूँ जो तमिल में घुल-मिल गए हैं। कल एक व्यक्ति मुझसे मिलने आया था; उससे जब मैंने अंग्रेज़ी में बातचीत करने की कोशिश की तो उसने कहा, 'कृपा करके हिन्दुस्तानी में बातचीत कीजिए'। और जब मैं उस भाषा में बोला तो वह मेरी बात आसानी से समझ गया।"

सी.एफ. एंड्रूज़ की यह पुस्तक 1939 में प्रकाशित हुई थी; तब से दक्षिण में हिन्दी पढ़नेवालों और हिन्दी समझनेवालों की संख्या बहुत बढ़ गई है। अंग्रेज़ी पढ़नेवालों और अंग्रेज़ी समझनेवालों की संख्या उसी अनुपात में नहीं बढ़ी। अंग्रेज़ी के समर्थक अब भी मुट्ठी-भर बुद्धिजीवी ही हैं।

भारत-प्रेमी ब्रिटिश महिला एनी बेसेंट ने 'इंडिया : बाउंड ऑर फ्री' में राजभाषा अंग्रेज़ी के विरुद्ध अपनी अन्य किसी रचना से यह कथन उद्धृत किया था : "जब मैकाले ने अंग्रेज़ी शिक्षा पर ज़ोर दिया था, तब वह भारत के महान् साहित्य को घृणा की दृष्टि से देख रहा था। उसने यह न अनुभव किया था कि अंग्रेज़ी शिक्षा पर ज़ोर देकर वह विशाल जनता को अज्ञान के हवाले कर रहा था। रोटी के बदले वह पत्थर दे रहा था। लड़के शिक्षा पाते थे और अपने देश की श्रेष्ठ कृतियों से अपरिचित रहते थे। वे अंग्रेज़ी में वक्तृता झाड़ सकते थे, अपनी मातृभाषा में नहीं। किसी देश में राष्ट्रीयता के भाव नष्ट करने का इससे अधिक कुशल उपाय नहीं है कि एक विदेशी भाषा को उच्च वर्गों की भाषा, कानून और अदालतों की, कॉलेजों की भाषा बना दिया जाए और सरकारी नौकरियों के लिए उस विदेशी भाषा की जानकारी आवश्यक कर दी जाए।"

एनी बेसेंट का कथन जितना युक्तिपूर्ण तब था, उतना ही आज भी है। अंग्रेज़ों के जाने के बाद साम्राज्यवाद से भारतीय जनता का अन्तर्विरोध समाप्त नहीं हो गया। इंडोनेशिया, पाकिस्तान, मिस्र, सीरिया आदि एशिया के देशों में साम्राज्यवाद अपने मित्रों की तलाश में है जिनकी सहायता से वह इन देशों के आन्तरिक जीवन में हस्तक्षेप करे। इसलिए भारतीय जनता की राष्ट्रीय एकता को दृढ़ करने की ओर हमें सचेत रहना चाहिए।

एनी बेसेंट ने 'इंडिया : बाउंड ऑर फ्री' में उपर्युक्त कथन उद्धृत करने के बाद लिखा था : "मैं यही कहना चाहूँगी कि इंग्लैंड ने बहुत-कुछ, यद्यपि पूरी तरह नहीं, उसी शिक्षा-नीति का अनुसरण किया था जिसे पोलैंड में रूस ने लागू किया था। स्कूलों में पोलिश भाषा में शिक्षा देना बन्द करा दिया गया था और वहाँ रूसी का वैसे ही प्रयोग होता था, जैसे यहाँ अंग्रेज़ी का। सभी देशों के तानाशाह एक-दूसरे से मिलते-जुलते हैं।"

आज उसी तरह कुछ अंग्रेज़ी-प्रेमी सज्जन शिक्षा-संस्थाओं में भारतीय भाषाओं की तुलना में अंग्रेज़ी को उच्चतर स्थान देना चाहते हैं। इससे भारतीय भाषाओं की कितनी क्षति होती है, इसकी ओर वे ध्यान नहीं देते। अंग्रेज़ी भाषा के आधुनिक 'लिबरल' हिमायतियों से एंड्रूज और बेसेंट के विचारों की तुलना कीजिए तो पता चल जाएगा कि इन भद्रजनों का दृष्टिकोण कितना प्रतिक्रियावादी है। राज्यसत्ता जनता के लिए है, जनता राज्यसत्ता के लिए नहीं है यह सत्य उनकी समझ से परे है। वे राज्यतंत्र को उसी पुराने नौकरशाही ढंग से चलाना चाहते हैं जिसमें नौकरशाह जनता के नौकर न होकर उसके शाह होते थे। यह युग जनतंत्र का है; जनता अधिक-से-अधिक शासन-तंत्र में भाग लेगी। शासनतंत्र जनता के उत्पीड़न का यंत्र न होकर उसकी सेवा का माध्यम बनेगा। इस शासनतंत्र में जनता अपनी भाषाओं द्वारा और केन्द्रीय राजकाज में हिन्दी द्वारा

ही भाग ले सकती है। अंग्रेज़ी चाहे जितनी समृद्ध हो और हिन्दी चाहे जितनी दरिद्र हो, राजभाषा के रूप में अंग्रेज़ी का भविष्य अन्धकारमय है, हिन्दी का भविष्य अत्यन्त उज्ज्वल। अंग्रेज़ी के समर्थक इतिहास की प्रगति से युद्ध कर रहे हैं; इसलिए उनकी पराजय निश्चित है।

राजभाषा की समस्या किसी भाषा के समृद्ध होने की कसौटी पर न तो अन्यत्र हल हुई है, न यहाँ होगी। सामाजिक और सांस्कृतिक जीवन की आवश्यकताओं ने अनेक बुद्धिजीवियों को भारतीय भाषाएँ अपनाने पर पहले भी बाध्य किया था, आगे भी करेंगी। इन आवश्यकताओं में कुछ अन्तरराष्ट्रीय समस्याओं ने इजाफा किया है। राष्ट्रीय आत्मसम्मान का निर्वाह शायद देश में इतना आवश्यक नहीं होता, जितना विदेश में। अख़बारों के अनुसार, स्वाधीन भारत के प्रधानमंत्री श्री जवाहरलाल नेहरू ने जनवरी में प्राग्ज्योतिषपुर में कहा था : "मैं अंग्रेज़ी का पक्षपाती हूँ। मैं चाहता हूँ कि न केवल भारत में अंग्रेज़ी पढ़ी जाए वरन् उसकी शिक्षा का और भी प्रसार हो। लेकिन मैं इसकी कल्पना नहीं कर सकता कि कोई अंग्रेज़ी को भारत की राष्ट्रभाषा कहे। मैं चाहता हूँ कि लोग इस बात पर ध्यान दें। यह कहना कि अंग्रेज़ी एक राष्ट्रीय भाषा है, सत्य के विरुद्ध है। यह झूठ है। मैं नहीं समझता कि यह दलील कैसे दी जा सकती है। यह बात विचारणीय है कि हम कब तक अंग्रेज़ी का व्यवहार करते हैं या व्यावहारिक कारणों से अंग्रेज़ी और हिन्दी दोनों को काम में लाते हैं।"

इसके बाद अख़बारी विवरण के अनुसार : "श्री नेहरू ने कहा कि विदेश मंत्री की हैसियत से अन्य देशों को काग़ज़-पत्र भेजते हुए वह बड़े असमंजस में पड़े कि जिन देशों में अंग्रेज़ी नहीं बोली जाती, उन्हें अंग्रेज़ी में लिखे हुए काग़ज़ पत्र कैसे भेजे जाएँ। दुनिया अंग्रेज़ी बोलनेवाले देशों से बड़ी है। बड़े असमंजस की बात थी। उन्होंने अंग्रेज़ी में काग़ज़ भेजना बन्द कर दिया। अब वह सदा उन्हें हिन्दी में भेजते थे; उनकी सुविधा के लिए अंग्रेज़ी में अनुवाद साथ रहता था लेकिन मूल हिन्दी में होता था। जब उन्हें रूस या चीन से कोई खरीता मिलता था, तो वह हमेशा रूसी या चीनी में होता था। हो सकता है, साथ में अंग्रेज़ी में अनुवाद भी रहता हो। कुछ भी हो, वह कह यह रहे थे कि दुनिया के सामने भारत में यह घोषित करना बड़ी अजीब बात थी कि भारत की राष्ट्रभाषा अंग्रेज़ी है। इस 'कल्पना से ही मेरा सिर चकरा उठता है'।"

अंग्रेज़ी-प्रेमियों के दुर्भाग्य से दुनिया अंग्रेज़ी-भाषी देशों से बहुत बड़ी है। इस अंग्रेज़ी-विहीन दुनिया में साठ करोड़ आबादी का महादेश चीन है। इसमें संसार के छठे भाग में फैला हुआ समाजवादी सोवियत देश है। सोवियत संघ, चीन और भारत में जो भाषा न चले, उसे विश्वभाषा नहीं कहा जा सकता। इन तीन देशों से एशिया और यूरोप का अधिकांश भाग घिरा हुआ है। इनके साथ अफ्रीका और

दक्षिण अमरीका को मिला लीजिए; यूरोप से जर्मनी, इटली, फ्रांस, स्पेन और पूर्वी यूरोप के देशों को भी गिन लीजिए तो पता चल जाएगा कि अंग्रेज़ी का विश्वभाषा होना कितना सार्थक है।

अस्तु, राष्ट्रीय और अन्तरराष्ट्रीय, दोनों ही कारणों से अंग्रेज़ी को राजभाषा का पद छोड़ना होगा। जो लोग भारतीय जीवन के कल्पित या वास्तविक अन्तर्विरोधों के कारण अंग्रेज़ी को राजभाषा के पद पर प्रतिष्ठित रखना चाहते हैं, वे लिबरलों, अंग्रेज़-भक्तों, अल्पसंख्यकों के उन तथाकथित प्रतिनिधियों का अनुसरण करते हैं जो अंग्रेज़ी राज को आवश्यक बताकर, अंग्रेज़ों को न्यायकर्ता बनाकर पराधीनता के बन्धनों को दृढ़ करते रहे थे। भारतीय जनता की राष्ट्रीय भावना इन भारतवासियों के अंग्रेज़ी-प्रेम पर अवश्य विजय पाएगी।

[1958]

17

बहुजातीय राष्ट्रीयता और राष्ट्रभाषा हिन्दी

विश्वविद्यालयों की शिक्षा और राष्ट्रीय एकता के सम्बन्ध में भाषण करते हुए समाचार-पत्रों के अनुसार दिल्ली में श्री हमायूँ कबीर ने कहा कि हिन्दी-भाषी लोग जब हिन्दी को राजभाषा बनाने पर ज़ोर देते हैं, तब कम-से-कम अंशत: उनके मन में यह कामना रहती है कि वे सार्वजनिक जीवन और नौकरियों के मामले में अहिन्दी-भाषियों के मुक़ाबले में फायदे में रहेंगे।

देश ने अब इतनी प्रगति कर ली है कि कोई भी माँग जातीय स्वार्थ से परे नहीं समझी जा सकती! हिन्दी-भाषी जनता हिन्दी को राजभाषा बनाने की माँग करती है तो यह भी नौकरियाँ पाने के लिए! अहिन्दी क्षेत्रों में हिन्दी के एक प्रचारक महात्मा गांधी भी थे। पता नहीं, नौकरी पाने की किस छिपी हुई कामना से उन्होंने हिन्दी को राष्ट्रभाषा बनाने के लिए प्रचार किया था।

श्री कबीर ने कहा कि देश की सभी मुख्य भाषाओं को समानता का दर्जा मिले तो परस्पर शंका और संघर्ष की भावना दूर हो जाए। यह बहुत नेक सलाह है और हम उसका समर्थन करते हैं। किन्तु विभिन्न भाषाओं के बोलनेवालों में जो संघर्ष और मतभेद दिखाई देता है, उसका कारण भाषा ही नहीं है, हिन्दी भाषा तो और भी नहीं। पिछले दिनों आन्ध्र प्रदेश में जातीय एकीकरण के लिए प्रबल आन्दोलन उठा। इसका कारण भाषा न थी; हिन्दी भाषा और भी नहीं। बम्बई को लेकर गुजरात-महाराष्ट्र में, अलग राज्य (अथवा प्रान्त) बनाने की माँग को लेकर केन्द्रीय सत्ता और इन प्रदेशों की जनता में जो तनातनी अभी तक बनी हुई है, उसका कारण हिन्दी नहीं है। इस तरह के और बहुत-से झगड़े हैं जिनका सम्बन्ध जातीय प्रदेशों के एकीकरण, सीमा-निर्धारण, उद्योगीकरण आदि से है। इन सारे मतभेदों को भाषा-सम्बन्धी विवाद के खाते में नहीं डाला जा सकता। इनसे स्पष्ट है कि देश में राष्ट्रीय एकता को कमज़ोर करनेवाले जातीय मतभेद के जो चक्र चल रहे हैं, उनसे हिन्दी का बहुत कम सम्बन्ध हैं। राष्ट्रीय एकता के लिए खतरा हिन्दी से नहीं है वरन् इस जातीय विद्वेष और अलगाव की भावना से है। तमिलनाडु में तमिल राजभाषा है किन्तु वहाँ का एक दल इस प्रदेश को भारत से अलग करने की माँग

करता है। उत्तर में कश्मीर और दक्षिण में तमिलनाडु—इन दो प्रदेशों में कुछ दलों का भारत से अलगाव के नारे लगाना परिस्थिति की गम्भीरता की सूचना देता है।

यह बात सही है कि एक आदर्श जनतंत्र में किसी भाषा को विशेषाधिकार न मिलने चाहिए। किन्तु यह बात सही नहीं है कि हिन्दी को राजभाषा बनाने के विरोधी अंग्रेज़ी के विशेषाधिकारों के बारे में चुप रहें, उन्हें सिर झुकाकर स्वीकार कर ले, अंग्रेज़ी को अन्तरराष्ट्रीय और विश्व-भाषा कहकर उन विशेषाधिकारों की रक्षा करें, इससे उनके जनवादी अन्त:करण को ज़रा भी कष्ट न हो, किन्तु हिन्दी के विशेषाधिकार प्राप्त करने की सम्भावना मात्र से वे आसमान सिर पर उठा लें। यह मनोवृत्ति मुस्लिम लीग के उन नेताओं की याद दिलाती है जो बहुसंख्यक हिन्दुओं के शासन-भय से अंग्रेज़ी राज की शरण लेते थे।

भारत एक बहुजातीय राष्ट्र है। राष्ट्रीयता और बहुजातीयता- इन दो पक्षों में से एक को भी भुलाना घातक होगा। जो लोग राष्ट्र का यह अर्थ लगाते हैं कि उसमें एक ही भाषा बोलनेवाले रहते हों, वे भारतीय राष्ट्रीयता के विकास को आँखों से ओझल कर देते हैं। शताब्दियों से यहाँ विभिन्न भाषाएँ बोलनेवाले लोग रहते आए हैं। आज यह तथ्य और भी स्पष्ट है—प्राचीन अतीत की समस्याओं की तरह अस्पष्ट और विवादास्पद नहीं, वर्तमान के ज्वलन्त सत्य के समान असन्दिग्ध है। इन जातियों की सीमा-रेखाएँ कोई मिटाना भी चाहे तो वह सफल न होगा। उनकी समानता, भाईचारे, परस्पर सहयोग और एकता के बल पर ही राष्ट्रीय एकता दृढ़ हो सकती है।

साथ ही भारत देश एक राष्ट्र है, 'सब कॉन्टीनेंट' (उप-महाद्वीप) नहीं है। यहाँ सोवियत देश की तरह मज़दूर वर्ग द्वारा सत्ता प्राप्त करने के बाद विभिन्न जातियों द्वारा स्वेच्छा से संघ बनाने का प्रश्न नहीं उठता। भारत विभिन्न जातियों द्वारा निर्मित संघ नहीं है, वह ऐतिहासिक विकासक्रम में संगठित एक राष्ट्र है। भारतीय जनता में राष्ट्रीय एकता की भावना का विकास विश्व-इतिहास की अभूतपूर्व घटना है। समाजवादी सत्ता क़ायम होने से पहले इस तरह की बहुजातीय राष्ट्रीयता का विकास किसी देश में नहीं देखा गया। चीन में ग़ैर-चीनी जातियों की स्थिति हमारे यहाँ के कोल-भीलों की दशा से मिलती-जुलती थी। वहाँ उस तरह की बहुसंख्यक और विकसित ग़ैर-चीनी जातियाँ नहीं रहीं, जैसी भारत में ग़ैर-हिन्दी जातियाँ हैं। यूरोप के पूँजीवादी देशों ने जो बहुजातीय राष्ट्र क़ायम किये, उनमें शासक जाति से भिन्न सभी जातियाँ दासों की स्थिति में होती थीं।

भारतीय राष्ट्र की एकता की भावना अंग्रेज़ों की देन नहीं है; वह अंग्रेज़ों के आने से बहुत पहले की है। यह धार्मिक भावना मात्र नहीं है क्योंकि इसका सम्बन्ध एक ही धर्म से नहीं रहा। धार्मिक सहनशीलता और उदारता के कारण यहाँ प्राचीन काल से अनेक धर्म—अनीश्वरवादी धर्म तक—पल्लवित होते रहे किन्तु यह देश

बौद्धों, जैनों या हिन्दुओं का राष्ट्र नहीं माना गया। यह एकता केवल भौगोलिक नहीं है। यहाँ के राज्यों की, विशेष कर उत्तर भारत के राज्यों की सीमाएँ देश से बाहर उत्तर-पश्चिम में दूर तक फैली रही हैं। यदि भौगोलिक एकता नियामक कारण होती तो भारत-विभाजन की नौबत न आती। भौगोलिक और धार्मिक कारण भी रहे हैं किन्तु मुख्य कारण है यहाँ की जातियों का सामान्य इतिहास, उनकी सांस्कृतिक समानताएँ, आर्थिक और राजनीतिक क्षेत्रों में उनका परस्पर सम्बद्ध और मिला-जुला विकास। इस ऐतिहासिक आधार पर ही यहाँ की राष्ट्रीय चेतना का विकास हुआ है।

मार्क्सवाद ने जातियों के विकास पर वैज्ञानिक दृष्टि से विचार किया है। लेनिन और स्तालिन के अनुसार जातियाँ पूँजीवाद के अभ्युदय-काल की देन हैं। किन्तु मार्क्सवाद की किसी पुस्तक में भारत-जैसी बहुजातीय राष्ट्रीयता के विकास की व्याख्या नहीं मिलती। कुछ लोग यांत्रिक ढंग से यहाँ की परिस्थितियों पर मार्क्सवाद लागू करते हुए इस परिणाम पर पहुँचे थे कि यहाँ हर जाति अपनी सम्पूर्ण प्रभुत्व-सम्पन्न विधान सभा बनाए, फिर ये विधान सभाएँ यहाँ अपना संघ निर्मित करें। इस तरह के विचारकों के अनुसार : सन् सत्तावन की राज्यक्रान्ति में राष्ट्रीय चेतना का अभाव था; कारण यह कि राष्ट्रीयता का आधार रेल-तार थे जिनका पूरी तरह चलन न हुआ था! भारतीय इतिहास की वास्तविकता पर ध्यान दिये बिना यह कभी समझ में न आएगा कि माधवजी सिन्धिया ने पेशवा को मुग़ल बादशाह का नायब क्यों घोषित किया, 1857-58 में देश के विशाल भाग की जनता शाही झंडे के नीचे क्यों लड़ी, झाँसी में 'मुल्क बादशाह का, अमल रानी लक्ष्मीबाई का' की डुग्गी क्यों पीटी गई। सी.एफ. एंड्रूज़ जैसे विदेशी लेखकों ने ज़्यादा सचाई से लिखा था कि अंग्रेज़ों के आने के बाद राष्ट्रीय चेतना दृढ़ भले हुई हो, वह विद्यमान पहले से थी।

वर्तमान काल में जातियों की एकता और समानता की जो समस्या हमारे सामने है, उसका घनिष्ठ सम्बन्ध इस राष्ट्रीय चेतना के ऐतिहासिक विकास से है। हम जातीय समस्या और भाषा की समस्या को अपना इतिहास भुलाकर हल करेंगे या उसे राष्ट्रीयता के सन्दर्भ में हल करेंगे? राष्ट्रीयता के सन्दर्भ को भुलाकर जब हम उसे हल करते हैं, तब सीमान्त पर साम्राज्यवादी अड्डे क़ायम होते हैं। दस साल में एक बार भी आम चुनाव नहीं होता, जनतंत्र के बदले धर्म-विशेष का राज्य क़ायम किया जाता है। लाखों की तादाद में नर-नारी बेघर-बार होकर खुद तबाह होते हैं और देश के अर्थतंत्र को संकट में डाल देते हैं। यह जातीय अलगाव बहुत जल्दी साम्राज्यवादी षड्यंत्र का अंग बन जाता है। जिन उपनिवेशों पर साम्राज्यवाद ने शासन किया है, उन्हें वह स्वाधीन नहीं देखना चाहता। एक साम्राज्यवादी ताक़त गई तो दूसरी उसे हड़पने को तैयार रहती है। अलगाव का

नारा राष्ट्रीय एकता को कमज़ोर करनेवाला और साम्राज्यवाद तथा युद्ध की ताक़तों को शहज़ोर करनेवाला है।

इसलिए जातीय समस्या और भाषाओं के समान अधिकारों की समस्या राष्ट्रीय एकता के सन्दर्भ में हल करनी होगी।

भारत में प्रत्येक भाषा को अपने क्षेत्र में राजकीय और सांस्कृतिक कार्यों में पूर्ण अधिकार प्राप्त होने चाहिए। साधारण हिन्दी जनता, हिन्दी का शिक्षित वर्ग और लेखक इस स्थिति के पक्ष में हैं। हिन्दी-पत्रों में यह बार-बार कहा गया है कि हिन्दी किसी भाषा के अधिकार नहीं छीनना चाहती; अहिन्दी-भाषी जातियों के परस्पर व्यवहार के लिए अंग्रेज़ी की जगह हिन्दी होनी चाहिए।

कई शताब्दियों से देश की विशेष परिस्थितियों के कारण हिन्दी अन्तर्जातीय व्यवहार की भाषा बनती रही है। उत्तर भारत में केन्द्रबद्ध मुग़ल शासन का होना, यहाँ आगरा जैसे व्यापार के बड़े-बड़े केन्द्रों का निर्माण, उन्नीसवीं सदी से पूर्व ही यहाँ के लोगों का विभिन्न प्रदेशों में फैलना ऐसे ही कारण थे। अंग्रेज़ व्यापारी भी उस समय अपनी सुविधा के लिए हिन्दी सीखते थे। वर्तमान काल में दक्षिण, पूर्व, पश्चिम—सर्वत्र ऐसे व्यापारी और पूँजीपति मिलेंगे जिनकी सांस्कृतिक भाषा हिन्दी है। हिन्दी के प्रसार का एक बहुत बड़ा कारण कलकत्ता-बम्बई जैसे केन्द्रों में लाखों 'हिन्दुस्तानी' मज़दूरों का निवास है। इन बड़े-बड़े नगरों के अतिरिक्त प्रत्येक जातीय प्रदेश में अल्पसंख्यकों के रूप में हिन्दुस्तानी मिलेंगे। विशाल आन्ध्र में हैदराबाद और उसके आसपास हिन्दुस्तानियों का भारी जमघट है। अहिन्दी प्रदेशों में इस प्रकार हिन्दी को अन्तर्जातीय व्यवहार की भाषा बनाने में सुविधा मिली है।

इसके अतिरिक्त सीलोन रेडियो और विविध भारती (और पाकिस्तान रेडियो भी) की कृपा से फ़िल्मी संगीत द्वारा देश के चारों कोनों तक रोज़ शाम-सबेरे हिन्दी गूँजती रहती है। कभी इन फ़िल्मी गानों की फरमाइश करनेवालों के नाम सुनिए। जितने हिन्दी-भाषी प्रदेश के होते हैं, उतने ही अहिन्दी-भाषी प्रदेशों के। स्वयं गायकों और गायिकाओं में एक अच्छी संख्या अहिन्दी कलाकारों की रहती है। विशाल हिन्दी-भाषी प्रदेश फ़िल्मों के लिए सबसे अच्छा बाज़ार है। ये व्यावसायिक परिस्थितियाँ बहुतों के न चाहने पर—और शायद उनके न जानने पर भी—हिन्दी को राष्ट्रभाषा बना रही हैं।

इनके सिवा हिन्दी भाषा, लिपि और साहित्य की कुछ विशेषताएँ हैं जो इस कार्य में सहायता करती हैं। हम यहाँ उनका उल्लेख नहीं करते।

हिन्दी अन्तर्जातीय व्यवहार की भाषा बन रही है; जनसाधारण के लिए अभी भी वह ऐसी भाषा है। वह केन्द्रीय राजकाज की भाषा भी जल्दी बन सकती है। इसमें एक बाधा है हिन्दी-भाषियों का असंगठन, उनमें जातीय चेतना की कमी। हिन्दी-भाषी प्रदेश के राज्यों में भी हिन्दी अभी पूरी तरह राजकाज की भाषा नहीं

बनी है। दक्षिण के लोगों की यह आपत्ति अनुचित नहीं है कि पहले अपने घर में हिन्दी को राजभाषा बना लो, फिर उसे सारे देश की राष्ट्रभाषा बनाना! यदि हिन्दी-भाषी जनता संगठित हो, यदि वह अपने प्रदेश में हिन्दी को पूर्ण रूप से राजकाज की भाषा बनाए तो यह असम्भव है कि यह विशाल प्रदेश और उसकी बहुसंख्यक जनता सारे देश को अपने साथ खींचकर न ले चल सके।

इस दृष्टि से भारतीय एकता के लिए हिन्दी-भाषी जनता की एकता आवश्यक है। देश की भाषागत समस्याएँ सुलझाने के लिए हिन्दी भाषा के लेखकों का संगठन आवश्यक है। हिन्दी को केन्द्रीय राजकाज की भाषा बनाने के लिए उसे अपने प्रदेश में पूर्ण रूप से शासन और संस्कृति की भाषा बनाना आवश्यक है। हिन्दी-भाषी जनता और उसके लेखक अपना यह उत्तरदायित्व दूसरों पर नहीं डाल सकते।

[1958]

18

हिन्दी की व्याकरण-सम्बन्धी कठिनाइयाँ

हिन्दी की व्याकरण-सम्बन्धी कठिनाइयों से कुछ अंग्रेज़ी-प्रेमी भारतवासी इतना परेशान हैं कि वे कभी-कभी उसके कलकत्ता-बम्बई जैसे नगरों में कुछ अहिन्दी-भाषियों द्वारा व्यवहृत रूप को राष्ट्रभाषा के रूप में स्वीकार करने की बात करते हैं। इनमें राजनीतिक नेताओं के अलावा कुछ प्रसिद्ध भाषावैज्ञानिक भी हैं जिन्होंने यथेष्ट गम्भीरता से यह प्रस्ताव रखा है। अंग्रेज़ों के सम्पर्क में आनेवाले हिन्दुस्तानी खानसामा भी अंग्रेज़ी का एक सरल रूप काम में लाते थे जो साहब और उनके बीच की सांस्कृतिक आवश्यकताएँ पूरी करने के लिए पर्याप्त होता था। कुछ देशों के कुलियों आदि ने इसी तरह अंग्रेज़ी को सरल करके अपना काम निकाला है। लेकिन इस देश में न तो हिन्दी-भाषी जनता अंग्रेज़ साहबों की स्थिति में है, न अहिन्दी-भाषी जनता कुलियों और खानसामाओं की। इस कारण जो लोग हिन्दी के तथाकथित सरल व्याकरण-विहीन रूप को अपनाने की बात करते हैं, वे अपने और हिन्दी-भाषियों के प्रति अन्याय ही करते हैं। कहना न होगा कि खानसामा-अंग्रेज़ी को भारत की लिंगुआ-फ्रांका या विश्वभाषा बनाने की बात नहीं की जाती। इसके विपरीत इस कोटि के राष्ट्रभाषा-प्रेमी अंग्रेज़ी-शिक्षा का स्तर गिरने से नितान्त व्यथित रहते हैं और आये-दिन इस स्तर को उठाने के लिए नये-नये उपाय भी सुझाया करते हैं। यह बात भी कम मनोरंजक नहीं है कि एक ओर वे हिन्दी के दरिद्र होने की, उसमें उच्चकोटि के साहित्य के अभाव की घोषणा करते हैं, दूसरी ओर व्याकरण की कठिनाइयों से मुक्त हिन्दुस्तानी को राष्ट्रभाषा बनाने का 'जनतांत्रिक' सुझाव भी देते हैं।

अंग्रेज़ी भाषा में व्याकरण-सम्बन्धी कठिनाइयाँ कम नहीं हैं। डेढ़ सौ साल से लगातार अंग्रेज़ी पढ़ने के बाद भी इस भाषा को सीखने का स्तर जो गिरता नज़र आ रहा है, उसका कारण विद्यार्थियों और शिक्षकों की प्रतिभा के अलावा उस भाषा की ख़ूबियाँ भी हैं। किन्तु अंग्रेज़ी-प्रेमी देशभक्त अपनी प्रिय भाषा की व्याकरणगत कठिनाइयों से ज़रा भी विचलित नहीं होते; उन्हें शिकायत है हिन्दी की कठिनाइयों से। इनमें भी सारे फसाद की जड़ उनकी समझ में हिन्दी का लिंग-भेद है।

हिन्दी शब्दों की लिंग-सम्बन्धी कठिनाई वास्तविक है। यह कठिनाई अहिन्दी-भाषियों के लिए ही नहीं है, भोजपुरी आदि पूर्वी बोलियों के क्षेत्रों में हिन्दी बोलनेवालों के लिए भी यह कठिनाई विद्यमान है। इतिहासकारों का कहना है कि एक बार दिल्ली के क़त्लेआम में 'खारा पानी' कहनेवालों को पछाँह का समझकर छोड़ दिया गया; 'खारी पानी' कहनेवालों को पूरब का मानकर उन्हें तलवार के घाट उतार दिया गया। इस कठिनाई से ऐसे नतीजे भी निकल सकते हैं!

भाषा का निर्माण किसी अकादमी में नहीं होता, न उसका व्याकरण बनाने का काम राजनीति-विशारद करते हैं, वरना यह कठिनाई दूर हो जाती। संस्कृत के महान् वैयाकरण भी, जो भाषा को व्यवस्थित करने में अपना सानी नहीं रखते, इस कठिनाई से पार न पा सके। शत्रु पुल्लिंग, मित्र नपुंसक लिंग! वृक्ष जैसा जड़ पदार्थ पुल्लिंग, हृदय जैसा तरल और गतिशील पदार्थ नपुंसक लिंग! पांसु (धूल), परशु, इषु (बाण) जैसे निर्जीव पदार्थ पुल्लिंग हैं; शरीर और शीर्ष जैसे सजीव पदार्थ नपुंसक लिंग हैं।

इस देश के सांस्कृतिक इतिहास में संस्कृत का जो महत्त्व रहा है, उसे सभी लोग जानते हैं। भारत की भाषाओं पर उसका जो व्यापक प्रभाव पड़ा है, वह भी किसी से छिपा नहीं है। संस्कृत शब्दों की लिंग-सम्बन्धी कठिनाई से उसके प्रसार में कोई बाधा नहीं पड़ी। सम्भव है, कुछ सज्जन कहें कि इस कठिनाई के कारण ही वह मृत भाषा हुई। यदि ऐसा होता तो संस्कृत-भाषी प्रदेश की भाषाएँ—जिनमें हिन्दी सर्वोपरि है—इस कठिनाई से मुक्त होतीं।

संस्कृत के समान यूरोप की भाषाओं और संस्कृति पर प्राचीन यूनान की भाषा—वहाँ अनेक भाषाएँ थीं, हमारा तात्पर्य एथेंस की भाषा से है—का प्रभाव पड़ा। किसी समय वह भूमध्य सागर के तट पर फैले हुए अनेक यूनानी उपनिवेशों के कारण एक विशाल भूभाग में फैल गई थी। इस भाषा में अरस्तू और अफलातून जैसे विचारकों ने, सोफ़ोक्लीज़, यूरिपिदीज़ जैसे नाटककारों ने, हेराक्लितस जैसे दार्शनिकों ने अपनी रचनाएँ कीं जिनके आधार पर यूरोप की संस्कृति का प्रासाद निर्मित हुआ। इस भाषा में गेनौस (संस्कृत जन) नपुंसक है किन्तु दिमौस (जनता) पुल्लिंग है! थूरा (द्वार), माखइरा (तलवार), अकन्था (काँटा) जैसी बेजान चीज़ें स्त्रीलिंग हैं। यदि आप कहें, ये आकारान्त हैं, इसलिए स्त्रीलिंग हैं तो देखिए म्नीमा (समाधि), ओइको-दोइमा (भवन) आदि नपुंसक लिंग हैं। नेक्रौस् (शव) तो पुल्लिंग है, पाइदिऔन् (शिशु) नपुंसक लिंग है!

प्राचीन यूनानी के समान और भी बड़े पैमाने पर लैटिन व्यवहार में आई। वह शताब्दियों तक इटली ही नहीं, यूरोप की धार्मिक और सांस्कृतिक भाषा रही। इसमें भी यूनानी भाषा की तरह लिंगभेद वर्तमान था। अग्नि के लिए दो शब्द हैं : 'इंकेडियम्' और 'इग्निस्'। पहला नपुंसक, दूसरा पुल्लिंग है। जनता के लिए दो शब्द हैं : गेन्स् (जन) और पोपूलुस्। पहला स्त्रीलिंग है, दूसरा पुल्लिंग। इम्बेर

(वर्षा), टूरिस् (मीनार), मारे (समुद्र)—तीनों को स्वभावत: नपुंसक लिंग होना चाहिए किन्तु ये क्रमश: पुल्लिंग, स्त्रीलिंग और नपुंसक लिंग हैं। अकीला (बाज़) और अग्रिकोला (कृषक) देखने में एक-से आकारान्त शब्द हैं किन्तु पहला स्त्रीलिंग है, दूसरा पुल्लिंग।

लैटिन की उत्तराधिकारिणी भाषाओं में फ्रांसीसी भाषा भी है। वह यूरोप में अन्तर्जातीय व्यवहार की भाषा रही है। उसमें घर के लिए दो शब्द हैं : मैजों और बातीमाँ। पहला स्त्रीलिंग है, दूसरा पुल्लिंग। इसी प्रकार धरती के लिए तेयर और पेयी; मार्ग के लिए रूत और शमैं शब्दों में पहला स्त्रीलिंग है, दूसरा पुल्लिंग। फ्रांसीसी लोग पर्वत जैसी विशाल वस्तु (मोतान) को स्त्रीलिंग विज्ञापित करते हैं, पुस्तक जैसी छोटी चीज़ (लीव) को पुल्लिंग।

यूरोप के एक विशाल प्रदेश में व्यवहृत फ्रांसीसी की तरह एक हद तक अन्तर्जातीय व्यवहार की भाषा जर्मन है। उसमें संस्कृत के समान ही लिंगभेद है। पत्थर (श्टाइन), वृक्ष (बाउम), जूता (शू) जैसे निर्जीव पदार्थ पुल्लिंग हैं, जनता (फोल्क), नारी (इसके लिए एक शब्द ह्वाइप भी है), लड़की (मैडखेन) आदि सजीव वस्तुएँ नपुंसक लिंग हैं। संस्कृत के समान जर्मन में तीनों लिंग विद्यमान हैं और शब्द के अर्थ या रूप से उन्हें पहचानना आसान नहीं है।

संसार के छठे भाग में फैले हुए सोवियत संघ की अन्तर्जातीय व्यवहार की भाषा रूसी है। इसमें भी संस्कृत और जर्मन की तरह तीनों ही लिंग हैं। अधिकतर निर्जीव पदार्थ नपुंसक लिंग होते हैं किन्तु पुस्तक (क्नीगा), होटल (गस्ती-नित्सा), पुस्तकालय (बिब्लियोतेका) आदि शब्द स्त्रीलिंग हैं। यद्यपि शब्दों के रूप से उनका लिंग पहचाना जा सकता है, फिर भी इस विषय में नियमों के अनेक अपवाद हैं।

प्राचीनकाल से आज तक संसार की अनेक और प्रमुख भाषाएँ शब्दों में लिंगभेद करती रही हैं। यह भेद वास्तविक न होकर—शब्दों द्वारा विज्ञापित वस्तु के लिंग का अनुसरण न करके—बहुधा शब्दों के रूप के अनुसार होता है। शब्दों का रूप देखकर उसका लिंग निश्चित करना सदा सरल नहीं होता। इस सम्बन्ध में कुछ मोटे नियमों का पालन किया जाता है किन्तु उनके अपवादों की संख्या कम नहीं है! भाषा संसार के पदार्थों, मनुष्य के व्यवहार और चिन्तन की अभिव्यंजना के लिए ही विकसित हुई है। वह इस भौतिक जगत और मनुष्य के भौतिक जीवन से विलग होकर विकसित नहीं हुई। उसकी जड़ें इसी भौतिक जीवन और जगत् में हैं। किन्तु भाषा भौतिक जगत् से मनुष्य का सम्बन्ध विज्ञापित करने का साधन ही नहीं है। जैसे संगीत में विभिन्न प्रदेशों की जातियों को स्वरों का विशेष सामंजस्य, उनका विशेष आरोह-अवरोह पसन्द आता है, वैसे ही भाषा के क्षेत्र में विभिन्न जातियाँ शब्दों के साथ विशिष्ट रागात्मक सम्बन्ध स्थापित करती हैं। एक ही वस्तु के लिए विभिन्न भाषाओं के पर्यायवाची शब्दों में लिंग-सम्बन्धी अन्तर होता है।

एक ही भाषा में किसी वस्तु के लिए भिन्न लिंगवाले पर्यायवाची शब्दों का प्रयोग देखा जा सकता है। दूसरों के लिए इस वैचित्र्य के कारण भाषा कठिन हो जाती है किन्तु उसके बोलनेवालों के लिए इस वैचित्र्य का रागात्मक मूल्य है। भाषा के समस्त ऐतिहासिक विकास के फलस्वरूप यह विभिन्नता उत्पन्न होती है। वह भाषा की सजीव परम्परा का अंग होती है। उसे समाप्त करना वैसे ही असम्भव है, जैसे मुहावरों को समाप्त करना। मुहावरों की तरह लिंग-भेद सीखना होता है। अन्तर्जातीय व्यवहार की कठिनाइयाँ दूर करने के लिए भाषा के रूप को न तो आज तक कहीं बदला गया है, न अब बदला जा सकता है। अन्य भाषाओं और जातियों के सम्पर्क में आने से भाषा में परिवर्तन होते हैं। किन्तु इन परिवर्तनों का सम्बन्ध व्याकरण से सबसे कम होता है। अंग्रेज़ी ने संसार की अनेक भाषाओं से शब्द लिये हैं—वास्तव में जर्मन या रूसी की तुलना में उसकी अपनी पूँजी नगण्य है—किन्तु उसके व्याकरण में कितना परिवर्तन हुआ है! उसने शब्द दूसरों के लिये किन्तु व्याकरण के रूप अपने रखे। उसका शब्द-भंडार जितना मिश्रित है, उसका व्याकरण उतना ही अपेक्षाकृत विशुद्ध।

खड़ी बोली ने अरबी-फ़ारसी से सैकड़ों शब्द लिये, उसका उर्दू रूप विकसित हुआ। कुछ विद्वानों का विचार है कि बाहर से आनेवाले मुसलमान यहाँ की भाषा समझते न थे, उनकी अपनी भाषाओं और यहाँ की बोलियों—अथवा खड़ी बोली और फ़ारसी—के मिश्रण से फ़ौजी खेमों और बाज़ारों में उर्दू का जन्म हुआ। बाहर से आनेवाले मुसलमानों की भाषा क्या थी? एक थी या एक से अधिक थी? बंगाल, कश्मीर, पंजाब, केरल आदि प्रदेशों में मुसलमान वहाँ की भाषा कैसे समझने लगे? —इन प्रश्नों का विवेचन न करके हम केवल इस बात की ओर ध्यान आकर्षित करेंगे कि उर्दू को जन्म देनेवाले मुसलमानों को यहाँ का शब्द-भंडार स्वीकार करने में चाहे जो कठिनाई हुई हो, खड़ी बोली के व्याकरण-रूपों को उन्होंने सप्रेम स्वीकर कर लिया। इन रूपों में लिंग-भेद भी है। ऐसा नहीं हुआ कि लिंग-सम्बन्धी कठिनाई दूर करके बाहर से आनेवाले मुसलमानों ने खड़ी बोली को अपनाया हो। उन्होंने यहाँ की व्याकरण-परम्परा को—जिसे सीखना शब्दों को ग्रहण करने से ज़्यादा कठिन था—स्वीकार किया। भारत की अनेक भाषाएँ—जैसे बंगला—शब्द-भंडार की दृष्टि से हिन्दी के जितना निकट हैं, उतना उर्दू नहीं है। यदि बाहर से आनेवाले मुसलमान यहाँ के लिंग-सम्बन्धी भेद सीख सकते थे तो शब्द-भंडार की इतनी समानता रहने पर बंगाली मित्र उनसें क्यों पार नहीं पा सकते? इस कारण 'भारतीय आर्यभाषा और हिन्दी' में डॉ. सुनीतिकुमार चाटुर्ज्या द्वारा प्रस्तुत निम्नलिखित सुझाव अभी तक अग्राह्य रहा है : "परन्तु यदि ये व्याकरण-विषयक विशिष्टताएँ, जो बाकी के भारतवासियों के लिए वास्तविक कठिनाइयाँ बन रही हैं, कम कर दी जाएँ, जैसाकि पूर्वी हिन्दीवालों तथा बिहारियों ने किया है (?!), तो

संस्कृतनिष्ठ प्रचलित हिन्दुस्थानी, एक अत्यन्त सहज, सुबोध तथा ओजपूर्ण भाषा बन जाती है। इस सहज बनी हुई हिन्दुस्थानी का सारा व्याकरण एक पोस्टकार्ड पर लिखा जा सकता है। 'बाज़ारू हिन्दुस्थानी' के सदृश सुगठित तथा ओजपूर्ण भाषा को हाट-बाज़ार से, जहाँ पर कि उसका स्वतंत्र, अनवरुद्ध जीवन-प्रवाह पंडितों की घृणा की परवाह न करते हुए अनवरत रूप से बहा चला जा रहा है, उठाने की आवश्यकता है। हमें उसे आदरपूर्ण आन्तर्जातिक या आन्तर्देशिक भाषा के इतने उच्च स्तर तक उठाना होगा कि वह कम-से-कम सार्वजनिक सभा-सम्मेलनों आदि में प्रयुक्त होने योग्य बन जाए। इसमें साहित्य का सृजन बाद में हो सकता है—आगे चलकर होगा ही(!)। परन्तु वह सारी भविष्य की बात है। अभी हाल के लिए इसे एक द्वितीय भाषा के रूप में स्वीकृत किया जा सकता है, जिससे सर्वसाधारण को परिचित हो जाने के लिए कहा जा सकता है। यह उसी भाँति फ़ारसी-युक्त उर्दू तथा नागरी-हिन्दी के साथ-साथ प्रयुक्त होती रहेगी, जैसे आज होती है।"

अस्तु, परिणाम यह निकला कि हिन्दी की लिंग-सम्बन्धी कठिनाइयाँ दूर करके उसे सरल नहीं बनाया जा सकता। जिस तरह खानसामा-अंग्रेज़ी को राष्ट्रीय या अन्तरराष्ट्रीय भाषा का दर्जा नहीं मिला, उसी तरह अहिन्दी-भाषी प्रदेशों में लोगों द्वारा व्यवहृत हिन्दी के टूटे-फूटे रूप को देश के राजनीतिक और सांस्कृतिक व्यवहार की भाषा नहीं बनाया जा सकता। यह सही है कि हिन्दी-भाषियों को दूसरों की त्रुटियों पर हँसना न चाहिए, वरन् भाषा-सम्बन्धी अपने प्रयोगों के प्रति उन्हें अधिक सचेत होना चाहिए। साथ ही यह भी सही है कि कुछ अहिन्दी-भाषी मित्र हिन्दी की व्याकरण-सम्बन्धी कठिनाइयों को दुर्लंघ्य बतलाकर, उन्हें दूर करके भाषा को सरल करने का सुझाव देकर अन्तर्जातीय व्यवहार की भाषा-समस्या हल नहीं कर सकते। धैर्य, उदारता और परिश्रम से ही इस कठिनाई पर विजय प्राप्त हो सकती है।

[1958]

19
उर्दू की समस्या

प्रधानमंत्री श्री जवाहरलाल नेहरू, कांग्रेस की कार्यकारिणी तथा अन्य राजनीतिक संस्थाओं ने पिछले दिनों उर्दू के संरक्षण की समस्या की ओर जनता का ध्यान आकर्षित किया है। उनके वक्तव्यों का यह मूल्य है कि उन्होंने एक महत्त्वपूर्ण समस्या पर ध्यान केन्द्रित किया है जिसके प्रति साधारणत: हिन्दी-भाषी जनता उदासीन हो गई थी। इससे सिद्ध यह होता है कि भारत के साम्राज्यवादी विभाजन से जो अनेक समस्याएँ नहीं सुलझीं, उनमें उर्दू की भी एक समस्या है। दुर्भाग्य से इन वक्तव्यों में यह नहीं बतलाया गया कि उर्दू के आरक्षण या दमन के लिए उत्तरदायी कौन है, विभाजन के बाद यह समस्या अब भी क्यों बनी हुई है, उर्दू के संरक्षण के लिए कौन-से उपाय किए जानेवाले हैं, इत्यादि। संक्षेप में स्थिति यह है कि भावुकता के अलावा वैज्ञानिक स्तर पर इस समस्या के बारे में इन वक्तव्यों में कुछ नहीं कहा गया।

एक समय था जब कांग्रेस का नेतृत्व हिन्दी-उर्दू को मूलत: एक भाषा मानता था, उनमें अनावश्यक संस्कृत और अरबी शब्द भरने का विरोधी था, हिन्दुओं और मुसलमानों की मिली-जुली भाषा को क़ौमी ज़बान कहता था और उसे राजभाषा बनाने पर ज़ोर देता था। आज स्थिति बदल गई है। क़ौमी ज़बान की बात करना तो महापाप है; जो सबसे प्रगतिशील बात कही जा सकती है, वह यह कि उर्दू को दबाया न जाए। और क़ौमी ज़बान के राष्ट्रभाषा बनने का सवाल नहीं, शुद्ध राष्ट्रभाषा हिन्दी भी राजभाषा नहीं बन पाई; सारे देश में नहीं बन पाई, और अपनी जन्मभूमि उत्तर प्रदेश—तथा अन्य हिन्दी-भाषी राज्यों—में भी वह राजभाषा नहीं बन पाई।

देश के राष्ट्रीय नेताओं ने साम्प्रदायिक समस्या को हल किया साम्प्रदायिक माँगों को स्वीकार करके। साम्प्रदायिकता के आधार पर किये हुए समझौते के वृक्ष में राष्ट्रीयता के फल न लगें तो इसमें आश्चर्य क्या? उर्दू का नाम सुनते ही बहुत-से हिन्दी-प्रेमी स्वभावत: परेशान हो उठते हैं : आख़िर इन्हीं समस्याओं को हल करने के लिए तो पाकिस्तान बना और यह उर्दू का बखेड़ा अब भी बना हुआ है!

उर्दू-प्रेमियों ने अलग परेशान होकर क़ौमी ज़बान को इलाकाई ज़बान बनाने के लिए दस्तख़त इकट्ठे किये। उन्होंने उत्तर प्रदेश या अन्य राज्यों में अंग्रेज़ी

को हटाने के लिए आन्दोलन करना ज़रूरी नहीं समझा। न उन्होंने इस आन्दोलन की नीति निर्धारित करने के लिए हिन्दी-प्रेमियों से सलाह-मशविरा किया। इसलिए वैधानिकता का जामा पहनने पर भी यह एक सीमित साम्प्रदायिक आन्दोलन ही रहा।

उर्दू के सम्बन्ध में अनेक ग़लत धारणाएँ हिन्दी-प्रेमियों और उर्दू-प्रेमियों, दोनों के मन में बनी हुई हैं। इन पर संक्षेप में विचार करना आवश्यक है।

एक धारणा यह है कि मुसलमानों ने यहाँ आकर उर्दू नाम की एक नई भाषा को जन्म दिया। बहुत-से मुसलमानों को उर्दू से एक प्रकार का धार्मिक प्रेम है; वे उसे अपने धर्म और विशेष संस्कृति की भाषा समझते हैं। बहुत-से हिन्दू इस धारणा को स्वीकार करते हैं। उनकी दृष्टि में मुसलमान कभी हिन्दुस्तानी नहीं बना; इसलिए उर्दू भी 'अरब जेहादियों का कीर्तिस्तम्भ' है! हिन्दुओं और मुसलमानों में जो चरम साम्प्रदायिकतावादी हैं, वे उसके प्रति एक-सा ही प्रतिक्रियावादी दृष्टिकोण अपनाते हैं। यहाँ इस बात का उल्लेख करना आवश्यक है कि अनेक साम्राज्यवादी भाषावैज्ञानिकों का भी यह मत रहा है कि उर्दू इस्लाम की भाषा है।

यदि उर्दू इस्लाम की भाषा है तो पूर्वी बंगाल के मुसलमान बंगला क्यों बोलते हैं? उन्होंने उर्दू के एकमात्र राजभाषा बनाए जाने के विरुद्ध संघर्ष क्यों किया? बंगाल के अलावा केरल, तमिलनाडु, महाराष्ट्र, गुजरात, कश्मीर आदि प्रदेशों के मुसलमान घर में उर्दू क्यों नहीं बोलते? और हिन्दुस्तान-पाकिस्तान से बाहर तुर्की, ईरान, इराक आदि राष्ट्रों में उर्दू क्यों नहीं बोली जाती?

स्पष्ट है कि संसार में एक हिन्दुओं की भाषा, एक मुसलमानों की भाषा, एक बौद्धों या ईसाइयों की भाषा नहीं है। भाषाओं का निर्माण और विकास धर्म के आधार पर नहीं हुआ। धार्मिक विचारधाराओं के कारण उनके लिखने-बोलनेवालों ने उनमें कुछ नई विशेषताएँ पैदा की हों, वह दूसरी बात है। भाषा का सम्बन्ध जातीयता से है, किसी जाति के सामाजिक और सांस्कृतिक विकास से है। जाति और धर्म एक वस्तु नहीं हैं। ईरानी, इराकी, तुर्की जातियाँ इस्लाम धर्म मानती हैं किन्तु इनकी भाषाएँ अलग-अलग हैं। इसी प्रकार भारत की विभिन्न जातियों की अपनी-अपनी भाषाएँ हैं। उन जातियों के प्रदेशों में हिन्दू-मुसलमान, दोनों ही उन भाषाओं को बोलते हैं। उनमें अपना सांस्कृतिक काम-काज करते हैं। उर्दू का व्यवहार कहाँ के मुसलमान करते हैं? सबसे पहले हिन्दी-भाषी प्रदेश के, उत्तर प्रदेश, बिहार, दिल्ली, मध्य प्रदेश आदि के। कारण यह कि उर्दू यदि कहीं की जातीय भाषा है तो हिन्दी-भाषी प्रदेश की है। इसके बाद कलकत्ता, हैदराबाद, बम्बई जैसे नगरों में मुसलमानों की बस्तियाँ हैं जो अपने मूल प्रदेश से वहाँ पहुँचे हैं या जिनके पुरखे पहले कभी पहुँचे थे। इनके बाद कश्मीर आदि प्रदेशों के मुसलमान हैं जिनकी मातृभाषा कश्मीरी है या अन्य कोई भाषा है और जो उर्दू भी जानते हैं और उसे काम में लाते हैं।

धर्म के आधार पर उर्दू की रक्षा की बात करना या उसे इस्लाम की भाषा समझकर उसका नाश करने की बात सोचना एक अवैज्ञानिक और प्रतिक्रियावादी कार्य है।

उर्दू इस्लाम की भाषा है, इस धारणा से भिन्न एक दूसरी स्थापना है जो प्रगतिशील और राष्ट्रीय समझी जाती है। वह यह है कि उर्दू हिन्दुओं और मुसलमानों के मेल से बनी है। दूसरे शब्दों में उर्दू केवल इस्लाम की भाषा नहीं, वह इस्लाम और हिन्दू धर्म, दोनों की भाषा है। यह स्थापना देखने में प्रगतिशील मालूम होती है क्योंकि वह राष्ट्रीयता के लिए आवश्यक हिन्दू-मुस्लिम एकता की ओर संकेत करती है। इस स्थापना का सहारा लेकर ही अनेक राष्ट्रीय नेताओं और विचारकों ने भाषा-समस्या को हल करने का प्रयत्न किया था और उसमें असफल भी हुए थे।

यदि हिन्दुओं और मुसलमानों के मिलने से उर्दू बनी होती तो बम्बई से कलकत्ता तक और कश्मीर से कन्याकुमारी तक हर जातीय प्रदेश में उर्दू ही बोली जाती; बंगला, मराठी, कश्मीरी, मलयालम आदि भाषाओं का अस्तित्व ही न होता। उर्दू एक विशेष जातीय प्रदेश की भाषा है, भारत के सभी जातीय प्रदेशों की नहीं। उसे मातृभाषा के रूप में काम में लानेवाले वही लोग हैं जो हिन्दी-भाषी प्रदेश के निवासी हैं या यहाँ से जाकर दूसरे प्ररेशों में बस गए हैं। हिन्दी-उर्दू एक ही जातीय प्रदेश की भाषा हैं, इसीलिए उनका बोलचाल का रूप एक-सा है या प्राय: एक-सा है।

भारत में जो मुसलमान आए, उनमें कोई पश्तो बोलता था, कोई तुर्की, कोई अरबी, कोई फ़ारसी। उनकी भाषाएँ कम-से-कम तीन भिन्न परिवारों की हैं। तुर्की, अरबी, फ़ारसी एक-दूसरे से भिन्न भाषा-परिवारों की हैं। यदि उर्दू का निर्माण हिन्दुओं-मुसलमानों के मिलने से होता तो उसमें तुर्की के उतने ही शब्द होते जितने फ़ारसी के। या इस्लाम धर्म का सम्बन्ध विशेष रूप से अरबी से जोड़ा जाए तो उर्दू में तुर्की-फ़ारसी का बहिष्कार और अरबी-संस्कृत का बराबर सम्मिश्रण होना चाहिए था। बाहर से आनेवाले मुसलमानों ने राजभाषा के लिए अरबी नहीं, फ़ारसी को चुना। उनका धर्मग्रंथ अरबी में है, फ़ारसी में नहीं। फ़ारसी पर अरबी का प्रभाव है, फिर भी वह मूलत: भारत-यूरोपीय परिवार की भाषा है और अरबी की अपेक्षा वह संस्कृत के अधिक निकट है। मुसलमान सामन्तों ने अरबी को राजभाषा क्यों न बनाया? इस पद के लिए उन्होंने फ़ारसी को क्यों चुना? इसलिए कि वे सामन्त अनेक बर्बरताओं के बावजूद मुस्लिम लीग के नेताओं से अधिक उदार थे। फ़ारसी को चुनने में धार्मिक नहीं, सांस्कृतिक कारण प्रधान थे। सांस्कृतिक दृष्टि से ईरान समृद्ध राष्ट्र था; मध्य एशिया और मध्यपूर्व के देशों पर ईरानी संस्कृति की छाप थी। बाहर से आनेवाले मुसलमान यह छाप अपने साथ लाए थे। मुग़ल सम्राटों के यहाँ दरबारियों में काफ़ी ईरानी होते थे; फ़ारसी बोलचाल की भाषा थी। इस कारण मुग़ल राज्यसत्ता में फ़ारसी का बोलबाला रहा।

मुसलमान सामन्तों ने ब्रजभाषा में रचनाएँ कीं, अनेक सूफियों ने अवधी में काव्य लिखे, रसखान और रहीम जैसे कवियों ने ऐसी सरस कविताएँ लिखीं कि वे आज भी गाँवों में लोगों की ज़बान पर हैं। हिन्दी-भाषी प्रदेश से बाहर कश्मीरी, पंजाबी, बंगला आदि भाषाओं और उनके काव्य-साहित्य के उत्थान और विकास में मुसलमानों ने महत्त्वपूर्ण योग दिया। आजकल बहुत-से हिन्दू-मुसलमान इन बातों को याद करना पसन्द नहीं करते। उनसे एक अनचाहा परिणाम निकलता है कि मुग़ल शासनकाल में फ़ारसी के राजभाषा रहते हुए भी यहाँ की जातीय भाषाओं ने अभूतपूर्व उन्नति की और इस उन्नति में मुसलमानों का बहुत बड़ा हाथ था। हिन्दू साम्प्रदायिकों को यह निष्कर्ष पसन्द नहीं है क्योंकि उनके अनुसार मुसलमानों ने भारत को कभी अपना देश नहीं समझा; फिर वे यहाँ की भाषाओं और उसके साहित्य की उन्नति में योग कैसे दे सकते थे? मुस्लिम साम्प्रदायिकों को यह निष्कर्ष पसन्द नहीं क्योंकि जातीय भाषाओं के विकास के इस चौखटे में उनकी उर्दू-सम्बन्धी धारणाएँ फिट नहीं होतीं।

तब उर्दू का विकास क्या साम्प्रदायिक कारणों से हुआ? या उर्दू हमारी जातीय भाषा थी और उसके मुक़ाबले में हिन्दी का विकास साम्प्रदायिक कारणों से हुआ?

उर्दू का बोलचालवाला रूप वही या प्राय: वही है जो हिन्दी का है। इस रूप का एक नाम खड़ी बोली है। इसे बोलनेवाले हिन्दू, मुसलमान, जैन, बौद्ध, ईसाई—अनेक धर्मों के लोग हैं। इस रूप को न तो मुसलमानों ने जन्म दिया, न उसे अवध और बिहार में फैलाने में एकमात्र उन्होंने भाग लिया। फ़ारसी के राजभाषा रहने के कारण इस खड़ी बोली में फ़ारसी के सैकड़ों शब्द आए। फ़ारसी के माध्यम से सैकड़ों अरबी शब्द भी खड़ी बोली में आए। उर्दू के समर्थकों का कहना है कि उर्दू को सँवारने और निखारनेवाले हिन्दू भी थे। यह बात सही है। इन मित्रों को इस प्रश्न पर विचार करना चाहिए कि उर्दू को सँवारने में हिन्दुओं और मुसलमानों, दोनों ने हिस्सा लिया, फिर भी खड़ी बोली का एक दूसरा रूप हिन्दी क्यों विकसित हुआ? प्रेमचन्द जैसे देशभक्त उर्दू-प्रेमी लेखकों ने हिन्दी-सेवा क्यों की?

बहुत-से उर्दू-प्रेमियों की यह धारणा है कि एक अच्छी-खासी मुश्तर्का ज़बान बन गई थी, हिन्दीवालों ने एक साम्प्रदायिक आन्दोलन चलाया और अरबी-फ़ारसी के मीठे शब्दों की जगह संस्कृत के भारी-भरकम शब्द रखकर एक नकली ज़बान गढ़ ली। उसी साम्प्रदायिक भाषा को अब लोग राष्ट्रभाषा कहने लगे हैं! हिन्दुओं की साम्प्रदायिकता और विश्वासघात के कारण उर्दू का गला घोंटा जा रहा है!

ये मित्र दो-तीन बातें भूल जाते हैं। खड़ी बोली में अरबी-फ़ारसी के शब्दों की आमद हिन्दुओं और मुसलमानों के मिलन का परिणाम नहीं वरन् यहाँ फ़ारसी के राजभाषा बनाए जाने का परिणाम है। फ़ारसी यहाँ के किसी प्रदेश की भाषा न थी, न वह बाहर से आनेवाले सभी मुसलमानों की भाषा थी, न वह भारत के हिन्दुओं और मुसलमानों के मेल से बनी हुई भाषा थी। ईरान के प्रति अपनी सांस्कृतिक

गुलामी के कारण उन सामन्तों ने उसे राजभाषा बनाया जिनकी मातृभाषा तुर्की या कोई अन्य ग़ैर-फ़ारसी भाषा थी। फ़ारसी को राजभाषा बनाना यहाँ की भाषाओं के साथ अन्याय करना था। इस अन्याय में मुसलमानों के साथ अनेक हिन्दू सामन्त और उनके आश्रित कर्मचारी भी शामिल थे। किसी विदेशी भाषा को राजभाषा बनाना जातीय उत्पीड़न का एक रूप है। इस तरह के जातीय उत्पीड़न में पूँजीपति ही नहीं, उनसे पहले सामन्त भी भाग ले चुके हैं। इस उत्पीड़न में बहुत-से हिन्दू शामिल हुए किन्तु इनके विपरीत बहुत-से हिन्दू अपनी पहले से चली आती हुई भाषा या भाषाओं के लिए लड़े भी। उन्होंने फ़ारसी के बदले ब्रज या अवधी में रचनाएँ कीं। इन हिन्दुओं के साथ बहुत-से मुसलमान भी थे। सामन्त-वर्ग और जनसाधारण—इन दोनों की सांस्कृतिक नीति अलग-अलग थी। सामन्त वर्ग मुख्यत: ईरानी संस्कृति का मुँह जोहता था; जनसाधारण अपनी भाषा और लोक-संस्कृति के विकास में लगा हुआ था।

अंग्रेज़ों ने अंग्रेज़ी लादकर जातीय उत्पीड़न को और तीव्र किया। अंग्रेज़ी और फ़ारसी राजभाषाएँ रहीं लेकिन दोनों के उत्पीड़न में अन्तर था। फ़ारसी एशिया की ही और हमारे पड़ोस की एक भाषा थी। उसे राजभाषा बनानेवाले हिन्दी या ब्रज में कविताएँ करते थे, यहाँ की भाषाओं को प्रोत्साहन देते थे, विशेष रूप से संगीत में उन्होंने यहाँ की समूची परम्परा को अपना लिया। उर्दू की तरह संगीत में अरबी-फ़ारसी तानों से लदी हुई शैली का चलन न हुआ। राजभाषा अंग्रेज़ी की तुलना में राजभाषा फ़ारसी का उत्पीड़न बहुत सीमित था।

सामन्तकाल में शिक्षा का काम पुरोहित वर्ग के हाथ में रहता है। इसलिए शिक्षा के नाम पर संस्कृत या अरबी-फ़ारसी की पढ़ाई होती रही। इस कारण शिक्षित वर्ग में फ़ारसी पढ़े लोग दर्शन, साहित्य आदि की विशिष्ट शब्दावली के लिए फ़ारसी से शब्द लेने लगे। नौकरी के लिए फ़ारसी या उर्दू की जानकारी आवश्यक होती थी, इसलिए हिन्दू-मुसलमान, दोनों काफ़ी संख्या में फ़ारसी-उर्दू सीखते थे। किन्तु यह हिन्दू-मुस्लिम एकता विशेष आर्थिक और सामाजिक कारणों से पैदा हुई थी, इसलिए वह टिकाऊ न हुई।

उर्दू ने दर्शन, साहित्य, राजनीति आदि के लिए, या सभ्य व्यवहार के लिए केवल अरबी-फ़ारसी से शब्द लिये। उसके बोलचाल के रूप में तो हिन्दी-शब्दों की भरमार थी लेकिन सभ्य व्यवहार के रूपों में—'तशरीफ लाइए, नोश फ़रमाइए' वाले रूपों में—और साहित्य में जो नये शब्द आए, वे सब-के-सब अरबी-फ़ारसी से। इस तरह उर्दू के बोलचाल के रूप में तो भाषा की जातीय परम्परा क़ायम रही लेकिन उसके सांस्कृतिक रूप में वह नष्ट हो गई।

उर्दू ने अपने इस नये विकसित रूप को दो धाराओं से अलग कर लिया। एक तो वह हिन्दी की बोलियों—अवधी, ब्रज, बुन्देलखंडी, भोजपुरी और खड़ी बोली

के ही ग्रामीण रूप—से बहुत दूर चली गई। दूसरे, वह भारत की अन्य भाषाओं—बंगला, मराठी, गुजराती आदि—की सामान्य विशेषताओं से दूर जा पड़ी। संस्कृत के कठिन शब्दों के नाम पर उसने उन तमाम शब्दों का बहिष्कार करना शुरू किया जो भारत की अन्य सभी भाषाओं की सामान्य निधि हैं। इस तरह उर्दू-प्रेमियों ने यहाँ के हिन्दी-भाषियों से ही अलगाव पैदा नहीं किया वरन् बंगला आदि भाषाएँ बोलनेवाले मुमलमानों से भी अलगाव पैदा कर लिया।

इसीलिए हिन्दी का आन्दोलन ज़ोर पकड़ता गया, हिन्दू-मुस्लिम एकता का सीमित आधार रहने पर भी उर्दू अपना स्थान सुरक्षित रखने में सफल न हुई और प्रेमचन्द, बालमुकुन्द गुप्त, प्रतापनारायण मिश्र, भारतेन्दु हरिश्चन्द्र, पद्मसिंह शर्मा आदि अनेक लेखकों ने उर्दू से परिचय और प्रेम होते हुए भी हिन्दी की सेवा की। हिन्दी के प्रति ग़लत धारणाओं के कारण उर्दू-प्रेमी सज्जन हिन्दी के सहयोग में कोई आन्दोलन नहीं चला सके। देश के विभाजन के बाद अब उनमें उर्दू को क़ौमी ज़बान बनाने का साहस नहीं रहा; उन्होंने पस्ती के कारण उसे इलाकाई ज़बान बनाने का नारा दिया। उर्दू को पढ़ने-पढ़ाने और उसके व्यवहार के लिए सुविधाएँ होनी चाहिए, हम इस माँग का समर्थन करते हैं। किन्तु अपने बोलचाल के रूप में वह किसी विशेष इलाके की ज़बान नहीं है, इलाकाई ज़बान का नारा जातीय अलगाव और विघटन का नारा है, इसलिए हम उसका विरोध करते हैं। उत्तर प्रदेश और अन्य हिन्दी-भाषी राज्यों से अंग्रेज़ी जाए, उसकी जगह हिन्दी को राज्यभाषा बनाया जाए, हिन्दी के साथ अल्पसंख्यकों—जिनमें मुसलमानों के साथ कुछ हिन्दू भी गिने जाएँगे—की भाषा के रूप में उर्दू का संरक्षण किया जाए, इस आधार पर हिन्दी-उर्दू-प्रेमी अब भी एक मंच पर संयुक्त आन्दोलन कर सकते हैं।

आगे चलकर क्या होगा? उर्दू रहेगी या मिट जाएगी? उर्दू का बोलचाल वाला रूप मिट नहीं सकता; क्योंकि वह कुछ शिक्षित व्यक्तियों तक सीमित नहीं है। यह रूप हिन्दी के बोलचाल वाले रूप जैसा है और हिन्दी लेखक उसे अपनाकर हिन्दी को समर्थ बना सकते हैं। उर्दू का साहित्यिक रूप हिन्दी को काफ़ी प्रभावित कर सकता है, अभी भी कर रहा है। अनेक हिन्दी-कवियों की छंद-योजना और शैली पर उर्दू का प्रभाव देखा जा सकता है। यह प्रभाव कितना अधिक पड़ता है, यह उर्दू वालों पर भी निर्भर है। उर्दू-लेखक जितना ही अपना सीमित दायरा छोड़कर अपना साहित्य जनता के लिए लिखेंगे और देवनागरी के माध्यम से उस तक पहुँचाएँगे, उतना ही वे हिन्दी के विकास को प्रभावित कर सकेंगे।

हमारी समझ में उर्दू से प्रभावित होकर हिन्दी का बोलचालवाला रूप पुष्ट होगा और हिन्दी से प्रभावित होकर उर्दू के 'राष्य' आरबी-फ़ारसीवाले रूप में काफ़ी परिवर्तन होगा। यह कहना आवश्यक है कि उर्दू में काफ़ी देशभक्तिपूर्ण और जनतांत्रिक साहित्य है। शब्दावली के कारण साहित्य की विषयवस्तु नहीं बदल

जाती। हिन्दी-प्रेमी काफ़ी उर्दू साहित्य पढ़ते हैं; उर्दू-प्रेमियों को इस विषय में उनसे होड़ करनी चाहिए।

उर्दू की रक्षा करना और उसकी स्वस्थ विशेषताओं से सीखना हिन्दी के हित में है। उसकी बोलचाल का रूप, कहावतें और मुहावरे हमारी भाषा की सम्पत्ति हैं। सैकड़ों शेर या उनके टुकड़े कहावतों का रूप ले चुके हैं। वे हमारी सांस्कृतिक सम्पत्ति का अंग हैं। उर्दू में अरबी-फ़ारसी के शब्द होने से उसके लिखने-बोलनेवाले देशद्रोही नहीं हो जाते।

दरो-दीवार पै हसरत से नज़र करते हैं,
ख़ुश रहो अहलेवतन हम तो सफ़र करते हैं।

इस तरह के शेर उन लोगों ने गुनगुनाए थे जिन्होंने अपना रक्त देकर अपनी देशभक्ति प्रमाणित की थी। हमारा उद्‌देश्य हिन्दी-भाषी प्रदेश की सांस्कृतिक एकता को दृढ़ करना, उसके साहित्य को जनता के हित में विकसित करना है। इसीलिए हम चाहते हैं कि हिन्दी-उर्दू-प्रेमी एक-दूसरे के निकट आएँ, यहाँ अंग्रेज़ी की जगह अपनी भाषा प्रतिष्ठित करें और उसके विकास में मिल-जुलकर योग दें।

स्वर्गीय पद्‌मसिंह शर्मा ने अपने 'हिन्दी, उर्दू, हिन्दुस्तानी' वाले प्रसिद्ध भाषण में हिन्दी-उर्दू की एकता के सम्बन्ध में कहा था : "कुटुम्ब के बँटवारे की तरह भाषा का यह बँटवारा भी कुटुम्ब-कलह और सम्पत्ति-विनाश का कारण है। बहुत-से सम्पन्न घराने बँटवारे की बदौलत टुकड़े-टुकड़े होकर बिखर गए, राज-परिवार भिखारी बन गए। यदि हिन्दी-उर्दू, दोनों संयुक्त परिवार की दशा में आ जाएँ, तो फिर इसकी साहित्य-सम्पत्ति का संसार की कोई भाषा मुक़ाबला न कर सके।" इसमें सन्देह नहीं कि हमारे प्रदेश के हिन्दुओं, मुसलमानों तथा अन्य धर्मवालों में रचनात्मक प्रतिभा की कमी नहीं है। उर्दू किसकी सेवा करेगी—पाकिस्तान के पंजाबियों, बंगालियों, पठानों और सिंधियों की या अपने प्रदेश के लोगों की? यह युग जनतंत्र का है। हिन्दी-उर्दू एक ही जनता की सेवा करेंगी, इसलिए उनका संयुक्त परिवार बनना अनिवार्य है।

[1958]

20
जातीय प्रतिद्वन्द्विता और हिन्दी

देश के स्वाधीन होने के बाद जातीयता का भाव तेज़ी से बढ़ा है। हम गुजराती हैं, बंगाली हैं, मलयाली या आन्ध्र हैं—अपने प्रदेश, भाषा और संस्कृति से सम्बन्धित इस भाव को हम जातीयता का भाव कहते हैं। कुछ वर्ष पहले पढ़े-लिखे लोगों की बातचीत में एक शब्द अक्सर सुनाई देता था : 'प्रोविंशल'। जब हम किसी को अपनी भाषा और साहित्य की बेहद बड़ाई करते देखते थे तो कहते थे—ये लोग बड़े प्रोविंशल होते हैं।

अपनी भाषा, जाति, प्रदेश, उसकी संस्कृति आदि पर गर्व करना बुरी बात नहीं है। इन अनेक जातियों से ही भारत राष्ट्र की रचना हुई है। इन प्रदेशों की विभिन्न संस्कृतियों से मिलकर ही भारतीय संस्कृति का निर्माण होता है। इसलिए अपने प्रदेश और उसकी संस्कृति को भुलाकर राष्ट्रीयता और भारतीय संस्कृति की बात करना सम्भव नहीं है।

इससे एक परिणाम यह भी निकलता है कि अपनी भाषा और उसके साहित्य को ही श्रेष्ठ समझने का फल देश की प्रगति के लिए हानिकर हो सकता है। हम एक-दूसरे से सीखकर, मिल-जुलकर आगे बढ़ने के बदले जातीय प्रतिद्वन्द्विता में फँस जाएँगे और अपनी शक्ति का काफ़ी भाग अपनी जातीय श्रेष्ठता सिद्ध करने में व्यय करेंगे। अन्ध जातीयता के इस खतरे को स्वीकार करते हुए यह मानना होगा कि उचित मात्रा में जातीयता की चेतना विकास के लिए आवश्यक है। यहाँ प्रश्न यह उठता है कि हिन्दी-भाषियों में—विशेष कर पढ़े-लिखे मध्यवर्ग के लोगों में—यह जातीयता का भाव उचित मात्रा में विद्यमान है या नहीं?

जातीयता की बात चलने पर कुछ मित्र कहते हैं : हिन्दी राष्ट्रभाषा है, हम सारे राष्ट्र की बात सोचते हैं; किसी प्रदेश के बारे में सोचने की संकीर्णता क्यों दिखाएँ?

देश की परिस्थितियाँ ऐसी हैं जो हिन्दी-भाषियों में न चाहने पर भी जातीयता का भाव उभार रही हैं। इनमें एक उल्लेखनीय परिस्थिति अहिन्दी-भाषियों से हमारा सम्पर्क है। यातायात के साधनों के विकसित होने और आर्थिक कारणों से हज़ारों

आदमियों को एक प्रदेश से दूसरे प्रदेश जाना पड़ता है या अपने प्रदेश में ही अन्य भाषाएँ बोलनेवालों से मिलना पड़ता है। इस जातीय प्रतिद्वन्द्विता का एक बहुत बड़ा केन्द्र कलकत्ता है। इस नगर से हिन्दी का घनिष्ठ सम्बन्ध रहा है। 'भारत-मित्र' और 'मतवाला' जैसे पत्र यहीं से निकले हैं। निराला और उग्र जैसे लेखक यहाँ अपनी साहित्य-साधना कर चुके हैं। आज भी हिन्दी भाषा और साहित्य की प्रगति में कलकत्ता की भूमिका नगण्य नहीं है। यहाँ आकर हिन्दी-भाषी व्यक्ति को यह बार-बार सुनने को मिलता है कि वह हिन्दुस्तानी है। हिन्दी-भाषी प्रदेश के लिए 'हिन्दुस्तान' शब्द का प्रयोग काफ़ी पुराना है। हिन्दी-भाषियों की चेतना में यह शब्द सारे देश का वाचक ही रहा है। हिन्दी-भाषी प्रदेश का कोई विशेष नाम प्रचलित नहीं है। इस नाम के अभाव में हिन्दी-भाषी जाति का अस्तित्व मिट नहीं जाता। अन्य जातियों के सम्पर्क में आने से हिन्दी-भाषी व्यक्ति को विवश होकर सोचना पड़ता है कि उसकी जाति क्या है। ऐसी परिस्थिति में अपनी जातीयता से सम्बन्धित कुछ बातें स्मरण रखना आवश्यक है।

सबसे पहले हिन्दी-भाषी जनता में जातीय चेतना के अपेक्षाकृत अभाव पर ध्यान देना चाहिए। जिस समय सारे देश में भाषा के आधार पर प्रान्त अथवा राज्य-निर्माण की चर्चा चलती रही है, हमारे प्रदेश में अनेक राज्यों को मिलाकर विशाल हिन्द प्रदेश के गठन का आन्दोलन नहीं चला। इसके विपरीत उत्तर प्रदेश को ही विभाजित करने की बात कुछ राजनीतिज्ञों में सुनाई दी। अन्यत्र भाषाओं के आधार पर प्रान्त-निर्माण करने से—विशेष कर दक्षिण में—छोटे राज्यों का चित्र सामने आता था। किन्तु हिन्दी-भाषियों को एक प्रदेश में संगठित करने से अनेक राज्यों में एक बड़ा राज्य बनता था। विभाजन के बदले स्पष्ट ही देश की एकता दृढ़ होती थी। किन्तु इस ओर किसी राजनीतिक दल ने ध्यान नहीं दिया। यह स्थिति हमारे प्रदेश में जातीय चेतना के अपेक्षाकृत अभाव का प्रमाण है।

इस स्थिति के अनेक कारण हैं। हिन्दी-भाषी प्रदेश असाधारण रूप से विशाल है। उसमें भारत के किसी भी भाषा-क्षेत्र की तुलना में बोलियों की संख्या अधिक है। इस क्षेत्र में ब्रज, अवधी और मैथिली जैसी बोलियाँ हैं जिनका अपना विशाल साहित्य-भंडार है। अनेक लोगों के मन में अब भी यह दुविधा है कि ये बोलियाँ दरअसल बोलियाँ हैं या हिन्दी से स्वतंत्र भाषाएँ हैं? यातायात के साधनों का समुचित विकास न होने और उद्योग-धन्धों और व्यापार में हमारे प्रदेश के अनेक भागों के पिछड़े रहने से यह जातीय एकता का भाव विशृंखल-सा रहा है। इन बोलियों की समस्या के अलावा हमारे यहाँ हिन्दी-उर्दू की विशेष समस्या रही है। बोलचाल की भाषा के दो शिष्ट या साहित्यिक रूप होने से जातीय गठन में बाधा पड़ती रही है। एक ही दिशा में बढ़ने के बदले सांस्कृतिक शक्तियाँ दो दिशाओं में बँट गई थीं। ये परिस्थितियाँ अब धीरे-धीरे बदल रही हैं।

इस प्रदेश के इतिहास के बारे में दो-चार बातें उल्लेखनीय हैं। संस्कृत भाषा और साहित्य से हमारे प्रदेश का घनिष्ठ जातीय सम्बन्ध है। भाषाशास्त्र की दृष्टि से संस्कृत से जितना सम्बन्ध हिन्दी और उसकी बोलियों का है, उतना अन्य भारतीय भाषाओं और उसकी बोलियों का नहीं। संस्कृत साहित्य के विशाल भंडार में भारत के सभी प्रदेशों के विद्वानों ने अपनी ज्ञानराशि संचित की है। फिर भी इस साहित्य के अधिकांश भाग की रचना उन लोगों ने की है, जो वर्तमान हिन्दी देश के निवासी थे। पालि, प्राकृत और अपभ्रंश के साहित्य के सम्बन्ध में भी यही बात कही जा सकती है।

आगे चलकर तुर्की बोलनेवाली अनेक जातियाँ यहाँ आईं। पश्तो, फ़ारसी आदि अन्य विदेशी भाषाएँ बोलनेवाले जन भी यहाँ आए। एक-दो पीढ़ी के बाद वे अपनी पूर्व जातीयता खोकर यहाँ के लोगों में धुल-मिल गए। इसका एक रोचक प्रमाण बाबर-वंश से तुर्की भाषा का गायब होना है! बाबर की मातृभाषा तुर्की थी किन्तु उसके वंशज घर में तुर्की न बोलते थे। फ़ारसी उनकी मातृभाषा न थी; सांस्कृतिक और राजनीतिक क्षेत्र में व्यवहार के लिए स्वीकार की हुई वह एक विदेशी भाषा थी—यद्यपि यह एशिया की ही भाषा थी और संस्कृत से उसका घनिष्ठ सम्बन्ध था। सभी मुसलमानों की भाषा फ़ारसी नहीं थी—यह तथ्य स्मरण रखना चाहिए। भारत के विभिन्न भाषा-क्षेत्रों में मुसलमानों की वही भाषा थी जो वहाँ के हिन्दुओं या अन्य धर्मवालों की थी। इसलिए यह समझना कि हिन्द प्रदेश के मुसलमान किसी फ़ारसी बोलनेवाली जाति के थे अथवा उनकी अलग जातीयता आज तक सुरक्षित है, सही नहीं है।

तीसरा महत्त्वपूर्ण ऐतिहासिक तथ्य 1857 के स्वाधीनता-संग्राम से सम्बन्धित है। भारतीय जातियों का परस्पर सम्बन्ध सौ वर्ष पहले आज से भिन्न था। 1857 में आर्थिक और राजनीतिक दृष्टि से हिन्द प्रदेश भारतीय जीवन की धुरी था। सन् सत्तावन का स्वाधीनता-संग्राम हिन्द प्रदेश तक सीमित नहीं था। पंजाब, राजस्थान, महाराष्ट्र, हैदराबाद आदि प्रदेशों में भी संघर्ष हुए किन्तु मुख्य समरभूमि दिल्ली, झाँसी और शाहाबाद के विशाल त्रिकोण से सम्बद्ध थी, इसमें सन्देह नहीं। सन् सत्तावन के संग्राम की मुख्य शक्ति हिन्द प्रदेश की हिन्दू-मुसलमान जनता थी। अंग्रेज़ साम्राज्यवादियों ने यहाँ के नगरों को उजाड़ डाला, यहाँ का व्यापार नष्ट कर दिया, भयंकर नरसंहार द्वारा उन्होंने यहाँ की जनता को त्रस्त और आतंकित करने में कुछ उठा न रखा। तब से जातीय सन्तुलन बदल गया। संख्या में विशाल होने पर भी आर्थिक और सांस्कृतिक दृष्टि से हमारी जाति बहुत-कुछ पिछड़ी रही। यह स्थिति धीरे-धीरे बदल रही है।

भारत की अनेक समृद्ध भाषाओं की तुलना में हिन्दी गद्य का विकास विलम्ब से हुआ। खड़ी बोली का शिष्ट और सुसंस्कृत रूप पहले उर्दू के माध्यम से सामने

आया। यदि हिन्दी गद्य का स्वतंत्र विकास न होता, यदि उर्दू वास्तव में हमारी जातीय भाषा की भूमिका पूरी कर पाती तो हमारा गद्य-साहित्य आज बहुत समृद्ध होता। किन्तु हिन्दी शब्दों के बहिष्कार और फ़ारसी-अरबी से ज़्यादा शब्द उधार लेने के कारण उर्दू का विकास भारत की अन्य भाषाओं से अलग एक निराली दिशा में हुआ। उर्दू में केवल दरबारी साहित्य नहीं है; खड़ी बोली के इस साहित्यिक रूप में राष्ट्रीय भावना और नये युग की चेतना प्रचुर मात्रा में विद्यमान है। फिर भी शब्द-भंडार की विशिष्टता के कारण वह हमारे जनपदों की बोलियों से दूर होती गई और हिन्दी गद्य का विकास अनिवार्य हो गया। यह प्रसन्नता की बात है कि उर्दू की बहुत-सी पुस्तकें देवनागरी अक्षरों में छप रही हैं और हिन्दी साहित्य से सम्बन्धित बहुत-सी पुस्तकें उर्दू में निकली हैं। इससे हमारी भाषा के दोनों साहित्यिक रूप एक-दूसरे के निकट आते हैं और एक मिली-जुली साहित्यिक भाषा की ओर बढ़ने की सम्भावनाएँ उत्पन्न होती हैं।

जातीय प्रतिद्वन्द्विता का सामना करने के लिए यह आवश्यक है कि हिन्दी के सरल और मुहावरेदार रूप को ज़्यादा-से-ज़्यादा काम में लाया जाए। विशेष रूप से कथा-साहित्य में भाषा का साफ़-सुथरा रूप आना ज़रूरी है। हिन्दी कथाकार जान-बूझकर कठिन भाषा नहीं लिखते। लेकिन सरलता ही काफ़ी नहीं है। बालमुकुन्द गुप्त और प्रेमचन्द की शैली ही की तरह भाषा इतनी आकर्षक होनी चाहिए कि पाठक स्वत: उसकी ओर खिंचे। संस्कृत शब्दावली का प्रयोग करने से सारे भारत में हिन्दी लोकप्रिय हो जाएगी—यह धारणा कथा-साहित्य पर निगाह डालने से मिथ्या साबित होती है। हिन्दी और अहिन्दी प्रदेशों में उन्हीं कथाकारों की रचनाएँ अधिक पढ़ी जाती हैं जो सरल और मुहावरेदार भाषा लिखने में सबसे आगे हैं।

आधुनिक हिन्दी साहित्य का विकास विलम्ब से हुआ, फिर भी यह विकास असाधारण वेग से हुआ है। पिछले साठ-सत्तर वर्षों में हिन्दी ने प्रेमचन्द जैसे उपन्यासकार, निराला जैसे कवि, प्रसाद जैसे विचारक, कवि और नाटककार, बालमुकुन्द गुप्त जैसे व्यंग्य-लेखक, हरिश्चन्द्र और बालकृष्ण भट्ट जैसे पत्रकार, महावीरप्रसाद द्विवेदी जैसे आलोचक और सम्पादक, वृन्दावनलाल वर्मा जैसे ऐतिहासिक उपन्यासकार उत्पन्न किये हैं। इन सबकी रचनाएँ न केवल हिन्दी साहित्य वरन् भारतीय साहित्य के इतिहास में उल्लेखनीय रहेंगी। साठ-सत्तर वर्ष की छोटी अवधि में हिन्दी साहित्य की कुछ जातीय विशेषताएँ उभरकर सामने आती हैं। इनमें प्रमुख विशेषता है : ज़िन्दादिली। भारतेन्दु-युग के साहित्यकारों की ज़िन्दादिली का कहना ही क्या! भयानक कठिनाइयों का सामना करने पर भी वे अपनी विनोदप्रियता और उत्साह की रक्षा कर सके। कुछ लोग कहते हैं कि हिन्दी में हास्यरस का अभाव है लेकिन हिन्दी का शायद ही कोई लेखक हो जो व्यंग्य-विनोद से पूरी तरह बचकर सदा गम्भीर बना रहा हो। गम्भीर आलोचक रामचन्द्र शुक्ल तक रीतिकालीन कवियों

की चर्चा होने पर अपनी विनोदप्रियता का दमन न कर पाते थे। छायावादी लेखक निराला जी के रेखाचित्रों—'देवी', 'चतुरी चमार' आदि—और अनेक आलोचनात्मक निबन्धों—'कला के विरह में जोशी बन्धु' आदि—में उनका व्यंग्य-विनोद देखते ही बनता है। प्रेमचन्द के कथा-साहित्य में—विशेष कर उनकी कहानियों में—उनका व्यंग्य अन्तर्धारा के समान प्रवाहित है। हम कह सकते हैं कि ज़िन्दादिली हिन्दी साहित्य की एक जातीय विशेषता है।

दूसरी महत्त्वपूर्ण विशेषता हिन्दी लेखकों का राष्ट्रीय और सामाजिक जीवन से सम्बन्ध, विशेष कर ग्रामीण जीवन से उनका गहरा सम्बन्ध है। भारतेन्दु हरिश्चन्द्र और उनके युग के अधिकांश लेखक देश में स्वाधीनता-प्रेम और नई राष्ट्रीय चेतना का प्रसार करनेवाले थे। किसान-जीवन से प्रेमचन्द का कितना गहरा सम्बन्ध था, इसे सभी लोग जानते हैं। इसी कारण वे भारतीय साहित्य में एक नये यथार्थवाद की प्रतिष्ठा कर सके। प्रसाद जैसे साहित्यकार ने भी 'तितली' में प्रेमचन्द के समान किसानों का चित्रण किया। ऐतिहासिक उपन्यासकार वृन्दावनलाल वर्मा की रचनाओं में बुन्देलखंड की लोक-संस्कृति का वैभव देखने को मिलता है। नागार्जुन जैसे लेखकों ने इस परम्परा को सुरक्षित रखा है। अमृतलाल नागर ने निम्न मध्यवर्ग और ध्वस्त होती हुई सामन्ती संस्कृति के अनुपम चित्र देकर इस यथार्थवाद को व्यापक और प्रशस्त बनाया है। हिन्दी साहित्य की मुख्यधारा समाज निरपेक्ष न होकर समाज से पूर्णत: सम्बद्ध है। हिन्दी साहित्य का यह यथार्थवादी पक्ष उसका सबल पक्ष है और हम उस पर उचित अभिमान कर सकते हैं।

हिन्दी साहित्य की इस प्रगति और जातीय प्रतिद्वन्द्विता में हिन्दी की स्थिति को ध्यान में रखते हुए नई कविता से सन्तोष नहीं किया जा सकता। यह धारा अन्तर्मुखी, सामाजिक जीवन की उपेक्षा करनेवाली और कलात्मक सौन्दर्य से हीन है। हिन्दी को हास्यास्पद बनाने के लिए पारिभाषिक शब्दावली के कुछ नमूने और नई कविता की कुछ खंडित पंक्तियाँ उद्धृत करना काफ़ी होता है। नई कविता के समर्थक वर्तमान काल में हिन्दी के जातीय और राष्ट्रीय दायित्व को पहचानते हैं, यह नहीं कहा जा सकता। आधुनिक हिन्दी कविता को समृद्ध करनेवाले ऐसे बहुत-से कवि हैं जो नई कविता के रंग-ढंग से दूर हैं। फिर भी यह मानना होगा कि दिनकर, सुमन, नरेन्द्र के बाद के कवियों की पीढ़ी उतनी समर्थ नहीं है। आधुनिक हिन्दी कविता की तुलना में हिन्दी कथा-साहित्य आगे बढ़ा हुआ है।

हिन्दी पढ़ने-लिखनेवाले अहिन्दी-भाषियों की संख्या तेज़ी से बढ़ रही है। वे जब हिन्दी पढ़ते हैं, तब अपनी भाषा के साहित्य से हठात् उसकी तुलना भी करते हैं। उनका दृष्टिकोण हमसे अधिक आलोचनात्मक होता है। ऐसे लोगों की संख्या निकट भविष्य में और भी बढ़ेगी। इसीलिए जातीय प्रतिद्वन्द्विता के इस युग में हिन्दी लेखकों का दायित्व बहुत बढ़ गया है। साहित्य के हर क्षेत्र में उनसे असाधारण

परिश्रम की अपेक्षा है। आधुनिक साहित्य के विकास में हम कुछ देर से शामिल हुए हैं। विलम्ब से होनेवाली क्षति पूरी करनी है। हमारी जाति संख्या में भारत की सभी जातियों से बड़ी है और विश्व की तीन-चार भाषाओं में—जिनके बोलनेवालों की संख्या सबसे अधिक है—हिन्दी भी है। परिमाण से सन्तोष न करके उसे गुणात्मक रूप से समृद्ध करना हमारा कर्तव्य है। व्यापार के प्रसार से हिन्दी में पुस्तक-प्रकाशन खूब बढ़ा है। शोध-प्रबन्धों से लेकर उपन्यासों तक सैकड़ों पुस्तकें हर साल प्रकाशित होती हैं। जल्दी लिखने और पुस्तकें छापने का मोह अनेक लेखकों को खींचता है। साधना के बिना साहित्य का स्तर ऊँचा नहीं हो सकता। पुस्तकों की भारी संख्या साहित्य की गरिमा का प्रमाण नहीं है। यदि सम्भव हो तो प्रत्येक हिन्दी लेखक को कुछ दिन के लिए अपना प्रदेश छोड़कर किसी अन्य भाषा-क्षेत्र में जाना चाहिए। वहाँ की साहित्यिक गतिविधि से परिचित होना चाहिए। छिद्रान्वेषण के बदले वहाँ की अच्छी बातें सीखने का प्रयत्न करना चाहिए और धैर्य से हिन्दी के सम्बन्ध में अहिन्दी-भाषियों की राय सुननी चाहिए। इससे आत्मसन्तोष की ग़लत भावना कम होगी और नई लगन से साहित्य-साधना करने की प्रेरणा मिलेगी। देश की वर्तमान परिस्थितियों में केवल हिन्दी-भाषी प्रदेशों तक—उनमें भी केवल बिहार या उत्तर प्रदेश तक, और इनमें भी अक्सर इलाहाबाद, बनारस या पटना तक—अपना दृष्टिकोण सीमित करके साहित्यकार विशेष प्रगति नहीं कर सकते। अपनी जातीय संस्कृति पर उचित गर्व करते हुए उस गर्व को अहंकार और दम्भ में परिवर्तित होने से बचाते हुए, भारत की सभी जातियों में सद्भावना और मैत्री को बढ़ाते हुए एक उदार दृष्टिकोण के आधार पर हम अपने प्रदेश के साथ समग्र देश की प्रगति में सहायक हो सकते हैं।

[1959]

21

राष्ट्रभाषा अंग्रेज़ी

सर्व-प्रभुत्व-सम्पन्न भारतीय गणराज्य की लोक सभा में पिछले महीने इस प्रश्न पर दिलचस्प बहस हुई कि अंग्रेज़ी को भारत की एक राष्ट्रभाषा माना जाए या नहीं। हिन्दी में जब हम राष्ट्रभाषा की बात करते हैं तब उसका अर्थ यह होता है कि सारे राष्ट्र के विभिन्न प्रदेशों में परस्पर-व्यवहार की भाषा। पहले अंग्रेज़ी भाषा के माध्यम से भारतीय समस्याओं पर विचार करनेवाले विद्वान् इसी अर्थ में (अथवा प्राय: इस अर्थ में) 'द नैशनल लैंग्वेज़' की चर्चा करते थे। लेकिन अब वही या उनमें से अनेक विद्वान् 'ए नैशनल लैंग्वेज' की बात करने लगे हैं अर्थात् भारत राष्ट्र में जितनी भाषाएँ बोली जाती हैं, वे सभी राष्ट्र के अन्दर ही बोली जाने से राष्ट्रभाषाएँ हैं।

एक विश्वविद्यालय के पुस्तकालय में पुस्तकें मँगाने का काम अर्थशास्त्र के एक आचार्य को सौंपा गया। वह अंग्रेज़ी के लिए निर्धारित रकम भी अर्थशास्त्र की पुस्तकों के लिए ख़र्च कर देते थे। आपत्ति करने पर उन्होंने उत्तर दिया—आप देखते नहीं, ये अर्थशास्त्र की पुस्तकें भी तो अंग्रेज़ी में लिखी हुई हैं!

उसी तरह राष्ट्र में जो भाषा भी कहीं बोली जाए, वह राष्ट्रभाषा है!

वस्तुत: राष्ट्र के लिए अंग्रेज़ी में कोई पर्यायवाची शब्द नहीं है। 'नेशन' और 'नैशनल' के लिए राष्ट्र और राष्ट्रीय शब्दों का प्रयोग होता है किन्तु इस प्रयोग को उचित मानें तो 'मल्टीनैशनल कंट्री' का अनुवाद बहुराष्ट्रीय राष्ट्र होगा (अर्थात् एक देश में अनेक राष्ट्र हैं!)। हिन्दी में 'राष्ट्र' शब्द देश के समकक्ष है, उससे घटकर नहीं है। यह भी हिन्दी का दोष है कि अंग्रेज़ी जैसी समृद्ध भाषा में हिन्दी जैसी दरिद्र भाषा के राष्ट्र शब्द का कोई नपा-तुला पर्याय नहीं है। और हो भी क्यों? राष्ट्र कहते ही कुछ दकियानूसीपन की गंध नहीं आती क्या, जैसे हिन्दी कहते ही देहातीपन की बू आने लगती है?

अंग्रेज़ी! इंग्लिश! नेशन! —कितने साफ़-सुथरे शब्द हैं! मुँह से निकलते ही चेहरा खिल उठता है! इसलिए अंग्रेजी 'ए नैशनल लैंग्वेज़' भी है, 'द नैशनल लैंग्वेज़' भी है। वह भारत राष्ट्र में बोली जानेवाली अनेक भाषाओं में एक है और इन अनेक में एकमात्र नेक भाषा है।

एंग्लो-इंडियन-कुल-कमल-दिवाकर श्री फ्रैंक एंटनी एम.पी. ने लोक सभा में कहा कि कुछ लोग अंग्रेज़ी का नाश करने पर तुले हुए हैं। इनमें अग्रगण्य वे हैं जिनकी मातृभाषा हिन्दी है। ये हिन्दी-प्रेमी समझते हैं कि हिन्दी तब तक राज-काज की भाषा न बनेगी, जब तक अंग्रेज़ी का नाश न किया जाएगा।

श्री एंटनी ने यह नहीं कहा कि अंग्रेज़ी को राजभाषा बनाए रखने के लिए हिन्दी का नाश करना ज़रूरी है। किन्तु इससे पहले अनेक अवसरों पर वह हिन्दी के लिए लोक सभा में जिन विशेषणों का प्रयोग कर चुके हैं, उनसे यही ध्वनि निकलती है।

श्री एंटनी इतिहास में भी दख़ल रखते हैं। उन्होंने राष्ट्रभाषा-समस्या के दायरे से बाहर निकलकर भारतीय इतिहास का विहंगावलोकन करते हुए घोषित किया : "द हिस्ट्री ऑफ़ इंडिया बिफोर द एडवेंट ऑफ़ इंग्लिश वाज़ द हिस्ट्री ऑफ़ ट्राइबलिज़्म" (9 अगस्त, 1959 के 'टाइम्स ऑफ़ इंडिया' में प्रकाशित विवरण)। अर्थात् अंग्रेज़ों के आने से पहले भारत का इतिहास कबीलों का इतिहास था।

कबीलों को शिक्षित करने, उन्हें राष्ट्रीय एकता का पाठ पढ़ाने, उनकी आदिम बर्बरता को दूर करने का काम अंग्रेज़ों ने किया। अंग्रेज़ी शासकों को राष्ट्रीयता से इतना प्रेम था कि यहाँ से विदा होते समय वे एक के बदले दो राष्ट्र बना गए!

श्री फ्रैंक एंटनी ने अपनी महज विनम्रता से यह नहीं कहा कि सभ्यता के वाहन अंग्रेज़ शासकों के नामलेवा और पानीदेवा एंग्लो-इंडियन सम्प्रदाय के एंटनी जैसे नेता अभी बचे रह गए हैं।

लेकिन एंटनी महोदय देशभक्ति में किसी से पीछे नहीं। आज जब देश के अनेक कर्णधार जनता को यह समझाते नहीं थकते कि अंग्रेज़ों की पुरानी अत्याचार-गाथा भूल जाओ, नये सिरे से सत्य और अहिंसा के आधार पर उनसे मैत्री-सम्बन्ध क़ायम करो, तब भारतीय गणतंत्र की लोक सभा में श्री फ्रैंक एंटनी ने माननीय सदस्यों को सूचित किया कि वह एंग्लो-इंडियन सम्प्रदाय का इतिहास लिख रहे हैं और वे ही जानते हैं (उनका दिल जानता है!) कि अंग्रेज़ी राज ने जितना नुक़सान 'एंग्लो-इंडियन कम्यूनिटी' का किया है, उतना और किसी का नहीं! उन्होंने सखेद निवेदन किया कि 1806 से पहले एंग्लो-इंडियन कम्यूनिटी के सदस्य सैनिक और श्रेष्ठी (मर्चेंट-प्रिंसेज) होते थे (और इस रूप में भारत राष्ट्र की सेवा करते थे!) किन्तु 1806 के बाद वे उस गौरवशाली स्थान से हटा दिये गए। श्री एंटनी के अनुसार : अंग्रेज़ शासकों को सन्देह था कि वे हिन्दुस्तानियों से मिलकर किसी दिन विद्रोह कर देंगे।

उदारमना, सुसंस्कृत अंग्रेज़ शासकों की राज्यसत्ता का आधार शायद इतना व्यापक था कि उन्हें भारतीय जनता से ही भय नहीं था वरन् उनसे भी संकट की आशंका थी, जो अपने को अंग्रेज़ों का वंशज मानने में गर्व और गौरव का अनुभव करते थे—भले ही वे अंग्रेज़ रक्त-सम्मिश्रण का सन्देह करके घृणा से मुँह फेर लेते

हों। एंग्लो-इंडियनों से विद्रोह की शंका निर्मूल थी। 1806 के पचास साल बाद, सन् अठारह सौ सत्तावन के साल अनेक एंग्लो-इंडियन देशभक्तों ने, हैदराबाद के निजाम और नेपाल के राना जंगबहादुर जैसे दूरदर्शी राजनीतिज्ञों के समान ही, प्रगतिशील अंग्रेज़ों की राज्यसत्ता फिर से स्थापित कराने में एड़ी-चोटी का पसीना एक कर दिया। 1932 में हर्बर्ट एलिक स्टार्क नाम के एक एंग्लो-इंडियन सज्जन ने 'द काल ऑफ़ द ब्लड' (ख़ून की पुकार) नाम की पुस्तक लिखी थी। उसमें उन्होंने 1857 में एंग्लो-इंडियनों की राष्ट्र-सेवा का चित्रण किया था। इसकी भूमिका में उन्होंने इस बात पर खेद प्रकट किया था कि 1786 के बाद (श्री एंटनी के दिये हुए सन् से कुछ वर्ष पहले) एंग्लो-इंडियनों को इस बात की मनाही कर दी गई थी कि वे ज़मीन खरीदें या फ़ौज और सिविल सर्विस में ऊँची जगह पाएँ। फिर भी ख़ून की पुकार तो ख़ून की ही है, विशुद्ध अंग्रेज़ उसे कैसा भी ख़ून समझें। स्टार्क ने गर्व से लिखा है कि लामार्टीनियर कॉलेज, लखनऊ के एंग्लो-इंडियन) छात्रों ने रेज़ीडेंसी के घेरे के समय अंग्रेज़ सैनिकों के साथ रहकर उनकी अनुपम सेवा की, उनकी जूठी रकाबियाँ और गन्दे कपड़े धोये, चक्की पीसी, खाना पकाया और पंखा खींचा। इस सेवा का पुरस्कार छात्रों को क्या मिला, मालूम नहीं; लामार्टीनियर कॉलेज के प्रिंसिपल महोदय को ताल्लुकेदार अवश्य बना दिया गया।

1857 में भारतीय सेना के साथ मिलकर अंग्रेज़ों के विरुद्ध लड़नेवाले कुछ गोरे अफ़सर भी थे। उनका उल्लेख करते हुए स्टार्क ने सगर्व लिखा है—अंग्रेज़ों से अंग्रेज़ तक लड़े, नहीं लड़े तो केवल—एंग्लो-इंडियन!

श्री फ्रैंक एंटनी भी कह सकते हैं—अंग्रेज़ों ने भी चाहे हिन्दी को राजभाषा स्वीकार कर लिया हो, नहीं स्वीकार किया तो उन-जैसे एंग्लो-इंडियनों ने!

श्री एंटनी के भाषण के समय चारों ओर से सदस्यों ने उस पर आपत्ति की और अपना तीव्र विरोध प्रकट किया। किन्तु प्रधानमंत्री श्री जवाहरलाल नेहरू ने अंग्रेज़ी के भविष्य के सम्बन्ध में श्री एंटनी को यथेष्ट आश्वासन दिया। कहना चाहिए, आश्वासन यथेष्ट से भी अधिक था क्योंकि प्रधानमंत्री के भाषण के बाद श्री एंटनी ने सन्तोष प्रकट करते हुए कहा कि उन्होंने जितने की आशा की थी, उससे भी अधिक प्रधानमंत्री से उन्होंने पाया।

प्रधानमंत्री अत्यन्त उदारचेता व्यक्ति हैं। संकीर्णता उनके स्वभाव के प्रतिकूल है। उनका अन्तरराष्ट्रीय दृष्टिकोण जितना व्यापक है, उतना ही और उससे कुछ अधिक ही व्यापक उनका राष्ट्रीय दृष्टिकोण है। विशेष रूप से उनका हिन्दी-सम्बन्धी दृष्टिकोण इतना व्यापक हो गया है कि अब वह कोण न रहकर रेखा बन गया है जिसमें चौड़ाई क्षीण होकर लम्बाई में परिवर्तित हो गई है।

भारत में कुछ लोग हिन्दी के हिमायती हैं, कुछ लोग अंग्रेज़ी के। पंचशील का तकाज़ा है कि दोनों का शान्तिपूर्ण सह-अस्तित्व क़ायम रहे। जैसे भारत की

स्वाधीनता-रक्षा के साथ राष्ट्रीय सरकार ने देश में ब्रिटिश पूँजी के मुनाफे की रक्षा का भार भी लिया है, उसी तरह क्या अंग्रेज़ी का राजभाषा बना रहना हिन्दी के राष्ट्रभाषा बनने में सहायक नहीं हो सकता? असली चीज़ है, दोनों के अलग-अलग क्षेत्रों को पहचानना। यह पहचान हासिल हो तो संघर्ष की नौबत ही न आए। भाषाएँ 'ओवरलैप' करती हैं; ओवरलैप करने से प्रधानमंत्री का आशय क्या है, यह जितना हम समझते हैं, उतना अख़बार पढ़कर आप भी समझ सकते हैं। 'लैंग्वेजे़ज़ डू ओवरलैप'—प्रधानमंत्री के इस भाषाविज्ञानी सूत्र की व्याख्या करना हमारा काम नहीं।

प्रधानमंत्री ने बताया कि पहले अंग्रेज़ी एक लादी हुई भाषा थी। फिर भी उसने आधुनिक ज्ञान के द्वार खोल दिये।

इससे निष्कर्ष निकाला जा सकता है कि वर्तमान समय में जो लोग उस लादी हुई भाषा का लदाव अस्वीकार करके स्वेच्छा से उसे ढोते हैं, वे और भी जल्दी आधुनिक ज्ञान-भंडार तक पहुँच जाएँगे। उनके लिए द्वार खोलने का सवाल भी न उठेगा; वे खिड़की या रौशनदान से ज्ञान-मन्दिर के आँगन में कूद पड़ेंगे!

प्रधानमंत्री ने कहा कि एंग्लो-इंडियन सम्प्रदाय को पूर्ण अधिकार है कि वह अंग्रेज़ी के माध्यम से शिक्षा पाए। इसके सिवा उन्होंने एक बात मार्के की और कही : "एंग्लो-इंडियंस शुड बी गिविन एवरी फ़ैसिलिटी टु डिवेलप इंग्लिश लैंग्वेज़।" एंग्लो-इंडियनों को यह पूर्ण अधिकार मिलना चाहिए कि वे अंग्रेज़ी भाषा को विकसित कर सकें। अभी तक हम सुनते थे कि हिन्दी को ही भाषा-रूप में विकसित करना आवश्यक है, वह पिछड़ी हुई भाषा है। उसका भाषागत अथवा साहित्यिक महत्त्व नहीं है। महज सुविधा के लिए, बोलनेवालों की विशाल संख्या के ही कारण उसे राष्ट्रभाषा या राजभाषा बनाना है, इसलिए उसे विकसित करना होगा। किन्तु सर्वज्ञान-समृद्ध, आधुनिकता की खान, राष्ट्रीय और अन्तरराष्ट्रीय महाभाषा अंग्रेज़ी को 'डिवेलप' कराना ज़रूरी है, और वह भी भारत के एंग्लो-इंडियन सम्प्रदाय द्वारा—इससे बड़ी सूझ-बूझ की बात लोक सभा में स्वयं प्रधानमंत्री भी आगे कहेंगे, इसमें सन्देह है।

प्रधानमंत्री ने अपनी नीति के समर्थन में कहा कि पांडिचेरी प्रदेश (पांडिचेरी-टेरीटरी) की भाषा फ्रांसीसी है।

भले ही इस पांडिचेरी प्रदेश की भारतीय जनता की भाषा फ्रांसीसी न हो, लेकिन अगर एक यूरोपीय भाषा होने के नाते वहाँ उसे राजभाषा का पद मिल सकता है, तो सारे भारत में अंग्रेज़ी को राजभाषा—अथवा हिन्दी के साथ अतिरिक्त राजभाषा (और व्यवहार में एकमात्र राजभाषा)—का पद क्यों नहीं दिया जा सकता?

प्रधानमंत्री ने कहा कि जो प्रदेश पुर्तगालियों के अधिकार में हैं, एक दिन वह भी भारत राज्य में मिल जाएगा। तब पुर्तगाली भी 'ए लैंग्वेज़ ऑफ़ इंडिया' (भारत की एक भाषा) होगी।

इससे स्पष्ट परिणाम निकला कि संविधान में उल्लिखित भारतीय भाषाओं में अंग्रेज़ी का नाम न होने पर भी वह है भारतीय भाषा ही!

लोक सभा के एक दक्षिण भारतीय सदस्य ने श्री एंटनी के समर्थन में कहा कि दो शताब्दियों से भारत का बुद्धिजीवी वर्ग अंग्रेज़ी को अपनी भाषा के रूप में अपनाए हुए है। देश की एकता के लिए यह आवश्यक है कि विश्वविद्यालयों में शिक्षा का माध्यम एक ही भाषा अर्थात् अंग्रेज़ी हो। प्रधानमंत्री ने माननीय सदस्य की बात की चर्चा करते हुए कहा कि वह स्वयं भी चाहते हैं कि विश्वविद्यालयों में शिक्षा का माध्यम एक ही भाषा अर्थात् अंग्रेज़ी रहे लेकिन उन्हें किसी तरह के दबाव से नफ़रत है; इन सब चीज़ों का सहज विकास ही वांछनीय है। उन्होंने कहा कि हिन्दी के हिमायती जब दूसरों पर हिन्दी लादना चाहते हैं, तो वह भी नापसन्द है।

नतीजा यह कि इन दो नापसन्दगियों के बीच अंग्रेज़ी हमारी पसन्द से, बिना किसी पर लदे हुए, राजभाषा बनी रहती है।

अंग्रेज़ी के राजभाषा न रहने से क्या होगा? प्रधानमंत्री के अनुसार अंग्रेज़ी आधुनिक संसार की ओर खुलनेवाली बड़ी खिड़की है। 'वी डेयर नॉट क्लोज दैट विंडो। इफ वी क्लोज़ इट, इट इज़ पेट द पेरिल ऑफ़ अवर फ्यूचर।' (यह खड़की हमें हर्गिज बन्द न करनी चाहिए। उसे बन्द किया तो हमारा भविष्य संकट में पड़ जाएगा।)

भारत का भविष्य यहाँ की निन्यानवे फीसदी जनता पर निर्भर नहीं है। भविष्य निर्भर है डेढ़ फीसदी अंग्रेज़ी जाननेवालों पर, जो इस खिड़की से आधुनिक संसार की ओर झाँकते हैं। इन डेढ़ फीसदी में भी बहुतों को खिड़की तक पहुँचने और बाहर झाँकने का सौभाग्य नहीं मिलता। अंग्रेज़ी व्याकरण, उसके बाद उच्चारण और उससे भी बढ़कर शब्दों के लेखन की ऐसी बाधाएँ हैं जो उन्हें झाँकने से रोकती हैं। इसी कारण कुछ प्रदेशों के मंत्री और उपमंत्री तक बहुधा अपने अंग्रेज़ीदाँ सेक्रेटरियों की पीठ का सहारा लेकर ही खिड़की से झाँकते हैं। झाँककर वे क्या पाते हैं, यह कहना कठिन है क्योंकि जनता से अधिक भाग्य-नक्षत्रों पर भरोसा होने के कारण वे ज्योतिष-शास्त्र को आधुनिक विज्ञान की चरम उपलब्धि मानते हैं।

प्रधानमंत्री की युक्तिपूर्ण बातें कुछ समाचार-पत्रों की समझ में नहीं आईं। इनमें ऐसे पत्र भी हैं जो हिन्दी के समर्थकों की आलोचना करते हैं और जिनकी भाषा अंग्रेज़ी है। उदाहरण के लिए, 'टाइम्स ऑफ़ इंडिया' ने 14 अगस्त की सम्पादकीय टिप्पणी में लिखा था : "राजभाषा के सम्बन्ध में लोक सभा की समिति ने अपने अत्यन्त तर्कसंगत विवरण में 'हिन्दी साम्राज्यवाद' के भय को निर्मूल कर दिया था। उसके बाद प्रधानमंत्री द्वारा अधिक आश्वासन की अपेक्षा न थी। जो भय दूर हो चुके थे, उन्हें फिर से दूर करने के प्रयास में श्री नेहरू ने ऐसी बातें कहीं जो उन चरमपंथियों के हाथ मज़बूत करती हैं जो इस स्थिति को अस्वीकार करते हैं कि हिन्दी देश की राजभाषा हो।"

यह अख़बार मानता है कि आधुनिक संसार को देखने के लिए अंग्रेज़ी खिड़की आवश्यक है लेकिन उसे खेद है कि श्री नेहरू आवश्यकता से अधिक आश्वासन दे गए। और हमें खेद है, प्रेमचन्द की बुद्धि पर जो अंग्रेज़ी का राष्ट्रीय और अन्तरराष्ट्रीय महत्त्व न समझकर उसे राष्ट्रभाषा माननेवाले देशभक्तों के लिए कह गए थे : "वे इतनी बुलन्दी पर पहुँच गए हैं कि नीचे की धूल और गर्मी उन पर कोई असर नहीं कर सकती। वे मुअल्लक हवा में लटके रह सकते हैं। लेकिन हम सब तो हज़ार कोशिश करने पर भी वहाँ तक नहीं पहुँच सकते। हमें तो इसी धूल और गर्मी में जीना और मरना है। इंटेलीजेंशिया में जो कुछ शक्ति और प्रभाव है, वह जनता ही से आता है। उससे अलग रहकर वे हाकिम की सूरत में ही रह सकते हैं, खादिम की सूरत में जनता के होकर नहीं रह सकते। उनके अरमान और मंसूबे उनके हैं, जनता के नहीं। उनकी आवाज़ उनकी है, उसमें जनसमूह की आवाज़ की गहराई और गरिमा और गम्भीरता नहीं है। वे अपने प्रतिनिधि हैं, जनता के प्रतिनिधि नहीं।"

[1959]

22

सोवियत संघ में भाषा-समस्या-समाधान

तोल्स्तोय ने अपने प्रसिद्ध उपन्यास 'युद्ध और शान्ति' में एक क्लब की चर्चा की है जिसकी स्थापना इस उद्‌देश्य से की गई थी कि उसके सदस्य रूसी बोलें। जो रूसी न बोले, वह जुर्माना दे। यह संस्था राष्ट्रीयता के आवेश में तब क़ायम की गई थी जब नेपोलियन मास्को के निकट पहुँच गया था। एक महिला सदस्य बीच में फ्रांसीसी बोलने लगती है और फिर भूल सुधारकर कहती है, आख़िर इस बात को रूसी में कैसे व्यक्त करें! रूस के अभिजात वर्ग की यह फ्रांसीसी-भक्ति भारत के बहुत-से नौकरी-पेशा, नेता-पेशा भद्रजनों की अंग्रेज़ी-भक्ति से तुलनीय है। समाजवादी क्रान्ति ने यह विदेशी भाषा-भक्ति खत्म कर दी।

समाजवादी क्रान्ति के बाद साम्यवादी नेता इस बात का इन्तज़ार नहीं करते रहे कि रूसी भाषा विकसित होकर फ्रांसीसी या जर्मन के बराबर हो जाए, तब उसे राजभाषा बनाएँगे। उन्होंने रूसी को ही राजभाषा नहीं बनाया, उक्रैनी, जार्जियाई, बेलोरूसी आदि भाषाओं को भी राजभाषा बनाया। सोवियत संघ गणराज्यों का संघ है और प्रत्येक गणराज्य की अपनी राजभाषा है। जो जातियाँ पिछड़ी हुई थीं, जिनकी भाषाओं की लिपि नहीं थी, उन्हें भी लिपि-व्याकरण आदि से दुरुस्त करके स्वायत्त शासन के कार्यों के लिए चालू किया गया। जैसाकि गांधी जी ने कहा था, भारतीय भाषाओं के पिछड़ेपन की दुहाई देकर अंग्रेज़ी को बरकरार रखना आलस्य की निशानी है।

विभिन्न जातियों के बीच आपसी व्यवहार और केन्द्रीय राजकाज के लिए कोई भाषा हो या न हो? रूस में जातीय उत्पीड़न तीव्र था, इसलिए लेनिन ने यह नारा दिया कि कोई भी अनिवार्य केन्द्रीय राजभाषा न होनी चाहिए। साथ ही लेनिन ने अपने भाषा-सम्बन्धी लेखों में यह भी कहा कि सभ्य देश में लोग उस जाति की भाषा को आपसी व्यवहार के लिए स्वीकार करेंगे जिसके बोलनेवालों की संख्या ज़्यादा होगी। इस तरह केन्द्रीय पार्टी-कार्यों और केन्द्रीय राजकाज के लिए रूसी भाषा का व्यवहार बराबर होता रहा।

पूँजीवादी बहुजातीय देशों और सोवियत संघ में केन्द्रीय भाषा की स्थिति में अन्तर है। सोवियत संघ में कानून से रूसी को केन्द्रीय भाषा नहीं बनाया गया; वह स्वेच्छा से स्वीकृत हुई है। स्वेच्छा से स्वीकृत होने का सामाजिक आधार यह है कि किसी जाति के पूँजीपति दूसरी जाति के अधिकारों का दमन करने को नहीं बचे। इसके अलावा रूस में ग़ैर-केन्द्रीय भाषाओं को जितने अधिकार प्राप्त हैं, उतने किसी भी बहुजातीय पूँजीवादी देश में ग़ैर-केन्द्रीय भाषाओं को प्राप्त नहीं हैं। प्रत्येक गणराज्य (या रिपब्लिक) में उसकी अपनी राजभाषा है। स्वायत्त शासन-क्षेत्रों में अन्य छोटी जातियों की भाषाओं में राजकाज होता है। युद्धकाल में कालीनिन ने राजनीतिक कार्यकर्ताओं से कहा था कि वे सैनिकों से उन्हीं की भाषा में बातचीत करें, तभी उनका प्रचार-कार्य सफल होगा। यू.एन.ओ. तक में उक्रैनी सदस्य अपनी भाषा का व्यवहार कर चुके हैं।

सोवियत संघ बहुजातीय देश है किन्तु वहाँ गणराज्यों की सरकारों के अलावा केन्द्रीय सरकार भी है। देश के राजकाज का संचालन करनेवाली पार्टी है जिसका संगठन-सिद्धान्त है जनवादी केन्द्रीयता। स्तालिन जार्जिया के थे लेकिन केन्द्रीय शासन और पार्टी-कार्य के लिए रूसी बोलते और लिखते थे। ख्रुश्चेव उक्रैनी हैं लेकिन पार्टी-कांग्रेसों आदि में रूसी बोलते हैं। मिकोयान आर्मीनियन हैं। उनकी स्थिति भी वही है। रूसी जाने और उसका व्यवहार किये बिना वहाँ कोई राष्ट्रीय नेता नहीं बन सकता। इससे जो निष्कर्ष निकलते हैं, वे भारत के प्रगतिशील नेताओं के ध्यान देने योग्य हैं।

सोवियत संघ में सौ से ऊपर जातियाँ हैं लेकिन इनके सोलह प्रजातंत्र या गणराज्य ही हैं। प्रत्येक भाषा को लेकर एक राज्य क्यों नहीं बना? इसका कारण यह है कि रूसी नेताओं ने भाषा-समस्या को मूल सामाजिक समस्या के अधीन माना है, उससे स्वतंत्र नहीं। मूल समस्या है, किसान-मज़दूरों की मुक्ति की, समाजवाद के विकास की। आर्थिक और राजनीतिक दृष्टि से यदि किसी जाति का गणराज्य निर्बल पड़ता है तो उसे दूसरे के साथ मिलकर रहना होगा, अलबत्ता उसका अपना स्वायत्त शासन-क्षेत्र होगा जिसमें उसकी अपनी भाषा का व्यवहार जाएज़ होगा। भारत में प्रत्येक भाषा को लेकर एक राज्य बने या न बने—यह प्रश्न मूल सामाजिक समस्या से अलग रखकर हल नहीं किया जा सकता।

सोवियत संघ में प्रत्येक जाति की भाषा को विकास की सुविधाएँ प्राप्त हैं। फिर भी ये अधिकार और जातीय समानता हर जगह सौ फीसदी एक-से नहीं हैं। रूसी भाषा हर नागरिक को सीखनी होती है; रूसी-भाषियों को दूसरी भाषाएँ उसी तरह नहीं सीखनी पड़तीं। गणराज्य की भाषा वहाँ के प्रत्येक नागरिक को सीखनी होती है। जिनकी वह मातृभाषा नहीं है, उन्हें भी वह सीखनी होती है। यथा उक्रैनी गणराज्य में उक्रैनी-भाषियों को मातृभाषा के अलावा रूसी सीखनी होगी; वहाँ

उज़बेक हों तो वे उज़बेक के अलावा रूसी और उक्रैनी सीखेंगे। इस तरह हर नागरिक को एक, किसी को दो, किसी को तीन या अधिक भाषाएँ परिस्थिति के अनुसार सीखनी होती हैं।

सोवियत संघ में हर भाषा विश्वविद्यालय में शिक्षा का माध्यम नहीं है। निम्नस्तर के राजकाज और सांस्कृतिक कार्यवाही के लिए मातृभाषा का ही व्यवहार किया जाता है। उच्च शिक्षा का माध्यम बनानेवाली भाषाओं की संख्या सीमित है और इनमें भी जितना उच्च अनुसन्धान और शिक्षा-कार्य रूसी में होता है, उतना अन्य भाषाओं में नहीं। इस बात को ध्यान में रखने से राजस्थानी, पंजाबी आदि भाषाओं के प्रति न्याय करने की समस्या हल की जा सकती है। साथ ही इस बात पर ज़ोर देना आवश्यक है कि सभी सोवियत विश्वविद्यालयों में शिक्षा का माध्यम रूसी नहीं है। उक्रैन की विज्ञान-अकादमी अपना विवरण आदि उक्रैनी में ही प्रकाशित करती है।

मुख्य बात यह है कि सोवियत-विज्ञान जनता की सेवा के लिए है, सोवियत शिक्षा जनता को सुसंस्कृत करके उसे साम्यवाद की ओर ले जाने के लिए है। पूँजीवादी शोषण को समाप्त कर देने से सोवियत संघ में भाषा और धर्म को लेकर दंगे नहीं होते, सभी जातियाँ परस्पर सहायता और सहयोग का जीवन बिताती हैं। इसलिए वहाँ भाषा-समस्या भी सन्तोषजनक ढंग से हल कर ली गई है।

[1961]

23
हिन्दी-उर्दू की बुनियादी एकता

किसी जाति की भाषा-समस्या पर विचार करते हुए हमें सबसे पहले उसके बोलचाल के रूप पर ध्यान देना चाहिए। क्या बोलचाल के रूप में भी हिन्दी-उर्दू दो भाषाएँ हैं? इसमें सन्देह नहीं कि बहुत कठिन हिन्दी और बहुत कठिन उर्दू बोली जा सकती है; लेकिन आम लोग उन्हें बोलते नहीं। इसलिए प्रेमचन्द का यह कहना ठीक था कि "बोलचाल की हिन्दी और उर्दू प्राय: एक-सी हैं।" उर्दू-हिन्दी के सर्वनाम एक हैं—वह, मैं, तू, हम इत्यादि। हिन्दी-उर्दू की क्रियाएँ एक ही हैं—जाना, सोना, खाना, पीना, करना, मरना, जीना, लिखना, पढ़ना इत्यादि। आजमाना, गुज़रना, लरजना जैसी क्रियाएँ बहुत थोड़ी हैं। कुल मिलाकर एक दर्जन से ज़्यादा नहीं, जो फ़ारसी-अरबी शब्दों के आधार पर बनी हैं। वे हिन्दी में मतरूक (उपेक्षित) नहीं हैं। बोलचाल में उनका प्रयोग बराबर होता है। हिन्दी-उर्दू के सम्बन्धवाचक शब्द—में, पर, से, का आदि—वही हैं जो हिन्दी के। दोनों का मूल शब्द-भंडार भी एक है; लेकिन यहाँ बहुत दिनों तक फ़ारसी के राजभाषा रहने से हिन्दी शब्दों के फ़ारसी या अरबी पर्यायवाची शब्द प्रचलित हो गए हैं—जैसे देश-मुल्क, आकाश-आसमान, धरती-ज़मीन, भाषा-ज़बान, किसान-काश्तकार, नदी-दरिया, रोगी-बीमार इत्यादि।

इन शब्दों का व्यवहार बोलचाल की हिन्दी-उर्दू में बिना किसी भेदभाव के होता है। देश, आकाश, धरती जैसे शब्द उर्दू साहित्यकारों की रचनाओं में मिलेंगे और मुल्क, आसमान, ज़मीन जैसे शब्द हिन्दी साहित्यकारों की रचना में। इसके सिवा हल, बैल, खेत, खलिहान, बीज, जुताई, बुवाई, कारख़ाना, मज़दूर, काम, छुट्टी आदि हज़ारों ऐसे शब्द हैं जिनके पर्यायवाची शब्द बोलचाल की भाषा में व्यवहृत नहीं होते, साहित्यिक भाषा में भले होते हों। लखनऊ और हैदराबाद के हिन्दू-मुसलमान बोलचाल की भाषा में फ़ारसी शब्दों का व्यवहार ज़्यादा करेंगे, उन्हीं फ़ारसी शब्दों की जगह बिहार और मध्य प्रदेश के मुसलमान हिन्दी या संस्कृत शब्दों का प्रयोग करेंगे। यह स्थानीय भेद हुआ, इससे दो भाषाओं का निर्माण नहीं होता। हिन्दी-उर्दू का व्याकरण एक, वाक्य-रचना एक-सी, शब्द-

भंडार और क्रियाएँ एक-सी—इसीलिए हिन्दी-उर्दू-भाषियों की दो क़ौमें नहीं हैं। उनकी जाति एक है और बोलचाल की भाषा एक है।

हिन्दी-उर्दू में सबसे पहला भेद लिपि का है। लिपि लिखने के काम आती है, न कि बोलने के। इसलिए लिपि-भेद को हम बुनियादी भेद नहीं मानते। हिन्दी-उर्दू में दूसरा भेद है शब्द-भंडार का। यह भेद साधारण लोगों की बोलचाल में बिलकुल नहीं है, पढ़े-लिखे लोगों में बहुत थोड़ा है और भाषा के लिखित रूपों में बहुत ज़्यादा है। बोलचाल में जो शब्द सामान्य सम्पत्ति हैं, लिखते समय उनमें भी अलगाव करने की प्रवृत्ति देखी जाती है। धरती, आकाश, किसान, नदी, भाषा, रोगी, देश जैसे शब्द उर्दू में कम मिलेंगे; काश्तकार, दरिया, आसमान, ज़बान जैसे शब्द साहित्यिक हिन्दी में कम मिलेंगे।

लेकिन मूल भेद दूसरा है। दर्शन, राजनीति, साहित्य आदि में जब हमें ऐसे शब्दों की ज़रूरत होती है, जो किसानों-मज़दूरों की बोलचाल में नहीं हैं, तब उर्दू लेखक अरबी-फ़ारसी से उधार लेते हैं, हिन्दी लेखक संस्कृत से। राजनीति-सियासत, साहित्य-अदब, लिपि-रस्मुल्खत, भाषाविज्ञान-लसानियात, आलोचना-तनकीद, अन्तरराष्ट्रीय-बैनुलअकवामी, इतिहास-तारीख, जनतंत्र-जम्हूरियत, कोश-लुगत—मुख्यत: इस तरह की शब्दावली हिन्द-उर्दू में अलगाव उत्पन्न करती है।

पहले यह समझ लेना आवश्यक है कि हिन्दी-उर्दू का यह अलगाव हमारे जातीय विकास के लिए घातक है। पढ़े-लिखे लोगों की शक्ति एक जगह सिमटकर पूरी जाति को आगे बढ़ाने के बदले बिखर जाती है और लिपि के आधार पर पाठक-वर्ग दो हिस्सों में बँट जाता है। यदि भाषा और साहित्य उच्च वर्गों के थोड़े-से पढ़े-लिखे आदमियों के लिए ही हों, तो वे चाहे उर्दू में मनोरंजन करें, चाहे हिन्दी में, बाकी जनता इस मनोरंजन से दूर रहेगी। लेकिन सवाल है देश के साधारण लोगों का, मेहनत से अन्न पैदा करनेवालों और पंचवर्षीय योजनाएँ पूरी करनेवालों का। भाषा और साहित्य इनके लिए हैं। समाजवादी व्यवस्था में सबसे पहले इन्हीं के लिए परिवर्तन होंगे। तब यह भाषा और लिपि का बँटवारा कब तक चलेगा?

समाजवादी व्यवस्था के निर्माण के लिए जनता का संगठन, उसकी शिक्षा और आन्दोलन ज़रूरी हैं। यदि एक ही कारख़ाने के मज़दूर दो लिपियों से काम लेते हैं, तो इससे उनकी शक्ति कम होगी, उनकी संस्कृति में दरारें पड़ेंगी। इसके सिवा हिन्दुस्तानी जाति दुनिया की सबसे बड़ी जातियों में है। अंग्रेज़ी बोलनेवाले बहुत हैं; लेकिन वे अनेक जातियों के हैं। एक ही भाषा बोलनेवाली कोई जाति हमसे संख्या में बड़ी हो सकती है, तो चीनी है। भारत की सभी जातियों में हमारी जाति सबसे बड़ी है, यह निर्विवाद है। ऐसी स्थिति में हमारी भाषा का राष्ट्रीय और अन्तरराष्ट्रीय महत्त्व है। स्पष्ट है कि हमारी भाषा अपनी पूरी ताक़त से तभी प्रगति कर सकती है, जब उसमें जाति के सभी तत्त्वों का सहयोग हो।

हिन्दी-उर्दू को एक होना चाहिए—यह हमारे ऐतिहासिक विकास की माँग है। इसके लिए आवश्यक सांस्कृतिक आधार यह है कि साधारण जनता की बोलचाल की भाषा एक है। हमें इस एकता की ओर बढ़ने के लिए मजबूर करनेवाला सामाजिक कारण देश का पिछड़ापन, जनता की गरीबी, समाजवादी निर्माण की आवश्यकता है। इसके सिवा यह भी याद रखना चाहिए कि भारत के हर प्रदेश का सामाजिक और सांस्कृतिक जीवन अलग-अलग रहकर विकसित नहीं होता, वह अखिल भारतीय जीवन-प्रवाह की एक धारा है। और उस प्रवाह के साथ ही आगे बढ़ता है। यहाँ की भाषाएँ भी एक-दूसरे को प्रभावित करती रही हैं और करेंगी। भारत के हर जातीय प्रदेश की भाषा और लिपि एक हो, लेकिन हिन्द प्रदेश की दो लिपियाँ और दो भाषाएँ हों, यह सम्भव नहीं है।

उर्दू अलग किसी क़ौम की भाषा नहीं है, इसलिए उसे इलाकाई ज़बान मनवाने के आन्दोलन का विरोध करना उचित है। किन्तु वह सांस्कृतिक अल्पसंख्यकों की साहित्यिक भाषा है, इसलिए उसे पढ़ने-पढ़ाने और उसका व्यवहार करने की सुविधा मिलनी चाहिए। राजभाषा के रूप में हिन्दी होनी चाहिए, राजकाज के लिए दो लिपियाँ और उनमें लिखी हुई दो भाषाएँ नहीं हो सकतीं। हिन्दी-उर्दू के शब्द-भंडार में काफ़ी आदान-प्रदान की गुंजाइश है। हिन्दी में बोलचाल के बहुत-से शब्द साहित्यिक कृतियों में छोड़ दिये जाते हैं। बहुत-से मुहावरे, कहावतें, बोलचाल के शब्द ऐसे हैं जो उर्दू में हैं, लेकिन जिनका प्रयोग हिन्दी में नहीं होता, कम होता है या ग़लत भी होता है। यह सब उर्दू से हिन्दी में आएगा। हमारी साहित्यिक भाषा ज़्यादा सरल और मुहावरेदार होगी।

उर्दू में संस्कृत शब्दों से जो परहेज है, उसे कम होना है। भारत की भाषाओं के लिए अरबी-फ़ारसी का वही महत्त्व नहीं है, जो संस्कृत का है। व्याकरण और मूल शब्द-भंडार की दृष्टि से उर्दू संस्कृत-परिवार की भाषा है, न कि अरबी-परिवार की। इसलिए अरबी से पारिभाषिक शब्द लेने की नीति ग़लत है, केवल अरबी से शब्द लेने और संस्कृत शब्दों को मतरूक समझने की नीति और भी ग़लत है। भारत की भाषाएँ प्राय: संस्कृत के आधार पर पारिभाषिक शब्दावली बनाती हैं। उर्दू इन सब भाषाओं से न्यारी रहकर अपनी उन्नति नहीं कर सकती। जहाँ तक पाकिस्तान का सम्बन्ध है, यह याद रखना चाहिए कि वहाँ की भाषाएँ सिंधी, पंजाबी, पश्तो, बंगला आदि हैं। उर्दू उनके अधिकार छीननेवाली राजभाषा है। पाकिस्तान में उर्दू का सामाजिक आधार बहुत ही संकुचित है। इसमें ज़रा भी सन्देह न होना चाहिए कि सिन्ध, पंजाब, पूर्वी बंगाल आदि प्रदेशों की जनता अपनी भाषाओं की रक्षा करेगी और उन्हीं के माध्यम से अपनी सामाजिक और सांस्कृतिक उन्नति करेगी। इसलिए यदि कोई यह सोचे कि पाकिस्तान उर्दू की रक्षा करेगा, तो यह उसका भ्रम है। पाकिस्तान बनने से उत्तर प्रदेश के मुसलमानों की न सामाजिक समस्याएँ हल हुईं,

न उनकी भाषा-समस्या हल हो सकती है। इसीलिए उर्दू की समस्या का हल कहीं है, तो इसी हिन्द प्रदेश में है, जहाँ की जनता में उसका बोलचाल का रूप क़ायम है।

शब्द-भंडार में आदान-प्रदान सम्भव है लेकिन लिपि में इसकी सम्भावना बिलकुल नहीं है। उर्दू से अलिफ और हिन्दी से 'इ' लेकर कोई नई लिपि नहीं बनाई जा सकती। रोमन लिपि का सवाल नहीं है। हम अपनी लिपि छोड़कर रोमन लिपि न अपनाएँगे। यदि रोमन लिपि कोई बहुत पूर्ण और वैज्ञानिक लिपि होती, तो उस पर विचार भी किया जाता। हिन्दी-उर्दू के लिपि-भेद को दूर करने के लिए रोमन लिपि को अपनाना वैसे ही है, जैसे हिन्दी-तमिल, मराठी-गुजराती या बंगला-असमिया के झगड़ों को दूर करने के लिए अंग्रेज़ी को यहाँ राजभाषा बनाए रखना।

उर्दू लिपि के व्यवहार के लिए पूर्ण स्वाधीनता देते हुए प्रगतिशील विचारकों को चाहिए कि उर्दू-भाषियों को देवनागरी लिपि सिखाएँ। देवनागरी लिपि में उर्दू की जितनी किताबें छप रही हैं, उन्हें देखते हुए यह अनुमान होता है कि आगे चलकर देवनागरी लिपि में ही उर्दू के लेखकों की रचनाएँ छपेंगी। साक्षरता-प्रसार के साथ और दक्षिण में हिन्दी-प्रचार के साथ हिन्दी पुस्तकों के लिए एक बहुत बड़ा बाज़ार तैयार हो गया है। यह नामुमकिन है कि उर्दू के होशियार पंजाबी लेखक इस स्थिति से फायदा न उठाएँ। सीधी मुनाफे की बात है। उर्दू में किताब छपेगी, कम बिकेगी; हिन्दी में छपेगी, ज़्यादा बिकेगी। यह एक तरह का आर्थिक दबाव है जिससे देवनागरी लिपि को उर्दू लेखक अपनाएँगे।

इस प्रकार सामाजिक जीवन की परिस्थितियाँ हिन्दी-उर्दू को बराबर एक-दूसरे के नज़दीक लाती रही हैं। सिनेमा और रंगमंच के लिए लिखनेवाले शुद्ध हिन्दी-उर्दू का खयाल रखें तो उनकी रचनाएँ असफल हों। किसानों और मज़दूरों में राजनीतिक काम करनेवालों को मजबूरन ऐसी सरल भाषा का प्रयोग करना पड़ता है जिसे हिन्दू-मुसलमान, दोनों समझें। जन-आन्दोलन की एकता हिन्दी-उर्दू के रूपों पर बराबर असर डाल रही है, और इसीलिए हमें यह दृढ़ विश्वास है कि ये दोनों रूप अपने अच्छे तत्त्वों से एक ही साहित्यिक भाषा के विकास में सहायता करेंगे।

[1961]

24
राष्ट्रीय एकता और अंग्रेज़ी

राष्ट्रभाषा ऐसी होनी चाहिए, जिसे देश की बहुसंख्यक जनता जानती हो और जो लोग उसे न जानते हों, वे उसे आसानी से सीख सकें। यह दृष्टिकोण राष्ट्रीय ही नहीं, जनतांत्रिक भी है क्योंकि बहुसंख्यक जनता द्वारा बोली-समझी जानेवाली भाषा के पक्ष में दिये जानेवाले तर्क के पीछे भावना यह है कि राष्ट्रीयता मुट्ठी-भर अंग्रेज़ी पढ़े-लिखे लोगों की बपौती नहीं है, उसका सम्बन्ध देश की बहुसंख्यक जनता से है।

पं. जवाहरलाल नेहरू ने बीस-बाईस साल पहले लिखा था : "प्रान्तीय भाषाओं के अधिकार-क्षेत्र की सीमाओं का ज़रा भी उल्लंघन किये बिना हमारे लिए आवश्यक है कि अखिल भारतीय व्यवहार की एक सामान्य भाषा हो। कुछ लोग सोचते हैं कि अंग्रेज़ी ऐसी भाषा बन सकती है; एक हद तक हमारे उच्च वर्गों के लिए और अखिल भारतीय राजनीतिक कार्यों के लिए अंग्रेज़ी ऐसी भाषा बनी भी है। किन्तु यदि हम आम जनता को ध्यान में रखकर सोचें तो यह बात स्पष्ट ही असम्भव प्रतीत होगी। हम करोड़ों लोगों को एक नितान्त विदेशी भाषा द्वारा शिक्षित नहीं कर सकते" (नैशलन लैंग्वेज़ फॉर इंडिया—ए सिम्पोज़ियम, इलाहाबाद, 1941; पृ. 49-50)।

यदि राष्ट्रीयता उच्च वर्गों तक सीमित कर दी जाए, यदि जनतंत्र का उद्देश्य मुट्ठी-भर लोगों का ऊँची सरकारी नौकरियाँ पाना हो, तो अवश्य अंग्रेज़ी ही राष्ट्रभाषा रहेगी, जैसेकि वह पिछले पन्द्रह वर्षों (या और भी पहले से) रही है। अंग्रेज़ी को हटाने और हिन्दी को व्यवहार में राष्ट्रभाषा बनाने का प्रश्न राष्ट्रीयता को व्यापक बनाने, राज्यसत्ता को जनतांत्रिक रूप देने का प्रश्न है। जितने ही दिन अंग्रेज़ी अमली राष्ट्रभाषा के पद पर प्रतिष्ठित रहती है, उतने ही दिन राष्ट्रीयता का आधार क्रमश: संकुचित होता जाएगा, राज्य-सत्ता जनता का विशद सम्पर्क और समर्थन खोती जाएगी। अनिश्चित काल के लिए अंग्रेज़ी को राष्ट्रभाषा बनाए रखने का अर्थ है, निश्चित रूप से जनतंत्र के आधार को संकुचित करते जाना और अन्त में उसे निर्मूल कर देना।

पराधीन भारत में ऊँची सरकारी नौकरियाँ पाने का अर्थ होता था, जनता पर हुकूमत करना। स्वाधीन भारत में सरकारी नौकरियों का अर्थ होना चाहिए—जनता

की सेवा करना। जिस भाषा को देश की जनता का एक प्रतिशत भाग समझता है, उससे विशाल जनता की सेवा कैसे हो सकती है? आज भी बंगाल, महाराष्ट्र और दक्षिण भारत में—पंजाब और कश्मीर की तो बात ही क्या—जितने लोग हिन्दी समझते हैं, उतने अंग्रेज़ी नहीं। अंग्रेज़ी न जाननेवाले इन करोड़ों अहिन्दी-भाषियों की सेवा ऊँची सरकारी नौकरियाँ पानेवाले सज्जन हिन्दी के माध्यम से अधिक कर सकते हैं या अंग्रेज़ी द्वारा?

कुछ लोग राष्ट्रीय एकता—या भावात्मक एकता—अंग्रेज़ी के माध्यम से दृढ़ करने का स्वप्न देखते हैं। यदि राष्ट्रीय एकता का अर्थ मुट्ठी-भर अंग्रेज़ी पढ़े-लिखे लोगों की एकता है तो सम्भव है, वह अंग्रेज़ी से दृढ़ हो यद्यपि अंग्रेज़ीदाँ नेताओं की कलह देखकर यह सम्भावना भी बहुत विश्वसनीय नहीं जान पड़ती। किन्तु यदि राष्ट्रीय एकता का अर्थ जनसाधारण की एकता है तो उसे दृढ़ करने में अंग्रेज़ी बाधक ही हो सकती है, साधक नहीं।

राष्ट्रीय गौरव की भावना के बिना भावात्मक एकता की कल्पना नहीं की जा सकती। जिस राष्ट्र की अपनी भाषा न हो, जो राष्ट्र भाषा के पद पर एक विदेशी भाषा को बिठाए हो, उसके नागरिकों में राष्ट्रीय गौरव की भावना कैसे दृढ़ हो सकती है?

अंग्रेज़ी के पक्ष में जो मुख्य तर्क दिया जाता है कि अंग्रेज़ी एक विकसित और समृद्ध भाषा है किन्तु हिन्दी तथा अन्य सभी भारतीय भाषाएँ अविकसित और दरिद्र हैं—वह राष्ट्रीय गौरव की भावना पर कुठाराघात है। अंग्रेज़ी के विकास और समृद्धि के गीत गाकर राष्ट्रीय गौरव को जगाने और भावात्मक एकता दृढ़ करनेवाले मेधावी लोग विषपान करके अमर होने का स्वप्न देख रहे हैं। यदि सुब्रह्मण्य भारती, रवीन्द्रनाथ ठाकुर, वल्लत्तोल, प्रेमचन्द आदि साहित्यकार अंग्रेज़ी की समृद्धि से इसी तरह आतंकित होते तो भारतीय साहित्य का बेड़ा मँझधार में कभी का डूब चुका होता।

हम न दूसरों की तुलना में अपने को अकारण बड़ा बताकर डींग हाँकते हैं, न दीनभाव से अकारण अपने को सबसे पिछड़ा हुआ मानने को तैयार हैं। पश्चिमी यूरोप ने विज्ञान में अधिक उन्नति की है किन्तु साहित्य में हम यूरोप से बढ़कर नहीं तो घटकर भी नहीं हैं। विशेष कर पिछले सौ वर्षों में भारतीय साहित्य ने जो उन्नति की है, वह पश्चिमी यूरोप के किसी भी देश के लिए स्पृहणीय हो सकती है।

वास्तव में समस्या साहित्यिक समृद्धि की नहीं है, समस्या है राष्ट्रीय आत्मसम्मान और जनता की सेवा-भावना की। मिस्र देश हमसे अधिक विकसित नहीं हैं किन्तु वहाँ की राष्ट्रभाषा अरबी है। सोवियत संघ में कज़ाक, उज़बेक, ताजिक आदि भी अपनी भाषाओं को शिक्षा, राजनीतिक कार्यों आदि के लिए प्रयुक्त करते हैं। चीन तक ने चीनी को राष्ट्रभाषा बना रखा है। संसार में सबसे प्राचीन संस्कृति का धनी भारत स्वाधीन होने पर भी अंग्रेज़ी को राष्ट्रभाषा बनाए रहे, इससे अधिक लज्जास्पद बात और क्या हो सकती है?

यह ध्यान देने की बात है कि जो लोग अंग्रेज़ी को विकसित और समृद्ध कहकर उसे राष्ट्रभाषा बनाए रखना चाहते हैं, वे न केवल हिन्दी को, वरन् सभी भारतीय भाषाओं को न्यूनाधिक दरिद्र और अविकसित मानते हैं। हिन्दी के लिए हमारा संघर्ष, अंग्रेज़ी के विरुद्ध, सभी भारतीय भाषाओं के अधिकारों के लिए संघर्ष है। अंग्रेज़ी भारत में साम्राज्यवादी ढंग से प्रतिष्ठित है। वह प्रत्येक प्रदेश में वहाँ की भाषा के अधिकार छीनती है, उसे उच्च शिक्षा का माध्यम बनने से रोकती है; राजकाज में, उच्च न्यायालयों में वहाँ की भारतीय भाषा को अपदस्थ करती है। अंग्रेज़ी की यह साम्राज्यवादी स्थिति सारे देश में देखी जा सकती है; काग़ज़ पर कुछ भी लिखा हो, व्यवहार की बात दूसरी ही है।

इसके विपरीत हिन्दी के समर्थकों का कहना है कि प्रत्येक प्रदेश में वहाँ की भाषा को उचित अधिकार मिले, वहाँ के समस्त राजकाज में, शिक्षा-केन्द्रों, न्यायालयों आदि में वह प्रयुक्त हो, केवल विभिन्न प्रदेशों में आपसी व्यवहार के लिए, केन्द्रीय राज्यसत्ता और उसकी संस्थाओं के लिए हिन्दी का व्यवहार हो। यह स्थिति साम्राज्यवादी नहीं है, वरन् जनतांत्रिक और राष्ट्रीय है। प्रत्येक प्रदेश की भाषा को अंग्रेज़ी के स्थान पर राजनीतिक-सांस्कृतिक कार्यवाही का माध्यम बनाना जनतंत्र की भावना के अनुकूल है। इन विभिन्न प्रदेशों के बीच तथा केन्द्र में हिन्दी का व्यवहार करना राष्ट्रीयता की भावना के अनुकूल है। भाषागत साम्राज्यवाद अंग्रेज़ी का है, न कि हिन्दी का। विभिन्न भारतीय भाषाओं के अधिकारों को इस समय पददलित कर रही है अंग्रेज़ी, न कि हिन्दी। अंग्रेज़ी की वास्तविक साम्राज्यवादी स्थिति को भुलाकर जो लोग कल्पित हिन्दी-साम्राज्यवाद से जनता को आतंकित करते हैं, वे राष्ट्रीय एकता दृढ़ करने के बदले राष्ट्रीय विघटन को ज़बर्दस्त प्रोत्साहन देते हैं।

अंग्रेज़ी से सभी भारतीय भाषाओं के हित टकराते हैं, हिन्दी से किसी भी भारतीय भाषा के हित नहीं टकराते; अंग्रेज़ी के जानने-समझनेवाले मुट्ठी-भर हैं, हिन्दी बोलने-समझनेवाले करोड़ों हैं; अंग्रेज़ी क़ायम रखने में जनता पर हुकूमत करनेवालों का निहित स्वार्थ है; हिन्दी को राष्ट्रभाषा बनाने से विशाल जनता की सेवा करने का अवसर मिलता है; अंग्रेज़ी राष्ट्रीय गौरव की भावना पर कुठाराघात करती है, हिन्दी राष्ट्रीय आत्मसम्मान को जाग्रत् और पुष्ट करती है। इसलिए हमें दृढ़ विश्वास होना चाहिए कि अंग्रेज़ी अनिश्चित काल के लिए एकमात्र या सह-राष्ट्रभाषा नहीं रहेगी, निश्चित और सीमित अवधि में ही उसे अपना स्थान छोड़ना होगा।

राष्ट्रभाषा हिन्दी के विरुद्ध जितने तर्क दिये जाते हैं, उनमें ज़रा भी मौलिकता नहीं है। वे पराधीन भारत में भी दिये जाते थे। अन्तर केवल इतना है कि तब ऐसे तर्क देनेवालों को अराष्ट्रीय कहा जाता था। अंग्रेज़ों के चले जाने पर मुसलमानों और अछूतों को सवर्ण हिन्दू खा जाएँगे, दक्षिणवालों पर उत्तरवाले अपना आतंक फैलाएँगे, हिन्दी को राष्ट्रभाषा बनाने से भारत की सांस्कृतिक उन्नति रुक जाएगी—ये

सब तर्क ऊँची सरकारी नौकरियों के अंग्रेज़-भक्त उम्मीदवार पहले भी दिया करते थे। अब इस तरह के तर्क अंग्रेज़ी-भक्त शासक या शासकपद के उम्मीदवार दिया करते हैं। इन सब तर्कों का सारतत्त्व यह है कि साहब का बेटा भी साहब होगा, कॉन्वेंट में पढ़ेगा और अंग्रेज़ों की तरह अंग्रेज़ी बोलेगा, वर्नाक्युलर बोलनेवालों पर हुकूमत करेगा।

अंग्रेज़ी-प्रेमी शासकों को भय है कि अंग्रेज़ी के राजभाषा न रहने पर राज्य-सत्ता उनके हाथ में न रहेगी! यह वर्ग इस समय काफ़ी प्रभावशाली है किन्तु देश की विशाल जनता के सामने उसकी शक्ति नगण्य है। जो लोग भी अपनी मातृभाषा से प्रेम करते हैं, उनकी मातृभाषा चाहे हिन्दी हो, चाहे कोई अहिन्दी-भाषा, उनका कर्तव्य है कि विभिन्न प्रदेशों में अंग्रेज़ी की जगह वहाँ की प्रादेशिक भाषाओं को प्रतिष्ठित करें और केन्द्रीय भाषा के रूप में अंग्रेज़ी की जगह हिन्दी का व्यवहार करें।

हिन्दी पिछड़ी हुई भाषा है इसलिए उसे विकसित होने का अवसर देना चाहिए, यह आलसियों का तर्क है। हिन्दी में कितने आवश्यक शब्द हैं तथा कितने और होने चाहिए—इस समस्या की कोई वैज्ञानिक जाँच-पड़ताल अभी तक नहीं हुई। यदि भारत की किसी भी भाषा को समृद्ध माना जाए तो हम उससे पारिभाषिक शब्द लेने को तैयार हैं क्योंकि जो स्रोत हमारे पारिभाषिक शब्दों का है, वही उसके शब्दों का होगा—अर्थात् संस्कृत (उर्दू को छोड़कर)।

हिन्दी पिछड़ी हुई भाषा है, यह तर्क वे लोग देते हैं, जो भारत की प्रत्येक भाषा को पिछड़ा हुआ मानते हैं। राष्ट्र के लिए इससे अधिक अपमानजनक दूसरा दृष्टिकोण हो नहीं सकता। आज से पैंतीस वर्ष पहले अंग्रेज़ भाषाविद् ग्रियर्सन ने हिन्दी के बारे में अपने प्रसिद्ध ग्रंथ 'लिंग्विस्टिक सर्वे' की भूमिका में लिखा था : "इट हैज़ ऐन एनारमस नेटिव वकैबुलरी एंड ए कम्प्लीट अपैरेटस फॉर द एक्स्प्रेशन ऑफ़ एब्स्ट्रैक्ट टर्म्स" (देशी शब्दों का उसका विशाल शब्द-भंडार है और सूक्ष्म धारणाएँ प्रकट करने के लिए पूर्ण पारिभाषिक शब्दावली है)। ग्रियर्सन ने उन लोगों की आलोचना की थी, जो हिन्दी शब्द छोड़कर संस्कृत के कठिन और दुरूह शब्दों की ओर भागते थे और इसी प्रसंग में लिखा था : "यट इन्स्पाइट ऑफ़ हिन्दी पज़ेसिंग सच ए वकैबुलरी एंड ए पावर ऑफ़ एक्स्प्रेशन नॉट इन्फीरियर टु इंग्लिश, इट हैज़ बिकम द फैशन..." (यद्यपि हिन्दी के पास ऐसा शब्द-भंडार है और व्यंजना-शक्ति में वह अंग्रेज़ी से घटकर नहीं है, फिर भी यह फैशन हो गया है...)। जो लोग अंग्रेज़ियत में अंग्रेज़ों के कान काटते हैं, वे यह कभी न मानेंगे कि व्यंजना-शक्ति में हिन्दी अंग्रेज़ी से घटकर नहीं है।

यूरोप और अमरीका में भारतीय संस्कृति के अग्रदूत महाकवि रवीन्द्रनाथ ठाकुर ने गुजराती साहित्य परिषद् के छठे अधिवेशन में भाषण देते हुए कहा था : "आपकी सेवा में खड़ा होकर विदेशीय भाषा कहूँ, यह हम चाहते नहीं। पर जिस

प्रान्त में मेरा घर है, वहाँ सभा में कहने लायक हिन्दी का व्यवहार है नहीं। महात्मा गांधी महाराज की भी आज्ञा है : हिन्दी में कहने के लिए यदि हम समर्थ होते तब इससे बड़ा आनन्द और कुछ होता नहीं। असमर्थ होने पर भी आपकी सेवा में दो बात हिन्दी में बोलूँगा।" ('प्रभा', कानपुर, मार्च, 1925)

जो लोग उठते-बैठते गांधी जी के नाम की माला जपते हैं और जिन्होंने अखिल भारतीय पैमाने पर रवीन्द्र-जयन्ती-समारोह संगठित किया था, वे कृपया विचार करें कि वे अपने व्यवहार में गांधी-रवीन्द्रनाथ के मार्ग से कितनी दूर आ पड़े हैं। महाकवि ने अपनी असमर्थता प्रकट की, किसी भाषा को असमर्थ नहीं कहा; गांधी जी ने गुजरातियों के बीच उनसे अंग्रेज़ी में ही नहीं, हिन्दी में बोलने को कहा।

राष्ट्रीय एकता को दृढ़ करने का यही एक मार्ग सन् '25 में था, वही मार्ग अब सन् '62 में भी है। और दूसरे रास्ते सब ग़लत हैं।

[1962]

25
राष्ट्रभाषा और राष्ट्रीय प्रभुसत्ता

सन् '65 में हिन्दी केन्द्रीय राजकाज की भाषा न बनेगी। कब बनेगी, यह अंग्रेज़ी-प्रेमी भारतवासियों की इच्छा पर निर्भर है। इस पर भी कुछ सज्जन असन्तुष्ट हैं। असन्तुष्ट इस बात पर हैं कि अंग्रेज़ी सदा-सर्वदा के लिए भारत की एकमात्र राष्ट्रभाषा घोषित नहीं की गई। हो सकता है, दो-चार शताब्दियों बाद लोग हिन्दी को राष्ट्रभाषा बना दें। इस सम्भावना को रहने ही क्यों दिया जाए?

ऐसा सोचनेवाले सज्जन अंग्रेज़ी के माध्यम से शासनतंत्र पर अपना इजारा हमेशा के लिए पक्का कर लेना चाहते हैं। वे और उनके भाई-भतीजे तो इस युग में शासन की बागडोर सँभाले ही हुए हैं, वे चाहते हैं कि युगों-युगों तक उन्हीं की तरह उनके वंशज भी—यानी मुट्ठी-भर विदेशी भाषा के उपासक—शासन की बाग़डोर इसी तरह मज़बूती से थामे रहें। कुछ दिन हुए, ऐसे लोगों को लक्ष्य करके मद्रास में प्रधानमंत्री ने प्रश्न किया था—क्या उनमें राष्ट्रीय आत्मसम्मान की भावना का एकदम लोप हो गया है?

इस प्रश्न से नतीजा यह निकलता है कि जो लोग थोड़े समय के लिए अंग्रेज़ी को राष्ट्रभाषा मानते हैं, उनमें उतने ही समय के लिए आत्मसम्मान का लोप होता है; जो लोग सदा के लिए अंग्रेज़ी को राष्ट्रभाषा बनाए रखना चाहते हैं, उनमें सदा के लिए आत्मसम्मान का लोप हो जाता है। सदा के लिए आत्मसम्मान खोने से अच्छा है, उसे थोड़े समय के लिए खोया जाए। भले ही इस थोड़े समय की अवधि का क्रमश: विस्तार होता जाए—सन् '49 से '65 तक, '65 से बीसवीं सदी के अन्त तक, बीसवीं सदी के बाद इक्कीसवीं सदी के अन्त तक, और इसी तरह अनिश्चित काल के लिए आगे भी। मुख्य बात यह है कि अनिश्चित काल को निश्चित न किया जाए, वरना राष्ट्रीय आत्मसम्मान का सापेक्ष अभाव शाश्वत और निरपेक्ष हो जाएगा।

एक बहुत दिलचस्प सवाल यह पैदा होता है कि राष्ट्रीय आत्मसम्मान का यह अभाव भाषा के क्षेत्र तक सीमित है या वह देश के राजनीतिक, आर्थिक आदि अन्य क्षेत्रों में भी है? क्या आपने संसार के इतिहास में किसी ऐसे देश का नाम सुना है जो आर्थिक और राजनीतिक रूप से पूर्ण स्वाधीन रहा हो किन्तु जो भाषा के क्षेत्र

में परमुखापेक्षी हो? क्या वर्तमान काल में कोई ऐसा देश है, जो स्वाधीन होते हुए भी अपनी भाषा छोड़कर विदेशी भाषा का व्यवहार करता हो? इन स्वाधीन देशों में इस बात को लेकर पंचायत नहीं जुड़ती कि विश्व की सबसे समृद्ध भाषा कौन-सी है, देश की भाषा को हटाकर उसके बदले विश्व-भाषा का व्यवहार कब तक किया जाए! आख़िर जर्मन, फ्रांसीसी, अंग्रेज़ी, इतालवी, स्पेनी आदि भाषाएँ समान रूप से तो समृद्ध हो नहीं सकतीं। किन्तु जहाँ ये भाषाएँ बोली जाती हैं, वहाँ यह प्रश्न कोई नहीं करता कि सबसे समृद्ध विश्व-भाषा को राजकाज की भाषा क्यों न बनाया जाए? यह प्रश्न केवल उन देशों के सामने आता है जो पश्चिमी राष्ट्रों के उपनिवेश हैं, या रह चुके हैं। कुछ लोग कहते हैं कि हिन्दी से चिपके रहना और अंग्रेज़ी का विरोध करना कूप-मंडूकता है। मालूम होता है कि अपनी भाषा से प्रेम करनेवाले तो कुओं में पड़े हैं, केवल भारत के अंग्रेज़ी-प्रेमी मंडूक कुएँ से बाहर निकलकर अपनी अनोखी अंग्रेज़-ध्वनि से दशों दिशाएँ गुँजरित कर रहे हैं।

आर्थिक स्वाधीनता प्राप्त करने के लिए तो पैसा-कौड़ी दरकार होता है, स्वर्ण की आवश्यकता होती है। किन्तु शब्द-ब्रह्म तो अमूल्य है। बात करने में क्या ख़र्च होता है? फिर भारत में संस्कृत की कृपा से किसी भी भाषा के शब्द-भंडार को यथेच्छ भरने में विलम्ब नहीं होता। भाषा के क्षेत्र में परमुखापेक्षी होना परले सिरे की गुलामी है। जो भाषा के क्षेत्र में स्वाधीन नहीं हो सकता, वह अन्य क्षेत्रों में क्या स्वाधीन होगा? भारतेन्दु हरिश्चन्द्र, रवीन्द्रनाथ ठाकुर, सुब्रह्मण्य भारती, निराला, प्रेमचन्द आदि साहित्यकारों ने देश के पराधीन रहते हुए भी भाषा के क्षेत्र में अपनी प्रभुसत्ता की रक्षा की। भाषा के क्षेत्र में भारतीय साहित्यकारों ने अंग्रेज़ी का प्रभुत्व कभी स्वीकार नहीं किया। स्वाधीनता-सूर्य की किरणों ने सबसे पहले भाषा के क्षेत्र को प्रकाशित किया। आर्थिक और राजनीतिक क्षेत्रों के नेता साहित्यकारों के अनुगामी रहे हैं, उनके पथ-निर्देशक नहीं।

आये-दिन जो राजनीतिज्ञ हिन्दी-प्रेमियों को संकीर्ण और संकुचित विचारवाला कहते हैं, जो हिन्दी से विमुख और अंग्रेज़ी के मुखापेक्षी वसुधैव कुटुम्बकम् का उपदेश देते नहीं थकते, उनसे पूछा जा सकता है—देश में अन्न का क्या हाल है? भुखमरी से बचने के लिए आपको अन्य राष्ट्रों का दरवाज़ा तो खटखटाना नहीं पड़ता? अपनी पंचवर्षीय योजनाओं की पूर्ति के लिए आपको विदेशी बहीखातों में कर्ज़दार बनकर नाम लिखाना तो नहीं पड़ता? देश-रक्षा के लिए आप विदेशी अस्त्र-शस्त्रों के मोहताज तो नहीं हैं? आपके आयात-निर्यात व्यापार में विदेशी पूँजी का ताना-बाना बुना हुआ तो नहीं है? आप विदेशी दबाव के कारण कश्मीर-जैसे किसी प्रदेश की भूमि का विनिमय करने की ओर तो नहीं बढ़े?

पुराने ज़माने में लोग कहते थे—अंग्रेज़ी हमारी गुलामी की निशानी है। ऊपर के प्रश्न पढ़कर बताइए, वह बात सही है या नहीं? क्या आप समझते हैं कि दासता

की मनोवृत्ति केवल भाषा के क्षेत्र में प्रतिफलित होती है, अंग्रेज़ी को हटाने का प्रश्न केवल एक भाषागत समस्या है? गुलाम तो गुलाम। उसकी गुलामी न केवल उसके बोलने से प्रकट होगी वरन् उसके हर तरह के आर्थिक और राजनीतिक व्यवहार से प्रकट होगी।

राष्ट्रभाषा की समस्या कोई विशुद्ध भाषाविज्ञान की समस्या नहीं है। वह मूलत: देश की प्रभुसत्ता की समस्या है। यह तो सम्भव है कि केन्द्रीय राजकाज के लिए एक से अधिक भाषाओं का व्यवहार किया जाए, किन्तु देश की प्रभुसत्ता के लिए यह असह्य है कि सभी भारतीय भाषाओं के अधिकारों को पैरों तले रौंदकर अंग्रेज़ी उन सबके ऊपर प्रतिष्ठित हो। जो लोग यह कहते हैं कि हिन्दी के माध्यम से बड़े-बड़े पूँजीपति छोटी-छोटी अहिन्दी-भाषी जातियों को दबाते हैं, वे यह कभी नहीं कहते कि अंग्रेज़ी के माध्यम से साम्राज्यवाद भारत की सभी जातियों को दबाता है, यहाँ की सभी भाषाओं के स्वत्वों का अपहरण करता है।

हिन्दी को केन्द्रीय भाषा बनाने में कुछ बड़े पूँजीपतियों का स्वार्थ हो सकता है, यद्यपि देखा यही जाता है कि अंग्रेज़ी के दैनिक पत्रों की शृंखलाएँ इन्हीं बड़े पूँजपतियों के हाथ में हैं। महत्त्वपूर्ण बात यह है कि हिन्दी को केन्द्रीय भाषा बनाने में छोटे पूँजीपतियों तथा श्रमिक जनता का हित सबसे ज़्यादा है। हिन्दी के बिना सामान्य जनता शासनतंत्र, केन्द्रीय राजकाज में भाग नहीं ले सकती। वह राजनीतिक और सांस्कृतिक कार्यवाही से अन्त्यजों के समान दूर रखी जाती है। इस तरह हमारे जनतंत्र का आधार संकुचित रहता है, हमारी राष्ट्रीयता मुट्ठी-भर अंग्रेज़ी पढ़े लोगों के हाथ का खिलौना बनी रहती है।

जो लोग अंग्रेज़ी को हटाना चाहते हैं, हिन्दी को केन्द्रीय भाषा बनाने के लिए जल्दी करते हैं, उन्हें 'हिन्दी-एंथूज़िएस्ट' आदि उपाधियों से विभूषित किया जाता है। मानो अपनी भाषा का समर्थन करना गुनाह हो, 'अंग्रेज़ी एंथूज़िएस्ट' होना कोई बहुत बड़ा पुण्य हो! केन्द्रीय भाषा के पद से अंग्रेज़ को हटाने में किसी एक भारतीय भाषा का स्वार्थ नहीं है। अंग्रेज़ी की वर्तमान स्थिति से सभी भारतीय भाषाओं की प्रतिष्ठा को धक्का लगता है, उनकी अधिकार-मर्यादा नष्ट होती है। इसलिए अंग्रेज़ी के विरुद्ध संघर्ष आज सभी भारतीय भाषाओं की अधिकार-रक्षा का संघर्ष है। इन भाषाओं के बीच परस्पर आदान-प्रदान के लिए हम हिन्दी का व्यवहार चाहते हैं, उनके अधिकारों की रक्षा करते हुए, न कि उनके अधिकारों को रौंदकर। अधिकारों को रौंदने का काम अंग्रेज़ी कर रही है, न कि हिन्दी।

प्रत्येक जाति का यह जन्मसिद्ध अधिकार है कि वह अपनी सांस्कृतिक, राजनीतिक, हर तरह की सामाजिक कार्यवाही अपनी भाषा के माध्यम से सम्पन्न करे। हर तरह के राष्ट्रीय और अन्तरराष्ट्रीय व्यवहार में अपनी भाषा का प्रयोग उसकी प्रभुसत्ता की उन्मुक्त घोषणा है। जातीय भाषा का व्यवहार राष्ट्र के स्वाधीन

होने की पहचान है। भाषा के समृद्ध या दरिद्र होने से इसका कोई सम्बन्ध नहीं है। संसार के किसी देश ने किसी समय यह नियम स्वीकार नहीं किया कि विश्व की सबसे समृद्ध भाषा को वह राष्ट्रभाषा बनाएगा। ऐसा नियम होता तो सारे संसार में संस्कृत, ग्रीक या लैटिन का ही प्रभुत्व होता।

हिन्दी समृद्ध है या दरिद्र है, यह तय करने के लिए कोई वैज्ञानिक कसौटी नहीं अपनाई गई। उदाहरण के लिए, हिन्दी में राजनीतिक शब्दावली कम है या पर्याप्त है, यह जानने के लिए कोई शब्द-गणना नहीं की गई। एक प्रवाद फैला दीजिए, दस राजनीतिज्ञ उस प्रवाद को दोहरा दें, अंग्रेज़ी अख़बारों में वह प्रवाद छप जाए—बस, उसे प्रमाणित सत्य मान लिया जाएगा। देश में प्रचार के साधनों का इतना केन्द्रीकरण है कि नक्कारख़ाने में हिन्दी-सम्बन्धी सत्य की पुकार तूती की आवाज़ से अधिक कारगर साबित नहीं होती।

शासनतंत्र चलानेवाले बुद्धिजीवी अंग्रेज़ी में अथवा किसी देशी भाषा में अंग्रेज़ी शब्दों की मिलावट करके चिन्तन का काम पूरा करते हैं। उनकी अभिव्यंजना का माध्यम अंग्रेज़ी या यह खिचड़ी भाषा होती है। आप यह न समझें कि पारिभाषिक शब्दों के अभाव के कारण वे ऐसा करते हैं। उनके बच्चे बोलना सीखते हैं—पापा, डैडी, मम्मी, अंकल, आंटी जैसे पारिभाषिक शब्दों के ज्ञान के साथ। "ज़रा फादर को रिसीव करने जा रहा हूँ"; "उसका रिमार्क ऐसा सिली था कि माई ब्लड बिगैन टु बॉयल"; "आजकल आप पोलिटिकल एक्टिविटी से इतने इंडिफरेंट क्यों रहते है"; "एजूकेशन का स्टैंडर्ड इतना गिर गया है कि आर्डिनरी एप्लीकेशन लिखने में एम.ए. पास लोग मिस्टेक करते हैं"—इस तरह के वाक्य उत्तर भारत के अनेक शहरों में आप सुन सकते हैं। इन वाक्यों में अंग्रेज़ी शब्दों का प्रयोग पारिभाषिक शब्दों की कमी के कारण नहीं है। मानसिक शिथिलता, अंग्रेज़ी शब्दों का मोह, अपनी भाषा के प्रति अवज्ञासूचक दृष्टिकोण—इन कारणों से उस तरह के भोंडे वाक्यों की रचना होती है। इन्हीं कारणों से अंग्रेज़ी-प्रेमी बुद्धिजीवियों को यह तय करने में देर नहीं लगती कि अंग्रेज़ी समृद्ध है, हिन्दी दरिद्र है।

एक समिति में लोग आलोचना-सम्बन्धी शब्द-सूची एकत्र कर रहे थे। समिति के अधिकांश सदस्य न हिन्दी के आलोचक थे, न हिन्दी-आलोचना से परिचित थे। फिर भी वे इस काम में लगे हुए थे क्योंकि वे समिति के सदस्य बना दिये गए थे। शब्द-संग्रह करने का तरीका क्या था? आप शायद सोचें कि हिन्दी की आलोचना-पुस्तकों से अथवा संस्कृत के सिद्धान्त-ग्रंथों से ऐसी शब्द-सूची संकलित की जा रही थी। समिति के सामने काम दूसरा था। काम हिन्दी-शब्दों की सूची बनाना न था, काम था अंग्रेज़ी शब्दों के हिन्दी पर्याय निश्चित करना। इस तरह की सूची बनाने की ज़रूरत क्यों हुई? इसलिए कि अंग्रेज़ी का आलोचना-शास्त्र अधिक समृद्ध है, उसके शब्द-भंडार के अनुरूप हिन्दी पर्याय स्थिर करके ही राष्ट्रभाषा को समृद्ध

किया जा सकता है। आप समझ सकते हैं, समिति में इस पद्धति का विरोध करनेवाले को किसी का समर्थन प्राप्त न हुआ होगा।

प्राकृतिक परिवेश, सामाजिक परिस्थितियाँ, दैनिक जीवन की आवश्यकताएँ विभिन्न देशों में बहुत-कुछ समान हैं। इसलिए उनके शब्द-भंडार में अर्थ-सम्बन्धी बहुत बड़ी समानता है। किसी भी भाषा के हज़ारों शब्दों के लिए दूसरी भाषा में उन्हीं के समानार्थी शब्द मिल जाते हैं। यातायात के साधनों में प्रगति होने से, व्यापार, उद्योग-धन्धों और विज्ञान में उन्नति होने से (और उन्नति करने के लिए) अनेक देश एक-दूसरे के अधिक निकट आए हैं। इसलिए ऐसे शब्दों की संख्या बहुत बड़ी है, जो रूप में भिन्न होते हुए भी अर्थ में समान हैं। हिन्दी में भी उद्योग, व्यापार, राजनीति आदि से सम्बन्धित हज़ारों शब्द प्रचलित हैं जो उसी कोटि के अंग्रेज़ी या जर्मन शब्दों के समानार्थी हैं।

इसके साथ यह भी सही है कि प्रत्येक देश के प्राकृतिक परिवेश, सामाजिक परिस्थितियों, दैनिक जीवन की आवश्यकताओं की अपनी विशेषताएँ हैं। इसलिए प्रत्येक भाषा में हज़ारों शब्द ऐसे मिलेंगे जिनके ठीक समानार्थी शब्द दूसरी भाषाओं में दुर्लभ होंगे। किन्तु भाषा प्राकृतिक या सामाजिक परिवेश का दर्पण मात्र नहीं है। भाषा प्रत्येक जाति की विशिष्ट चिन्तन-प्रक्रिया, उसके रसबोध, भाव-सम्बन्धी प्रतिक्रिया का दर्पण भी होती है; इस दृष्टि से विचार करने पर पता चलेगा कि कोई भी भाषा किसी से घटकर नहीं है, प्राणि-जगत् की प्रत्येक जीव-योनि के समान संसार की प्रत्येक भाषा की अपनी विशेषता है।

इस देश के लोगों ने अनेक शताब्दियों तक मनुष्य के मन पर, उसकी चेतना पर अपना ध्यान केन्द्रित किया है। दर्शन और मनोविज्ञान के क्षेत्रों में अनेक धारणाओं का जैसा सूक्ष्म भेद संस्कृत शब्द प्रकट करते हैं, वैसा संसार की कोई भाषा प्रकट नहीं करती, कम-से-कम ग्रीक, लैटिन और इनसे प्रभावित यूरोप की भाषाएँ तो अवश्य नहीं करतीं। संस्कृत की वह शब्द-सम्पदा भारत की समस्त भाषाओं की सामान्य सम्पत्ति है। उन लोगों के सांस्कृतिक पतन का अनुमान कीजिए जो 'मेडिटेशन' के लिए अपनी शब्द-सूची में 'ध्यान' शब्द बिठाकर यह समझ लेते हैं और दूसरों को समझाते भी हैं कि 'ध्यान' अब 'स्टैंडर्ड' शब्द हो गया, 'मेडिटेशन' का पर्याय बनकर! इसके बाद वे कहते हैं कि जो पुस्तकें लिखी जाएँ या अनुवादित की जाएँ, उनमें 'ध्यान' शब्द उसी अर्थ में प्रयुक्त होना चाहिए जिसमें अंग्रेज़ी का 'मेडिटेशन' शब्द प्रयुक्त होता है। और 'समाधि' के लिए अंग्रेज़ी का कोई पर्याय न हुआ तो वह बेचारा स्टैंडर्ड-च्युत होकर शब्द-संग्रह के बाहर पड़ा रह गया।

भारतीय शब्द 'राष्ट्र' का ठीक समानार्थी अंग्रेज़ी शब्द 'नेशन' नहीं है। सोवियत संघ में एक से अधिक 'नेशन' हैं किन्तु वह 'राष्ट्र' एक है, अनेक नहीं। 'राष्ट्र' से केवल मनुष्यों का बोध नहीं होता, जैसाकि 'नेशन' से होता है। 'नेशन' किसी देश

की भूमि को नहीं कह सकते, किन्तु 'राष्ट्र' से भूमि का बोध भी होता है। जे.डी. बेट की 'ए डिक्शनरी ऑफ़ द हिन्दी लैंग्वेज़' में राष्ट्र का भूमि वाला अर्थ दिया है : 'ऐन इनहैबिटेड कंट्री, ए रेल्म, किंगडम, एम्पायर, रीजन।" अन्त में मनुष्यों से भी सम्बन्धित एक शब्द जोड़ दिया गया है : 'पब्लिक'। इससे उन कोशकारों की कठिनाइयों का अनुमान किया जा सकता है जिन्हें हिन्दी शब्दों के अंग्रेज़ी पर्याय ढूँढ़ने पड़ते हैं। बेचारे 'राष्ट्र' के लिए 'पब्लिक' लिखकर सन्तोष कर लेते हैं। प्रसिद्ध कोशकार मोनियर विलियम्स को अपने महान् संस्कृत-अंग्रेज़ी कोश की भूमिका में कैफियत देनी पड़ी थी कि उन्होंने एक-एक संस्कृत शब्द के अनेक अंग्रेज़ी पर्याय क्यों दिये हैं। इसका एक कारण और भी था जिसका उल्लेख उन्होंने नहीं किया। वह यह कि किसी एक संस्कृत शब्द का ठीक समानार्थी शब्द अंग्रेज़ी में मिलता न था; इसलिए उसके अर्थ के निकट पहुँचनेवाले अनेक शब्द देने पड़ते थे, जिससे अंग्रेज़ी जाननेवाला विद्यार्थी उन सभी की सहायता से अर्थ-बोध कर सके। यथा : 'समाधि' के लिए 'इंटेन्स ॲप्लीकेशन ऑर फिक्सिंग द माइंड ऑन, इंटेंटनेस, अटेंशन; कंसन्ट्रेशन ऑफ़ द थॉट्स, प्रोफाउंड ऑर ऐब्सट्रक्ट मेडिटेशन, इंटेन्स कंटेम्प्लेशन ऑफ़ एनी पर्टीकुलर ऑब्जेक्ट (सो ऐंज टु आइडेंटीफाई द कंटेम्प्लेटर विद द ऑब्जेक्ट मेडिटेटेड अपॉन)।' 'समाधि' का समानार्थी शब्द अंग्रेज़ी में है नहीं। यह भी स्पष्ट है कि 'अटेंशन', 'कंटेम्प्लेशन', 'मेडिटेशन' आदि शब्द समाधि के निश्चित अर्थ के निकट पहुँचते हैं किन्तु उसे प्रकट नहीं कर पाते। वास्तव में 'समाधि' की अपेक्षा वे 'ध्यान' के अधिक निकट हैं।

मोनियर विलियम्स ने भारतीय वाङ्मय के बारे में लिखा था : "कुछ विषयों में, विशेष कर प्रकृति और पारिवारिक प्रेम के कवित्वमय वर्णनों में वह यूनान और रोम की सर्वश्रेष्ठ कृतियों के मुक़ाबले हेठा नहीं सिद्ध होता और ज्ञान की गरिमा और नैतिक विचारों की सूझ-बूझ में वह अद्वितीय है।" वैज्ञानिक विषयों का उल्लेख करते हुए उन्होंने आगे उसी भूमिका में लिखा था : "इससे भी बढ़कर यह कि हिन्दुओं ने खगोल-विज्ञान, गणित, बीजगणित, वनस्पति-विज्ञान और औषध में काफ़ी प्रगति की थी; व्याकरण में उनकी श्रेष्ठता का उल्लेख करना अनावश्यक है; और यह सब उस समय जब यूरोप की प्राचीनतम जातियों में भी इनमें से कुछ विज्ञान विकसित न हुए थे।" मोनियर विलियम्स ने संस्कृत के शब्द-भंडार की बहुविषयक समृद्धि को लक्ष्य करके लिखा है कि उसका कोश बनानेवाले को लगभग सर्वज्ञ होना चाहिए। उनके अनुसार इंग्लैंड में यूनिवर्सिटी-शिक्षा प्राप्त तरुण संस्कृत की "वैज्ञानिक शब्दावली की सही-सही व्याख्या नहीं कर सकते।" मोनियर विलियम्स ने यह और जोड़ दिया है कि यदा-कदा यह वैज्ञानिक शब्दावली संस्कृत में यूनानियों से उधार ली गई है। किन्तु यहाँ इस पर विवाद नहीं करना कि भारत में यूनान से पहले अनेक विज्ञान विकसित हुए, फिर भी वहाँ के शब्द यहाँ वालों

ने क्यों उधार लिये। मुख्य बात यह है कि यूरोप की नवीन और प्राचीन भाषाओं के महापंडित कोशकार मोनियर विलियम्स को यह स्वीकार करना पड़ा था कि इंग्लैंड की प्रसिद्ध यूनिवर्सिटियों के तरुण ग्रेजुएट—भारत में जिनके रोबदाब की सीमा नहीं है—संस्कृत की वैज्ञानिक शब्दावली ('द साइंटीफिक एक्सप्रेशन') की बारीकियों को समझने में असमर्थ थे। आज मालूम होता है, मोनियर विलियम्स प्रभृति विद्वानों द्वारा अभिनन्दित हमारा वह महान् रिक्थ कहीं खो गया है। सरकारी कोशकार हिन्दी में यूरोप की अन्तरराष्ट्रीय शब्दावली से पारिभाषिक शब्द उधार लेने की बात करते हैं यद्यपि वे जो विदेशी शब्द लेते हैं, वे निरपवाद रूप से अंग्रेज़ी के ही होते हैं (अर्थात् ऐसे शब्द होते हैं जो ग्रीक लैटिन के आधार पर गढ़कर अंग्रेज़ी में चलाए गए हैं)। ये सामान्य सरकारी कोशकार वह अन्तरराष्ट्रीय शब्दावली प्रकाशित कर दें तो यूरोप के भावात्मक एकीकरण में बड़ी सहायता मिले।

एक समय था जब स्वामी विवेकानन्द जैसे भारतीय संस्कृति के प्रतिनिधि गरजकर मदान्ध यूरोप से कहते थे : स्वार्थ-लिप्सा ने तुम्हें पतन के गर्त में ढकेल दिया है; आओ, इस गर्त से बाहर निकलो, ज्ञान की दीक्षा भारत से लो।

विवेकानन्द और रवीन्द्रनाथ का वह भारत आज परमुखापेक्षी है—न केवल आर्थिक सहायता के लिए वह पश्चिमी राष्ट्रों का द्वार खटखटाता है वरन् शब्दावली के लिए भी वह उनका मुँह जोहता है। वह अंग्रेज़ी के बिना अपनी भाषा-समस्या हल नहीं कर सकता।

[1962]

26

हिन्दी-भाषी प्रदेश में हिन्दी-प्रचार की आवश्यकता

हम हिन्दी-भाषियों में अधिकांश जनों की धारणा यही है कि हिन्दी यदि अभी तक राष्ट्रभाषा नहीं हो पाई तो इसका मुख्य कारण अहिन्दी-भाषियों का अंग्रेज़ी-प्रेम अथवा हिन्दी-विरोध है। हिन्दी पत्र-पत्रिकाओं में इस विषय पर जो लेख निकलते हैं, उनसे यह प्रकट नहीं होता कि हिन्दी को राष्ट्रभाषा बनाने का सर्वाधिक उत्तरदायित्व हमारा है और हम उसे निबाह नहीं रहे हैं।

हमारे देश में एक पूरा वर्ग है, जो राष्ट्रभाषा के पद पर अंग्रेज़ी को प्रतिष्ठित रखना चाहता है। यह वर्ग किसी प्रदेश-विशेष में सीमित नहीं है वरन् सारे देश में फैला हुआ है; अमर-बेल की तरह वह विशाल हिन्दी-भाषी प्रदेश में भी फैला है। आये-दिन अपने प्रदेश के शिक्षित जनों के व्यवहार में हम अंग्रेज़ी का यह महत्त्व देख सकते हैं। हिन्दी-भाषी प्रदेश में इस वर्ग के लोग उतने मुखर नहीं हैं जितने उनके सहयोगी अन्य प्रदेशों में हैं। फिर भी प्रत्यक्ष या अप्रत्यक्ष रूप में सभी प्रदेशों के अंग्रेज़ी-प्रेमी एक-दूसरे की सहायता करते हैं।

पिछले दिनों उत्तर प्रदेश के अनेक नगरों में भावात्मक एकता पर राजनीतिक और सांस्कृतिक क्षेत्रों के नेताओं ने भाषण किये, अनेक शिक्षा-संस्थाओं में परिसंवाद आयोजित किये गए। आगरा और मेरठ की दो ऐसी गोष्ठिमों में मैंने देखा कि अधिकांश भाषण अंग्रेज़ी में हुए। ये नेतागण अवश्य ही मन में सोचते होंगे कि अंग्रेज़ी ही उनके उच्च विचारों का वाहन हो सकती है अंग्रेज़ी द्वारा ही वे देश में राष्ट्रीय एकता दृढ़ कर सकते हैं। अभी पिछले महीने चीनी आक्रमण के विरोध में विद्यार्थियों की सभाओं में अध्यापकों के प्रोत्साहन-प्रद भाषण भी अंग्रेज़ी में हुए! यदि हमारे प्रदेश के शिक्षा-विशारद भी नवयुवकों को देश-रक्षा का महत्त्व समझाने के लिए अंग्रेज़ी का प्रयोग करते हैं, तब अन्य प्रदेशों से हिन्दी को राष्ट्रभाषा बनाने की माँग हम किस मुँह से कर सकते हैं? सभी शिक्षित जनों का व्यवहार ऐसा नहीं होता, काफ़ी लोग ऐसे हैं, जो ऐसे अवसरों पर सचेत ढंग से हिन्दी का ही व्यवहार करते हैं। फिर भी यह मानना होगा कि हिन्दी क्षेत्र के शिक्षित जनों में अंग्रेज़ी का चलन आवश्यकता से अधिक है।

हिन्दी क्षेत्र के विश्वविद्यालयों में शिक्षा का सामान्य माध्यम अंग्रेज़ी है। कुछ विषयों में जहाँ-तहाँ हिन्दी द्वारा शिक्षण भी होता है किन्तु कुल मिलाकर शिक्षा के माध्यम के रूप में हिन्दी का स्थान गौण है, अंग्रेज़ी का स्थान प्रमुख है। इसी प्रकार शासन-संस्थाओं की कार्यवाही के लिए अंग्रेज़ी का व्यवहार प्रचुर मात्रा में होता है। जब तक उत्तर प्रदेश, बिहार और मध्य प्रदेश की शासन-संस्थाओं में अमली रूप से हिन्दी राजभाषा नहीं बन जाती, तब तक समूचे देश में उसका राष्ट्रभाषा बनना स्वप्नवत् ही रहेगा।

हिन्दी-भाषी प्रदेश के शिक्षित जन बंगाल या तमिलनाडु के लोगों पर अक्सर भाषागत संकीर्णता या प्रान्तीयता का दोष लगाते हैं। वास्तविकता यह है कि बंगाल या तमिलनाडु के शिक्षित जन अपनी भाषा से जितना प्रेम करते हैं, अपने सामाजिक जीवन में उसका जितना प्रयोग करते हैं, उतना हम नहीं करते। अन्य प्रदेशों के शिक्षित-जन यदि अपने यहाँ के साहित्य से अपरिचित हों तो उन्हें शर्म आएगी। हमारे प्रदेश के शिक्षित जन हिन्दी साहित्य से अपरिचित होने में गर्व का अनुभव करते हैं। अपने अज्ञान पर गर्व करते हुए वे पिछले तीस वर्षों से लगातार एक ही प्रश्न दोहराते चले आए हैं—हिन्दी में है ही क्या?

हिन्दी-भाषी प्रदेश की जनता से वोट लेना और उसकी भाषा और साहित्य को गालियाँ देना कुछ नेताओं का दैनिक व्यवसाय है। हमारे प्रदेश के शिक्षित जनों में जातीय भावना की कमी है। वे हिन्दी के प्रति उदासीन हैं, इसीलिए वे कुछ राजनीतिज्ञों की अपमानजनक बातों का समुचित उत्तर नहीं दे पाते। यहाँ का राजनीतिज्ञ राजनीति के अलावा अंग्रेज़ी-भक्ति में जनता का नेतृत्व करता है। अंग्रेज़ी में जितनी पुस्तकें केवल उत्तर प्रदेश के राजनीतिज्ञों ने लिखी हैं, उतनी शेष भारत के सारे राजनीतिज्ञों ने नहीं लिखीं। अन्य प्रदेशों के नेताओं ने एक पुस्तक अंग्रेज़ी में लिखी तो दो अपनी भाषा में भी लिखीं। यहाँ का राजनीतिज्ञ यदि देवनागरी में हस्ताक्षर कर दे तो समझता है कि उसने हिन्दी को कृतार्थ कर दिया।

यह किसी नेता-विशेष का प्रश्न नहीं है, प्रश्न है एक समूचे अंग्रेज़ी-प्रेमी वर्ग का, जो प्रदेश का शासक है या शासक बनना चाहता है। राजनीतिज्ञ इसी वर्ग का प्रतिनिधि है। एक नेता हट जाएगा तो दूसरा आ जाएगा क्योंकि उसे जन्म देनेवाला वर्ग मौजूद है। इसीलिए हिन्दी-भाषी प्रदेश में हिन्दी-प्रचार की आवश्यकता है। हिन्दी-प्रचार द्वारा शिक्षित जनों का दृष्टिकोण बदलने की आवश्यकता है। उनके सामाजिक व्यवहार में, सांस्कृतिक जीवन में, शिक्षा-संस्थाओं के अन्तर्गत उनकी कार्यवाही में अंग्रेज़ी की जगह हिन्दी को प्रतिष्ठित कराने की आवश्यकता है।

मिथ्या जातीय अहंकार हानिकर होता है। अपनी भाषा और साहित्य को ही श्रेष्ठ समझना और दूसरों की भाषा और साहित्य को सदा हीन समझना मूर्खता है। किन्तु जातीय भावना से हीन होकर 'वसुधैव कुटुम्बकम्' का मंत्र जपना भी कोई बहुत

बड़ी बुद्धिमत्ता का चिह्न नहीं है। हमारा राष्ट्र अनेक भाषाएँ बोलनेवाली जातियों से मिलकर बना है। राष्ट्रीय एकता के लिए इन जातियों की एकता आवश्यक है। सभी जातियाँ मिलकर राष्ट्र को दृढ़ करें, इसके लिए आवश्यक है कि प्रत्येक जाति अपने भीतर दृढ़ हो, अपने-आपमें एकताबद्ध हो। कोई भी जाति अपने भीतर शिथिल होकर राष्ट्र को शक्तिशाली बनाने में उचित योग नहीं दे सकती।

हिन्दी-भाषी जाति विभिन्न राज्यों में बँटी हुई है। हिन्दी-भाषी प्रदेश की सीमाएँ अनिश्चित हैं। यही नहीं, भाषागत विवाद जितने यहाँ हैं, उतने किसी अन्य प्रदेश में नहीं हैं। दूसरी जगह विवाद होगा तो बंगला-असमिया या गुजराती-मराठी जैसी दो भिन्न भाषाओं को लेकर। यहाँ के विवाद एक ही भाषा-क्षेत्र के अन्तर्गत हैं।

मिथिला के कुछ राजनीतिज्ञ हिन्दी को अपनी जातीय भाषा नहीं मानते। पिछले चुनाव में उन्होंने अपने राजनीतिक प्रचार के पर्चे मैथिली और उर्दू में छपवाए। हिन्दी का बहिष्कार किया! भोजपुरी क्षेत्र में जन्म लेनेवाले कुछ हिन्दी के आचार्य भाषाविज्ञान पर ग्रंथ लिखकर यह सिद्ध करते हैं कि भोजपुरी हिन्दी से स्वतंत्र भाषा है। जिन्हें हम हिन्दी की बोलियाँ कहते हैं, उनके क्षेत्रों में हिन्दी-प्रचार आवश्यक है, जिससे वहाँ के शिक्षित-जनों का वह भाग, जो अपनी बोली को स्वतंत्र भाषा मानता है, जातीय भाषा के रूप में हिन्दी को स्वीकार करे। जब तक साधारण जनता के सामने यह स्पष्ट नहीं हो जाता कि हिन्दी-प्रदेश की सीमाएँ कौन-सी हैं, उसमें कौन-सी बोलियों का चलन है, उन्हें अब स्वतंत्र भाषा न मानना चाहिए, तब तक समूचे देश में तथा अपने ही प्रदेश में हिन्दी को उसका उचित स्थान दिलाने के लिए यह विशाल जनता सक्रिय नहीं हो सकती। हिन्दी-प्रचार का एक लक्ष्य होना चाहिए : जातीय प्रदेश का गठन। उसमें सर्वत्र जातीय भाषा के रूप में हिन्दी का चलन।

जातीय भाषा और राष्ट्रभाषा में अन्तर है। महाराष्ट्र, बंगाल या तमिलनाडु के लोगों की जातीय भाषा मराठी, बंगला या तमिल है, हिन्दी नहीं। हिन्दी इन लोगों की राष्ट्रभाषा है, जो पारस्परिक आदान-प्रदान का माध्यम बनती है। हिन्दी-भाषियों के लिए हिन्दी जातीय भाषा है, जैसे महाराष्ट्र के लोगों के लिए मराठी जातीय भाषा है। जातीय भाषा होने के साथ-साथ हम हिन्दी-भाषियों के लिए हिन्दी राष्ट्रभाषा भी है। मिथिला के कुछ शिक्षित-जन हिन्दी को राष्ट्रभाषा तो मानते हैं किन्तु अपनी जातीय भाषा नहीं मानते। मराठी के समान वे मैथिली को हिन्दी से स्वतंत्र भाषा मानते हैं।

अनेक अहिन्दी-भाषी अंग्रेज़ी-प्रेमी विद्वान् इसी तर्क का आश्रय लेते हैं और कहते हैं कि हिन्दी अपने ही क्षेत्र में दूसरों पर लादी गई भाषा है। वे प्रचार करते हैं कि ब्रज, अवधी, बुन्देलखंडी, भोजपुरी आदि सब स्वतंत्र भाषाएँ हैं जिन पर कृत्रिम साहित्यिक हिन्दी जबरदस्ती लादी गई है। ये लोग भूल जाते हैं कि इंग्लैंड, रूस,

फ्रांस, जर्मनी आदि देशों में अंग्रेज़ी, रूसी, फ्रांसीसी, जर्मन आदि भाषाओं की वैसी ही बोलियाँ हैं, जैसी हिन्दी की। इन सब भ्रान्तियों के निवारण के लिए हिन्दी-भाषी प्रदेश में हिन्दी-प्रचार आवश्यक है।

हिन्दी-उर्दू समस्या को अधिकांश हिन्दी-प्रेमी भूल-से गए थे। रेडियो द्वारा हिन्दी के सरलीकरण ने उन्हें नींद से जगा दिया। भारतेन्दु से लेकर प्रेमचन्द तक हिन्दी के तमाम लेखक अपनी भाषा को कठिन बनाते रहे, जिससे जनता उनका साहित्य समझ न पाए, अब उस हिन्दी को सरल बनाने का बीड़ा उठाया है आकाशवाणी ने। यह सरलीकरण का प्रश्न उस समय उठाया गया जिस समय अंग्रेज़ी को अनिश्चित काल के लिए राजभाषा घोषित किया गया। हिन्दी-उर्दू के झगड़े में फिर से जान डालकर राष्ट्रभाषा के रूप में अंग्रेज़ी को नवजीवन दिया गया!

हिन्दी के कुछ विद्वान् मानते हैं कि मुसलमानों की भाषा उर्दू है, जो हिन्दी से स्वतंत्र है। बंगाल के मुसलमानों की बंगला से स्वतंत्र कोई भाषा क्यों नहीं है, इस प्रश्न का उत्तर वे नहीं देते। सबसे महत्त्वपूर्ण बात यह कि हमारे देश की श्रमिक जनता में कहीं भी धर्म के आधार पर भाषागत विभाजन नहीं दिखाई देता। कानपुर, लखनऊ, पटना आदि के हिन्दू-मुसलमान मज़दूर आपस में एक ही सामान्य भाषा का व्यवहार करते हैं। जो लोग हिन्दुओं और मुसलमानों की दो भाषाएँ मानते हैं, जो हिन्दी और उर्दू को मूलत: दो भाषाएँ मानते हैं, उन्हें यह समझाना चाहिए कि भाषा की आधारभूमि कोटि-कोटि श्रमिक जनता है, न कि मुट्ठी-भर पढ़े-लिखे लोग।

उर्दू-प्रेमियों में इस बात का प्रचार करना आवश्यक है कि उनकी अलग क़ौम नहीं है, वे विशाल हिन्दी-भाषी जाति का अंग हैं। प्रत्येक जाति की एक ही भाषा होती है, दो नहीं। हिन्दी-उर्दू मूलत: एक ही भाषा हैं, इसलिए उनका साहित्यिक रूप दो न होकर एक ही होगा। हिन्दी-उर्दू के अलगाव से हमारी जातीय संस्कृति पूरी शक्ति से विकसित नहीं हो पाती। उर्दू-प्रेमी कबीर, जायसी, रसखान, रहीम आदि की साहित्यिक परम्परा से अपना सम्बन्ध जोड़ें, भारत की अन्य भाषाओं के विकास के अनुकूल उर्दू को मोड़ें, इससे तुरन्त नहीं किन्तु कुछ समय बाद हमारी सामान्य साहित्यिक परम्परा विकसित होगी। उर्दू-प्रेमियों के साथ इस तरह का प्रचार उन हिन्दी-प्रेमियों में भी करना आवश्यक है, जो हिन्दुओं और मुसलमानों को दो भिन्न जातियाँ मानते हैं।

हिन्दी-भाषी जनता की शक्ति अपार है किन्तु वह असंगठित और बिखरी हुई है। हिन्दी-भाषियों के जातीय हित में इस शक्ति को संगठित करना आवश्यक है। समूचे राष्ट्र को एकताबद्ध और दृढ़ करने के लिए हिन्दी-भाषी जाति की एकता आवश्यक है। इस एकता के मार्ग में पहली बाधा है अंग्रेज़ी-प्रेम। दूसरी बाधा है आंचलिक बोलियों को स्वतंत्र भाषा मानने की भ्रान्ति। तीसरी बाधा है हिन्दी-उर्दू-प्रेमियों का दो खेमों में बँटकर जातीय संस्कृति को कमज़ोर करना। इन तीनों बाधाओं

के फलस्वरूप अपनी जातीय शक्ति के उपयोग द्वारा हिन्दी को राष्ट्रभाषा बनाने के अपने उत्तरदायित्व को हम निबाह नहीं पाते।

यदि समस्त हिन्दी-भाषी प्रदेश में शिक्षा-संस्थाओं, न्यायालयों, राजकीय कार्यों में हर स्तर पर हिन्दी का व्यवहार होने लगे, यदि विधान-परिषदों के सदस्य प्रतिज्ञा करें कि वे अपना सार्वजनिक कार्य हिन्दी में ही करेंगे, यदि लोक सभा के सदस्य तय कर लें कि वे राजभाषा के रूप में हिन्दी का ही व्यवहार करेंगे तो क्या इसमें किसी को सन्देह हो सकता है कि समूचे राष्ट्र का वातावरण बदल जाएगा और हिन्दी को राष्ट्रभाषा बनते ज़रा भी देर न लगेगी?

हम हिन्दी-भाषी किसी पर हिन्दी लादना नहीं चाहते। जो अंग्रेज़ी ही बोलना पसन्द करे, उससे ज़बरदस्ती हिन्दी बुलवाना नहीं चाहते। किन्तु हमें भी अंग्रेज़ी बोलने के लिए कोई बाध्य नहीं कर सकता। लोक सभा और राज्य सभा के वे सदस्य और मंत्री, जो हिन्दी-भाषी प्रदेश से चुने गए हैं, जिस दिन तय कर लेंगे कि अंग्रेज़ी के बदले हिन्दी का ही प्रयोग करेंगे, उसी दिन हिन्दी व्यवहारत: राष्ट्रभाषा बन जाएगी। यदि ऐसा नहीं होता तो कमज़ोरी हमारी है। हमें हिन्दी-प्रचार द्वारा स्वयं अपने प्रदेश की जनता को जाग्रत करना है, अपने प्रदेश के नेताओं में हिन्दी की उपेक्षा दूर करनी है, स्वयं अपने प्रतिनिधियों को बाध्य करना है कि वे राजकाज में और सर्वत्र हिन्दी का व्यवहार करें। इस तरह के प्रचार और संगठन द्वारा ही अपनी जातीय शक्ति के अनुरूप हम हिन्दी को राष्ट्रभाषा बनाने का अपना गहन उत्तरदायित्व पूरा कर सकते हैं।

[1962]

27
सरकारी कोशकार और राष्ट्रभाषा

तीस से अधिक वर्ष हुए, जनवरी, 1932 की 'सुधा' में अंग्रेज़ी-हिन्दी कोश-सम्बन्धी एक टिप्पणी प्रकाशित हुई थी। टिप्पणी के अनुसार श्री सुखसम्पतिराय भंडारी ने 'विद्वान् और विशेषज्ञों की सहायता से' लगभग बीस हज़ार रुपये ख़र्च करके प्राय: डेढ़ लाख शब्दों का यह कोश तैयार किया था जिसकी प्रशंसा प्रयाग विश्वविद्यालय के वाइस चांसलर डॉ. गंगानाथ झा, पंजाब विश्वविद्यालय के वाइस चांसलर डॉ. ए.सी. वूलनर, डॉ. राधाकुमुद मुकर्जी, डॉ. बेनीप्रसाद, डॉ. सुनीतिकुमार चाटुर्ज्या आदि विद्वानों ने की थी और सर पी.सी. राय ने इसे महान् प्रशंसनीय साहित्यिक कार्य कहते हुए, बंगाली, मराठी और गुजराती भाषा-भाषियों के लिए भी अत्यन्त उपयोगी बतलाया था।

हिन्दी-भाषी विद्वान् इस बात की ओर बहुत पहले से सचेत रहे हैं कि हमारी भाषा आधुनिक विज्ञान तथा संस्कृति से सम्बन्धित विचारों को प्रकट करने में सक्षम हो। सरकारी सहायता के अभाव में, अक्सर प्रच्छन्न सरकारी विरोध का सामना करते हुए सुखसम्पतिराय भंडारी जैसे विद्वानों ने घोर परिश्रम करके पारिभाषिक शब्दों की कमी को पूरा किया। नागरी प्रचारिणी सभा जैसी संस्थाओं ने इस कार्य को आगे बढ़ाया। डॉ. सत्यप्रकाश जैसे विद्वानों ने वैज्ञानिक विषयों पर लेख लिखकर और दूसरों से लिखाकर पारिभाषिक शब्दों के प्रचार में सहायता की। भारत के स्वाधीन होने पर जब अंग्रेज़ी को हटाने, भारतीय भाषाओं को उनका स्वत्व देने और परस्पर व्यवहार तथा केन्द्रीय राजकाज के लिए हिन्दी को राष्ट्रभाषा बनाने का सवाल सामने आया तब हिन्दी से नितान्त अनभिज्ञ, देवनागरी में कठिनाई से हस्ताक्षर कर पानेवाले देश के अनेक सम्मान्य राजनीतिज्ञों ने घोषित किया कि हिन्दी को विकसित होने, आधुनिक विचारों की अभिव्यंजना के योग्य बनने के लिए अभी और समय देना चाहिए। संविधान में इस बात को दर्ज कर दिया गया कि हिन्दी को विकसित किया जाए और संस्कृत तथा अन्य भाषाओं से आवश्यकतानुसार शब्द लेकर (या नये शब्द गढ़कर) उसे समृद्ध किया जाए।

भारत सरकार ने 1950 में विज्ञान-सम्बन्धी पारिभाषिक शब्द-संग्रह के लिए एक समिति स्थापित की। शिक्षा मंत्रालय के तत्त्वावधान में हिन्दी को विकासमान और

समृद्ध करने का बृहत् कार्य बारह साल तक चलता रहा और 1962 में 'पारिभाषिक शब्द-संग्रह' नामक सरकारी कोश प्रकाशित हो गया।

भूमिका में सरकारी नीति स्पष्ट कर दी गई है। शिक्षा मंत्रालय के तत्त्वावधान में दस वर्षों की अवधि में जितने पारिभाषिक शब्द रचे गए, उन्हें कोशबद्ध किया गया। अंग्रेज़ी में श्री आर.पी. नायक लिखित इस भूमिका में 'इवौल्व' और 'इवोल्यूशन' शब्दों का अनेक बार प्रयोग किया गया है। इन शब्दों का आशय यही है कि हिन्दी में पारिभाषिक शब्दों का अभाव था, इसलिए शिक्षा मंत्रालय द्वारा संचालित हिन्दी निदेशालय में नवीन शब्दावली रची गई। एक जगह यह स्पष्ट लिखा है कि 1961 के मध्य तक विशेषज्ञ-समितियों की संख्या 26 हो गई थी और 'नव-निर्मित' शब्दों की संख्या लगभग तीन लाख तक पहुँच गई थी (द टर्म्स क्वायंड केम टु नियरली थ्री लैक्स)। ये शब्द 'क्वायन' किये गए थे। हिन्दी में थे नहीं, उसे विकसित करने के लिए निदेशालय में ये तीन लाख शब्द ढाले गए थे।

अधिकांश भारतीय राजनीतिज्ञों के लिए जीवन के अनेक स्वीकृत मूल्यों के समान हिन्दी की दरिद्रता भी स्वयंसिद्ध सत्य है जिसे प्रमाणित करने के लिए किसी आयोग या समिति की ज़रूरत नहीं है। अंग्रेज़ी की समृद्धि उसी प्रकार दूसरा ध्रुव सत्य है जिसकी प्रामाणिकता असन्दिग्ध है। इन दो ध्रुवों की धुरी पर भारतीय जनतंत्र की राजनीति अनवरत आवर्तन करती है।

यदि इस सरकारी कोश के सभी या अधिकांश शब्द नये सिरे से गढ़े गए हों, तो वे हिन्दी-भाषी बुद्धिजीवियों के लिए अपरिचित होंगे। कोश के पन्ने पलटने पर ऐसा लगेगा कि हम शब्दों की नई दुनिया में आ गए हैं, जिनके रूप और अर्थ से हमारा पहली बार साक्षात्कार हो रहा है। वैसे तो किसी अपारिभाषिक कोश में भी साधारण पाठकों को हज़ारों शब्द मिल जाएँगे जिनसे वे परिचित न होंगे। इसलिए पारिभाषिक कोश में अजनबी लगनेवाले शब्दों का होना आश्चर्यजनक नहीं है। आश्चर्यजनक बात यह है कि हर पृष्ठ पर अनेक ऐसे शब्द मिल जाते हैं जिनसे साधारण पाठक अच्छी तरह परिचित है और जिन्हें नायक साहब के अनुसार 'क्वायन' किया गया है।

एक निगाह इन शब्दों पर डालिए : वायुमंडल, उपलब्धि, आक्रमण, ध्यान, प्रायश्चित्त, मंत्रिमंडल, नैतिक, उपहास, त्वचा, बुद्धि, आशय, अभिप्राय, सौन्दर्यशास्त्र, रसायन, विनिमय, द्रव्य, पदार्थ, विषयवस्तु, मनोविज्ञान, मनोविश्लेषण, सापेक्ष, नीतिशास्त्र, पुरातत्त्व, प्रतियोगिता, घनत्व, प्रत्याख्यान, प्रत्यक्ष, परोक्ष, उद्योग, संक्रमण, आकर्षण, विकर्षण इत्यादि। इस तरह के हज़ारों शब्द इस कोश में हैं जो हिन्दी में वर्षों से प्रचलित हैं और जिनके लिए कोई यह दावा भी नहीं कर सकता कि उन्हें नये सिरे से गढ़ा गया है। इनके लिए यह दावा भी नहीं किया जा सकता कि वे अन्य कोशों में नहीं हैं! किन्तु हिन्दी को समृद्ध करने, उसे राष्ट्रभाषा-पद

के योग्य बनाने के लिए शिक्षा मंत्रालय और विशेषज्ञ-समितियों ने जो घोर परिश्रम किया, उसमें इस तरह के शब्दों का संग्रह भी शामिल है।

इनके अलावा इस कोश में हिन्दी के ऐसे हज़ारों अतिप्रचलित शब्द हैं जिन्हें साधारण बुद्धि के लोग पारिभाषिक स्वीकार ही न करेंगे। प्रचलित शब्द भी पारिभाषिक हों, इस पर आपत्ति नहीं है। प्रश्न दूसरा है। क्या ये शब्द गढ़े गए हैं? क्या ये पहले से हिन्दी में या हिन्दी कोशों में थे नहीं? कपूर, अलाप, डेरा, कमरा, खरीदारी, सदी, शताब्दी, खतरा, निश्चित, जादू-टोना, जादूगर, छपाई, जुड़ाई, उपाय, रोष, याद, माफी, क्षमा, पुनर्विवाह, प्रभावित, विनाश, अजवायन, सौंफ, सुपारी, उधार, शोरा, मदिरा, अर्दली, चपरासी, किराया, रोज़गार, कार्यालय, दफ़्तर, मुठभेड़, तैरना, आधुनिक, वेश्यालय, चकला, छिलका, गागले, छितराना, मरम्मत करना, प्रयत्न करना, चिपकाना, पर्याप्त, काम रोकना, शपथ दिलाना, स्तन, साँस, से, परे, ठीक है, धर्म, छूट देना, छुट्टी पाना, ज़रा हट के, गिर गया, दौड़ते हुए, इस हालत में, इत्यादि। इस तरह के शब्दों को देखकर यह प्रस्ताव करने की इच्छा होती है कि कोश के द्वितीय संस्करण में खाना, पीना, उठना, बैठना, चलना, सोना, धरती, आकाश, पानी, हवा, धूल, आलू, मटर, टमाटर, बैंगन, गाजर, मकान, छत, फर्श, दरवाज़ा, खिड़की, पिता, पुत्र, बहन, भाई, चाचा, ताऊ आदि-आदि शब्दों को भी पारिभाषिकों में गिन लेना चाहिए और भूमिका में अगले दस वर्षों के समृद्धीकरण-प्रोग्राम की सफलता के रूप में उन्हें पेश कर देना चाहिए! किन्तु सम्भव है, इनमें और इन-जैसे अनेक शब्द इस कोश में पहले से ही हों और मैंने उन पर ध्यान न दिया हो! जो भी हो, जब तक ये शब्द सरकारी कोश में दर्ज नहीं हुए, तब तक हिन्दी दरिद्र थी! दर्ज होने के बाद भी हिन्दी समृद्ध होकर राष्ट्रभाषा नहीं बनी—वह प्रश्न अलग है।

यह कहा जा सकता है कि ऊपर जिस तरह के शब्दों का उल्लेख किया गया है, वे हिन्दी में थे ज़रूर किन्तु अर्थ निश्चित नहीं था; पारिभाषिक शब्द-संग्रह करनेवालों ने हिन्दी की यह सेवा की है कि अस्थिर अर्थवाले शब्दों को अंग्रेज़ी पर्यायों के साथ निश्चित ढंग से नत्थी कर दिया है। भूमिका में भारतीय कोशकारों के प्रयत्नों का उल्लेख करते हुए शब्दों के अरण्य की चर्चा की गई है, जहाँ लेखकों और साधारण जनों को रास्ता नहीं सूझता। किन्तु इस कोश के पन्ने पलटने पर यह समझने में किसी को देर न लगेगी कि यहाँ हज़ारों अंग्रेज़ी शब्द ऐसे हैं जिनके एक से अधिक हिन्दी-पर्याय दिये गए हैं। उदाहरण के लिए, न्याय-क्षेत्र में 'एप्लाई' शब्द के लिए—विनियोग करना, प्रयोग करना, लागू करना, आवेदन करना, प्रार्थना पत्र देना; जीव-विज्ञान के अन्तर्गत 'लैरिंक्स' के लिए—कंठ, स्वरयंत्र! 'डस्क' शब्द के आगे यह नहीं लिखा कि वह किस क्षेत्र का पारिभाषिक शब्द है, किन्तु उसके तीन पर्याय दिये गए हैं—गोधूलि, धुरी (?), साँझ। अर्थशास्त्र के प्रचलित शब्द 'मर्चेंट' के लिए—सौदागर, सार्थवाह, व्यापारी,

वणिक्। प्रचलित शब्द 'रिलीव' के लिए—छुट्टी देना, छुट्टी पाना (!), छुट्टी मिलना (नौकरी से), भारमुक्त करना, अवमुक्त करना। 'यूनिट' शब्द के आगे भी संकेत नहीं है कि वह किस क्षेत्र का पारिभाषिक है। उसके पर्याय—मात्रक, एकक, (इ) काई, दल, एकांग, एकांश, यूनिट, एकांक!

सरकारी कोश के संरक्षक गण स्वयं देख सकते हैं कि शब्दों की बहुलता कम नहीं हुई, उसमें कुछ इजाफा ही हुआ है। पाठक प्रश्न कर सकते हैं कि इस शब्द-संग्रह में गोधूलि, साँझ, सौदागर जैसे शब्द ही हैं तो उनके संग्रह के लिए इतना परिश्रम क्यों? नहीं, साँझ, गोधूलि और सौदागार तो सरकारी संस्पर्श से पारिभाषिक बन गए हैं। इनके अलावा ऐसे भी हज़ारों शब्द हैं जिन्हें देखते ही कोई कह देगा कि वे पारिभाषिक हैं। उदाहरण के लिए, संसक्ति, नम्यता, अविलेयता, गलनांक, वाष्पायन, ऊष्मा, संघनन, विकिरण, प्रच्छाया, उपच्छाया, परावर्तन, अवतल, उत्तल, अक्ष, अंडाशय, अपचय, अम्ल, क्षार, अणु, परमाणु, चाप, समीकरण, समायवी, अवक्षेपण, द्रव, ज्वलनशील, औतिकी, भौतिकी इत्यादि—ये सब शब्द आपको इस कोश में मिलेंगे। किन्तु आप यदि थोड़ा-सा परिश्रम करें तो आप देखेंगे कि ये शब्द विद्यार्थियों की उन पाठ्य-पुस्तकों में भी प्रयुक्त हुए हैं जो इस कोश-निर्माण से पहले प्रकाशित हुई थीं! इन्हें 'इवौल्व' करने या 'क्वायन' करने का दावा इस कोश के सम्पादक लोग नहीं कर सकते।

इस सरकारी कोश में ऐसे भी हज़ारों शब्द हैं जिन्हें तीस वर्ष पहले ही श्री सुखसम्पतिराय भंडारी और उनके सहयोगियों ने 'क्वायन' या 'इवौल्व' कर लिया था। इनमें अणु, परमाणु, धूमकेतु, निरपेक्ष, अमूर्त, सूत्र, मताधिकार, निर्वाचन-क्षेत्र, राष्ट्रीयकरण, समाजवाद, लोकतंत्र जैसे शब्द हैं। ऐसे शब्द साधारण हिन्दी गद्य में बराबर प्रयुक्त होते रहे हैं। इनके अतिरिक्त विज्ञान-सम्बन्धी शब्द भी हैं, जिनका व्यवहार वैज्ञानिक पुस्तकों में होता है। 'डिफरेंशल इक्वेशन'—अवकल समीकरण; 'डिफ्रैक्शन'—विवर्तन; 'आइसोमेरिज़्म'—समावयवता; 'लेटरल'—पार्श्विक; 'वेन'—शिरा; 'वर्टीब्रा'—कशेरुका; 'यूटेरस'—गर्भाशय; 'लैरिंक्स'—स्वर-यंत्र; 'अपेंडिक्स'—परिशिष्ट; 'कार्टिलेज'—उपास्थि; 'क्लैविकल'—अक्षक; 'कौर्टेक्स'—वल्क; 'डक्ट'—वाहिनी; 'कोन'—शंकु; 'कौर्पस कैलोसम'—महासंयोजक; 'रैडिएशन'—विकिरण; 'मैग्नेटिज़्म'—चुम्बकत्व; 'लौगैरिथम'—लघुगणक; 'कैलकुलस'—कलन; 'हिप्नौटिज़्म'—सम्मोहन; 'इनहिबिशन'—अवरोध; 'साइको-एनैलिसिस'—मनोविश्लेषण; 'एनालौजी'—सादृश्य;—'एल्ट्रूइज़्म'—परार्थवाद; 'एनाबोलिज़्म'—चय; 'ऑकल्टिज़्म'—गुह्यविद्या; 'स्प्लीन'—प्लीहा; 'डेंसिटी'—घनत्व इत्यादि।

इस तरह के हज़ारों शब्द भंडारी-कोश और उसके तीस साल बाद के सरकारी कोश में ज्यों-के-त्यों विद्यमान हैं। इनके सिवा ऐसे भी सैकड़ों शब्द हैं जिनमें

सरकारी कोश ने नाममात्र का परिवर्तन किया है। 'डायलेटेशन' के लिए भंडारी के 'विस्तारन' को यहाँ 'विस्तारण' कर दिया गया है—'न' का 'ण'! अथवा 'सिस्टोल' के लिए भंडारी-कृत 'आकुंचन' सरकारी कोश में 'प्रकुंचन' हो गया! 'थोरैसिक' के लिए भंडारी ने लिखा : 'वक्ष-सम्बन्धी'; सरकारी कोश में उसे 'वक्षीय' कर दिया गया! 'आइसोटोप' के लिए भंडारी ने लिखा : 'समस्थानीय'; सरकारी कोश ने उसे किया : 'समस्थानिक'!

इस सरकारी कोश के सम्पादकों-संरक्षकों से यह पूछना अनुचित न होगा कि आख़िर वे शब्द कौन-से हैं जिन्हें दस साल में आप लोगों ने 'इवौल्व' किया है, या 'क्वायन' किया है, जिनके अभाव में हिन्दी राष्ट्रभाषा न बन सकती थी, दरिद्र थी, आधुनिक जीवन से सम्बन्धित विचारों को प्रकट करने में अक्षम थी? प्रत्येक हिन्दी-प्रेमी को सरकार और उसके मुलाजिमों से यह प्रश्न करना चाहिए कि दस साल से लगातार हिन्दी के जिन अभावों की आप घोषणा कर रहे थे, वे कौन-से हैं? किन शब्दों की रचना करके आपने उन अभावों की पूर्ति की है? अपार धन व्यय करके आपने जिस कोश की रचना की है, स्पष्ट बताइए कि इसमें कितने शब्द ऐसे हैं जो हिन्दी में पहले से विद्यमान न थे?

मेरा अनुमान है कि कोश में नये गढ़े हुए शब्दों को बहुत परिश्रम से ढूँढ़ निकाला जाए तो छपने पर वे पन्द्रह-बीस पृष्ठों से ज़्यादा जगह न घेरेंगे। यह बात सही हो तो सरकार ने फी साल केवल डेढ़ या दो पृष्ठों की नवीन सामग्री प्रस्तुत की।

यदि किसी को विश्वास हो कि नवनिर्मित शब्दों की संख्या पन्द्रह-बीस पृष्ठों से अधिक परिमाण की होगी, तो उससे प्रार्थना है कि वह ऐसे शब्दों का संग्रह कर डाले, उसे प्रकाशित कर दे, यह हिन्दी की बहुत बड़ी सेवा होगी। एकदम वैज्ञानिक ढंग से पता चल जाएगा कि हिन्दी की भाषागत समृद्धि में ठीक-ठीक कितने शब्दों का इजाफा किया गया है।

इस कोश-निर्माण के लिए आई.सी.एस. ऑफिसर, शिक्षा मंत्रालय के स्पेशल ऑफिसर ऑन ड्यूटी; मद्रास, मैसूर, बंगलोर, पूना, कलकत्ता, बम्बई, दिल्ली से निकट और दूर के, नगरों से बीसियों विशेषज्ञों का पचासों बार आवागमन, उनके टी.ए. बिल, दिल्ली में ठहरने का भत्ता, एक स्थायी कार्यालय और उसके कर्मचारी—आप हिसाब लगाएँ, फी शब्द सौ टके से कम नहीं पड़ा। पहले तीन लाख शब्द गढ़े या इकट्ठे किये गए। उनमें बहुत-से शब्द दुहराये-तिहराये गए थे। मनोविज्ञान के शब्द दर्शन में भी आ गए और भौतिकी के शब्द रसायन में। इन फालतू शब्दों की छँटाई के बाद इस कोश में एक लाख से कुछ ऊपर शब्द बच रहे हैं। कोश पर करोड़ों रुपये ख़र्च हुए। इतना धन व्यय करने के बाद भी पता नहीं चलता कि नवनिर्मित शब्द दरअसल कितने हैं। शिक्षा मंत्रालय के उच्च अधिकारियों ने सम्भवत: कोश को पन्ने पलटकर देखा भी नहीं है, वरना श्री आर.पी.

नायक तीन लाख 'नये शब्द गढ़ने' की बात न लिखते। कोश में प्रकाशित एक अन्य अंग्रेज़ी लेख में उन सिद्धान्तों का विवेचन किया गया है जिनके अनुसार शब्द-संग्रह का कार्य सम्पादित किया गया है। इस लेख में बताया गया है कि सम्पादकों ने हिन्दी में पहले से प्रचलित शब्द-राशि से लाभ उठाया है। इस लेख में लाखों नये शब्द गढ़ने का दावा नहीं किया गया। इसमें प्राचीन और मध्यकालीन भारतीय साहित्य से शब्द लेने की बात भी कही गई है। सरकारी भूमिका में नये शब्द गढ़कर हिन्दी की दरिद्रता दूर करने का जो दावा किया गया है, वह इस लेख की बातों से कट जाता है।

इस लेख में शब्दों के अर्थ निश्चित करने के बारे में कुछ बातें कही गई हैं, जो ग़लत हैं। जिन प्राचीन शब्दों को खोज निकालने का दावा किया गया है, उनमें 'कैलकुलस' का पर्याय 'कलन' भी है। यह शब्द भंडारी जी के कोश में विद्यमान है। इसी तरह 'हीट' के लिए 'ऊष्मा' को निश्चित करने की जो बात कही गई है, वह सही नहीं है। भौतिकी पुस्तकों में 'हीट' के लिए ऊष्मा का प्रयोग काफ़ी पहले से होने लगा था। कोश में कुछ प्रचलित शब्दों को छोड़कर नये शब्द गढ़े गए हैं। यह गढ़न्त अक्सर भोंडी हो गई है। 'नर्व' के पर्याय-रूप में 'स्नायु' हिन्दी का प्रचलित शब्द था। उसे हटाकर 'तंत्रिका' शब्द स्थापित किया गया है। 'स्नायु-तंत्र' सुनने में अच्छा लगता है। उसके बदले इस कोश के अनुसार 'तंत्रिका-तंत्र' का चलन होना चाहिए! 'डिप्लोमैसी' के लिए हिन्दी में 'कूटनीति' शब्द प्रचलित है। इस कोश में उसके लिए नया शब्द दिया है : 'राजनय'! 'अग्नौस्टीसिज़्म' का पर्याय दिया गया है : 'अनीश्वरवाद', जो ग़लत है। इसके विपरीत भंडारी जी के कोश में सही शब्द दिया गया है : 'अज्ञेयवाद'। 'स्पेस' या 'आउटर स्पेस' का समानार्थी हमारा प्राचीन शब्द है : 'अन्तरिक्ष'। उसे कोश में जगह नहीं मिली। 'नेशनैलिटी' का समानार्थी प्रचलित शब्द है : 'जाति'। सरकारी कोश ने भोंडी गढ़न्त की है : 'राष्ट्रिकता'।

एक विचित्र बात यह है कि एक ही शब्द से सम्बन्धित शब्द-समूह में पर्यायों की यथेष्ट भिन्नता दिखाई देगी। 'स्पेस टाइम' के लिए 'दिक् काल' किन्तु 'स्पेस टाइम कर्व' के लिए 'अवकाश-समय-वक्र'। ऐसे भी सैकड़ों शब्द हैं जो कोश में नहीं आए—यथा : 'एग्ज़ॉल्टेशन', 'पैन्थीइज़्म', 'ईस्थेसिया', 'कौस्मोनॉट', 'जनरल स्ट्राइक' इत्यादि।

ज़्यादा अच्छा होता कि सरकार ज्ञान-विज्ञान के समस्त क्षेत्रों में हिन्दी का समृद्ध करने का ठेका न लेती। वह शासन-व्यवस्था, न्याय, व्यापार आदि उन क्षेत्रों के शब्दों का ही संग्रह कराती जिससे उसे आये-दिन साबिका पड़ता है। आख़िर लोक सभा के सदस्य या मंत्रिगण अपनी राजनीतिक हैसियत से भौतिकी, रसायन या जीवविज्ञान पर तो ग्रंथ रचेंगे नहीं। हिन्दी को केन्द्रीय राजकाज की

भाषा बनाने के लिए देखना यह चाहिए था कि उसमें राजकाज के शब्द हैं या नहीं। यह सीधा-सादा छह महीने में खत्म होनेवाला काम न करके सरकार ने दो पंचवर्षीय योजनाओं का समय लगा दिया—समस्त विषयों के इस शब्द-संग्रह में।

शब्द-संग्रह तैयार हो गया। धन, समय और शक्ति के अपव्यय के बावजूद यह लाख से ऊपर शब्दों का संग्रह प्रस्तुत है। भारत के डेढ़ फीसदी अंग्रेज़ीदाँ बुद्धिजीवी जो पहले अंग्रेज़ी में सोचते हैं, फिर अपने सोचने का फल किसी भारतीय भाषा में प्रकट करते हैं, इस कोश की सहायता से हिन्दी में अब अपने अमूल्य विचार प्रकट कर सकते हैं। क्या अब केन्द्रीय राजकाज अंग्रेज़ी के बदले हिन्दी में होने लगा है? नहीं, इसके विपरीत अनिश्चित काल के लिए अंग्रेज़ी हमारी राष्ट्रभाषा घोषित कर दी गई है।

दो निष्कर्ष स्पष्ट हैं :

(1) हिन्दी में पारिभाषिक शब्दों के अभाव की बात राजनीतिज्ञों का झूठा प्रचार है। सरकारी शब्द-संग्रह के 99 फीसदी शब्द हिन्दी-पुस्तकों और कोश में पहले से विद्यमान हैं।

(2) कोश-निर्माण द्वारा हिन्दी को समृद्ध करने, उसे राजभाषा पद के योग्य बनाने की सारी प्रक्रिया एक राजनीतिक चाल है, जिसका उद्देश्य है : हिन्दी-भाषियों तथा समस्त राष्ट्रभाषा-प्रेमियों की आँखों में धूल झोंकना।

राष्ट्रीयता और जनतंत्र का आधार संकुचित करके अंग्रेज़ी पढ़े-लिखे मुट्ठी-भर लोग जो भारत के शासन-तंत्र का संचालन करते हैं, वे अपना निहित स्वार्थ छोड़ने को तैयार नहीं हैं। उनकी धारणा है कि अंग्रेज़ी के बिदा होने पर उन्हें भी भारतीय रंगमंच से बिदा लेनी होगी। हिन्दी-भाषी तथा समस्त भारतीय जनता का हित इसी में है कि अंग्रेज़ीदाँ नौकरशाहों का यह वर्ग जल्दी-से-जल्दी शासन-तंत्र से दूर हो, तभी देश की समस्त भाषाएँ जनता की सामाजिक और सांस्कृतिक उन्नति का साधन बनेंगी और भारत अपनी प्रभुसत्ता को पूरी तरह चरितार्थ करेगा।

[1963]

28

वामपंथी कम्युनिस्ट पार्टी के कार्यक्रम का मसौदा

[भाषा-सम्बन्धी नीति की आलोचना]

वामपंथियों के कार्यक्रम के मसौदे में भारतीय भाषाओं की समानता के बारे में बहुत-सी और बहुत अच्छी-अच्छी बातें कही गई हैं। लेकिन कहीं यह नहीं बताया गया कि भारत की सभी भाषाओं पर अपना आधिपत्य जमाये हुए जो अंग्रेज़ी बैठी हुई है, उसके बारे में वामपंथी कम्युनिस्ट क्या करने जा रहे हैं। मसौदे में यह सराहनीय बात कही गई है कि विभिन्न राज्यों तथा वहाँ की जनता के बीच आर्थिक, राजनीतिक और सांस्कृतिक सहयोग को बढ़ावा देकर भविष्य में क़ायम होनेवाली जनता की जनवादी सरकार भारत की एकता को दृढ़ करेगी। यह एकता दृढ़ करने का काम अंग्रेज़ी के द्वारा होगा या किसी भारतीय भाषा के द्वारा?

जहाँ तक हिन्दी का सम्बन्ध है, मसौदे में कहा गया है कि अखिल भारतीय स्तर पर हिन्दी का व्यवहार अनिवार्य न होगा लेकिन विभिन्न राज्यों की सरकारों के बीच सम्पर्क भाषा बनने के लिए हिन्दी को प्रोत्साहन दिया जाएगा।

हिन्दी का व्यवहार अनिवार्य न होगा, बहुत अच्छी बात है, क्योंकि हिन्दी के व्यवहार को अनिवार्य बनाना जनतंत्र-विरोधी कार्य होगा। लेकिन अंग्रेज़ी को हटाना अनिवार्य क्यों न कर दिया जाए? मातृभाषाओं के व्यवहार पर सही ज़ोर, लेकिन अखिल भारतीय स्तर पर हिन्दी के व्यवहार को लेकर आगा-पीछा—ऐसा क्यों? जनता की जनवादी सरकार हिन्दी के व्यवहार को प्रोत्साहन देगी! मानो विभिन्न प्रदेशों की जनता ने अभी तक परस्पर आदान-प्रदान की आवश्यकता का अनुभव ही न किया हो! मानो वह अभी तक राह देख रही हो कि जनता की जनवादी सरकार बन जाए, तब वह आपसी सम्पर्क का काम शुरू करे! और विभिन्न राज्यों की सरकारों के ही परस्पर सम्पर्क के लिए हिन्दी को प्रोत्साहन क्यों दिया जाएगा? क्या अन्तर्प्रादेशिक सम्पर्क की आवश्यकता केवल सरकारों को पड़ती है? जनता की जनवादी सरकार क़ायम होने पर जनता को इस सम्पर्क की आवश्यकता पड़ेगी या नहीं? भारत की सांस्कृतिक, राजनीतिक और आर्थिक एकता दृढ़ करने में जनता का भी कुछ हिस्सा होगा या नहीं?

जनता के बाएँ और साम्राज्यवाद के दाएँ—वामपंथी मसौदे का सारतत्त्व यही है। ज़ोरों से हिन्दी की अस्वीकृति और अंग्रेज़ी की स्वीकृति, आज के लिए भी और कल के लिए भी—यह है मसौदे की नीति। सत्रह साल से कांग्रेस जिस नीति पर चलती आई है, उससे इस वामपंथी नीति में कुछ ज़्यादा फ़र्क़ नहीं दिखाई देता।

साम्राज्यवादी अंग्रेज़ी के प्रसार और शिक्षण पर करोड़ों रुपये ख़र्च कर रहे हैं। भारत के सबसे बड़े 'राष्ट्रीय' अख़बार अंग्रेज़ी में निकलते हैं और उनके मालिक बड़े पूँजीपति हैं। इनमें अहिन्दी और हिन्दी, दोनों तरह के पूँजीपति हैं। मध्यवर्ग के पढ़े-लिखे लोग नौकरशाही मशीन चलाते हैं और उन्हीं में से भारत की राजनीतिक पार्टियों के नेता भी बनते हैं। इन पार्टियों का राजनीतिक काम अंग्रेज़ी में होता है। इनमें से अनेक पार्टियाँ चाहती हैं कि अंग्रेज़ी जाए लेकिन वे अपना अन्तर्प्रादेशिक काम करती हैं अंग्रेज़ी में! सरकार से यह कहना कि यह करो, वह करो, तब तक बिलकुल फिजूल है जब तक राजनीतिक पार्टियाँ अखिल भारतीय कामों के लिए अंग्रेज़ी का सहारा लेना नहीं छोड़तीं। वामपंथी कार्यक्रम के मसौदे में कहा गया है कि पार्लियामेंट के सदस्य अपनी-अपनी भाषा में बोल सकेंगे और भाषणों के सभी भाषाओं में अनुवादित होने की व्यवस्था होगी। वामपंथी कम्युनिस्ट अपनी पार्टी कांग्रेस में इस प्रस्ताव पर अमल करके खुद अपने अन्दर अंग्रेज़ी का व्यवहार खत्म क्यों नहीं कर देते? भारतीय जनता के किसी भी हिस्से को अंग्रेज़ी के क़ायम रहने से लाभ नहीं है। श्रमिक आन्दोलन में विभिन्न जातियों के मज़दूर परस्पर सम्पर्क के लिए हिन्दी का व्यवहार करते हैं।

आज भारतीय जीवन में मुख्य अन्तर्विरोध हिन्दी और अहिन्दी भाषाओं में नहीं, अंग्रेज़ी तथा समस्त भारतीय भाषाओं में है। हिन्दी-अहिन्दी भाषाओं में जो भी अन्तर्विरोध हो, उसे गौण मानकर पहले मुख्य अन्तर्विरोध को हल करने की कोशिश करनी चाहिए। बड़े समाचार-पत्रों की भाषा अंग्रेज़ी, विभिन्न राजनीतिक पार्टियों में अंग्रेज़ी, विश्वविद्यालयों में अंग्रेज़ी, विज्ञान-सम्बन्धी प्रकाशन के लिए अंग्रेज़ी, राष्ट्रीय और अन्तरराष्ट्रीय स्तरों पर केन्द्रीय सरकार की व्यवहार-भाषा अंग्रेज़ी, राज्यों में सरकारी भाषा अंग्रेज़ी! अब बताइए, अहिन्दी जातियों की प्रगति के लिए खतरा हिन्दी साम्राज्यवाद से है या अंग्रेज़ी साम्राज्यवाद से?

अहिन्दी जातियों के अधिकारों के लिए लड़ना और इस बात को भूल जाना कि अंग्रेज़ी सब पर हावी है, इस नीति का एक ही कारण है—अलगाव की भावना। आप प्रादेशिक स्तर पर जातियों के गठन की माँग करते हैं, उनकी भाषाओं के लिए समस्त अधिकारों की माँग करते हैं। लेकिन अखिल भारतीय स्तर पर राष्ट्रीय एकता को सुदृढ़ करने के लिए आप किसी भारतीय भाषा के लिए अधिकार नहीं माँगते। आप सहारा लेते हैं अंग्रेज़ी का, जिसका मतलब है : डेढ़ फीसदी भारतवासियों की एकता को सुदृढ़ करना। इसका मतलब है : सामाजिक और सांस्कृतिक विकास

की अखिल भारतीय धारा से तटस्थ हो जाना। आप इस विकास को अंग्रेज़ी तक सीमित कर देते हैं। आप अपने प्रदेश की ही भाषा और संस्कृति के विकास की बात सोचते हैं। यही है अलगाव की भावना। अंग्रेज़ी का सूत्र बहुत कमज़ोर है और ज़रा से झटके से टूट सकता है। आपके लिए मज़बूत सूत्र हैं प्रादेशिक भाषा, जो आपको प्रदेश से बाँधती है। लेकिन दूसरे प्रदेशों से जो आपको बाँधे, वह सूत्र कौन-सा है? तब क्या आश्चर्य कि द्रविड़ कषगम अलग तमिल राज्य बनाने की माँग करता रहा है, नागा जनों के लिए फ़िजो महाशय अलग राज्य चाहते हैं, शेख अब्दुल्ला कश्मीर के लिए आत्मनिर्णय का अधिकार चाहते हैं। राजाजी, फील्ड-मार्शल अय्यूब खाँ, चाऊ-एन-लाई और अंग्रेज़ी-भाषी जनतंत्रों के ब्रिटिश-अमरीकी नेता—सभी आत्मनिर्णय के अधिकार का समर्थन करते हैं।

भारत की वर्तमान राजनीतिक परिस्थिति में अलगाव से केवल साम्राज्यवाद का हित होता है। इसीलिए राष्ट्रीय एकता को सुदृढ़ करना सभी देश-प्रेमियों का सर्वोपरि कर्तव्य है।

आत्मनिर्णय की माँग सार्थक तब होती है जब साम्राज्यवाद के विरुद्ध संघर्ष करती हुई जनता अपनी स्वाधीनता के लिए आत्मनिर्णय की माँग करे। ज़ारशाही रूस में यह माँग सार्थक थी क्योंकि रूसी पूँजीपति ग़ैर-रूसी जातियों का उत्पीड़न करते थे। भारत में यह माँग निरर्थक है। जो लोग शेख अब्दुल्ला को प्रोत्साहन देते हैं या जमकर उसका विरोध नहीं करते, वे देश के प्रति विश्वासघात कर रहे हैं।

अंग्रेज़ी के क़ायम रहने से प्रादेशिक भाषाओं को ही नुक़सान होता है। फिर किसी भी प्रदेश की भाषा और संस्कृति का विकास अलगाव की हालत में नहीं हुआ। प्रत्येक भाषा में उसके साहित्य की विषयवस्तु का आधार है देशभक्ति, न कि अलगाव-पंथी प्रादेशिकता। इसलिए अपने प्रदेश और उसकी भाषा पर ही ज़ोर देना और राष्ट्रीय एकता की बात भूल जाना हानिकर है।

वामपंथी कम्युनिस्ट राष्ट्र के अस्तित्व को स्वीकार करते हैं। मसौदे में कहा गया है कि छुटपुट संघर्ष बढ़ते-बढ़ते राष्ट्रीय (नेशनल) विद्रोह का रूप ले लेते; मसौदे में राष्ट्रीय स्वाधीनता-आन्दोलन, राष्ट्रीय संयुक्त मोर्चे आदि का उल्लेख है। इस राष्ट्र की एकता अंग्रेज़ी से दृढ़ नहीं हो सकती।

वामपंथी मसौदे में यह माँग की गई है कि भाषावार राज्यों के पुनर्गठन की प्रक्रिया पूरी की जाए। राज्य का गठन इस बात को ध्यान में रखते हुए करना चाहिए कि जनता के सामाजिक और सांस्कृतिक विकास में सुविधा हो। हर भाषा को लेकर केवल राज्य के लिए राज्य बनाना बचकानापन है।

कुछ लोग कहते हैं, अंग्रेज़ों का विरोध करने के कारण राष्ट्रीयता का जन्म हुआ। ऐसा हो तो भी मानना होगा कि साम्राज्यवाद का दबाव अभी बना हुआ है। वामपंथी मसौदे में कहा गया है कि एक ओर साम्राज्यवाद और सामन्तवाद, दूसरी

ओर पूँजीपतियों समेत तमाम जनता—इनका अन्तर्विरोध बना हुआ है। इसके अलावा मसौदे में ब्रिटिश-अमरीकी पूँजी की आमद की बात भी की गई है। तब तो राष्ट्रीय एकता को दृढ़ करना और भी आवश्यक है। प्रादेशिक अलगाव की भावना को दूर करना और भी महत्त्वपूर्ण है। लेकिन वामपंथी मसौदे में केवल हिन्दी को प्रोत्साहन देने की बात है—वह भी भविष्य में, जब जनता की जनवादी सरकार बनेगी। उसमें यह नहीं कहा गया कि अंग्रेज़ी को उसके वर्तमान पद से हटाना—कल नहीं—आज आवश्यक है। सभी राष्ट्रीय नेता एक समय कहते थे कि आम जनता की एकता अंग्रेज़ी के द्वारा कभी क़ायम नहीं हो सकती। इसलिए जो लोग भविष्य में हिन्दी को प्रोत्साहन देने और वर्तमान काल में अंग्रेज़ी क़ायम रखने की बातें करते हैं, वे विघटनकारी शक्तियों को प्रश्रय देते हैं।

[1964]

29
राष्ट्र, जाति और मार्क्सवाद

कुछ ऐसे भी विद्वान् इस देश में हैं जो कहते हैं कि भारत राष्ट्र नहीं है। उनके विचार से वह उप-महाद्वीप है। अंग्रेज़ों के आने से कुछ एकता उत्पन्न हो गई थी; अंग्रेज़ गए तो साथ में एकता भी ले गए।

1957 में जब लोग अठारह सौ सत्तावन की शताब्दी मना रहे थे, तब अनेक इतिहासकारों ने यह सिद्ध कर दिया कि उस समय न राष्ट्र था, न राष्ट्रीय चेतना। फिर वह राष्ट्रीय स्वाधीनता-संग्राम कैसे होता? इस कार्य में श्री रमेशचन्द्र मजूमदार ने विशेष प्रसिद्धि पाई। लेकिन इन्हीं श्रद्धेय इतिहासकार ने 'द क्लासिकल एज' नामक पुस्तक में 'मौर्यों के विशाल राज्य और उससे उत्पन्न राजनीतिक एकता' की चर्चा की थी। लिखा था कि "एक शताब्दी तक गुप्त-साम्राज्य आर्यावर्त की एकता और स्वाधीनता का प्रतीक बना रहा।" संस्कृत के आधार पर जो सांस्कृतिक एकता क़ायम हुई, उसके बारे में लिखा था कि विदेशी सत्ता और अनेक परिवर्तनों के बावजूद "वह आज भी भारतीय प्रजातंत्र की एकता और राष्ट्रीयता का एकमात्र सुदृढ़ आधार है।"

गुप्त-काल में 'रामायण' और 'महाभारत' को उनका वर्तमान रूप दिया गया। उस समय की राष्ट्रीय एकता की भावना इन महाकाव्यों में प्रकट होती है। भीष्म-पर्व के नवें अध्याय में धृतराष्ट्र संजय से कहते हैं कि उस भारतवर्ष का वर्णन करो जिसके लिए पांडवों और कौरवों ने अपनी सेनाएँ एकत्र की हैं। संजय ने जिस भारतवर्ष का वर्णन किया है, वह श्री मजूमदार के विशुद्ध आर्यावर्त से थोड़ा भिन्न है क्योंकि उसमें म्लेच्छ भी रहते हैं।

भारतवर्ष की नदियों में सिन्धु, गंगा, नर्मदा, गोदावरी, कृष्णा, कावेरी आदि हैं। जनपदों में कश्मीर, आन्ध्र, केरल, कर्नाटक, अंग, बंग, कलिंग आदि हैं। कहनेवाले कह सकते हैं कि कवि ने गुप्त सम्राटों को प्रसन्न करने के लिए इन तमाम जनपदों को भारतवर्ष में गिना दिया है। ऐसा हो भी तो इसमें अनुचित क्या है? शेक्सपियर ने इंग्लैंड के लिए लिखा था :

यह सम्राटों द्वारा शासित द्वीप...
यह भव्य प्रदेश, यह धरती, यह राज्य, यह इंग्लैंड,

यह महाराजाओं का गर्भस्थल, यह उनकी धरित्री,
उनके जन्म लेने से प्रसिद्ध, उनके वंश के कारण शत्रु में भय उत्पन्न करनेवाला।

फिर कोई भारतीय कवि किसी गुप्त-सम्राट् की प्रशस्ति के गीत क्यों न गाये? किन्तु महाभारत के कवि ने भारतवर्ष की प्रशस्ति लिखी है, राजाओं और सम्राटों की नहीं। राजाओं और सम्राटों के लिए लिखा है कि वे भूमि के लिए वैसे ही लड़ते हैं, जैसे मांस के लिए कुत्ते!

देवमानुषकायानां कामं भूमिः परायणम्।
अन्योन्यस्यावलुम्पंति सारमेया यथामिषम्॥
राजानो भरतश्रेष्ठ भोक्तुकामा वसुन्धराम्।
न चापि तृप्तिः कामानां विद्यतेऽद्यापि कस्यचित्॥
तस्मात् परिग्रहे भूमेर्यतन्ते कुरुपाण्डवाः।
साम्ना भेदेन दानेन दण्डेनैव च भारत॥
पिता भ्राता च पुत्राश्च खंद्यौश्च नरपुंगव।
भूमिर्भवति भूतानां सम्यगच्छिद्रदर्शना॥

[देव-शरीरधारी प्राणियों के लिए और मानव-शरीरधारी जीवों के लिए यथेष्ट फल देनेवाली यह भूमि उनका परम आश्रय होती है। जैसे कुत्ते मांस के टुकड़े के लिए परस्पर लड़ते और एक-दूसरे को नोचते हैं, उसी प्रकार राजा लोग इस वसुधा को भोगने की इच्छा रखकर आपस में लड़ते और लूटमार करते हैं किन्तु आज तक किसी को अपनी कामनाओं से तृप्ति नहीं हुई। इस अतृप्ति के ही कारण कौरव और पांडव साम, दाम, भेद और दंड के द्वारा सम्पूर्ण वसुधा पर अधिकार करने के लिए यज्ञ करते हैं। यदि भूमि के यथार्थ स्वरूप का सम्पूर्ण रूप से ज्ञान हो जाए तो वह परमात्मा से अभिन्न होने के कारण प्राणियों के लिए पिता, भ्राता, पुत्र, आकाशवर्ती पुण्यलोक तथा स्वर्ग भी बन जाती है।]

यूरोप के प्राचीन साहित्य में इस मानवतावाद का जवाब नहीं है। शेक्सपियर की राष्ट्रीय गौरव-भावना से यह धरती-प्रेम बहुत ऊँचा है। इसलिए भारतवर्ष की प्रशस्ति सम्राटों की वन्दना नहीं, भारतभूमि और उसकी जनता की वन्दना है। वह हमारी प्राचीन राष्ट्रीय भावना की द्योतक है। 'रामायण', 'मेघदूत' और 'कुमारसम्भव' में इसी प्रकार राष्ट्रीय चेतना के दर्शन होते हैं।

मार्क्सवाद के अनुसार जातियाँ (नेशन) पूँजीवादी युग की देन हैं। लेकिन पूँजीवाद हैं क्या? पूँजीवाद उत्पादन की एक पद्धति है। तब क्या शेक्सपियर के समय में उत्पादन की पद्धति बदल चुकी थी? यदि हाँ, तो पगार पानेवाला सर्वहारा वर्ग कहाँ था? 1844 में एंगेल्स ने अपने समय के इंग्लैंड के बारे में—'इंग्लैंड के मज़दूर-वर्ग की दशा' नामक पुस्तक में—लिखा था : "इंग्लैंड के सर्वहारा-वर्ग का इतिहास पिछली शताब्दी के उत्तरार्द्ध से आरम्भ होता है।"

अठारहवीं सदी से पहले इंग्लैंड में सर्वहारा-वर्ग नहीं था। उत्पादन की पद्धति में कोई बुनियादी परिवर्तन न हुआ था। जुलाहे खेती भी करते थे। धरती से उनका सम्बन्ध टूटा न था। वे घुमन्तू सौदागरों को अपना माल बेचते थे। लेकिन वे अभी बाज़ार में अपनी श्रमशक्ति बेचने को बाध्य न थे। यदि पूँजीवाद केवल उत्पादन की पद्धति है, तो सोलहवीं-सत्रहवीं सदी के अंग्रेज़ जाति के रूप में संगठित न हो सकते थे। लेकिन मिल्टन ने 1644 ई. में क्रौमवेल की विजय के बाद लिखा था : "मुझे अपने मनोलोक में दिखाई दे रहा है कि एक शक्तिशाली जाति (नेशन) नींद से उठे हुए सबल मानव के समान अपने केश झटक रही है।"

रूस में पूँजीवादी उत्पादन उन्नीसवीं सदी के उत्तरार्द्ध में आरम्भ हुआ, किन्तु लेनिन के अनुसार : रूसी जाति का निर्माण सत्रहवीं सदी में हुआ। लेनिन ने रूस के सामाजिक विकास का विश्लेषण करके दिखाया था कि व्यापारियों ने रूस में एक देशव्यापी बाज़ार क़ायम किया था। यह समझना चाहिए कि पूँजीवाद केवल उत्पादन की पद्धति नहीं, वितरण की पद्धति भी है। मार्क्सवादी भारतीय इतिहास को तब तक सही तौर से न समझ सकेंगे जब तक वे सामाजिक विकास में वितरण की भूमिका का महत्त्व स्वीकार न करेंगे।

एंगेल्स ने एंटी-डूयरिंग में लिखा था कि उत्पादन और विनिमय अर्थतंत्र की दो धुरी हैं। दोनों के नियम बहुत-कुछ स्वतंत्र हैं और वे दोनों एक-दूसरे को प्रभावित करते हैं। एंगेल्स ने इस बात पर ज़ोर दिया था कि प्रत्येक समाज-व्यवस्था का आधार उत्पादन और वितरण, दोनों हैं। पूँजी के तीसरे खंड में मार्क्स (अथवा एंगेल्स) ने बताया था कि औद्योगिक पूँजी का निर्माण तभी होता है जब उससे पहले सौदागरी पूँजी का निर्माण हो चुका हो। मार्क्स ने लिखा था कि सोलहवीं-सत्रहवीं सदी में सौदागरी पूँजीवाद के विकास के साथ भारी क्रान्तियाँ हुईं और सामन्ती उत्पादन से पूँजीवादी उत्पादन के बीच संक्रमण की यह सबसे महत्त्वपूर्ण कड़ी थी। मार्क्स ने लिखा था कि व्यापार में क्रान्ति होने से विश्व-बाज़ार क़ायम हुआ। आश्चर्य की बात होगी, विश्व-बाज़ार तो क़ायम हो जाए, जातीय बाज़ार (नेशनल मार्केट) क़ायम न हो।

सोलहवीं-सत्रहवीं सदियों में भारत विश्व-बाज़ार का बहुत महत्त्वपूर्ण अंग था। हमारे यहाँ यूरोप का माल बिकने आता था, यहाँ का माल वहाँ बिकने जाता था। एडम स्मिथ ने लिखा था कि उन दिनों यूरोप का मुख्य व्यापार यह था कि पश्चिमी देश अपनी अनगढ़ चीज़ें देकर अधिक सभ्य देशों का बढ़िया माल लाते थे। आश्चर्य की बात होगी, यदि असभ्य देशों में तो राष्ट्रीय या जातीय चेतना फैल गई हो और सभ्य देशों में उसका अभाव रहा हो।

मार्क्स ने लिखा था कि "प्राचीन काल की व्यापारी जातियाँ एपीक्यूरस के देवताओं की तरह ब्रह्मांड के मध्यलोक में रहती थीं; अथवा यों कहें, जैसे पोलैंड

के समाज में यहूदी भीतर पैठ गए थे।" मार्क्स ने व्यापारी जातियों (ट्रेडिंग नेशंस) का उल्लेख किया है। इसका अर्थ यह है कि व्यापारी पूँजीवाद का विकास सोलहवीं-सत्रहवीं सदी से पहले प्राचीन काल में भी हुआ था। जातियों का उद्भव आधुनिक पूँजीवाद के जन्म से बहुत पहले हो चुका था। 'अर्थशास्त्र की आलोचना' नामक ग्रंथ में मार्क्स ने प्राचीन काल की जातियों की चर्चा की थी। उन्होंने लिखा था कि प्राचीन काल की व्यापारी जातियों में धन (मनी) की भूमिका महत्त्वपूर्ण होती है।

गुप्त-युग में भारत के जनपदों में परस्पर आर्थिक विनिमय बढ़ा। उस समय के व्यापारी भारतवर्ष से बाहर निकलकर दक्षिण-पूर्वी एशिया और यूरोप तक अपना व्यापार करते रहे। जनपदों में परस्पर सांस्कृतिक सम्पर्क बढ़ा। संस्कृत द्वारा वे एक-दूसरे से विचारों का आदान प्रदान करते रहे। तब क्या आश्चर्य कि भारतवर्ष में राष्ट्रीय चेतना का उदय हुआ और 'महाभारत' में उसे अभिव्यक्ति मिली?

प्राचीन यूनान का उदाहरण लीजिए। यह देश छोटे-छोटे राज्यों (जनपदों) में बँटा हुआ था। एथेंस के लोगों में बड़े-बड़े व्यापारी थे। इन्होंने यूनानी लोगों में राष्ट्रीय चेतना उभारने में बड़ा योगदान किया। यूनान के प्राचीन नाटकों—विशेष कर ईरानियों से सम्बन्धित ईस्किलस के नाटक में—यह चेतना उभरकर आई है। एथेंस का नेता पेरिक्लीज़ अपने नगर को हेलास (यूनान) का शिक्षक कहता था। प्रसिद्ध इतिहासकार थ्यूसीडाइडीज़ ने पेलोपनीसस के युद्ध पर अपने ग्रंथ में बारम्बार राष्ट्रीय भावना का उल्लेख किया है। ग्रंथ के दूसरे खंड के छठे अध्याय में उसने लिखा है : "पेलोपनीसस और एथेंस, दोनों में ऐसे नौजवान भरे हुए थे जो भावहीनता के कारण हथियार उठाने को बड़े उतावले थे। बाकी हेलास अपने प्रमुख नगरों के संघर्ष को देखकर आश्चर्यचकित हो रहा था।" यहाँ पेलोपनीसस और एथेंस को एक ही राष्ट्र हेलास का अंग माना गया है। ये दोनों राज्य हैं, परस्पर स्वतंत्र हैं, फिर भी जनता की चेतना में—विनिमय की बढ़ती के कारण और अन्य महत्त्वपूर्ण सांस्कृतिक और भाषागत तत्त्वों के कारण—वे अपने से बड़ी इकाई के भाग हैं। लैकेडिमोन (पेलोपनीसस) का राजदूत मेलेसिप्पस पेरिक्लीज़ से मिलने की अनुमति न पाकर कहता है : "यह दिन हेलास के महादुर्भाग्य के आरम्भ का दिन है।" ईसा से चार सौ साल पहले यूनान में यह राष्ट्रीय चेतना फैल सकती थी तो क्या ईसा से चार सौ साल बाद भारत में राष्ट्रीय चेतना का प्रसार असम्भव माना जाएगा?

बहस करनेवाले कह सकते हैं कि प्राचीन यूनानियों में राष्ट्रीय चेतना इसलिए फैली कि उन्हें ईरानियों से मुक़ाबला करना था। ऐसा ही सही। तब प्राचीन भारत में राष्ट्रीय चेतना शकों और हूणों का मुक़ाबला करने के लिए पैदा हुई। कारण चाहे जो बताया जाए, प्राचीन यूनान और प्राचीन भारत में राष्ट्रीय चेतना के अस्तित्व से इनकार नहीं किया जा सकता।

फिर भी रूढ़िवादी मार्क्सवादी कहेंगे, 'नेशन' उसे कहते हैं जिसकी भाषा एक हो। यूनान में मिलती-जुलती बोलियाँ बोली जाती थीं। लेकिन यहाँ तो आर्य और द्रविड़ एकदम भिन्न भाषा-परिवार थे। फिर भारत राष्ट्र कैसे हुआ?

प्राचीन भारत में अनेक भाषाएँ थीं किन्तु शिक्षित-जन संस्कृत द्वारा अखिल भारतीय स्तर पर आपस में सम्पर्क बनाए हुए थे। आर्यावर्त से सबसे ज़्यादा दूर बंगाल और केरल थे, फिर भी इनकी भाषाओं में संस्कृत के शब्द अपेक्षाकृत अधिक हैं। इससे संस्कृत के देशव्यापी प्रभाव का पता चलता है। प्रकांड पंडित शंकराचार्य केरल ही के थे। बंगाल के न्यायशास्त्री दूर-दूर तक विख्यात हुए। फिर भी प्रश्न बना रहता है कि क्या एक से अधिक भाषाएँ बोलनेवालों को राष्ट्र की संज्ञा दी जा सकती है?

स्तालिन ने 'नेशन' की जो प्रसिद्ध व्याख्या की थी, उसमें एक से अधिक भाषा की गुंजाइश नहीं है। ब्रिटिश जाति और फ्रांसीसी जातियों की एक-एक भाषा है : अंग्रेज़ी और फ्रांसीसी। फिर भी मार्क्सवादी लेखक 'नेशनल फ्रीडम मूवमेंट' की बात करते हैं, सौभाग्य से वे उसे 'इंटरनेशनल फ्रीडम मूवमेंट' नहीं कहते।

अंग्रेज़ी का 'नेशन' शब्द बड़ा भ्रामक है। भारतीय भाषाओं में दो शब्द हैं—'राष्ट्र' और 'जाति'। भारत राष्ट्र, हिन्दी-भाषी जाति। ब्रिटेन राष्ट्र, ब्रिटिश जाति। ब्रिटेन राष्ट्र में एक ही भाषा है। भारत में अनेक भाषाएँ हैं। जाति की भाषा एक ही होती है। राष्ट्र में एक जाति, एक भाषा तथा अनेक जातियाँ, अनेक भाषाएँ हो सकती हैं। भारतेन्दु हरिश्चन्द्र ने 'जातीय संगीत' में 'जाति' शब्द का प्रयोग इसी अर्थ में किया था।

अंग्रेज़ी का 'पेट्रियोटिज्म' शब्द राष्ट्रीयता के बहुत निकट है किन्तु उसके मूल लैटिन शब्द 'पात्रिआ' का अंग्रेज़ी में चलन नहीं है। राष्ट्र को 'पात्रिआ' कह सकते हैं, 'नेशन' नहीं। राष्ट्र के लिए 'नेशन' को पर्यायवाची मानें तो 'भारत बहुजातीय राष्ट्र है'। इस वाक्य का अनुवाद होगा : 'इंडिया इज ए मल्टीनेशनल नेशन'!

बहुजातीय राष्ट्र में राष्ट्रीयता का आधार क्या है? उदाहरण के लिए, सोवियत राष्ट्रीयता (सोवियत पेट्रियोटिज्म) का आधार क्या है? यह राष्ट्रीयता केवल भावजगत् की वस्तु नहीं है। मार्क्सवाद के अनुसार : जाति की तरह बहुजातीय राष्ट्रीयता का भी आर्थिक आधार होना चाहिए। क्या इसका आधार समाजवाद है? सोवियत संघ के अनेक समाजवादी पड़ोसी हैं किन्तु उनकी राष्ट्रीयता या देशभक्ति सोवियत राष्ट्रीयता या सोवियत देशभक्ति से भिन्न है। राष्ट्र की अनेक जातियाँ सामान्य आर्थिक सम्बन्धों, सामान्य देश में निवास, सामान्य ऐतिहासिक परम्पराओं और सामान्य सांस्कृतिक सूत्रों के कारण परस्पर सम्बद्ध होती हैं। भारत देश में निवास करनेवाली जातियों की भाषाएँ, प्रदेश, आर्थिक सम्बन्ध, साहित्य और संस्कृति अलग-अलग हैं। फिर भी उन सबका देश एक है; उन सबका राष्ट्रीय इतिहास एक है; उनकी मिली-जुली परस्पर सम्बद्ध साहित्यिक परम्परा है; उनके आर्थिक सम्बन्ध पहले की

अपेक्षा आज और भी दृढ़ हैं। इसलिए जो लोग भारत की तुलना यूरोप से करते हैं, जो देश को उप-महाद्वीप कहते हैं, वे एक ऐतिहासिक सत्य से इनकार करते हैं। राष्ट्रीयता के विकास में केवल आर्थिक सम्बन्धों की भूमिका महत्त्वपूर्ण नहीं होती। ऐसा होता तो चेकोस्लोवाकिया, रूमानिया और पोलैंड सोवियत राष्ट्र के अन्तर्गत होते। उनकी अपनी ऐतिहासिक और सांस्कृतिक परम्पराएँ हैं जो उनकी राष्ट्रीयता निर्धारित करती हैं।

कहा जा सकता है कि इस तरह की बहुजातीय राष्ट्रीयता समाजवाद के अन्तर्गत ही सम्भव है। पूँजीवाद में तो जातियाँ, पूँजीपतियों के प्रभाव के कारण, परस्पर लड़ा करती हैं। यह बात सही नहीं है। पूँजीवाद के अन्तर्गत 'जाति' का निर्माण होता है या नहीं? यह जाति सर्वहारा-वर्ग और पूँजीपतियों के बीच संघर्ष के कारण विभाजित रहती है या नहीं? विभाजित रहती है किन्तु पूँजीपति और मज़दूर एक ही उत्पादन-वितरण व्यवस्था में काम करते हैं, इसलिए जाति सम्बद्ध भी रहती है। इसी तरह पूँजीवाद के अन्तर्गत एक ही राष्ट्र की अनेक जातियाँ आपस में स्पर्धा करती हैं, साथ ही राष्ट्र की आर्थिक व्यवस्था में एक-दूसरे से सम्बद्ध भी रहती हैं। इसके अलावा सभी लोग मानते हैं कि देश की विभिन्न जातियों ने अंग्रेज़ों के विरुद्ध 'राष्ट्रीय' आन्दोलन चलाया था। इसका अर्थ यह है कि विशेष परिस्थितियों में जातियों का आपसी तनाव कम हो जाता है और उनकी राष्ट्रीय एकता उभरकर सामने आ जाती है। यह भी ध्यान देने योग्य बात है कि समाजवादी व्यवस्था में जातीय और राष्ट्रीय अलगाव की भावनाएँ कभी-कभी बड़ा उग्र रूप धारण करती हैं। सोवियत संघ से यूगोस्लाविया, रूमानिया और चीन के सम्बन्ध इस सत्य को उजागर करते हैं।

भारत एक राष्ट्र है। हमारी राष्ट्रीयता केवल अंग्रेज़ों का विरोध करने के लिए—नकारात्मक रूप से—किन्हीं विशेष परिस्थितियों में उत्पन्न नहीं हो गई। उसकी जड़ें हमारी ऐतिहासिक और आर्थिक परस्पराओं में बहुत गहरी पैठी हुई हैं। आज की परिस्थिति में लोग चाहे जिस प्रदेश में रहते हों, उनकी आर्थिक, राजनीतिक और सांस्कृतिक प्रगति राष्ट्रीय एकता के बिना असम्भव है। किसी एक प्रदेश की उन्नति सारे देश की उन्नति पर निर्भर है।

भारत राष्ट्र से प्रेम है तो अंग्रेज़ी का मोह छोड़ना होगा। अंग्रेज़ी का प्रभुत्व राष्ट्र के लिए अपमानजनक है। विदेशी भाषाओं के साथ अंग्रेज़ी का अध्ययन भी किया जाएगा किन्तु वह भारतीय भाषाओं के हक मारकर यहाँ नहीं रह सकती। सभी प्रदेशों की जनता को अंग्रेज़ी हटाने के लिए मिलकर प्रयत्न करना चाहिए। जो लोग हिन्दी साम्राज्यवाद का भय दिखाते हैं, वे अंग्रेज़ी का साम्राज्यवाद सुरक्षित रखते हैं।

[1964]

30

'अन्तरराष्ट्रीय' वैज्ञानिक शब्दावली

बुद्धिजीवियों में, वे चाहे मार्क्सवादी हों चाहे ग़ैर-मार्क्सवादी, ऐसे लोगों की कमी नहीं है जो समझते हैं कि विज्ञान में कोई अन्तरराष्ट्रीय शब्दावली प्रचलित है। उनका तर्क यह है कि वर्तमान युग में विज्ञान अन्तरराष्ट्रीय हो गया है, इसलिए उसकी शब्दावली भी अन्तरराष्ट्रीय हो गई है। हिन्दी में यदि यह अन्तरराष्ट्रीय शब्दावली अपना ली जाए, तो पारिभाषिक शब्दावली की समस्या हल हो जाए!

स्थिति यह है कि यूरोप की भाषाओं में बहुत-से पारिभाषिक शब्द सामान्य हैं। लैटिन-ग्रीक के आधार पर बनाए हुए ये शब्द एक ही रूप में या थोड़े-से रूप-परिवर्तन के बाद विभिन्न यूरोपीय भाषाओं में प्रयुक्त होते हैं। ऐसे शब्दों को अपनाने में कोई हानि नहीं है। भारत सरकार की ओर से 1962 में जो पारिभाषिक शब्दकोश प्रकाशित हुआ है, उसमें लगभग हर पृष्ठ पर इस श्रेणी के कुछ शब्द दिये हुए हैं। कोबाल्ट, उरेनियम, उरेनस, उरेडियम, उरेआ, ऑक्सीजन, ऑक्सीनाइट्रेट, यूक्लिप्टस, अलकोहल, एथीलीन आदि ऐसे ही शब्द हैं।

इस तरह की सामान्य शब्दावली सीमित है। सीमित संख्या में ही उससे शब्द लिये जा सकते हैं। यूरोप की भाषाओं में प्रयुक्त होनेवाले सभी वैज्ञानिक शब्द अन्तरराष्ट्रीय नहीं हैं। मास्को से वैज्ञानिक और तकनीकी शब्दों के कई कोश प्रकाशित हुए हैं। जो लोग वैज्ञानिक शब्दावली की अन्तरराष्ट्रीयता पर बड़ी दृढ़ता से विश्वास करते हैं, उन्हें यह कोश अवश्य देखने चाहिए।

उदाहरण के लिए, हवाई जहाज़ों की उड़ान से सम्बन्धित एक अंग्रेज़ी-रूसी कोश है। जीवन का शायद ही कोई ऐसा क्षेत्र हो जिसमें सामान्य अन्तरराष्ट्रीय शब्दावली की आवश्यकता अधिक हो। लेकिन अंग्रेज़ी के पारिभाषिक शब्द अक्सर प्रचलित शब्दों के आधार पर बनाए गए हैं और रूसी से भिन्न हैं। अंग्रेज़ी में एक प्रचलित शब्द है : 'कौक'। इसको आधार मानकर एयर कौक, एयर एस्केप कौक, बैलेंस कौक, कंट्रोल कौक, ड्रेन कौक, फ्यूएल कौक, थ्रौट-लिंग कौक, आदि पारिभाषिक शब्दावली बनाई गई है। रूसी 'कौक' शब्द का प्रयोग नहीं करते। इसलिए वे दूसरी तरह के शब्दों का व्यवहार करते हैं। अंग्रेज़ी में प्रचलित शब्द है : 'कंट्रोल'। इसे

आधार मानकर सर्कुलेशन कंट्रोल, डेप्थ कंट्रोल, डिस्टेंस कंट्रोल, इलेक्ट्रिक फ्लाइट कंट्रोल, एलिवेटर कंट्रोल, इमर्जेंसी कंट्रोल, फ्लाइट कंट्रोल, ग्राउंड कंट्रोल, आदि शब्दावली बनाई गई है। इसी तरह 'लैंडिंग' के आधार पर क्रौसविंड लैंडिंग, डेड-एंजिन लैंडिंग, फोर्स्ड लैंडिंग, रनअवे लैंडिंग आदि। 'एयरक्राफ्ट' के आधार पर कम्बैट एयरक्राफ्ट, फाइटर एयरक्राफ्ट, सिविल एयरक्राफ्ट, जेट एयरक्राफ्ट आदि शब्दावली निर्मित हुई है। इनके रूसी पर्यायवाची बिलकुल भिन्न हैं, जैसे 'कंट्रोल' के लिए रूसी शब्द है उप्रावलेनिय, 'एयरक्राफ्ट' के लिए सामल्योत इत्यादि।

मास्को से कुछ पारिभाषिक शब्दकोश ऐसे प्रकाशित हुए हैं जिनमें सात भाषाओं के पर्यायवाची शब्द एक साथ दिये हुए हैं। इस तरह के कोशों का प्रकाशन ही सिद्ध करता है कि यूरोप में कोई सर्वमान्य अन्तरराष्ट्रीय वैज्ञानिक शब्दावली नहीं है। अंग्रेज़ी में प्रयुक्त जो शब्द कुछ लोगों को बहुत अन्तरराष्ट्रीय लग सकते हैं, उनके लिए भी यूरोप की भाषाओं में अलग शब्द हैं। 'जेट' के लिए रूसी में स्त्रूया शब्द है; कार्बन, कार्बन-डाईऑक्साइड, टेंडन, थोरैक्स, लेबियम, गैस्ट्रिक, ओवरी, ग्लैंड, एल्कली, और न्यूक्लिअर के लिए रूसी में क्रमश: उल्गेरोद, उल्गेकीस्लुइ गाज़, सुखोझीलिये, ग्रूदा, गबा, झेउदोन्चुइ, याइन्चिक, झेलेज़ा, श्चेलोच और यादेर्नाया शब्द हैं। 'ऑक्सीजन' के लिए रूसी और जर्मन के अपने शब्द किसेलरोद और ज़ावर स्टौफ हैं। 'नाइट्रोजन' के लिए इतालवी, फ्रांसीसी और रूसी में अज़ोत शब्द का प्रयोग होता है। 'फोस्फोर' के लिए ल्यूमिनोफोर सुब्सतान्त्सिया, लायख्टस्टौफ आदि शब्द हैं। डच और जर्मन भाषाएँ एक-दूसरे से बहुत मिलती हैं। 'ग्रिड' के लिए उनके भिन्न शब्द हैं : रोस्टर और गिटर। 'इग्नाइटर' के लिए डच में ओंटस्टेकर, जर्मन में ल्यूंटस्टिफ्ट शब्द हैं।

इस विवरण से स्पष्ट है कि भारतीय भाषाओं को अपने पारिभाषिक शब्दों का निर्माण और व्यवहार करने की पूर्ण स्वाधीनता है। वे सीमित संख्या में यूरोपीय भाषाओं से शब्द ले सकती हैं। सर्वमान्य वैज्ञानिक और तकनीकी शब्दावली का अस्तित्व कहीं नहीं है।

[1964]

31

संस्कृति और भाषा

भाषा को आप चाहे संस्कृति का ही अंग मानें, चाहे उससे भिन्न, दोनों के घनिष्ठ सम्बन्ध को अस्वीकार नहीं किया जा सकता। वाक्य-रचना की पद्धति हमारी चिन्तन-पद्धति पर निर्भर होती है। आप अपनी भाषा में कर्म को क्रिया के पहले बिठाते हैं या बाद को, यह आपकी परम्परागत जातीय चिन्तन-प्रक्रिया पर निर्भर है। आप अपनी भाषा में किस तरह के विदेशी शब्द कितने परिमाण में ग्रहण करते हैं, यह आपके जातीय चरित्र पर निर्भर है। आप अपनी भाषा का सम्मान करते हैं, दैनिक जीवन में उसका व्यवहार करते हैं अथवा उसे पैरों तले रौंदते हैं और किसी अन्य भाषा को सिर चढ़ाते हैं, यह आपकी राष्ट्रीय सम्मान की भावना पर निर्भर है।

किसी भी देश में उसकी भाषा या भाषाओं की स्थिति विशुद्ध भाषाविज्ञान के नियमों से समझ में नहीं आ सकती। वह स्थिति देश की आन्तरिक और बाह्य परिस्थितियों पर निर्भर है। आज संसार के बहुत बड़े हिस्से में अंग्रेज़ी का बोलबाला है। ब्रिटेन और संयुक्त राष्ट्र अमरीका दो देश ऐसे हैं जो अन्य देशों को पूँजी का निर्यात करते हैं, जो प्रच्छन्न और प्रकट रूप से उपनिवेशवाद का पोषण करते हैं, जो अपने प्रभाव को साम-दाम-दंड-भेद की बहुरंगी नीति से सुरक्षित करके और व्यापक बनाने में लगे हुए हैं। राजनीति से लेकर शिक्षा और संस्कृति तक जिस देश में जैसे बन पड़ता है, ये घुसने-पैठने, अपनी जड़ ज़माने की कोशिश करते हैं। इनकी एक भाषा-सम्बन्धी स्पष्ट नीति है : पहले के समान यहाँ की भाषाओं को दबाकर रखना, उन सबके ऊपर शीर्ष स्थान पर अंग्रेज़ी को जमाकर रखना। इससे लाभ यह होता है कि आपके मर्मस्थल पर प्रहार करके आपको कमज़ोर बनाकर वे आपको अपनी स्वार्थ-नीति की ओर आसानी से खींच सकते हैं। मर्मस्थल है : जातीय भाषा के प्रेम का स्थल, जातीय संस्कृति के प्रेम का स्थल, राष्ट्रीय आत्मगौरव का स्थल। आदमी को इस स्थल पर मारिए, उसे भीतर से निर्वीर्य कर दीजिए, फिर उस बलि-पशु को चाहे जिस खूँटे से बाँधकर उसका वध कर दीजिए।

आप उस देश की दशा पर विचार कीजिए जो अन्न से लेकर अस्त्र-शस्त्र तक परमुखापेक्षी है, जो अपनी स्वाधीनता की रक्षा के लिए उन्हीं लोगों का मुँह जोहता

है जो अब तक उसे गुलाम बनाए हुए थे। इसी नीति के अनुरूप भाषा क्षेत्र में भी हमारे देश के नेता परमुखापेक्षी हैं। जिस अंग्रेज़ी भाषा ने विदेशी राज्यकाल में यहाँ की भाषाओं को पदमर्दित किया, यहाँ की संस्कृति और साहित्य के सहज विकास को कुंठित किया, अंग्रेज़ी के जिस आधिपत्य के विरुद्ध भारतीय मनीषियों ने सतत संघर्ष किया, उस अंग्रेज़ी को हटाकर भारतीय भाषाओं को उनका स्वत्व देने में शासक और शिक्षामंत्री हिचकिचा रहे हैं।

हमारी सांस्कृतिक पराधीनता भाषा के क्षेत्र में अनेक रूपों में प्रकट होती है।

हमारे संविधान में लिखा है कि हिन्दी भाषा को विकसित होने के लिए समय दिया जाए। हिन्दी को विकसित करने के लिए एक विशाल निदेशालय चालू है। हिन्दी में क्या कमी है, कमी है या नहीं, है तो उसे कैसे पूरा किया जाए; हिन्दी और भारतीय भाषाओं को देखते 'विश्वभाषा' अंग्रेज़ी में भी कोई कमी है या नहीं, है तो उसे कैसे दूर किया जाए—इस सबका निदान करने के लिए कोई आयोग नहीं बनाया गया, भाषा की सिद्धि-समृद्धि जाँचने का योग सत्रह साल में नहीं आया। करोड़ों रुपये इस स्वत:सिद्ध सत्य पर ख़र्च हो गए हैं कि 'विश्वभाषा' अंग्रेज़ी विकसित और समृद्ध है और भावी राष्ट्रभाषा हिन्दी अविकसित और दरिद्र है।

समृद्धि का कार्य कोश-निर्माण द्वारा सम्पादित होता है। कोश-निर्माण के लिए अंग्रेज़ी शब्द पहले हैं, हिन्दी बाद को। हमारी सामाजिक-सांस्कृतिक आवश्यकता के लिए कौन-से शब्द आवश्यक हैं, यह विषय अगोचर ही रहता है। कोश-निर्माताओं में अनेक जन अंग्रेज़ी से जितना आतंकित रहते हैं, उतना ही हिन्दी की प्रकृति से अनभिज्ञ भी। वे ऐसे 'स्थितित' और 'गतित' ऊर्जा वाले शब्द गढ़ते हैं कि 'तंत्रिका-तंत्र' झंकृत हो उठता है और उनकी 'राष्ट्रिकता' को देखकर साधारण पठित जन यही सोचते हैं कि इससे तो अंग्रेज़ी भली। हिन्दी को समृद्ध करने के नाम पर अस्वाभाविक, उच्चारण में दुष्कर शब्दों का निर्माण भाषा के प्रति अवज्ञा का परिचायक है, अज्ञान का तो है ही।

सांस्कृतिक, सामाजिक, राष्ट्रीय-अन्तरराष्ट्रीय व्यवहार में जहाँ हिन्दी बोलना चाहिए, वहाँ हम अंग्रेज़ी से काम लेते हैं। परिवार के भीतर बचपन से अपनी सन्तान को हम डैडी, मम्मी, अंकल कहना सिखाते हैं मानो यहाँ भी पारिभाषिक शब्दों की कमी हो! हमारे उच्च मध्यवर्ग के लोगों की बहुत बड़ी आकांक्षा यह रहती है कि बेटा कॉन्वेंट में पढ़े, फर्राटे से अंग्रेज़ी बोले, मजिस्ट्रेट बनकर लोगों पर हुकूमत करे। किसका सेवाभाव, किसके गांधी और बुद्ध! खाने के दाँत और, दिखाने के और!

जहाँ तक मुझे मालूम है, इस देश की राजनीतिक पार्टियाँ अपना केन्द्रीय राजनीतिक कार्य, अपने केन्द्रीय मुखपत्र अंग्रेज़ी में चलाती हैं। हम विश्वभाषा के नाम पर अंग्रेज़ी पढ़ने पर ज़ोर देते हैं। जहाँ फ्रांस का राज्य था या है, वहाँ विश्वभाषा का दर्जा फ्रांसीसी को मिला है। किस पिछड़े हुए देश ने यूरोप की किस भाषा को विश्वभाषा माना है, यह इस पर निर्भर है कि उस पर यूरोप के किस देश का आधिपत्य था या है।

हमारे अनेक युगान्तरकारी साहित्यकार अपनी वाक्य-रचना में अंग्रेज़ी शब्दों की ऐसी भरमार करते हैं मानो हिन्दी में सोचना उन्होंने बन्द कर दिया है। वे न हिन्दी में सोचते हैं, न अंग्रेज़ी में वरन् इन दोनों से मिली हुई एक नई इंग्लिस्तानी भाषा में, जो उनके लिए बहुत स्वाभाविक है किन्तु जो देश की जनता के लिए, हमारे समग्र सामाजिक विकास के लिए घातक है। अनेक लेखक अंग्रेज़ी मुहावरों का अनुवाद करके अपनी जातीय भाषा को सजाते हैं। अंग्रेज़ी के शब्दों, उद्धरणों और अनुवादित मुहावरों से वे अपनी—भाव-विचार-अनुभव की—दरिद्रता छिपाते हैं। अपनी सांस्कृतिक परम्परा के लिए, भारतीय भाषाओं और उनके साहित्य के लिए उनके हृदय में अनादर की भावना है। उनमें बड़ी उत्सुकता होती है कि नई अंग्रेज़ी पुस्तकों की चर्चा करके अपने सुसंस्कृत होने का परिचय दें। वे साधारणत: यूरोप की भाषाओं से अपरिचित होते हैं और यूरोप के साहित्य को अंग्रेज़ी निगाहों से ही देखते हैं।

हिन्दी के अनेक समर्थ साहित्यकार इस भाषा-सम्बन्धी पराधीनता से मुक्त हैं। कुल मिलाकर हिन्दी साहित्य अपने स्वस्थ जातीय मार्ग पर आगे बढ़ रहा है। किन्तु इसमें सन्देह नहीं कि छापे की सुविधा से लाभ उठाकर बहुत-से लेखक ऐसी भाषा का प्रयोग करने लगे हैं जो हिन्दी के सहज विकास के लिए घातक है।

इनसे भिन्न श्रेणी का एक लेखक समुदाय और है जो अंग्रेज़ी के माध्यम से ही अपनी कलात्मक प्रतिभा का परिचय देता है। वे किसान-देश की संस्कृति का उद्धार कर रहे हैं : अंग्रेज़ी में उपन्यास, कहानियाँ, कविताएँ लिखकर। माना कि अंग्रेज़ी विश्वभाषा है और उसमें लिखने से अन्तरराष्ट्रीय ख्याति जल्दी मिलती है किन्तु नार्वे, डेनमार्क, इटली, स्पेन जैसे छोटे देशों के लेखक इस विश्वभाषा को नहीं अपनाते, उसे अपनाने का ठेका हमारे महान् देश के लेखकों ने लिया है।

हमें अपनी भाषा के जातीय रूप की रक्षा करनी चाहिए। उसमें अन्धाधुन्ध अंग्रेज़ी शब्दों की भर्ती हमारे राष्ट्रीय सम्मान के विपरीत है। हिन्दी की शक्ति उसे अपनाने, प्यार करनेवाली जनता की शक्ति है। दुर्बोध, उच्चारण के लिए विकट शब्दावली से उसे भरसक बचाना चाहिए अर्थात् हमें भरसक अपनी शैली सुगम बनानी चाहिए और वैज्ञानिक शब्दावली में भी भरसक हिन्दी की प्रकृति का ध्यान रखना चाहिए। हमारा साहित्य इस देश की जनता के लिए है। इसलिए इंग्लिस्तानी के बदले हिन्दी का ही प्रयोग करना चाहिए। अंग्रेज़ी के माध्यम से प्राप्त अन्तरराष्ट्रीय ख्याति अस्थायी है। रवीन्द्रनाथ और प्रेमचन्द ने अपनी भाषाओं के माध्यम से जो ख्याति पाई, वही स्थायी है। जातीय संस्कृति से भाषा का घनिष्ठ सम्बन्ध है, यह ध्यान में रखकर हमें अपने व्यवहार में सतर्क रहना चाहिए।

[1964]

32

भाषा की समस्या—अति आवश्यक

देश की राजनीतिक परिस्थिति की एक विशेषता यह है कि कांग्रेस को मिलनेवाले वोट दिन-पर-दिन कम होते जा रहे हैं और उसी परिणाम में वामपक्षी पार्टियाँ और उनका संयुक्त मोर्चा समर्थ होकर जनता के सामने नहीं आ रहे। पिछले दिनों कम्युनिस्ट पार्टी में विघटन के कारण वामपक्ष और भी कमज़ोर हो गया है। हिन्दी-भाषी प्रदेश में विशेष रूप से दक्षिणपंथी दल शहजोर हैं। चूँकि भारत में हर समस्या अन्तरराष्ट्रीय परिस्थितियों के अनुकूल ही हल नहीं होती, इसलिए हर जागरूक नागरिक को फासिस्ट तानाशाही की सम्भावना के प्रति सतर्क रहना चाहिए।

जर्मनी के अनुभव से हमें मालूम है और अपने देश का अनुभव भी यही बतलाता है कि फासिस्ट दल संस्कृति के प्रश्न लेकर जनता को गुमराह करते हैं। हिटलर मध्यवर्ग ही नहीं, मज़दूर वर्ग के भी एक भाग को गुमराह करने में सफल हुआ था। हमारे देश में, साम्प्रदायिक दल संस्कृति के प्रश्न विशेष रूप से जनता के सामने रखते हैं। वे अपने को भारतीय संस्कृति का एकमात्र रक्षक मानते हैं। संस्कृति को ढाल बनाकर वे अपनी ग़लत राजनीति के अस्त्र जनता पर चलाते हैं।

कुछ प्रगतिशील लोग समझते हैं कि यदि वे भी संस्कृति की बात करेंगे तो उनमें और साम्प्रदायिक दलों में कोई अन्तर न रह जाएगा। आजकल हिन्दी भाषा के सवाल को लेकर हिन्दी-भाषी क्षेत्रों में बड़ी सरगर्मी है। कुछ प्रगतिशील नेता समझते है कि अंग्रेज़ी को व्यवहार में लाना, अंग्रेज़ी में अपने दस्तावेज़ तैयार करना, अंग्रेज़ी में अपने राजनीतिक सम्मेलनों की कार्यवाही सम्पन्न करना, व्यावहारिक राष्ट्रभाषा के रूप में अंग्रेज़ी को प्रतिष्ठित रखना बहुत बड़ा साम्राज्यवाद-विरोध है, राष्ट्रीयता और जनतंत्र के हित में है और साम्यवाद के अनुकूल है! इसके विपरीत अखिल भारतीय स्तर से अंग्रेज़ी को हटाने की माँग करना, हिन्दी को केन्द्रीय राजकाज की भाषा बनाने के लिए आन्दोलन करना साम्प्रदायिकता को प्रोत्साहन देना है!

कोई भी प्रगतिशील दल भाषा और संस्कृति के मामलों में कितना दख़ल देता है, यह उसके व्यवहार से जाना जाता है। मिसाल के लिए यह विचारणीय है कि मैथिलीशरण गुप्त के निधन पर किन राजनीतिक दलों ने कहाँ-कहाँ शोक-प्रस्ताव

पास किये। व्यवहार के अलावा विभिन्न दलों के कार्यक्रम-प्रस्ताव आदि दर्शनीय हैं, यह जानने के लिए कि उन्होंने सांस्कृतिक समस्याओं पर कितना विचार किया है।

माना कि सांस्कृतिक समस्याएँ बहुत उलझी हुई हैं। यह भी माना कि राजनीतिक समस्याएँ सुलझाने में ही बहुत-से नेताओं की सारी ताक़त ख़र्च हो जाती है। किन्तु भाषा की समस्या करोड़ों आदमियों को प्रभावित करती है। यह व्यापक सामाजिक समस्या बन गई है। उस पर सही दृष्टिकोण अपनाना और सही नीति के अनुसार आन्दोलन करना प्रगतिशील जनों का कर्तव्य है।

सवाल यह नहीं है कि जब कांग्रेसी सरकार के बदले हमारे मन-मुताबिक दूसरी हुकूमत बनेगी तब हम अंग्रेज़ी को जल्दी हटाएँगे या धीरे-धीरे, देर में हटाएँगे। सवाल यह है कि अभी हम क्या करने जा रहे हैं। और अभी जो कुछ करते हैं, उस पर बहुत-कुछ निर्भर है कि भविष्य में यहाँ जनता की सरकार बनेगी या फासिस्ट तानाशाहों की।

जब अंग्रेज़ी राज क़ायम था तब भाषा की समस्या सभी साम्राज्य-विरोधी दलों और उनके नेताओं के सामने उलझी हुई नहीं थी। एक बात पर सभी सहमत थे कि अंग्रेज़ी जाए; उसके बने रहने से देश की शक्ति और धन का नाश होता है। आजकल अनेक साम्राज्य-विरोधी योद्धा इस बात पर एकमत दिखाई देते हैं कि काग़ज़ पर चाहे जो छपा रहे, व्यवहार में अंग्रेज़ी ही राष्ट्रभाषा बनी रहे!

हिन्दी-भाषी प्रदेश में कोई भी दल भाषा के सवाल को नज़रअन्दाज करके शक्तिशाली नहीं बन सकता। अंग्रेज़ी को हटाने और हिन्दी को राष्ट्रभाषा बनाने की माँग जनता की न्यायपूर्ण साम्राज्य-विरोधी राष्ट्रीय माँग है। प्रगतिशील नेताओं को उसका समर्थन ही न करना चाहिए, आगे बढ़कर उसके लिए आन्दोलन करना चाहिए। वे लोग ही विभिन्न भाषाओं के उचित अधिकारों की रक्षा करते हुए हिन्दी के लिए सही आन्दोलन कर सकते हैं। वे अपना उत्तरदायित्व न निबाहेंगे तो दक्षिणपंथी ताक़तों को अवसर मिलेगा कि वे सही माँग के लिए ग़लत ढंग से आन्दोलन चलाएँ, जातीय और साम्प्रदायिक विद्वेष फैलाएँ और जनवादी पार्टियों के दमन के लिए, आवश्यक तैयारी करें। जो प्रगतिशील नेता अब भी बेख़बर रहते हैं, वे वस्तुगत रूप से जनतंत्र का नाश करने और तानाशाही को लाने के लिए ज़िम्मेदार होंगे।

[1965]

33
अंग्रेज़ी की सुरक्षा के लिए संघर्ष

पिछले दिनों तमिलनाडु में जैसा विराट और उग्र संघर्ष हिन्दी के विरोध में हुआ, वैसा अंग्रेज़ों को हटाने के लिए भी वहाँ न हुआ था। लगता है, अचानक तमिल भाषा पर ऐसी विपत्ति आ गई, जैसी उसके सुदीर्घ इतिहास में पहले कभी न आई थी। यदि तमिल पर कोई विपत्ति आए तो हम हिन्दी-भाषियों का यह कर्तव्य है कि प्राणपण से तमिल-भाषियों की सहायता करें।

तमिल भाषा को वह कौन-सा अधिकार प्राप्त था, जो इस वर्ष 26 जनवरी से छिन गया? तमिलनाडु में क्या उसके व्यवहार पर किसी तरह का प्रतिबन्ध लगा है? क्या अखिल भारतीय स्तर पर कहीं उसका व्यवहार होता था, जो अब बन्द कर दिया गया है?

किसी वक्तव्य से, किसी लेख से यह प्रकट नहीं होता कि तमिल भाषा का कहीं दमन किया गया है। यदि कोई भी यह सिद्ध कर दे कि तमिल भाषा पर ज़रा भी आँच आई है, तो इस अन्याय का विरोध करना मैं अपना कर्तव्य समझूँगा।

तमिल-सम्बन्धी स्थिति वास्तव में दूसरी है। अंग्रेज़ी राज में अंग्रेज़ी के राजभाषा होने के कारण तमिल के अधिकार छीन लिये गए थे। वह विद्यालयों में शिक्षा का माध्यम नहीं थी। अब उसे तमिलनाडु के सामाजिक जीवन में हर स्तर पर व्यवहार में आने का अवसर मिला है। अंग्रेज़ों के बिदा होने से भारत की प्रत्येक भाषा की तरह तमिल को भी फलने-फूलने और विकसित होने का अवसर मिला है।

इस अवसर से तमिलभाषी जनता के नेताओं ने लाभ नहीं उठाया। मद्रास राज्य में तमिल को उच्च शिक्षा का माध्यम नहीं बनाया गया। एक समाचार के अनुसार पिछले साल विद्यार्थियों के अभाव में तमिल माध्यमवाला विद्यालय सरकार को बन्द करना पड़ा। ('हिन्दी ब्लिट्ज', 6 फरवरी, '65)

यदि तमिलनाडु में इस आन्दोलन के नेता वास्तव में मातृभाषा से प्रेम करते थे, तो उन्हें सबसे पहले तमिल को शिक्षा का माध्यम बनाने के लिए संघर्ष करना चाहिए था। ऐसा उन्होंने नहीं किया। तमिल के बदले वहाँ हिन्दी को शिक्षा का माध्यम बनाने की बात होती, तो भी उनके आन्दोलन को न्यायपूर्ण कहा जा सकता

था। किन्तु ऐसी कोई बात नहीं थी। इससे निष्कर्ष यह निकलता है कि तमिल पर कोई विपत्ति नहीं आई; तमिल-प्रेम की दुहाई देकर वहाँ की जनता को भ्रम में डाला गया है; तमिलनाडु में तमिल के व्यवहार के लिए जो सुविधाएँ प्राप्त हैं, उनका उपयोग वहाँ के हिन्दी-विरोधी नेता नहीं करते।

संघर्ष हिन्दी-तमिल के बीच नहीं है। संघर्ष है हिन्दी-अंग्रेज़ी के बीच, अंग्रेज़ी और समस्त भारतीय भाषाओं के बीच, अंग्रेज़ी और तमिल के बीच।

इस संघर्ष को भारतीय भाषाओं के पक्ष में हल किया जा सकता है, यह एक तरीका हुआ। इस संघर्ष को अंग्रेज़ी के पक्ष में हल किया जा सकता है, यह दूसरा तरीका हुआ। तमिलनाडु के हिन्दी-विरोधी नेताओं ने दूसरा तरीका चुना है; अर्थात् उनका आन्दोलन तमिल की सुरक्षा के लिए नहीं है, वह अंग्रेज़ी की सुरक्षा के लिए है। गालियाँ हिन्दी भाषा को दी जाती हैं, साइनबोर्ड हिन्दी के मिटाये जाते हैं, किताबें हिन्दी की जलाई जाती हैं। हित होता है अंग्रेज़ी का। इन कार्यों से तमिल की स्थिति अधिक सुरक्षित नहीं होती। स्थिति सुरक्षित होती है अंग्रेज़ी की।

यह बात तमिलनाडु के लोगों को ही नहीं, हिन्दी-भाषी प्रदेश की जनता को भी अच्छी तरह समझ लेनी चाहिए कि यह संघर्ष हिन्दी-तमिल का नहीं है, वरन् अंग्रेज़ी और समस्त भारतीय भाषाओं का है। हिन्दी-तमिल-विरोध के बड़े घातक परिणाम हो सकते हैं। एक बार गृहयुद्ध की आग भड़कने पर उसे रोकना असम्भव हो जाएगा।

इस समय देश में अंग्रेज़ी की स्थिति क्या है?

वैधानिक रूप से हिन्दी के साथ अंग्रेज़ी भी राष्ट्रभाषा है। व्यावहारिक रूप में भारत की एकमात्र राष्ट्रभाषा अंग्रेज़ी है। स्वाधीनता-आन्दोलन के दौरान सभी साम्राज्य-विरोधी पार्टियाँ इस बारे में एकमत थीं कि राष्ट्रभाषा का स्थान अंग्रेज़ी को नहीं, किसी भारतीय भाषा को मिलना चाहिए। सन् '47 में अंग्रेज़ी को हटाने का अवसर आया। अंग्रेज़ी को हटाने का काम सन् '65 तक के लिए स्थगित कर दिया गया। जब सन् '65 नज़दीक आया तब वैधानिक परिवर्तन द्वारा अंग्रेज़ी को भविष्य में अनिश्चित काल के लिए सहायक राजभाषा बना दिया गया।

तब अंग्रेज़ी पर अचानक कौन-सा संकट आ गया? अंग्रेज़ी के साथ अब हिन्दी भी राजभाषा है, यह संकट है। कम-से-कम कहने को हिन्दी भी राजभाषा है। अहिन्दी प्रदेशों को अंग्रेज़ी के व्यवहार की पूरी छूट है। किन्तु इससे अंग्रेज़ी-प्रेमियों को सन्तोष नहीं है। 4 फरवरी को नई दिल्ली में अखिल भारतीय प्राविधिक शिक्षा समिति (ऑल इंडिया कौंसिल फॉर टेक्निकल एजुकेशन) ने प्रस्ताव पास किया कि हर राज्य में वैज्ञानिक और प्राविधिक शिक्षा का माध्यम अंग्रेज़ी ही रहेगी। क्या यह भारतीय भाषाओं पर अंग्रेज़ी लादना नहीं है? अंग्रेज़ी को लादना तो राष्ट्रीय एकता के लिए हितकर बताया जाता है; अंग्रेज़ी की जगह हिन्दी के चलन की बात भी करना साम्राज्यवाद है! तमिल की जगह तमिलनाडु में ही अंग्रेज़ी शिक्षा का माध्यम बनी

रहे, तो इससे राष्ट्र का विकास होता है; यदि केन्द्रीय राजकाज के लिए—तमिलनाडु में नहीं, केवल केन्द्रीय राजकाज के किसी अत्यन्त सीमित दायरे में—हिन्दी के चलन की बात की जाए तो साम्राज्यवाद हो जाता है।

देश का भला चाहनेवाले अनेक नेताओं और पत्रकारों ने लिखा है, वक्तव्य दिये हैं कि दक्षिणवालों का भय जाएज़ है और उसे दूर करने का प्रयत्न करना चाहिए। यह भय क्या है? भय यह है कि हिन्दी के राजभाषा होने से अखिल भारतीय सरकारी नौकरियाँ हिन्दीवाले हथिया लेंगे, दक्षिण वाले टापते रह जाएँगे। राष्ट्रीय एकता और तमिल-प्रेम का सम टूटता है नौकरियों के मसले पर। किसी समय भारत का उच्च वर्ग अंग्रेज़ों से माँग करता था कि सरकारी नौकरियाँ उसे भी दी जाएँ, अंग्रेज़ों के लिए सुरक्षित न रहें। इस उच्च-वर्ग को भारत की स्वाधीनता की चिन्ता न थी, उसकी लड़ाई थी सरकारी नौकरियों के लिए। तमिलनाडु और अन्य प्रदेशों के अंग्रेज़ी-प्रेमी नेताओं को रोटी-रोजी का मसला हल करने की, देश के आर्थिक विकास की चिन्ता नहीं है। उन्हें सबसे बड़ी चिन्ता है सरकारी नौकरियों की। ठीक है। सरकारी नौकरियों की चिन्ता कीजिए। लेकिन राष्ट्रीय एकता के लबादे से इस स्वार्थ को मत ढँकिए। मातृभाषा-प्रेम की पवित्र भावना जगाकर नौकरियों के इस संघर्ष में भोली-भाली जनता को पुलिस-फ़ौज की गोलियों का शिकार न बनाइए।

अखिल भारतीय नौकरियों के लिए जो परीक्षाएँ होती हैं, उनमें अंग्रेज़ी और हिन्दी की स्थिति क्या है? स्थिति यह है कि अभी तक इन परीक्षाओं का एकमात्र माध्यम है अंग्रेज़ी। इस माध्यम को हटाने की कोई भी योजना नहीं है, काग़ज़ी तौर पर भी नहीं है। संकट केवल यह है कि केन्द्रीय सरकार ने विभिन्न प्रदेशों के मुख्य मंत्रियों की राय से एक प्रयोग करने का निश्चय किया है। वह प्रयोग यह है कि यदि हिन्दी को भी अंग्रेज़ी के साथ—अंग्रेज़ी की जगह नहीं—कुछ विषयों में (सभी विषयों में नहीं) परीक्षा का माध्यम बनाया जाए तो इससे अंग्रेज़ी माध्यम वाले घाटे में तो नहीं रहेंगे? यह प्रयोग हुआ नहीं है। उसके होने की बात है। उस प्रयोग से जब अहिन्दी-भाषी भी सन्तुष्ट हो जाएँगे कि अंग्रेज़ी का व्यवहार करने पर उन्हें घाटा न होगा, तब उनके सहमत होने पर कुछ विषयों में अंग्रेज़ी के साथ हिन्दी भी एक ऐच्छिक माध्यम हो सकती है। अंग्रेज़ी के लिए इतना ही संकट उत्पन्न हुआ है!

प्रधानमंत्री ने कहा है कि हिन्दी-प्रेमियों को अंग्रेज़ी हटाने में जल्दी न करनी चाहिए। स्वराष्ट्र-मंत्री ने कहा है, हमें इस मामले में जल्दी न करनी चाहिए। कम्युनिस्ट पार्टी के नेताओं ने सरकार को सलाह दी है कि हिन्दी को राजभाषा बनाने में जल्दी न करनी चाहिए। आख़िर वह कौन-सी तेज़ रफ्तार थी और किस क्षेत्र में थी, जिससे हिन्दी राजभाषा बनी जा रही थी? आज़ादी पाने के अठारह साल बाद जो सरकार अखिल भारतीय नौकरियों के लिए हिन्दी को केवल ऐच्छिक माध्यम बनाने के प्रयोग की बात करती है, उससे भी कुछ बुद्धिमानों को तेज़ रफ्तार की शिकायत होती है।

हिन्दी तो एक दिन राजभाषा होगी, लेकिन धीरे-धीरे—ऐसा कहनेवाले वास्तव में अंग्रेज़ी की हिमायत करते हैं। इसका प्रमाण यह है कि अपना अखिल भारतीय राजनीतिक कार्य ये नेता और उनकी पार्टियाँ अंग्रेज़ी में करती हैं। व्यवहार में अंग्रेज़ी; हिन्दी-भाषी जनता के वोट लेने के लिए भविष्य में हिन्दी को राजभाषा बनाने के वादे! यह दुरंगी नीति ज़्यादा दिन नहीं चलेगी।

कुछ दूसरे लोग हैं जो माँग करते हैं कि स्वर्गीय प्रधानमंत्री ने अंग्रेज़ी के सम्बन्ध में जो वादे किये थे, वे संविधान में दर्ज हो जाने चाहिए। यद्यपि वर्तमान प्रधानमंत्री ने उन आश्वासनों को दुहराया है, किन्तु बहुत-से देशभक्तों के लिए इतना काफ़ी नहीं है। वे चाहते हैं कि संविधान में उन आश्वासनों को दर्ज कर दिया जाए।

अनेक स्थानों में यह नया नारा सुनने को मिला है : 'हिन्दी नेवर, इंग्लिश एवर।' हिन्दी कभी न आए, अंग्रेज़ी हमेशा बनी रहे! दक्षिण में जो उच्चकोटि के प्रतिक्रियावादी नेता हैं, वे यही नारा दे रहे हैं कि भारत की एकमात्र राजभाषा अंग्रेज़ी हो। अपने आन्दोलन के ज़रिये वे सबसे पहले तमिल की जड़ काट रहे हैं, क्योंकि उन्हीं की कृपा से तमिलनाडु में तमिल उच्चशिक्षा का माध्यम नहीं बनी। इसके बाद वे विशाल हिन्दी-भाषी प्रदेश पर—तथा अन्य अहिन्दी राष्ट्रभाषा-प्रेमी जनता पर—सदा के लिए अंग्रेज़ी का प्रभुत्व क़ायम रखने का षड्यंत्र कर रहे हैं। अंग्रेज़ी के इस वास्तविक साम्राज्यवाद को देश की जनता कभी सहन न करेगी।

यह ध्यान देने की बात है, हिन्दी-विरोधी आन्दोलन ने भयानक उत्पात का रूप केवल तमिलनाडु में लिया है। अंग्रेज़ी-प्रेमी नेता अन्य प्रदेशों में भी हैं, किन्तु उन्होंने कोई उग्र आन्दोलन नहीं चलाया। इसके दो कारण हैं। पहला यह कि अंग्रेज़ी-प्रेमी नेता जानते हैं कि वास्तव में अंग्रेज़ी के लिए कोई खतरा नहीं है, हिन्दी को व्यावहारिक राजभाषा होने में बहुत देर है। इसलिए गर्म या नर्म, किसी तरह के आन्दोलन को वे अनावश्यक समझते हैं। दूसरा कारण यह है कि तमिलनाडु को भारत से अलग करने के लिए जैसा आन्दोलन उस प्रदेश में हुआ है, वैसा आन्दोलन अन्य किसी प्रदेश को अलग करने के लिए नहीं हुआ। विघटन के इस प्रचार को राजनीतिक दलों ने संगठित किया। भाषाशास्त्र और इतिहास की झूठी गवाही से उस विघटन की भावना को वर्षों तक फैलाया। केन्द्रीय या तमिलनाडु का शासन अथवा कोई भी राजनीतिक दल उसका समर्थ प्रतिवाद नहीं कर पाया। यही कारण है कि हिन्दी-विरोधी आन्दोलन ऐसा विनाशक रूप केवल तमिलनाडु में ले सका।

इसका अर्थ यह है कि हिन्दी-विरोध एक नकाब है, जिसके नीचे विघटन का देव छिपा हुआ है। नौकरी न मिलेगी, यह भय दिखलाकर स्वार्थी नेताओं ने छात्रों को उभारा है और स्वतंत्र द्रविड़ राज्य क़ायम करने के लक्ष्य के लिए उनका उपयोग किया है। देश की स्थिति ऐसी है कि कश्मीर, नागालैंड या तमिलनाडु, कोई भी प्रदेश अलग होता है, तो उसकी हिमायत के लिए साम्राज्यवादी आगे आते हैं। वे

अपने फ़ौजी अड्डों का स्वप्न देखते हैं। भारत का जो हिस्सा मिले, उसका उपयोग अपनी समर-योजनाओं के लिए करना चाहते हैं। कुछ विदेशी पत्रों ने तमिलनाडु के हिन्दी-विरोधी आन्दोलन को लेकर तमिल की लिपि, तमिल भाषा की व्यंजना-शक्ति की बड़ी प्रशंसा की है और हिन्दी को तमिल से नीचा ठहराया है। इस प्रचार का उद्देश्य भारत में गृहयुद्ध की आग सुलगाना है।

भारत से अलग होकर तमिलनाडु या कोई भी प्रदेश न तो साम्राज्यवाद से मुक्त रह सकता है, न अपना आर्थिक और सांस्कृतिक विकास कर सकता है। विग्रहकारी आन्दोलन से सर्वप्रथम उस प्रदेश का अहित होता है, जहाँ ऐसा आन्दोलन चलाया जाता है। उसके बाद समूचे देश का अहित होता है। अंग्रेज़ी की सुरक्षा का यह आन्दोलन देश के विघटन का आन्दोलन है। समस्या हिन्दी और तमिल की नहीं है, समस्या तमिलनाडु को भारत का अभिन्न अंग बनाए रखने की है।

यह सम्भव है कि भारत सरकार अंग्रेज़ी-प्रेमियों के दबाव से अंग्रेज़ी की सुरक्षा के लिए कुछ और नियम-कायदे बना दे या संविधान में तब्दीली कर दे। इससे अंग्रेज़ी की वास्तविक स्थिति में कोई अन्तर न पड़ेगा। अंग्रेज़ी तो राजभाषा के रूप में सुरक्षित है ही। भारतीय भाषाओं को उनके उचित अधिकार दिलाने के लिए यह ज़रूरी है कि सबसे पहले हिन्दी-भाषी प्रदेश में अंग्रेज़ी को राजभाषा और सांस्कृतिक भाषा के पद से पूर्णत: हटा दिया जाए। विश्वविद्यालयों में पूर्णत: हिन्दी को शिक्षा का माध्यम बनाया जाए। यहाँ के न्यायालयों का सारा काम हिन्दी में हो। सामाजिक-सांस्कृतिक जीवन में अंग्रेज़ी का व्यवहार खत्म किया जाए। इसके बाद जिस दिन हिन्दी-भाषी जनता संगठित होकर अपने लोक सभा के प्रतिनिधियों को हिन्दी में बोलने और सारा राजकाज हिन्दी में करने के लिए बाध्य करेगी, उस दिन अंग्रेज़ी का साम्राज्यवाद खत्म हो जाएगा। उस दिन तमिलनाडु में तमिल भी अपना पूर्ण स्वत्व प्राप्त करेगी और राष्ट्रीय एकता को दृढ़ करने में हिन्दी-भाषी जनता अपनी भूमिका पूरी करेगी। अंग्रेज़ी को हटाने और राष्ट्रीय एकता को दृढ़ करने का भार अब हिन्दी-भाषी प्रदेश पर है।

[1965]

34
भाषा की समस्या और राष्ट्रीय विघटन

जिस समय भारत की संविधान सभा ने यह निश्चय किया कि राष्ट्रभाषा हिन्दी हो और तुरन्त नहीं, पन्द्रह साल बाद सन् '65 में हो, उस समय इस फैसले के पक्ष में वोट देनेवाले उत्तर के लोग भी थे, दक्षिण के भी; हिन्दी-भाषी इलाकों के नेता भी थे और अहिन्दी-भाषी प्रदेशों के भी। इसलिए यह नहीं कहा जा सकता कि यह फैसला हिन्दीवालों ने दक्षिण या बंगाल पर लादा था।

जैसे-जैसे सन् '65 निकट आता गया, वैसे-वैसे उस फैसले को टालने के लिए भी कोशिशें होने लगीं। संसद ने एक कानून बना दिया जिसके अनुसार सन् '65 के बाद भी अंग्रेज़ी सह-राजभाषा बनी रह सकती है। इस फैसले से हिन्दी को धक्का लगा, यह माना जा सकता है। किन्तु उससे किसी अहिन्दी भाषा को हानि हुई, यह दावा कोई नहीं करता।

इसके बाद भी स्वर्गीय प्रधानमंत्री ने आश्वासन दिया कि अहिन्दी-भाषियों की मर्ज़ी के बिना अंग्रेज़ी को नहीं हटाया जाएगा। इस साल 26 जनवरी से दिल्ली सरकार ने अपना राजकाज हिन्दी में नहीं शुरू किया, किसी अफ़सर को हिन्दी न जानने के कारण निकाला नहीं गया; अखिल भारतीय नौकरियों के लिए परीक्षाएँ हिन्दी में नहीं होने लगीं, न अंग्रेज़ी को हटाकर उन परीक्षाओं के लिए हिन्दी को एकमात्र माध्यम बनाने का फैसला किया गया; उत्तर-दक्षिण के विद्यालयों में शिक्षा का माध्यम हिन्दी नहीं बनी; किसी भी केन्द्रीय मंत्रालय ने अपने काग़ज़-पत्तर हिन्दी में तैयार करना नहीं शुरू किया, न इस तरह के काग़ज़-पत्तर केन्द्र से राज्यों को भेजे गए; तमिलनाडु या बंगाल से अंग्रेज़ी में लिखकर भेजा हुआ कोई काग़ज़ दिल्ली से वापस नहीं किया गया; कांग्रेस के प्रधान श्री कामराज के तमिल में ही बोलने पर कहीं हिन्दी-जनता ने प्रदर्शन नहीं किया, फिर भी तमिलनाडु में उत्पात खड़ा हो गया!

केन्द्रीय सरकार में उत्तर-दक्षिण, हिन्दी-अहिन्दी—सभी प्रदेशों के लोग हैं। इस सरकार का कोई भी काम सिर्फ हिन्दी-भाषी जनता का काम नहीं माना जाता। फिर भी अगर कोई ऐसा काम हुआ हो जिससे अंग्रेज़ी की गौरवमय स्थिति को

धक्का लगा हो तो मैं जानना चाहता हूँ कि वह काम कौन-सा है? सन् '65 में हिन्दी को—काग़ज़ पर दिखावे के लिए—राष्ट्रभाषा बनाने का फैसला सोलह साल पहले किया गया था। फैसला करनेवाले उत्तर-दक्षिण वाले, दोनों थे। फिर अचानक अहिन्दी-भाषियों पर हिन्दी आज कैसे लाद दी गई?

कुछ लोगों का कहना है कि भारत के सभी राज्यों की भाषाओं को बराबरी का दर्जा दे दिया जाए। मैं कहता हूँ, शौक से दीजिए। लेकिन आप जिस पार्टी में भी हों, उसका राजनीतिक काम दस-बारह भाषाओं में करके दिखाइए। जो पार्टियाँ अपना केन्द्रीय काम एक भाषा में करती हों, उन्हें कोई हक नहीं है कि वे केन्द्र में दस भाषाएँ चलाने की बात करें।

कुछ बुद्धिमान नेता यह राय देते हैं कि राज्यों में वहीं की भाषाएँ चलें लेकिन केन्द्र में अंग्रेज़ी चले क्योंकि हिन्दी को अभी और विकसित होना है। इसका मतलब यह हुआ कि उत्तर प्रदेश, बिहार, मध्य प्रदेश आदि के राजकाज के लिए तो हिन्दी विकसित है, केवल केन्द्रीय राजकाज के लिए वह अविकसित है। मैं जानना चाहता हूँ कि उत्तर प्रदेश और केन्द्र के राजकाज में वह कौन-सा गुणात्मक अन्तर है जिससे हिन्दी एक जगह विकसित मानी जाती है और दूसरी जगह अविकसित?

असलियत यह है कि अंग्रेज़ी को देश में क़ायम रखने के लिए हर दलील जाएज़ है। अंग्रेज़ी के ज़रिये हमारा अफ़सर वर्ग साहब बनकर जनता पर हुकूमत करता है। और हर पार्टी के अन्दर अंग्रेज़ी के कारण एक ऊँचे पाये का नेता है जिसे अपने महान् विचार प्रकट करने में किसी भारतीय भाषा को माध्यम बनाते हुए बड़ी कठिनाई होती है। दूसरा नेता छोटे दर्जे का केवल भारतीय भाषाएँ जाननेवाला है। अंग्रेज़ी के ज़रिये अफ़सर और जनता, साहब और गुलाम, बड़ा आदमी और छोटा आदमी—दो वर्गों में सारे देश को बाँटने में सहूलियत होती है। जो लोग कहते हैं कि अंग्रेज़ी के रहने से राष्ट्रीय एकता क़ायम रहती है, उनका मतलब यही होता है कि उसके ज़रिये काले साहबों की एकता क़ायम रहती है। इस एकता के कारण आम जनता और हुकूमत के बीच कितना बड़ा फासला क़ायम रहता है, इसकी चिन्ता उन्हें नहीं होती।

अब यह बिलकुल स्पष्ट है कि लड़ाई तमिल या बंगला के अधिकारों के लिए नहीं है। लड़ाई है अंग्रेज़ी के बेजा अधिकारों की रक्षा के लिए। तमिलनाडु के जिन विद्यालयों में तमिल को शिक्षा का माध्यम बनाया गया, उन्हें बन्द कर देना पड़ा। आन्ध्र के शासकों का कहना है कि तेलगू को राजभाषा बनाने में दस साल लगेंगे। इससे क्या साबित होता है? क्या हिन्दी राष्ट्रभाषा बनकर तमिल और तेलगू के अधिकार छीने ले रही है? हकीकत यह है कि आन्ध्र और तमिलनाडु में राजभाषा अंग्रेज़ी है और उसे हटाने के बदले प्रदेश-प्रेमी सज्जन हिन्दी-विरोधी आन्दोलन चला रहे हैं!

केन्द्र में अंग्रेज़ी और प्रदेश में अंग्रेज़ी—दोनों जगह के तार आपस में जुड़े हुए हैं। जो केन्द्र में अंग्रेज़ी हटाने का विरोधी है, वह प्रदेश में भी उसे नहीं हटाना चाहता। बात बिलकुल स्वाभाविक है। तमिलनाडु में रहनेवाला जो गृहस्थ अपने बेटे को ऑल इंडिया सर्विस में अफ़सर बनाना चाहता है, वह उसके लिए तमिल को शिक्षा का माध्यम क्यों बनाए? प्रदेश में हर स्तर पर वहीं की भाषा चालू हो जाए तो होनहार नौजवानों को अंग्रेज़ी लिखने-बोलने में कठिनाई न होगी? अंग्रेज़ी कौन ज़्यादा अच्छी बोलेगा—वह, जिसकी शिक्षा का माध्यम अंग्रेज़ी रही है या वह, जो शिक्षा प्रादेशिक भाषा में पाता रहा है? इसीलिए गुजरात में आन्दोलन हो रहा है कि अंग्रेज़ी की शिक्षा को वही दर्जा दिया जाए जो और राज्यों में उसे प्राप्त है।

जब तक केन्द्र की राजभाषा अंग्रेज़ी है तब तक प्रदेशों में वहाँ की भाषाएँ पूरी तरह राजभाषा बन नहीं सकतीं। बेटा इंजीनियर बनेगा, लोक सभा का सदस्य बनेगा, कहीं का राज्यपाल बनेगा, कलक्टर या कमिश्नर बनेगा। यह सब बनने-बनाने का काम अंग्रेज़ी से होगा या तमिल और मराठी से? होनहार नौजवानों के माता-पिता क्या मूर्ख हैं जो प्रादेशिक भाषा में शिक्षा देकर उनका अखिल भारतीय भविष्य नष्ट करेंगे?

इसलिए वे नेकदिल नेता, जो भाषा-समस्या सुलझाने के लिए यह सुझाव पेश करते हैं कि राज्यों में तुरन्त वहाँ की भाषाओं को राजभाषा बनाया जाए और केन्द्र में अंग्रेज़ी को बहुत धीरे-धीरे हटाया जाए, बहुत भारी भ्रम में हैं। स्वाधीन भारत में शिक्षा का महान् उद्देश्य अब भी अखिल भारतीय नौकरियाँ प्राप्त करना है। बेटी का ब्याह आई.ए.एस. अफ़सर से हो, मध्यवर्गीय बाप की यह सबसे बड़ी तमन्ना होती है। प्रदेशों में शिक्षा का संगठन इन्हीं अखिल भारतीय नौकरियों को लक्ष्य बनाकर होता है। इसलिए जब तक केन्द्र में अंग्रेज़ी रहेगी, जब तक अखिल भारतीय स्तर पर अंग्रेज़ी का मौजूदा रोबदाब रहेगा, तब तक प्रदेशों में भी अंग्रेज़ी हटाई न जाएगी। जो सचमुच अंग्रेज़ी हटाकर प्रादेशिक भाषाओं को राजभाषा बनाना चाहते हैं, वे केन्द्र में अंग्रेज़ी के समर्थक हो ही नहीं सकते।

सरकार की बात जाने दीजिए। मैं उस अखिल भारतीय पार्टी का नाम जानना चाहता हूँ जिसकी प्रादेशिक शाखाएँ अपना सारा काम भारतीय भाषाओं में करती हैं और जो केन्द्र में अंग्रेज़ी हटाकर धीरे-धीरे हिन्दी लाने के लिए प्रयत्नशील हैं।

भाषावार राज्यों के पुनर्गठन का आन्दोलन चला। इस आन्दोलन में यह ज़ोरदार आवाज़ नहीं सुनाई दी कि प्रदेशों में अंग्रेज़ी हटाई जाए, प्रादेशिक भाषा को राजभाषा बनाया जाए। इसका क्या कारण है? कारण यह है कि भाषावार राज्य बनाने में प्रादेशिक पूँजीपतियों का भी स्वार्थ था। वे अपने लिए अलग बाज़ार क़ायम करना चाहते थे। उन्हें प्रादेशिक भाषाओं से कोई खास मोहब्बत न थी। प्रगतिशील नेताओं ने उनका साथ दिया, ठीक किया। लेकिन प्रादेशिक भाषाओं को शिक्षा का माध्यम

बनाया जाए, इसके लिए वे कोई सशक्त आन्दोलन नहीं कर सके, क्यों? आज भी प्रस्ताव पास करने के अलावा प्रदेशों में अंग्रेज़ी हटाने के लिए कोई आन्दोलन नहीं चलाया जा रहा, न कोई आन्दोलन चलाने का कार्यक्रम है, क्यों? प्रदेशों में अंग्रेज़ी हटाने के लिए भाषावार प्रान्त आन्दोलन जैसी कोई चीज़ सामने क्यों नहीं है? इसलिए कि प्रादेशिक पूँजीपतियों का साथ देते हुए बहुत-से प्रगतिशील नेता भी भटकाव के शिकार हो गए हैं। उन्होंने प्रादेशिक भाषाओं के लिए आन्दोलन नहीं किया, राज्यों की भौगोलिक सीमाओं के लिए मरे-खपे। उन्होंने प्रादेशिकता के आन्दोलन में राष्ट्रीय एकता की आवाज़ बुलन्द नहीं की। उसी का नतीजा है कि आज वे प्रदेशों में तो अंग्रेज़ी हटाने की बात करते हैं लेकिन केन्द्र में काफ़ी दिन तक अंग्रेज़ी क़ायम रखने की बात सोचते हैं। नतीजा यह होता है कि अंग्रेज़ी न केन्द्र से हटती है, न प्रदेशों से! हिन्दी के लिए जो सही माँगें हैं, उन्हें पेश करने का काम उन्होंने श्री मुरारजी भाई और जनसंघ के नेताओं को सौंप दिया है। उनकी ढिलाई से प्रतिक्रियावादी नेता फायदा उठा रहे हैं, यह देखने के बदले वे प्रसन्न होकर फतवा देते हैं—तुरन्त अंग्रेज़ी हटाने का नारा मुरारजी और संघियों का है। आश्चर्य की बात है कि संयुक्त महाराष्ट्र आन्दोलन में जनसंघ के साथ काम करते हुए अनेक प्रगतिशील नेताओं को ज़रा भी तकलीफ़ नहीं हुई। अब केन्द्र से अंग्रेज़ी हटाने के सवाल पर वे जनसंघ का हौवा खड़ा करते हैं।

कुछ दिन पहले बंगाल में प्रगतिशील और अप्रगतिशील, सभी दलों ने हिन्दी चालू न करने के लिए एकमत होकर प्रस्ताव पास किया। तमिलनाडु में द्रविड़ मुन्नेत्र कषगम से लेकर केन्द्र-मंत्रियों तक अंग्रेज़ी की सुरक्षा के लिए एकमत हैं। केरल में 'राइवल कम्युनिस्ट' श्री नम्बूदरीपाद मुस्लिम लीग से साँठ-गाँठ करने में दत्तचित्त हैं। भाषा के प्रश्न पर ज़हर उगलनेवाले श्री फ्रैंक एंटनी के साथ कुछ प्रगतिशील नेताओं ने एक ही बयान पर हस्ताक्षर किये हैं। प्रदेशों में अंग्रेज़ी के पक्ष में प्रगतिशील-अप्रगतिशील एक हो सकते हैं। केवल केन्द्र में अंग्रेज़ी हटाने के सवाल पर मुरारजी भाई और जनसंघ से सावधान रहना चाहिए!

तमिलनाडु में भाषा का आन्दोलन प्रतिक्रियावादियों के हाथ में था। उन्होंने जनता के तमिल-प्रेम से लाभ उठाकर पुस्तकालयों, स्टेशनों और डाकखानों में आग लगाई। खूब समझ लीजिए, यह गृहयुद्ध की आग है। उत्तर में मुरारजी भाई आदि अंग्रेज़ी हटाने का आन्दोलन अपने हाथ में ले रहे हैं। प्रगतिशील नेता टुकुर-टुकुर देख रहे हैं। अंग्रेज़ी हटाने का आन्दोलन अपने हाथ में न लेकर वे उसे प्रतिक्रियावादियों को सौंप रहे हैं।

प्रगतिशील नेता बहुत नेक सलाह देते हैं कि हिन्दी-भाषी जनता को अन्ध-राष्ट्रवाद का शिकार न होना चाहिए। सही बात है। हिन्दी-जनता का राष्ट्रवाद कैसे ज़ाहिर होता है? जो लोग समझते हैं कि सारे देश में हिन्दी वैसे ही चलेगी, जैसे

ब्रिटेन में अंग्रेज़ी चलती है, यानी जो भारतीय भाषाओं को मिटाना चाहते हैं और राष्ट्रीय एकता का मतलब यह लगाते हैं कि और सब भारतीय भाषाएँ मिट जाएँ, उनकी जगह हिन्दी ही रहे, वे अन्ध-राष्ट्रवादी हैं। किन्तु हिन्दी प्रदेशों में किसी ने यह माँग नहीं की कि तमिलनाडु में तमिल को शिक्षा का माध्यम न बनाया जाए, यह माँग नहीं की कि वहाँ या बंगाल या महाराष्ट्र में हर स्तर पर हिन्दी चलाई जाए। इसके विपरीत हुआ यह है कि सभी दलों के नेता प्रादेशिक भाषाओं को उनके पूर्ण अधिकार देने के पक्ष में हैं। माँग है अंग्रेज़ी को हटाने की, न कि अहिन्दी भाषाओं को दबाने की। इसलिए केन्द्र से अंग्रेज़ी को हटाने के सवाल पर हिन्दी साम्राज्यवाद का भय दिखाना वास्तव में अंग्रेज़ी की सुरक्षा के लिए बहुत घटिया क़िस्म की वकालत करना है।

सरकार क्या करेगी और दूसरी पार्टियाँ क्या करेंगी, ये बड़ी-बड़ी बातें हैं जिन पर इस लेख में कुछ नहीं कहना। मेरी माँग भारत की कम्युनिस्ट पार्टी के नेताओं से है। आप अपना सारा प्रादेशिक काम भारतीय भाषाओं में कीजिए। एक महीने के अन्दर प्रदेशों में अंग्रेज़ी की जड़ काट दीजिए। केन्द्र में अपना काम चाहे हिन्दी में कीजिए, चाहे हिन्दी को बिलकुल न रखिए बल्कि वह काम दस-बारह-चौदह अहिन्दी भाषाओं में कीजिए। अगले छह महीनों में अपने केन्द्र से अंग्रेज़ी का पूर्ण बहिष्कार कीजिए। ऐसा आप कर लें तो मैं समझूँगा कि भारत की भाषा-समस्या हल करने में आपने बहुत बड़ी सक्रिय सहायता दी है। वरना देश जिस विघटन की ओर बढ़ रहा है, उसमें सबसे पहली चोट आप पर होगी और आप यह कहने की हालत में भी न होंगे कि चोट ग़लत पड़ी।

मध्यवर्ग का सहारा लेने के लिए फासिस्टवाद भाषा और संस्कृति का रक्षक बनकर सामने आता है। हिटलर जर्मन भाषा और जर्मन संस्कृति का बहुत बड़ा समर्थक बनकर रंगमंच पर आया था। तमिलनाडु में तमिल-रक्षा का भार द्रविड़ मुन्नेत्र कषगम पर, उत्तर में हिन्दी-रक्षा का भार जनसंघ पर और दोनों की रक्षा का भार महान् गणराज्य संयुक्त राष्ट्र अमरीका पर! भारत का भावी मानचित्र आपको कैसा दिखाई देता है?

पहले एक देश में दो देश बने : भारत और पाकिस्तान। अब भारत में दो नये राष्ट्रों का निर्माण होगा, एक हिन्दी-राज्य, दूसरा अहिन्दी-राज्य। लेकिन विघटन यहीं समाप्त न होगा। असम में दंगे हिन्दी-भाषियों के ख़िलाफ़ न हुए थे। बम्बई में संयुक्त महाराष्ट्र आन्दोलन के दौरान अन्ध-राष्ट्रवादियों का क्रोध हिन्दी-भाषियों पर न बरसा था। मारे गए थे बंगाली और गुजराती—दोनों अहिन्दी भाषी। तमिलनाडु और आन्ध्र के अनेक शिक्षित जनों में एक-दूसरे के प्रति वही भाव है, जो असमी-बंगालियों, गुजराती-मराठी-भाषियों में है। कश्मीर और नागा प्रदेश में अलगाव के आन्दोलन से सभी लोग परिचित हैं। द्रविड़ मुन्नेत्र कषगम मूलत: तमिलनाडु को अलग करने

का आन्दोलन करता रहा है, हिन्दी-विरोध को भड़काने और उससे लाभ उठाने की सूझ बाद की है। मुस्लिम लीग के 'डायरेक्ट एक्शन' से त्रस्त होकर देश-प्रेमी नेताओं ने देश का विभाजन स्वीकार किया। उससे साम्प्रदायिक समस्या सुलझ गई? साम्राज्यवाद को अपने फ़ौजी अड्डे बनाने का मौका नहीं मिला? दीजिए तमिलनाडु को आत्मनिर्णय का अधिकार! कीजिए कश्मीर और नागा प्रदेश को भारत से अलग! कहिए कि भारत की अखंडता का नारा जनसंघ का नारा है! आपके आत्मनिर्णय के अधिकार से साम्राज्यवाद को लाभ होता है या भारत की जनता को?

भारत के मज़दूर वर्ग का संगठन प्रदेशों में बँटेगा नहीं, वह अखिल भारतीय स्तर पर होगा। विकास की पंचवर्षीय योजनाएँ अखिल भारतीय स्तर पर बनेंगी और उसी पर सफल होंगी। केरल में अन्न की कमी या बेकारी अन्य राज्यों और केन्द्र के सहयोग से ही दूर होगी। राष्ट्रीय विघटन का अर्थ है : सबकी हानि, साम्राज्यवाद का लाभ। राष्ट्रीय एकता का अर्थ है : सबका लाभ, साम्राज्यवाद की हानि।

यह राष्ट्रीय एकता अब अंग्रेज़ी जाननेवाले डेढ़ फीसदी लोगों के सहारे क़ायम नहीं रह सकती। अगर केन्द्र में हिन्दी चलाना साम्राज्यवाद है तो अंग्रेज़ी क़ायम रखना और भी बड़ा अन्याय है। हिन्दी-भाषी जनता इसे कभी सहन न करेगी। स्वर्गीय जवाहरलाल नेहरू के चाहे जितने आश्वासनों को कानून का रूप दे दीजिए, वे अंग्रेज़ी की रक्षा नहीं कर सकते।

हिन्दी को राष्ट्रभाषा बनाने का आन्दोलन यहाँ उन्नीसवीं सदी से हो रहा है। गांधी जी ने हिन्दी-प्रचार को राष्ट्रीय आन्दोलन का अभिन्न अंग बनाया। भारत को स्वाधीन हुए अठारह साल हो गए। अब और कितने धीरे? कुछ रफ्तार निश्चित कर दीजिए। मालूम तो हो जाए कि अढ़ाई कोस नौ दिन में तै करने हैं या अठारह दिन में?

एक अजीब बात हिन्दी के पिछड़ेपन के बारे में है। लेनिन ने ज़ारशाही रूस की भाषाओं को पिछड़ा हुआ न पाया। उन्होंने ग़ैर-रूसी भाषाओं को राजकाज के लिए माध्यम बनने दिया। चीनी भाषा पिछड़ी हुई नहीं है, माओत्से-तुंग और चीनी सरकार के काम आती है। सिर्फ हिन्दी ऐसी पिछड़ी हुई भाषा है और भारत के बुद्धिजीवी ऐसे महान् चिन्तक हैं कि अंग्रेज़ी के बिना न तो केन्द्रीय सरकार का काम चल सकता है, न किसी पार्टी का अपना राजनीतिक कार्य, विशेष कर उसका केन्द्रीय राजनीतिक कार्य! यह पिछड़ेपन की दलील न केवल हिन्दी-भाषी जाति का अपमान है वरन् अंग्रेज़ी की गुलामी का सजीव प्रमाणपत्र है।

राज्यों में प्रादेशिक भाषाएँ और केन्द्र में हिन्दी—ये दोनों लक्ष्य एक ही साथ सिद्ध होंगे। ये दोनों लक्ष्य आज सिद्ध हो सकते हैं यदि राजनीतिक पार्टियाँ अपने व्यवहार में इस नीति को अपना लें। कथनी और करनी में भेद होने से कोई समस्या हल नहीं हो सकती। जितना ही विलम्ब होगा, उतना ही विघटन बढ़ेगा। इसलिए सही नीति के लिए हिम्मत से आन्दोलन करने का समय अभी है, कल न रहेगा।

हिन्दी के लिए धीरे चलो, यह ग़लत है। कहना चाहिए, और तेज़ चलो। केन्द्र और राज्यों से एक साथ अंग्रेज़ी हटाओ—यही नारा सही है।

केन्द्र में आप हिन्दी नहीं चाहते, न रखिए। लेकिन अंग्रेज़ी न चलेगी। उसकी जगह भारत की एक भाषा चलाइए, चाहे दस भाषाएँ। केन्द्रीय सरकार में जो भाषा-नीति आप चलाना चाहते हों, उसे अपनी पार्टी के व्यवहार में लाइए। इसी से हमें विश्वास होगा कि आप ईमानदारी से भाषा-समस्या हल करना चाहते हैं, वरना बातें बनानेवाले नेताओं की इस देश में कमी नहीं है।

[1965]

35
भाषा की समस्या और मज़दूर वर्ग

समाज की और दूसरी समस्याओं की तरह भाषा की समस्या पर भी साम्राज्यवादियों, भारतीय पूँजीपतियों और मज़दूर वर्ग के विचार अलग-अलग हैं।

अंग्रेज़ों ने इस देश को जीता। लोगों की इच्छा के विरुद्ध शिक्षा और शासन में अंग्रेज़ी चलाई। भारतीय भाषाएँ पिछड़ी हुई हैं, वे न शासनतंत्र के योग्य हैं, न उनमें आधुनिक शिक्षा दी जा सकती है—यह स्थापना ब्रिटिश उपनिवेशवादियों के प्रतिनिधि लॉर्ड मैकाले ने शिक्षा-सम्बन्धी अपने प्रसिद्ध लेख में की। अंग्रेज़ों ने विभिन्न भाषाएँ बोलनेवाली जातियों को आपस में लड़ाया। इस लड़ाई से लाभ उठाकर उन्होंने सभी के ऊपर अंग्रेज़ी का प्रभुत्व क़ायम रखा। अंग्रेज़ी की यह गुलामी राजनीतिक पराधीनता का ही एक हिस्सा थी।

राष्ट्रीय आन्दोलन के आरम्भ-काल से अंग्रेज़ी हटाने की माँग स्वाधीनता-आन्दोलन का अभिन्न अंग बन गई। गांधी जी ने सितम्बर, 1921 के 'यंग इंडिया' में लिखा था कि उनके हाथ में तानाशाह की ताक़त होती तो वह उसी दिन अंग्रेज़ी में शिक्षा देना बन्द करा देते और जो अध्यापक इस हुक्म को न मानता, उसे वह नौकरी से हटा देते।

अंग्रेज़ी से किसी एक भाषा का नहीं, सारे राष्ट्र का अहित होता है। इस बारे में गांधी जी ने 5 जुलाई, 1928 के 'यंग इंडिया' में लिखा था कि अंग्रेज़ी ने राष्ट्र की शक्ति का नाश कर दिया है और अंग्रेज़ी बनी रही तो राष्ट्र की आत्मा का नाश हो जाएगा।

भारत में प्रगतिशील साहित्यिक आन्दोलन के जन्मदाता महान् उपन्यासकार प्रेमचन्द ने भाषा की गुलामी के बारे में लिखा था : "ज़बान की गुलामी ही असली गुलामी है।" ('प्रेमचन्द : कुछ विचार', पृ. 221)

भारत विभाजित हुआ और स्वाधीन हुआ। आज़ादी मिले एक ही महीना हुआ था कि गांधी जी ने केन्द्र और प्रान्तों से एक साथ अंग्रेज़ी हटाने की माँग की। 21 सितम्बर, 1947 के 'हरिजन' में उन्होंने लिखा : "प्रान्तीय सरकारों के लिए ऐसे कर्मचारी रखना बिलकुल आसान होना चाहिए जो प्रान्तीय भाषाओं और नागरी या उर्दू लिपि में लिखी जानेवाली अन्तर्प्रान्तीय भाषा हिन्दुस्तानी में सारा काम कर सकें।"

गांधी जी की नीति थी कि केन्द्र और राज्यों से तुरन्त और एक साथ अंग्रेज़ी हटाई जाए। इसलिए उन्होंने प्रान्तीय सरकारों को सलाह दी थी कि वे ऐसे कर्मचारी रखें जो प्रान्तीय भाषा के साथ हिन्दुस्तानी में भी काम कर सकें।

अंग्रेज़ी हटाने का काम पन्द्रह साल के लिए टाल दिया जाए, इस नीति के वह विरुद्ध थे। जब अंग्रेज़ी से नुक़सान होता है, तब उसे क्यों सालभर भी चलने दिया जाए? उनकी राय थी : "इस आवश्यक तब्दीली में, जो एक-एक दिन बीतता है, उससे राष्ट्र की सांस्कृतिक हानि होती है।"

जो लोग कहते थे कि तुरन्त परिवर्तन असम्भव है, उनके बारे में गांधी जी का मत यह था : "हमारे सेक्रेटेरियटों में भी, कुछ समय बीतने पर तब्दीली होगी, दिमागी काहिली के अलावा और कुछ नहीं है।"

गांधी जी की ललकार थी—दिमागी काहिली खत्म करो, प्रान्तों और दिल्ली से अंग्रेज़ी को निकालो, भारतीय भाषाओं का व्यवहार करो।

प्रान्तीय सरकारें केन्द्र से अंग्रेज़ी द्वारा सम्पर्क क़ायम न रखेंगी, इस बारे में उन्होंने लिखा था : "प्रान्तों का केन्द्र से काम पड़ेगा। यह काम वे अंग्रेज़ी में करने की हिम्मत न करेंगे। केन्द्र में यह जल्द समझने की बुद्धि होनी चाहिए कि वह सांस्कृतिक रूप में राष्ट्र पर मुट्ठी-भर भारतवासियों का बोझ न डालेगा। ये लोग इतने आलसी हैं कि उस भाषा को सीखते नहीं जो आसानी से सारे भारत की आम भाषा बन सकती है और जिससे जनता के किसी हिस्से या पार्टी को नाख़ुशी न होगी।"

गांधी जी की भाषा-सम्बन्धी नीति का निचोड़ यह था : "अंग्रेज़ी ने जो सांस्कृतिक डकैती की है, उसे खत्म किया जाए।"

केन्द्र और प्रान्तों से तुरन्त अंग्रेज़ी हटाने के बारे में गांधी जी की ज़ोरदार आवाज़ हमारे राष्ट्रीय आन्दोलन की सच्ची और सही आवाज़ थी। वह मज़दूर वर्ग के हित में थी।

लेकिन सांस्कृतिक डकैती जारी तभी रह सकती थी जब एक ओर जनता को तसल्ली दी जाए कि अंग्रेज़ी हटा दी जाएगी, दूसरी ओर कुछ ऐसे कारण ढूँढ़ निकाले जाएँ जिससे अंग्रेज़ी क़ायम रहे। भारतीय पूँजीवाद एक ओर ब्रिटिश साम्राज्यवाद के आर्थिक और राजनीतिक दबाव का विरोध करता था, दूसरी ओर अपने विकास के लिए उससे सहायता भी चाहता था। भारत में ब्रिटिश पूँजी की आमद और ज़्यादा हुई, मुनाफा गया विलायत को; साथ ही देश में उद्योग-धन्धों का निर्माण भी हुआ। पूँजीवाद की इस दुरंगी नीति के अनुरूप उसकी भाषा-नीति थी। भारतीय पूँजीवाद की प्रमुख पार्टी—कांग्रेस—ने यह नीति निकाली कि अंग्रेज़ी हटाने का बराबर दम भरते रहो लेकिन अमल में किसी-न-किसी बहाने अंग्रेज़ी क़ायम रखो।

पहला बहाना यह था कि हिन्दी पिछड़ी हुई भाषा है। वह अंग्रेज़ी की जगह ले, इसके लिए उसे विकसित होने का अवसर देना चाहिए। विकास के लिए पन्द्रह साल का अवसर दिया गया।

यह शुद्ध बहाना था। लोक सभा में सदस्यों को जीव-विज्ञान या भौतिकी पर बहस न करनी थी। लेकिन हिन्दी को समृद्ध करने के लिए बड़े-बड़े कोश रचे जाने लगे। किसी ने यह न देखा कि इन कोशों में कितने पुराने ऐसे शब्द दोहराए जा रहे हैं जो हिन्दी में सन् '47 से पहले ही प्रचलित थे। किसी ने लोक सभा में यह माँग न की कि हिन्दी कितनी पिछड़ी हुई है, इसकी जाँच के लिए कम-से-कम एक कमीशन तो बिठा दिया जाए।

अंग्रेज़ी क़ायम रखने के लिए दूसरा कारण यह खोज निकाला गया कि वह आधुनिक ज्ञान-विज्ञान की भाषा है। अंग्रेज़ी चली गई तो देश आर्थिक और वैज्ञानिक प्रगति में पिछड़ जाएगा।

अंग्रेज़ी क़ायम रखने के पीछे एक जानी-बूझी वर्ग-नीति थी। इसे जनता के गले उतारने का काम किया भारत के लोकप्रिय नेता स्वर्गीय पं. जवाहरलाल नेहरू ने। अंग्रेज़ी को निकालने और साथ ही क़ायम रखने की नीति उन्होंने सितम्बर, 1949 में संविधान सभा में इस तरह पेश की :

"अंग्रेज़ी चाहे जितनी महत्त्वपूर्ण भाषा हो, हम यह बर्दाश्त नहीं कर सकते कि हमारे देश में कुछ तो अंग्रेज़ी पढ़े-लिखे शरीफ लोग हों और आम जनता अंग्रेज़ी से महरूम रहे। इसलिए हमारी अपनी भाषा होनी चाहिए। लेकिन आप इस बात को प्रस्ताव में चाहे लिखें, चाहे न लिखें, अंग्रेज़ी लाजमी तौर से भारत में बहुत महत्त्वपूर्ण भाषा बनकर रहेगी जिसे बहुत-से लोग सीखेंगे और शायद उन्हें उसे जबरन सीखना होगा।"

पाठक 15 सितम्बर, 1949 के अख़बारों में नेहरू जी का यह भाषण पढ़ सकते हैं।

नेहरू जी ने अपने भाषण में राष्ट्रपिता महात्मा गांधी के भाषा-सम्बन्धी विचारों की भूरि-भूरि प्रशंसा की। फिर अंग्रेज़ी हटाने की गांधी-नीति से ठीक उल्टी दिशा में चल दिये।

नेहरू जी भारी जनतंत्रवादी थे। केरल की जनतांत्रिक साम्यवादी सरकार के ख़िलाफ़ जेहाद की शुरुआत भी उन्होंने ही की थी।

नेहरूवाद और मार्क्सवाद पर्यायवाची शब्द नहीं हैं।

भारतीय पूँजीवाद की पार्टी—कांग्रेस—न तो राज्यों से, और न केन्द्र से अंग्रेज़ी हटाने में समर्थ हुई। उल्टा उसकी नीति से अंग्रेज़ी और अंग्रेज़ियत की जड़ें पहले से भी ज़्यादा मज़बूत हो गईं।

भारत में भाषावार राज्य बनाने का आन्दोलन चला। हर प्रदेश में उसकी शिक्षा और संस्कृति का विकास उसकी भाषा के माध्यम से हो, यह माँग सही थी। लेकिन आन्दोलन में जितना ज़ोर राज्यों की सीमाओं और क्षेत्रफल पर दिया गया, उतना प्रादेशिक भाषाओं पर नहीं। यह भी पूँजीवादी नीति का ही फल था। नतीजा यह हुआ कि भाषावार राज्य बन गए और इन राज्यों में अंग्रेज़ी क़ायम रही।

भाषावार राज्यों का आन्दोलन इस तरह चला कि लोगों के सामने प्रादेशिकता मुख्य और राष्ट्रीय एकता गौण हो गई। इस अलगाव की भावना से लाभ हुआ अंग्रेज़ी को। गुजराती और मराठी-भाषी आपस में लड़े; अंग्रेज़ी के समर्थन में दोनों के नेता—विशेष रूप से वामपक्षी नेता—एक साथ रहे। असम में भाषा के सवाल को लेकर भयानक दंगे हुए। लड़ाई हुई असमिया-बंगला में। दोनों के ऊपर क़ायम रही अंग्रेज़ी!

अंग्रेज़ी क़ायम रखने के लिए एक नया बहाना और मिला : हिन्दीवाले अहिन्दी वालों को दबाना चाहते हैं। द्रविड़ कषगम ने नारा दिया कि तमिलनाडु भारत से अलग हो। उसने प्रचार किया कि 26 जनवरी, 1965 से हिन्दी राष्ट्रभाषा हो जाएगी और तमिल का नाश कर देगी। तमिलनाडु के प्रतिक्रियावादी नेताओं ने जनता के सहज तमिल-प्रेम से लाभ उठाकर आफत बरपा कर दी। जनतंत्र और राष्ट्रीय एकता की रक्षा के लिए अंग्रेज़ी को क़ायम रखना आवश्यक हो गया।

सन् '65 में अंग्रेज़ी हट न जाए, इसलिए दिल्ली सरकार ने यह कानून बना दिया था कि अंग्रेज़ी का भी चलन रहेगा। व्यवहार में देखा यह गया कि अंग्रेज़ी का ही चलन रहेगा। इस तरह भारत की संविधान सभा के फैसले को बड़े वैधानिक ढंग से भारत के जनतंत्र-प्रेमियों ने पैरों तले रौंदा!

पूँजीपतियों से अलग, अपने आर्थिक और राजनीतिक हितों के अनुकूल, भाषा-समस्या पर मज़दूर वर्ग का अपना दृष्टिकोण होना चाहिए। मज़दूर वर्ग समाज का सबसे क्रान्तिकारी वर्ग है। उसे साम्राज्यवादी विरासत और हमारी गुलामी की प्रतीक अंग्रेज़ी के ख़िलाफ़ सबसे आगे बढ़कर लड़ना चाहिए। अंग्रेज़ी को हटाने के मामले में वह पूँजीपतियों की टालमटोल नीति का अनुसरण नहीं कर सकता। वह इस दुरंगी नीति पर नहीं चल सकता कि मुँह से कहे, 'अंग्रेज़ी हटाओ', अमल में उसे क़ायम रखे। वह इस दलील को नहीं मान सकता कि भारत की भाषाएँ पिछड़ी हुई हैं, इसलिए अंग्रेज़ी क़ायम रहनी चाहिए। उसके सामने लेनिन की मिसाल है जिन्होंने रूसी साम्राज्यवाद का दबाव खत्म करने के लिए खुद अपनी मातृभाषा रूसी को राजभाषा पद से हटा दिया था। फिर विदेशी भाषा अंग्रेज़ी को हटाने में किसी को संकोच क्यों हो?

सोवियत संघ की कम्युनिस्ट पार्टी ने किसी जाति की भाषा को पिछड़ा हुआ न माना। उसने सोवियत प्रजातंत्रों में ग़ैर-रूसी भाषाओं को राजभाषा बनाया। हिन्दी पिछड़ी हुई है, उसे अभी विकसित होना है या जनता के निकट पहुँचना है, यह मार्क्सवादियों का तर्क नहीं हो सकता।

मज़दूर वर्ग अखिल भारतीय स्तर पर अपनी एकता अंग्रेज़ी के माध्यम से क़ायम नहीं कर सकता। यह एकता किसी भारतीय भाषा के द्वारा ही क़ायम हो सकती है। वह भारतीय भाषा मज़दूर वर्ग के नेताओं के अनुसार हिन्दी है। मज़दूर वर्ग की

एकता खुद उसके लिए ही नहीं, सारे राष्ट्र के लिए ज़रूरी है। बंगाल-असम में झगड़े कराते हैं पूँजीपति। उनमें एकता स्थापित करता है मज़दूर वर्ग। हिन्दी-अहिन्दी के संघर्ष को रोकने की ताक़त मज़दूर वर्ग में ही है।

मज़दूर वर्ग के साथी हैं किसान। किसान-मज़दूर एकता ही वह क्रान्तिकारी शक्ति है जो देश को सामाजिक प्रगति की राह पर आगे बढ़ा सकती है। किसान अपना अखिल भारतीय संगठन अंग्रेज़ी के द्वारा मज़बूत नहीं कर सकते। कम्युनिस्ट पार्टी खुद अपने अन्दर बहुत-से किसान-मज़दूरों को जगह नहीं दे सकती, क्योंकि अंग्रेज़ी का प्रभुत्व रहने पर वे न तो पार्टी की ऊँची समितियों के सदस्य हो सकेंगे, न उनकी बहस में ठीक से भाग ले सकेंगे।

इसीलिए मज़दूर वर्ग के हित में एक ही भाषा-नीति हो सकती है —राज्यों से और केन्द्र से, दोनों जगह से एक साथ अंग्रेज़ी हटाओ।

इस नीति पर मज़दूर वर्ग सारे देश को तभी चला सकता है, जब उसकी अपनी पार्टी—कम्युनिस्ट पार्टी—के दफ्तरों से अंग्रेज़ी निकले। अंग्रेज़ी का जुआ खुद अपने कन्धों पर लादकर कम्युनिस्ट पार्टी देश को अंग्रेज़ी की गुलामी से आज़ाद नहीं करा सकती।

अब देखना चाहिए कि मज़दूर वर्ग की पार्टी और उसके द्वारा संचालित जन-सगठनों में अंग्रेज़ी की हैसियत क्या है।

स्वर्गीय कामरेड अजय घोष ने सरकारी भाषा-आयोग की रिपोर्ट पर एक नोट लिखा था। उसमें उन्होंने अंग्रेज़ी की हैसियत के बारे में ये बातें लिखी थीं :

"आज अधिकांश अखिल भारतीय संगठनों का काम अंग्रेज़ी में होता है। इनमें किसानों और मज़दूरों के संगठन भी शामिल हैं। इसका लाजमी नतीजा यह होता है कि मध्यवर्ग और उच्च मध्यवर्ग के सुशिक्षित लोग ही अखिल भारतीय स्तर पर इन संगठनों के बहस-मुबाहसे में भाग ले सकते हैं। अमल में यही लोग इन संगठनों की अखिल भारतीय कार्य-समितियों के सदस्य बन सकते हैं। जिस किसी को भी जन-आन्दोलन का ज़रा भी तजुर्बा होगा, वह जानता होगा, इससे कितनी कठिनाई पैदा होती है।"

इससे स्पष्ट है कि अंग्रेज़ी के रहते न तो मज़दूर संगठन शक्तिशाली हो सकते हैं, न किसान-मज़दूर एकता दृढ़ की जा सकती है।

सांस्कृतिक क्षेत्र में पार्टी के कर्तव्य बतलाते हुए अजय घोष ने लिखा था : "देश के सभी भागों में जनता को किसी एक भारतीय भाषा का अल्पतम आवश्यक ज्ञान कराना होगा जिससे वह भाषा जल्दी-से-जल्दी केन्द्र (यूनियन) की भाषा बन सके और विभिन्न प्रदेशों की जनता के बीच भी परस्पर आदान-प्रदान का साधन बने। भारत की भाषाओं में जो भाषा सबसे अधिक बोली और समझी जाती है, वह हिन्दी है और इसी के द्वारा यह काम हो सकता है।"

मज़दूर वर्ग और उसकी पार्टी का हित इस बात में है कि केन्द्र और प्रदेशों से अंग्रेज़ी को निकाला जाए। जल्दी-से-जल्दी हिन्दी को भारत सरकार की भाषा तथा पार्टी द्वारा संचालित अखिल भारतीय जन-संगठनों की भाषा बनाया जाए।

दो वर्ग, दो उद्‌देश्य, दो भाषा-नीतियाँ स्पष्ट हो जाती हैं। उनका भेद आसानी से देखा जा सकता है।

इस समय कम्युनिस्ट पार्टी की नीति क्या है? राज्यों से अंग्रेज़ी हटाओ, केन्द्र में आगे चलकर हिन्दी होगी लेकिन फिलहाल वहाँ अंग्रेज़ी चलने दो।

लालबहादुर शास्त्री जी और गुलजारीलाल नन्दा जी क्या कहते हैं? वे भी यही कहते हैं! हिन्दी धीरे-धीरे आएगी। आएगी ज़रूर लेकिन अभी तो अंग्रेज़ी चलने दो। राज्यों में प्रादेशिक भाषाओं के व्यवहार के लिए उन्होंने संविधान बनने के समय से ही पूरी छूट दे रखी है। अब राज्य उस सुविधा का उपयोग न करे तो इसमें शास्त्री जी और नन्दा जी का क्या दोष!

इस समय भाषा के सवाल पर कम्युनिस्ट पार्टी की अपनी कोई स्वतंत्र नीति नहीं है। वह पूँजीवादी पार्टी—कांग्रेस—का पिछलगुआ बनकर चल रही है। योगीन्द्र शर्मा जी जैसे कम्युनिस्ट नेता इस पिछलगुएपन की नीति को पार्टी की स्वतंत्र नीति कहकर हमसे उस पर गर्व करने को कहते हैं। मुझे तो अंग्रेज़ी क़ायम रखने की इस मज़दूर-विरोधी, राष्ट्र-विरोधी नीति पर शर्म आती है। उसमें गर्व करने की कोई बात नहीं दिखाई देती।

इसके विपरीत अपने एक लेख में मैंने यह नीति रखी है कि पार्टी को केन्द्र और राज्य, दोनों से अंग्रेज़ी हटाने का आन्दोलन करना चाहिए।

योगीन्द्र शर्मा जी का कहना है कि यह ज़ोर-ज़बर्दस्ती वाला हिन्दी राष्ट्रवादी नारा है। वह कहते हैं कि भाषा की समस्या का जनतांत्रिक समाधान होना चाहिए।

जनतांत्रिक समाधान वही है जिसे सन् '49 से भारत सरकार अमल में लाती रही है। यानी भविष्य में हिन्दी, वर्तमान में अंग्रेज़ी! योगीन्द्र जी भी कहते हैं, भविष्य में हिन्दी ही केन्द्रीय राजभाषा होगी लेकिन अभी अंग्रेज़ी चलने दो। वह पं. जवाहरलाल नेहरू की तरह अंग्रेज़ी की निन्दा भी करते हैं। कहते हैं : अंग्रेज़ी के ज़रिये जो राष्ट्रीय एकता क़ायम की जाती है, वह अंग्रेज़ी के समय की औपनिवेशिक एकता से बढ़कर नहीं है। लेकिन उनका अमली नारा है : अंग्रेज़ी के ज़रिये अभी यह एकता क़ायम रहने दो।

जैसे सन् '47 से पहले सर तेजबहादुर सप्रू कहते थे कि अंग्रेज़ी राज तो खत्म होना चाहिए लेकिन राजे-महाराजे नहीं मानते, अछूत और मुसलमान नहीं मानते, एंग्लो-इंडियन नहीं मानते, इसलिए फिलहाल तो अंग्रेज़ी राज रहेगा ही—वैसे ही सन् '65 में यह 'फिलहाल' अंग्रेज़ी चलाने की नीति है।

यदि यह मान लें कि अहिन्दी-भाषी जनता अंग्रेज़ी को नहीं छोड़ना चाहती, तो भी अंग्रेज़ी का क़ायम रहना जनतांत्रिक नहीं कहा जा सकता। यदि अंग्रेज़ी को

हटाना अहिन्दी-भाषियों के साथ अन्याय है, तो उसे क़ायम रखना हिन्दी-भाषियों के साथ अन्याय है। जनतंत्र का मतलब यह नहीं है कि अहिन्दी-भाषियों की राय ली जाए और हिन्दी-भाषियों को पूछा ही न जाए।

अहिन्दी-भाषियों की राय भी किस जनतांत्रिक उपाय से मालूम की गई? क्या बसें तोड़ना और स्टेशन जलाना लोकमत-संग्रह का बहुत कारगर तरीका है?

द्रविड़ कषगम और स्वतंत्र पार्टी के लोगों ने धुआँधार प्रचार किया कि देश के लिए सबसे बड़ा खतरा हिन्दी से है। हिन्दी-साम्राज्यवाद का हौवा खड़ा करके कौशल से उन्होंने अंग्रेज़ी के साम्राज्यवाद की रक्षा की। लेकिन भारतीय भाषाओं को दबानेवाली भाषा हिन्दी नहीं, अंग्रेज़ी है।

इस सम्बन्ध में अजय घोष ने अपने उसी नोट में लिखा था : "आज जब लोग कहते हैं कि इस या उस भाषा से खतरा पैदा हो गया है, तब वे भूल जाते हैं कि देश में जिस भाषा का सचमुच प्रभुत्व रहा है, वह अंग्रेज़ी है। यह प्रभुत्व न केवल राजनीतिक क्षेत्र में रहा है, वरन् सांस्कृतिक क्षेत्र में भी रहा है। वे भूल जाते हैं कि सांस्कृतिक क्षेत्र में यह प्रभुत्व अब भी बना हुआ है। वे भूल जाते हैं कि भारत के सांस्कृतिक विकास में, हर भारतीय भाषा के विकास में यह प्रभुत्व ही सबसे बड़ी बाधा है और इसलिए उसे दूर करना ही सबसे बड़ा कर्तव्य है।"

इससे ठीक उल्टी राय योगीन्द्र शर्मा जी की है। उनकी दलील है कि अंग्रेज़ी की जगह हिन्दी आई तो भारतीय भाषाओं का दमन होगा। उन्होंने जोशीले ढंग से अपने लेख में पूछा है :

"क्या कोई भी सच्चा देशभक्त, सच्चा जनतंत्र-प्रेमी इसको स्वीकार कर सकता है जिस तरह अभी तक—अंग्रेज़ी भारत की तमाम भाषाओं का दमन और दहन करती रही, उसी तरह उस काम को अब हिन्दी करे?"

उन्होंने यह नहीं बताया कि संविधान की किस धारा के अनुसार हिन्दी तमिलनाडु से तमिल को बाहर कर देगी।

उनकी राय है कि अंग्रेज़ी की तरह हिन्दी भी तमाम भाषाओं का दमन न करे, इसलिए अंग्रेज़ी को ही यह दमन करने दिया जाए!

हिन्दी से भारतीय भाषाओं को खतरा है, यह साबित करने के लिए उन्होंने 'कम्युनिस्ट' में प्रकाशित सन् '49 वाले मेरे पुराने लेख को ढूँढ़ निकाला है। इस लेख को उन्होंने अतिवादी और अराजकतावादी कहा है और उसी से उन्होंने हिन्दी का खतरा भी साबित कर दिया है!

सन् '18 में कम्युनिस्ट पार्टी की दूसरी कांग्रेस ने अपने राजनीतिक प्रस्ताव में भारत के बड़े पूँजीपतियों को उत्पीड़क वर्ग कहा था। उस स्थापना से यही नतीजा निकलता था कि बड़े पूँजीपतियों की सरकार केन्द्रीय राजभाषा के ज़रिये प्रदेशों को दबाना चाहती है। कम्युनिस्ट पार्टी ने यह मान्यता बदल दी है। क्या योगीन्द्र

शर्मा जी अभी भी समझते हैं कि सरकार बड़े पूँजीपतियों की सरकार है और ये बड़े पूँजीपति साम्राज्यवादी हैं? यदि नहीं तो बतलाएँ कि हिन्दी के खतरे का ठोस सामाजिक आधार क्या है?

अंग्रेज़ी हटाने का विरोध साम्राज्यवाद के खुले और छिपे समर्थक स्वतंत्र पार्टी और द्रविड़ कषगम के नेता करते हैं। हिन्दी द्वारा अहिन्दी भाषाओं के दमन का हौवा वे खड़ा करते हैं। योगीन्द्र शर्मा जी भी उनके प्रचार में शामिल हो गए हैं।

अंग्रेज़ी क़ायम रखने के लिए एक विचित्र ढंग से विशाल राष्ट्रीय संयुक्त मोर्चा बन गया है। इस मोर्चे में स्वतंत्र दल के नेता हैं, द्रविड़ कषगम वाले हैं। कांग्रेस और कम्युनिस्ट पार्टी के अनेक नेता भी इसमें हैं। लेकिन यह मोर्चा बना है बालू की भीत पर। उसके पीछे भारत के किसानों और मज़दूरों की ताक़त नहीं है। वह ज़्यादातर बाबू लोगों का संयुक्त मोर्चा है। इनमें कुछ तो अंग्रेज़ी पढ़े हैं और बाकी बिना पढ़े ही उसका समर्थन करते हैं। खास बात यह है कि कम्युनिस्ट पार्टी की दोनों शाखाएँ इस संयुक्त मोर्चे में शामिल हैं।

अहिन्दी-भाषी क्षेत्र के बाबुओं को डर है कि अंग्रेज़ी चली गई तो अखिल भारतीय नौकरियाँ हिन्दीवाले हथिया लेंगे। अखिल भारतीय नौकरियों की समस्या पूरे मध्यवर्ग की समस्या नहीं है। कुछ थोड़े-से तेज़ लोग—जो हर मानी में तेज़ होते हैं—ये नौकरियाँ पाते हैं। बाकी उम्मीदवार नाउम्मीद होकर कहीं मास्टरी या क्लर्की करते हैं या बेकारी में चप्पलें चटकाते हुए घूमते हैं। कम्युनिस्ट पार्टी अपनी भाषा-नीति इन मुट्ठी-भर पढ़े-लिखे बाबुओं की राय से निर्धारित नहीं करती। उसके सामने होना चाहिए किसानों और मज़दूरों का हित।

वास्तव में मध्यवर्ग का हित भी अंग्रेज़ी क़ायम रखने में नहीं है। निन्यानवे फीसदी अंग्रेज़ी-पढ़े बाबुओं को छोटी-मोटी नौकरियों से ही सन्तोष करना पड़ता है। लाखों की तादाद में वे हर साल अंग्रेज़ी के कारण फेल होते हैं। अंग्रेज़ी के कारण शिक्षा उनके लिए हर तरह से महँगी पड़ती है। अखिल भारतीय नौकरियों के लिए अंग्रेज़ी आवश्यक है, इसलिए राज्यों में भी अंग्रेज़ी चलती है। फल भुगतना पड़ता है तमाम निम्न मध्यवर्ग की गरीब जनता को।

जब तक केन्द्र में अंग्रेज़ी चलती है, तब तक राज्यों से अंग्रेज़ी की जड़ नहीं कट सकती। राज्यों में अंग्रेज़ी की पत्तियाँ नोचने से उसकी केन्द्रीय जड़ पर कोई असर न पड़ेगा। पिछले सोलह साल का अनुभव यही सिद्ध करता है। केन्द्र के कारण ही राज्यों में अंग्रेज़ी का प्रभुत्व है। इससे तमिलनाडु में अभी तक तमिल उच्च शिक्षा का माध्यम नहीं बन पाई।

जो लोग अखिल भारतीय नौकरियों के उम्मीदवार हैं, उनका भय आसानी से दूर किया जा सकता है। यह नियम बनाना चाहिए कि अखिल भारतीय नौकरियों के लिए एक अहिन्दी भाषा सीखना अनिवार्य होगा। अहिन्दी भाषा का समुचित ज्ञान

अनिवार्य कर देने से हिन्दीवालों को कोई विशेष सुविधा न मिलेगी। पार्टी इस नियम के लिए और अंग्रेज़ी हटाने के लिए एक साथ आन्दोलन कर सकती है। लेकिन नौकरियों की समस्या हल न कर पाने के कारण केन्द्र में अंग्रेज़ी क़ायम रखने की बात करना मार्क्सवाद को ठुकराकर मध्यवर्ग के बाबुओं का दृष्टिकोण अपनाना है।

अंग्रेज़ी क़ायम रखने में भारत के किसी वर्ग का हित नहीं है—न मज़दूर वर्ग का, न किसानों का, न शहरों के मध्यवर्ग का। अंग्रेज़ी से न अहिन्दी प्रदेश का हित होता है, न हिन्दी प्रदेश का। उससे केवल साम्राज्यवादियों का हित होता है। ब्रिटिश और अमरीकी पूँजीपति हमारे अर्थतंत्र पर हर तरह से प्रभाव डालते हैं। उनके आर्थिक, राजनीतिक और सांस्कृतिक प्रभाव को दृढ़ करने का साधन है—अंग्रेज़ी का प्रभुत्व। वे करोड़ों रुपये तरह-तरह से यहाँ अंग्रेज़ी के प्रचार और प्रसार पर ख़र्च करते हैं। अंग्रेज़ी को क़ायम रखना 'जनतंत्र' के नाम पर साम्राज्यवाद की सेवा करना है।

अंग्रेज़ी हटाने का सवाल राष्ट्रीय एकता के प्रश्न के साथ जुड़ा हुआ है। भारत बहुजातीय राष्ट्र है। भारतीय भाषाएँ बोलनेवाली विभिन्न जातियाँ ब्रिटेन और फ्रांस की तरह एक-दूसरे से अलग स्वतंत्र जातियाँ नहीं हैं। ऐतिहासिक, सांस्कृतिक, आर्थिक और राजनीतिक सूत्रों से बँधी हुई वे एक ही राष्ट्र का अविभाज्य अंग हैं। जिस तरह हर प्रदेश में उसकी अपनी भाषा को सभी अधिकार मिलने चाहिए, वैसे ही इन सबको जोड़नेवाली राष्ट्रभाषा हिन्दी को भी केन्द्र में पूर्ण अधिकार मिलने चाहिए।

जो लोग अंग्रेज़ी हटाने का विरोध करते हैं, वे राष्ट्रीय एकता का विरोध करते हैं। विभिन्न प्रदेशों की जनता एक-दूसरे के नज़दीक हिन्दी के ज़रिये ही आ सकती है। अंग्रेज़ी के ज़रिये पढ़ा-लिखा बाबू वर्ग दिन-पर-दिन साधारण जनता से दूर होता जा रहा है।

पिछले पन्द्रह साल में अंग्रेज़ियत बढ़ी है और उसके साथ भारतीय भाषाओं की उपेक्षा आम तौर से, और हिन्दी की उपेक्षा खास तौर से, बढ़ी है। यह उपेक्षा हिन्दी और अहिन्दी, दोनों क्षेत्रों में है। डैडी, मम्मी और अंकल जी का चलन हिन्दी बाबुओं के घर में पिछले वर्षों ज़्यादा हुआ है। अमरीकी साहित्य के नक्कालों की हिन्दी में अंग्रेज़ी के अपच शब्दों की बाढ़ आ गई है।

हिन्दी की उपेक्षा कांग्रेस में ही नहीं है, कम्युनिस्ट पार्टी में भी है—हमें इस कटु सत्य का सामना करना चाहिए। आज से इकतीस साल पहले प्रेमचन्द ने हमारे नेताओं के अंग्रेज़ी-प्रेम को अच्छी तरह परखा था और उसकी तीखी आलोचना की थी। बम्बई के राष्ट्रभाषा-सम्मेलन में उन्होंने कहा था :

"हमारी क़ौमी सभाओं में सारी कार्यवाही अंग्रेज़ी में होती है, अंग्रेज़ी में भाषण दिये जाते हैं, लेख लिखे जाते हैं, प्रस्ताव पेश किये जाते हैं, सारी लिखा-पढ़ी अंग्रेज़ी में होती है—उस संस्था में भी, जो अपने को जनता की संस्था कहती है। यहाँ तक कि सोशलिस्ट और कम्युनिस्ट भी, जो जनता के खासुलखास झंडे-बरदार हैं, सभी कार्यवाही अंग्रेज़ी में करते हैं।"

प्रेमचन्द की आलोचना का कोई असर कम्युनिस्ट पार्टी के नेताओं पर नहीं हुआ। वे जहाँ सन् '34 में थे, वहीं सन् '65 में हैं। इस स्थिति पर कौन गर्व कर सकता है?

प्रेमचन्द ने बहुत सही सवाल उठाया था कि पार्टियाँ अपनी कार्यवाही किस भाषा में करती हैं। यही सवाल अपने एक लेख में मैंने भी उठाया था।

मेरा अनुभव है कि राज्यों में कम्युनिस्ट पार्टी के बड़े नेता अपने मसौदे अंग्रेज़ी में तैयार करते हैं। अक्सर राज्यों के पत्रों में उनके अंग्रेज़ी लेखों के अनुवाद छपते हैं। योगीन्द्र शर्मा जी का कहना है कि राज्यों में पार्टी का सारा काम प्रादेशिक भाषाओं में होता है। उसका स्वागत करता हूँ। पार्टी के नेताओं को बधाई देता हूँ कि कम-से-कम राज्यों में उन्होंने पहल की और दूसरी पार्टियों के सामने एक आदर्श रखा।

लेकिन कम्युनिस्ट पार्टी अपने केन्द्रीय दफ्तर से अंग्रेज़ी क्यों नहीं निकाल पाती? इसका मूल कारण है, स्वयं पार्टी के नेताओं में हिन्दी के प्रति उपेक्षा का भाव।

यदि अखिल भारतीय स्तर पर मज़दूर वर्ग की एकता हिन्दी के ज़रिये ही क़ायम हो सकती है, तो हिन्दी की यह उपेक्षा मज़दूर वर्ग की ही उपेक्षा है।

कामरेड गोपालन लोक सभा से बाहर चले गए क्योंकि कोई मंत्री हिन्दी में बोला था! उनका मज़दूर-प्रेम हिन्दी से चिढ़ता है, अंग्रेज़ी को सिर चढ़ाता है। बंगाल में कम्युनिस्ट पार्टी की दोनों शाखाओं ने विधान सभा में कांग्रेस के साथ मिलकर हिन्दी के विरुद्ध प्रस्ताव पास किया, केन्द्र में अंग्रेज़ी उन्हें सप्रेम स्वीकार है!

पार्टी के नेता जो सिर्फ राज्यों से अंग्रेज़ी हटाने की बात करते हैं, इसका कारण हिन्दी के प्रति यही उपेक्षा-भाव है। मराठी, बंगला, तमिल के चलन की बात तो वे कर सकते हैं; हिन्दी के चलन की बात कैसे करें?

कहा जा सकता है कि हिन्दी-भाषी क्षेत्र में कम्युनिस्ट आन्दोलन कमज़ोर है, इसलिए पार्टी-केन्द्र में हिन्दी का चलन नहीं है।

लेकिन भारत का वह अंग्रेज़ी-भाषी क्षेत्र कौन-सा है जहाँ कम्युनिस्ट आन्दोलन मज़बूत होने से पार्टी-केन्द्र में अंग्रेज़ी चलती है? वह अंग्रेज़ी-भाषी क्षेत्र ऊपर के कुछ नेताओं तक सीमित है। भारत की धरती से उखड़ा हुआ यह क्षेत्र त्रिशंकु की तरह आसमान में लटका हुआ है। इस हवाई क्षेत्र की भाषा—अंग्रेज़ी—पार्टी-केन्द्र में चल सकती है। भारत की एक-तिहाई जनता की भाषा हिन्दी नहीं चल सकती!

कम्युनिस्ट पार्टी के वोटरों में जो पिछत्तर फीसदी अहिन्दी-भाषी हैं, उनमें अंग्रेज़ी जाननेवाली एक फीसदी भी नहीं हैं। फिर भी पार्टी-केन्द्र में चलेगी अंग्रेज़ी।

हमारे आन्दोलन के विकास और फैलाव की वह कौन-सी विशेषता है जिससे अंग्रेज़ी-भाषी न होते हुए भी हमारे नेता बंदरिया के मुर्दे बच्चे की तरह अंग्रेज़ी को छाती से चिपकाये हुए हैं? वह विशेष अवस्था है, हिन्दी की उपेक्षा।

इस स्थिति से लाभ उठाते हैं जनसंघ के नेता। वे जनता की सही माँगों का समर्थन करके अपनी जन-विरोधी नीति के लिए लोकप्रियता हासिल करते हैं। उनका

उद्देश्य होता है, पूँजीवाद को मज़बूत करना, तटस्थता की नीति खत्म करके भारत को साम्राज्यवादी खेमे में ढकेल देना।

केन्द्र में अंग्रेज़ी कायम रखना समस्त भारतीय जनता के साथ अन्याय है, हिन्दी-भाषी जनता के साथ विशेष अन्याय है। अंग्रेज़ी चालू रखने की नीति का समर्थन करके कम्युनिस्ट पार्टी हिन्दी-भाषी जनता में अपना अलगाव बढ़ाएगी, कम्युनिस्ट आन्दोलन को आवश्यकतानुसार शक्तिशाली नहीं बना सकती।

पिछले वर्षों का अनुभव बतलाता है कि जनता के असन्तोष से लाभ उठाकर प्रतिक्रियावादी दलों ने अपनी ताक़त जितनी बढ़ाई है, उतना कम्युनिस्ट पार्टी ने नहीं। तब कम्युनिस्ट पार्टी संयुक्त थी; अब विभक्त है। सोच लीजिए, क्या नतीजा होगा।

अंग्रेज़ी के विरुद्ध हिन्दी जनता के असन्तोष को दक्षिण और बंगाल की ओर मोड़ना बहुत आसान है। जैसे कुछ लोग तमिल-प्रेमी को हिन्दी-विरोध का रूप देते हैं, वैसे ही हिन्दी-प्रेम को तमिल-विरोध का रूप देना मुश्किल नहीं है। गृहयुद्ध की इस परिस्थिति में अंग्रेज़ी के बल पर राष्ट्रीय एकता की रक्षा नहीं की जा सकती।

समस्या का एक ही हल है : केन्द्र में हिन्दी हो, राज्यों में प्रादेशिक भाषाएँ।

इस पर भी यदि कोई कहे कि अंग्रेज़ी हटाने से अहिन्दी भाषाओं का दमन होता है तो निवेदन है, लोक सभा में सभी भाषाएँ चलाइए। हमें इस बात का मोह नहीं है कि भारत सरकार का काम हिन्दी में हो। घृणा इस बात से है कि उसका काम अंग्रेज़ी में होता है। केन्द्र में चाहे एक भारतीय भाषा चलाइए, चाहे दस; विदेशी भाषा अंग्रेज़ी को निकालिए।

मैंने योगीन्द्र शर्मा जी से पूछा था : "पार्टी-दफ्तर में सभी भारतीय भाषाओं का चलन करने में क्या व्यावहारिक कठिनाइयाँ हैं?"

उन्होंने उत्तर दिया है : "पार्टी के केन्द्रीय-दफ्तर में अंग्रेज़ी की जगह सभी भारतीय भाषाओं को बराबर जगह देने में व्यावहारिक कठिनाइयाँ अवश्य हैं। व्यावहारिक कठिनाइयों में मुख्य कठिनाई है बहुभाषी स्टाफ क़ायम करने की—तमाम भारतीय भाषाओं से अनुवाद करने की व्यवस्था की।"

पार्टी-केन्द्र में हिन्दी इसलिए नहीं चलती कि हिन्दी प्रदेश में कम्युनिस्ट आन्दोलन कमज़ोर है। अनेक भारतीय भाषाएँ इसलिए नहीं चल सकतीं कि उपयुक्त स्टाफ नहीं है! इसलिए अंग्रेज़ी की गुलामी से पार्टी-केन्द्र मुक्त नहीं हो सकता!

योगीन्द्र जी ने मुझे आश्वासन दिया है कि लोगों को तमाम भाषाओं में बोलने की आज़ादी है। केन्द्रीय दफ्तर में तमाम भाषाओं में चिट्ठियाँ, रिपोर्टें आदि आती हैं। भविष्य में पार्टी-केन्द्र की भाषा हिन्दी ही होगी लेकिन जहाँ तक वर्तमान का सम्बन्ध है, उन्हीं के शब्दों में : "तमाम भारतीय भाषाओं की इस आज़ादी और बराबरी के बावजूद 'फिलहाल' अंग्रेज़ी प्रधान और सम्पर्क-भाषा है।"

असली समस्या इसी 'फिलहाल' की है।

पार्टी के जो नेता अपने केन्द्र से अंग्रेज़ी निकालने में असमर्थ हैं, वे भारत में अंग्रेज़ी का प्रभुत्व कभी खत्म नहीं कर सकते।

हिन्दी-भाषी जनता से भड़कानेवाले कहते हैं, यह उत्तर और दक्षिण की लड़ाई है। दक्षिण वाले हिन्दी नहीं चाहते तो उन्हें उत्तर भारत से निकाल दो।

इस गृहयुद्ध की नीति के ख़िलाफ़ 'धर्मयुग' के अपने लेखों में मैंने हिन्दी-भाषी जनता के सामने यह कार्यक्रम रखा है : लड़ाई तमिल-हिन्दी की नहीं है, लड़ाई तमाम भारतीय भाषाओं और अंग्रेज़ी की है। इस संघर्ष में हम हिन्दी-भाषियों को पहल करनी चाहिए। हमें अपने हिन्दी-भाषी राज्यों में हर जगह, हर स्तर पर हिन्दी को अमल में राजभाषा बनाना चाहिए। हमें अपने नेताओं को बाध्य करना चाहिए कि वे लोक सभा में हिन्दी में बोलें। भारत की एक-तिहाई जनता के प्रतिनिधि केन्द्र और राज्यों में अपना सारा काम हिन्दी में करेंगे तो हिन्दी बहुत जल्दी राष्ट्रभाषा बन जाएगी।

इस कार्यक्रम के विपरीत हिन्दी-भाषी जनता से कहना कि केन्द्र में अंग्रेज़ी क़ायम रहने दो, उसे तमिल-विरोध की ओर बढ़ने की शह देना है। कांग्रेस सरकार की भाषा-नीति से क्षुब्ध हिन्दी-भाषी जनता के सामने जब अंग्रेज़ी से लड़ने की नीति न रहेगी, तब वह अहिन्दी-भाषियों के ख़िलाफ़ ज़रूर भड़काई जाएगी।

मैं हिन्दी-क्षेत्र के नेताओं से भी लोक सभा में हिन्दी बोलने को कहता हूँ तो योगीन्द्र शर्मा जी को लगता है कि मैं अहिन्दी-भाषियों पर हिन्दी लादने की बात कर रहा हूँ! अंग्रेज़ी को हटाने की ललकार उन्हें गृहयुद्ध की ललकार मालूम होती है!

लोक सभा में अहिन्दी-भाषी नेता शौक से अपनी-अपनी भाषाएँ बोलें। हिन्दी-भाषी नेता हिन्दी में बोलें। कम्युनिस्ट सदस्य लोक सभा में अपने व्यवहार से इस नीति की मिसाल क़ायम करें।

लेकिन हमारे पार्टी-नेता अंग्रेज़ी में बोलना पसन्द करते हैं। लोक सभा में सभी भारतीय भाषाओं में बोलने की सुविधा के लिए नहीं लड़ते। लड़ें कैसे, जब उनके अपने केन्द्र में अंग्रेज़ी चलती है?

साम्राज्यवादी प्रचारक कहते थे कि भारतीय भाषाएँ पिछड़ी हुई हैं, इसलिए अंग्रेज़ी चलेगी। इस प्रचार का नया रूप यह है : हिन्दी जनता से दूर चली गई है, पंडिताऊ हो गई है, रघुवीरी है, इसलिए अंग्रेज़ी चलेगी।

यदि मान भी लें कि डॉ. रघुवीर इतने बड़े सूरमा थे कि भारतेन्दु से लेकर अमृतलाल नागर तक चली आती हिन्दी की प्रशस्त धारा को मोड़कर उन्होंने उसे पंडिताऊ बना दिया तो क्या इससे अंग्रेज़ी का क़ायम रहना उचित हो जाएगा?

मज़े की बात यह है कि राज्यों में हिन्दी चल सकती है! कठिनाई पैदा होती है उसके दिल्लीवाले दफ्तरों में घुसने पर!

साम्राज्यवादी प्रचारक हिन्दी-उर्दू को लड़ाकर अंग्रेज़ी का पाया मज़बूत करते थे। उस नीति का नया रूप यह है : हिन्दी ने अपनी बहन और सहेली उर्दू का दमन किया है, उसे अपने ही घर से निकाल दिया है। इसलिए केन्द्र में अंग्रेज़ी चलनी चाहिए!

'जनशक्ति' और 'जनयुग' के उर्दू-संस्करण निकालिए। इच्छा हो तो दोनों में एक ही भाषा 'हिन्दुस्तानी' चलाइए। पटना और लखनऊ के पार्टी-दफ्तरों में हिन्दी-उर्दू, दोनों को बराबर जगह दीजिए। लेकिन उर्दू-दमन के विरोध के नाम पर अंग्रेज़ी चलाने की कोशिश मत कीजिए।

केन्द्र और राज्यों से एक साथ अंग्रेज़ी हटाने की माँग करना उग्र हिन्दी राष्ट्रवाद के उन्माद में आत्मविभोर होना नहीं है। उग्र हिन्दी राष्ट्रवाद का नारा है : एक भाषा, एक राष्ट्र। मेरी नीति इससे बिलकुल उल्टी है। उस नीति का मूल सूत्र यह है : भारत बहुजातीय राष्ट्र है। बहुजातीय है, इसलिए राज्यों में वहीं की भाषाएँ राजभाषा होंगी। राष्ट्र है, इसलिए सब जातियों को मिलानेवाली केन्द्रीय भाषा हिन्दी होगी। इन दोनों बातों में किसी एक को भूल जाना राष्ट्रीय विघटन को बुलावा देना होगा।

[1965]

36

भारत की राजभाषा अंग्रेज़ी और राष्ट्रीय जनतांत्रिक मोर्चा

योगीन्द्र शर्मा जी ने ठीक लिखा है कि सिद्धान्त और नीति की जो बातें मैंने उठाई हैं, उनकी अवहेलना नहीं की जा सकती और वे बातें अपने-आपमें भी महत्त्वपूर्ण हैं। इस विषय पर मैं जो कुछ आगे लिख रहा हूँ, पाठक उसे नीति और सिद्धान्त का आवश्यक विवेचन समझकर पढ़ेंगे।

अंग्रेज़ी के प्रभुत्व से हानियाँ

योगीन्द्र शर्मा जी मानते हैं कि अंग्रेज़ी का प्रभुत्व क़ायम रहने से हानि होती है। इस हानि से देश को कितने बड़े संकट का सामना करना पड़ सकता है, मज़दूर वर्ग और कनिष्ठ पार्टी से इस हानि का सम्बन्ध क्या है, इस बारे में उनका और मेरा विश्लेषण एक-सा नहीं है।

उनका कहना है : "अंग्रेज़ी के आधार पर भारत की एकता वैसी ही होगी, जैसी अंग्रेज़ी शासन के मातहत थी।"

इतना कहना काफ़ी नहीं है। अंग्रेज़ी के आधार पर आज भारतीय पूँजीवाद औपनिवेशिक एकता भी क़ायम नहीं रख सकता।

साम्राज्यवाद फ़ौज, पुलिस और अंग्रेज़ी जाननेवाले नौकरशाह वर्ग के द्वारा जनता का शोषण करने के लिए उपनिवेश भारत की एकता क़ायम किये हुए था। अब नौकरशाह वर्ग का मालिक है भारतीय पूँजीवाद जिसमें बाज़ारों के लिए लड़नेवाले विभिन्न प्रदेशों के पूँजीपति हैं तथा इनमें कुछ इजारेदार हैं, शेष ग़ैर-इजारेदार पूँजीपति हैं। इन अन्तर्विरोधों से पीड़ित पूँजीवाद औपनिवेशिक एकता की रक्षा नहीं कर पा रहा है। उसकी अखिल भारतीय पार्टी में भयानक गुटबन्दी है और उसका सामाजिक आधार दिन-पर-दिन संकुचित होता जा रहा है।

योगीन्द्र शर्मा जी जानते हैं कि भारत का पूँजीपति वर्ग "विभिन्न भाषा-समूहों में बँटा हुआ है, विभिन्न जातियों में विभक्त है। वह एक-दूसरे की कीमत पर अपने स्वार्थ को सिद्ध करना चाहता है।" इसीलिए वह अंग्रेज़ी के सहारे देश की पुरानी औपनिवेशिक एकता को भी बचा नहीं पा रहा।

देश की एकता पूँजीपति वर्ग के हित में है। योगीन्द्र जी का कहना है : "पूरे देश के बाज़ार और राजशक्ति की आवश्यकता उनको राष्ट्रीय एकता का हिमायती बनाती है।" भारतीय इतिहास के अनुभव को सभी लोग जानते हैं कि यहाँ के पूँजीपति वर्ग ने साम्राज्यवादी योजना स्वीकार की और 'पूरे देश के बाज़ार' को अपने वर्ग-हितों के विरुद्ध, बँट जाने दिया।

देश की एकता की रक्षा के लिए पूँजीपति वर्ग की एकता का भरोसा न करके श्रमिक जनता की एकता दृढ़ करनी चाहिए। यह एकता अंग्रेज़ी के ज़रिये दृढ़ नहीं की जा सकती। अंग्रेज़ी का प्रभुत्व इस एकता के मार्ग में बहुत बड़ी बाधा है। अंग्रेज़ी के क़ायम रहने से भारतीय जनतंत्र का आधार संकुचित होता है और फासिस्टवाद का खतरा बढ़ता है।

'भाषा और समाज' में मैंने लिखा था :

"एक छोटा-सा वर्ग जो अंग्रेज़ी अख़बार पढ़ता है, अंग्रेज़ी के माध्यम से नौकरी पाता है अंग्रेज़ी के माध्यम से पार्लामेंटरी डिमोक्रेसी और सोशलिस्ट पैटर्न के प्रयोग करता है, वही 'नेहरू के बाद क्या होगा'—यह समस्या उठाकर परेशान भी हो लेता है। जनतंत्र का यह संकुचित वर्ग-आधार खुद तो नष्ट होगा ही, खतरा यह है कि अपने विनाश के साथ वह देश की बागडोर किसी अय्यूब खाँ को न सौंप दे!" (पृ. 415)

इस देश में हर चीज़ के लिए आन्दोलन होते हैं। भाषावार राज्यों के आन्दोलन में कम्युनिस्ट पार्टी के नेताओं ने पूरी ताक़त लगा दी। केवल केन्द्र से अंग्रेज़ी हटाने का आन्दोलन नहीं होता, केवल इस तरह का आन्दोलन पार्टी के नेताओं को पसन्द नहीं है। इसका कारण यह है कि संयुक्त महाराष्ट्र या विशाल आन्ध्र के निर्माण को वे जितना आवश्यक समझते थे, उतना अंग्रेज़ी के प्रभुत्व को खत्म करना नहीं।

मैंने लिखा था : "अंग्रेज़ी सीखना और बात है; उसे सीखकर लाभ उठाया जा सकता है, लेकिन उसे सभी भारतीय भाषाओं के ऊपर केन्द्रीय और सांस्कृतिक भाषा बनाने से ऐसे वर्ग का ही सृजन होगा जो जनता से दूर होगा, जो अंग्रेज़ी ज्ञान के बल पर—न कि ईमानदारी, देशभक्ति, कार्यक्षमता के बल पर—शासन-कार्य चलाएगा। इससे देश की अपार क्षति होगी और हो रही है।" (उप., पृ. 453)

स्पष्ट है, अंग्रेज़ी से होनेवाली हानि के बारे में योगीन्द्र जी के और मेरे विचारों में अन्तर है।

कांग्रेस और अंग्रेज़ी

देश में जो भाषा-सम्बन्धी द्वेषभाव फैला है, उसके लिए सबसे पहले कांग्रेसी नेता ज़िम्मेदार हैं। उन्होंने भाषावार राज्यों का विरोध किया और अपने वक्तव्यों

में प्रादेशिक भाषाओं को उचित महत्त्व नहीं दिया—यह स्थिति का एक पहलू है। दूसरा पहलू यह है कि सन् '49 से अब तक तरह-तरह के बहाने करके वे अंग्रेज़ी का प्रभुत्व क़ायम किये हुए हैं। इस दूसरे पहलू पर योगीन्द्र जी का ध्यान कम जाता है।

मुख्य अन्तर्विरोध हिन्दी और अहिन्दी भाषाओं में नहीं, अंग्रेज़ी तथा समस्त भारतीय भाषाओं में है। कांग्रेसी नेताओं ने जहाँ भी केन्द्र में हिन्दी चलाने की बात की, योगीन्द्र जी उनकी सख्त आलोचना करते हैं। वे अठारह साल से अंग्रेज़ी चला रहे हैं, इसकी सख्त आलोचना वह नहीं करते।

उन्होंने लिखा है : "केन्द्रीय सरकार ने 26 जनवरी से हिन्दी को 'राष्ट्रभाषा' बनाने की जो पाखंड और उकसावे की घोषणा की, उससे ग़ैर-हिन्दी-भाषी लोगों में, विशेष कर तमिलनाडु में विरोध का तूफ़ान पैदा हो गया।"

कांग्रेस के कर्णधार चाहते हैं कि अंग्रेज़ी न आज हटे, न कल। हिन्दी-भाषी जनता से ही कांग्रेस को सबसे ज़्यादा वोट मिलते हैं। उसे ख़ुश करने के लिए वे राष्ट्रभाषा की बातें करते हैं, हिन्दी को समृद्ध करने के लिए लाखों रुपये खर्च करते हैं। उनके इस पाखंड पर योगीन्द्र जी को विशेष क्रोध नहीं आता।

योगीन्द्र शर्मा जी के विपरीत हर मंज़िल पर मैंने कांग्रेसी नेताओं के इस पाखंड की बराबर आलोचना की है।

सन् '49 में मैंने लिखा था :

"भारतीय जनता ने माँग की थी कि शिक्षा, अदालत-कचहरी-शासन इत्यादि में अंग्रेज़ी की जगह उसकी अपनी भाषा चले, यह बिलकुल न्यायपूर्ण माँग थी। राष्ट्रीय नेताओं से आशा की जाती थी कि सन् '47 में आज़ादी पाने के बाद इस माँग को वे पूरा करेंगे! लेकिन विभिन्न कारणों से वे उसे पूरा नहीं कर सके...दस साल तक उद्योग-धन्धों का राष्ट्रीयकरण न होगा। वैसे ही पाँच या दस साल तक आम जनता की उच्च शिक्षा, राजनीतिक और सांस्कृतिक कार्यवाही उसकी अपनी भाषा में न होगी।" ('कम्युनिस्ट')

पाँच साल बाद राजभाषा के सवाल पर मैंने एक पुस्तिका लिखी जो पीपुल्स पब्लिशिंग हाउस द्वारा प्रकाशित हुई। उसमें कांग्रेसी नेताओं की दुरंगी नीति के बारे में मैंने लिखा था : "कांग्रेसी नेताओं की कोई मंशा नहीं थी कि अंग्रेज़ी हटाने के लिए जमकर कोशिश करें। उन्होंने सपाट ही अपने सामने यह सम्भावना रखी थी कि पन्द्रह साल के बाद भी अंग्रेज़ी जारी रहेगी, शायद उसके अगले पन्द्रह साल तक जारी रहेगी। हो सकता है, इसके आगे भी जारी रहे।"

सन् '65 में बिलकुल यही स्थिति हमारे सामने है।

नेहरू जी के अंग्रेज़ी-समर्थन की चर्चा करते हुए उसी पुस्तिका में लिखा था : "संविधान सभा में बहस की तमाम सरगर्मी के पीछे यह निर्मम निश्चय साफ़

दिखाई देता है कि समस्त भारतीय भाषाओं की हानि करते हुए अंग्रेज़ी को अनिवार्य राजभाषा के रूप में चालू रखा जाए। श्री नेहरू ने बड़ी स्पष्टता से कहा है कि 'आप इस बात को प्रस्ताव में लिखें, चाहे न लिखें, अंग्रेज़ी लाजमी तौर से भारत में बहुत महत्त्वपूर्ण भाषा बनकर रहेगी जिसे बहुत लोग सीखेंगे और शायद उन्हें उसे जबरन सीखना होगा।' लोग इन तमाम वर्षों में अंग्रेज़ी जबरन सीखते आए हैं। अब उनके सामने एकमात्र यह सम्भावना पेश की गई है कि अंग्रेज़ी के बिना हमारी कला और विज्ञान का पतन हो जाएगा और देश का विघटन होगा, उसका नाश हो जाएगा।"

'भाषा और समाज' में मैंने जहाँ भाषावार राज्य-आन्दोलन के दमन की निन्दा की है, वहाँ अंग्रेज़ी को राष्ट्रभाषा बनाए रखने की कांग्रेसी नीति की आलोचना भी की है। लिखा था :

"अंग्रेज़ी भारत की राष्ट्रभाषा रहे तो सबसे अच्छा। दूसरे देशों के सामने शर्म के मारे उसे राष्ट्रभाषा न कह सकें और झख मारकर हिन्दी का व्यवहार करना पड़े तो अंग्रेज़ी और हिन्दी, दोनों को राष्ट्रभाषा का दर्जा देना चाहिए। यदि हिन्दी को ही राष्ट्रभाषा रखने की प्रतिज्ञा करनी पड़े, तो भी जहाँ तक हो सके, सांस्कृतिक और राजनीतिक कार्यों के लिए अंग्रेज़ी का व्यवहार होना ही चाहिए...। भारत को आज़ाद करने की मुख्य प्रेरणा अंग्रेज़ी से ही मिली लेकिन आज़ादी पाने के लिए भी अंग्रेज़ी की उतनी आवश्यकता न थी, जितनी अब समाजवादी भारत के निर्माण के लिए है।" (पृ. 413)

पिछले अठारह साल में कांग्रेस की जो नीति रही है, उसी का अनुसरण करते हुए उसके नेताओं ने नया प्रस्ताव पास किया है। इस प्रस्ताव के अनुसार : प्रादेशिक भाषाएँ पब्लिक सर्विस कमीशन की परीक्षाओं का ऐच्छिक माध्यम बनेंगी, अखिल भारतीय नौकरियों का अनिवार्य माध्यम रहेगी अंग्रेज़ी।

गांधी जी भाषाओं के आधार पर प्रान्तों के नवनिर्माण के पक्ष में थे। नेहरू जी भाषावार राज्य बनाने के प्रबल विरोधी थे। गांधी जी केन्द्र से अंग्रेज़ी हटाने के पक्ष में थे, नेहरू जी उसे वहाँ जमाये रखने के पक्ष में थे। केन्द्र और राज्य—दोनों जगह गांधी जी और नेहरू जी की भाषा-नीति में अन्तर था। नेहरू जी ने देश के लिए बहुत-से अच्छे काम किये लेकिन उनकी अंग्रेज़ी क़ायम रखने की नीति ग़लत थी। देश में अंग्रेज़ी क़ायम रखने के लिए ज़िम्मेदार है कांग्रेस।

भाषागत द्वेष और गृहयुद्ध की सम्भावना

ज़ारशाही के रूप में रूसी पूँजीवाद ने साम्राज्यवाद का रूप ले लिया था। रूसी पूँजीपति ग़ैर-रूसी इलाकों का शोषण करते थे। वहाँ की भाषाओं का दमन करते

थे। सन् '48 में कम्युनिस्ट पार्टी की दूसरी कांग्रेस ने अपने राजनीतिक प्रस्ताव में भारत को भी ज़ारशाही रूस की तरह जातियों का कारागार मान लिया था। इसीलिए उत्पीड़क पूँजीवादी गुट के विरुद्ध केरल, महाराष्ट्र आदि प्रदेशों के लिए आत्मनिर्णय की माँग की गई थी।

प्रस्ताव में कहा गया था : "कांग्रेसी नेतृत्व ने अपनी समझौतावादी नीति के कारण आत्मनिर्णय के अधिकार का विरोध करने की वजह से देश का घातक विभाजन करा दिया है। आज इंडियन यूनियन में वह फिर वही अपराध कर रहा है। उत्पीड़क पूँजीपति वर्ग के हित में वह महाराष्ट्र, केरल, तमिलनाडु आदि जातीय प्रदेशों के आत्मनिर्णय का अधिकार अस्वीकार करता है।"

भारतीय परिस्थितियों में आत्मनिर्णय की यह बात ग़लत थी और आज भी है। आत्मनिर्णय की माँग की जाती है साम्राज्यवाद के ख़िलाफ़—उन प्रदेशों के लिए, जहाँ विदेशी पूँजीपतियों ने अपने उपनिवेश क़ायम किये हों।

भारत में अहिन्दी भाषाओं के दमन की आशंका कुछ लोगों के मन में है, लेकिन दमन का कोई ठोस सामाजिक आधार नहीं है। यदि हिन्दी-भाषी क्षेत्र का पूँजीवाद साम्राज्यवाद का रूप ले रहा हो, यदि किसी एक प्रदेश के पूँजीपतियों ने अन्य प्रदेशों को अपना उपनिवेश बनाना आरम्भ कर दिया हो तो मानना होगा कि अहिन्दी भाषाओं के दमन का वास्तविक खतरा है। ऐसी स्थिति नहीं है, इसलिए शक-शुबहे की बात की जा सकती है; भाषाओं के दमन की बात करना जनता में हिन्दी के प्रति द्वेष फैलाना है।

योगीन्द्र जी ने शक-शुबहे और वास्तविक खतरे को मिलाकर एक कर दिया है। उन्होंने ज़ारशाही रूस और भारत के पूँजीवाद का फ़र्क़ नहीं देखा। वह अहिन्दी भाषाओं के दमन की बात इस तरह करते हैं मानो दिल्ली सरकार केवल हिन्दी क्षेत्र के पूँजीपतियों की सरकार हो। उन्होंने पूछा है : "1949 में दक्षिण भारत की जनता हिन्दी को एक दबानेवाली भाषा के रूप में देखती थी या नहीं?" इसका उत्तर है कि कुछ लोग दक्षिण में हिन्दी को दबानेवाली भाषा के रूप में देखते थे। यह उनकी आशंका थी। उस आशंका के कारण थे। लेकिन हिन्दी दबानेवाली भाषा न तब थी, न आज है। दबानेवाली भाषा वास्तव में अंग्रेज़ी थी, आज भी है।

योगीन्द्र जी ने पूछा है कि पार्टी ने अपनी ग़लत नीति सुधार ली, तब सन् '61 में मैंने वही ग़लत बात क्यों दुहराई?

उन्हें भ्रम है कि सन् '61 में मैंने सन् '49 की बातें दुहराई हैं। सन् '49 में मैंने केन्द्रीय राजभाषा का विरोध किया था, सन् '61 में उसका समर्थन किया था। सन् '49 में जातीय उत्पीड़न का वास्तविक खतरा है, मैं यह मानता था। सन् '61 में शक-शुबहे की बात थी, भाषाओं के वास्तविक दमन की बात नहीं थी। इन

शक-शुबहों का सम्बन्ध मुख्यत: नौकरीपेशा मध्यवर्ग के लोगों से है। इनके बारे में 'भाषा और समाज' में मैंने लिखा था :

"देश के विभिन्न वर्गों का जैसा सांस्कृतिक दृष्टिकोण हैं, उसी के अनुकूल वे भाषा-समस्या का समाधान भी प्रस्तुत करते हैं। इनमें सबसे पहले वह वर्ग है जो साम्राज्यवादी व्यवस्था में शिक्षा के कारण ऊँची नौकरियाँ पा सका था और अब स्वाधीन भारत में वह उसी शिक्षा के आधार पर अपने लिए उन नौकरियों को बरकरार रखना चाहता है। इनमें विभिन्न प्रदेशों के उच्च मध्यवर्गीय शिक्षित लोग हैं जो समझते हैं कि अंग्रेज़ी के न रहने से हिन्दीवाले बाज़ी मार ले जाएँगे। इनकी तो मातृभाषा हिन्दी है; दूसरों को उसी को सीखना पड़ेगा। इस तरह के तर्क साम्राज्यवादी अवशेषों को ज़ाहिर करते हैं।" (पृ. 443)

इस भय को दूर करने का उपाय मैंने यह बताया था : "ऊँची नौकरियों के लिए हिन्दी-भाषियों को तभी लेना चाहिए जब उन्हें एक अहिन्दी भाषा का अच्छा ज्ञान हो।" (पृ. 457)

'जनशक्ति' में यही प्रस्ताव मैंने दोहराया था : "अहिन्द भाषा का समुचित ज्ञान अनिवार्य कर देने से हिन्दीवालों को कोई विशेष सुविधा न मिलेगी।"

जो लोग सचमुच अंग्रेज़ी का प्रभुत्व खत्म करना चाहते हैं, वे इस प्रस्ताव पर गम्भीरता से विचार करेंगे। जो हठधर्मी से केन्द्र में अंग्रेज़ी चलाते रहने के पक्ष में हैं, वे उसके बारे में चुप रहेंगे।

तमिलनाडु में जो आन्दोलन चला, उसमें शक-शुबहों से लाभ उठाया गया, तिल का ताड़ बनाकर जनता को गुमराह किया गया। आन्दोलन के सूत्रधार वे द्रविड़ थे, जो भारत या तमिलनाडु का अलगाव चाहते हैं, जो कश्मीर से लेकर नागालैंड तक अलगाव के हर आन्दोलन का साथ देते हैं।

भारत में गृहयुद्ध का खतरा पैदा होता है उन लोगों से, जो देश के नये विभाजन के लिए प्रयत्नशील हैं। भाषाओं के दमन की बात वे अपना असली उद्देश्य छिपाने के लिए करते हैं। उनकी इस नीति का पर्दाफाश करके जनता को उनके प्रभाव से निकालना चाहिए, न कि उनके सुर में सुर मिलाकर कहना चाहिए कि हिन्दी भाषा अहिन्दी भाषाओं का दमन कर रही है।

अपने धर्म से प्रेम करना बुरा नहीं है। मुस्लिम लीग ने कहा—इस्लाम खतरे में है। मुसलमानों को हिन्दू खा जाएँगे। लीग ने 'डायरेक्ट एक्शन' का रास्ता अपनाया। आत्मनिर्णय के नाम पर देश का विभाजन हुआ।

अपनी भाषा से प्रेम करना बुरा नहीं है। द्रविड़ मुन्नेत्र कषगम ने कहा—तमिल खतरे में है; तमिल-भाषियों को हिन्दीवाले गुलाम बना लेंगे। कषगम ने 'डायरेक्ट एक्शन' का रास्ता अपनाया। हिन्दी तमिल का दमन न करे इसलिए केन्द्र में अनिश्चित काल के लिए अंग्रेज़ी क़ायम रहेगी!

केन्द्र और राज्य—पहले और बाद का सवाल

योगीन्द्र जी ने इस बात पर बहुत ज़ोर दिया है कि पहले राज्यों से अंग्रेज़ी हटाना ज़रूरी है। राज्यों के विश्वविद्यालयों, सरकारी दफ्तरों आदि में पूरी तरह प्रादेशिक भाषाओं का चलन हो जाने के बाद ही केन्द्र से अंग्रेज़ी हटाने की बात की जा सकेगी। उन्होंने गांधी जी का यह कथन उद्धृत किया है : "सबसे पहले उन समृद्ध प्रादेशिक भाषाओं को पुनर्जीवित करना है, जो भारत को सुलभ हैं।"

इसका अर्थ उन्होंने यह लगाया है कि जब तक राज्यों से अंग्रेज़ी निकल न जाए, तब तक केन्द्र में अंग्रेज़ी चलती रहे! इसके विपरीत गांधी जी ने प्रस्ताव किया था कि प्रान्तों में ऐसे कर्मचारी रखे जाएँ, जो प्रान्तीय भाषा के साथ केन्द्रीय भाषा भी जानते हों। इसीलिए उन्होंने लिखा था कि "प्रान्तों को केन्द्र से काम पड़ेगा। यह काम वे अंग्रेज़ी में करने की हिम्मत न करेंगे।"

'भाषा और समाज' में गांधी जी के बारे में मैंने लिखा था : "वह भारतीय भाषाओं के समर्थक थे। वह न इन भाषाओं पर हिन्दी लादना चाहते थे, न हिन्दी लादने का हौवा खड़ा करके अंग्रेज़ी बनाए रखने के पक्ष में थे।" (पृ. 413) गांधी जी की भाषा-नीति की यही व्याख्या मैं अब भी करता हूँ।

योगीन्द्र जी ने 'भाषा और समाज' से वे अंश उद्धृत किये हैं जहाँ भाषावार राज्यों के विरोध की निन्दा की गई है, जहाँ इस विरोध के कारण कुछ अहिन्दी-भाषी लोगों में हिन्दी के प्रति भय उत्पन्न होने की बात कही गई है, जहाँ राज्यों से अंग्रेज़ी हटाकर इस भय को दूर करने की बात की गई है। उन्होंने वे अंश छोड़ दिये हैं जहाँ मैंने लिखा था कि इस भय को बहाना बनाकर केन्द्र में अंग्रेज़ी क़ायम रखना ग़लत है।

मैंने स्पष्ट लिखा था : "भाषावार राज्यों के निर्माण का विरोध करके कांग्रेसी नेतृत्व ने काफ़ी हद तक यह भय उत्पन्न किया है। इसका यह अर्थ नहीं कि अहिन्दी-भाषी अंग्रेज़ी की शरण लें।" (पृ. 466-67)

मातृभाषाओं की दुहाई देकर अंग्रेज़ी की शरण लेनेवालों के बारे में मैंने लिखा था : "अहिन्दी क्षेत्रों के लोग अंग्रेज़ी से चिपके रहना चाहते हैं, वे मातृभाषाओं की सेवा नहीं करते। उन्हें हर बात में अंग्रेज़ी अपनी मातृभाषाओं से श्रेष्ठ लगती है। इसलिए उसे वे केन्द्र में ही नहीं, अपने यहाँ भी सबसे ऊँचे आसन पर बिठाये रखना चाहते हैं...मातृभाषाओं की दुहाई देकर अंग्रेज़ी का प्रभुत्व स्वीकार नहीं किया जा सकता। (पृ. 455)

गांधी जी के लेख को प्रकाशित हुए अठारह साल हो गए। योगीन्द्र जी के लिए अभी 'समृद्ध' प्रादेशिक भाषाओं को 'पुनर्जीवित' करने का सवाल बना हुआ है! तमिल, तेलगू, मराठी आदि भाषाओं के आधार पर तमिलनाडु, आन्ध्र,

महाराष्ट्र आदि राज्य कभी के बन गए। योगीन्द्र जी समझते हैं कि भाषावार राज्यों के विरोध से जो भय उत्पन्न हुआ था, उसे दूर करना अभी बाकी है! तमिलनाडु में तमिल माध्यम वाले विद्यालय खोले गए। छात्रों के अभाव में उन्हें बन्द कर देना पड़ा। इसलिए कि दिल्ली सरकार हिन्दी को राष्ट्रभाषा बनाना चाहती थी!

ध्यान देने की बात है कि तमिलनाडु में भाषावार राज्य बनाने के लिए कोई आन्दोलन नहीं हुआ। आन्दोलन हुआ आन्ध्र और केरल में जहाँ तमिलनाडु की तरह तोड़-फोड़ की कोई कार्यवाही नहीं हुई। भाषावार राज्य-आन्दोलन का दमन किया गया महाराष्ट्र और गुजरात में जहाँ हिन्दी-विरोधी आन्दोलन का अभाव है। अहिन्दी-भाषी प्रदेशों में महाराष्ट्र और गुजरात ऐसे राज्य हैं जहाँ हिन्दी को राजभाषा बनाने के लिए ज़ोरदार आवाज़ उठी है। भाषावार राज्यों के आन्दोलन में कम्युनिस्ट पार्टी ने सक्रिय भाग लिया था। तमिलनाडु के हिन्दी-विरोधी आन्दोलन को प्रेरणा देनेवाले दो मुख्य दल थे—स्वतंत्र पार्टी और द्रविड़ कषगम। भाषावार राज्यों के आन्दोलन के दमन से अहिन्दी-भाषियों में हिन्दी के प्रति भय उत्पन्न हुआ है, इस सूत्र का आज की परिस्थिति से कोई भी सम्बन्ध नहीं है।

आज यह बिलकुल स्पष्ट है कि राज्यों की सरकारों के सामने प्रादेशिक भाषाओं के व्यवहार को रोकनेवाली कोई भी वैधानिक कठिनाई नहीं है। केन्द्रीय नौकरियों में अंग्रेज़ी चलती है। इनके प्रभाव से राज्यों के शिक्षाक्रम में अंग्रेज़ी की पढ़ाई अनिवार्य हो जाती है।

'हिन्दुस्तान टाइम्स' के विशेष संवाददाता ने उस पत्र के 7 जुलाई के अंक में लिखा है कि राजस्थान सरकार ने अनेक विभागों में हिन्दी के व्यवहार का निर्देश किया है किन्तु योजना सेक्रेटेरियट जैसे विभागों को छोड़ दिया गया है। "जब तक योजना आयोग (प्लानिंग कमीशन) ही हिन्दी के व्यवहार का फैसला नहीं करता, तब तक राज्य को मजबूर होकर अंग्रेज़ी का व्यवहार जारी रखना पड़ेगा। इस पृष्ठभूमि में यह महसूस किया जा रहा है कि यदि अंग्रेज़ी की पढ़ाई पर ज़ोर कम दिया जाएगा तो राजस्थान और उसके नौजवानों के हितों की हानि होगी।"

जब राजस्थान का यह हाल है तब अहिन्दी-भाषी राज्यों की स्थिति की कल्पना की जा सकती है। कौन राज्य नहीं चाहता कि उसके नौजवान ज़्यादा-से-ज़्यादा संख्या में केन्द्रीय सेवाओं में लिये जाएँ? इन केन्द्रीय सेवाओं के लिए अंग्रेज़ी का ज्ञान अनिवार्य है। इसलिए केन्द्रीय सेवाओं का मेवा लूटने के लिए राज्य एक-दूसरे से होड़ करते हैं कि कौन अंग्रेज़ी ज़्यादा पढ़ाता है।

इसीलिए आज की परिस्थिति में केन्द्र से अंग्रेज़ी हटाये बिना राज्यों में अंग्रेज़ी का प्रभुत्व ख़त्म नहीं किया जा सकता।

यद्यपि योगीन्द्र शर्मा जी ने अपने लेख में राज्यों में पहले अंग्रेज़ी हटाने पर बहुत ज़ोर दिया है किन्तु केन्द्र में उतने परिवर्तन की बात उन्होंने मान ली है जितना कांग्रेस को स्वीकार है। कांग्रेस का कहना है कि केन्द्रीय सेवाओं की परीक्षाओं में प्रादेशिक भाषाओं को ऐच्छिक माध्यम बनाया जाए। योगीन्द्र जी इसे स्वीकार करते हैं। जब तक राज्यों से अंग्रेज़ी हट न जाए, तब तक केन्द्र में कोई परिवर्तन न हो—यह सिद्धान्त उन्होंने खुद काट दिया। मेरा भी कहना है, केन्द्र और राज्य—दोनों जगह से अंग्रेज़ी हटाई जाए।

योगीन्द्र जी जब केन्द्र में इतना परिवर्तन मान लेते हैं कि परीक्षाओं में प्रादेशिक भाषाएँ ऐच्छिक माध्यम हों, तब दो कदम आगे और बढ़ें और यह माँग करें—केन्द्र में अंग्रेज़ी की जगह भारतीय भाषाओं का व्यवहार हो, अंग्रेज़ी का चलन खत्म करने की अवधि निश्चित हो।

केन्द्र में अंग्रेज़ी चलती है, इस कारण राज्यों में भी उसकी जड़ जमी हुई है। जो भी प्रादेशिक भाषाओं का हित चाहता है, वह केन्द्र से अंग्रेज़ी हटाने की माँग का समर्थन करेगा।

कम्युनिस्ट पार्टी और अंग्रेज़ी

कम्युनिस्ट पार्टी के नेताओं को कोई लालच नहीं है कि केन्द्रीय सरकारी नौकरियाँ उन्हें भी मिल जाएँ। उन्हें कोई भय नहीं है कि पार्टी-केन्द्र में हिन्दी का चलन हुआ तो राज्यों में पार्टी-कार्य के लिए प्रादेशिक भाषाओं का व्यवहार न हो पाएगा। फिर भी पार्टी-केन्द्र की भाषा अंग्रेज़ी है!

योगीन्द्र शर्मा जी के अनुसार राज्यों का सारा पार्टी-कार्य प्रादेशिक भाषाओं में होता है। जहाँ तक पार्टी का सम्बन्ध है, राज्यों से अंग्रेज़ी हटाने का कार्यक्रम पूरा हो गया है। फिर भी पार्टी-केन्द्र से अंग्रेज़ी नहीं निकाली जा रही। इसके कारण ज़रूर होंगे लेकिन जो कारण कम्युनिस्ट पार्टी के सामने हैं, उनसे तगड़े कारण कांग्रेस ढूँढ़ लेगी। राज्यों में अंग्रेज़ी-विरोधी क्रान्ति आप पूरी कर लेंगे और उसके बाद उस क्रान्ति का झंडा केन्द्र में गाड़ेंगे—यह बात मैं कैसे मान लूँ?

ब्रिटिश राज में कम्युनिस्ट पार्टी पर यह पाबन्दी न थी कि वह अपना काम अंग्रेज़ी में करे। कांग्रेसी राज में भी उस पर कोई ऐसी पाबन्दी नहीं रही। उसका जन्म हुए चालीस वर्ष हो गए, कानूनी जीवन बिताते हुए बीस साल से ऊपर हुए। वह गरीब जनता की पार्टी है, श्रमिकवर्ग की पार्टी है। योगीन्द्र शर्मा जी के अनुसार : वह सांस्कृतिक क्रान्ति की पार्टी है। लेकिन पार्टी के नेता अभी तक अपनी केन्द्रभूमि में इस सांस्कृतिक क्रान्ति का बीजारोपण नहीं कर सके। वे पार्टी-केन्द्र से अंग्रेज़ी की विष-लता की जड़ नहीं खोद पाये। तब पूँजीवादी पार्टियों से क्या आशा की जाए?

भारत की राजभाषा हिन्दी और राष्ट्रीय जनतांत्रिक मोर्चा! सुनने में बहुत अच्छा लगता है। लेकिन सोचने की बात है, जब पार्टी के नेता खुद अपने लिए हिन्दी को सम्पर्क-भाषा नहीं बना पाये, तब राष्ट्रीय जनतांत्रिक मोर्चे में उसका प्रवेश वे किस द्वार से कराएँगे? मोर्चा घोषित करेगा कि भविष्य में भारत की राजभाषा होगी हिन्दी लेकिन वर्तमान काल में खुद मोर्चे की भाषा होगी—अंग्रेज़ी!

अंग्रेज़ों ने अपनी हुकूमत चलाने के लिए आई.सी.एस. अफ़सरों के लिए हिन्दुस्तानी सीखना अनिवार्य कर दिया था। मेरा प्रस्ताव है कि देश की सेवा के लिए—मज़दूर वर्ग की एकता दृढ़ करने के लिए—कम्युनिस्ट पार्टी की नेशनल कौंसिल के सदस्य हिन्दी सीखें। यह नियम बना दिया जाए कि जिसे हिन्दी का व्यावहारिक ज्ञान न होगा, वह राष्ट्रीय कौंसिल का सदस्य न हो सकेगा।

योगीन्द्र जी ने 'भाषा और समाज' से एक वाक्य उद्धृत किया है जिसमें पार्टी के नेताओं द्वारा हिन्दी बोलने की तारीफ है। वाक्य है : "भारतीय कम्युनिस्ट पार्टी के प्रतिनिधि मास्को और पेकिंग के कम्युनिस्ट सम्मेलनों में हिन्दी का व्यवहार कर चुके हैं।"

यह तारीफ मैं वापस नहीं ले रहा हूँ। निवेदन यह है कि मास्को और पेकिंग में ही नहीं, पार्टी के नेता दिल्ली में भी हिन्दी बोलें।

योगीन्द्र शर्मा जी 'भाषा और समाज' के इन वाक्यों पर विचार करें : "जब हम बाहर जाएँगे, किसी अन्य राष्ट्रीय सम्मेलन में भाग लेंगे, तब (कभी-कभी, हमेशा नहीं) हम हिन्दी का व्यवहार करेंगे। लेकिन अपने घर में हमारे मुखपत्र अंग्रेज़ी में प्रकाशित होंगे, हमारी कार्यकारिणी का अधिवेशन होगा तो उसमें विचार-विनिमय अंग्रेज़ी में होगा, नेताओं का अन्य नेताओं और उपनेताओं से पत्र-व्यवहार अंग्रेज़ी में होगा।" (पृ. 413)

यह आलोचना कांग्रेसी नेताओं पर ही नहीं, कम्युनिस्ट नेताओं पर भी लागू होती है।

स्तालिन, ख्रुश्चेव और मिकोयान की मातृभाषा रूसी नहीं थी। फिर भी सारे देश में राजनीतिक कार्यवाही के प्रसार और संगठन के लिए उन्होंने रूसी भाषा को अपनाया, इस तथ्य का उल्लेख करते हुए मैंने 'भाषा और समाज' में लिखा था : "भारत में हिन्दी का व्यवहार किये बिना कोई अखिल भारतीय नेता नहीं बन सकता।" (पृ. 414)

और भी : "लोग कहते हैं, नेहरू के बाद कोई ऐसा नेता नहीं दिखाई देता जिसकी बात सारा देश ध्यान से सुने। इसका कारण जहाँ हिन्दी-भाषी प्रदेश का राजनीतिक पिछड़ापन है, वहाँ हिन्दी-भाषी नेताओं द्वारा हिन्दी के प्रति उदासीनता भी है। वे हिन्दी के माध्यम से जनसाधारण में राजनीतिक कार्यवाही का महत्त्व नहीं समझ पाये।" (पृ. 414)

यही उदासीनता का भाव अनेक अहिन्दी-भाषी नेताओं में तीव्र उपेक्षा का भाव बन जाता है। इसी उपेक्षा की निन्दा मैंने अपने एक लेख में की थी।

कम्युनिस्ट पार्टी के सामने सबसे बड़ा सवाल श्रमिक जनता की एकता का है। यह एकता अंग्रेज़ी के माध्यम से दृढ़ नहीं हो सकती। अंग्रेज़ी की प्रधानता होने से खुद कम्युनिस्ट पार्टी के अन्दर गरीब किसान और मज़दूर ज़िम्मेदारी के पद नहीं सँभाल सकते। यह इतिहास का व्यंग्य है कि कुछ समय के लिए केन्द्र में अंग्रेज़ी क़ायम रखकर योगीन्द्र जी देश को गृहयुद्ध से बचाना चाहते हैं। लेकिन गृहयुद्ध की-सी परिस्थिति उत्पन्न हो गई स्वयं कम्युनिस्ट पार्टी के अन्दर। पार्टी बीच में टूटी; उसके दो हिस्से हो गए। इस परिस्थिति के लिए एक हद तक पार्टी के अन्दर वे मध्यवर्गी तत्त्व भी ज़िम्मेदार हैं जो अपनी अंग्रेज़ियत के कारण पार्टी-नेतृत्व का दरवाज़ा मज़दूरों के लिए बन्द किये हैं।

यह परिस्थिति अब बदलनी चाहिए।

कांग्रेस सरकार ने केन्द्र से अंग्रेज़ी हटाने के लिए पन्द्रह साल की मियाद रखी थी। उसने अपना वादा तोड़ दिया। कम्युनिस्ट पार्टी के नेताओं ने अपने केन्द्र से अंग्रेज़ी हटाने के लिए कोई मियाद नहीं रखी थी। इसलिए उन पर वादा तोड़ने का आरोप भी नहीं लगाया जा सकता।

नेहरू जी ने कहा—हिन्दी अविकसित भाषा है, पहले उसे विकसित करो। फिर वह राजभाषा बनेगी। पार्टी के नेताओं ने कहा—ठीक। हिन्दी को विकसित होने दो। दूसरी प्रादेशिक भाषाएँ हैं, उनके विकास पर भी रुपये ख़र्च होने दो। नेहरू जी ने कहा—अहिन्दी-भाषी नहीं चाहते कि अंग्रेज़ी हटाई जाए। पार्टी के नेताओं ने कहा—ठीक। चारा ही क्या है? फिलहाल केन्द्र में अंग्रेज़ी ही चले!

कांग्रेस कार्यसमिति ने प्रस्ताव पास किया कि पब्लिक सर्विस कमीशन की परीक्षाओं के लिए प्रादेशिक भाषाओं का व्यवहार भी हो सकता है। पार्टी के नेताओं ने कहा—बहुत अच्छा, यही तो हम भी चाहते थे।

इन अखिल भारतीय सेवाओं में अंग्रेज़ी का व्यवहार अनिवार्य होगा—इस बारे में वे चुप रहे। अपने पिछले लेख में इस प्रस्ताव की कैफियत देते हुए योगीन्द्र जी ने अंग्रेज़ी का नाम ही नहीं लिया, मानो अंग्रेज़ी से उसका कोई सम्बन्ध ही न हो!

हमें माँग करनी चाहिए कि हर स्वाधीन देश की तरह भारत के शिक्षाक्रम में भी अंग्रेज़ी की पढ़ाई वैकल्पिक हो। हमें माँग करनी चाहिए कि सरकार केन्द्र और राज्यों सें अंग्रेज़ी हटाने की अवधि निश्चित करे। हिन्दी को अभी और समद्ध करने, प्रादेशिक भाषाओं को समृद्ध करने के बाद अंग्रेज़ी हटाने के कांग्रेसी पाखंड का तीव्र खंडन करना चाहिए। यह न करके योगीन्द्र जी उसका समर्थन करते हैं। उनकी स्वतंत्र नीति केवल इस बात में प्रकट होती है कि वे इस ग़लत प्रस्ताव को सही-सही अमल में लाने पर ज़ोर देंगे!

पार्टी-केन्द्र से अंग्रेज़ी हटाने का सवाल अत्यन्त महत्त्वपूर्ण है। इस सवाल के जवाब से ही मालूम होगा कि क्रान्तिकारी लफ़्फ़ाजी और क्रान्तिकारी अमल में क्या फ़र्क़ है।

लेनिन की सीख—फिलहाल अंग्रेज़ी

लेनिनवाद के अनेक भाष्य, अनेक व्याख्याएँ संसार में प्रचलित हैं। स्तालिन ने जो कुछ किया लेनिनवाद के नाम पर, ख्रुश्चेव ने उनकी क़ब्र खोदी—लेनिनवादी नीति की रक्षा के नाम पर। ब्रेझनेव और कोसीगन ने ख्रुश्चेव को हटाया—लेनिनवाद को ही अमल में लाने के लिए। पेकिंग के नेता सोवियत संघ को अमरीकी साम्राज्यवाद का समर्थक कहते हैं—महान क्रान्तिकारी लेनिन की विरासत की रक्षा करने के नाम पर। इसलिए यदि कोई भारत में कहे कि लेनिन की यह सीख है कि फिलहाल केन्द्र में अंग्रेज़ी क़ायम रहे तो इसमें आश्चर्य की कोई बात नहीं है।

ज़ारशाही रूस के अभिजात वर्ग में फ्रांसीसी भाषा का बहुत व्यवहार होता था। यूरोप की अन्तर्जातीय भाषा फ्रांसीसी थी। लेनिन ने यह नहीं कहा कि लोग केन्द्र में रूसी भाषा नहीं चाहते, इसलिए फिलहाल वहाँ फ्रांसीसी भाषा चलने दी जाए।

लेनिन का समाधान यह था कि किसी भी भाषा को अनिवार्य केन्द्रीय राजभाषा का पद न दिया जाए। इस समाधान को यदि भारत में लागू किया जाए तो अंग्रेज़ी को हटाकर उसकी जगह सभी प्रादेशिक भाषाओं को बराबरी जगह देनी होगी।

योगीन्द्र जी इस बात की कल्पना ही नहीं करते कि केन्द्रीय राजभाषा के बिना भी काम चल सकता है। इसीलिए उन्होंने मेरे बारे में लिखा है : "किसी भाषा के ज़ोर-ज़बर्दस्ती लादे जाने के वे ऐसे कट्टर विरोधी थे कि उस समय वे क़ानूनी राजभाषा के सिद्धान्त का ही विरोध करते थे...वे 1950-55 में भाषा के सवाल पर अराजकतावादी छोर पर थे..."

केन्द्र में अनेक राजभाषाएँ चलाने का सिद्धान्त अराजकतावादी नहीं है। लेनिन ने समाजवादी क्रान्ति के बाद न तो रूसी को केन्द्रीय राजभाषा बनाया, न और किसी भाषा को। यह अराजकतावाद नहीं था।

यदि भारत के लिए हम कहें कि केन्द्रीय राजकर्मचारियों को समस्त प्रादेशिक भाषाएँ सीखनी होंगी तो यह अराजकतावादी बात होगी। किन्तु केन्द्र में सभी भारतीय भाषाओं को समानता के अधिकार देने के और भी उपाय हैं। इनमें मुख्य उपाय है अनुवाद की व्यवस्था का।

4 जुलाई के 'जनयुग' में श्री राही मासूम रजा ने यह प्रस्ताव रखा है : "केन्द्रीय सरकार के पास एक अनुवाद-विभाग हो। अन्य प्रान्तों से होनेवाले पत्र-व्यवहार की भाषा तो हिन्दी हो जाए और प्रान्तीय सरकारों की भाषा उस समय तक उस क्षेत्र की भाषा बनी रहे जब तक कि वह क्षेत्र हिन्दी को स्वीकार न कर ले।"

यदि कम्युनिस्ट पार्टी के नेता एक बार यह तय कर लें कि अंग्रेज़ी की जगह केन्द्र में भारतीय भाषाएँ चलानी हैं तो अनुवाद की समुचित व्यवस्था क्या हो, वे यह तय कर लेंगे। केन्द्र में सभी भाषाओं को बराबरी का दर्जा देने से वे शक-शुबहे बहुत जल्दी दूर हो जाएँगे जिनके मारे योगीन्द्र जी परेशान हैं। अभी उनके पास कोई ऐसा कार्यक्रम नहीं है जिससे हिन्दी भाषा को केन्द्र में चालू करने की 'स्वेच्छा' अहिन्दी-भाषी नेताओं में उत्पन्न हो। मेरा प्रस्ताव उस 'स्वेच्छा' को उत्पन्न करने में सहायक होगा।

केन्द्र में अनेक भाषाओं के चलन का सिद्धान्त बीजरूप में कांग्रेस ने स्वीकार किया है। उसने केन्द्रीय सेवाओं की परीक्षाओं के लिए प्रादेशिक भाषाओं को माध्यम रूप में मान्यता दी है। योगीन्द्र जी कांग्रेस के प्रस्ताव का समर्थन करते हैं। बीजरूप में अनेक राजभाषाओं के चलन की बात वह भी मानते हैं। इसलिए अंग्रेज़ी को हटाकर प्रादेशिक भाषाओं को केन्द्र में जगह देने की बात उन्हें अमान्य न होनी चाहिए।

इस समय अनेक दलों के नेताओं ने यह प्रचार कर रखा है कि केन्द्र से अंग्रेज़ी हटाते ही गृहयुद्ध छिड़ जाएगा। इनमें कुछ लोग कहते हैं, अंग्रेज़ी अनन्त काल तक रहनी चाहिए। दूसरे कहते हैं, अनन्त काल तक नहीं, अनिश्चित काल तक रहनी चाहिए यानी तब तक, जब तक अहिन्दी-भाषी लोग हिन्दी को स्वीकार न कर लें।

आन्ध्र के मंत्री श्री अलपति वेंकटरामैया ने कहा है कि "हिन्दी को अंग्रेज़ी की जगह लेने में पचास साल लगेंगे।" (नार्दर्न इंडिया पत्रिका, 16 फरवरी, 1965)

ये औरों से फिर अच्छे हैं। पचास साल की निश्चित अवधि की बात तो करते हैं। अनिश्चित काल वालों का राम ही मालिक है!

जनतांत्रिक समाधान ऐसा होना चाहिए जो हिन्दी-भाषियों को भी स्वीकार हो। कुछ लोगों को हिन्दी पसन्द नहीं है, औरों को अंग्रेज़ी पसन्द नहीं है। हिन्दी-अंग्रेज़ी के इस संघर्ष में लेनिनवाद का फैसला अंग्रेज़ी के पक्ष में न होना चाहिए। फैसला होना चाहिए भारतीय भाषाओं के पक्ष में।

योगीन्द्र शर्मा जी की निगाह गृहयुद्ध की सम्भावना के एक पक्ष पर है। वह यह कि हिन्दी को राजभाषा बनाने से अहिन्दी-भाषी विद्रोह कर देंगे। उन्होंने गृहयुद्ध की सम्भावना के दूसरे पक्ष पर विचार नहीं किया। हिन्दी-भाषियों की इच्छा के विरुद्ध केन्द्र में अंग्रेज़ी चलाते रहना अन्याय है। वे भी अंग्रेज़ी के चलने के विरुद्ध विद्रोह कर सकते हैं।

स्थिति यह है कि अंग्रेज़ी के प्रभुत्व के कारण दक्षिण में द्रविड़ कषगम और उत्तर में जनसंघ शक्तिशाली होते जा रहे हैं। इनके शक्तिशाली होने के कारण अलग-अलग हैं लेकिन भाषा-समस्या से उनका गहरा सम्बन्ध है। यदि केन्द्र में तमिल को हिन्दी के बराबर जगह दी जाए तो द्रविड़ कषगम को तमिल-प्रेम का झंडा उठाने का मौका न मिले।

कांग्रेसी और कम्युनिस्ट नेता जितने दिन केन्द्र में अंग्रेज़ी चालू रखने की नीति का समर्थन करते हैं, उतने ही दिन वे द्रविड़ कषगम और जनसंघ को भाषा-विवाद

से फायदा उठाकर शक्तिशाली बनने का मौका देते हैं। जनता में इन प्रतिक्रियावादी दलों के प्रभाव को खत्म करने का एक अचूक उपाय है—केन्द्र में अंग्रेज़ी की जगह प्रादेशिक भाषाओं का व्यवहार।

यह अस्थायी समाधान है। जब तक अहिन्दी-भाषी नेता केन्द्र में हिन्दी का चलन स्वीकार न करें, तब तक यह समाधान लागू करना चाहिए।

तर्क-पद्धति और निष्कर्ष

मैं समझता हूँ कि कांग्रेस, कम्युनिस्ट पार्टी और अन्य जनवादी पार्टियाँ मिलकर प्रयत्न करें तो अगले पाँच वर्षों में वे हिन्दी को केन्द्रीय राजभाषा बना सकती हैं। द्रविड़ कषगम और स्वतंत्र पार्टी इतनी समर्थ नहीं हैं जितनी वे मालूम होती हैं। उन्होंने जनता के मातृभाषा-प्रेम से लाभ उठाकर उसे बरगलाया है। यदि उस जनता को बताया जाए कि केन्द्रीय सेवाओं के लिए अहिन्दी-भाषियों को हिन्दी सीखनी होगी और हिन्दी-भाषी अफ़सरों को वैसे ही एक अहिन्दी-भाषी का ज्ञान प्राप्त करना होगा, तो जनता के गुमराह अंशों को राह पर लाया जा सकता है।

लेकिन केन्द्रीय सेवाओं के हिन्दी-भाषी उम्मीदवार एक अहिन्दी-भाषा का ज्ञान प्राप्त करें—मेरे इस प्रस्ताव पर योगीन्द्र जी ने ध्यान ही नहीं दिया, उस पर एक शब्द भी नहीं कहा। तब कांग्रेसी नेताओं से मैं क्या आशा करूँ?

इसलिए मैंने अपने लेख में यह विकल्प रखा है कि केन्द्र में हिन्दी के साथ अन्य भाषाओं का व्यवहार भी हो। इससे पहले भी मैंने 'जनशक्ति' में लिखा था : "समस्या का एक ही हल है—केन्द्र में हिन्दी हो, राज्यों में प्रादेशिक भाषाएँ। इस पर भी यदि कोई कहे कि अंग्रेज़ी हटाने से अहिन्दी भाषाओं का दमन हुआ तो निवेदन है, लोक सभा में सभी भाषाएँ चलाइए। हमें इस बात का मोह नहीं है कि भारत सरकार का काम हिन्दी में हो। घृणा इस बात से है कि उसका काम अंग्रेज़ी में होता है। केन्द्र में चाहे एक भारतीय भाषा चलाइए, चाहे दस, विदेशी भाषा अंग्रेज़ी को निकालिए।"

लोक सभा के लिए मैंने विशेष रूप से लिखा था : "लोक सभा में अहिन्दी-भाषी नेता शौक से अपनी-अपनी भाषाएँ बोलें। हिन्दी-भाषी नेता हिन्दी में बोलें। कम्युनिस्ट सदस्य अपने व्यवहार से इस नीति की मिसाल क़ायम करें।"

मेरे यह सब लिखने पर भी योगीन्द्र शर्मा जी ने बड़े आग्रह से यही सिद्ध करने का प्रयत्न किया है कि मैं अहिन्दी भाषाओं को दबाना और केन्द्र में ज़बर्दस्ती हिन्दी चलाना चाहता हूँ।

उन्होंने 14 मार्च के 'धर्मयुग' में प्रकाशित मेरे लेख का दो बार हवाला दिया है। यह लेख उन्हें विशेष उपयोगी जान पड़ता है; उसमें गृहयद्ध की ललकार उन्हें ज़्यादा स्पष्ट सुनाई पड़ती है।

मैंने लिखा था : "यह संघर्ष हिन्दी-तमिल का नहीं है, अंग्रेज़ी और समस्त भारतीय भाषाओं का है। हिन्दी-तमिल-विरोध के बड़े घातक परिणाम हो सकते हैं। एक बार गृहयुद्ध की आग भड़कने पर उसे रोकना असम्भव हो जाएगा।"

गृहयुद्ध की ललकार का इससे अधिक पुष्ट प्रमाण और क्या होगा?

मैंने लिखा था : "भारतीय भाषाओं को उनके उचित अधिकार दिलाने के लिए ज़रूरी है कि सबसे पहले हिन्दी-भाषी प्रदेश में अंग्रेज़ी के राजभाषा और सांस्कृतिक भाषा के पद में हटा दिया जाए।"

योगीन्द्र जी का विचार है कि मैं भारतीय भाषाओं के अधिकारों को कुचलकर हिन्दी को राजभाषा बनाने के पक्ष में हूँ!

मैंने लिखा था : "इसके बाद जिस दिन हिन्दी-भाषी जनता संगठित होकर अपने लोक सभा के प्रतिनिधियों को हिन्दी में बोलने और सारा राजकाज हिन्दी में करने के लिए बाध्य करेगी, उस दिन अंग्रेज़ी का साम्राज्यवाद खत्म होगा। उस दिन तमिलनाडु में तमिल भी अपना पूर्ण स्वत्व प्राप्त करेगी और राष्ट्रीय एकता को दृढ़ करने में हिन्दी-भाषी जनता अपनी भूमिका पूरी करेगी।"

यह वाक्य उन्होंने उद्धृत किया है लेकिन उसका वह टुकड़ा निकालकर, जिसमें तमिल के पूर्ण स्वत्व प्राप्त करने की बात है। कारण स्पष्ट है। पूरा वाक्य उद्धृत करने से मुझ पर तमिल-दमन का आरोप लगाने में असुविधा होती।

वह अंश निकाल देने पर भी गृहयुद्ध की ललकार का आरोप लगाना सरल नहीं था। इसलिए उन्होंने 'लेकिन यदि' का सहारा लिया : "लेकिन यदि यही बात पूरे देश के लिए कही जाए तो..." इस तरह 'लेकिन यदि' लगाकर किसी भी वाक्य से कोई भी नतीजा निकाला जा सकता है।

योगीन्द्र जी ने मुझ पर यह आरोप लगाया है कि अजय घोष के लेख में मैंने वे बातें छोड़ दी हैं जो मेरी नीतियों के विरुद्ध हैं। ये कौन-सी बातें हैं? अजय घोष के लेख से उन्होंने जो अंश उद्धृत किया है, उसमें कहा गया है : भाषा-आयोग के सदस्य प्रादेशिक भाषाओं को एक अभिशाप के रूप में देखते हैं। वे नहीं मानते कि भारत बहुभाषी देश है। उन्होंने जनतंत्र के इस प्रारम्भिक सिद्धान्त को विचार से बाहर रखा है कि शासन, विधि, न्याय की भाषा—प्रत्येक क्षेत्र में सभी स्तरों पर वह भाषा होनी चाहिए जिसको जनता आम तौर पर बोलती और समझती है।

योगीन्द्र जी का विचार है कि मैं अजय घोष की उपर्युक्त नीति का विरोधी हूँ यानी प्रदेशों में वहाँ की भाषाओं के बदले हिन्दी का ही चलन करना चाहता हूँ।

'जनशक्ति' में मैंने लिखा था :

(क) "भारत में भाषावार राज्य बनाने का आन्दोलन चला। हर प्रदेश में उसकी शिक्षा और संस्कृति का विकास उसकी भाषा के माध्यम से हो, यह माँग सही थी।"

(ख) “जिस तरह हर प्रदेश में उसकी अपनी भाषा को सभी अधिकार मिलने चाहिए, वैसे ही इन सबको जोड़नेवाली राष्ट्रभाषा हिन्दी को भी केन्द्र में पूर्ण अधिकार मिलने चाहिए।”

(ग) “इस पर भी यदि कोई कहे कि अंग्रेज़ी हटाने से अहिन्दी भाषाओं का दमन होता है तो निवेदन है, लोक सभा में सभी भाषाएँ चलाइए।”

अजय घोष ने अहिन्दी भाषाओं को केवल प्रदेशों में पूर्ण अधिकार देने की बात कही थी। मैं उन्हें केन्द्र में हिन्दी के बराबर स्थान देने की बात कहता हूँ। लेकिन विरोधी आलोचकों का मुँह बन्द करने के लिए योगीन्द्र शर्मा जी ने सीधी रणनीति निकाली है। उन पर अन्ध हिन्दी राष्ट्रवाद का आरोप लगा दो, केन्द्र में फिलहाल अंग्रेज़ी चलाने की नीति अपने-आप सही साबित हो जाएगी।

मैंने लिखा था : “अंग्रेज़ी क़ायम रखने के लिए जो विशाल संयुक्त मोर्चा बना है, उसमें स्वतंत्र दल के नेता हैं, द्रविड़ कषगम वाले हैं। कांग्रेस और कम्युनिस्ट पार्टी के अनेक नेता भी इसमें हैं।” योगीन्द्र जी ने अनेक का अर्थ किया सम्पूर्ण और नाराज होकर लिखा : “इन्हीं की पंक्ति में सम्पूर्ण कांग्रेस और कम्युनिस्ट पार्टी को खड़ा कर देना भारतीय राष्ट्रीयता और जनतंत्र को कलंकित करना है, सच्चाई के मुँह पर तमाचा मारना है।”

17 फरवरी, '65 को पी.टी.आई. द्वारा नई दिल्ली से प्रसारित समाचार के अनुसार 34 संसद-सदस्यों ने एक बयान जारी किया। उसमें कहा गया था कि संविधान की वह धारा बदल देनी चाहिए जिसमें हिन्दी को राजभाषा घोषित किया गया है। पी.टी.आई. के अनुसार : इन संसद-सदस्यों में कम्युनिस्ट पार्टी, द्रविड़ कषगम, स्वतंत्र पार्टी, आर.एस.पी. तथा मुस्लिम लीग के नेता थे।

योगीन्द्र शर्मा जी विचार करें, भारतीय राष्ट्रीयता और जनतंत्र को कौन कलंकित करता है, सच्चाई के मुँह पर तमाचा कौन मारता है।

मैंने कम्युनिस्ट पार्टी के नेताओं की भाषा-नीति की आलोचना की थी। इसे उन्होंने 'हिन्दी भाषा और भारत देश को शाप' देना कहा है।

गद्य में अतिशयोक्ति अलंकार उन्हें बहुत प्रिय है और उसके व्यवहार पर वह कोई भी प्रतिबन्ध लगाना अनुचित समझते हैं।

'भाषा और समाज' से लम्बा उद्धरण देकर उन्होंने यह नतीजा निकाला है कि पहले मैं पंडिताऊ हिन्दी का विरोधी था, अब उसका समर्थक हो गया हूँ। अपनी रणनीति के अनुसार मेरी पुस्तक के वे अंश उन्होंने छोड़ दिये हैं जहाँ मैंने सुगढ़ पारिभाषिक शब्दों के निर्माण की प्रशंसा की थी। मैंने लिखा था : “लेकिन पारिभाषिक शब्दावली में ऐसे भी बहुत-से शब्द हैं जो बोलने में हिन्दी प्रवृत्ति का उल्लंघन नहीं करते और जिनके लिए विश्वास से कहा जा सकता है कि वे अवश्य लोकप्रिय होंगे। केन्द्रीय शिक्षा मंत्रालय द्वारा प्रकाशित कृषि-सम्बन्धी शब्दावली से हम कुछ शब्द ले सकते हैं।” (पृ. 433)

खास बात यह है कि मैंने उन लोगों का विरोध किया था जो पारिभाषिक शब्दावली को असन्तोषजनक बताकर केन्द्र में अंग्रेज़ी चलाते रहने का समर्थन करते थे। मैंने लिखा था :

"हिन्दी में काफ़ी पारिभाषिक शब्दों का निर्माण हो चुका है। इनमें बहुत-से अपने-अपने विषय की हिन्दी पुस्तकों में व्यवहृत भी होते हैं। जहाँ तक राजकाज का सम्बन्ध है, इस विषय के शब्दों का निर्माण विज्ञान की शब्दावली बनाने से आसान है। इसलिए विज्ञान में चाहे हिन्दी का प्रयोग कुछ दिन रुका भी रहे, राजभाषा के रूप में हिन्दी का व्यवहार रुके, इसका कोई कारण नहीं है।" (पृ. 433)

योगीन्द्र जी ने इससे उल्टा निष्कर्ष निकाला है।

इस तरह की तर्क-पद्धति वे अपनाते हैं जो हठधर्मी से ग़लत नीति को भी सही साबित करने के लिए कमर कस लेते हैं। इस तरह विरोधी आलोचकों की बातों को तोड़-मरोड़कर पेश करने से जनवादी तत्त्वों में एकता स्थापित नहीं की जा सकती।

योगीन्द्र जी ने अन्ध-राष्ट्रवाद की बात बहुत बार की है। 'भाषा और समाज' के इस वाक्य पर भी गौर करें :

"वर्तमान अन्ध-राष्ट्रवाद की विशेषता यह है कि वह दूसरी भारतीय भाषाओं के प्रति घृणा फैलाता है और अंग्रेज़ी को गले लगाता है।" (पृ. 425)

मैं चाहता हूँ कि पार्टी के नेताओं में हिन्दी के प्रति जो उपेक्षा-भाव है, वह खत्म हो। वे अपने सिद्धान्त और व्यवहार में एकता स्थापित करें। शासन-केन्द्र में चाहे एक भाषा चलाएँ, चाहे अनेक, निश्चित अवधि में अंग्रेज़ी का चलन बन्द हो—यह माँग करें। अंग्रेज़ी को अनिश्चित काल के लिए भारत की राजभाषा बनाकर राष्ट्रीय जनतांत्रिक मोर्चे का निर्माण नहीं हो सकता।

[1665]

37

देश का विघटन और अंग्रेज़ी

एक ज़माना था, जब लोग समझते थे कि अंग्रेज़ी सभी भारतीय भाषाओं पर साम्राज्यवादियों द्वारा लादी हुई भाषा है। राष्ट्रीय आन्दोलन के दौरान किसी भी देशभक्त को इस बारे में शक नहीं था कि अंग्रेज़ी की गुलामी अंग्रेज़ों की ही गुलामी का एक अंग है। उस समय राष्ट्रीय नेता मानते थे कि अंग्रेज़ी का प्रभुत्व राष्ट्रों के लिए अपमानजनक है। वे जानते थे कि अंग्रेज़ी शिक्षा के कारण देश की शक्ति और धन का अपार अपव्यय होता है। वे कहते थे कि देश पर मुट्ठी-भर अंग्रेज़ी-पढ़े हूकूमत करें, यह जनतंत्र का मजाक है। उस ज़माने में राष्ट्र के नेता भाषा की समस्या पर आम जनता के दृष्टिकोण से विचार करते थे। वे घोषित करते थे कि राष्ट्रीय एकता का अर्थ है : भारत के करोड़ों श्रमिक जनों की एकता। यह एकता हिन्दी और केवल हिन्दी के द्वारा क़ायम हो सकती है।

स्वाधीनता-प्राप्ति के बाद वे बातें अब पुरानी हो गईं। जो अंग्रेज़ी की हिमायत करता है, वह उदार और प्रगतिशील माना जाता है। जो अंग्रेज़ी हटाने की बात करता है, वह पुराणपंथी और हिन्दी-उन्मादी कहलाता है। राष्ट्रीय एकता के लिए सबसे आवश्यक है अंग्रेज़ी! अन्तरराष्ट्रीय सम्पर्क के लिए एकमात्र विश्वभाषा है अंग्रेज़ी! ज्ञान-विज्ञान के लिए अनिवार्य माध्यम है अंग्रेज़ी!

अब राष्ट्रीय एकता का अर्थ जनसाधारण की एकता नहीं है। राष्ट्रीय एकता का अर्थ है : अंग्रेज़ी-पढ़े नेताओं और नौकरशाहों की एकता। अब राष्ट्रीय एकता का प्रश्न जुड़ा हुआ है अखिल भारतीय नौकरियों के साथ।

तमिलनाडु में इतना उत्पात हुआ, तमिल की रक्षा के लिए? नहीं; लोगों को भय दिखाया गया कि सरकारी नौकरियाँ हथिया लेंगे हिन्दीवाले, दक्षिणवाले टापते रह जाएँगे। हिन्दी के अत्याचार से बचने के लिए कुछ लोगों ने सुझाव दिया कि हर राज्य के लिए नौकरियों का 'कोटा' निश्चित कर दिया जाए।

पिछले छह महीने से यह नौकरियों का सवाल अंग्रेज़ी-पढ़े बाबुओं के सामने है। उनके लिए यह सबसे महत्त्वपूर्ण राष्ट्रीय समस्या है। अंग्रेज़ी-पढ़ा नौकरशाह

वर्ग आम जनता से कितनी दूर है, इसका सबसे बड़ा प्रमाण यह है कि इस समुदाय के सामने भाषा-समस्या का सबसे महत्त्वपूर्ण पहलू है—नौकरी!

देश की राष्ट्रीय संस्था कांग्रेस के नेता भाषा-समस्या पर विचार करते हैं तो उनके सामने मुख्य प्रश्न होता है : अखिल भारतीय नौकरियों की परीक्षाएँ कितनी भाषाओं में होंगी!

यह मानते हुए कि अपनी जगह नौकरियों की समस्या का भी महत्त्व है, हमें राष्ट्रीय एकता के प्रश्न को सरकारी नौकरियों के दायरे में बन्द न कर देना चाहिए। विभिन्न प्रदेशों की श्रमिक जनता की एकता किस तरह क़ायम की जाए, शासन-तंत्र में आम जनता किस तरह भाग ले, राज्यसत्ता कुछ ऊपरवाले निहित स्वार्थों के हाथ में कठपुतली बनकर न रह जाए—भाषा की समस्या पर विचार करते हुए इन प्रश्नों को हमेशा सामने रखना चाहिए।

कांग्रेस कार्यसमिति ने फैसला किया है कि अखिल भारतीय नौकरियों की परीक्षाएँ अंग्रेज़ी, हिन्दी तथा अन्य प्रादेशिक भाषाओं में होंगी। कुछ पर्चे अंग्रेज़ी और हिन्दी में अनिवार्य होंगे। जिन उम्मीदवारों की भाषा हिन्दी होगी, उनके लिए एक पर्चा किसी अहिन्दी भाषा में होगा। इस उद्देश्य की पूर्ति के लिए प्रत्येक राज्य की भाषा शासन और शिक्षा का माध्यम बनेगी। हिन्दी-शिक्षण के स्तर को ऊँचा किया जाएगा। "अंग्रेज़ी ऐसी भाषा के रूप में पढ़ाई जाती रहेगी, जिसकी महत्त्वपूर्ण भूमिका है।" तीन भाषाएँ सीखने की नीति दृढ़ता से लागू की जाएगी। हिन्दी और प्रादेशिक भाषाओं का विकास किया जाएगा।

जिन लोगों ने कांग्रेस कार्यसमिति के फैसले का स्वागत किया है, उनका विचार है कि अब अंग्रेज़ी की जगह प्रादेशिक भाषाओं का चलन हो जाएगा। इस आशा का आधार क्या है?

प्रादेशिक भाषाएँ केवल परीक्षाओं का माध्यम बनेंगी, केन्द्रीय राजकाज का माध्यम नहीं। राजकाज होगा अंग्रेज़ी में। अखिल भारतीय सेवाओं में यह तो होगा नहीं कि परीक्षा में जिसका माध्यम तमिल है, उसे नौकरी तमिलनाडु में ही करनी होगी। अखिल भारतीय नौकरियों का मतलब ही यह है कि किसी भी अफ़सर को एक राज्य से दूसरे राज्य में भेजा जा सकता है। तब यह विभिन्न प्रदेशों का कार्य किस भाषा में होगा? क्या तमिलभाषी अफ़सर दिल्ली में अपना दफ्तर तमिल में चलाएगा? या बंगलाभाषी अफ़सर मद्रास में अपना काम बंगला में करेगा?

स्पष्ट है कि अखिल भारतीय नौकरियों का माध्यम अंग्रेज़ी ही रहेगी।

कांग्रेस कार्यसमिति ने यह फैसला नहीं किया कि केन्द्रीय सरकारी नौकरियों में अंग्रेज़ी की जगह प्रादेशिक भाषाओं का व्यवहार होगा। फैसला यह किया है कि परीक्षाओं में अंग्रेज़ी के साथ प्रादेशिक भाषाएँ भी माध्यम बन सकती हैं।

इसलिए यह आशा लगाना व्यर्थ है कि केन्द्रीय राजकाज में अंग्रेज़ी की जगह प्रादेशिक भाषाओं का व्यवहार होने लगेगा, या अंग्रेज़ी के साथ उन्हें कहीं बालिश्त-भर जगह भी मिल जाएगी।

परीक्षाओं के लिए भी प्रादेशिक भाषाओं को अनिवार्य माध्यम नहीं बनाया गया। माध्यम बनने के लिए उन्हें विकसित होना है, अपने प्रदेश में राजभाषा बनना है, विश्वविद्यालयों में उच्चतम शिक्षा का माध्यम बनना है। बनने-बनाने का यह सारा क्रम कब समाप्त होगा, इसकी कोई अवधि निश्चित नहीं की गई।

भारत सरकार पन्द्रह साल से हिन्दी के विकास में लगी है, लेकिन अभी कहीं उस विकास का छोर नहीं दिखाई देता। बड़े-बड़े कोश बन जाने के बाद भी कार्यसमिति के प्रस्ताव में हिन्दी को अभी और विकसित करने की बात कही गई है।

यह अद्भुत राष्ट्रभाषा-प्रेम है! हिन्दी के विकास से वह कभी सन्तुष्ट नहीं होता! विकास के अपूर्ण होने से वह अंग्रेज़ी को ही राष्ट्रभाषा बनाए रहता है!

प्रादेशिक भाषाओं के प्रेमी समझ लें, उन्हें अपनी भाषाओं के विकास के लिए कितनी लम्बी प्रतीक्षा करनी होगी।

प्रादेशिक भाषाओं को पन्द्रह साल से यह अधिकार प्राप्त है कि वे उच्च शिक्षा का माध्यम बनें, प्रदेशों की राजभाषा बनें। लेकिन इस अधिकार का उपयोग क्यों नहीं हुआ? कांग्रेस के प्रस्ताव में कहीं इस बात की कैफियत नहीं दी गई कि हर राज्य में शासन की बागडोर कांग्रेस के हाथ में होने पर भी, उस अधिकार का पूरी तरह उपयोग क्यों नहीं किया गया।

जिस अधिकार का उपयोग पन्द्रह साल में नहीं हुआ, इस प्रस्ताव के बाद उसका उपयोग होगा ही, इसका क्या प्रमाण है? इसके विपरीत उसका उपयोग आगे भी न होगा, इसका प्रमाण है।

केन्द्र में जब तक अंग्रेज़ी का बोलबाला रहेगा, तब तक राज्यों में प्रादेशिक भाषाओं को पूर्ण अधिकार प्राप्त नहीं हो सकते। अंग्रेज़ी-पढ़ा उम्मीदवार पहले अखिल भारतीय अफ़सर बनने की कोशिश करता है। इस कोशिश में असफल होता है तब प्रादेशिक अफ़सर बनने का प्रयत्न करता है। यहाँ भी नाकामयाब रहा तो मास्टरी या क्लर्की करता है। स्थिति यह है कि रेल, बैंक, डाक, तार, फ़ौज, पुलिस, प्राइवेट फर्म—कहीं भी मामूली क्लर्की अंग्रेज़ी के बिना नहीं मिलती। लाखों नौजवान हर साल फेल होते हैं—अंग्रेज़ी की वजह से। देश में शिक्षा बेहद महँगी है—अंग्रेज़ी के कारण।

इसलिए जो लोग धन और श्रम-शक्ति के इस अपव्यय को बन्द करना चाहते हैं, जो राज्यों में प्रादेशिक भाषाओं को उनके पूर्ण अधिकार दिलाना चाहते हैं, उनके सामने एक ही कर्तव्य हो सकता है—केन्द्र में अंग्रेज़ी के प्रभुत्व को खत्म करना।

जो लोग सोचते हैं कि केन्द्र में अंग्रेज़ी के हटने से नौकरियाँ हिन्दीवालों को ज़्यादा मिल जाएँगी, उनका भय दूर करना कठिन नहीं है। हिन्दी-भाषी उम्मीदवारों के लिए एक आधुनिक अहिन्दी भाषा का ज्ञान अनिवार्य कर देना चाहिए। कांग्रेस कार्यसमिति के प्रस्ताव में यह नियम शामिल किया गया है कि हिन्दी-भाषियों के लिए एक पर्चा अहिन्दी भाषा का होगा। देश की भावात्मक एकता के लिए मुख्य ज़ोर आधुनिक प्रादेशिक भाषाएँ सीखने पर होना चाहिए।

किन्तु कांग्रेस के तीन भाषा वाले सूत्र में मुख्य ज़ोर है अंग्रेज़ी पर। इसीलिए उस सूत्र को अमल में लाना कठिन होता है। वह जिस तरह अमल में लाया गया है, उससे किसी को सन्तोष नहीं है। सन्तोष इसलिए नहीं है कि अमल में लानेवालों की निगाह अंग्रेज़ी पर पहले है, हिन्दी और भारतीय भाषाओं पर बाद को।

श्री सादिक अली कांग्रेस के जाने-माने नेता हैं। कांग्रेस के संगठन-कार्य से उनका विशेष सम्बन्ध रहा है। उन्होंने कार्यसमिति के प्रस्ताव की व्याख्या करते हुए 7 जून के 'हिन्दुस्तान टाइम्स' में एक लेख लिखा है। उसमें उन्होंने स्पष्ट कहा है कि तीन भाषाओं वाला फार्मूला लागू करने से अंग्रेज़ी शिक्षा का प्रसार और भी अधिक होगा।

लिखा है : "सन्देहवादी लोग कह सकते हैं कि तीन भाषाओं वाले फार्मूले को कारगर तरीके से लागू करने की गुंजाइश कम है। इसके बारे में मैं कुछ नहीं कह सकता। लेकिन मैं यह जानता हूँ कि तीन भाषाओं वाले फार्मूले में अंग्रेज़ी वाला हिस्सा कारगर तरीके से ज़रूर लागू किया जाएगा।"

अंग्रेज़ी, और अधिक अंग्रेज़ी—यह है हमारे राष्ट्रीय नेताओं का दृष्टिकोण।

श्री सादिक अली का विचार है : "यह अच्छी बात है कि हमारे विद्यार्थियों में अंग्रेज़ी जानने की व्यापक इच्छा है।"

ऐसा है तो अंग्रेज़ी वैकल्पिक कर दीजिए। फिर देखिए, कितने लोग अंग्रेज़ी पढ़ते हैं। आगरा विश्वविद्यालय ने जब से बी.एस-सी. की परीक्षाओं में अंग्रेज़ी को वैकल्पिक कर दिया है, तब से लगभग नब्बे फीसदी विद्यार्थियों ने 'जनरल इंग्लिश' की परीक्षा देना बन्द कर दिया है।

श्री सादिक अली का मत है : "सही दृष्टिकोण यह है कि अंग्रेज़ी को उसका न्यायोचित स्थान (राइटफुल प्लेस) दिया जाए जिससे देश की सम्मिलित इच्छा-शक्ति के सहारे वह फले-फूले। इस तरह उसके सामने ज़्यादा सुन्दर, ज़्यादा महान, ज़्यादा रचनात्मक भविष्य होगा।"

न्यायोचित स्थान देना है अंग्रेज़ी को! रचनात्मक भविष्य है अंग्रेज़ी का! देश की सम्मिलित इच्छाशक्ति सहारा देगी अंग्रेज़ी को!

शासक वर्ग अपनी भाषा-नीति किस उद्देश्य से निर्धारित कर रहा है, यह श्री सादिक अली के वक्तव्य से स्पष्ट हो जाता है।

सार्वभौम सत्ता होगी अंग्रेज़ी की। प्रादेशिक भाषाएँ होंगी उसकी दासियाँ!

उद्देश्य और इच्छाओं के अलावा हिन्दी-अहिन्दी-भाषी राज्यों को यह अधिकार प्राप्त है कि जब तक विधान सभा, लोक सभा तथा राज्य सभा में उनके प्रतिनिधि अपने भारी बहुमत से अंग्रेज़ी हटाने का प्रस्ताव पास न करें, तब तक—यानी अनिश्चित काल के लिए—अंग्रेज़ी ही भारत की राष्ट्रभाषा रहेगी।

इस पर भी कुछ लोगों को यह दु:स्वप्न होता है कि कांग्रेस के प्रस्ताव से हिन्दी साम्राज्यवाद के लिए रास्ता साफ़ हो गया है। यदि लोक सभा यह प्रस्ताव पास कर दे कि भारत में सदा-सर्वदा के लिए अंग्रेज़ी एकमात्र राजभाषा रहेगी, तब भी ये लोग कहेंगे, उत्तरवाले दक्षिणवालों पर राज्य कर रहे हैं। जिन लोगों की नीति है कि हर बहाने 'द्रविड़-भारत' को 'आर्य-भारत' से अलग कर दिया जाए, वे अंग्रेज़ी के बारे में किसी भी आश्वासन से सन्तुष्ट नहीं हो सकते।

अंग्रेज़ी की जड़ मज़बूती से जमी है। कांग्रेस कार्यसमिति के प्रस्ताव को कानूनी रूप देने से वह और भी पुख्ता हो जाएगी। किसी को यह भय न होना चाहिए कि प्रादेशिक भाषाओं को नये अधिकार मिल गए हैं और अब अंग्रेज़ी के अभाव में राष्ट्रीय एकता छिन्न-भिन्न हो जाएगी।

यदि अंग्रेज़ी से राष्ट्रीय एकता दृढ़ होती थी तो भविष्य में वह और भी सुदृढ़ हो जाएगी।

किन्तु क्या सचमुच अंग्रेज़ी से राष्ट्रीय एकता दृढ़ होती है?

सन् '47 में जब एक राष्ट्र से दो राष्ट्र बने, तब अंग्रेज़ी-पढ़े लोग ही विघटनकारी प्रचार के अगुआ थे। बम्बई में संयुक्त महाराष्ट्र आन्दोलन के दौरान गुजरातियों और मराठी-भाषियों में संघर्ष हुआ। इसके नेता भी अंग्रेज़ी-पढ़े लोग थे। असम में बंगालियों और असमियों के बीच दंगे हुए। यहाँ भी भाषा-सम्बन्धी आन्दोलन के नेता थे अंग्रेज़ी-पढ़े भद्र लोग। तमिलनाडु में जो उत्पात हुआ, उसके सूत्रधार अंग्रेज़ी-प्रेमी सज्जन थे। कश्मीर में अलगाव के नेता विलायत जाकर अंग्रेज़ी में भाषण देनेवाले लोग हैं। नागालैंड के अलगाव-पंथी नेता विलायत ही में निवास करते हैं।

अंग्रेज़ी-पढ़ा वर्ग भारत में विघटन-प्रक्रिया रोकने में असमर्थ है। दिवालिये राजनीतिज्ञ राष्ट्रीय एकता क़ायम रखने के लिए जितना ही इस समुदाय का भरोसा करते हैं, उतना ही विघटनकारी शक्तियाँ प्रबल होती जाती हैं।

राष्ट्रीय एकता को दृढ़ करने का दूसरा तरीका है जनसाधारण का भरोसा करना, फौलाद ढालनेवालों और अन्न पैदा करनेवालों की एकता के बल पर राष्ट्र को मज़बूत करना। इस तरह की स्थायी और अपराजेय एकता हिन्दी से क़ायम हो सकती है, अंग्रेज़ी से नहीं।

कांग्रेस कार्यसमिति के प्रस्ताव में इस तरह की एकता पर ध्यान नहीं दिया गया। उसमें भरोसा किया गया है अखिल भारतीय सेवाओं में लगे हुए नौकरशाहों,

का। प्रस्ताव में एकता का माध्यम हिन्दी नहीं, अंग्रेज़ी है। अंग्रेज़ी को हटाने के लिए कोई अवधि निश्चित नहीं की गई। इसलिए इस प्रस्ताव का विरोध ही किया जा सकता है, स्वागत नहीं।

तमाम प्रादेशिक भाषाओं को अंग्रेज़ी की गुलामी से मुक्त करने के दो उपाय हैं :

(1) केन्द्र में अंग्रेज़ी की जगह हिन्दी हो, राज्यों में प्रादेशिक भाषाएँ राजभाषा हों;

(2) राज्यों में तो प्रादेशिक भाषाएँ राजभाषा हो ही, केन्द्र में भी अंग्रेज़ी की जगह उन सबका व्यवहार हो।

पहला उपाय ज़्यादा व्यावहारिक है, संविधान के अनुकूल है। अनेक राजनीतिक दल उसका समर्थन भी करते हैं। किन्तु जब प्रश्न उठता है, कब तक अंग्रेज़ी हटाई जाएगी, तब परिवर्तन की अवधि अनिश्चित हो जाती है। नेताओं के सामने सीधा-सा बहाना है। अहिन्दी-भाषी नहीं चाहते कि हिन्दी केन्द्रीय राजभाषा हो, इसलिए फिलहाल अंग्रेज़ी ही चलेगी।

ऐसी स्थिति में अंग्रेज़ी हटाने के दूसरे उपाय पर भी विचार कर लेना चाहिए। यह उपाय कठिन है, व्यय-साध्य है, किन्तु असम्भव नहीं है। स्विट्जरलैंड में जर्मन, फ्रांसीसी और इतालवी को समान अधिकार प्राप्त हैं। हमारे यहाँ भी केन्द्र में सभी भारतीय भाषाओं का चलन हो सकता है।

कांग्रेस के नेता कहते हैं, जब तक अहिन्दी-भाषी राज्य हिन्दी को स्वीकार नहीं करते, तब तक केन्द्र में अंग्रेज़ी चलेगी।

हिन्दी-भाषी जनता उनसे कह सकती है : जब तक अहिन्दी-भाषी राज्य हिन्दी को स्वीकार नहीं करते, तब तक केन्द्र में सभी भारतीय भाषाओं का व्यवहार होने दीजिए।

यदि देश के नेताओं को प्रादेशिक भाषाओं से सच्चा प्रेम है तो वे केन्द्र में अंग्रेज़ी की जगह उनका व्यवहार क्यों नहीं करते?

यदि भाषाओं के अविकसित होने का सवाल हो, तो कमीशन बिठाकर इस बात की जाँच कराएँ कि भारतीय भाषाओं के विकास में कौन-सी कमी रह गई है।

जो नेता भारतीय भाषाओं के अविकसित होने से परेशान हैं, उन्हें अपनी शिक्षा के स्तर पर भी ध्यान देना चाहिए।

विज्ञान और तकनीक के क्षेत्र में पारिभाषिक शब्दों से सम्बन्धित कठिनाई हो सकती है। लेकिन यहाँ सवाल राजकाज के लिए भारतीय भाषाओं के व्यवहार का है। क्या लोक सभा में आज तक कोई ऐसा भाषण हुआ है जिसके लिए अंग्रेज़ी ही माध्यम बन सकती थी, जिसकी विषयवस्तु प्रकट करने की क्षमता भारतीय भाषाओं में नहीं थी? क्या इस बात पर विश्वास किया जा सकता है कि जिन भाषाओं में रवीन्द्रनाथ ठाकुर, सुब्रह्मण्य भारती, वल्लत्तोल, प्रेमचन्द आदि ने अपनी महान्

साहित्यिक रचनाएँ की हैं, उनमें श्री लालबहादुर शास्त्री या श्री हीरेन मुकर्जी या अन्य राजनीतिज्ञ अपना मन्तव्य प्रकट नहीं कर सकते?

असल में बात यह है कि अधिकांश राजनीतिक पार्टियाँ अपने जन्मकाल से अब तक अपना अखिल भारतीय राजनीतिक कार्य अंग्रेज़ी में ही करती रही हैं। इनके नेता तरह-तरह के बहाने करते हैं, अपने अनुयायियों को तरह-तरह से बहकाते हैं। वे अपने दफ्तरों से अंग्रेज़ी निकाल नहीं पाते। जब तक जनता इनके दफ्तरों के सामने प्रदर्शन न करेगी, इनके केन्द्रीय भवनों से अंग्रेज़ी निकालने के लिए इन पर दबाव न डालेगी, तब तक ये नेता अपनी नीति से बाज़ न आएँगे। भारतीय जनतंत्र के संचालक ये ही लोग हैं। वे अपने पार्टी-कार्यों में अंग्रेज़ी से चिपके हुए हैं। तब सरकारी दफ्तरों और विश्वविद्यालयों से अंग्रेज़ी क्या खाकर निकालेंगे?

इस समय नेता लोग देश में हवा बाँधे हैं कि अंग्रेज़ी के बिना न राष्ट्रीय काम चल सकता है, न अन्तरराष्ट्रीय। यह हवा सिर्फ ऊपर-ऊपर है। ग़रीब जनता का काम तो अंग्रेज़ी के बिना ही चलता है। ऐसी हालत में जो राजनीतिक पार्टी अपने केन्द्रीय राजकाज में अंग्रेज़ी का चलन खत्म करती है, वह देश की बहुत बड़ी सेवा करती है। वह लोगों में आत्मनिर्भरता की चेतना दृढ़ करती है। वह अंग्रेज़ी-प्रेमियों को दिखला देती है कि अंग्रेज़ी के बिना भी काम चल सकता है।

श्री कामराज नाडार कांग्रेस के अध्यक्ष होते हुए भी तमिल में भाषण करते हैं। इससे देश में विघटन पैदा नहीं हो गया। क्या ही अच्छा हो, यदि राष्ट्रसंघ में भारतीय प्रतिनिधि मंडल के नेता एक बार श्री कामराज हों और वहाँ जाकर तमिल में भाषण करें।

सोवियत संघ के प्रतिनिधि मन्यूल्स्की ने एक बार राष्ट्रसंघ के सामने उक्रैनी में भाषण किया था। तब श्री कामराज वहाँ तमिल में भाषण क्यों नहीं कर सकते? मिस्र के अध्यक्ष श्री नासिर राष्ट्रसंघ के सामने अरबी में भाषण कर सकते हैं तो हमारे सम्मान्य प्रधानमंत्री अफ्रीकी एशियाई सम्मेलन के सामने हिन्दी में भाषण क्यों नहीं कर सकते? भारतीय भाषाओं के व्यवहार से अन्तरराष्ट्रीय भाईचारा कमज़ोर नहीं होता, बरन् मित्र-देशों में हमारी प्रतिष्ठा बढ़ती है। पिछले दिनों जब प्रधानमंत्री सोवियत संघ गए, तब जगह-जगह हिन्दी वाक्यों से सजे हुए बन्दनवारों से उनका स्वागत किया गया। इससे सोवियत-भारत-मैत्री कमज़ोर नहीं हो गई।

क्या ही अच्छा होता, यदि कांग्रेस कार्यसमिति स्वयं अपने लिए एक प्रस्ताव पास करती कि भविष्य में उसका काम अंग्रेज़ी में न होगा, भारतीय भाषाओं में ही होगा!

भारतीय जनतंत्र के कर्णधार हमारे सीमित साहित्यिक अनुभव की ओर भी दृष्टिपात कर लें।

भारतीय भाषाओं ने एक-दूसरे को प्रभावित किया है, विभिन्न प्रदेश सांस्कृतिक स्तर पर एक-दूसरे के निकट आए हैं; रवीद्रनाथ ठाकुर से लगभग सभी आधुनिक

भाषाओं के लेखक न्यूनाधिक प्रभावित हुए हैं, शरत्चन्द्र और प्रेमचन्द की रचनाओं से करोड़ों पाठक परिचित हैं—यह सब अंग्रेज़ी के कारण सम्भव नहीं हुआ। जो गीत श्रीनगर से कन्याकुमारी तक—और देश की सीमाएँ पार करके पेशावर से सिंहल तक—गूँजे हैं, वे अंग्रेज़ी के सम्पर्क-भाषा होने के कारण नहीं।

अंग्रेज़ी के बिना भी काम चल सकता है। अंग्रेज़ी के बिना ही काम चलेगा। स्वाधीन भारत में अंग्रेज़ी नहीं चलेगी।

भारत सरकार लोक सभा में सभी भाषाओं में बोलने और भाषणों के अनुवाद की व्यवस्था करे। लोक सभा, राज्य सभा की कार्यवाही, कानून, मसौदे—सभी भारतीय भाषाओं में प्रकाशित हों, अखिल भारतीय सेवाओं में भारतीय भाषाओं का व्यवहार हो। कांग्रेस की यह नैतिक ज़िम्मेदारी है कि इस सारे परिवर्तन का भार उठाए। अहिन्दी-भाषी जनता हिन्दी नहीं चाहती, यह कहकर वह अपनी ज़िम्मेदारी से बच नहीं सकती।

एक बार लोक सभा में जब हमारे प्रतिनिधि भारतीय भाषाओं में बोलेंगे, तब उनका अंग्रेज़ी-मोह कम होगा। तब उन्हें बोध होगा कि हिन्दी से अन्य भाषाओं का दमन नहीं होता, वरन् उससे राष्ट्रीय एकता दृढ़ होती है। एक बार जब उन्हें विश्वास हो जाएगा कि उनकी भाषा को वही अधिकार प्राप्त हैं, जो हिन्दी को हैं, तब वे स्वेच्छा से हिन्दी बोलेंगे। जब तक अंग्रेज़ी अनिवार्य राजभाषा बनी हुई है, तब तक स्वेच्छा से हिन्दी बोलने की बात उनकी समझ में न आएगी।

जो लोग सचमुच चाहते हैं कि अहिन्दी-भाषी राजनीतिज्ञ स्वेच्छा से हिन्दी को केन्द्रीय भाषा मानें, वे अब तक जनता के सामने कोई ऐसा कार्यक्रम नहीं रख सके जिससे इस उद्देश्य की पूर्ति हो। वे समझते हैं कि 'फिलहाल' अंग्रेज़ी क़ायम रखने से अपने-आप अहिन्दी-भाषियों में 'स्वेच्छा' उत्पन्न हो जाएगी। पिछले पन्द्रह साल का अनुभव कुछ दूसरा है। अंग्रेज़ी की जड़ें और मज़बूत हुई हैं। शिक्षित वर्ग के सामने से स्वेच्छापूर्वक हिन्दी अपनाने की बात दूर चली गई है। इस स्थिति का मूल कारण है : अंग्रेज़ी को पाल-पोसकर मज़बूत करने की नीति। अहिन्दी-भाषी राजनीतिज्ञों के हिन्दी-विरोध का कारण यह नहीं है कि उन पर ज़बर्दस्ती हिन्दी लादी गई है। हिन्दी-विरोध का कारण यह है कि वे 'स्वेच्छा' से अपने ऊपर अंग्रेज़ी लादे रखना चाहते हैं।

इसी समझ को बदलना है।

सभी भारतीय भाषाओं को केन्द्र में समान अधिकार प्राप्त हों—इस आधार पर अंग्रेज़ी के विरुद्ध सभी सच्चे भारतीय भाषा-प्रेमियों की एकता स्थापित की जा सकती है।

राष्ट्र के नेताओं से निवेदन है : जब तक अहिन्दी-भाषी नेता केन्द्रीय राजभाषा के रूप में हिन्दी को स्वीकार नहीं करते, तब तक सभी भारतीय भाषाओं को केन्द्रीय

राजभाषा बनाए रहिए। अंग्रेज़ी हटाने का यह कार्यक्रम अगले पाँच वर्ष में पूरा कीजिए। पूर्व-निश्चित अवधि के पन्द्रह वर्ष पहले ही बीत चुके हैं। पाँच वर्ष की अतिरिक्त अवधि काफ़ी है। शिक्षाक्रम में अंग्रेज़ी को वैकल्पिक बनाइए। केन्द्रीय सेवाओं तथा विश्वविद्यालयों में अंग्रेज़ी की अनिवार्यता पाँच साल में खत्म कीजिए।

अंग्रेज़ी की दासता से भारतीय भाषाओं को मुक्त करना हर देशभक्त का पवित्र कर्तव्य है। इस कर्तव्य को पूरा करके राष्ट्र के नेता जनता के श्रद्धाभाजन बनेंगे। इसके विपरीत यदि उन्होंने अंग्रेज़ी को राजभाषा बने रहने दिया तो भावी विघटन के लिए उन्हीं को ज़िम्मेदार ठहराया जाएगा।

[1965]

38

प्रगतिशील साहित्यकार और भाषा-समस्या के जनतांत्रिक समाधान

प्रगतिशील साहित्यिक आन्दोलन के आरम्भ में उसकी भाषा-सम्बन्धी मान्यताएँ वही थीं, जो गांधी जी के नेतृत्व में चलनेवाले राष्ट्रीय आन्दोलन की थीं। अंग्रेज़ी की जगह हिन्दी या हिन्दुस्तानी राष्ट्रभाषा होगी; हिन्दी-उर्दू मूलत: एक ही भाषा हैं और उन्हें मिलाना प्रगतिशील लेखकों का कर्तव्य है, ये मान्यताएँ प्रेमचन्द के भाषणों में थीं। उस समय हिन्दी-उर्दू-हिन्दुस्तानी को लेकर ज़ोरदार बहस होती थी। हिन्दी-उर्दू बुनियादी तौर से एक ही भाषा हैं, इस बात को प्राय: सभी लेखक मानते थे। यह मान्यता नई नहीं थी। बालमुकुन्द गुप्त जैसे लेखक बहुत पहले इस मान्यता को स्पष्ट शब्दों में प्रकट कर चुके थे। बहस इस चीज़ को लेकर थी कि हिन्दुस्तानी भाषा बन चुकी है या बनाई जाए? उसका रूप उर्दू के अधिक निकट है या हिन्दी के? हिन्दी-उर्दू को मिलाने के लिए लिपि कौन-सी हो?

हिन्दी-भाषी प्रदेश में उस समय प्रगतिशील साहित्यिक अन्दोलन के संगठनकर्ता और संयोजक ज़्यादातर उर्दू के लेखक थे। प्रेमचन्द हिन्दी-उर्दू, दोनों के लेखक माने जाते थे। सन् '36 में, इस नये साहित्यिक आन्दोलन के आरम्भ में ही, उनका देहान्त हो गया। अब इसके नेताओं में ऐसे लोग रह गए जो या तो उदीयमान साहित्यकार थे, जैसे : श्री अली सरदार जाफरी या साहित्यकार कम और आन्दोलनकारी ज़्यादा थे, जैसे डॉ. अब्दुल अलीम और श्री सैयद सज्जाद ज़हीर।

1938 में कलकत्ते में दूसरा अखिल भारतीय प्रगतिशील लेखक-सम्मेलन हुआ। इसमें. डॉ. अब्दुल अलीम ने 'हिन्दुस्तानी की समस्या' नाम से अंग्रेज़ी में एक निबन्ध पढ़ा। इसमें उन्होंने कहा कि हिन्दी-उर्दू दो भाषाएँ नहीं हैं वरन् वे एक ही भाषा के दो साहित्यिक रूप हैं। हिन्दुस्तानी उस प्रदेश की भाषा है जिसे पुराने ज़माने में लोग हिन्दुस्तान कहते थे। इस प्रदेश के उत्तर में हिमालय है, दक्षिण में विन्ध्याचल, पश्चिम में पंजाब और पूर्व में बंगाल है। मुग़ल छावनियों की ज़बान को ज़बान-ए-उर्दू-ए-मुअल्ला, संक्षेप में उर्दू कहा जाता था।

"इसका प्रचलित नाम हिन्दी था जो प्रारम्भिक मुस्लिम विद्वानों का दिया हुआ था और जिसका अर्थ था हिन्द की भाषा।" अकबर के ज़माने में प्राकृतों पर फ़ारसी का असर पड़ने लगा। "यह असर डालनेवाले खत्री और कायस्थ थे जिन्होंने फ़ारसी सीखी। फ़ारसी राजभाषा थी। वे अपनी आम बोलचाल में फ़ारसी के लफ़्ज़ वैसे ही इस्तेमाल करने लगे, जैसेकि ज़्यादातर पढ़े-लिखे लोग आजकल अंग्रेज़ी के शब्द इस्तेमाल करते हैं।" 1719 ई. में दक्खिन के शायर वली का काव्य-संग्रह दिल्ली पहुँचा। उत्तर के प्रारम्भिक मुस्लिम कवियों ने ज़्यादातर पुराने भारतीय छंदों का प्रयोग किया था। दक्खिन के कवि फ़ारसी की बहरें इस्तेमाल करते थे। "आश्चर्य की बात है कि उत्तर के शायरों को कविता का यह नया ढंग इतना अच्छा लगा कि वे दिल्ली की ज़्यादा शुद्ध भाषा में (यानी उस भाषा में जो ज़्यादा फ़ारसी-मिश्रित नहीं थी) वली के रंग-ढंग की नकल करने लगे। तभी से दोनों में भेद शुरू हुआ जो अब बढ़ते-बढ़ते बहुत चौड़ी खाई बन गया है।"

डॉ. अलीम की ये स्थापनाएँ बहुत महत्त्वपूर्ण थीं। वह एक खास प्रदेश की भाषा को हिन्दुस्तानी कहते थे। इस प्रदेश का पुराना नाम हिन्दुस्तान था, यह उन्होंने ठीक कहा था। तुर्क लेखकों-शासक-इतिहासकारों ने हिन्दुस्तान शब्द का बराबर प्रयोग किया है। डॉ. अलीम ने भाषा का सम्बन्ध किसी धर्म से नहीं जोड़ा। उन्होंने बोलचाल की भाषा में फ़ारसी शब्दों की आमद का बहुत सही कारण बतलाया। उन्होंने हिन्दू-मुस्लिम संस्कृतियों के मेल से नई भाषा बनने की बात नहीं की। फ़ारसी के शब्द बोलचाल की भाषा में इसलिए नहीं आ गए कि वे हिन्दू-मुस्लिम-मिलन के लिए आवश्यक थे। वे इसलिए आए कि फ़ारसी राजभाषा थी और इस राजनीतिक-सांस्कृतिक प्रभाव के कारण बोलचाल की भाषा में बहुत-से फ़ारसी शब्द घुल-मिल गए। लेकिन बोलचाल की भाषा का साहित्यिक रूप एक ही था। उसके दो रूप तब हुए जब वली की नकल करनेवाले उत्तर के कवियों की रचनाओं में फ़ारसीयत का रंग गाढ़ा होने लगा। उर्दू का यह साहित्यिक विकास अठारहवीं सदी की घटना है और मुसलमानों के भारत आने से, भारत में हिन्दू-मुस्लिम संस्कृतियों के मिलन से या इस्लाम से उसका कोई सम्बन्ध न था।

यह एक सही वैज्ञानिक और साम्राज्य-विरोधी दृष्टिकोण था। गिलक्रिस्ट और ग्रियर्सन उर्दू-हिन्दी का सम्बन्ध धर्म से जोड़ चुके थे। डॉ. अलीम ने उस सम्बन्ध को अस्वीकार करके भाषा-समस्या के वैज्ञानिक विवेचन और सही समाधान की ओर महत्त्वपूर्ण कदम उठाया था। धर्म को आधार मानकर कोई समस्या हल नहीं की जा सकती— न लिपि की, न शब्दों के चुनाव की। हिन्दी-उर्दू समस्या पर जो भी विचार करे, उसे शुरुआत इस सूत्र से करना चाहिए कि वे एक ही जाति की भाषा हैं। धर्म के आधार पर हिन्दू-मुस्लिम दो क़ौमें नहीं हैं, उर्दू और हिन्दी का बुनियादी बोलचाल का रूप एक है।

हिन्दी-उर्दू में भेद होते हुए भी उनके साहित्य में बहुत बड़ी समानता है। डॉ. अलीम के लेख में इस समानता पर ज़ोर नहीं है। उन्होंने हिन्दी और उर्दू को कृत्रिम रूप कहकर धता बता दी। इससे हिन्दी और उर्दू के प्रगतिशील लेखक हिन्दी-उर्दू साहित्य को प्रभावित करने के बदले उससे अपने को अलग कर सकते थे। उन्होंने मीर अम्मन और लल्लूजी लाल के बाद तमाम साहित्यिक विकास को हिन्दुस्तान के विकास के लिए घातक बताया। उन्होंने कांग्रेस को फटकारा कि इतने दिन से हिन्दुस्तानी की माला जपने के बाद भी उसके विकास के लिए उसने कुछ नहीं किया। उन्होंने इलाहाबाद की हिन्दुस्तानी अकादमी को सुझाया कि वह हिन्दुस्तानी के विकास की योजना बनाए। उन्होंने 'हिन्दी अथवा हिन्दुस्तानी' शब्दों का व्यवहार हानिकारक बताया (क्योंकि इससे हिन्दुस्तानी का सम्बन्ध हिन्दी से जुड़ता था)। प्रगतिशील लेखकों से उन्होंने कहा—मुख्य समस्या यह है कि हिन्दुस्तानी अभी विकसित साहित्यिक भाषा नहीं है; आप लोगों को उसे विकसित कर देना चाहिए। पारिभाषिक शब्द अंग्रेज़ी से लेने की सलाह दी, जो उनकी समझ में अधिकांश सभ्य देशों की भाषाओं में सामान्य थे। लिपि की समस्या, डॉ. सुनीतिकुमार चाटुर्ज्या की राय का समर्थन करते हुए, उन्होंने रोमन लिपि अपनाकर हल करने की सलाह दी।

रोमन लिपि अपनाने में उन्हें सबसे बड़ा लाभ यह दिखाई दिया : "इसमें कुछ भी सन्देह नहीं कि अपनी लिपियों को छोड़ देने से अपने बहुत-से पुराने साहित्य से हमारा सम्बन्ध अपने-आप टूट जाएगा। धार्मिक पुनरुत्थानवादी इसे बर्दाश्त नहीं कर सकते। हम लोग अपनी सांस्कृतिक मान्यताओं के आमूल परिवर्तन में विश्वास करते हैं। हम अपने साहित्य को बुद्धिसंगत बनाने में (इन रैशनलाइज़िंग अवर लिटरेचर) विश्वास करते हैं। इसलिए यह हमारा कर्तव्य है कि हम ऐसी लिपि अपनाएँ जो सबसे ज़्यादा वैज्ञानिक हो और जिसे अपनाकर हम आधुनिक संसार की आवश्यकताएँ पूरी कर सकें।"

इस प्रकार डॉ. अलीम का दृष्टिकोण पुरानी साहित्यिक विरासत की तरफ बिलकुल अस्वीकृति का था। यह दृष्टिकोण वास्तव में साम्राज्यवादी लेखकों का रहा है जो भारत की सांस्कृतिक उपलब्धियों को हमेशा अमान्य करते रहे हैं। लॉर्ड मैकाले ने कुछ ऐसी ही बातें अपने प्रसिद्ध निबन्ध में कही थीं। डॉ. अलीम भारत की अन्य भाषाओं के साहित्य से अपरिचित थे; वह हिन्दी पढ़ लेते हैं लेकिन कम-से-कम सन् '38 में जब उन्होंने यह निबन्ध लिखा था, तब वह हिन्दी साहित्य के विकास से अपरिचित थे। उनके मुख्य सलाहकार श्री मुल्कराज आनन्द भारतीय साहित्य की प्रगति से और भी कोरे थे। प्रेमचन्द के अभाव में ऐसा कोई लेखक नहीं था जो इन्हें संकीर्णतावाद से बचाता। राष्ट्रीय आन्दोलन से आधुनिक साहित्य का सम्बन्ध न समझने के कारण उन्होंने हिन्दी-उर्दू के साहित्य के प्रति यह संकीर्ण दृष्टिकोण अपनाया। राष्ट्रीय आन्दोलन और भारतीय साहित्य में नवजागरण को न

समझने के कारण वे बहुत जल्दी ऐसे नेताओं के प्रभाव में आ गए जो आत्मनिर्णय के नाम पर मुस्लिम लीग और पाकिस्तान का समर्थन करते थे।

इस नये नेताओं में श्री सैयद सज्जाद ज़हीर मुख्य थे। सन् '38 में अखिल भारतीय प्रगतिशील लेखक संघ के मंत्री डॉ. अब्दुल अलीम थे; द्वितीय महायुद्ध के दौरान उसके मंत्री हुए सज्जाद ज़हीर साहब। डॉ. अलीम की तुलना में वह साहित्यकार कुछ ज़्यादा थे। उनका 'लन्दन की एक रात' उपन्यास सन् '38 के आसपास छप चुका था। सन् '43 से सन् '49 तक वह कम्युनिस्ट पार्टी के भूतपूर्व नेता श्री पूरन जोशी के दाहिने हाथ रहे। मुस्लिम-समस्या पर उन्हें सलाह देने के अलावा श्री जोशी की आत्मनिर्णय वाली नीति को वह मुसलमानों में लागू भी करते थे। उस समय कम्युनिस्ट पार्टी का नारा था : कांग्रेस-लीग एक हो। यह नारा इस समझ के आधार पर दिया गया था कि भारत में दो राष्ट्र या दो तरह की राष्ट्रीयता विकसित होती रही है : एक हिन्दुओं की, दूसरी मुसलमानों की। इन दोनों को मिलकर अंग्रेज़ों से सत्ता देने की माँग करनी चाहिए।

मुसलमानों की अलग क़ौम है, उसे आत्मनिर्णय का अधिकार यानी देश से अलग होकर अपना राज्य बनाने का हक मिलना चाहिए, इस सिद्धान्त को भाषा-क्षेत्र में लागू किया जाए तो यह नतीजा निकलेगा ही कि हिन्दुओं की भाषा हिन्दी है, मुसलमानों की भाषा उर्दू है।

हिन्दी-उर्दू में भेद क्यों हुआ? इसलिए कि हिन्दुओं ने उर्दू का ढाँचा लेकर उसमें उन शब्दों को भरा जिनका सम्बन्ध हिन्दू संस्कृति से था।

'हिन्दी-उर्दू-हिन्दुस्तानी समस्या का हल' नाम के निबन्ध में श्री सज्जाद ज़हीर ने लिखा : "आधुनिक हिन्दी ने बड़ी बोली का ढाँचा उर्दू से लिया और उसमें उसने उन शब्द-योजनाओं और परम्पराओं से उसे अनुप्राणित किया, जो हिन्दू संस्कृति के अभिन्न अंग थे।"

आधनिक युग में राष्ट्रीयता का अभ्युदय कैसे हुआ? राजा राममोहन राय ने 'अंग्रेज़ ईसाई मिशनरियों के हमले से हिन्दू धर्म को बचाने के लिए' ब्राह्मसमाज की नींव डाली। इसका प्रभाव आधुनिक बंगाली संस्कृति के विकास पर पड़ा और बंगाल के 'इसी आन्दोलन से प्रभावित होकर हिन्दी साहित्य के प्रथम महारथी भारतेन्दु हरिश्चन्द्र' ने अपना आन्दोलन शुरू किया। उनकी रचनाओं ने 'मध्यवर्ग के शिक्षित हिन्दुओं के हृदय से वह नैराश्य और विषाद दूर कर दिया जो पराधीनता के कारण देश में छा गया था।' भारतेन्दु ने 'प्राचीन हिन्दू महापुरुषों और देवताओं को रंगमंच पर लाकर हिन्दी को उनके विगत वैभव' की याद दिलाई, 'हिन्दू-समाज की बुराइयों' की आलोचना की।

इस प्रकार "हिन्दी उत्तर भारत में (विशेष कर युक्त प्रान्त, बिहार, राजस्थान और मध्य प्रान्त के हिन्दुस्तानी भाग में) हिन्दू राष्ट्रीय जागरण का—जिसके विभिन्न पक्ष

अथवा रूप धर्मोद्धार, धर्म-सुधार, समाज-सुधार और नवीन शिक्षा-प्रचार हैं—एक शक्तिशाली माध्यम बन गई।"

श्री सज्जाद ज़हीर ने भारतेन्दु-युग के साहित्य में जो साम्राज्य-विरोधी तत्त्व थे, जिनका सम्बन्ध हिन्दू-समाज से ही नहीं, सारे भारत से था, उन्हें नज़रअन्दाज किया। उन्होंने इस बात पर ध्यान नहीं दिया कि भारतेन्दु, प्रतापनारायण मिश्र और बालमुकुन्द गुप्त जैसे हिन्दी लेखक उर्दू में भी लिखते थे। उन्होंने गिलक्रिस्ट और ग्रियर्सन से दो कदम आगे बढ़कर धर्म के आधार पर साहित्य और भाषा का बँटवारा कर दिया। जो धार्मिक भावनाएँ पुराने साहित्य में रही हैं, उन्हें उस साहित्य का एक पक्ष न मानकर, उन्होंने उन भावनाओं को राष्ट्रीय जागरण का मुख्य चिह्न मान लिया।

कहीं उनके दिमाग में एक पुराना कीड़ा भी रेंग रहा था। यह मुश्तर्का ज़बान का कीड़ा था। हिन्दुओं और मुसलमानों के मेल-जोल से उर्दू का जन्म और विकास हुआ। इस सम्मिलित विकास को खत्म कर दिया सम्प्रदायवादी हिन्दुओं ने!

"उर्दू अठारहवीं और उन्नीसवीं शताब्दी में उत्तर और मध्य भारत के सम्मिलित सामाजिक जीवन के सांस्कृतिक आदान-प्रदान की स्वाभाविक माध्यम बन गई थी।" उर्दू लेखकों में रतननाथ सरशार जैसे हिन्दू थे। पुराने पश्चिमोत्तर प्रान्त—आज के उत्तर प्रदेश—में 1869 में चौबीस पत्र निकलते थे : उन्नीस उर्दू में, तीन हिन्दी-उर्दू, दोनों में। इनमें अधिकांश के मालिक और सम्पादक हिन्दू थे। 1871 में अवध में जो विद्यार्थी उर्दू पढ़ते थे, उनमें ज़्यादातर हिन्दू थे। "अत: उर्दू भाषा और उसकी लिपि के विरोध और बहिष्कार को लेकर जो हिन्दी नागरी आन्दोलन आरम्भ हुआ, इसको अपने समाज और संस्कृति पर हिन्दुओं की ओर से अन्यायपूर्ण, संकुचित, साम्प्रदायिक प्रहार समझना मुसलमानों के लिए स्वाभाविक था।"

हिन्दुओं और मुसलमानों के सांस्कृतिक आदान-प्रदान का माध्यम उर्दू बनी। यह कार्य भी स्वाभाविक था। हिन्दी-आन्दोलन को मुसलमानों ने अन्यायपूर्ण समझा, यह भी स्वाभाविक था। हिन्दी हिन्दुओं की सांस्कृतिक भाषा बनी, यह भी स्वाभाविक था।

ये तीन स्वाभाविक क्रियाएँ एक साथ कैसे हो गईं? ज़हीर साहब के अनुसार : हिन्दुओं और मुसलमानों की मूलत: दो संस्कृतियाँ हैं। इनको आगे अलग-अलग विकसित होना ही था। "आरम्भ से ही मुसलमानों के निकट हिन्दी और देवनागरी लिपि आन्दोलन हिन्दुओं की कट्टर साम्प्रदायिकता और मुस्लिम संस्कृति-विरोध का द्योतक रहा है।" इसलिए : "1900 में जब देवनागरी भी उर्दू के समान अदालतों में जारी हो गई, तो सर सैयद को विश्वास हो गया कि 'अब हिन्दुओं और मुसलमानों का एक राष्ट्र होकर अपने अभ्युत्थान के लिए सम्मिलित प्रयत्न करना असम्भव हो गया है।' उसी समय उर्दू-रक्षा-समिति सर सैयद के तत्त्वावधान में क़ायम हुई।"

मुसलमानों का अलग राष्ट्र हो, उर्दू की रक्षा का प्रयत्न किया जाए—दोनों बातों का उल्लेख साथ-साथ किया गया है। श्री सज्जाद ज़हीर के पास हिन्दी-उर्दू विरोध

का हल क्या है? या अठारह साल पहले उनके पास कौन-सा हल था? उनके पास वही हल था—जो सर सैयद अहमद खाँ ने बताया था और जिसका सर मुहम्मद इक़बाल ने नये सिरे से प्रचार किया था।

उर्दू हिन्दुओं और मुसलमानों की एकमात्र मिली-जुली भाषा न रह सकी। कारण था हिन्दुओं की साम्प्रदायिक कट्टरता। इसलिए हिन्दू अलग, मुसलमान अलग; एक राष्ट्र की भाषा हिन्दी, दूसरे की उर्दू।

जिसे राष्ट्रीय आन्दोलन के दौरान साम्प्रदायिकता कहा जाता था, उसी को श्री सज्जाद ज़हीर और उनके सहयोगी श्री पूरनचन्द जोशी राष्ट्रीयता कहने लगे। हिन्दू राष्ट्रवाद, मुस्लिम राष्ट्रवाद—ये दो नये ढंग के राष्ट्रवाद सामने आए। एक का प्रचार मुस्लिग लीग ने किया; दूसरे का, उससे पीछे, उसके चरणचिह्नों पर चलकर, हिन्दू महासभा और जनसंघ ने। इन्हें मार्क्सवाद के नाम पर वैज्ञानिक ठहराया श्री सज्जाद ज़हीर ने।

मुसलमानों ने हिन्दी-आन्दोलन का विरोध किया। "इस व्यापक विरोध को समझने के लिए हमें यह जानना चाहिए कि मुसलमानों के लिए उस समय यह समझना कठिन था कि हिन्दी नागरी आन्दोलन हिन्दुओं के देशव्यापी सांस्कृतिक नवोत्थान का ही एक अंग था।" यह हिन्दुओं का नवोत्थान जारी रहा और उसे आगे बढ़ाया महात्मा गांधी ने।

चौंकने की बात नहीं है। गांधी जी के राष्ट्रीय आन्दोलन को जिन्ना साहब हिन्दू आन्दोलन कहते थे या नहीं? फील्ड मार्शल अय्यूब खाँ हिन्दू भारत से मुस्लिम कश्मीर को आज़ाद कराने का जेहाद शुरू कर चुके हैं या नहीं? ब्रिटिश प्रचारक कहते हैं या नहीं कि श्री लालबहादुर शास्त्री पाकिस्तान से इसलिए लड़ रहे हैं कि वह हिन्दू हैं?

ज़हीर साहब के वैज्ञानिक विवेचन के अनुसार : "सन् 1920 में जब राष्ट्रीय जागरण की एक नई लहर कांग्रेस और महात्मा गांधी के नेतृत्व में उठी, तो इसके बाद हिन्दुओं में हिन्दी को और भी अधिक प्रात्सोहन मिला। बाबू मैथिलीशरण गुप्त ने अपना सुप्रसिद्ध काव्य 'भारत-भारती' इसी युग के आसपास (सन् 1913) में लिखा। यह कविता उन गांधीवादी भावनाओं का प्रतिनिधित्व करती है जो इस समय उत्तरी भारत के हिन्दुओं को आन्दोलित कर रही थीं।"

सन् '20 में जो राष्ट्रीय जागरण की नई लहर उठी, उसने सात साल पहले की रचना 'भारत-भारती' को प्रभावित किया और इसमें वे गांधीवादी भावनाएँ हैं जो उस समय के हिन्दुओं को आन्दोलित कर रही थीं!

उधर 'हिन्दुओं के ही समान उत्तरी भारत के मुसलमानों में राष्ट्रीय जागरण' की लहर उठ रही थी। इस राष्ट्रीय जागरण का सम्बन्ध गांधी जी के आन्दोलन से नहीं है। बीसवीं सदी के आरम्भ में "राजनीतिक जागरण के साथ-साथ स्वतंत्रता का भाव भी मुसलमानों में जागने लगा।" राजनीतिक जागरण? क्या यह गांधी जी के आन्दोलन

से बाहर कोई जागरण था? स्वतंत्रता का भाव? किससे? अंग्रेज़ों से या हिन्दुओं से या दोनों से? उर्दू साहित्य ने नई करवट ली : "और शिबली जफर अली खाँ, अबुल कलाम और अन्त में इक़बाल ने मुसलमानों के नवीन जागरण को व्यक्त किया।"

अबुल कलाम आज़ाद मुसलमानों के 'राष्ट्रीय' जागरण के नेता कैसे बने, यह नहीं बताया गया। मुझे याद है, सन् '47 के आसपास इस तरह के 'राष्ट्रीय' जागरण की चर्चा करनेवाले समझते थे कि कांग्रेस और गांधी जी का साथ देनेवाले मुसलमान गुमराह हैं, वे मुस्लिम इत्तहाद को तोड़नेवाले लोग हैं। मुसलमानों के असली नेता कायदे आज़म जिन्ना और अन्य मुस्लिम लीगी हैं। किन्तु इक़बाल ने राष्ट्रीयता के साथ गद्दारी करके साम्प्रदायिकता को अपनाया, स्वभावत: उसकी आलोचना श्री ज़हीर के लेख में नहीं है यद्यपि बहुत-से उर्दू लेखकों ने इसके लिए इक़बाल की आलोचना की थी।

नतीजा यह कि "आधुनिक उर्दू की तरक़्क़ी हिन्दुस्तानी मुसलमानों के विगत सौ वर्षों के राष्ट्रीय जागरण से सम्बद्ध है।" राष्ट्रीय जागरण से सम्बद्ध है तो नया राष्ट्र बनेगा ही; ज़हीर साहब के अनुसार उर्दू का सारा विकास पाकिस्तान की ओर—भारत के विभाजन की ओर—संकेत करता था। हिन्दू सम्प्रदायवादी भी उर्दू के दमन के पक्ष में यही तर्क देते थे। मुश्किल यह थी कि उर्दू के लेखकों में प्रेमचन्द भी थे; वह दोनों राष्ट्रीय जागरणों में हिस्सा बँटा रहे थे। क्या कारण है कि किसान-जीवन के अमर चित्रकार प्रेमचन्द के सामने होते हुए श्री सज्जाद ज़हीर जैसे मार्क्सवादी हिन्दी-उर्दू साहित्य का सम्बन्ध हिन्दू और मुस्लिम राष्ट्रवाद यानी सम्प्रदायवाद से जोड़ने लगे? कारण है : आम जनता से अलगाव। उनका जन्म अभिजात वर्ग में हुआ। अपने वर्ग के संस्कार मिटाने के लिए—उन्हें आप जनता से जैसा सम्पर्क क़ायम करना चाहिए था, उन्होंने नहीं किया। आम जनता में काम किये बिना ही वह बहुत जल्दी कम्युनिस्ट पार्टी के नेता बन गए। श्री पूरनचन्द जोशी हमेशा ऐसे लोगों की तलाश में रहे हैं जो आला खानदान के हों, विलायत जाकर पढ़े हों, दिमाग के कच्चे हों जिससे कि उनकी नई-नई स्थापनाएँ आसानी से मान लें। श्री सज्जाद ज़हीर बहुत अच्छे लेखक, बहुत अच्छे राजनीतिक कार्यकर्ता बन सकते थे यदि श्रीमान् पूरनचन्द जोशी ने उन्हें बिगाड़ा न होता।

इसलिए 'गोदान' की तारीफ करने के बाद इस सम्प्रदाय के तरक़्क़ीपसन्द अदीब कहते थे कि जब प्रेमचन्द तरक़्क़ीपसन्द बन रहे थे, तभी वह स्वर्गवासी हो गए। प्रेमचन्द के विकास को वे बिलकुल न समझते थे। उनका साहित्य हर तरह के सम्प्रदायवाद पर कितना ज़बर्दस्त प्रहार है, यह उन्हें बिलकुल दिखाई न देता था। एक मित्र ने छह-सात साल पहले अपने एक भाषण में कहा था कि प्रेमचन्द हिन्दुओं की आलोचना तो कर लेते थे, मुसलमानों की आलोचना करते जैसे उन्हें डर लगता था। मैंने 'समालोचक' में इन हिन्दी लेखक मित्र के आरोप का विस्तार

से जवाब दिया था। उन्हीं की तरह '43-'47 में बम्बई के कुछ राजनीतिज्ञ प्रेमचन्द के बारे में कहते थे कि वह महज हिन्दू समाज-सुधारक थे।

दिलचस्प बात है कि 'भारत-भारती' पर ज़हीर साहब ने स्वर्गीय रामचन्द्र शुक्ल की सम्मति उद्धृत की है। इस सम्मति में कहा गया है : "सत्याग्रह, अहिंसा, मनुष्यतावाद, विश्वप्रेम, किसानों और श्रमजीवियों के प्रति प्रेम और सम्मान, सबकी झलक हम पाते हैं।"

इसे भी उन्होंने हिन्दुओं को आन्दोलित करनेवाली गांधीवादी भावनाओं के प्रमाणस्वरूप पेश किया है।

आधुनिक उर्दू साहित्य में फ़िराक़ गोरखपुरी, कृश्न चन्दर, राजेन्द्रसिंह बेदी जैसे ग़ैर-मुसलमान लेखक भी हैं। सम्प्रदायवादी कहते हैं कि ये आधे मुसलमान हैं। ज़हीर साहब की राय यह थी कि "उर्दू साहित्य का अधिकांश पहले भी, और आज और भी अधिकतर मुसलमानों से सम्बन्ध रखता है, और इसी कारण उर्दू साहित्य के अधिकांश भाग पर मुसलमानों की सभ्यता और संस्कृति की छाप है। बिलकुल ऐसे ही हिन्दी के अधिकांश भाग पर हिन्दू सभ्यता के प्रभाव स्पष्ट हैं।" इस तरह प्रेमचन्द, फ़िराक़, बेदी, कृश्न चन्दर वगैरह-वगैरह के बावजूद श्री सज्जाद ज़हीर ने साहित्य को हिन्दू-मुस्लिम सभ्यता के आधार पर दो हिस्सों में बाँट दिया।

उनके दिमाग पर धार्मिक पुनरुत्थानवाद का इतना गहरा रंग चढ़ा हुआ था कि हिन्दी-उर्दू साहित्य में उन्हें हिन्दू-मुस्लिम सभ्यता के अलावा और कुछ दिखाई ही न देता था।

हिन्दू सम्प्रदायवादियों से जब कोई कहता है कि आप हिन्दू धर्म का प्रचार करते हैं, धार्मिक संकीर्णता फैलाते हैं, तो वे जवाब देते हैं कि हमारा तात्पर्य धर्म से नहीं है। हिन्दुत्व एक जीवन-पद्धति है। वह इस देश की जीवन-पद्धति है। जो उसे माने, वह हिन्दू।

जहीर साहब ने लिखा था : "जब मैं हिन्दू संस्कृति या मुस्लिम संस्कृति का नाम लेता हूँ तो मेरा तात्पर्य उनके धार्मिक भेदों से नहीं है। भारतीय सभ्यता को हम देश के विभिन्न भागों में विभिन्न रूप से देखते हैं, और इनमें हमें अनगिनत समानताएँ मिलती हैं। फिर भी उन इलाकों में जहाँ उर्दू या हिन्दी आम तौर से बोली जाती है, हिन्दू और मुस्लिम संस्कृति का भेद, हमें उर्दू और हिन्दी के साहित्यिक रूपों में स्पष्ट दिखाई देता है।"

हिन्दू सम्प्रदायवादी कहते हैं कि सारे भारत में एक ही संस्कृति है : हिन्दू संस्कृति। ज़हीर साहब कहते हैं : एक नहीं, दो संस्कृतियाँ हैं। हिन्दू संस्कृति तो है ही, एक मुस्लिम संस्कृति भी है।

मुस्लिम संस्कृति किन इलाकों में है? उन इलाकों में, जहाँ उर्दू बोली जाती है। क्या सिन्ध और पूर्वी बंगाल की भाषा उर्दू है? नहीं। फिर भी मुस्लिम संस्कृति के

नाम पर भारत का वह सारा हिस्सा अलग किया गया, जहाँ किसी की भी मातृभाषा उर्दू नहीं है। जिनकी मातृभाषा उर्दू है, वे भारत में ही हैं, इसलिए इलाकाई ज़बान की समस्या फिर भी बनी रह गई।

उर्दू में अब भी बहुत-से अख़बार निकलते हैं जिनमें धुआँधार हिन्दू सम्प्रदायवाद का प्रचार होता है। जो उर्दू में लिखे, वह आधा मुसलमान हो जाए, यह आवश्यक नहीं है। एक ही भाषा में हर तरह के विचार व्यक्त किये जा सकते हैं। भाषा और धर्म दो अलग चीज़ें हैं। उर्दू में फ़ारसी के जो शब्द आए हैं, वे ईरान के सांस्कृतिक प्रभाव के कारण, धर्म के कारण नहीं। फ़ारसी मुसलमानों की धार्मिक भाषा नहीं है। उनका धर्मग्रंथ अरबी में है। यह अरबी इस्लाम से पहले भी थी, उसका जन्म इस्लाम के साथ नहीं हुआ। घोर धर्मान्ध व्यक्ति ही धर्म के साथ भाषा का सम्बन्ध जोड़ सकता है। उर्दू के इन रक्षकों को यह नहीं दिखाई देता कि कश्मीरी, सिन्धी, बंगला आदि भाषाएँ बोलनेवाले लाखों मुसलमान हैं जिनका उर्दू से कोई सम्बन्ध नहीं है।

और भारतेन्दु हरिश्चन्द्र, जिन्होंने हिन्दी-आन्दोलन और हिन्दू राष्ट्रवाद को जन्म दिया, कैसी हिन्दी लिखते थे? क्या उनकी भाषा में सभी शब्द हिन्दू होते थे?

ज़हीर साहब ने भारतेन्दु की भाषा-शैली का बहुत सही वर्णन किया है। लिखा है : "भारतेन्दु जी की भाषा पर जब हम दृष्टि डालते हैं तो उसमें प्रवाह और ओज के साथ-साथ यह भी देखते हैं कि वह अपनी हिन्दी में अरबी और फ़ारसी के प्रचलित शब्द निस्संकोच प्रयोग करते हैं। उनकी रचना हिन्दी होती है, उसमें संस्कृत का मिश्रण होता है, और वह ब्रज और अवधी की परम्पराओं का भी दामन नहीं छोड़ती। इस दृष्टि से इसमें और सम्प्रति प्रचलित उर्दू गद्य की शैली में काफ़ी अन्तर है।"

भारतेन्दु हरिश्चन्द्र ने अरबी-फ़ारसी के प्रचलित शब्दों को छोड़ा नहीं, उनकी भाषा में संस्कृत शब्द भी होते हैं; ब्रज, अवधी आदि की जनपदीय और साहित्यिक परम्पराएँ उससे जुड़ी हुई हैं—क्या हिन्दी-उर्दू की मिली-जुली साहित्यिक परम्परा इसमें भिन्न किसी और तरह की भाषा अपना सकती है? इस तरह की भाषा पर हिन्दू राष्ट्रवाद का कौन-सा ठप्पा लगा हुआ है? इस भाषा से उर्दू की रक्षा का मतलब क्या होता है? संस्कृत शब्दों का बहिष्कार, सांस्कृतिक शब्दावली केवल अरबी-फ़ारसी से ली जाए, जनपदीय बोलियों और हिन्दी की पुरानी साहित्यिक परम्परा से अलगाव—यह उर्दू की रक्षा का नहीं, उसके विनाश का मार्ग है।

दो तरह की संस्कृतियों, दो तरह के 'राष्ट्रीय' जागरणों की मान्यताएँ प्रस्तुत करने के बाद भी ज़हीर साहब ने फ़िल्मों में और मज़दूर नेताओं के भाषणों में हिन्दी-उर्दू का मिला-जुला रूप देखा, यह उनकी शराफत थी। जब संस्कृतियाँ हिन्दू और मुस्लिम खेमों में विभाजित थीं, तब यह मिली-जुली भाषा कौन-सी संस्कृति को प्रतिबिम्बित करती थी, जो न हिन्दू थी, न मुसलमान—यह उन्होंने नहीं बताया।

कांग्रेस-लीग एक हो, यह नारा भाषा के क्षेत्र में लागू करते हुए उन्होंने राय दी : "भारत की राष्ट्रभाषा हिन्दी और उर्दू, दोनों हों।"

उन्होंने उदारता से लिखा : "उर्दू और हिन्दी के आज के पार्थक्य को स्वीकार करते हुए हमें प्रयत्न करना चाहिए कि यह पार्थक्य कम हो।

"इसलिए आवश्यक है कि इस समय हिन्दी और उर्दू का यह भाषा-क्षेत्र जो समान रूप से दोनों का एक है, जिसे सरल उर्दू, सरल हिन्दी या हिन्दुस्तानी का नाम दिया जाता है, क़ायम रहे और उसकी सीमा बराबर बढ़ाने का प्रयत्न किया जाए।"

हिन्दी और उर्दू बुनियादी रूप में एक हैं; उनके साहित्यिक, शिष्ट रूप में आज भेद है, उसे दूर करना चाहिए। दोनों का भाषा-क्षेत्र एक है। दोनों का सामाजिक परिवेश एक है। इन बातों को ध्यान में रखते हुए यदि श्री ज़हीर ने जाति की मार्क्सवादी व्याख्या पर विचार किया होता तो वह इस नतीजे पर अवश्य पहुँचते कि हिन्दी-उर्दू एक ही जाति की भाषा है। दोनों का साहित्य एक ही जाति का साहित्य है। उनमें एक ही राष्ट्रीय जागरण की झलक है, दो राष्ट्रों के जागरण की नहीं। मार्क्सवाद में कहीं भी इसका प्रमाण नहीं है कि धर्म के आधार पर भाषा या जाति का निर्माण स्वीकार किया गया हो। यदि हिन्दी-उर्दू का इलाका एक था, तो बंगाल और सिन्ध में आत्मनिर्णय का अधिकार किसके लिए? फिर पाकिस्तान का समर्थन क्यों?

इन प्रश्नों का उत्तर यह है : इलाका तो एक है लेकिन "उसकी सीमा बराबर बढ़ाने का प्रयत्न किया जाए।"

ज़हीर साहब के दिमाग में नक्शा यह है कि मुसलमानों की एक भाषा है उर्दू। जो मुसलमान उर्दू नहीं बोलते, वे भी आगे चलकर उर्दू बोलने लगेंगे। मुस्लिम संस्कृति से उर्दू का सम्बन्ध जोड़ने का एक ही नतीजा होगा : भारत के सभी मुसलमानों की भाषा उर्दू हो। इसीलिए धीरे-धीरे इलाका बढ़ाते जाओ; एक दिन सब मुसलमान उसमें सिमट आएँगे। उधर हिन्दुओं की राष्ट्रभाषा होगी हिन्दी। हिन्दू संस्कृति से हिन्दी का सम्बन्ध है, इसलिए हिन्दू मात्र की एक भाषा होगी हिन्दी। हिन्दू राष्ट्र में बंगला, मराठी, तमिल आदि भाषाएँ क़ायम रहीं तो वे राष्ट्र को खंडित करेंगी—यही सम्प्रदायवादियों का दृष्टिकोण रहा है।

श्री सज्जाद ज़हीर की मान्यताओं को श्री शिवदानसिंह चौहान ने और भी पुष्पित और पल्लवित किया।

'राष्ट्रभाषा : विवाद और समाधान' नाम के निबन्ध में शिवदान सिंह जी ने पहले तो सम्प्रदायवादियों को फटकार बताई, कहा कि 140 साल से यह हिन्दी-उर्दू की बहस राजनीतिक उत्तेजना और 'धार्मिक-साम्प्रदायिक उन्माद के वातावरण में अविराम चलती आई है', 'प्रतिपक्षियों ने अपनी तर्कावली को रूढ़ बना रखा है'। उन्होंने सावधान किया कि वे दिन गए जब "'आर्य-भाषा हिन्दी के समर्थक उसे हिन्दुओं की परम्परागत भाषा कहकर' उसका चलन कचहरियों और दफ्तरों में

कराना चाहते थे। उन्होंने किंचित् खेद प्रकट किया कि "हिन्दी का नेतृत्व विशेष कर हिन्दू राष्ट्रवादियों के हाथ में है", उधर "उर्दू का नेतृत्व विशेष कर मुस्लिम राष्ट्रवादियों के हाथ में है।" इसके बाद उन्होंने प्रगतिवादियों की ख़बर ली जिन्होंने मिली-जुली भाषा हिन्दुस्तानी का समर्थन किया : "इससे उन्हें राष्ट्रभाषा के प्रश्न पर गहराई से सोचने से जैसे छुट्टी मिल गई और सरल समाधानों को ही स्वीकार कर उन्होंने अपनी इतिकर्तव्यता मान ली।"

भाषा-समस्या पर गहराई से विचार करके, सरल समाधानों को रास्ते से हटाकर संश्लिष्ट समाधानों की ओर साहस से कदम उठाते हुए श्री चौहान ने अपनी ये मान्यताएँ प्रस्तुत कीं :

— "सर्वप्रथम यह स्वीकार करने की आवश्यकता है कि हिन्दी और उर्दू दो भिन्न भाषाएँ हैं।"

— "हिन्दी और उर्दूवालों को यह स्वीकार कर लेना चाहिए कि ये दोनों अलग-अलग स्वतंत्र भाषाएँ हैं।"

— "ये दोनों पृथक् भाषाएँ खड़ी बोली की ज़मीन पर संस्कृत और फ़ारसी के खाद-बीज से उत्पन्न दो पौधों के समान हैं, अत: दो भिन्न संस्कृतियाँ हिन्दू और मुस्लिम की प्रतीक हैं।"

ये मान्यताएँ नई नहीं हैं। हिन्दू और मुस्लिम सम्प्रदायवादी यही बातें कहते रहे हैं। लेकिन यह श्री शिवदानसिंह चौहान का ही बूता था कि वह हिन्दू राष्ट्रवादियों की निन्दा करते हुए उन्हीं की स्थापनाओं को अपने जनवाद के नाम पर दोहराते चलें।

उनका जनवाद धन्य है क्योंकि "हम जनवाद के उन सिद्धान्तों के आधार पर इस प्रश्न का समाधान करना चाहते हैं जिनका आधार अखंड हिन्दुस्तान अथवा विभाजित हिन्दुस्तान की केन्द्रीय सरकारों को भी लेना पड़ेगा।"

श्री चौहान ने जनवाद पर इतनी गहराई से विचार किया था कि उन्होंने अखंड और खंडित, दोनों तरह के देश के लिए अपना अचूक समाधान प्रस्तुत किया था :

"इस समय देश में 'पाकिस्तान' और 'अखंड हिन्दुस्तान' का विवाद छिड़ा हुआ है। हमने अपने विवेचन में अखंड अथवा विभाजित भारत को लक्ष्य में रखकर कोई समाधान निकालने की चेष्टा नहीं की, क्योंकि हमारी दृष्टि में अखंड हिन्दुस्तान हो अथवा पाकिस्तान और हिन्दुस्तान अलग-अलग हों, दोनों दशाओं में राष्ट्रभाषा का वही समाधान होगा जिस पर हम अभी विचार करेंगे।"

असली चीज़ है जनवादी दृष्टि प्राप्त करना। गुरु-कृपा से जिसे यह दृष्टि प्राप्त हो जाती है, उसके लिए जैसे पाकिस्तान, वैसे अखंड भारत। गुरु श्री सज्जाद ज़हीर की कृपा से यह दृष्टि मुरीद श्री चौहान को प्राप्त हो गई।

"इस जनवादी उदार दृष्टि को प्राप्त करने पर राष्ट्रभाषा के प्रश्न का समाधान स्वत: स्पष्ट हो जाता है।"

अब देखिए इस उदार दृष्टि के प्राप्त होने से भूत, भविष्यत् और वर्तमान—तीनों कालों में सत्य कैसा स्पष्ट दिखाई देने लगता है।

पहले अतीत के दृश्य देखिए। भारत में मुसलमान आए। जब ताज़े थे, तब तो हिन्दू-मुस्लिम संस्कृतियों का मेल हो गया। जब यहाँ रहते-रहते यहीं के हो गए, तब उनकी संस्कृतियों में भेद हो गया। और यह भेद करनेवाले थे ब्रज और अवधी के दो कवि—सूरदास और तुलसीदास!

सुनिए हिन्दी साहित्य के विकास का यह अभिनव जनवादी विश्लेषण।

"इसमें सन्देह नहीं कि भारत में मुसलमानों के आगमन के पश्चात् हिन्दू-मुस्लिम संस्कृतियों में एक लम्बी अवधि तक मुक्त आदान-प्रदान और मिश्रण होता रहा।"

ईरानियों की संस्कृति, अरबों, पठानों, उजबकों की संस्कृति—सब एक-सी, सब इस्लामी संस्कृति!

निर्गुणपंथियों और प्रेम-मार्गियों ने हिन्दू और मुस्लिम संस्कृतियों को मिलाया। "इस संयुक्त विचार-परम्परा की कविताएँ यद्यपि सत्रहवीं शताब्दी तक होती रहीं परन्तु स्वामी रामानुजाचार्य के अनुयायी रामानन्द और श्री वल्लभाचार्य ने राम और कृष्ण की सगुणोपासना की जो परिपाटी चलाई, उसने तुलसी और सूर जैसे महाकवियों को जन्म दिया जिन्होंने अवधी और ब्रज की काव्यधारा को कबीर और जायसी की हिन्दू-मुस्लिम संस्कृतियों की सम्मिलित परम्परा से एकदम अलग कर दिया। अवधी और ब्रज की काव्य-परम्परा हिन्दू संस्कृति की प्राचीन काव्य-परम्पराओं की उत्तराधिकारिणी बन गई। यह हिन्दू जातीयता की नवचेतना का परिणाम था।"

मुसलमानों के आने पर पहले तो सम्मिलित संस्कृति की धारा चली; फिर उसे सूरदास और तुलसीदास ने तोड़ दिया। यह भी अच्छा हुआ क्योंकि सत्रहवीं सदी से हिन्दू जातीयता का अभ्युत्थान आरम्भ हो गया था। इन महाकवियों ने उसे पहचाना और उसे अपने साहित्य में अभिव्यक्त किया।

रीति और भक्ति की काव्यधाराओं में भले ही बहुत-से मुसलमानों ने योग दिया हो, श्री चौहान के अनुसार : "ये काव्यधाराएँ हिन्दू जातीयता के नवोन्मेष की प्रतीक हैं।" इनके भाव-विचार ही नहीं, "सौन्दर्य-मूल्य, छंद-रचना, ध्वनि-योजना, अलंकार-विधान" भी "संस्कृत साहित्य और हिन्दू-आर्य संस्कृति से प्रभावित और निरूपित हैं।" चौहान ने यह नहीं बताया कि जिन कवियों ने हिन्दू-मुस्लिम संस्कृतियों का मेल किया था, उन्होंने हिन्दू-मुस्लिम छंदों का मेल कैसे किया था।

आधुनिक हिन्दी के युग में आइए। हिन्दू संस्कृति की वह परम्परा आगे भी क़ायम रही। लिखा है : "सूरदास और तुलसीदास के समय से भारतेन्दु काल तक ब्रज और अवधी की काव्य-परम्परा में वह विचारधारा ही सर्वप्रथम बनी रही।"

आधुनिक खड़ी बोली ने अपने से पहले की सांस्कृतिक परम्पराओं से सम्बन्ध यों जोड़ा : "खड़ी बोली हिन्दी ने संस्कृत, प्राकृत और अपभ्रंशों से अपना सीधा

सम्बन्ध जोड़कर शौरसेनी, मागधी आदि अपभ्रंशों की अन्य भाषाओं के प्राचीन साहित्य को अपना प्राचीन साहित्य घोषित करके अपने को आर्य-हिन्दू परम्परा का उत्तराधिकारी सिद्ध किया। इस प्रकार हिन्दू जातीयता और तदनन्तर हिन्दू राष्ट्रीयता ने अपनी जाग्रति, संगठन और विकास के लिए खड़ी बोली हिन्दी के द्वारा अपना मार्ग प्रशस्त किया अथवा कहें कि इस पुनरुत्थान और राष्ट्रीय चेतना में हिन्दुओं के लिए खड़ी बोली हिन्दी माध्यम और वाहक बनी। हिन्दी साहित्य के इतिहासकारों ने इस तथ्य को मुक्त कंठ से स्वीकार किया है।"

शिवदानसिंह जी ने उदारतावश हिन्दी साहित्य के इतिहासकारों का उल्लेख कर दिया है, वरना पहले हिन्दू जातीयता, तदनन्तर हिन्दू राष्ट्रीयता के विकास का सूक्ष्म भेद किसने किया है? साधारण पाठक इस भेद को समझ भी नहीं सकते। हिन्दू जातीयता हिन्दी-भाषी क्षेत्र तक सीमित थी; इसके प्रचारक-प्रसारक सूरदास और तुलसीदास थे। खड़ी बोली सारे भारत में फैल गई; वह हिन्दुओं की नई भारतव्यापी राष्ट्रीयता का द्योतक हुई। इसलिए लिखा कि पहले हिन्दू जातीयता, तदनन्तर हिन्दू राष्ट्रीयता का विकास हुआ। यदि यह व्याख्या ग़लत हो तो भाई शिवदानसिंह उसे दुरुस्त करके अपनी व्याख्या प्रस्तुत कर दें।

लेकिन 'अपभ्रंशों की अन्य भाषाओं' से उनका क्या तात्पर्य है, यह मैं बहुत कोशिश करने पर भी नहीं समझ पाया। खैर, अर्थ जो कुछ भी हो, 'अपभ्रंशों की अन्य भाषाओं के प्राचीन साहित्य को अपना प्राचीन साहित्य'—यह टुकड़ा अपनी 'ध्वनि-योजना' में निश्चय ही हिन्दू राष्ट्रवादी है!

हिन्दी साहित्य के इतिहासकारों ने ज़्यादातर भारतीय साहित्य, भारतीय संस्कृति की बात की है। चौहान ने भारतीय शब्द की व्याख्या करके उसका तात्त्विक अर्थ स्पष्ट कर दिया है। उन्होंने लिखा है : "आधुनिक हिन्दी के साहित्य के यदि सभी अंग-उपांगों का निरीक्षण करें (कितना धैर्य चाहिए इस कार्य के लिए! सराहिए उस मर्मभेदी दृष्टि को, जो अंगों ही नहीं, उपांगों तक का निरीक्षण कर लेती है!) तो उससे निर्विवाद सिद्ध हो जाएगा कि हिन्दी साहित्य में भारतीय साहित्य, संस्कृति, विचारधारा तथा राष्ट्रीयता आदि जिन शब्दों के आगे 'भारतीय' विशेषण निर्बाध प्रयोग होता है, वह वास्तव में मुसलमानों के योग से विकसित एक संयुक्त अखिल भारतीय संस्कृति अथवा विचारधारा का द्योतन नहीं करता। इन प्रयोगों में 'भारतीय' केवल हिन्दू-आर्य संस्कृति और हिन्दू राष्ट्रीयता का अर्थवाची है।"

भाषाविज्ञान और समाजशास्त्र, दोनों ही की दृष्टि से श्री चौहान की यह खोज अत्यन्त महत्त्वपूर्ण है कि हिन्दी लेखक भारतीय शब्द का प्रयोग उसी अर्थ में करते हैं जिसमें भारतीय जनसंघ के नेता करते हैं।

जिन निर्गुणपंथी संतों के बारे में चौहान जी की राय है कि उन्होंने हिन्दू-मुस्लिम संस्कृतियों का मेल किया था, उनके लिए हज़ारीप्रसाद द्विवेदीजी ने लिखा है कि उनके

काव्य की बाहरी रूपरेखा 'सम्पूर्णत: भारतीय' है। ('हिन्दी साहित्य की भूमिका', पृ. 31) शायद उनका मतलब है कि बाहर से पूरे हिन्दू हैं, भीतर से आधे मुसलमान। लेकिन उसी वाक्य में बौद्धों को भी लाकर 'भारतीय' के विशुद्ध अर्थ को खंडित कर दिया है : "बौद्ध धर्म के अन्तिम सिद्धों और नाथपंथी योगियों के पदादि से उसका सीधा सम्बन्ध है।"

'काव्य में प्राकृतिक दृश्य' नाम के अपने निबन्ध में आचार्य रामचन्द्र शुक्ल ने लिखा था : "आजकल के पार्कों में हम भारतीय आदर्श की छाया देखते हैं।" अर्थात् ये पार्क हिन्दू हैं, मुस्लिम नहीं।

श्री हरिशंकर शर्मा ने उर्दू साहित्य के इतिहास में जोश मलीहाबादी की राष्ट्रीय कविताओं का उल्लेख किया है; श्री गोपीनाथ अमन ने 'उर्दू और उसका साहित्य' में चकबस्त की राष्ट्रीय कविताओं की चर्चा की है। चकबस्त तो हिन्दू थे ही, जोश भी कुछ समय के लिए हिन्दू राष्ट्रीयता के गीत गाने लगे, वरना आर्यसमाजी विद्वान् श्री हरिशंकर शर्मा उनकी राष्ट्रीयता की प्रशंसा कैसे करते?

फ़िराक़ साहब ने उर्दू की प्रगतिशील कविताओं के संग्रह 'ज़ंजीरें टूटती हैं' की भूमिका में इनके रचयिताओं के लिए दावा किया है कि "आदिकाल से अब तक की भारतीय संस्कृति उनकी जागीर है।" चूँकि यह जागीर हिन्दुओं की है, इसलिए फ़िराक़ गोरखपुरी का तो उसमें थोड़ा-बहुत हिस्सा हो भी सकता है, लेकिन मख़दूम मुहीउद्दीन, राही मासूम रज़ा, वामिक जौनपुरी, अली सरदार जाफ़री वगैरह भी हिस्सेदार हो जाएँ, यह बात बर्दाश्त नहीं की जा सकती।

बंगालियों ने शब्दों का अर्थ अलग भ्रष्ट कर दिया है। प्राचीन संस्कृति के सबसे बड़े जागीरदार श्री रवीन्द्रनाथ ठाकुर ने कबीर, नानक, दादू आदि को पहले तो भारतीय साधक कहा, फिर उनका सम्बन्ध राममोहन राय से जोड़ा। राममोहन राय का सम्बन्ध आधुनिक साहित्य से जोड़कर हिन्दू-मुस्लिम विकास के तमाम इतिहास का ही सत्यानाश कर दिया। (देखिए : 'दादू ग्रंथावली' की भूमिका)

भारत के आधुनिक विकास की विशेषता क्या है? श्री चौहान कहते हैं : "वस्तुत: हमारे देश के ऐतिहासिक विकास-क्रम की ही यह विशिष्टता है कि राष्ट्रीय चेतना ने हिन्दू राष्ट्रीयता और मुस्लिम राष्ट्रवादिता का रूप ग्रहण किया।"

जिसे राष्ट्रवादी लोग साम्प्रदायिकता कहते थे, वही सच्ची राष्ट्रीयता है; जिसे वे राष्ट्रीयता कहते थे, वह "पाँच-सात सौ वर्ष के ऐतिहासिक जीवन की स्मृतियों तक को उन्मूलन करने की असम्भव चेष्टा" है।

हिन्दुओं और मुसलमानों की एक राष्ट्रीयता? असम्भव! यह सम्प्रदायवाद है, जनतंत्र की हत्या है। उदार जनवादी दृष्टि से विचार कीजिए तो पता चल जाएगा कि इस 'द्वैत को स्थायित्व प्रदान' करने में अंग्रेज़ी शासन का भी हाथ भले रहा हो, "राष्ट्रीय जागरण ने इस भेद चैतन्य को और भी निखारा है।" चैतन्य महाप्रभु के बाद गौरांग महाप्रभु की कृपा से ये नये भेद चैतन्य जी प्रकट हुए।

इन भेद चैतन्य जी के प्रकट होने का फल यह हुआ कि एक ओर हिन्दू संस्कृति को प्रतिबिम्बित करनेवाला हिन्दी साहित्य विकसित हुआ, उसी तरह मुस्लिम संस्कृति को प्रतिबिम्बित करनेवाला उर्दू साहित्य भी संवर्धित हुआ।

"हिन्दी (संस्कृतनिष्ठ साहित्यिक बोली) के समानान्तर (अरबी-फ़ारसी-निष्ठ) साहित्यिक खड़ी बोली का विकास मुस्लिम संस्कृति के प्रभाव में हुआ।"

संस्कृत के शब्द आर्य हिन्दू हैं, फ़ारसी के शब्द मुसलमान हैं, इसलिए जहाँ संस्कृत के शब्द ज़्यादा हों, वहाँ हिन्दू संस्कृति जीती। जहाँ अरबी-फ़ारसी के शब्द ज़्यादा हों वहाँ इस्लाम जीता।

"राष्ट्रीय जाग्रति के साथ-साथ हिन्दी और उर्दू का भेद और भी बढ़ गया।" पहले प्रगतिशील लेखक यह भेद देखकर परेशान होते थे, उसे दूर करने की कोशिश करते थे। चौहान ने बताया कि परेशानी की कोई बात नहीं है : "दोनों भाषाओं ने अपनी प्रकृति के अनुकूल पर्याप्त विकास किया" और "राष्ट्रीय जाग्रति के बिना इन दोनों भाषाओं का ऐसा अपूर्व विकास असम्भव होता।" इस राष्ट्रीय जाग्रति से शायद गांधी जी का भी कुछ सम्बन्ध था। उन्होंने जीवन-भर प्रयत्न किया कि यह भेद मिटे और हिन्दी-उर्दू एक-दूसरे के नज़दीक आएँ। वे हिन्दू-मुसलमानों तथा हिन्दी-उर्दू के भेदभाव से क्षुब्ध थे। इसका कारण यह था कि उन्होंने वैज्ञानिक दृष्टिकोण से आधुनिक इतिहास को समझा न था, उसका निर्माण भले ही किया हो। श्री चौहान के शब्दों में : "हिन्दी और उर्दू के स्वतंत्र विकास से केवल ऐसे ही लोग विक्षुब्ध हैं जो अपने अनैतिहासिक दृष्टिकोण और इस बद्धमूल धारणा के कारण कि हिन्दू-मुस्लिम एकता अथवा समस्त भारत की अखंडता के लिए एक ही राष्ट्रभाषा का होना अनिवार्य है, भारत की विशिष्ट वस्तुस्थिति को समझ नहीं पाते।"

यह हुई विशुद्ध समाजशास्त्र की बात। आप पूछ सकते हैं, किसी भाषा के शब्द-भंडार या व्याकरण-व्यवस्था से धर्म का क्या सम्बन्ध है। आप न जानते होंगे कि संसार के तमाम ईसाइयों की भाषाओं का व्याकरण एक-सा है। तमाम मुसलमानों की भाषाओं का व्याकरण एक-सा है। जब इस्लाम भारत में आया तब उसने न केवल यहाँ की भाषाओं के शब्द-भंडार में भारी उथल-पुथल की, उसने इन भाषाओं के व्याकरण में भी राष्ट्रीय और जनवादी क्रान्ति कर दी।

चौहान ने लिखा : "हिन्दी और उर्दू की भिन्नता केवल शब्दों के संस्कृत या फ़ारसी प्रयोग तक ही सीमित नहीं है। उनके व्याकरण, पिंगल वाक्य-विन्यास आदि में भी मौलिक भेद उत्पन्न हो गया है।" क्लिष्ट शब्द तो दोनों में होते ही हैं : "परन्तु इससे भी अधिक खड़ी बोली के व्याकरण का शुद्ध पालन न हिन्दी में किया जाता है, न उर्दू में। हिन्दी व्याकरण पर संस्कृत व्याकरण का प्रभाव स्पष्ट लक्षित है और उर्दू व्याकरण पर फ़ारसी और अरबी व्याकरण की गहरी छाप पड़ गई है।"

सम्भवत: अरबी और फ़ारसी—दो भिन्न कुलों की भाषाओं—का व्याकरण एक-सा है क्योंकि दोनों का प्रभाव मुसलमानों की खड़ी बोली पर पड़ा है। आश्चर्य की बात है कि मराठी, हिन्दी और बंगला—तीनों के व्याकरण पर संस्कृत का प्रभाव पड़ा लेकिन मराठी में तीन लिंग हैं, हिन्दी में दो, बंगला में एक भी नहीं। गम्भीरता से विचार कीजिए तो आपको ज्ञात हो जाएगा कि मराठी पर संस्कृत का प्रभाव सबसे ज़्यादा है, इसलिए उसके बोलनेवाले सब हिन्दू हैं या हिन्दू राष्ट्रवादी हैं; हिन्दी में दो ही लिंग हैं, इसलिए यहाँ हिन्दुत्व कमज़ोर रहा, मुसलमान हिन्दू राष्ट्रवादी न हुए, उल्टा अपना राष्ट्रवाद विकसित करते रहे। बंगला में एक भी लिंग नहीं, संस्कृत का प्रभाव सबसे कम, इसलिए बंगाल के दो टुकड़े हो गए!

यहाँ तक तो हुई भूत और वर्तमान की बात।

अब लीजिए भविष्य की बात। चौहान जी ने गुरुजी को समझाया कि आप यह भ्रम त्याग दीजिए कि भविष्य में कभी हिन्दी-उर्दू मिलकर एक हो जाएँगी। "यह कहना कि राष्ट्रीय भावना ज्यों-ज्यों व्यापक होती जाएगी, त्यों-त्यों हिन्दी-उर्दू का भेद कम होता जाएगा, केवल भ्रान्त धारणा है। यथार्थ सत्य तो यह है कि ज्यों-ज्यों राष्ट्रीय भावना व्यापक होती गई है, दोनों भाषाओं के पृथक् विकास की गति भी उतनी ही तीव्र होती गई है।"

अन्त में समाधान यह रहा कि "मुस्लिम-प्रधान प्रान्तों में, राजकीय कार्यों में उर्दू भाषा का प्रयोग होगा", इसी प्रकार "मध्यदेश (हिन्दू-प्रधान प्रान्तों) में राजकीय कार्यों में हिन्दी भाषा का प्रयोग होगा।" दोनों इलाकों के अल्पसंख्यक अपनी-अपनी भाषा का व्यवहार भी कर सकेंगे। चौहान जी यह मानकर चले थे कि पूर्वी बंगाल के मुसलमान उर्दू का व्यवहार करने को बहुत उत्सुक हैं। हिन्दू भारत में एक द्रविड़ प्रदेश है। उसके बारे में वह अधिक सतर्क थे। उन्होंने जबरन राष्ट्रभाषा लादने का विरोध करते हुए सुझाया : "सम्भव है कि वे अपनी ही किसी भाषा को अपने प्रान्तों की राष्ट्रभाषा बनाना चाहें।" इस तरह भाषा-समस्या का जनवादी समाधान यह हुआ कि द्रविड़ प्रान्तों की अपनी राष्ट्रभाषा, मुस्लिम प्रान्तों की राष्ट्रभाषा उर्दू द्रविड़ों से भिन्न आर्य-हिन्दू भारत की राष्ट्रभाषा हिन्दी! तीन राष्ट्र और राष्ट्रभाषाएँ!

यह तो राष्ट्रभाषा की समस्या का समाधान हुआ। हिन्दी प्रान्तों की एक विशेष समस्या की ओर भी उन्होंने ध्यान आकृष्ट किया। हिन्दी प्रान्तों में "लगभग बीस भाषाएँ और बड़ी बोलियाँ बोली जाती हैं।" उनके आधार पर "हिन्दी प्रान्तों का भी पुनर्विभाजन करना होगा।" इस तरह हिन्दी-भाषी प्रदेश को मिलाने के बदले चौहान जी ने बीस नये प्रान्त बनाने की सलाह दी।

'जनपदीय भाषाओं का प्रश्न' नाम के लम्बे निबन्ध में उन्होंने राहुल जी की मातृभाषा-सम्बन्धी मान्यताओं को और भी सँवारकर पेश किया। ब्रिटिश साम्राज्यवाद

ने अंग्रेज़ी को अनिवार्य राजभाषा बनाकर यहाँ की भाषाओं का दमन किस तरह किया, इसका विवेचन न करके, साम्राज्यवाद की भूमिका को भुलाकर श्री शिवदानसिंह ने खड़ी बोली हिन्दी के साम्राज्यवाद पर आक्रमण किया। यह साम्राज्यवाद हिन्दी क्षेत्र की बोलियों का दमन कर रहा था।

उन्होंने लिखा : "अकेली खड़ी (हिन्दी-उर्दू) ने लगभग पन्द्रह करोड़ बयासी लाख व्यक्तियों को अपनी मातृभाषाओं में शिक्षा पाने से वंचित कर रखा है। इससे सिद्ध है कि भारत भी 'भाषाओं का विशाल कारागार' है।"

भारत कारागार ब्रिटिश साम्राज्य के कारण नहीं है, यहाँ की भाषाएँ अंग्रेज़ी के कारण कारागार में बन्दी नहीं हैं, उन्हें कारागार में डाला है खड़ी बोली ने।

भारत को उपनिवेश ब्रिटिश साम्राज्यवाद ने नहीं बनाया, यहाँ उपनिवेश क़ायम किये हैं हिन्दी साम्राज्य ने।

चौहान अपने अद्‌भुत् भाषाशास्त्र की दृष्टि " 'हिन्दी-साम्राज्य' के विभिन्न 'भाषा-उपनिवेशों' की आन्तरिक परिस्थिति पर" डालते हैं। वह इस नतीजे पर पहुँचते हैं कि "हिन्दी का वर्तमान साम्राज्य 'ताश के घर' से अधिक मज़बूत नहीं है।" बोलियों के उपनिवेश टूट जाएँगे, "फिर खड़ी बोली को अपने साम्राज्य का पश्चिमी हिन्दी के क्षेत्र में भी विघटन करके अपने जनपद से ही सन्तोष करना पड़ेगा।"

चौहान का विचार था कि अंग्रेज़ों और अंग्रेज़ी का साम्राज्य चाहे बाद में खत्म हो, हिन्दी का साम्राज्य पराधीन भारत में ही खत्म हो जाना चाहिए। "यदि वर्तमान आधार को हटाकर न्याय, समानता और स्वतंत्रता का नया आधार न प्रदान किया गया तो भारत के स्वतंत्र होने पर हिन्दी के साम्राज्य को ढहते देर न लगेगी।"

भारत स्वतंत्र हो गया; हिन्दी का 'साम्राज्य' न ढहा। बोलियों के उपनिवेश न टूटे। हिन्दी प्रान्तों में नये बीस प्रान्त न बने। इसलिए अठारह साल तक हिन्दी-साम्राज्य के ढहने की राह देखने के बाद चौहान जी ने स्वयं शस्त्र उठाये और आलोचना नं. 34 (जुलाई, '65; सितम्बर में प्रकाशित) में भारत की एकता के नाम पर इस साम्राज्य पर हल्ला बोल दिया।

चौहान के पहले के लेखों में जैसे अंग्रेज़ी का प्रभुत्व खत्म करने पर ज़ोर नहीं है, वैसे ही इस लेख में अंग्रेज़ी को अनिवार्य राजभाषा के पद से हटाने का आग्रह नहीं है। श्री सज्जाद ज़हीर ने आत्मनिर्णय के सिद्धान्त को ब्रिटिश साम्राज्यवाद के विरुद्ध, सारे देश की स्वाधीनता के लिए न लागू करके, उसे राष्ट्रीय एकता के विरुद्ध, जनतंत्र के नाम पर, ब्रिटिश साम्राज्यवाद के हित में लागू किया था। इस समय उन्हें उर्दू के संरक्षण की जितनी चिन्ता है, उतनी अंग्रेज़ी हटाने की नहीं। उन्हीं की तरह श्री चौहान ने उर्दू की रक्षा का नारा लगाया है लेकिन वह दूसरों की स्थापनाओं को दोहराते-भर नहीं हैं। वह योग्य शिष्य हैं, इस नाते उन्होंने आत्मनिर्णय का अधिकार हिन्दी के उपनिवेशों पर लागू किया है!

अवध, बुन्देलखंड, ब्रज, भोजपुरी क्षेत्रों के जो लेखक हिन्दी को अपनी मातृभाषा कहते हैं, उनकी निन्दा करते हुए श्री चौहान ने प्रश्न किया है कि जब अंग्रेज़ी में साहित्य रचनेवाले मुल्कराज आनन्द, भवानी भट्टाचार्य, और के. नारायणन अंग्रेज़ी को अपनी मातृभाषा नहीं कहते, तब प्रेमचन्द, प्रसाद, निराला, वृन्दावनलाल वर्मा, रामचन्द्र शुक्ल ही हिन्दी को अपनी मातृभाषा क्यों कहें? हिन्दी साहित्य का सारा इतिहास चौहान जी को विकृत दिखाई देता है; इसके रचनेवालों की मातृभाषा हिन्दी थी ही नहीं, जैसे मुल्कराज आनन्द और भवानी भट्टाचार्य की मातृभाषा अंग्रेज़ी नहीं है। यशपाल जी की मातृभाषा हिन्दी नहीं है। "इस दृष्टि से उनकी और डॉ. मुल्कराज आनन्द की स्थिति में विशेष फ़र्क़ नहीं है। यह बात भारतेन्दु से लेकर मोहन राकेश तक की नई पीढ़ी के निन्यानवे फीसदी हिन्दी लेखकों और हिन्दी-आन्दोलन के सुभट योद्धाओं के बारे में भी सच है।"

मुल्कराज और यशपाल की स्थिति में विशेष फ़र्क़ न हो, थोड़ा-बहुत फ़र्क़ तो है ही। चौहान हिन्दी के निन्यानवे फीसदी लेखकों को मातृघाती कहते हैं क्योंकि उनकी समझ में इन लेखकों की मातृभाषा हिन्दी नहीं है। लेकिन अंग्रेज़ी में उपन्यास-कहानियाँ लिखनेवाले मुल्कराज आनन्द को मातृघाती कहने का साहस उनमें नहीं है। कारण, इससे विश्वभाषा अंग्रेज़ी के प्रति संकीर्णता प्रकट होती है और 'एफ्रो-एशियन-सौलिडैरिटी' को धक्का लगता है। भारत में इस सौलिडैरिटी के तीन स्तम्भ हैं—मुल्कराज आनन्द, सैयद सज्जाद ज़हीर और शिवदानसिंह चौहान!

भारतेन्दु से लेकर मोहन राकेश तक हिन्दी के निन्यानवे फीसदी लेखक अपनी मातृभाषाएँ छोड़कर हिन्दी की सेवा क्यों करते रहे हैं? अर्थ और यश-लाभ के लिए! देशभक्त बनने का सुख अलग से! इन मातृघातियों से मातृभाषाओं की रक्षा करने के लिए खड्ग लेकर उठ खड़े हुए हैं, श्री शिवदानसिंह चौहान।

जनतांत्रिकता की होड़ में सभी भारतीय लेखकों को पछाड़ते हुए उन्होंने लिखा है : "आज की 'हिन्दी' हम सबने अपनी मातृभाषाओं को त्यागकर स्कूलों में किताबों से ही सीखी-पढ़ी है, जिस तरह अंग्रेज़ी स्कूलों में किताबों से सीखी-पढ़ी है। इसे आप क्या कहेंगे, मातृघात या कुछ और, मैं यह तो नहीं जानता, क्योंकि जब हम लोगों ने शिक्षालयों में प्रवेश किया, उस समय हिन्दी या उर्दू के अलावा अपनी मातृभाषाओं में पढ़ने का कोई विकल्प ही नहीं था। आज भी नहीं है। लेकिन यह सच है कि एक समय जो विवशता थी, वह बालिग होने पर अर्थ और यशलाभ और देशभक्ति के रूप में प्रसिद्धि पाने का नुस्खा साबित हुई, इसलिए अपनी मातृभाषाओं के प्रति अपना कर्तव्य भुला देना ही हम सबके आगे सबसे सुविधाजनक मार्ग था।"

सुबह का भूला शाम को घर लौट आए तो उसे भूला हुआ नहीं कहते। चौहान अब समझ गए हैं कि अर्थ और यश के लिए हिन्दी-सेवा करना अनुचित है। उन्होंने स्वयं काफ़ी यश अर्जित कर लिया है; अर्थ भी 'आलोचना' से ऐसा क्या मिलता

होगा? उन्हें चाहिए कि वह हिन्दी के मातृघाती लेखकों के सामने अपने त्याग से एक मिसाल क़ायम करें। अब उन्हें हिन्दी लिखना बन्द कर देना चाहिए और ज़िन्दगी के बाकी दिन मातृभाषा की सेवा में लगाने चाहिए। सम्भवत: उनकी मातृभाषा ब्रज है, उसकी सेवा करें। अभी तक उनका कोई लेख, कोई पुस्तक ब्रजभाषा में लिखी हुई देखने को नहीं मिली! ब्रजभाषा में अपनी साहित्यिक प्रतिभा का परिचय देकर वह ब्रज और हिन्दी, दोनों का उपकार करेंगे। मातृभाषा ब्रज न हो तो जो भी मातृभाषा हो, उसकी सेवा करें। उनके पिता जी ने एक बार आगरे में दर्शन दिये थे। पुलिस के आदमी थे। उन्होंने अपने पुत्रों की चर्चा करते हुए बहुत मुहावरेदार खड़ी बोली का व्यवहार किया था। उनके धाराप्रवाह वाक्य मुझे अभी तक याद हैं यद्यपि उन्हें लिखकर प्रकाशित करने का साहस मुझमें नहीं है। बहरहाल सवाल मातृभाषा का है, पितृभाषा का नहीं।

फ्रायड ने ईडीपस कॉम्प्लेक्स ईजाद करके सभी किशोरों और शिशुओं को सम्भाव्य पितृघाती सिद्ध कर दिया था। शिवदानसिंह जी ने पितृघात की बात पुरानी पड़ जाने से उसे त्यागकर अधिक वैज्ञानिक इस मातृघाती कॉम्प्लेक्स का आविष्कार किया है। अब देखिए, इससे कैसी जटिल ग्रंथियाँ लोगों के मन में पड़ जाती हैं!

कहते हैं : "अपनी मातृभाषाओं के प्रति अपनी उपेक्षा को हम मातृघात कहें या नहीं, यह तो मैं नहीं जानता, लेकिन इतना जानता हूँ कि हिन्दी के लेखक और आन्दोलनकारी नेताओं के अन्तर्मन में कहीं कोई अपराध-भावना की ग्रंथि ज़रूर पड़ गई है जिसके कारण वे अपने अपराध पर परदा डालने के लिए इतिहास को तोड़-मोड़कर यह सिद्ध करने की कोशिश करते रहते हैं कि मैथिली, राजस्थानी, अवधी, ब्रज आदि वस्तुत: स्वतंत्र भाषाएँ नहीं हैं, 'हिन्दी' (संस्कृतनिष्ठ साहित्यिक खड़ी बोली) की ही स्थानीय बोलियाँ हैं और जनगणना आदि के मौकों पर हिन्दी-प्रचारक और जनसंघ के अन्ध-हिन्दू राष्ट्रवाद से प्रभावित सरकारी अमला इन भाषाओं को बोलनेवाली जनता पर दबाव डालते हैं कि वे मातृभाषा के खाने में राजस्थानी या मैथिली न लिखवाकर 'हिन्दी' लिखवाएँ, यानी वे उत्तर भारत की समूची जनता को अपने 'अपराध' में साझीदार बना लेना चाहते हैं।"

इस अपराध-भावना से वे लेखक मुक्त हैं जिन्होंने खड़ी बोली के उर्दू रूप को अपनाया है। खड़ी बोली यदि मातृभाषा है तो उर्दू-रूप में, हिन्दी-रूप में नहीं! यह नई मान्यता है जो श्री चौहान के पुराने निबन्धों की मान्यता से बहुत आगे बढ़ गई है। अब उन्होंने सीधे-सीधे उर्दू को मुस्लिम राष्ट्रवाद की भाषा कहना छोड़ दिया है; अब वे हिन्दी का ही सम्बन्ध हिन्दू राष्ट्रवाद से जोड़ते हैं। उर्दू हिन्दुओं और मुसलमानों की मुश्तर्का ज़बान है!

लिखा है : "माँ के घुटनों पर बैठकर : हममें से किसी ने 'हिन्दी' नहीं सीखी जिस तरह कि अधिक पुरानी 'शैली' (!) उर्दू को दिल्ली, लखनऊ, हैदराबाद—अनेक

सांस्कृतिक केन्द्रों के बच्चे, हज़ारों हिन्दू और मुसलमान परिवारों में पुश्त-दर-पुश्त से अपनी माताओं की गोद में ही सीखते आए हैं।"

क्या कारण है कि दिल्ली, लखनऊ और हैदराबाद के हिन्दू-मुसलमान तो पुश्त-दर-पुश्त अपनी माताओं की गोद में ही उर्दू सीखते आए हैं लेकिन इलाहाबाद, बनारस और पटना के हिन्दू-मुसलमान अपनी माँ की गोद में हिन्दी नहीं सीख पाए? कारण यह है कि चौहान की समझ में उर्दू मुख्यत: मुसलमानों की भाषा है; दिल्ली, लखनऊ और हैदराबाद में मुसलमान काफ़ी बड़ी संख्या में हैं; बनारस, पटना और इलाहाबाद में वे इतनी बड़ी संख्या में नहीं हैं, इसलिए खड़ी बोली के प्रसार का एक नियम लागू होता है मुस्लिम-प्रधान शहरों में, दूसरा नियम लागू होता है हिन्दू-प्रधान शहरों में—इस कारण खड़ी बोली का उर्दू-रूप तो मातृभाषा है, उसका हिन्दी-रूप नहीं है! शिवदानसिंह चौहान ने भाषाओं का विभाजन फिर उसी पुराने साम्प्रदायिक आधार पर किया है। उनके जनतांत्रिक आडम्बर के नीचे वही साम्प्रदायिकता का चोर छिपा हुआ है।

यदि यह मान भी लें कि दिल्ली, लखनऊ और हैदराबाद के हिन्दुओं और मुसलमानों की मातृभाषा उर्दू है, तो भी यह बात साफ़ नहीं होती कि चौहान उर्दू के उन तमाम लेखकों को मातृघाती क्यों नहीं कहते, जो इन शहरों से दूर ब्रज, अवध, पंजाब या भोजपुरी क्षेत्रों के रहनेवाले थे? उर्दू के दो सबसे बड़े शायर ग़ालिब और मीर आगरे में पैदा हुए थे। सौदा के बाप ईरानी थे। इक़बाल पंजाबी थे। साहिर लुधियानवी, हफ़ीज़ जालंधरी, जोश मलसियानी, जगन्नाथ आज़ाद अहमद नदीम कासिमी, फ़ैज़, राजेन्द्रसिंह बेदी, कृश्न चन्दर आदि पंजाबी हैं। ये सब मातृघाती हैं या नहीं? जोश मलीहाबादी, फ़िराक़ गोरखपुरी, मजरूह सुल्तानपुरी, फ़ानी बदायूनी, शाद अज़ीमाबादी, अकबर इलाहाबादी वग़ैरह मातृघाती क्यों नहीं हैं?

दरअसल चौहान अंग्रेज़ी और उर्दूवालों के सामने खीसें निपोरते हैं, अर्थ और यशलाभ के लिए नहीं, विशुद्ध जनतंत्र की रक्षा के लिए; हिन्दीवालों पर गुर्राते हैं क्योंकि जिस पत्तल में खाना, उसी में छेद करना उनकी न्यायप्रियता का सबसे बड़ा प्रमाण होगा। इसलिए भारतेन्दु से लेकर मोहन राकेश तक के हिन्दी लेखकों को कोसने में उन्हें ज़रा भी झिझक नहीं होती, लेकिन उर्दू भाषा और साहित्य के लिए वह नियम-क़ायदे दूसरे बना लेते हैं।

उन्हें यह नहीं मालूम कि उर्दू के बहुत-से लेखक आज भी अपने घरों में अवधी या भोजपुरी बोलते हैं। उन्हें नहीं मालूम कि उर्दू के बहुत-से कवियों की भाषा पर स्थानीय बोलियों का प्रभाव पड़ा है। यह प्रभाव नज़ीर की कविताओं में सबसे ज़्यादा स्पष्ट है। उन्हें यह तो ज़रूर मालूम होगा कि उर्दू के पंजाबी लेखक आपस में पंजाबी बोलते हैं। पंजाब, अवध और ब्रज के उर्दू लेखकों को निकाल दीजिए, तीन-चौथाई उर्दू साहित्य का सफ़ाया हो जाएगा। चौहान को यह नहीं मालूम कि

हैदराबाद में हिन्दुओं और मुसलमानों की जो बोलचाल की भाषा है, वह पुरानी खड़ी बोली का वह रूप है जिसे उत्तर भारत के लोग यहाँ से अपने साथ ले गए थे और जिस पर मराठी-तेलगू आदि भाषाओं का प्रभाव पड़ा है।

बोलचाल की दकनी में 'भूलना नको', 'नामईच नहीं लेते', 'साढ़े नौ बजने कूँ आए' जैसे प्रयोग होते हैं। (देखिए, श्रीराम शर्मा का संकलन : 'दक्खिनी का गद्य और पद्य', पृ. 459)। हैदराबादी बन्धु 'क' या 'क़' की जगह 'ख' कैसे बोलते हैं, इसके बहुत-से लतीफे मशहूर हैं। चौहान जी इन सब बातों से बेख़बर हैं। 'उल्टा चोर कोतवाल को डाँटे' की मसल चरितार्थ करते हुए फर्माते हैं : "जब कोई व्यक्ति, वर्ग या समुदाय जीवन की वास्तविक परिस्थिति को खुली आँखों से देखने में असमर्थ हो जाता है और इस तरह की अमूर्त मिथक परिकल्पनाएँ गढ़कर उनके चश्मे से जीवन-वास्तव को देखने लगता है, तब उससे तर्क, विवेक और औदार्य की अपेक्षा नहीं की जा सकती।"

वास्तविक परिस्थिति क्या है? हैदराबाद में लोगों की बोलचाल की ज़बान दिल्ली की उर्दू है या उससे भिन्न दकनी? उर्दू के पंजाबी लेखकों की घर की भाषा उर्दू है? मलीहाबाद, अज़ीमाबाद, गोरखपुर, इलाहाबाद के लोगों की बोलचाल की भाषा साहित्यिक उर्दू है? तथ्यों से कौन आँखें चुराता है?

वास्तविक स्थिति यह है कि हर भाषा की अपनी बोलियाँ होती हैं। अंग्रेज़ी, फ्रांसीसी, रूसी की तरह बंगला, मराठी, हिन्दी, तमिल आदि भाषाओं की भी अपनी बोलियाँ हैं। इस बारे में बहस हो सकती है कि कोई बोली स्वतंत्र भाषा है या बोली, लेकिन किसी भाषा की बोलियाँ ही न हों, ऐसा नहीं होता। पूँजीवाद के विकास के साथ जब विनिमय के बड़े-बड़े केन्द्र नगरों के रूप में स्थापित होते हैं, तब उनमें अनेक बोलियों के क्षेत्रों—अनेक जनपदों—से सिमटकर लोग आते हैं। दिल्ली और आगरा में बहुत-से परिवार पूरब से आकर बस गए। इनके यहाँ लोग अब भी घर में अवधी बोलते हैं। इनमें मुस्लिम परिवार भी हैं।

हिन्दी-भाषी जाति के विकास और गठन में दिल्ली, आगरा, लखनऊ, इलाहाबाद और पटना मुख्य सांस्कृतिक केन्द्र बने। यहाँ खड़ी बोली का प्रसार हिन्दुओं और मुसलमानों, दोनों ने किया। इनकी बोलचाल की भाषा में धार्मिक आधार पर कोई फ़र्क़ नहीं है। साथ ही इन शहरों के बहुत-से हिन्दू और मुसलमान अपने घरों में खड़ी बोली से भिन्न अपनी पुरानी बोली का भी व्यवहार करते रहे हैं। इसलिए यह कहना कि उर्दू तो मातृभाषा है, हिन्दी नहीं है, ग़लत है। दिल्ली, आगरा, लखनऊ आदि शहरों में हज़ारों लोग ऐसे हैं जिन्होंने माँ की गोद में खड़ी बोली सीखी है और हज़ारों ऐसे हैं जिन्होंने मोहल्ले के दोस्तों से खड़ी बोली सीखी है। कुछ ऐसे भी हैं जो बहुत कोशिश करने पर भी खड़ी बोली नहीं सीख पाए—न उसका हिन्दी रूप, न उर्दू रूप।

कानपुर, लखनऊ, पटना आदि शहरों में मज़दूरी और नौकरी के लिए जो अवधी, भोजपुरी, बुन्देलखंडी आदि बोलियों का व्यवहार करनेवाले लोग एकत्र होते हैं, अपने मामाजिक कार्यों के लिए वे खड़ी बोली अपनाते हैं। इसे हम जातीय निर्माण की प्रक्रिया समझें या बोलियों के दमन की प्रक्रिया! दिल्ली से पटना तक और पटना से भोपाल-उज्जैन तक कोई ऐसा शहर नहीं है जिसमें विभिन्न जनपदों के लोग एकत्र न हुए हों। इन लोगों ने अपने राजनीतिक-सांस्कृतिक कार्यों के लिए खड़ी बोली को अपनाया है। अब छोटे-छोटे कस्बों तक में एक ही देहाती बोलनेवाले नहीं रह गए हैं। लेकिन जातीय निर्माण की यह सारी प्रक्रिया न समझकर, बोली और भाषा का भेद न समझकर, जातीय प्रदेश और सामन्ती युग के जनपदों का भेद न समझकर, स्तालिन की 'नेशन' की परिभाषा आँख मूँदकर जनपदों पर लागू करके, भाषावार प्रान्त-निर्माण की माँग को हास्यास्पद बनाते हुए श्री चौहान ने माँग की है कि हिन्दी क्षेत्र में 'दस-पन्द्रह नये राज्यों का निर्माण' कर दिया जाए। "सोलह-सत्रह तो इस समय भी हैं। और इससे देश का विघटन नहीं हुआ तो दस-पन्द्रह और भाषावार राज्य बना देने से...आसमान नहीं फट पड़ेगा।"

अहिन्दी प्रदेशों में जो लोग हिन्दी के विरोधी हैं, वे यह तर्क देते हैं कि हिन्दी कृत्रिम भाषा है। उसकी कृत्रिमता सिद्ध करने के लिए वे हिन्दी की बोलियों का हवाला देते हैं, उन्हें स्वतंत्र भाषाएँ कहकर हिन्दी को साम्राज्यवादी उत्पीड़क भाषा मानते हैं। यदि कोई हिन्दी-प्रेमी मराठी, बंगला या तमिल के लिए कहे कि वे हिन्दी की बोलियाँ हैं, या यह कि भारत में एक राष्ट्रभाषा रहेगी, और सब भाषाएँ मिटा दी जाएँगी, तो यह ज़रूर साम्राज्यवादी उत्पीड़न की बात होगी। लेकिन लखनऊ, कानपुर, इलाहाबाद, आगरा, दिल्ली में जो लोग मेहनत-मज़दूरी करने आते हैं, वे खड़ी बोली का व्यवहार न करें तो बेमौत मरें। दिल्ली और कानपुर के सूती मिल-मज़दूर खड़ी बोली का व्यवहार न करें तो उनका ट्रेड यूनियन आन्दोलन ठप हो जाए। मज़दूर वर्ग को अपने संगठन के लिए जातीय भाषा की ज़रूरत होती है जो अलग-अलग बोलियाँ बोलनेवाले मज़दूरों को एकजुट करे। चौहान के मार्क्सवाद में मज़दूर वर्ग को स्थान नहीं है। यदि हो तो एक भी मिल, एक भी कारख़ाने, एक भी उद्योग का नाम बताने की कृपा करें जहाँ सिर्फ मैथिली, सिर्फ भोजपुरी, सिर्फ अवधी या अन्य कोई जनपदीय बोली बोलनेवाले ही काम करते हों?

चौहान ने कुत्सित समाजशास्त्र की काफ़ी निन्दा की है। लेकिन उनके कुत्साहीन विशुद्ध समाजशास्त्र में कहीं पूँजीवादी विकास के अन्तर्गत नये विनिमय केन्द्रों में विभिन्न जनपदों से एकत्र होनेवाले मध्यम और श्रमिक वर्गों का उल्लेख नहीं है।

जातीय भाषा का प्रसार सामाजिक विकास का परिणाम है, इसलिए उसका विभाजन धर्म के आधार पर नहीं होता। भारतीय बुद्धिजीवियों पर अंग्रेज़ी का प्रभाव है, वे 'मिथिक' परिकल्पनाओं की बात करते हैं, अंग्रेज़ी शब्दों और मुहावरों का

ग़लत अनुवाद करके अपनी हिन्दी को सजाते हैं (जैसे 'कौस्टली' के लिए 'कीमती' शब्द का व्यवहार : 'कीमती किन्तु अनुपयोगी प्रयोग', 'यह प्रयोग शायद बहुत कीमती भी साबित हो।') तो इसका अर्थ यह नहीं होता कि वे ईसाई हो गए हैं या उन पर ईसाइयत का प्रभाव है। बोलचाल की खड़ी बोली में हिन्दू और मुसलमान साधारणजन अरबी-फ़ारसी या संस्कृत के कठिन शब्दों का व्यवहार नहीं करते। यह है बुनियादी बात। यहाँ धर्म के आधार पर कोई विभाजन नहीं है। लोग फ़ारसी या संस्कृत के शब्दों का ज़्यादा प्रयोग करते हैं तो इसका प्रधान कारण सांस्कृतिक है, धार्मिक नहीं।

उस विशाल क्षेत्र में, जिसके नगरों के हिन्दू और मुसलमान, विभिन्न जनपदों से आए हुए मज़दूर और नौकरीपेशा लोग, शिष्ट भाषा के रूप में खड़ी बोली का व्यवहार करते हैं; सभी की जाति, क़ौम या नेशन एक है; वहाँ दस या पन्द्रह प्रान्त बनाने की बात करना हिन्दी-भाषी जनता की जातीय एकता को तोड़ने का प्रयास करना है। इस क्षेत्र की बोलचाल की भाषा में हिन्दी-उर्दू का भेद नहीं है, इसलिए उर्दू को क्षेत्रीय भाषा कहना ग़लत है। यदि बोलचाल की उर्दू और हिन्दी में एक ही कल-कारख़ाने में काम करनेवाले मज़दूर भेद करते तो उर्दू को क्षेत्रीय भाषा मानना उचित होता। लेकिन आम जनता बोलचाल में ऐसा कोई भेद नहीं करती। यह भेद शिष्ट भाषा के रूप और लिपि को लेकर है। अधिकांश जनता देवनागरी लिपि का व्यवहार करती है और शिष्ट भाषा के लिए अधिकतर शब्द संस्कृत से लेती है। एक अल्पसंख्यक समुदाय ऐसा है जो फ़ारसी लिपि का व्यवहार करता है और अपनी शिष्ट भाषा में अरबी-फ़ारसी से शब्द लेता है। इस समुदाय में मुसलमानों के साथ हिन्दू भी हैं, इसलिए उसे सांस्कृतिक अल्पमत कहना चाहिए। इन सांस्कृतिक अल्पसंख्यकों की भावनाओं का आदर करते हुए उनकी लिपि और शिष्ट भाषा की रक्षा करनी चाहिए लेकिन इसका यह अर्थ नहीं है कि हम दो क़ौमों के सिद्धान्त के आधार पर दो भाषाएँ स्वीकार कर लें। ऐसा कोई क्षेत्र नहीं है जहाँ साहित्यिक उर्दू बोलचाल की भाषा हो या जहाँ उर्दू की बोलचाल का रूप वहीं की हिन्दी के बोलचाल के रूप से भिन्न हो। बोलचाल की खड़ी बोली के दो साहित्यिक रूप हैं—हिन्दी और उर्दू। उर्दू को हिन्दी की शैली कहने से बुरा लगता हो तो उसे खड़ी बोली की शैली कहिए, हिन्दी को भी खड़ी बोली की एक शैली कहिए। लेकिन सांस्कृतिक बहुसंख्यकों और अल्पसंख्यकों का भेद याद रखिए। यह जान लीजिए कि बहुत-से उर्दू लेखक और लेखिकाएँ—जिनमें श्रीमती रजिया सज्जाद ज़हीर भी हैं—अपनी रचनाएँ उर्दू की इबारत में कोई फेरबदल किये बिना, देवनागरी में छपवाती हैं। यह रिवाज बढ़ता जा रहा है कि प्रसिद्ध उर्दू लेखकों की रचनाएँ देवनागरी लिपि में पहले छपे, फ़ारसी लिपि में बाद को। इससे हिन्दी-उर्दू साहित्य के देवनागरी के माध्यम से पढ़नेवालों की एक मिली-जुली जमात बनती

है। यह जमात अपनी एकता, अपनी रुचि का असर लेखकों पर, उनकी हिन्दी-उर्दू शैली पर डालकर एक ही शैली के विकास में सहायक होती है। जो लोग दो क़ौमों के सिद्धान्त पर विश्वास नहीं करते, वे इस एकता के नये सिलसिले से ख़ुश होंगे।

राजपाल एंड संस ने लोकप्रिय उर्दू शायरों की सीरीज़ निकालकर लाखों हिन्दी-भाषियों तक इनकी रचनाएँ पहुँचाईं, उन्हें दरअसल लोकप्रिय शायर बनाया। इससे उर्दू का नाश नहीं हो गया। देवनागरी लिपि में 'उर्दू साहित्य', 'डगर' जैसे पत्र निकलते हैं जिनमें उर्दू की रचनाएँ देवनागरी लिपि में छपती हैं। ख़्वाजा अहमद अब्बास और उनके साथियों ने 'सरगम' निकाला था जिसमें देवनागरी लिपि सरल उर्दू रचनाएँ छपती थीं। हिन्दी 'ब्लिट्ज' की भाषा, 'जनयुग' और 'आलोचना' से भिन्न, आसान उर्दू होती है जिसमें बहुत थोड़े पारिभाषिक शब्द संस्कृत के होते हैं। इस तरह हिन्दी-भाषियों ने उर्दू को अपनाया है, उसका दमन नहीं किया। देवनागरी के माध्यम से उन लोगों तक उर्दू साहित्य पहुँचा है जो पहले उससे कोसों दूर थे। जो लोग अपने को मार्क्सवादी कहते हैं, बोलचाल की भाषा और उसके साहित्यिक रूप में बुनियादी भेद नहीं मानते, उन्हें सांस्कृतिक विकास के इस सिलसिले से ख़ुश होना चाहिए। लेकिन सबसे ज़्यादा मुहर्रमी सूरतें वही लोग बनाए हुए हैं जो अपने को मार्क्सवादी लेखकों का रहनुमा समझते हैं। कोई भूख-हड़ताल की धमकी देता है तो कोई नक्शे देखकर वह इलाका तय करने में लगा है जहाँ हिन्दी से अलग लोगों की मातृभाषा उर्दू है। कुछ अन्य मित्र सांस्कृतिक बहुसंख्यक-अल्पसंख्यक का भेद न समझकर दिल्ली में या अन्य राज्यों में हिन्दी के बराबर उर्दू को राजभाषा बनाने का ख़्वाब देख रहे हैं। और इन सबमें कोई भी यह माँग नहीं करता कि भारत की सभी भाषाओं का दमन करनेवाली विदेशी भाषा अंग्रेज़ी का प्रभुत्व खत्म हो!

जहाँ तक राजस्थानी और पंजाबी का सम्बन्ध है, उनके लिखने-बोलनेवाले तय करें कि वे हिन्दी अपनाएँगे या पंजाबी-राजस्थानी का स्वतंत्र विकास करेंगे। यदि उत्तर प्रदेश की सरकार या दिल्ली सरकार उन पर किसी तरह का दबाव डालेगी कि वे हिन्दी का ही व्यवहार करें, तो मैं इसका विरोध करूँगा। साथ ही उपेन्द्रनाथ अश्क और यशपाल हिन्दी लिखते हैं तो मैं इसे मातृघात न कहूँगा।

हिन्दी भाषा जातीय विकास के परिणामस्वरूप विशाल हिन्दी क्षेत्र की भाषा बनी है। इस विकास को न समझने से भारतेन्दु से लेकर मोहन राकेश तक हिन्दी के सैकड़ों लेखक साम्राज्यवादी या अवसरवादी दिखाई देते हैं। इस विशाल क्षेत्र में बोलियों के दमन की बात वे कहते हैं जो भारत में अंग्रेज़ी को राजभाषा बनाए रखना चाहते हैं। अंग्रेज़ी की रक्षा उसे 'जनतंत्र' का यह बुर्का पहनाकर नहीं की जा सकती।

जैसे-जैसे अंग्रेज़ी को हटाने का समय नज़दीक आया, वैसे-वैसे उर्दू के संरक्षण की माँग भी ज़ोर पकड़ती गई। खेद की बात है कि कुछ गुमराह मार्क्सवादी नेता

हिन्दी पर उर्दू के दमन का अपराध लगाकर 'फिलहाल' अंग्रेज़ी क़ायम रखने की नीति का प्रचार करते हैं। उर्दू के लेखक और उर्दू साहित्य के प्रेमी पाठक उसकी रक्षा हिन्दी लेखकों और हिन्दी-भाषी जनता के सहयोग से ही कर सकते हैं। उन्हें इस हिन्दी-भाषी जनता के साथ मिलकर अंग्रेज़ी को हटाने और सभी भारतीय भाषाओं को अंग्रेज़ी की दासता से मुक्त कराने के लिए संघर्ष करना चाहिए। वस्तुस्थिति को पहचानते हुए वे सांस्कृतिक अल्पसंख्यकों के रूप में अधिकारों के लिए लड़ें, हिन्दी-भाषी जनता उनका साथ देगी। उनका अलगाव का रवैया सम्प्रदायवाद की उपज है और उन्हीं के लिए हानिकर है।

चौहान ने 'फासिज़्म और हिटलर की उच्चतर आर्य जाति-सम्बन्धी परिकल्पना' की निन्दा की है। वह कृपा करके अपने पुराने राष्ट्रभाषा वाले निबन्ध में देख जाएँ, उन्होंने कितनी बार आर्य हिन्दुओं और हिन्दू राष्ट्रवाद की चर्चा की है और उसके आधार पर हिन्दी के विकास का विश्लेषण किया है। उन्होंने अब हिन्दू राष्ट्रवाद का नाम लेना बन्द कर दिया है लेकिन हिन्दू-मुस्लिम संस्कृतियाँ अभी बरकरार हैं। उन्होंने लिखा है कि "विभिन्न क़ौमों की जनता (विशेष कर उत्तर भारत की जनता) ने हिन्दू और मुस्लिम संस्कृतियों के योगदान से दिल्ली के आसपास बोली जानेवाली खड़ी बोली की भूमि पर एक अपनी ही सम्पर्क भाषा उर्दू का विकास किया।"

चौहान ने यह नहीं बताया कि बंगाल, कश्मीर, सिन्ध आदि में हिन्दू-मुस्लिम संस्कृतियों के योगदान से किसी नई सम्पर्क भाषा का विकास क्यों नहीं हुआ। वह यह नहीं जानते कि ईरानी, अरब, पठान, उजबक मुसलमानों की संस्कृति एक नहीं है, न तमिलनाडु, बंगाल और गुजरात की संस्कृति एक है। और सारे हिन्दुओं की एक संस्कृति हो भी तो उनकी एक भाषा कैसे हो जाएगी? भारत में आनेवाले तुर्क, पठान और ईरानी मुसलमानों की भाषा कैसे एक हो जाएगी?

गुत्थी वही पुरानी है। वह समझते हैं कि संस्कृत के शब्द हिन्दू हैं और फ़ारसी के शब्द मुसलमान। दोनों के मिलने से उर्दू का विकास हुआ।

और हिन्दी का विकास कैसे हुआ?

"हिन्दू समाज में उठे सुधार-आन्दोलनों और कई दूसरी ऐतिहासिक परिस्थितियों के प्रभाव से उन्नीसवीं शताब्दी के उत्तरार्द्ध में खड़ी बोली की ही ज़मीन पर उर्दू के मुक़ाबले में एक संस्कृतनिष्ठ साहित्यिक रूप हिन्दी का विकास हुआ।"

वही बात है जो श्री सज्जाद ज़हीर ने अपने निबन्ध में लिखी थी और जिसे चौहान जी ने अपने पुराने निबन्ध में पल्लवित किया था। हिन्दी का विकास हिन्दू-समाज में उठे सुधार आन्दोलनों के कारण हुआ। वह हिन्दुओं की भाषा है। उर्दू मुख्यत: मुसलमानों की भाषा है जिनके साथ कुछ शरीफ हिन्दू भी हैं।

चौहान को यह नहीं मालूम कि जितनी संस्कृतनिष्ठ हिन्दी (उन्हें छोड़कर) हिन्दी के औसत लेखक लिखते हैं, उससे ज़्यादा संस्कृतनिष्ठ बंगला पूर्वी पाकिस्तान के

ढाका रेडियो से बोली जाती है, वैसी ही संस्कृतनिष्ठ मलयालम केरल के ईसाई लिखते और बोलते हैं। भाषा से धर्म का अटूट सम्बन्ध होता तो हर प्रदेश में नई-नई सम्पर्क भाषाएँ बन गई होतीं।

चौहान के विचार से "संस्कृतनिष्ठ होने के कारण...हिन्दी ने उर्दू के मुक़ाबले में...राष्ट्रीय आन्दोलन को एकजुट करने में अधिक व्यापक योग दिया।" होना यह चाहिए था कि जो सहज सम्पर्क भाषा बनी थी, वही राष्ट्रीय आन्दोलन को एकजुट करती। लेकिन यह काम किया संस्कृतनिष्ठ—हिन्दू समाज की भाषा—हिन्दी ने। यह भी उसी पुरानी स्थापना का नया रूप है; गांधी जी ने जो राष्ट्रीय आन्दोलन चलाया, वह मूलत: हिन्दू राष्ट्रवाद का आन्दोलन था।

अब बच गए मुसलमान। वे अलग राष्ट्र की माँग तो कर चुके। अब उर्दू को क्षेत्रीय भाषा बनाने के अलावा और किस चीज़ की माँग करें?

इस प्रकार चौहान का यह नया लेख भी उनकी पुरानी हिन्दू-मुस्लिम संस्कृति की सम्प्रदायवादी—मार्क्सवाद-विरोधी—समझ के आधार पर लिखा गया है। वह वस्तुगत रूप से अंग्रेज़ी का समर्थन करता है, अंग्रेज़ी को राजभाषा बनाए रखनेवालों के तर्क दोहराता है। उनकी एक भी स्थापना हिन्दी के लेखक और पाठक न मानें तो यह स्वाभाविक है; इस पर उन्हें खफ़ा न होना चाहिए।

[1965]

39

हिन्दी के आधुनिक विकास-सन्दर्भ में ब्रजभाषा की भूमिका

भारत की अन्य भाषाओं की तरह हिन्दी भी विकासमान भाषा है।

पिछले पच्चीस वर्षों में हिन्दी-भाषी प्रदेश के नगरों का रूप काफ़ी बदल गया है। अवध के प्रसिद्ध नगर लखनऊ पर भोजपुरी छाप है। दिल्ली तीन-चौथाई पंजाबी शहर है। फरीदाबाद जैसे व्यापार और उद्योग-धन्धों के नये केन्द्र क़ायम हो गए हैं। कलकत्ता और बम्बई जैसे महानगरों में लाखों नये आदमी सिमटकर इकट्ठा हो गए हैं। इन सब केन्द्रों में जिस भाषा का व्यवहार होता है, वह छापे की परिनिष्ठित हिन्दी नहीं है।

इस हिन्दी की विशेषता है, उस पर जनपदीय बोलियों अथवा हिन्दी की पड़ोसी भाषाओं का प्रभाव। दिल्ली की हिन्दी पंजाबी-प्रभावित है, बनारस की हिन्दी भोजपुरी-प्रभावित, कलकत्ते की हिन्दी बंगला-प्रभावित, बम्बई की हिन्दी मराठी-प्रभावित। ध्यान देने की बात है कि हिन्दी दूसरों पर लादी गई होती तो दूसरों का प्रभाव ग्रहण करके नये-नये स्थानीय रूप धारण न करती। उसका प्रसार और विकास सहज है, इसीलिए वह स्थानीय प्रभाव से अपना रूप बदल लेती है। यह भी ध्यान देने की बात है कि इस विकासमान भाषा को हिन्दी-उर्दू की विभाजन रेखा खींचकर दो हिस्सों में बाँटा नहीं जा सकता।

हिन्दी प्रदेश में ब्रज एक प्रसिद्ध जनपद की बोली है। ब्रजभाषा का ध्वनि-तंत्र इस ढंग का है कि आगरे से पटना तक उसके शब्दों को मुँह से निकालने में किसी को कठिनाई नहीं होती। कोई भाषा अपने क्षेत्र में और पड़ोसी प्रदेशों में लोकप्रिय हो, इसके लिए पहली और सबसे महत्त्वपूर्ण शर्त यह है कि वह लोगों को बोलने में सुगम जान पड़े। जिन कवियों ने शताब्दियों तक ब्रजभाषा को सँवारा; उसे गुजरात से बंगाल तक, पंजाब से केरल तक संगीत और साहित्य के माध्यम से लोकप्रिय बनाया, वे इस बात को अच्छी तरह समझत थे। वे ब्रजभाषा का स्वभाव पहचानते थे। उन्हें यह भ्रम न था कि ब्रजभाषा संस्कृत की बेटी है, इसलिए उसमें जितना ही तत्सम शब्द ठूँसेंगे, उतना ही लोकप्रिय होकर वह सारे भारत की राष्ट्रभाषा बन जाएगी। उन्होंने ब्रजभाषा में वैसे शब्द लिये, जैसे उसमें खप जाते थे। इसलिए

रेडियो और समाचार-पत्रों की सहायता के बिना, किसी केन्द्रीय निदेशालय द्वारा सूत्र-संचालन के बिना, विश्वविद्यालयों में पाठ्यक्रम का अंग हुए बिना यह हमारी प्रिय ब्रजभाषा जनता का कंठहार बन गई। आज का हिन्दी लेखक उस सारे विकास को देखकर विनम्रता से सिर झुका ले तो अच्छा है, स्पर्धा-भाव से उस विकास को तुच्छ ठहराने का फल उसी के लिए अहितकर होगा।

पिछले पच्चीस वर्षों में हिन्दी का तेज़ी से प्रसार हुआ है। इस प्रसार के साथ उस पर जनपदीय बोलियों और पड़ोसी भाषाओं का गहरा असर पड़ा है। बोलचाल की हिन्दी का यह प्रसार, उस पर जनपदीय बोलियों और पड़ोसी भाषाओं का गहरा प्रभाव उसका विकास है, उसका ह्रास या उसके रूप का बिगड़ना नहीं है। यह बोलचाल की हिन्दी हमारी जातीय भाषा है। वही सारे देश के लोगों की राष्ट्रभाषा है। उसके विकास और प्रसार को रोकना किसी राजनीतिज्ञ के वश में नहीं है। उसे हिन्दी-उर्दू के दो रूपों में बाँटना किसी सम्प्रदायवादी के हाथ में नहीं है।

हिन्दी का यह आधुनिक विकास उसे ब्रजभाषा के समीप लाता है और संस्कृत-गर्भित परिनिष्ठित हिन्दी (तथा फ़ारसी-अरबी-गर्भित उर्दू) से दूर ले जाता है। ऐसा होना स्वाभाविक है। अवधी, भोजपुरी, बुंदेलखंडी, मैथिली आदि ब्रजभाषा की तरह तद्भव रूप अपनाती है—संयुक्त वर्णों वाले, उच्चारण में क्लिष्ट, तत्सम रूप नहीं। जनपदीय बोलियों के तद्भव रूपों से आज की हिन्दी जितना ही प्रभावित होगी, उतना ही वह ब्रजभाषा के अनुरूप बनेगी; क्योंकि यह ब्रजभाषा भी तद्भव-प्रधान है। अब ब्रजभाषा चाहे साहित्य की हो, चाहे बोलचाल की, उसके रूप में विशेष अन्तर नहीं पड़ता। कुछ विद्वान् कहते हैं, साहित्य की भाषा और बोलचाल की भाषा में हमेशा बड़ा अन्तर रहता है। वे ब्रजभाषा का विशाल साहित्य देखें और बताएँ कि वह बोलचाल की ब्रजभाषा से मूलत: कहाँ भिन्न है। आज की हिन्दी अंग्रेज़ी मुहावरों, अंग्रेज़ी वाक्य-विन्यास से निरन्तर प्रभावित होकर अपना रूप बिगाड़ रही है, फ़ारसी से प्रभावित होकर ब्रजभाषा ने अपना रूप नहीं बिगड़ने दिया। अपनी शिष्टता और विद्वत्ता प्रकट करने के लिए हम आज की हिन्दी में जिस ढंग से नये गढ़े हुए शब्द भरते हैं, उस तरह ब्रजभाषा के कवियों ने नहीं भरे। ब्रजभाषा की ध्वनियाँ, उनके शब्द रचने का ढंग बोलचाल में वही है, जो साहित्य में है। साहित्य की ब्रजभाषा और बोलचाल की ब्रजभाषा में वैसा अन्तर नहीं है, जैसा बोलचाल की हिन्दी और साहित्य की हिन्दी में आज है।

यह दुर्भाग्य की बात है कि जनभाषा और खड़ी बोली के विवाद में पड़कर बहुत-से लेखकों ने अपनी हिन्दी को ब्रजभाषा की राह से हटाकर संस्कृत की ओर मोड़ा। यदि हम भारतेन्दु, प्रतापनारायण मिश्र, बालकृष्ण भट्ट, बालमुकुन्द गुप्त जैसे पुराने लेखकों के गद्य पर ध्यान दें तो विदित होगा कि उनका खड़ी बोली-गद्य ब्रजभाषा से प्रभावित है, या उसके अनुरूप है। उसकी सरसता और सजीवता का यह बहुत बड़ा

कारण है। प्रेमचन्द या अमृतलाल नागर का बहुत-सा गद्य-लेखन जनपदीय बोलियों से प्रभावित होने के कारण उसी परम्परा से जुड़ा हुआ है। हिन्दी लेखकों के लिए भाषा और साहित्य की सबसे बड़ी विरासत ब्रजभाषा में सुरक्षित है। वह विरासत घर बैठे सुलभ है। उसे अपनाकर हम अपनी भाषा को समर्थ बनाएँ, कमज़ोर नहीं। अनेक क्रियापद जनपदीय बोलियों के नित व्यवहार की चीज़ हैं; अपनी परिनिष्ठित हिन्दी से हमने उन्हें निकाल दिया है। वे सब ब्रज साहित्य में सुरक्षित हैं। उनके लिए हिन्दी का द्वार खोल देना चाहिए। हिन्दी में नये तद्भव रूपों का बनना बन्द हो गया है; नये रूप बनाना दूर, पुराने तद्भवों से हम अपने को भरसक बचाते हैं। उर्दू की सबसे बड़ी कमज़ोरी यह थी कि वह जनपदीय बोलियों से दूर होती गई; इस बात में हिन्दी उसका अनुसरण क्यों करे? हिन्दी की शक्ति इस बात में थी कि वह जनपदीय बोलियों से जुड़ी हुई थी। उसे अपनी शक्ति का यह आधार न छोड़ना चाहिए।

जनपदीय बोलियों में ब्रजभाषा पर ही विशेष ध्यान क्यों दिया जाए, इसके कई कारण हैं। पहला कारण यह कि भाषा को निखारने, सँवारने का काम जितना ब्रज में हुआ है, उतना अन्य किसी बोली में नहीं। यहाँ लेखकों के लिए वे आदर्श रूप तैयार कर दिये गए हैं, जिनके अनुकरण से वे खड़ी बोली को अधिक लोकप्रिय बना सकते हैं। दूसरा कारण यह है कि साहित्य की ब्रजभाषा ने सीमित ब्रज क्षेत्र की भाषा-सम्पदा से ही अपना ठाठ नहीं रचा है, उसमें अनेक जनपदों के महत्त्वपूर्ण भाषा-तत्त्व भी समेट लिये गए हैं। ऐसा होना अनिवार्य था क्योंकि ब्रजभाषा के अधिकांश कवि ब्रज प्रदेश के रहनेवाले नहीं थे। नये सिरे से मेहनत करके विभिन्न जनपदों से भाषा-तत्त्व समेटकर अपनी जातीय भाषा को पुष्ट करने के बदले हिन्दी लेखक ब्रजभाषा साहित्य के अध्ययन से ही अपनी खड़ी बोली में उन बहुत-से भाषा-तत्त्वों का समावेश कर सकते हैं। तीसरा और सबसे महत्त्वपूर्ण कारण यह है कि हरियाणा की खड़ी बोली ने आधुनिक हिन्दी-उर्दू का रूप ही ब्रजभाषा के प्रभाव से ग्रहण किया है। ब्रजभाषा का रस उसकी घुट्टी में उसे पिलाया गया था। इसलिए ब्रजभाषा की अनुकूलता हिन्दी के विकास का ऐसा नियम है जो निसर्ग-सिद्ध है और उसके आधुनिक रूप की कसौटी है।

इस तीसरे कारण पर थोड़ा और विचार करना उचित होगा।

कहते हैं कि उर्दू देहली की ज़बान है। इस ज़बान का देहली के आसपास के गाँवों से क्या सम्बन्ध है?

कहते हैं कि हिन्दी दिल्ली और मेरठ की भाषा है। दिल्ली और मेरठ के जनपद अर्थात् हरियाणा से इस भाषा का क्या सम्बन्ध है?

हिन्दी और उर्दू का व्याकरण तंत्र मूलत: वही है जो हरियाणा की बोली का है। ब्रजभाषा की तरह 'खाऊँगो' या अवधी की तरह 'खाब', 'खइबे' रूप हिन्दी में नहीं चलते। 'खाऊँगा' रूप हरियाणा की देन है। हिन्दी-उर्दू ने अपना व्याकरण-तंत्र

हरियाणा की जनपदीय खड़ी बोली (अथवा बाँगरू) से पाया है, उसका ध्वनि-तंत्र ब्रजभाषा की देन है। दीर्घ स्वर के बाद संयुक्त व्यंजनों का प्रयोग बाँगरू की विशेषता है। रोट्टी, टेस्सण, बेल्लण (बेलन) जैसे ध्वनिबंध हिन्दी-उर्दू के लिए (और ब्रज से लेकर मैथिली तक जनपदीय बोलियों के लिए) अस्वाभाविक हैं। बाँगरू में ळकार की भरमार है : थाळी, हथेळी, बाळक; हिन्दी-उर्दू (तथा ब्रज से लेकर मैथिली तक जनपदीय बोलियों) में इसका पूर्ण बहिष्कार है। बाँगरू के ध्वनि-तंत्र की ऐसी अनेक विशेषताएँ हैं जिनका हिन्दी में अभाव है। उन सबकी चर्चा करना यहाँ अनावश्यक है। एक अन्य विशेषता की ओर ध्यान दिलाना काफ़ी होगा। अपणापण, निणाणवैं, दाणा, पाणी, जाणा, आणा, कितणा, सुणना जैसे रूपों में मूर्धन्य अनुनासिकों की बहुतायत ब्रज तथा अन्य पूर्वी जनपदीय बोलियों को अग्राह्य है। हिन्दी में तो संस्कृत के प्रभाव से तत्सम रूपों में णकार लिखा भी जाता है (बोलने में उसकी निरन्तर अवहेलना होती है) किन्तु उर्दू में तो उसे पैठने की अनुमति ही नहीं मिली। है न आश्चर्य की बात! बाँगरू जनपद का मुख्य नगर दिल्ली और उसकी भाषा में णकार का अभाव! दिल्ली के उत्तर और पश्चिम में, णकार प्रेमी पंजाबी और राजस्थानी बोलियों का प्रसार, पूरब और दक्खिन में बाँगरू, फिर भी णकार का अभाव! अपने चारों ओर विरोधी ध्वनि-तंत्र के समुद्र में दिल्ली शहर एक द्वीप के समान था जिस पर ब्रजभाषा के ध्वनि-तंत्र की पताका फहराती थी। जातीय भाषा के रूप में हिन्दी के प्रसार का एक प्रमुख कारण उसमें हरियाणा के व्याकरण तंत्र और ब्रजभाषा के ध्वनि-तंत्र का चमत्कारी समन्वय है। व्याकरण-तंत्र से हिन्दी पछाही बोलियों को अपनी ओर खींचती है, ध्वनि-तंत्र से (बुन्देलखंडी-बघेली आदि के साथ) पूर्वी बोलियों को। यूरोप और भारत की आधुनिक भाषाओं ने प्राय: किसी एक बोली के आधार पर ही अपना आधुनिक रूप विकसित किया है। व्याकरण-तंत्र एक बोली का, ध्वनि-तंत्र दूसरी बोली का, ऐसा सामंजस्य अन्यत्र दुर्लभ है। हिन्दी जो पूर्वी और उत्तर पश्चिमी जनपदों को सामान्य जातीय जीवन में बाँध सकी है, उसका एक ऐतिहासिक कारण यह अनुपम सामंजस्य है।

दिल्ली से भिन्न आगरा नगर ब्रज जनपद का प्रमुख केन्द्र है। इस नगर के उत्तर, दक्खिन, पूरब, पच्छिम—चारों ओर ब्रजभाषा को छोड़कर दूसरी बोली की पैठ नहीं है। खड़ी बोली की एक टकसाल आगरे में भी थी। अकबर और शाहजहाँ के ज़माने में आगरा एशिया में व्यापार की सबसे बड़ी मंडी था। दिल्ली और हरियाणा समेत अनेक नगरों और जनपदों के व्यापारी और कारीगर यहाँ इकट्ठे हुए थे। ब्रजभाषा के परिवेश में ये खड़ी बोली का व्यवहार करते थे; इसलिए यह स्वाभाविक था कि वे रोट्टी को रोटी कहें, टेस्सण को टेसन, बाळक को बालक, आणा-जाणा को आना-जाना।

1600 से 1800 ई. तक खड़ी बोली के विकास का वह स्वर्ण युग है जब उस पर ब्रजभाषा का गहरा असर पड़ा। इस खड़ी बोली पर आगरे की छाप है। आगरे की खड़ी बोली का एक खास सर्वनाम रूप है—विस; इसका बहुवचन हुआ—विन।

लल्लूजी लाल आगरे के; उनकी खड़ी बोली में 'विस' का आना लाजमी था। "विसका सार ले, यामनी भाषा छोड़, दिल्ली-आगरे की खड़ी बोली में कह नाम प्रेमसागर धरा" (दिल्ली मेरठ की खड़ी बोली नहीं, दिल्ली आगरे की खड़ी बोली!), "विन्हें देख परीछित मन में कहने लगे"। राजा शिवप्रसाद ने 'गुटका' में 'लल्लूजी की बोली' के जो नमूने इकट्ठे किये, उनमें 'विस' और 'विन' भी थे। किन्तु इनका सम्बन्ध लल्लूजी की किसी व्यक्तिगत बोली से नहीं, आगरे की बोली से था। ये रूप सदल मिश्र के नासिकेतोपाख्यान में भी हैं; 'और वेद की आज्ञा से संतान के लिए पत्नी सों भोग करना उचित है, नहीं तो विस विन क्या कभी क्रिया सिद्ध होती है', 'और जिस जिस के लाने को धर्म्मराज विन को बरजते हैं"। गिलक्रिस्ट के हिन्दुस्तानी भाषा के व्याकरण (सन् 1796) में एक मर्सिया है जिसमें 'विस' और 'विन' का प्रयोग किया गया है :

दिखला के विन बच्चों को विस के लहू की नाली
तेग़ को लाके विन पर कब्जे को फिर सँभाला।

यह मर्सिया गोपीचंद नारंग ने अपनी छोटी किन्तु सारगर्भित पुस्तक 'करखन्दारी डायलेक्ट ऑव डेल्ही' में उद्धृत किया है। करखन्दारी डायलेक्ट यानी कारख़ाने के मज़दूरों की बोली। इन मज़दूरों की बोली में—दिल्ली की परिनिष्ठित उर्दू से भिन्न—आगरे की खड़ी बोली के वे रूप आज भी क़ायम हैं जिन्हें उनके बाप-दादे अपने साथ दिल्ली ले गए थे। 'विसी की तो बात कर रिया हूँ', 'विनो ने लुटिया भर के विन के आगे करी'—यह दिल्ली के जनसाधारण की खड़ी बोली है और यह आगरे की खड़ी बोली भी है। अमृतलाल नागर ने आगरे के लोगों से सुनकर और सीखकर इस बोली का प्रयोग 'सेठ बाँकेमल' में किया है : "विन्ने रो-रो के कही कि प्यारी, रो मती। हाय, तेरी आँखों का सुरमा बहा जाए है। जे कहके विसे कलेजे से लगा लीना", "इत्ता कहना था भैयो कि विसकी आँखें उलटने लगीं। विन्ने दो बार अल्ला-अल्ला करके चोला छोड़ दीना।"

हिन्दी के पुराने व्याकरणों और कोशों में ये रूप बराबर मिलते हैं। हिन्दी-उर्दू के विकास में आगरे के महत्त्वपूर्ण योगदान का यह प्रमाण है।

पुरानी हिन्दी में देखियो, करियो, लाइयो जैसे क्रिया-रूपों की भरमार है। ये कविता में, भाषा को आकर्षक बनाने के लिए ब्रजभाषा से उधार लेकर नहीं रख दिये गए। ये दिल्ली और आगरे की ब्रजभाषा प्रभावित खड़ी बोली के अपने रूप हैं। नज़ीर अकबराबादी ने कन्हैया जी के जन्म का वर्णन करते हुए लिखा :

ये सोच हुआ मन बीच उन्हें पैर इस जल में कैसे धरिये,
है रैन अँधेरी सँग बालक इस बिपता में अब क्या करिये।

मीर का शेर है :

दादो फ़रियाद जाबजा करिये,
शायद उसके भी दिल में जा करिये।

और ग़ालिब :

पड़िये गर बीमार तो कोई न हो तीमारदार,
और अगर मर जाइये तो नौहख्वां कोई न हो।

ग़ालिब और मीर, दोनों आगरे के थे, आगरे से जाकर दिल्ली में बसे थे।

फोर्ट विलियम कॉलेज की स्थापना के बाद अंग्रेज़ों ने शिक्षा-विभाग के माध्यम से हिन्दी-उर्दू को दो दिशाओं में विकसित करने का संगठित प्रयास किया। हिन्दुओं के बच्चे चाहे एक बार उर्दू पढ़ लें, मुसलमानों के बच्चे हिन्दी नहीं पढ़ेंगे; इतिहास और भूगोल की स्कूली किताबों में हिन्दी की पारिभाषिक शब्दावली अलग, उर्दू की अलग। फोर्ट विलियम कॉलेज से पहले मुसलमानों ने चाहे पंजाबी लिखी हो, चाहे ब्रजभाषा या बंगला, उसमें अरबी-फ़ारसी के लिए वह आग्रह नहीं है, जो उर्दू में है। फोर्ट विलियम कॉलेज की स्थापना से पहले खड़ी बोली में जो भी साहित्य लिखा गया है, वह शब्दावली के आधार पर हिन्दी-उर्दू के दो भिन्न रूपों में नहीं बाँटा जा सकता। दिल्ली और आगरे के मुसलमानों की इस पुरानी खड़ी बोली पर ब्रज 'भाषा' का ही नहीं, उसकी साहित्यिक परम्परा का भी गहरा असर है। मेरठ-निवासी मुहम्मद अफ़ज़ल उर्फ शाह अफ़ज़ल ने 'बिकट कहानी बारह मासा' में जिस भाषा का प्रयोग किया है, उसे डॉ. मसूद हुसैन खाँ और डॉ. विद्यासागर ने अपनी भूमिका में उचित ही सोलहवीं सदी की खड़ी बोली हिन्दी का नमूना स्वीकार किया है :

किनारे लग रही पिउ बिन अकेली,
भई है ज़िन्दगी मुझ पर दुहेली।
तुम्हीं टुक कर पकड़ समझाय कहियो,
पगन पर सीस धर कर लाय कहियो।
अगर मैं जानती यह बेवफाई,
खुदा की सौं न करती आशनाई।
अरे ऊधो सुनो यह दुख हमन सूँ,
कहो टुक जाए परदेसी सजन सूँ।

सोलहवीं सदी में—फ़ारसी के राजभाषा बने रहने पर भी—हिन्दुओं और मुसलमानों की जातीय भाषा को साहित्य में जो सहज सरस रूप मिला था, वह ऐसा था। मुग़ल साम्राज्य के विघटन के समय, और फोर्ट विलियम कॉलेज की स्थापना

के बाद विकास का यह सहज क्रम टूट गया। जहाँ से यह क्रम टूटा था, सन् '47 में फिर से उसे जोड़ना था। किन्तु राजनीतिज्ञों ने स्वराज्य आन्दोलन के समय किये हुए और वादों की तरह हिन्दी-उर्दू की एकता वाली पुरानी बात भी उठाकर ताक पर रख दी। वे कहते हैं, हिन्दी वाले एक ओर उर्दू को दबाते हैं, दूसरी ओर हिन्दी को राष्ट्रभाषा बनाने के उत्साह में दक्षिण के लोगों के मन में भय उत्पन्न करते हैं। एक राजनीतिज्ञ ने पिछले महीने लखनऊ की एक सभा में यहाँ तक कहा—याहिया खाँ ने पाकिस्तान में उर्दू को राष्ट्रभाषा बनाना चाहा; क्या नतीजा हुआ? पाकिस्तान के दो टुकड़े हो गए। क्या आप चाहते हैं कि हिन्दी को राष्ट्रभाषा बनाने के लिए हम दक्षिण में फ़ौज भेजें और भारत के दो टुकड़े हो जाने दें?

सुना है, स्वाधीन बंगला देश में वहाँ की राजभाषा बंगला है। पश्चिमी बंगाल की राजभाषा अंग्रेज़ी है। यदि कोई कहे कि पूर्वी बंगाल की तरह पश्चिमी बंगाल में भी बंगला को राजभाषा बनाइए तो राजनीतिज्ञ कहेंगे, पूर्वी बंगाल जैसे पाकिस्तान से अलग हुआ, वैसे ही पश्चिमी बंगाल को तुम भारत से अलग करना चाहते हो?

यानी हर परिस्थिति में, हर तर्क-योजना के अन्त में आप पहुँचेंगे एक ही लक्ष्य तक—भारत में अंग्रेज़ी क़ायम रहनी चाहिए!

इस लक्ष्य-सिद्धि के लिए इनके पास तीन दाँव हैं।

पहला : हिन्दी और अहिन्दी-भाषियों को एक-दूसरे से लड़ाना, इनके परस्पर भय और रागद्वेष से लाभ उठाकर समस्त भारतीय भाषाओं को दबाकर रखना।

दूसरा : हिन्दी और उर्दू के भेद को गहरा करना; हिन्दी उर्दू को दबाये है; एक महत्त्वपूर्ण भाषा नेस्तनाबूद होने को है; इसलिए हिन्दी-भाषी प्रदेश में भी हिन्दी को अपना स्वत्व न मिलना चाहिए।

तीसरा : हिन्दी और उसकी जनपदीय बोलियों को एक-दूसरे से लड़ाना; साहित्य अकादमी द्वारा अनेक बोलियों को मान्यता दिलाकर उनको हिन्दी से स्वतंत्र भाषा करार देना; क्षेत्रीयता की भावना को बढ़ावा देकर पहले से ही बँटे हुए हिन्दी प्रदेश को और भी छोटे-छोटे टुकड़ों में बाँटना।

दिवालिया शासक वर्ग इस कूटनीति द्वारा जनता को ठगने के अलावा और कर ही क्या सकता है?

किसे फुर्सत है यह देखने की कि फोर्ट विलियम कॉलेज की स्थापना से पहले हिन्दी-उर्दू का भेद था या नहीं और उस समय की खड़ी बोली पर ब्रजभाषा का प्रभाव गहरा था या उथला?

हिन्दी लेखकों का कोई जातीय मंच नहीं है। इसलिए उपर्युक्त कूटनीति का कोई उत्तर हिन्दी की ओर से नहीं दिया जा रहा है। किन्तु भारत की जनता अपने ढंग से, परिस्थितियों को साफ़-साफ़ न पहचानते हुए, फिर भी निरन्तर उनसे प्रेरित और प्रभावित होकर, इस कूटनीति का उत्तर दे रही है।

पहले दाँव का उत्तर यह है कि अहिन्दी प्रदेशों में हिन्दी का प्रसार ही नहीं हो रहा, वह अहिन्दी भाषाओं से प्रभावित होकर नये-नये स्थानीय रूप भी ग्रहण कर रही है। अंग्रेज़ों ने अठारहवीं सदी में मद्रास की सेना के अंग्रेज़ अफ़सरों के लिए दकनी हिन्दी का ज्ञान अनिवार्य कर दिया था। उस समय हैदराबाद की हिन्दी दक्षिण भारत में प्रचलित हिन्दी का एक मात्र रूप थी। इस समय हैदराबादी दकनी के अलावा, चार प्रमुख द्रविड़ भाषाओं का प्रभाव ग्रहण करती हुई हैदराबाद के दक्षिण में कन्याकुमारी तक, हिन्दी के एक नये रूप का चलन हो रहा है, जिसे हम द्राविड़ी हिन्दी कह सकते हैं। इसका व्यवहार द्रविड़ भाषा-भाषी सामान्य जन उत्तर भारत के आर्य भाषा-भाषियों से सम्पर्क होने पर ही करें, यह आवश्यक नहीं है; स्वयं आपस में एक-दूसरे की बात समझ पाने के लिए, अंग्रेज़ी का ज्ञान न होने पर, उन्हें हिन्दी का सहारा लेना पड़ता है। हिन्दी का व्यवहार सबसे पहले और सबसे अधिक अहिन्दी-भाषियों के आपसी सम्पर्क के लिए ज़रूरी है। हिन्दी के प्रसार का यह वस्तुगत कारण है। इसके लिए हिन्दी-भाषी उत्तरदायी नहीं है। दरअसल पिछले बीस वर्षों में हिन्दी की प्रसार कार्य बिलकुल ढीला हो गया है। जनता का पैसा सरकार के माध्यम से चाहे जितना बाँटा गया हो, पर यह सच है कि प्रचार जितना ही कम हुआ, प्रसार उतना ही ज़्यादा हुआ। कारण वही है, स्वाधीन भारत की अहिन्दी भाषी जनता के आपसी सम्पर्क की उत्कट आवश्यकता। विदेशी राज्यों द्वारा करोड़ों रुपये (भारतीय शासन द्वारा लाखों रुपये) अंग्रेज़ी पढ़ने-पढ़ाने पर ख़र्च किये जाने पर भी सम्पर्क की इस आवश्यकता को अंग्रेज़ी पूरा नहीं कर सकती।

द्राविड़ी हिन्दी हमारी राष्ट्रभाषा का दक्षिणी रूप है, नये स्वाधीन भारत का अकाट्य यथार्थ है। इस यथार्थ को देखने के लिए मद्रास जाना आवश्यक नहीं है; दिल्ली या आगरे में भी उसके दर्शन हो सकते हैं।

दूसरे दाँव का उत्तर यह है कि हिन्दी-भाषी प्रदेश के हिन्दू और मुसलमान, गाँवों के करोड़ों किसान और नये औद्योगिक विकास के साथ नये-नये लाखों मज़दूर—हिन्दू और मुसलमान—एक-सा जातीय जीवन बिता रहे हैं। उन्हें आपसी व्यवहार के लिए दुभाषिये की ज़रूरत नहीं पड़ती, न वे राष्ट्र के सूत्रधारों की तरह देश-जनता-राजनीति जैसे शब्द कहकर मुल्क-अवाम-सियासत के द्वारा अपनी बात का अनुवाद करते हैं। बंगला और तमिल फ़िल्म बंगाल और तमिलनाडु के बाहर दिखाना हो तो उसके संवादों का हिन्दी रूपान्तर ज़रूरी होता है। किसी हिन्दी फ़िल्म का उर्दू रूपान्तर या उर्दू फ़िल्म का हिन्दी रूपान्तर अभी तक देखने-सुनने में नहीं आया। जनता की इस सामान्य भाषायी एकता का आधार छोड़कर जो भी अलगाव का हवामहल बनाएगा, वह उस हवामहल की तरह खुद भी एक दिन इस धरती से हवा हो जाएगा।

तीसरे दाँव के उत्तर में हिन्दी प्रदेश के जनपदों ने आपसी एकता को और दृढ़ किया है। जयपुर, मथुरा, फरीदाबाद, झाँसी, पटना—कहीं कोई ऐसा कारख़ाना,

कोई भी औद्योगिक प्रतिष्ठान ऐसा नहीं है जिसमें एक ही जनपद के लोग काम करते हों, जिसमें वे आपस में किसी एक जनपदीय बोली का ही व्यवहार करते हों। श्रमिक जनता की यह एकता हमारी जातीय एकता की धुरी है। जो लोग जनपदीय अलगाव को बढ़ावा देते हैं, वे इस धुरी पर ही प्रहार करते हैं। इससे उन्हीं के सर में चोट लगेगी। जनपदीय बोलियाँ हिन्दी को निरन्तर प्रभावित करती हुई उसे क्षेत्रीय रूप देकर उसे स्थानीय जनता के अनुरूप बना रही हैं।

इस परिस्थिति में—हिन्दी के इस आधुनिक विकास-सन्दर्भ में—हमें ब्रजभाषा की भूमिका पर विचार करना चाहिए। हिन्दी प्रदेश के सभी जनपदों में ब्रजभाषा का साहित्य ही सबसे विशद है। अन्य जनपदों में यह साहित्य आज भी लोकप्रिय है। नये तद्‌भव गढ़ने और तद्‌भवों में तत्समों को खपाने की कला के श्रेष्ठ उदाहरण इसके साहित्य में हैं। अन्य जनपदों की बहुत-सी भाषा-सम्पदा साहित्यिक ब्रजभाषा में पहले ही सिमट आई है। हरियाणा की खड़ी बोली को हिन्दी-उर्दू का सरस सामान्य रूप देने का श्रेय ब्रजभाषा को है। हिन्दी से उसका सम्बन्ध जन्मजात है, तब उसके विकास में ब्रजभाषा का योगदान ऐतिहासिक रूप से आवश्यक है। आज की लिखित हिन्दी के स्वभाव को ब्रजभाषा के अनुकूल बनाना विकास की उन कड़ियों को फिर से जोड़ना है जो फोर्ट विलियम कॉलेज की स्थापना के बाद टूट गई थीं।

आज की लिखित हिन्दी जितना ही ब्रजभाषा के अनुकूल होगी, उतना ही वह हिन्दी जनपदों में लोकप्रिय होगी, उतना ही वह हिन्दी-उर्दू का भेद मिटाने में समर्थ होगी। उतना ही नहीं, अहिन्दी प्रदेशों, विशेष कर दक्षिण भारत में लोकप्रिय होगी। याद रखना चाहिए कि द्रविड़ भाषाएँ सैकड़ों संस्कृत रूपों को निरन्तर तद्‌भव बनाती रही हैं। तमिल 'कच्चाइ' हिन्दी 'कच्छा' के अनुरूप है, संस्कृत 'कक्ष्या' के नहीं; कन्नड़ 'बट्टि' हिन्दी 'भट्टा' के अनुरूप है, संस्कृत 'भ्राष्ट्र' के नहीं; 'श्री' का तत्सम उच्चारण द्रविड़-भाषियों के लिए वैसा ही कठिन है, जैसा ब्रजवासियों के लिए; 'तिरुपति' से लेकर 'तिरुअनन्तपुरम्' (ट्रिवेंद्रम्!) तक सब कहीं 'श्री' के तद्‌भव रूप 'तिरु' की ही शोभा है। वर्ण नहीं, वरुणम्; आचार्य नहीं, आचिरियर; अर्हत नहीं, अरुहन; क्षेप नहीं, चेमम्; स्थान नहीं, तानम्—ऐसी सैकड़ों मिसाले हैं जिनसे यह समझते देर न लगेगी कि औसत तमिल-भाषी के लिए ब्रजभाषा के तद्‌भव रूप ही सुगम हैं, लिखित हिन्दी (खास तौर से सरकारी हिन्दी) के तत्सम रूप नहीं।

चाहे जनपदीय स्तर पर विचार करें, चाहे प्रादेशिक स्तर पर, यह निष्कर्ष अनिवार्य है कि आज की लिखित हिन्दी निज को ब्रजभाषा के अनुरूप ढालकर ही अपने ऐतिहासिक विकास की मंज़िल तक पहुँच सकती है।

[1975]

40
हिन्दी-भाषी प्रदेश—बहुभाषा-भाषी प्रदेश?

कुछ दिन पहले एक भारत-मित्र विदेशी विद्वान् क.मु. विद्यापीठ आगरा पधारे थे। वह भारत में काफ़ी दिन रह चुके हैं, बहुत अच्छी हिन्दी बोलते हैं और हिन्दी भाषा के सम्बन्ध में बहुत कुछ लिख भी चुके हैं। इस समय वह हिन्दी-भाषी प्रदेश की भाषायी स्थिति पर शोध-कार्य कर रहे थे। उनकी धारणा यह थी कि हिन्दी प्रदेश बहुभाषा-भाषी प्रदेश है और इस प्रकार भारत या यूरोप के भाषायी क्षेत्रों से इसकी स्थिति भिन्न है। अपनी धारणा के प्रमाणस्वरूप उन्होंने इन तथ्यों का हवाला दिया। हिन्दी प्रदेश में काफ़ी लोग सामाजिक और पारिवारिक जीवन में अंग्रेज़ी भाषा का व्यवहार करते हैं। आपस में हिन्दी बोलते हुए भी बीच-बीच में अंग्रेज़ी का व्यवहार करते हैं। इसके अतिरिक्त हिन्दी और उर्दू दो भिन्न भाषाएँ हैं, इसमें सन्देह ही क्या है, और इन दोनों का मुख्य व्यवहार-क्षेत्र एक ही प्रदेश यानी हिन्दी-भाषी प्रदेश है। उर्दू के अलावा अनेक सांस्कृतिक कार्यों में, विशेष अवसरों पर धार्मिक कृत्यों में, संस्कृत का व्यवहार होता है। मुसलमान लोग अरबी का व्यवहार करते हैं। सम्भव है, कुछ लोग फ़ारसी का व्यवहार भी करते हों! धर्म-विशेष के लोग पालि और प्राकृत में पवित्र वचनों का पाठ करते हैं। हिन्दी प्रदेश में जहाँ भी जाते हैं, वहाँ देहात में हिन्दी से अलग बोली सुनाई देती है। कहीं लोग भोजपुरी बोलते हैं, कहीं मैथिली, कहीं ब्रजभाषा, कहीं कोई अन्य बोली। व्याकरण, उच्चारण आदि के विचार से ये बोलियाँ एक-दूसरे से बहुत भिन्न हैं और स्वतंत्र भाषाओं जैसी लगती हैं। देहात के अलावा शहरों में भी अलग-अलग ढंग की हिन्दी सुनाई देती है। कलकत्ता, बम्बई, हैदराबाद, पटना और दिल्ली की हिन्दी में काफ़ी अन्तर है। हिन्दी प्रदेश में ऐसे अनेक क्षेत्र हैं जहाँ द्रविड़ और मुंडा परिवारों की भाषाएँ बोली जाती हैं। इन सारे तथ्यों को देखने से यह प्रमाणित होता है कि हिन्दी-भाषी प्रदेश एक भाषा का प्रदेश नहीं है, यहाँ अनेक भाषाओं का व्यवहार होता है। उसे बहुभाषा भाषी प्रदेश कहना अधिक युक्तिसंगत है।

उस गोष्ठी में उक्त स्थापना के सम्बन्ध में मैंने जो कुछ कहा, उसका सारांश इस प्रकार है :

आदरणीय विद्वान् ने हिन्दी प्रदेश की भाषायी स्थिति के बारे में जो कुछ कहा है, वह सभी लोगों के ध्यान देने योग्य है। उन्होंने हिन्दी-भाषी प्रदेश की चर्चा करके हिन्दी के जातीय क्षेत्र को स्वीकार किया है। जहाँ की भाषा-समस्या का अध्ययन वह कर रहे हैं, वह हिन्दी प्रदेश है। वह हिन्दी भाषा का जातीय क्षेत्र है। हिन्दी जाति का अपना प्रदेश है। वह हिन्दी-उर्दू-अंग्रेज़ी-संस्कृत-अरबी प्रदेश नहीं कहलाता। मूल बात यह है कि हिन्दी बोलनेवालों की एक जाति है। यह जाति अनेक भाषाओं के व्यवहार के कारण विभाजित नहीं है। इस जाति के सदस्यों को जोड़नेवाली भाषा हिन्दी है। हिन्दी छोड़कर अन्य कोई भाषा यह कार्य नहीं करती। मुख्य स्थान इसी हिन्दी भाषा का है। अन्य भाषाएँ, उपभाषाएँ, बोलियाँ, विदेशी भाषाएँ, प्राचीन भाषाएँ आदि गौण स्थान पर हैं। वे विभाजित भले करती हों, जोड़ती नहीं हैं। जोड़ने का काम केवल हिन्दी करती है। यह भी स्पष्ट है कि जोड़ने की प्रक्रिया ऊपर है, अधिक शक्तिशाली है; तोड़ने की प्रक्रिया नीचे है और निर्बल है। ऐसी बात न हो तो हिन्दी-भाषी प्रदेश जैसे किसी प्रदेश की कल्पना ही न की जाए, उसकी भाषायी स्थिति की चर्चा का अवसर ही न आए। हिन्दी प्रदेश वैसे ही यथार्थ इकाई है, जैसे अंग्रेज़ी भाषा या रूसी भाषा का प्रदेश यथार्थ इकाई है। राजनीतिक रूप से यह प्रदेश अनेक राज्यों में बँटा हुआ है। जर्मनी, कोरिया, वियतनाम, बंगाल दो राज्यों में बँटे हुए हैं, इससे जर्मन, कोरियाई, वियतनामी, बंगाली जातियाँ और भाषाएँ विभाजित नहीं हो जातीं। आदरणीय विद्वान् हिन्दी प्रदेश का अस्तित्व स्वीकार करते हैं, उनकी और मेरी स्थापनाओं की यह सामान्य आधारभूमि है।

अब देखना चाहिए कि इस तरह की स्थिति केवल हिन्दी प्रदेश में उत्पन्न हुई है या इससे मिलती-जुलती स्थिति अन्य देशों में भी है अथवा कभी रही है।

विदेश से जो भी विद्वान् हमारे प्रदेश में आता है, उसे यहाँ के पढ़े-लिखे लोगों में अंग्रेज़ी का व्यापक व्यवहार देखकर आश्चर्य होता है। अंग्रेज़ी का व्यवहार इसलिए नहीं होता कि यहाँ तमिल या तेलगू बोलनेवालों से हिन्दी-भाषियों को सम्पर्क क़ायम करना है, और वे हिन्दी नहीं जानते, इसलिए अंग्रेज़ी का व्यवहार करना है। हिन्दी-भाषी लोग ही आपस में अंग्रेज़ी का व्पवहार करते हैं। विश्वविद्यालयों में इसी प्रदेश के अध्यापक इसी प्रदेश के छात्रों को अंग्रेज़ी के माध्यम से शिक्षा देते हैं। यहाँ के राजकीय-अराजकीय कार्यालयों में अंग्रेज़ी का काफ़ी व्यवहार होता है। इसका कारण हमारी राजनीतिक और सांस्कृतिक पराधीनता के अवशेष हैं। किन्तु इस तरह की स्थिति हमारे प्रदेश अथवा समस्त भारत देश के लिए अनोखी नहीं है। किसी समय इंग्लैंड पर नार्मन लोगों का प्रभुत्व था। उस समय इंग्लैंड का अभिजात वर्ग सामाजिक और पारिवारिक जीवन में व्यापक रूप से फ्रांसीसी भाषा का व्यवहार करता था। 19वीं सदी में रूस का अभिजात वर्ग इसी फ्रांसीसी भाषा का व्यवहार करता था। यद्यपि नेपोलियन और उसकी फ्रांसीसी सेना को रूसियों ने

पराजित किया था, फिर भी सांस्कृतिक रूप से रूसी अभिजात वर्ग पर फ्रांस की भाषा और संस्कृति का बड़ा गहरा प्रभाव था। यह स्थिति तोल्स्तोय के उपन्यासों में बहुत अच्छी तरह चित्रित की गई है। फ्रांसीसी भाषा के अलावा रूसी अभिजात वर्ग जर्मन भाषा का व्यवहार भी करता था। मध्य यूरोप के देशों में जर्मन का व्यवहार और भी व्यापक था, जैसेकि चेकोस्लोवाकिया में। मार्क्स के समय में यह प्रभाव इतना अधिक था कि मार्क्स समझते थे कि चेक और स्लोवाक भाषाओं का अस्तित्व न रहेगा और उनकी जगह जर्मन भाषा का ही व्यवहार होगा। इन तथ्यों पर ध्यान देने से विदित होता है कि विशेष सामाजिक कारणों से अनेक देशों में जातीय भाषा के साथ उच्चवर्गों में विजातीय भाषा का व्यवहार भी हो सकता है और हुआ है। जब कोई जाति अपना सामाजिक-सांस्कृतिक विकास करती है, अपनी आन्तरिक एकता सुदृढ़ करती है, तब वह विजातीय भाषा का प्रभाव उतार फेंकती है। ऐसा इंग्लैंड और रूस में हुआ है, चेकोस्लोवाकिया में हुआ है। हिन्दी प्रदेश और भारत में अंग्रेज़ी का जो व्यवहार दिखाई देता है, वह अस्थायी है। जब हिन्दी जाति सुगठित होगी, अपना सामाजिक-सांस्कृतिक विकास करेगी, तब अंग्रेज़ी का व्यापक व्यवहार बन्द हो जाएगा। जब सारा देश राष्ट्रीय स्तर पर सुगठित होगा, तब अंग्रेज़ी का यह अखिल भारतीय महत्त्व समाप्त होगा। अभी यह अखिल भारतीय महत्त्व अन्य प्रदेशों की तरह हमारे प्रदेश को भी प्रभावित करता है। यह बात याद रखनी चाहिए कि अंग्रेज़ी का व्यापक प्रभाव भारत के बहुत थोड़े-से पढ़े-लिखे लोगों के समुदाय में सीमित है, उसकी व्यापकता अत्यन्त सापेक्ष है। हिन्दी प्रदेश में जनसाधारण के बीच व्यापक रूप से हिन्दी का ही व्यवहार होता है।

हिन्दी के साथ उर्दू का व्यवहार हमारे यहाँ का एक अनोखा व्यापार प्रतीत होता है। किन्तु हिन्दी-उर्दू दो भिन्न भाषाएँ नहीं हैं, वे मूलत: एक ही भाषा हैं। इनके सर्वनाम, क्रियापद, मूल शब्द-भंडार एक ही हैं। संसार में कोई दो भाषाएँ ऐसी नहीं हैं जिनके सर्वनाम और क्रियापद सौ फीसदी सामान्य हो। रूसी और उक्रैनी भाषाएँ एक-दूसरे से बहुत मिलती-जुलती हैं पर उनमें भी ऐसी समानता नहीं है। उर्दू की भिन्नता का कारण उसकी संरचना, उसकी मूल भाषायी सम्पदा नहीं है। उसकी भिन्नता का कारण अरबी-फ़ारसी शब्दावली का विशिष्ट व्यवहार है।

बहुत समय से जर्मनी में यहूदी लोग रहते आए हैं। इनकी धर्मभाषा हीब्रू है। हीब्रू उनकी बोलचाल की भाषा नहीं है, वह उनकी धार्मिक अथवा सांस्कृतिक भाषा है। जर्मन भाषा में यहूदियों ने हीब्रू शब्दावली मिलाकर एक भाषा गढ़ी जो यिद्दिश कहलाई। आइंस्टाइन और फ्रायड जैसे यहूदियों ने अपनी जातीय भाषा जर्मन का ही व्यवहार किया, फिर भी बहुत-से यहूदी अपने धर्म से हीब्रू भाषा का विशेष सम्बन्ध जोड़ने के कारण यिद्दिश को अपनाए रहे। बहुत-से जर्मन यहूदी रूस में जा बसे। वहाँ भी उन्होंने यिद्दिश चलाई। इस भाषा में उन्होंने अपने समाचार-पत्र निकाले।

मास्को में इस भाषा में रचे जानेवाले नाटक खेलने के लिए एक विशेष नाट्यशाला बनाई गई। रूसी भाषा के विशाल जातीय प्रदेश में यिद्दिश का व्यवहार करनेवाले यहूदियों का एक स्वायत्त क्षेत्र भी है। पर यहूदियों की कोई जाति नहीं है। रूसी, फ्रांसीसी, जर्मन आदि की तरह कोई यहूदी जाति नहीं है। धर्म अलग-अलग हैं पर ईसाई और यहूदी जर्मनों, ईसाई और यहूदी अंग्रेज़ों, ईसाई-यहूदी-ला-मज़हब—सभी तरह के रूसियों की जाति एक ही है। यिद्दिश में जैसे हीब्रू के बहुत-से शब्द मिला दिये गए हैं, वैसे ही उर्दू में बहुत-से अरबी-फ़ारसी शब्द मिला देने से उर्दू का अलगाव पैदा हुआ है। जैसे बंगाल के हिन्दुओं और मुसलमानों की एक ही भाषा बंगला है, वैसे ही हिन्दी प्रदेश के हिन्दुओं और मुसलमानों की एक ही भाषा हिन्दी है। फोर्ट विलियम कॉलेज की स्थापना होने तक हमारे प्रदेश के मुसलमान अपनी भाषा को हिन्दी ही कहते थे। दोनों के बीच का फासला अंग्रेज़ी राज्य में ही बढ़ा है। उस राज्य के खत्म होने पर वह फासला कम हो गया है। जब हिन्दी प्रदेश की बहुसंख्यक किसान जनता साक्षर होगी, उसमें शिक्षा-प्रसार होगा, तब यह फासला पूरी तरह समाप्त हो जाएगा। कबीर, मलिक मुहम्मद जायसी, दादू, रज्जब, रहीम, रसखान की परम्परा फिर जीवित होगी और यहाँ के हिन्दू और मुसलमान एक ही साहित्यिक भाषा के माध्यम से अपनी जातीय संस्कृति और साहित्य को समृद्ध करेंगे। जनसाधारण के निरक्षर और पिछड़े होने से, पुरानी रूढ़ियों के प्रभाव से, धर्म-विशेष के लोग अपनी जातीयता न पहचानकर उस धर्म-विशेष की भाषा से अपना सम्बन्ध जोड़ लेते हैं; उस भाषा का व्यवहार दैनिक जीवन में सम्भव नहीं होता, अत: उसके अधिक से अधिक शब्द जातीय भाषा में ठूँसकर वे अपना अलगाव क़ायम रखना चाहते हैं। हिन्दी-उर्दू का मुख्य भेद फ़ारसी शब्दों के कारण नहीं है, अरबी शब्दों को लेकर है। फ़ारसी आर्य-परिवार की भाषा है। इसके सैकड़ों शब्द संस्कृत के तद्भव रूपों जैसे हैं। किन्तु अरबी सामी परिवार की भाषा है। इसके बहुत-से शब्द तुर्की में आ गए थे। कमाल पाशा के समय में, और उसके बाद, तुर्कों ने अपनी भाषा को अरबी प्रभाव से मुक्त किया। उसी प्रकार नवजाग्रत ईरान के लोग आधुनिक फ़ारसी को अरबी प्रभाव से मुक्त कर रहे हैं। इसलिए मेरा विश्वास है कि हिन्दी प्रदेश में भी अरबी प्रभाव के कारण हिन्दी-उर्दू में जो भेद पैदा हुआ है, वह अस्थायी है और कुछ दिनों में समाप्त हो जाएगा।

हिन्दी प्रदेश में विशेष अवसरों पर धार्मिक या सांस्कृतिक कार्यों में संस्कृत अरबी आदि प्राचीन भाषाओं का व्यवहार होता है। यह व्यवहार-क्षेत्र अत्यन्त सीमित है और इससे जातीय भाषा का अस्तित्व खंडित नहीं होता। यूरोप के देशों में जहाँ ईसाइयों का रोमन कैथलिक सम्प्रदाय है, वहाँ गिरजाघर में लैटिन का व्यवहार होता है। आगरे के एक गिरजाघर में अपने एक हिन्दी-भाषी रोमन कैथलिक बन्धु की बहन के विवाह में मैं उपस्थित था। वहाँ मैंने देखा कि जैसे हिन्दू विवाह में संस्कृत

मंत्र पढ़े जाते हैं, वैसे ही यहाँ प्रार्थना या मंत्र-पाठ लैटिन में हो रहा है। इंग्लैंड में ईसाइयों का प्रोटेस्टेंट मत फैलने पर अंग्रेज़ी का व्यवहार होने लगा, फिर भी अनेक पवित्र कार्यों के लिए लैटिन का स्थान सुरक्षित रहा। लन्दन का वेस्टमिनिस्टर गिरजाघर बड़ा पवित्र स्थान है। वहाँ देश के महान् पुरुष दफ़नाए जाते हैं। 18वीं सदी के प्रसिद्ध अंग्रेज़ लेखक डॉ. जानसन से उनके मित्रों ने मज़ाक किया; उनके सामने एक प्रार्थना-पत्र रखा कि वह कवि गोल्डस्मिथ का समाधि-लेख अंग्रेज़ी में लिख दें तो उसे उनकी कब्र पर पत्थर में अंकित कराया जाए। डॉ. जानसन ने रुष्ट होकर कहा कि समाधि-लेख लैटिन में ही होगा, वेस्टमिनिस्टर गिरजाघर को अंग्रेज़ी के व्यवहार से अपवित्र नहीं किया जा सकता।

अंग्रेज़ कवि चौसर ने एक पादरी का वर्णन किया है कि जब वह होश में होता था, तब अंग्रेज़ी बोलता था। जब नशे में होता था तब केवल लैटिन बोलता था। नशा कई तरह का होता है। बहुत-से लोग अब भी समझते हैं, ईश्वर उनके धर्म-विशेष की भाषा बोलता था और उसका व्यवहार न करने पर धार्मिक-सांस्कृतिक अनुष्ठानों की पवित्रता नष्ट हो जाएगी। जहाँ धर्म में ईश्वर को जगह नहीं मिली, वहाँ उसकी जगह कोई सिद्ध पुरुष प्रतिष्ठित हुआ। उसकी यथार्थ या कल्पित वाणी को लोग धर्म की पवित्र भाषा मानने लगे। स्पष्ट है कि धर्म-भाषाओं का व्यवहार हिन्दी प्रदेश की विशेषता नहीं है। अन्यत्र भी ऐसा होता है और हुआ है किन्तु जातीय भाषाओं से भिन्न ऐसी धर्म-भाषाओं का व्यवहार-क्षेत्र निरन्तर संकुचित होता गया है।

यह बात सही है कि हिन्दी प्रदेश में बहुत-सी बोलियों का व्यवहार होता है। यह स्थिति हिन्दी प्रदेश के लिए अनोखी नहीं है। भारत या यूरोप की कोई भाषा ऐसी नहीं है जिनकी अनेक बोलियाँ न हों। इंग्लैंड में उत्तर और दक्खिन के गाँवों की बोलियों में बड़ा अन्तर है। लन्दन शहर की अपनी बोली है जो परिनिष्ठित अंग्रेज़ी से भिन्न है। कुछ लोग वेल्स और स्कॉटलैंड की भषाओं को अंग्रेज़ी की बोली मानते हैं पर वे अंग्रेज़ी से उतना ही भिन्न हैं जितना हिन्दी से तमिल। आधुनिक जातीय प्रदेश पुराने जनपदों के आधार पर बनते हैं। जातीय भाषा का निर्माण और प्रसार इन्हीं जनपदों की भाषाओं के बीच होता है। इस विकास की यह विशेषता होती है कि उद्योग-धन्धों और व्यापार के केन्द्रों में जातीय भाषा का व्यवहार होता है; विभिन्न जनपदों के लोग परस्पर सपर्क के लिए उसी जातीय भाषा का व्यवहार करते हैं। हिन्दी प्रदेश में कोई ऐसा नगर नहीं है जहाँ हिन्दी में अलग किसी जनपदीय भाषा का ही व्यवहार होता हो। कानपुर एक बड़ा औद्योगिक नगर है। यहाँ दूर-दूर के जनपदों से आकर मज़दूर काम करते हैं। इनकी सम्पर्क-भाषा हिन्दी है—अपने घर में वे चाहे कन्नौजी बोलें, चाहे बुन्देलखंडी। ब्रज प्रदेश के नगर आगरे की सामान्य भाषा ब्रज नहीं है, बुन्देलखंड के नगर झाँसी की सामान्य भाषा बुन्देलखंडी नहीं है, भोजपुरी क्षेत्र के नगर बनारस की सामान्य भाषा भोजपुरी

नहीं है। हर जगह मज़दूरों, व्यापारियों, नौकरीपेशा लोगों की भाषा हिन्दी है। अब मान लीजिए, बनारस के किसी कारख़ाने में केवल भोजपुरी का व्यवहार हो, कानपुर में केवल कन्नौजी का व्यवहार हो, दिल्ली में बाँगरू का व्यवहार हो, तो सामाजिक विकास की सारी प्रक्रिया ठप हो जाएगी। सामाजिक विकास-प्रक्रिया के अनुरूप सारे प्रदेश में शिक्षा का माध्यम हिन्दी है। यदि शिक्षा के जनपदीय माध्यम बनाए जाएँ, झाँसी में शिक्षा का माध्यम बुन्देलखंडी हो, बनारस हिन्दू विश्वविद्यालय में शिक्षा का माध्यम भोजपुरी हो, अलीगढ़ विश्वविद्यालय में शिक्षा ब्रजभाषा के माध्यम से दी जाए, लखनऊ-विश्वविद्यालय में अवधी के माध्यम से दी जाए, तो यह समझते देर न लगेगी कि सारा सांस्कृतिक विकास तहस-नहस हो जाएगा। इसके अलावा यथार्थ जीवन में भाषाओं की जो स्थिति है, यह कार्य उससे बिलकुल उल्टा होगा।

हिन्दी प्रदेश की एकता, इस प्रदेश में हिन्दी के व्यवहार का प्रश्न, राष्ट्रीय एकता के प्रश्न के साथ जुड़ा हुआ है। जो लोग यह चाहते हैं कि भारत में अंग्रेज़ी का पुराना गौरवपूर्ण स्थान बना रहे, वे हिन्दी के कृत्रिम होने का शोर सबसे ज़्यादा मचाते हैं। वे कहते हैं, देखो, हिन्दी ने ब्रजभाषा, अवधी, भोजपुरी आदि-आदि स्वतंत्र भाषाओं को दबा रखा है। उत्तर भारत में ही हिन्दी ने अपना साम्राज्यवाद क़ायम कर रखा है, उसी का प्रसार हिन्दी वाले बंगाल, महाराष्ट्र, दक्षिण के प्रदेशों में भी करना चाहते हैं। इसलिए अंग्रेज़ी का व्यवहार निरन्तर करते जाना चाहिए।

हिन्दी प्रदेश वैसे ही अनेक राज्यों में बँटा हुआ है। अन्य प्रदेशों में भारत के राजनीतिक दल भाषावार राज्य बनाने का आन्दोलन चला चुके हैं। हिन्दी प्रदेश में राज्य न तो जनपदीय भाषाओं के आधार पर बने हैं और न जातीय भाषा के आधार पर। यहाँ राज्य-निर्माण का कोई भी सिद्धान्त लागू नहीं होता और राजनीति-विशारद इस समस्या की चर्चा भी नहीं करते। इसलिए जनपद की भाषाएँ हिन्दी से स्वतंत्र भाषाएँ हैं, यह स्थापना हमारी जातीय एकता को खंडित करती है, वह राष्ट्रीय एकता को कमज़ोर करती है, और अंग्रेज़ी के प्रभुत्व को क़ायम रखती है। इस स्थापना को दोहराते समय बहुत सतर्क रहना आवश्यक है।

हिन्दी में लिखा हुआ बहुत-सा साहित्य अब गाँवों में किसान पढ़ते हैं। कचहरी-अदालत में उनका काम हिन्दी से चलता है। पाठशालाओं में उनके बच्चे हिन्दी पढ़ते हैं। बहुत-से किसान गरीबी के कारण गाँव छोड़कर शहर में मज़दूरी करने आते हैं। उनका काम हिन्दी से चलता है। इस तरह जिन आर्थिक और सांस्कृतिक सूत्रों से शहर के लोग बँधे हुए हैं, उनसे पूर्णत: नहीं, तो अंशत: किसान भी बँधे हुए हैं। हम लोग अभी आर्थिक दृष्टि से पिछड़े हुए हैं। यूरोप के देशों की तुलना में ही नहीं, भारत में महाराष्ट्र और बंगाल की तुलना में, हिन्दी प्रदेश आर्थिक दृष्टि से पिछड़ा हुआ है। जब यह पिछड़ापन दूर होगा, इस प्रदेश का औद्योगिक विकास होगा, तब

ये सूत्र और भी मज़बूत होंगे। जनपदों का अलगाव, शहरों से गाँवों का अलगाव, मज़दूरों से किसानों का अलगाव, हिन्दी से जनपदीय भाषाओं का अलगाव और भी कम होगा। सामाजिक विकास की दिशा पहचानने से सन्देह नहीं रह जाता कि यह अलगाव विनाशमान है। जो चीज़ विकासमान है, वह हिन्दी के माध्यम से जातीय एकता को सुदृढ़ करने की प्रक्रिया है।

हिन्दी-भाषी प्रदेश भारत का सबसे बड़ा जातीय प्रदेश है। स्वभावत: इस प्रदेश में अन्य किसी जातीय प्रदेश की अपेक्षा जनपदों की संख्या अधिक हैं। इसी प्रदेश में फ़ारसी राजभाषा रही है, इसी प्रदेश की साहित्यिक या शिष्ट भाषा के दो रूप हैं : हिन्दी और उर्दू। इसलिए जातीय निर्माण और जातीय भाषा के विकास की प्रक्रिया अन्य प्रदेशों की अपेक्षा जहाँ ज़्यादा पेचीदा है। साथ ही जनपदीय भाषाएँ, उनमें रचा हुआ साहित्य, विभिन्न जनपदों की लोक-संस्कृति हमारे जातीय विकास में बाधक नहीं हैं; इसके विपरीत वे इस विकास को नई शक्ति देनेवाला बहुत बड़ा स्रोत हैं। जाति का निर्माण जनपदीय तत्त्वों से होता है, जातीय भाषाओं से जनपदीय भाषाओं अथवा उपभाषाओं के तत्त्व निरन्तर शामिल होते हैं। जातीय संस्कृति का आधार विभिन्न जनपदों की लोक-संस्कृति है। जातीय भाषा और जनजातीय उपभाषा एक-दूसरे की पूरक हैं, विरोधी नहीं हैं। बहुत अच्छा हो, यदि हिन्दी प्रदेश के प्रत्येक विश्वविद्यालय में एक लोक-संस्कृति विभाग हो, जहाँ जनपद-विशेष की भाषा और लोक-संस्कृति पर संगठित रूप से शोध-कार्य हो, उससे सम्बन्धित सामग्री संकलित की जाए और प्रकाशित की जाए। हमसे हिन्दी भाषा ही नहीं, हिन्दी साहित्य के विकास को बहुत बड़ी प्रेरणा मिलेगी। इस तरह का काम अभी बहुत बिखरे रूप में हो रहा है। उसे योजनाबद्ध ढंग से सम्पन्न करना आवश्यक है।

विशाल हिन्दी प्रदेश में अनेक जनपद हैं, अनेक जनपदीय उपभाषाएँ हैं। बहुतों का पुराना समृद्ध साहित्य है। सभी के पास समृद्ध लोक-संस्कृति के भंडार हैं। यह स्थिति कुछ लोगों को विघटनकारी जान पड़ती है। वास्तव में वह हिन्दी प्रदेश की भाषायी और सांस्कृतिक समृद्धि का अक्षय स्रोत है। जहाँ तक सामान्य सामाजिक विकास-प्रक्रिया का सम्बन्ध है, जातीय भाषा के साथ अनेक बोलियों का सहअस्तित्व भारत और यूरोप के अन्य प्रदेशों में भी देखा जाता है।

जनपदीय उपभाषाओं के अलावा जातीय भाषा हिन्दी के भी अनेक बोली रूप हैं। ये बोली रूप कैसे बनते हैं? जातीय भाषा जब जनपदीय उपभाषा से प्रभावित होती है, तब ऐसे रूप बनते हैं। बनारस में जातीय भाषा हिन्दी जनपदीय उपभाषा भोजपुरी से प्रभावित होती है, तब उसका बनारसी रूप बनता है। यही जातीय भाषा जब ब्रजभाषा से प्रभावित होती है, तब आगरे की अपनी खड़ी बोली का निर्माण होता है। जनपदीय उपभाषाओं के अलावा हिन्दी अन्य जातीय भाषाओं से भी प्रभावित होती है। कलकत्ते की हिन्दी बंगला से प्रभावित है, बम्बई की हिन्दी मराठी से

प्रभावित है। ये नगर बंगला और मराठी के जातीय क्षेत्रों में स्थित हैं। इसलिए वहाँ की भाषाओं से हिन्दी का प्रभावित होना स्वाभाविक है। हैदराबाद मराठी और तेलगू क्षेत्रों से घिरा हुआ है, इसलिए दकनी पर इन भाषाओं का प्रभाव पड़ा है। दिल्ली पंजाब में नहीं है पर पंजाबी लोग दिल्ली में हैं, और इतने हैं कि पुरानी दिल्ली नई दिल्ली में खो गई है। नतीजा यह कि ज़बाने-देहली की जगह अब पंजाबी प्रभावित हिन्दी ही सुनाई देती है। अंग्रेज़ी भाषा को देखें तो जनपदीय उपभाषाओं से प्रभावित उसके भी अनेक रूप हैं। जो लोग परिनिष्ठित अंग्रेज़ी का प्रचार करना चाहते हैं, उनके लिए एक बड़ी समस्या यह रही है कि स्कूलों में बच्चों को अंग्रेज़ी का सही उच्चारण सिखाने के बाद उन्हें स्थानीय प्रभाव से दूषित होने से कैसे बचाया जाए। इसके लिए यह प्रस्ताव किया गया था कि छात्रों को स्कूल के बोर्डिंग हाउस में रखा जाए, शहर में उनका रहना बन्द कर दिया जाए। शहर में रहेंगे तो घर और पड़ोस में जैसी अंग्रेज़ी सुनेंगे, वैसी बोलेंगे या उससे प्रभावित होंगे। स्कूल में उच्चारण की जितनी कवायद कराई जाएगी, वह सब बेकार हो जाएगी। फिर भी विभिन्न स्थानों के अंग्रेज़ अपने-अपने ढंग से अंग्रेज़ी बोलते हैं। बर्नार्ड शॉ के नाटक 'पिगमेलियन' में एक पात्र यह चमत्कार दिखाता है कि लोगों की अंग्रेज़ी सुनकर वह बता देता है कि वे कहाँ के रहनेवाले हैं। इसका कारण यह है कि जनपदीय उपभाषाएँ पूरी तरह मिट नहीं गईं, उनके अवशेष जातीय भाषा अंग्रेज़ी को प्रभावित करते हैं, उसके बोली रूपों का निर्माण करते हैं। रूसी लेखक गोर्की के बारे में सुना है कि वह दक्खिनी रूस के थे जहाँ के लोग बंगालियों और भोजपुरियों के समान 'अ' स्वर का गोलाकार उच्चारण करते हैं। मॉस्को की परिनिष्ठित रूसी में अकार का उच्चारण वैसे होता है, जैसे परिनिष्ठित हिन्दी में होता है। मास्को वाला कहेगा—निकग्दा, दक्खिनी रूसी कहेगा—निकौग्दा (= कहीं नहीं)। इस तरह विकसित देशों की जातीय भाषा में बोली रूप विद्यमान है। अब अंग्रेज़ी विश्व भाषा है। अमरीकी अंग्रेज़ी और ब्रिटिश अंग्रेज़ी का भेद प्रसिद्ध है। इस भेद के कारण कोई यह नहीं कहता कि अंग्रेज़ी विश्वभाषा नहीं है। तब हिन्दी के बोलीरूप होने से उसका जातीय भाषा या राष्ट्र भाषा होना कैसे रोका जा सकता है?

अब रह गया प्रश्न हिन्दी प्रदेश में अन्य परिवारों की भाषाओं का। बिहार और मध्य प्रदेश में आदिवासियों के इलाके हैं। यहाँ द्रविड़ और कोल परिवारों की भाषाएँ बोली जाती हैं। इन्हें बोलनेवाले हिन्दी जाति का अंग नहीं हैं। उनकी भाषाएँ हिन्दी से स्वतंत्र हैं; उन्हें अपनी भाषाओं के माध्यम से अपना सामाजिक और सांस्कृतिक विकास करने की पूरी स्वाधीनता होनी चाहिए। बड़े जातीय क्षेत्रों में जहाँ पुराने कबीले या लघुसंख्यक जातियाँ रहती हैं, वहाँ उनके सामाजिक विकास की समस्याएँ हल करने में दो तरीके सहायक होते हैं। एक तरीका यह है कि बड़े जातीय क्षेत्रों के अन्तर्गत इन्हें स्वायत्त शासन की सुविधा प्रदान की जाए। दूसरा तरीका यह है कि

जहाँ आर्थिक रूप से इनका राज्य आत्मनिर्भर हो सके, वहाँ उनका राज्य बना दिया जाए। मध्य प्रदेश से लेकर बिहार तक आदिवासियों के क्षेत्र फैले हुए हैं। ये लोग सामाजिक विकास की विभिन्न मंज़िलों में हैं। इनका प्रदेश किसी एक ही जाति या एक ही भाषा का प्रदेश नहीं है। यहाँ द्रविड़ और कोल परिवारों की अनेक भाषाएँ बोली जाती हैं। इनके अलावा छोटानागपुर में आदिवासियों की भाषा से प्रभावित हिन्दी का व्यवहार भी व्यापक रूप से होता है। जैसे शहरों में हिन्दी के अनेक रूप हैं, वैसे ही छोटानागपुर के आदिवासी क्षेत्र में हिन्दी का अपना बोली-रूप है। इससे मिलती-जुलती स्थिति भारत के अन्य प्रदेशों में भी है। केरल, तमिलनाडु आदि के द्रविड़ प्रदेशों में तो अन्य द्रविड़ भाषाएँ बोलनेवालों के ही विशेष क्षेत्र हैं। इन्हें स्वायत्त शासन का अधिकार मिलना चाहिए। सोवियत संघ में सौ से अधिक भाषाएँ बोली जाती हैं, वहाँ सौ से अधिक जातियाँ निवास करती हैं। वहाँ केवल सोलह प्रजातंत्र हैं। सोवियत संघ इन्हीं राज्यों का संघ है। प्रत्येक राज्य में अनेक स्वायत्त-शासन के क्षेत्र हैं, सबसे अधिक रूसी प्रजातंत्र में हैं। ब्रिटेन में एक ही राज्य है परन्तु यहाँ भी वेल्श और गेलिक के अलग क्षेत्र हैं।

हिन्दी प्रदेश की भाषायी स्थिति के बारे में जो विशेषताएँ बताई गई हैं, उनमें कुछ ऐसी हैं जो सभी भाषा-क्षेत्रों में पाई जाती हैं। कुछ ऐसी हैं, जो थोड़े-से भाषा-क्षेत्रों में मिलती हैं पर ऐसी कोई विशेषता नहीं है जो कहीं भी न मिलती हो। कहा जा सकता है, दो-चार विशेषताएँ इधर-उधर मिल सकती हैं पर ऐसा भाषा-क्षेत्र कौन-सा है जहाँ ये सभी विशेषताएँ एक साथ मिलती हों? मेरा उत्तर है, ऐसा भाषा-क्षेत्र रूस है। वहाँ तथाकथित बहुभाषा-भाषी हिन्दी प्रदेश की सभी विशेषताएँ प्राप्त हुई हैं।

सबसे पहले विजातीय भाषा का व्यवहार। हिन्दी प्रदेश में अंग्रेज़ी का व्यवहार होता है, रूस में फ्रांसीसी भाषा का व्यवहार होता था। अब वहाँ नहीं होता क्योंकि समाजवाद की एक उपलब्धि विजातीय भाषा का प्रभाव समाप्त करना है। पूँजीवादी रूस में बीसवीं सदी के प्रथम चरण तक फ्रांसीसी भाषा को गौरव का स्थान प्राप्त था। भाषायी स्थिति का सम्बन्ध समाज-व्यवस्था से बड़ा गहरा है। जब हिन्दी प्रदेश में समाजवादी व्यवस्था क़ायम होगी, तब अंग्रेज़ी का यह गौरवपूर्ण स्थान भी समाप्त हो जाएगा। विजातीय भाषा का प्रभाव एक विरल विशेषता है क्योंकि इसका कारण किसी अन्य जाति का राजनीतिक अथवा सांस्कृतिक प्रभाव है। विरल होने पर भी यह विशेषता बहुत-से देशों में मिलती है क्योंकि विश्व-साम्राज्यवादी व्यवस्था के अन्तर्गत एशिया और अफ्रीका के बीसियों देश इस तरह के प्रभाव में रहे हैं। इससे यह भी समझना चाहिए कि हिन्दी प्रदेश की यह विशेषता अस्थायी है, जैसेकि वह रूस में अस्थायी सिद्ध हो चुकी है। एशिया के देशों में वियतनाम फ्रांस का उपनिवेश रह चुका है। वहाँ कभी फ्रांसीसी भाषा का वैसे ही व्यवहार होता था, जैसे भारत में अंग्रेज़ी का होता है। अब यहाँ सर्वोपरि स्थान वियतनामी भाषा का है।

हिन्दी-उर्दू का भेद हिन्दी प्रदेश की अपनी विशेषता माना जाता है। रूस में यिद्दिश भाषा का व्यवहार वैसे ही होता है, जैसे यहाँ उर्दू का। यहूदी एक धर्म है, जाति नहीं है; जैसेकि ईसाई एक धर्म है, जाति नहीं है। रूस में यहूदी हीब्रू को अपनी धर्मभाषा मानते हैं, हीब्रू-मिश्रित भाषा को अपनी खास भाषा मानते हैं। इस भाषा में जर्मन-भाषातत्त्व इसलिए हैं कि रूस के यहूदी वहाँ जर्मनी से पहुँचे हैं। जैसे आगरे का कोई मुसलमान कलकत्ते में जाकर उर्दू बोले, वैसे ही जर्मनी के यहूदी रूस में जाकर हीब्रू-मिश्रित जर्मन अर्थात् यिद्दिश का व्यवहार करते हैं। न तो रूस में सभी यहूदी यिद्दिश का व्यवहार करते हैं, न हिन्दी प्रदेश में सभी मुसलमान उर्दू का व्यवहार करते हैं। कुछ शहरों को छोड़कर गाँवों के मुसलमान, खास कर बिहार और मध्य प्रदेश के मुसलमान, हिन्दी या स्थानीय जनपदीय बोली का व्यवहार करते हैं। रूस के बाहर यिद्दिश का व्यवहार बहुत कम होता है, यद्यपि ब्रिटेन और अमरीका में यहूदी भरे पड़े हैं। वैसे ही हिन्दी प्रदेश के बाहर, कश्मीर, बंगाल या सिन्ध में, धर्म के कारण हिन्दुओं से मुसलमानों की कोई अलग भाषा नहीं है। अत: हिन्दी प्रदेश की इस विशेषता को भी अस्थायी मानना चाहिए।

अब रही परिनिष्ठित भाषा के साथ जनपदीय उपभाषाओं के व्यवहार की बात। यह एक व्यापक विशेषता है जो हर भाषा-क्षेत्र में मिलती है। इसका कारण यह है कि जनपदों का अलगाव खत्म होने पर जातीय प्रदेश निर्मित होता है, कोई एक जनपदीय भाषा जातीय भाषा बनती है और अन्य जनपदीय भाषाओं के तत्त्व अपने भीतर समेटती है। आधुनिक उद्योग-धन्धों के विकास के साथ, साक्षरता और शिक्षा-प्रसार के कारण, जनपदीय भाषाओं का व्यवहार निरन्तर कम होता जाता है परन्तु पूरी तरह समाप्त नहीं होता। परिनिष्ठित रूसी भाषा की बोलियाँ पूँजीवादी व्यवस्था में थीं, समाजवादी व्यवस्था में भी हैं। हिन्दी प्रदेश में अनेक जनपदीय भाषाओं में विपुल साहित्य-राशि है। ऐसा रूस में नहीं है, पर इससे वहाँ जनपदीय भाषाओं का अस्तित्व असिद्ध नहीं होता।

जनपदीय उपभाषाओं के अलावा परिनिष्ठित भाषा के ही बोली-रूप होते हैं। जनपदीय उपभाषाएँ सामन्ती व्यवस्था के युग की स्वतंत्र भाषाएँ हैं, परिनिष्ठित भाषा के बोली-रूप उन स्वतंत्र भाषाओं के अवशेष नहीं हैं। ये रूप जातीय भाषा पर जनपदीय उपभाषाओं अथवा अन्य जातीय भाषाओं का प्रभाव पड़ने से बनते हैं। जनपदीय उपभाषाओं का मुख्य व्यवहार-क्षेत्र गाँव होते हैं; परिनिष्ठित भाषा के मुख्य व्यवहार-क्षेत्र शहर होते हैं। ऊपर दिल्ली, बम्बई, कलकत्ता आदि शहरों की जिस हिन्दी का उल्लेख है, उससे यह तथ्य प्रमाणित होता है। परिनिष्ठित भाषा के बोली-रूपों के व्यवहार के व्यापक सामाजिक कारण हैं। अत: यह विशेषता चाहे रूसी हो, चाहे अंग्रेज़ी, चाहे तमिल हो, चाहे बंगला—सर्वत्र दिखाई देती है।

अनेक भाषा-क्षेत्रों में विशेष धार्मिक और सांस्कृतिक कार्यों में किसी धर्म-भाषा का व्यवहार होता है अथवा ऐसी रिक्थ भाषा का व्यवहार होता है जिसे लोग अपनी सांस्कृतिक विरासत से विशेष रूप में सम्बद्ध मानते हैं। हिन्दी प्रदेश में इस स्तर पर संस्कृत का व्यवहार होता है। रूस में एक धर्मभाषा का व्यवहार होता था जिसे पश्चिम के भाषा-वैज्ञानिक चर्चस्लावोनिक कहते हैं। यह गिरजाघरों की पुरोहित-भाषा है, जो अब ऐतिहासिक भाषाविज्ञान के लिए महत्त्वपूर्ण तथ्यों का स्रोत है। वास्तव में यह पुरानी बुल्गर भाषा है। वह रूसी से भिन्न है। आधुनिक रूस में उसका व्यवहार बहुत कम हो गया है किन्तु पुरानी धार्मिक रूढ़ियाँ माननेवाले लोग वहाँ अब भी हैं, इसलिए उसका थोड़ा-बहुत व्यवहार अब भी होता होगा। पहले होता था, इसमें सन्देह नहीं। रूस में ईसाइयों के अनेक सम्प्रदाय हैं। इनमें एक ग्रीक ऑर्थोडौक्स चर्च अथवा सनातनपंथी यूनानी सम्प्रदाय है जो शायद ग्रीक भाषा का व्यवहार करता होगा। ईसाइयों के अलावा रूस में लाखों मुसलमान हैं। इनमें काफ़ी लोग अभी नमाज़ पढ़ते हैं और उनकी नमाज़ अरबी में ही होती है। यहूदियों के अपने उपासना-स्थान हैं। उनमें निःसन्देह हीब्रू का व्यवहार होता होगा। कुछ बौद्ध मन्दिर भी हैं। अवश्य ही ये लोग पालि भाषा में धम्मपद का पाठ करते होंगे। कुल मिलाकर धर्मभाषाओं या रिक्थ भाषाओं की स्थिति रूस में वैसी ही है, जैसी हिन्दी प्रदेश में। यह विशेषता सर्वत्र समान रूप से व्यापक नहीं है। इसका एक कारण यह है कि सामाजिक जीवन में धार्मिक रूढ़ियों का स्थान निरन्तर गौण होता जाता है। दूसरा कारण यह है कि अनेक देशों में समाज-सुधारकों ने धार्मिक कार्यों में जातीय भाषा के व्यवहार पर ज़ोर दिया और इस जातीय भाषा ने पुरानी धर्मभाषा का स्थान ले लिया। धर्म से भिन्न अन्य सांस्कृतिक कार्यों में रिक्थ भाषा का व्यवहार निरन्तर क्षीण होता गया है। कुल मिलाकर जातीय भाषा का स्थान सर्वोपरि होता है। अन्य सभी भाषाएँ गौण स्थान प्राप्त करती हैं। यही स्थिति हिन्दी प्रदेश की है।

जातीय भाषा के साथ विजातीय भाषा का व्यवहार केवल उच्चवर्गों और शिक्षित जनों में होता है, जनसाधारण में नहीं। जातीय भाषा के साथ रिक्थ भाषा या धर्म-भाषा का व्यवहार पुरोहित वर्ग के लोग विशेष अवसरों पर ही करते हैं। इसका व्यवहार क्षेत्र विजातीय भाषा की तुलना में और भी संकुचित होता है। रिक्थ भाषा या धर्म भाषा के कुछ तत्त्व जातीय भाषा में मिला कर उर्दू या यिद्दिश जैसी मिश्रित भाषा बनती है। इसे जातीय भाषा की एक बोली विशेष कह सकते हैं। इसका व्यवहार अधिकतर धार्मिक अल्पसंख्यक समुदाय करते हैं। जातीय गठन और विकास के साथ इसके व्यवहार का अल्पसंख्यक क्षेत्र क्रमशः जातीय भाषा के बृहत्तर व्यवहार क्षेत्र में विलीन हो जाता है।

जातीय भाषा के साथ जनपदीय उपभाषाओं का व्यवहार शहरों की अपेक्षा गाँवों में अधिक होता है। उक्त तीन कोटि की भाषाओं की तुलना में इनका व्यवहार

क्षेत्र अधिक टिकाऊ और व्यापक होता है। साथ ही ये उपभाषाएँ जातीय भाषा को समृद्ध करने का साधन भी हैं। जातीय भाषा के परिनिष्ठित रूपों के साथ उसके बोली-रूपों का व्यवहार और भी टिकाऊ, और भी व्यापक होता है। ये बोली रूप जातीय भाषा के प्रसार के अनिवार्य परिणाम होते हैं।

हिन्दी प्रदेश में अनेक भाषाओं का प्रयोग इस प्रदेश की विलक्षणता नहीं है। ऐसा अन्यत्र भी हुआ है और हो रहा है। मुख्य बात यह है कि हिन्दी के माध्यम से एक विशाल प्रदेश में भारत की एक महान् जाति सुगठित हो गई है और उसके आर्थिक-सांस्कृतिक विकास को रोक रखना सम्भव नहीं है। बहुभाषावाद की समस्या पर इसी परिप्रेक्ष्य में विचार करना उचित है।

[1977]

परिशिष्ट

1

भारतेन्दु हरिश्चन्द्र और उन्नीसवीं सदी में हिन्दी-आन्दोलन

"हिन्दी नई चाल में ढली, सन् 1873 ई.।"

इस नई चाल की हिन्दी ने एक ऐतिहासिक आवश्यकता की पूर्ति की। उसने हिन्द प्रदेश की जनता को राजनीतिक और सांस्कृतिक जागरण की वाणी दी।

गिलक्राइस्ट और ग्रियर्सन आदि अंग्रेज़ विद्वानों की फैलाई हुई एक भ्रान्त धारणा अब भी लोगों में मिल जाती है कि उर्दू से अरबी-फ़ारसी के शब्द निकालकर और उनकी जगह संस्कृत शब्द डालकर इस भाषा का निर्माण हुआ। भारतेन्दु का गद्य देखने से यह धारणा निर्मूल सिद्ध होती है। उनके निबन्धों में हुज्जत, ज़माना, बयान, सफ़र, मुर्दे, कलम, रिवाज़, तलाश, दरख़्त, सबूत, गरज़ आदि जैसे शब्द निहायत बेतकल्लुफ़ी से इस्तेमाल किये गए हैं। यही हाल बालकृष्ण भट्ट, बालमुकुन्द गुप्त, राधाचरण गोस्वामी आदि लेखकों का भी है। कुछ लेखक ऐसे ज़रूर थे जो प्रचलित अरबी-फ़ारसी के शब्द निकालकर उनकी जगह संस्कृत-शब्दावली रखकर शुद्ध हिन्दी लिखने के पक्षपाती थे। लेकिन भाषा की समस्या प्रचलित शब्दों की न थी।

समस्या यह थी कि जहाँ अप्रचलित शब्दों की ज़रूरत पड़े, यानी साधारण बोलचाल से अलग जहाँ ग़ैर-बुनियादी शब्द-भंडार की ज़रूरत पड़े, वहाँ अरबी-फ़ारसी से शब्द लिये जाएँ या संस्कृत से? बोलचाल की भाषा के आधार पर जिस साहित्यिक उर्दू का विकास हुआ, उसका रुझान ग़ैर-बुनियादी शब्द-भंडार के लिए संस्कृत के बदले अरबी फ़ारसी की तरफ़ जाने का था। उर्दू की भी दो शैलियाँ थीं : एक वह, जिसमें बोलचाल की हिन्दी के शब्द निकालकर उनकी जगह भी अरबी-फ़ारसी के शब्द डाले जाते थे, ग़ैर-बुनियादी हिस्से में तो उनकी भरमार रहती ही थी। दूसरी शैली वह थी, जिसमें बोलचाल की हिन्दी के शब्दों का बायकाट न किया जाता था और ग़ैर-बुनियादी हिस्से में भी अरबी-फ़ारसी की बेजा भरमार न की जाती थी।

बोलचाल की भाषा एक ही थी, हिन्दी-उर्दू का बुनियादी शब्द-भंडार एक ही था। लेकिन साहित्यिक शैली का निर्माण उन लोगों के हाथों हुआ, जो अरबी-फ़ारसी के विद्वान् थे ही, संस्कृत के भी विद्वान् थे। इन लोगों ने ग़ैर-बुनियादी शब्द-भंडार के लिए अरबी-फ़ारसी या संस्कृत का सहारा लिया।

यदि ग़ैर-बुनियादी शब्द-भंडार के लिए अरबी-फ़ारसी का सहारा लेने की नीति हमारे जातीय विकास की ऐतिहासिक आवश्यकताएँ पूरी कर सकती तो 'नई हिन्दी' के चलन का सवाल न उठता; सवाल उठने पर भी उसमें सफलता न मिलती। कचहरियों, पुलिस-विभाग आदि में उर्दू चालू थी। जनता का समर्थन मिलने पर उसका प्रचार इतना व्यापक हो जाता कि कोई भाषा-शैली उससे होड़ करने की जुर्रत न करती। लेकिन ग़ैर-बुनियादी शब्द-भंडार के लिए सिर्फ अरबी-फ़ारसी का सहारा लेने की नीति भारत की किसी भाषा ने न अपनाई थी। कारण यह था कि यहाँ की भाषाओं का जो सम्बन्ध संस्कृत से था, वह अरबी-फ़ारसी से न था। हिन्दी की क्रियाएँ—चलना, लिखना, हँसना, रोना, खाना, पीना, मरना, जीना, आदि-आदि—संस्कृत की क्रियाएँ भी हैं। इस तरह अरबी-फ़ारसी की क्रियाएँ बोलचाल की हिन्दी में बहुत कम हैं। इसलिए इस तरह की क्रियाओं से बननेवाले शब्द भी अरबी-फ़ारसी की क्रियाओं से बननेवाले शब्दों की अपेक्षा बोलचाल की हिन्दी में कहीं ज़्यादा हैं। बोलचाल की हिन्दी में तद्भवों की भरमार है। उतने तद्भव अरबी-फ़ारसी से नहीं बने, यद्यपि बोलचाल की भाषा में आए हुए अरबी-फ़ारसी के शब्दों का रूप और कभी-कभी अर्थ भी एक हद तक बदला है।

बोलचाल की हिन्दी की तरह भारत की अन्य भाषाओं में भी अरबी-फ़ारसी के सैकड़ों शब्द घुल-मिल गए। इसका सबब यह नहीं था कि मुसलमानों की भाषा अरबी-फ़ारसी थी और हिन्दुओं की भाषा संस्कृत, प्राकृत या अपभ्रंश थी। बाबर वग़ैरह की ज़बान दरअसल तुर्की थी। कुछ ईरानियों के अलावा उच्च वर्ग के मुसलमानों के घरों में भी फ़ारसी न बोली जाती थी। लेकिन सैकड़ों साल तक फ़ारसी उत्तर भारत की राजभाषा रही थी। सैकड़ों अरबी के शब्द फ़ारसी के ज़रिये यहाँ आए। इसके अलावा शिक्षित मुसलमानों के लिए धर्मग्रंथ की भाषा अरबी थी। बोलचाल की हिन्दी में फ़ारसी शब्दों के घुलने-मिलने का मुख्य कारण फ़ारसी का राजभाषा होना था।

फिर भी हिन्दी-भाषी प्रदेश की-सी समस्या कश्मीरी, बंगला, मराठी आदि भाषाओं में नहीं पैदा हुई। इसके कई कारण थे। राजभाषा फ़ारसी के केन्द्र हिन्द प्रदेश ही में थे। आगरा और दिल्ली मुग़लों की राजधानी रह चुके थे। यहाँ के शिक्षित वर्ग में फ़ारसी का प्रचार भारत के दूसरे नगरों और प्रान्तों के मुक़ाबले में ज़्यादा था। 1836 ई. तक यहाँ राजभाषा फ़ारसी रही और उसके बाद कचहरियों, पुलिस विभाग आदि में जो भाषा चली, वह अरबी-फ़ारसी शब्दों से लदी हुई थी।

अंग्रेज़ों ने यहाँ की सामन्तशाही को अपना मित्र और चाकर बनाया। नवाबों के दरबार जन-संस्कृति के केन्द्र न थे। जनता से उनका अलगाव उनके संरक्षण में चलनेवाली भाषा-नीति पर भी पड़ा। लखनऊ, रामपुर, हैदराबाद के दरबार एक खास तरह की शैली और कविता के केन्द्र बन गए। अंग्रेज़ों ने दो लिपियों और दो

शैलियों के चलन को प्रोत्साहन दिया और भाषा-सम्बन्धी विवाद उनकी 'फूट डालो और राज करो' नीति का ज़रूरी हिस्सा बन गया। लेकिन यह समझना बहुत बड़ी भूल होगी कि समूचा उर्दू साहित्य सामन्ती संस्कृति से प्रभावित है। उर्दू का एक बहुत बड़ा हिस्सा सामन्त-विरोधी और राष्ट्रीय है। उससे हिन्दी के लेखक बहुत कुछ सीख सकते हैं और पिछले हिन्दी लेखकों ने बहुत कुछ सीखा है। उसमें बोलचाल की हिन्दी का बहुत ही सुन्दर और सँवारा हुआ रूप मिलता है।

भारतेन्दु के समय तक—और एक हद तक अब भी—शिक्षा पर पंडितों और मौलवियों का इजारा था। इसका एक फल यह हुआ कि हिन्दी-उर्दू की दो लिपियों का चलन हुआ। इससे साहित्य के पाठक दो हिस्सों में बँट गए और अक्सर उन्हें पता न रहता था कि दूसरी लिपि में क्या लिखा जा रहा है। जनसाधारण की भाषागत एकता साहित्य की शैली पर अपना असर न डाल पाई। फिर भी लिपि-भेद से ही हिन्दी-उर्दू का भेद इस हद तक नहीं बढ़ा। जायसी के 'पद्मावत' के फ़ारसी लिपि में लिखे जाने से वह उर्दू का ग्रंथ नहीं हो गया। मूल प्रश्न ग़ैर-बुनियादी शब्द-भंडार का था। उन्नीसवीं सदी के अनेक उर्दू-लेखक अपनी भाषा को सरल करने का प्रयत्न कर रहे थे और उसमें अरबी-फ़ारसी की अनावश्यक भरमार कम कर रहे थे। फिर भी ज़रूरत पड़ने पर बोलचाल की शब्दावली से बाहर वे अरबी-फ़ारसी का ही सहारा लेते थे।

भारतेन्दु ने कोई नई भाषा नहीं चलाई। उन्होंने प्रचलित खड़ी बोली को साहित्यिक रूप दिया। उनके पक्ष में तीन बातें महत्त्वपूर्ण थीं। उनकी भाषा-सम्बन्धी नीति वही थी, जो अवधी और ब्रज के पुराने हिन्दू-मुसलमान कवियों की थी। उर्दू के कवि—कुछ अपवाद छोड़कर—तुलसी, सूर, मीरा, रहीम, रसखान, आलम, शेख, पजनेस, जायसी, पद्माकर, भूषण आदि की परम्परा से अपरिचित थे। इस परम्परा और उसकी भाषा-नीति को भारतेन्दु ने अपनाया। यह भाषा-नीति यह थी कि तत्सम संस्कृत के मुक़ाबले में तद्भव शब्दों का प्रयोग करना, बोलचाल के अरबी-फ़ारसी शब्दों का बहिष्कार न करना, ग़ैर-बुनियादी शब्द-भंडार के लिए संस्कृत का सहारा लेना। दूसरी बात उनके पक्ष में यह थी कि उन्होंने ग्रामीण या जनपदीय बोलियों का स्वभाव पहचाना और अपनी हिन्दी को गाँव के साधारण पढ़े-लिखे लोगों के लिए सुलभ बनाने की कोशिश की। तीसरी बात उनके पक्ष में नागरी लिपि थी। सैकड़ों साल तक फ़ारसी के राजभाषा बने रहने पर भी नागरी का लोप न हुआ। गाँव के लोग ज़्यादातर नागरी ही काम में लाते थे। इस लिपि के ज़रिये भारतेन्दु जनता के उस तमाम हिस्से को बटोर सके जो उर्दू न जानता था या जिसकी जातीय आवश्यकताएँ उर्दू से पूरी न होती थीं।

उन्नीसवीं सदी के उत्तरार्द्ध में भाषा-सम्बन्धी बहस में हिस्सा लेनेवालों ने यह सब विकास-क्रम न समझा था। उर्दू के समर्थकों को हिन्दी प्रतिद्वन्द्वी के रूप में दिखाई दी। कुछ मुसलमान लेखकों को यह अपनी संस्कृति पर ही हमला दिखाई

दिया। अंग्रेज़ों ने अपनी भाषा-नीति से बहस को बढ़ावा दिया और उसमें दोनों तरफ से ऐसी बातें कही गईं, जो उचित न थीं। इसी बहस की गर्मी में भारतेन्दु ने 'उर्दू का स्यापा' लिखा था :

है है उर्दू हाय हाय! कहाँ सिधारी हाय हाय॥

और आगे चलकर बालमुकुन्द गुप्त ने 'उर्दू को उत्तर' लिखा था :

न बीबी बहुत जी में घबराइये,
सम्हलिये ज़रा होश में आइये।

लेकिन उर्दू सिधारी नहीं। इसका कारण उसका बुनियादी शब्द-भंडार था जो बोलचाल की हिन्दी का ही था। वह दूसरी लिपि के माध्यम से—दरबारों और दरबारी साहित्य के अलावा—साधारण जनता के एक हिस्से की सेवा करती रही। इसलिए प्रेमचन्द, पद्मसिंह शर्मा आदि लेखकों का मत था कि क्रमशः साहित्य में एक मिली-जुली शैली का विकास होगा और वह उर्दू को हटाकर या दबाकर न होगा बल्कि उससे बहुत कुछ लेकर होगा।

भारतेन्दु ने बहस के दौरान कुछ तेज़ बातें ज़रूर लिखीं, लेकिन वह न उर्दू से नफ़रत करते थे, न उर्दू के प्रचलित शब्दों का बहिष्कार करते थे। यही नहीं, वह उर्दू में गद्य-पद्य खुद भी लिखते थे। भारतेन्दु को जब व्याख्यान देने के लिए बलिया बुलाया गया था, तब विज्ञापन में उन्हें 'शायरे मारूफ़ बुलबुले हिन्दुस्तान' कहा गया था। वाजिद अली शाह के शायर मिर्ज़ा आबिद ने 'बागे आलम में मोतदिल है हवा' आदि उन पर क़सीदा लिखकर भेजा था।[1] श्री रामशंकर व्यास ने लिखा था कि उन्हें वज़ीर और अनीस का काव्य विशेष प्रिय था। 17 सितम्बर, 1872 की 'कविवचन-सुधा' में एक दिलचस्प विज्ञापन छपा था। यह विज्ञापन उर्दू के साप्ताहिक पत्र 'कासिद' के बारे में था, जिसे भारतेन्दु निकालने वाले थे :

'कासिद!
सातएँ दिन आवैगा!!
नये हितकारी और विचित्र समाचार कहैगा!!!

यह एक साप्ताहिक उर्दू पत्र निकलैगा इस्मेें अनेक हित की, नये उद्‌गार की, साम्प्रत समयानुसार लोक वृद्धि की और अनेक शुभ समाचार की बातैं रहैंगी—यह पत्र बहुत उत्तम बड़े-बड़े पृष्ठों में स्वच्छ अक्षरों में छपैगा मूल्य—10) वार्षिक।

हरिश्चन्द्र
उद्यमकर्त्ता।'

---

1. ब्रजरत्नदास : 'भारतेन्दु हरिश्चन्द्र', पृ. 83

भारतेन्दु में उर्दू के प्रति द्वेषभाव होता तो वह 'क़ासिद' निकालने की बात कभी न सोचते।

भारतेन्दु ने हिन्दी के माध्यम से जिस जातीय संगठन में योग दिया, उसमें अवध, ब्रज, बुन्देलखंड, भोजपुर आदि जनपदों की जनता शामिल थी। यदि महापंडित राहुल सांकृत्यायन की यह स्थापना सच मानी जाए कि अवधी, ब्रज, बुन्देलखंडी, भोजपुरी बोलनेवाले अलग-अलग जातियों के लोग हैं, तो भारतेन्दु का यह काम इतिहास-विरोधी ठहरेगा। भारतेन्दु भोजपुरी क्षेत्र के निवासी थे। भोजपुरी जानते भी अच्छी तरह थे। लेकिन उन्होंने भोजपुरी में न लिखकर हिन्दी को अपना साहित्यिक माध्यम बनाया, जैसेकि आगे प्रेमचन्द और प्रसाद ने किया। इतिहास-विरोधी काम भारतेन्दु का नहीं था; इतिहास-विरोधी स्थापना महापंडित राहुल और उन जैसे विचारकों की है। यद्यपि राहुल जी स्वयं हिन्दी के लेखक हैं—और अपना जीवन-चरित उन्होंने भोजपुरी में लिखना उचित नहीं समझा—फिर भी वह हिन्दी-भाषी जनता का एक प्रान्त बनाने की माँग करने के बदले बोलियों के आधार पर हिन्द प्रदेश के तेरह टुकड़े करने का सुझाव पेश करते हैं। सन् 1953 की 'आलोचना' (दिल्ली) में इस आशय का उनका एक लेख छपा था। सोलहवीं सदी के आसपास ही व्यापार के प्रसार के साथ भोजपुरी आदि के क्षेत्रों में खड़ी बोली फैलने लगी थी। व्यापार के केन्द्रों में एक ही बोली बोलनेवाले लोग इकट्ठा हों, ऐसा नहीं होता। उद्योग-धन्धे और व्यापार शहरों में विभिन्न बोलियाँ बोलनेवाले लोगों को बटोरते हैं और उनमें किसी एक बोली का व्यवहार 'शिष्ट' लोग करते हैं। बनारस आदि पूर्वी नगरों में खड़ी बोली व्यापारी क़ौमों के साथ आई। 2 अक्टूबर, 1872 की 'कविवचन-सुधा' में भारतेन्दु का 'हिन्दी भाषा' नाम का निबन्ध छपा था। यह निबन्ध ऐतिहासिक महत्त्व का है। इसमें भारतेन्दु ने बनारस की बोलियों का अध्ययन किया है और यह दिखाया है कि शिष्टजनों की भाषा हिन्दी है।

बनारस के लोगों की बोली के बारे में वह कहते हैं : "इसी बनारस में जो बनारस के पुराने रहवासी हैं उनके घर में विचित्र-विचित्र बोलियाँ बोली जाती हैं जैसा पुरबियों की बोली तो आइला जाइला प्रसिद्ध ही है परन्तु यहाँ के पुराने निवासी कसेरे लोग 'बाट:' शब्द का बहुत प्रयोग करते हैं जैसा 'आवत हइ' के स्थान पर 'आवत बाटी', 'का करत हौव:' वा 'का करल:' के स्थान पर 'का करत बाट्य:' वा 'बाटो' वा 'बाट:'।"

बनारस में इन बोलियों के एकत्र होने और उन सबके ऊपर हिन्दी के चलन का कारण क्या है? इसका कारण व्यापार का प्रसार, औद्योगिक और व्यापारी केन्द्रों का निर्माण, सामन्ती सम्बन्धों के भीतर पूँजीवादी सम्बन्धों का पनपना और विभिन्न बोलियाँ बोलनेवालों का जातीय गठन है। 'प्रेमजोगिनी' में झपटिया 'मिसरो नहीं आए' कहता है लेकिन जलधरिया 'सुत्तल थोड़े रहली' और 'कंधा छिला जाला' कहता है। और शिष्ट लोग खड़ी बोली का व्यवहार करते हैं।

बनारस की विभिन्न बोलियों का उल्लेख करने के बाद भारतेन्दु 'हिन्दी भाषा' वाले निबन्ध में कहते हैं : "जो हो यह तो सिद्धान्त है कि जो यहाँ के शिष्ट लोग बोलते हैं यह परदेसी भाषा है और यहाँ पश्चिम से आई है।"

पछाँह से यह बोली किसके साथ आई, इस प्रश्न का उत्तर भारतेन्दु के इस वाक्य से मिलता है : "अब पश्चिमोत्तर देश में घर में बोलने की भाषा कौन है यह निश्चय नहीं होता क्योंकि दिल्ली प्रान्त के वा अन्य नगरों में भी खत्रियों वा पछाँहीं अगरवालों वा और पछाँही जातियों के अतिरिक्त घर में हिन्दी कोई नहीं बोलते वरंच यहाँ तो कोस-कोस पर भाषा बदलती है।" दिल्ली के अलावा अन्य नगरों में भी बड़ी बोली खत्रियों, पछाँही अग्रवालों आदि के ज़रिये फैली जिनका मुख्य पेशा व्यापार था। आचार्य शुक्ल ने लिखा है कि मुग़ल-साम्राज्य के ध्वंस के बाद "दिल्ली के आसपास के प्रदेशों की हिन्दू व्यापारी जातियाँ (अगरवाले, खत्री आदि) जीविका के लिए लखनऊ, फैजाबाद, प्रयाग, काशी, पटना आदि पूरबी शहरों में फैलने लगीं। उनके साथ-साथ उनकी बोलचाल की भाषा खड़ी बोली भी लगी चलती थी।"[1]

वास्तव में यह क्रम मुग़ल-साम्राज्य के ध्वंस से पहले ही शुरू हो चुका था। शुक्ल जी ने व्यापारियों द्वारा खड़ी बोली के प्रसार का तथ्य बहुत सही दिया है। इन व्यापारियों में मुसलमान भी थे। इसके सिवा सोलहवीं से उन्नीसवीं सदी तक एक बोली बोलनेवालों का दूसरी बोली के क्षेत्र में जाकर बसने का क्रम बराबर चलता रहा। अवध के जो मुसलमान मिथिला में जाकर बस गए और वहाँ एक नये ढंग की हिन्दुस्तानी का व्यवहार करने लगे, वह कार्य भी इसी क्रम के अन्तर्गत हुआ।

जो लोग समझते हैं कि खड़ी बोली केवल सभ्य व्यवहार या साहित्य की भाषा है, उन्हें इस तथ्य पर ध्यान देना चाहिए कि दिल्ली के अलावा अन्य नगरों में वह बहुत-से लोगों की मातृभाषा थी और है। इस सिलसिले में भारतेन्दु ने लिखा था : "ऐसे ही पश्चिमोत्तर देश में अनेक भाषा हैं पर उनमें ऐसे नगर थोड़े हैं जिनमें अबाल-वृद्ध-वनिता सब खड़ी भाषा बोलते हों अतएव यद्यपि काशी ऐसे पूर्व्व प्रदेशों की मातृभाषा वा घर के बोलचाल की भाषा हिन्दी है यह तो हम नहीं कह सकते पर हाँ यह कह सकते हैं कि इसी पश्चिमोत्तर देश में कई नगर ऐसे हैं जहाँ यही खड़ी बोली मातृभाषा है।"

इस बोलचाल की भाषा में हिन्दी-उर्दू का भेद न था। यह विभिन्न बोलियाँ बोलनेवाली जनता की नई जातीय भाषा थी जो उसे एक सूत्र में बाँध रही थी। गिलक्राइस्ट से ही इस बात का सूत्रपात हो चुका था कि मुसलमानों की शिष्ट बोली और होगी और हिन्दुओं की और। लेकिन भारतेन्दु बोलचाल की भाषा में भेद न मानते थे। हिन्दी-उर्दू का भेद अरबी-फ़ारसी या संस्कृत से शब्द लेने के कारण था। 8 सितम्बर, 1873 की 'कविवचन-सुधा' में हिन्दी-उर्दू के बारे में एक लेख छपा था

1. रामचन्द्र शुक्ल : 'हिन्दी साहित्य का इतिहास', पृ. 484

जिसका अंग्रेज़ी में शीर्षक है : 'Hindi Versus Urdu, Philologically।' हिन्दी और उर्दू—इसमें हिन्दी-उर्दू के भेद के बारे में यह स्थापना है : "हिन्दी और उर्दू में अन्तर क्या है, हम बिना संकोच के उत्तर देते हैं कि भाषाओं में कुछ अन्तर नहीं है क्योंकि व्याकरण की विभक्तियाँ और नियम, दोनों के एक हैं पर इतना ही अन्तर है कि हिन्दी में जिसके लिए हिन्दी शब्द नहीं मिलता, वहाँ संस्कृत शब्द काम में आते हैं और उर्दू में सहज हिन्दी शब्द होने पर भी और जहाँ शब्द नहीं मिलते हैं, वहाँ तो अवश्य ही अरबी और फ़ारसी के शब्द लिखे जाते हैं, यही दोनों में अन्तर है।"

भारतेन्दु ने हिन्दी के नई चाल में ढलने का वर्ष 1873 लिखा था। वास्तव में 1868 में ही 'विद्यासुन्दर' के प्रकाशन और 'कविवचन-सुधा' के निकलने से हरिश्चन्द्री हिन्दी का चलन शुरू हो गया था। लेकिन हरिश्चन्द्र ने न तो कोई नई भाषा चलाई थी, न व्याकरण आदि में ही कोई क्रान्तिकारी परिवर्तन किया था। उनकी हिन्दी की विशेषता उनकी शैली थी। 'विद्यासुन्दर' में 'समाचार लेने के हेतु', 'यह पौन हमारी प्राणप्यारी त्रिभुवनमोहनी का अंग स्पर्श करके आता है', 'पुरस्कार के हेतु', 'बस अब बहुत भई', 'सब काम सिद्ध भया', 'बिना कुछ भए', 'ऐसी दशा शत्रु की होय', 'और जो वह संन्यासी हमीं होयँ', 'जो यह बात सच्च होय' आदि प्रयोग मिलते हैं। 'कर्पूरमंजरी' में : 'महाराज, कहिये और क्या होय?', 'मुद्राराक्षस' में : 'जो कोई सुननेवाला और समझनेवाला होय', 'वैदिकी हिंसा' में : 'बड़ा आनन्द भया', 'सत्य हरिश्चन्द्र' में : 'बेटा, साँझ भई', 'ठीक है, लेव सोना', 'विषस्य विषमौषधम्' में : 'तो क्या हुआ है, होय', 'वैष्णवता और भारतवर्ष' में : 'स्नान आदि भी वहीं तक रहें', 'भारतवर्षोन्नति कैसे हो सकती है' में : 'खराबी जो बीच में भई है'।

भाषा के परिष्कार की दृष्टि से भारतेन्दु का काम युगान्तरकारी नहीं कहा जा सकता। उनके पढ़ने—उर्दू गद्य को छोड़ भी दें तो—रामप्रसाद निरंजनी, सदासुखलाल, राजा लक्ष्मण सिंह आदि समर्थ हिन्दी लेखक हो चुके थे। लल्लूजी लाल की भाषा की तुलना में भारतेन्दु की भाषा युगान्तरकारी मालूम हो सकती है लेकिन हिन्दी गद्य के विकाम में लल्लूजी लाल का जो महत्त्व ग्रियर्सन ने घोषित किया है, वह इतिहास से सिद्ध नहीं होता।

भारतेन्दु अनेक शब्दों में पूर्वी बोलचाल के अनुकूल 'ह' का इकारान्त प्रयोग भी करते हैं। 'पहिचानना', 'पहिले' ('विद्यासुन्दर') ही नहीं, 'गहिना पहिनाओ', 'पहिरने लगे' ('कर्पूरमंजरी'), 'कवच पहिराया' ('मुद्राराक्षस') आदि प्रयोग भी उनके यहाँ हैं। ब्रजभाषा का भी काफ़ी असर उनके गद्य पर है। आछत, बेर, तैं, कै आदि शब्द नाटकों के गद्य में मिलते हैं। विराम चिह्न आदि के मामले में उन्होंने पूरी स्वच्छंदता बरती है। शब्दों के हिज्जे में भी जहाँ-तहाँ स्वतंत्र प्रयोग मिलते हैं।

भारतेन्दु का युगान्तरकारी महत्त्व इस बात में है कि उन्होंने हिन्दी भाषा की सरसता पहचानी। अपने गद्य में उन्होंने अमल से दिखा दिया कि यह भाषा कितनी

मीठी है। उनके हाथ में गद्य एक कला बन गया। वह सभी तरह के भावों और विचारों के लिए गद्य को लचीले माध्यम की तरह काम में लाने लगे। 'विद्यासुन्दर' ही में उन्होंने कुशल शिल्पी की प्रतिभा दिखा दी। "हाय हाय ऐसा सुन्दर रूप तो न कभी आँखों देखा न कानों सुना इसकी दोनों हाथ से बलैया लेने को जी चाहता है लोग सच कहते हैं कि चन्द्रमा को सिंगार न चाहिए हमको जान पड़ता है कि चन्द्रमा ही पृथ्वी पर उतर के बैठा है क्या कामदेव इस रूप की बराबरी कर सकता है? ऐसी कौन स्त्री है जो इसको देख के धीरज धरेगी?" इस स्वर पर हम मुग्ध हो जाते हैं, उसे बार-बार सुनना चाहते हैं। वह स्वर उनके नाटकों में बार-बार सुनाई देता है और हिन्दी नाटकों में वह स्वर तो क्या, उसके कहीं नज़दीक पहुँचनेवाला स्वर भी अब तक नहीं सुनाई दिया।

इस गद्य की सरसता का कारण तद्भव शब्दों और बोलचाल के साधारण शब्दों का चतुराई से प्रयोग है। चन्द्रमा को श्रृंगार नहीं, सिंगार। रूप की समानता नहीं, बराबरी। धैर्य धारण करेगी नहीं, धीरज धरेगी। और बलैया लेने की बात पर तो शुद्ध हिन्दीवादियों का हार्ट फेल हो जाएगा।

'विद्यासुन्दर' के गद्य का लेखक कहावतों और मुहावरों का धनी है। 'देखकर भी बहाली दिए जाती है'—ठेठ बनारसी मुहावरा इस्तेमाल किया है। कहावतें विशेष रूप से ब्रजभाषा से ली गई हैं।

'कर्पूरमंजरी' में एक दोहा है :

कठिन संस्कृत, अति मधुर, भाषा सरस सुनाय।
पुरुष नारि अन्तर सरिस, इनमें बीच लखाय॥

संस्कृत और भाषा का यह भेद भारतेन्दु की गद्य-रचना से सही साबित होता है। यदि उन्होंने संस्कृत-शब्दावली को अपनी शैली का मुख्य आधार बनाया होता, तो उसमें वैसी सरसता न पैदा होती। उनके समय तक ब्रजभाषा के प्रति निरादर भावना न पैदा हुई थी। आगे चलकर कुछ हिन्दी साहित्यकारों ने ब्रजभाषा के तद्भव शब्दों को छोड़कर उनके तत्सम रूप अपनाने की जो शैली अपनाई, उससे हिन्दी की अपनी विशेषता को काफ़ी धक्का लगा। इस अवैज्ञानिक धारणा को सही ठहराने के लिए यह सिद्धान्त गढ़ा गया कि ब्रजभाषा तुतलाती थी और खड़ी बोली स्पष्ट बोलने लगी है! दूसरा सिद्धान्त यह गढ़ा गया कि संस्कृत शब्दों की बहुतायत होने से हिन्दी भारत के दूसरे हिस्सों में ज़्यादा समझी जाएगी। ये दोनों ही तथाकथित सिद्धान्त हिन्दी की जातीयता के आड़े आते थे।

'हिन्दी भाषा' नाम के निबन्ध में भारतेन्दु ने लिखने की भाषा की विभिन्न शैलियों के उदाहरण दिये हैं। इनमें एक शैली वह है जिसमें 'संस्कृत के शब्द बहुत हैं', दूसरी वह है जिसमें 'संस्कृत के शब्द थोड़े हैं', तीसरी वह है जो 'शुद्ध हिन्दी है'।

शुद्ध हिन्दी किससे शुद्ध है? यह हिन्दी फ़ारसी शब्दों से शुद्ध नहीं है, वह संस्कृत से भी बहुत कुछ शुद्ध है। इसीलिए जिस शैली में 'संस्कृत के शब्द थोड़े हैं', उससे भी उसे अलग श्रेणी में रखा गया। चौथी शैली वह है जिसमें 'किसी भाषा के शब्द मिलने का नेम नहीं है'; पाँचवीं वह है जिसमें 'फ़ारसी शब्द विशेष हैं' इत्यादि। इन शैलियों पर अपना मत देते हुए भारतेन्दु ने लिखा है कि "नम्बर 2 और 3 लिखने के योग्य हैं।" भारतेन्दु ने उन शैलियों को पसन्द किया है जिनमें संस्कृत के शब्द थोड़े हैं या नहीं के बराबर हैं। इसके विरुद्ध भारतेन्दु के नामलेवा और पानीदेवा बहुत-से शुद्ध हिन्दीवादियों ने अच्छी शैली उसे समझा है जिसमें भरसक संस्कृत के शब्द हों (और जितना ही निरर्थक हो, शैली उतना ही सार्थक समझी जाए!)।

भारतेन्दु की शुद्ध हिन्दी का नमूना यह है :

"पर मेरे प्रीतम अब तक घर न आए क्या उस देश में बरसात नहीं होती या किसी सौत के फेर में पड़ गए कि इधर की सुध ही भूल गए। कहाँ तो वह प्यार की बातैं कहाँ एक संग ऐसा भूल जाना कि चिट्ठी भी न भिजवाना। हा! मैं कहाँ जाऊँ कैसी करूँ मेरी तो ऐसी कोई मुँहबोली सहेली नहीं कि उससे दुखड़ा रो सुनाऊँ कुछ इधर-उधर की बातों ही से जी बहलाऊँ।"

ब्रजभाषा से इस गद्यशैली का कितना नज़दीकी सम्बन्ध है, यह सहज ही देखा जा सकता है। खास तौर से अपने नाटकों की भाषा में भारतेन्दु ब्रजभाषा की तद्भव-प्रधान शैली का ज़्यादा प्रयोग करते हैं। 'कर्पूरमंजरी' में उनकी सरस शैली गद्यकाव्य की तरह प्रभावशाली हो गई है। यथा : "इसकी चितवन कलेजे में से चित्त को जोराजोरी निकाले लेती है। इसकी सहज शोभा इस समय कैसी भली मालूम पड़ती है। अहा! इस कपड़े से जो पानी की बूँदें टपकती हैं वे ऐसी मालूम होती हैं मानो भावी वियोग के भय से वस्त्र रोते हैं। काजल आँखों से धो जाने से नेत्र कैसे सुहाने हो रहे हैं, और बहुत देर तक पानी में रहने से कुछ लाल भी हो गए हैं।"

भारतेन्दु ने गद्य के लिए तो खड़ी बोली को माध्यम बनाया लेकिन पद्य के लिए उनका विचार था कि ब्रजभाषा को ही माध्यम बना रहना चाहिए। इस तरह गद्य और पद्य में एक असंगति रही और भारतेन्दु के बाद पद्य में खड़ी बोली को माध्यम बनाने के लिए एक लम्बा संघर्ष चला। 'हिन्दी भाषा' वाले निबन्ध में उन्होंने अपना यह मत प्रकट किया है कि "पश्चिमोत्तर देश की कविता की भाषा ब्रजभाषा है यह निर्णीत हो चुकी है।" अपने अनुभव के बारे में लिखा है : "मैंने आप कई बेर परिश्रम किया कि खड़ी बोली में कुछ कविता बनाऊँ पर वह मेरे चित्तानुसार नहीं बनी, इससे यह निश्चय होता है कि ब्रजभाषा में ही कविता करना उत्तम होता है और इसी से सब कविता ब्रजभाषा में ही उत्तम होती हैं।" खड़ी बोली में कविता मीठी क्यों नहीं होती, इसका "सबसे बड़ा कारण यह जान पड़ा कि इसमें क्रिया इत्यादि में प्राय: दीर्घ मात्रा होती है इससे कविता अच्छी नहीं बनती।"

वास्तव में खड़ी बोली की कविता में मिठास के अभाव के लिए कोई वैज्ञानिक कारण नहीं है। कारण कवियों में अभ्यास की कमी ही हो सकता है। ब्रजभाषा में पद्य का एक बना-बनाया रास्ता था; कविता की अपनी शब्दावली थी। खड़ी बोली में यह सब गढ़ना था।

खड़ी बोली बनारस और दूसरे पूर्वी ज़िलों में शिष्ट लोगों की बोलचाल की भाषा के रूप में फैल रही थी। इसलिए भारतेन्दु जैसे कवि का उससे प्रभावित न होना असम्भव था। उनकी एक तरह की शैली वह है जिसमें ब्रजभाषा खड़ी बोली के साथ घुलती-मिलती दिखाई देती है। जैसे 'प्रेमतरंग' के इस गीत में :

किन बे रुठाया मेरा यार।
कहाँ गया, क्यों छोड़ गया मोहिं, तोड़ गया क्यों प्यार।

या

नशीली आँखों वालो सोए रहो अभी है बड़ी रात।
सगरी रैन मेरे संग जागत रहे करत रंगीली बात॥

दूसरी तरह की शैली उनकी लावनियों की है जिसमें प्रचलित फ़ारसी के शब्द भी आते हैं और जिसकी भाषा आम तौर से शुद्ध खड़ी बोली होती है। सूफ़ी कवियों के रंग में भारतेन्दु खड़ी बोली की कितनी सरस कविता कर सकते थे, इसका सबूत इन पंक्तियों में मिलेगा :

श्री राधा-माधव जुगल चरन रस का अपने को मस्त बना।
पी प्रेम पियाला भर भर कर कुछ इस मै का भी देख मज़ा॥
यह वह मै है जिसके पीने से और ध्यान छुट जाता है।
अपने में औ दिलवर में फिर कुछ भेद नहीं दिखलाता है॥
इसके सुरूर से मस्त हरेक अपने को नज़र बस आता है।
फिर और हवस रहती न ज़रा कुछ ऐसा मज़ा दिखाता है॥
टुक मान मेरा कहना दिल को इस मैख़ाने की तर्फ झुका।
पी प्रेम पियाला भर भर कर कुछ इस मै का भी देख मज़ा॥

लावनीबाज़ों ने खड़ी बोली कविता की एक सजीव परम्परा क़ायम की थी। उनके लिए दीर्घ ह्रस्व मात्राओं से खड़ी बोली के मीठे, कड़वे बनाने का सवाल न था। उनके यहाँ खड़ी बोली एक बहुत ही लचीला माध्यम बन गई थी और भारतेन्दु ने जब उस परम्परा का सहारा लिया, तब उन्होंने खड़ी बोली में बहुत ही सरस कविता की। यह सही है कि यह कविता पंत-प्रसाद की शैली से बहुत दूर है लेकिन वह जन-काव्य की परम्परा के बहुत निकट है।

जनसाधारण के कवियों ने पद्य में खड़ी बोली की परम्परा बहुत दिन से चला रखी थी। उन्हें यह विश्वास दिलाने की ज़रूरत न थी कि ब्रजभाषा छोड़कर खड़ी बोली में लिखने से साहित्य और जल्दी उन्नति करेगा। कवियों के सामने प्रश्न यह था कि वे इस सजीव परम्परा से नाता जोड़ेंगे या नहीं। भारतेन्दु के नाटकों में खड़ी बोली के गीतों आदि का आना यह साबित करता है कि जनता में खड़ी बोली के पद्य प्रचलित थे। 'वैदिकी हिंसा' में राजा गाता है : 'पीले अवधू के मतवाले प्याला प्रेम हरी रस का रे।' 'सत्य हरिश्चन्द्र' में धर्म कहता है :

हम चौधरी डोम सरदार! अमल हमारा दोनों पार।

और पिशाचों-डाकिनियों का गीत :

हम सजसे बजके बजके चलेंगे चमकेंगे चम चम चम।

'भारत-दुर्दशा' में आलस्य का गीत है :

दुनिया में हाथ-पैर हिलाना नहीं अच्छा।

'अंधेर-नगरी' में घासीराम का 'चने ज़ोर गरम' खड़ी बोली की अपनी चना-ज़ोर शैली में है। ऐसे ही चूरन वाले का लटका है :

चूरन अमलबेद का भारी। जिसको खाते कृष्णमुरारी।
मेरा पाचक है पचलोना। जिसको खाता श्यामसलोना॥

आम जनता में खड़ी बोली के पद्यों के चलन का मतलब यह था कि कविता में भी खड़ी बोली को माध्यम बनाने की ऐतिहासिक आवश्यकता पैदा हो गई थी।

भारतेन्दु की उपर्युक्त शैलियों के अलावा उनकी उर्दू शैली की रचनाएँ हैं। 'रसा' नाम से वह शायरी करते थे और आम तौर से उनकी भाषा सरल उर्दू होती है। यथा :

दिल मेरा ले गया दग़ा करके।
बेवफ़ा हो गया वफ़ा करके॥

× × ×

दोस्तो कौन मेरी तुर्बत पर,
रो रहा है 'रसा रसा' करके।

भारतेन्दु की समूची खड़ी बोली की कविता परिमाण में कम नहीं हैं। उन्होंने खड़ी बोली की सरल लोकप्रिय कविता से सहायता पाई थी। लेकिन ब्रजभाषा में जिस पुरानी शैली पर वह शृंगार-रस के पद्य बनाते थे, उस शैली पर उन्होंने खड़ी बोली में पद्य नहीं बनाए। खड़ी बोली बनाम ब्रजभाषा विवाद में भारतेन्दु के अपने प्रयोग यह साबित नहीं करते कि खड़ी बोली में सरस कविता न लिखी जा सकती थी।

भारतेन्दु ने खड़ी बोली को—उसके हिन्दी रूप में—नाटक, निबन्ध, पत्रकारिता, उपन्यास और एक हद तक कविता का भी माध्यम बनाया। उनके सामने हिन्दी में वैज्ञानिक साहित्य रचने की समस्या भी थी। उनका यह स्वप्न था कि एक हिन्दी विश्वविद्यालय खोला जाए। शिल्प की उन्नति के लिए वह बराबर ज़ोर देते रहे थे। इसलिए विज्ञान के लिए पारिभाषिक शब्दावली की समस्या का उठ खड़ा होना स्वाभाविक था। उस समय भी ऐसे लोग थे जो हिन्दी में वैज्ञानिक पुस्तकों का अभाव दिखाकर हिन्दी माध्यम से विज्ञान की शिक्षा देने का विरोध करते थे। भारतेन्दु के समय में ही हिन्दी-प्रेमी विद्वान् वैज्ञानिक पुस्तकें तैयार करने की तरफ ध्यान देने लगे थे। उन्हें भारतेन्दु से इस काम में प्रोत्साहन मिला।

23 अगस्त, 1873 की 'कविवचन-सुधा' में भारतेन्दु ने 'हिन्दी की उन्नति' नाम के निबन्ध में उन लोगों को जवाब दिया था जो कहते थे कि हिन्दी में वैज्ञानिक पुस्तकें लिखी ही नहीं जा सकतीं। ऐसे 'विद्वानों' का मज़ाक उड़ाते हुए उन्होंने लिखा था : "बहुत से लोग बिना समझे-बूझे दाढ़ी हिला-हिलाकर कहा करते थे कि हिन्दी में वैज्ञानिक ग्रंथ (Scientific Works) नहीं लिखे जा सकते और भाषा में इतने शब्द नहीं कि वैज्ञानिक भावना प्रकाश की जाए पर हम लोग यह जल्पने वाले लोगों को सचेत करते हैं कि वे इस निद्रा से जागें और टुक आँख खोलकर देखें कि अब हिन्दी भाषा की उन्नति चाहनेवाले लोग जो कहते थे सो कर दिखाते हैं... काशिस्थ राजकीय पाठशाला के गणित-विद्या के मुख्य अध्यापक पंडित लक्ष्मीशंकर मिश्र एम.ए. ने हिन्दी भाषा में गणित-विद्या की पूरी श्रेणी (Mathematical Series) बनाने का संकल्प किया है तथाच उक्त महाशय ने सरल त्रिकोणमिति (Plane Trignometry) हिन्दी भाषा में प्रस्तुत कर ली।"

29 सितम्बर, 1873 की 'कविवचन-सुधा' में इस विषय की चर्चा करते हुए उन्होंने फिर लिखा था : "बहुत लोग गाल बजाकर कहते हैं कि हिन्दी हो जाने से विज्ञान के पढ़ने-पढ़ाने में विघ्न हो जाएगा क्योंकि हिन्दी भाषा में इतने थोड़े शब्द हैं कि वैज्ञानी भावना उसके द्वारा प्रकाश नहीं हो सकती है पर हम उसका यही उत्तर देते हैं कि कोई बात बिना युक्ति के प्रामाणिक नहीं हो सकती है हिन्दी के शत्रु बरबस यह भी कह सकते हैं कि इस संसार में ऐसे भी मनुष्य होते हैं जिनके चार सींग होते हैं पर इसको कोई बुद्धिमान न मानेगा क्यौंकि इसका कुछ प्रमाण नहीं है पर उनके इस कहने पर भी हिन्दी में वैज्ञानी शिक्षा नहीं हो सकती है कोई नहीं मानेगा जब तक कि अपने साध्य के लिए प्रबल प्रमाण न देंगे यों तो अपनी कलम है और अपना कागज़।"

ऐसे लोगों की आज भी कमी नहीं है जो समझते हैं कि हिन्दी (या अन्य किसी देशी भाषा) के माध्यम से विज्ञान की शिक्षा नहीं दी जा सकती। यही नहीं, कहनेवाले यहाँ तक कहते हैं कि हिन्दी में शिक्षा देने से शिक्षा का स्तर गिर जाएगा, देश का

सांस्कृतिक पतन हो जाएगा। ऐसे लोग शिक्षा और विज्ञान को थोड़े-से अंग्रेज़ी पढ़े-लिखे लोगों की जागीर समझते हैं। हिन्दी के माध्यम से लोग विज्ञान पढ़ने लगे तो इनकी जागीरदारी ख़त्म हो जाएगी। भारतेन्दु अंग्रेज़ी पढ़ने और अंग्रेज़ी द्वारा आधुनिक विज्ञान की शिक्षा पाने के विरुद्ध न थे। लेकिन उनके सामने समस्या यह थी कि इस शिक्षा और ज्ञान को तमाम देशवासियों के लिए सुलभ कैसे बनाया जाए। वह शिक्षा को जनवादी और लोकप्रिय रूप देना चाहते थे। उसे थोड़े-से अंग्रेज़ी-भक्त विद्वानों की जागीर न बना देना चाहते थे। इसीलिए 'हिन्दी की उन्नति' में उन्होंने कहा था :

बिबिध कला शिक्षा अमित, ज्ञान अनेक प्रकार।
सब देसन से लै करहु, भाषा माहिं प्रचार॥

भारतेन्दु की यह नीति देश में शिक्षा, विज्ञान और संस्कृति की उन्नति के लिए एकमात्र सही नीति है। हिन्दी को तुच्छ समझना, उसे विज्ञान की शिक्षा के अयोग्य समझना वास्तव में अपनी अशिक्षा और विज्ञान में अपनी अयोग्यता का परिचय देना है। दोष भाषा का नहीं है, शिक्षा के कर्णधारों का है। जिस दिन शिक्षा का उद्देश्य जनता की वास्तविक उन्नति करना होगा, उस दिन अंग्रेज़ी के माध्यम का मोह छोड़ना ही होगा और हिन्दी में विज्ञान की शिक्षा के लिए भरपूर कोशिश करनी ही होगी।

रामप्रसाद निरंजनी, सदासुखलाल, राजा लक्ष्मणसिंह के युग के बाद भारतेन्दु ने हिन्दी नई चाल में ढाली। उन्होंने बोलचाल की भाषा का यह साहित्यिक रूप अरबी-फ़ारसी के प्रचलित शब्दों को निकालकर नहीं सँवारा। उन्होंने बोलचाल की शब्दावली के अलावा ग़ैर-बुनियादी शब्द-भंडार के लिए संस्कृत का सहारा लिया। उनकी भाषा यहाँ की ग्रामीण बोलियों के निकट थी। वह ब्रज-अवधी की पुरानी साहित्यिक परम्परा की भाषा-नीति के अनुकूल थी। नागरी लिपि के सहारे वह जनता में लोकप्रिय हुई।

हिन्दी का विकास हिन्द प्रदेश की जनता के जातीय विकास के साथ जुड़ा हुआ था। साहित्यिक हिन्दी का विकास हमारे जातीय विकास की ज़रूरत पूरा करता था। हिन्द प्रदेश के पूर्वी ज़िलों में भी व्यापारी लोगों के ज़रिये खड़ी बोली का प्रसार हुआ था। भोजपुर, अवध, ब्रज आदि जनपदों का अलगाव बहुत पहले कम होना शुरू हो गया था। भारतेन्दु के समय में वह और कम हो रहा था। शहरों में विभिन्न बोलियों का एकत्र होना देखा जा सकता था। उन सबके ऊपर जातीय भाषा के रूप में हिन्दी का प्रसार हो रहा था। इस बोलचाल की हिन्दी में साहित्यिक हिन्दी-उर्दू वाला भेद न था। हिन्दी जाति की भाषा एक थी। उसके साहित्यिक रूप दो हुए।

भाषा के परिष्कार की दृष्टि से भारतेन्दु के गद्य में बहुत-सी खामियाँ थीं, लेकिन उनका युगान्तरकारी काम यह था कि उन्होंने बोलचाल की भाषा की प्रकृति पहचानी, उसकी मिठास को साहित्य में जगह दी। उस भाषा को सभी तरह के साहित्य का

समर्थ माध्यम बनाया। वह समझते थे कि पद्य के लिए ब्रजभाषा ही उपयुक्त है, फिर भी उन्होंने स्वयं खड़ी बोली में कम पद्य नहीं रचा जो उनके ब्रजभाषा में लिखे हुए पद्य से बढ़कर है। जनता में खड़ी बोली कविता की अपनी एक परम्परा क़ायम हो चुकी थी। भारतेन्दु ने इसे पहचाना और उसके अनुकूल पद्य भी रचे। वास्तव में खड़ी बोली (हिन्दी) में पद्य-रचना के लिए ऐतिहासिक आवश्यकता कभी की पैदा हो चुकी थी।

भारतेन्दु ने उन लोगों का विरोध किया जो यह दावा करते थे कि हिन्दी में विज्ञान की किताबें लिखी ही नहीं जा सकतीं या हिन्दी में विज्ञान की शिक्षा न देनी चाहिए। उनके सामने शिक्षा और विज्ञान का उद्‌देश्य समूचे देश की उन्नति करना था और यह काम देशी भाषाओं द्वारा ही हो सकता था।

इस तरह भारतेन्दु ने हिन्दी को नई चाल में ही नहीं ढाला वरन् उसके चौमुखी विकास के लिए संघर्ष भी किया।

[1953]

2

गांधी जी और भाषा-समस्या

अपने राजनीतिक जीवन के आरम्भ से ही गांधी जी ने भाषा-समस्या पर सोचना और लिखना आरम्भ कर दिया था। सत्य, अहिंसा, स्वराज्य, सर्वोदय—किसी भी अन्य विषय पर उनके विचार आज के लिए इतने उपादेय नहीं है, जितने भाषा-समस्या पर। अंग्रेज़ी, भारतीय भाषाओं, राष्ट्रभाषा हिन्दी और हिन्दी-उर्दू की समस्या पर उन्होंने जितनी बातें कही हैं, वे बहुत ही मूल्यवान हैं। किसी राजनीतिक नेता ने इन समस्याओं पर इतनी गहराई से नहीं सोचा, किसी पार्टी और उसके नेताओं ने भाषा-समस्या के सैद्धान्तिक समाधान को अपनी नित्यप्रति की कार्यवाही में इस तरह अमली जामा नहीं पहनाया, जैसे गांधी जी ने। उनकी नीति के मूल सूत्र छोड़ देने से यह समस्या दिन-पर-दिन उलझती जा रही है। जो लोग उसे उलझा रहे हैं, वे गांधी जी की जय बोलते हुए, गांधीवाद की दुहाई देते हुए ऐसा कर रहे हैं।

गांधी जी का भाषा-नीति का पहला सूत्र है : भाषा-समस्या का समाधान जनता के हित में हो।

नेता अंग्रेज़ी में भाषण दें, जनता समझे नहीं। ऐसे नेता न तो देश में कोई बड़ा परिवर्तन कर सकते थे, न उनकी राजनीति जनता की राजनीति बन सकती थी। जो नेता अंग्रेज़ी में ही बोलने की ज़िद करते थे और हिन्दी सीखने से इनकार करते थे, उनके लिए गांधी जी ने सन् '27 में लिखा था : "वास्तव में ये अंग्रेज़ी में बोलनेवाले नेता हैं जो आम जनता में हमारा काम जल्दी आगे बढ़ने नहीं देते। वे हिन्दी सीखने से इनकार करते हैं जबकि हिन्दी द्रविड़ प्रदेश में भी तीन महीने के अन्दर सीखी जा सकती है, अगर सीखनेवाले इसके लिए तीन घंटे हर रोज़ दें।" ('थॉट्स ऑन नेशनल लैंग्वेज', नवजीवन पब्लिशिंग हाउस, अहमदाबाद, पृ. 23)

गांधी जी ने नेताओं का अंग्रेज़ी बोलना छुड़ाया। उनके संघर्ष के फलस्वरूप कम-से-कम अब अपने प्रदेशों में वे जनता के सामने अंग्रेज़ी में भाषण नहीं करते। लेकिन उनका राजनीतिक-सांस्कृतिक कार्य अब भी बहुत कुछ अंग्रेज़ी में होता है। अब राज्यसत्ता कांग्रेसी नेताओं के हाथ में है। यह राज्यसत्ता, उसे चलानेवाला नौकरशाही वर्ग किसके लिए है? स्वराज्य किसके लिए है? सन् '31 में गांधी जी

ने लिखा था : "यदि स्वराज्य अंग्रेज़ी-पढ़े भारतवासियों का है और केवल उनके लिए है, तो सम्पर्क भाषा अवश्य अंग्रेज़ी होगी। यदि वह करोड़ों भूखे लोगों, करोड़ों निरक्षर लोगों, निरक्षर स्त्रियों, सताये हुए अछूतों के लिए है तो सम्पर्क भाषा केवल हिन्दी हो सकती है।" ('थॉट्स ऑन नेशनल लैंग्वेज', पृ. 31)

इसलिए यदि जनतंत्र जनता का है और जनता के लिए है तो उसमें अंग्रेज़ी के लिए जगह न होनी चाहिए। अंग्रेज़ी को अपनानेवाले वे लोग हैं जो भाषा-समस्या पर जनता के हितों को ध्यान में रखकर विचार नहीं करते। उन्होंने लिखा था : "कुछ लोग जो अपने दिमाग से जनता की बात एकदम निकाल देते हैं, वे यही नहीं कहते कि अंग्रेज़ी भी सम्पर्क भाषा हो सकती है, वे कहते हैं कि अंग्रेज़ी ही एकमात्र सम्पर्क भाषा हो सकती है।" (उप., पृ. 30)

जो राजनीतिज्ञ जनता-जनता सबसे ज़्यादा चिल्लाते हैं, वे अपनी राजनीतिक कार्यवाही में इसी जनता की उपेक्षा करते हैं। गांधी जी मार्क्सवादी-लेनिनवादी नहीं थे लेकिन लेनिन की भाषा-सम्बन्धी नीति का सारतत्त्व उन्होंने ग्रहण कर लिया था। उन्होंने भारतीय वैज्ञानिकों द्वारा अंग्रेज़ी के व्यवहार की आलोचना करते हुए सन् '37 में लिखा था : "उनके लेख अंग्रेज़ी न जाननेवालों के लिए गुप्त खजाना (सील्ड बुक) हैं। लेकिन रूस का हाल देखिए। वहाँ क्रान्ति से पहले ही तमाम पाठ्य-पुस्तकें (वैज्ञानिक पुस्तकों समेत) रूसी में छपती थीं। दरअसल इसी बात ने लेनिन की क्रान्ति के लिए मार्ग तैयार किया। हम आम जनता से सच्चा सम्पर्क तब तक क़ायम नहीं कर सकते, जब तक कांग्रेस यह फैसला नहीं करती कि उसका सारा विचार-विमर्श हिन्दी में होगा और उसके प्रान्तीय संगठनों का काम प्रान्तीय भाषाओं में होगा।" (उप., पृ. 53)

विभिन्न प्रदेशों के बीच विदेशी भाषा को अपनी सम्पर्क-भाषा बनाकर कोई भी देश जन-क्रान्ति नहीं कर सकता। क्रान्ति का अर्थ मुट्ठी-भर आदमियों द्वारा ख़ूनख़राबी करना नहीं होता। क्रान्ति का अर्थ है : समाज-व्यवस्था में व्यापक परिवर्तन लाना। इस तरह के परिवर्तन आम जनता के सहयोग के बिना कभी नहीं लाये जा सकते। जो देश पराधीन हैं, वे आम जनता के संघर्ष के बिना स्वाधीन नहीं हो सकते; और जो देश स्वाधीन हैं, वे आम जनता की दृढ़ एकता और समर्थ राजनीतिक कार्यवाही के बिना अपनी स्वाधीनता की रक्षा नहीं कर सकते।

कुछ लोग समझते हैं कि सम्पर्क भाषा तो मंत्रियों, नेताओं, बड़े-बड़े अफ़सरों वगैरह के लिए ही ज़रूरी है। आम जनता अपनी प्रादेशिक भाषाएँ बोलती ही हैं; उसे सम्पर्क भाषा से क्या लेना-देना है? ऐसा सोचनेवाले अपने को शासक और जनता को शासित समझते हैं। उनके लिए नौकरशाह जनता के नौकर नहीं हैं, वे उसके बादशाह हैं। जिन पार्टियों के हाथ में राज्य-सत्ता नहीं है, जिनके नेता निकट भविष्य में मंत्री बनने के उम्मीदवार हैं, वे भी अनजाने अपने को जनता का सेवक

नहीं, हुक्मरान समझने लगे हैं। इसलिए वे अंग्रेज़ी को सम्पर्क भाषा बनाकर चैन से अपनी गद्दियों पर बैठे हुए हैं।

इन सबसे भिन्न गांधी जी का मत था कि सम्पर्क नेताओं में ही नहीं, विभिन्न प्रदेशों की आम जनता में होना चाहिए। उन्होंने लिखा था : "आप और हम चाहते हैं कि करोड़ों आदमी अन्तर्प्रान्तीय सम्पर्क क़ायम करें। स्पष्ट है कि अंग्रेज़ी के द्वारा, कई पीढ़ियाँ गुजर जाने पर भी, वे परस्पर सम्पर्क स्थापित न कर सकेंगे।" (1927; 'थॉट्स ऑन नेशनल लैंग्वेज', पृ. 48) यदि हमारे देश के जनवादी, समाजवादी, मार्क्सवादी-लेनिनवादी राजनीतिज्ञ गांधी जी की इस बात को मानें कि करोड़ों जनता को आपस में राष्ट्रीय स्तर पर सम्पर्क क़ायम करना है, तो वे सबसे आगे बढ़कर हिन्दी-प्रचार के काम में हिस्सा बँटाएँ। वे अंग्रेज़ी की छतरी के नीचे बैठकर दूर से हिन्दी की नुक्ताचीनी न करते रहें।

देशव्यापी सम्पर्क जनता का, स्वराज्य करोड़ों अशिक्षित और निर्धन लोगों के लिए, नेता और जनता के बीच सबसे बड़ी दीवार अंग्रेज़ी—यह हुआ गांधी जी की भाषानीति का पहला सूत्र।

गांधी जी के लिए भाषा-समस्या कोई शुद्ध भाषाविज्ञान की समस्या नहीं थी। उन्होंने राष्ट्रीय स्वाधीनता-आन्दोलन के सन्दर्भ में ही उस पर विचार किया था। अंग्रेज़ों ने भारतीय जनता को गुलाम बनाने के साथ उसकी भाषाओं का दमन किया, उस पर अंग्रेज़ी लादी। अंग्रेज़ों का चलन राजनीतिक-सांस्कृतिक पराधीनता का अंग था; उसे सम्पर्क भाषा के पद से हटाना राजनीतिक-सांस्कृतिक स्वाधीनता के लिए आवश्यक था। अंग्रेज़ी की जगह भारतीय भाषाओं का व्यवहार राष्ट्रीय आत्मसम्मान की रक्षा का प्रश्न था।

उनकी भाषा-नीति का दूसरा सूत्र है : राष्ट्रीय आत्मसम्मान की रक्षा के लिए अंग्रेज़ी का प्रभुत्व खत्म करो।

1909 में गांधी जी ने लिखा था : "क्या वे लोग जो अपनी मातृभाषा का अपमान करते हैं, कभी देश का भला कर सकते हैं? मैं इसकी कल्पना नहीं कर सकता कि गुजरात के लोग अपनी मातृभाषा छोड़कर अन्य कोई भाषा अपना लें। ऐसा हो तो यह कहने में ज़रा भी अतिशयोक्ति न होगी कि जो लोग अपनी भाषा छोड़ देते हैं, वे देशद्रोही हैं और जनता के प्रति विश्वासघात करते हैं।" (उप., पृ. 189)

जो लोग अंग्रेज़ी में उपन्यास और कहानियाँ लिखकर अन्तरराष्ट्रीय ख्याति अर्जित करते रहे हैं, वे गांधी जी के इन वाक्यों पर गम्भीरता से विचार करें।

गांधी जी ने गुजराती-भाषी शिक्षित जनों में मातृभाषा का प्रेम जगाया, अंग्रेज़ी बोलने पर उनकी लानत-मलामत की। गुजरात के नवीन साहित्यिक अभ्युत्थान में उनका योगदान अनुपम है। दिसम्बर, 1915 में संग्रामपुर, सूरत के जैन विद्यार्थियों ने गांधी जी को अपने पुस्तकालय का उद्घाटन करने के लिए बुलाया। गांधी जी

के बोलने की बात सुनकर वहाँ बड़ा जन-समुदाय एकत्र हो गया। एक विद्यार्थी ने अंग्रेज़ी में भाषण किया। दूसरा खड़ा हुआ। उसने अंग्रेज़ी में निबन्ध पढ़ा। गांधी जी ने इन अंग्रेज़ी बोलनेवालों को लक्ष्य करके कहा : "यदि अंग्रेज़ी जाननेवाले मुट्ठी-भर लोगों को हम देश मान लें तो कहना होगा कि देश शब्द का अर्थ नहीं समझा।" उन्होंने उन लोगों को फटकारा जो कहते थे कि वे मातृभाषा में अपने विचार अच्छी तरह प्रकट नहीं कर सकते। उन्होंने कहा : "जो युवक यह कहते हैं कि हम अपने विचार मातृभाषा द्वारा नहीं प्रकट कर सकते, उनसे मैं यही निवेदन करूँगा कि आप मातृभाषा के लिए भार-रूप हैं। मातृभाषा की अपूर्णता दूर करने के बदले उसका अनादर करना—उससे हाथ ही धो बैठना—किसी सच्चे सपूत को शोभादायक नहीं।"

यह फैशन अभी तक बना हुआ है कि जिनके पास कहने को कुछ नहीं है, वे भी करुण कंठ से क्षमा-याचना करते हुए जनता से कहते हैं, हम हिन्दी में अपने विचार 'फ्लुएंटली' प्रकट नहीं कर सकते! मातृभाषा की अपूर्णता दूर करना इनके वश की बात नहीं; वे अंग्रेज़ी के भारवाही बनकर मातृभाषा और मातृभूमि के लिए केवल भार-रूप हैं!

गांधी जी गुजराती के, समस्त भारतीय भाषाओं के सम्मान के लिए लड़े। उनके इस संघर्ष का आदर करनेवालों में आचार्य महावीरप्रसाद द्विवेदी भी थे। उन्होंने गांधी जी का उपर्युक्त भाषण मार्च, 1916 की 'सरस्वती' में छापा था। भाषण को हिन्दी में अनुवादित करके भेजा था गुजराती सज्जन श्री मणिभाई व्यास ने।

दिसम्बर, 1916 में गांधी जी ने देवनागरी लिपि और हिन्दी भाषा के प्रचार पर लखनऊ में भाषण दिया। आठ-दस हज़ार श्रोताओं के बीच उन्होंने यह भाषण हिन्दी में दिया। अपने हिन्दी सीखने और हिन्दी के लिए अपमानित होने के बारे में उन्होंने ये मर्मस्पर्शी शब्द कहे थे :

"जिन प्रान्तों में हिन्दी का प्रचार कम है, वहाँ हिन्दी पढ़नेवालों की बड़ी कमी हैं। मैं स्वयं हिन्दी सीखना चाहता था, पर अहमदाबाद में कोई हिन्दी-ज्ञाता शिक्षक न मिला। मिला बेचारा एक गुजराती-भाषाभाषी, जिसने पन्द्रह-बीस वर्ष काशी में रहकर टूटी-फूटी हिन्दी सीखी थी। उसी से मैंने हिन्दी सीखी। सम्मेलन यदि अन्य भाषा-भाषी प्रान्तों में आदमी भेजे तो बहुत-से लोग हिन्दी सीख जाएँ।"

हिन्दी की दरिद्रता के गीत गाते अंग्रेज़ी-प्रेमी भारतवासी थकते नहीं हैं। पता नहीं, इनकी संख्या पहले ज़्यादा थी या अब है। गांधी जी ने इन लोगों को लक्ष्य करके कहा था : "लोग कहते हैं कि हिन्दी में कुछ नहीं हैं—हिन्दी साहित्य खोखला है—अतएव अंग्रेज़ी के बिना काम नहीं चल सकता। कभी-कभी तो अंग्रेज़ी न जानने के कारण लोगों को वृथा ही बहुत कष्ट उठाना पड़ता है। यह मैं भी मानता हूँ। यहाँ तक कि मुझ-जैसे लोगों को, हिन्दी का व्यवहार करने के कारण—हिन्दी बोलने के कारण—रेलवे इत्यादि में धक्के भी खाने पड़ते हैं। अंग्रेज़ी से हिन्दी कितना ही पीछे क्यों न हो, हमें उसका गौरव बढ़ाना ही पड़ेगा।"

राष्ट्र के जो नेता आज हवाई जहाज़ों और 'एयर कंडीशंड' गाड़ियों में सफर करते हुए अंग्रेज़ी को सम्पर्क भाषा का गौरव प्रदान करते हैं, क्या वे कभी याद करते हैं कि अंग्रेज़ी रेलों के यात्री मोहनदास कर्मचन्द गांधी को हिन्दी बोलने के कारण धक्के खाने पड़े थे? वे राष्ट्रपति की जय बोलते हैं, राष्ट्रपिता के नाम पर जनता को अध्यात्मवाद के उपदेश देते हैं, राष्ट्र के नाम पर सन्देश प्रसारित करते हैं—उस भाषा में, जिसका व्यवहार गांधी जी राष्ट्र-सम्मान के प्रतिकूल समझते थे।

गांधी जी ने अंग्रेज़ों के सामने, उच्चतम अंग्रेज़ पदाधिकारियों के सामने, महाप्रतापी ब्रिटिश साम्राज्य के प्रतिनिधि वाइसराय के सामने भारतीय भाषाओं के गौरव की रक्षा की। उसी भाषण में उन्होंने कहा था : "सरकारी कौंसिलों में अंग्रेज़ी की पूछ है—उसी का विशेष आदर है। लोग कहते हैं कि वाइसराय इत्यादि अंग्रेज़ी के अतिरिक्त और कोई भाषा नहीं समझते। अतएव अंग्रेज़ी का ही उपयोग करना आवश्यक है। पर मैं कहता हूँ कि यदि मैं बोलना जानता हूँ और मेरे कथन में कोई बात ऐसी है जिससे वाइसराय लाभ उठा सकें तो अवश्य मेरी बातें, हिन्दी में होने पर भी, सुनेंगे। आपको ज़रा दृढ़ता और मनोयोग से काम लेना चाहिए। आत्मावलम्ब किये बिना कोई काम सिद्ध नहीं होता।"

अब अंग्रेज़ वाइसराय नहीं हैं। लेकिन मनोवृत्ति वही है। अंग्रेज़ी बोलने में लोग गौरव का अनुभव करते हैं। इससे राष्ट्रीय आत्मसम्मान की भावना क्षीण होती है। अंग्रेज़ वाइसराय एक बार किसी को हिन्दी में बोलने की अनुमति भी दे दे लेकिन यदि स्वाधीन भारत की लोक सभा में कोई मंत्री हिन्दी में बोले तो महाक्रान्तिकारी कामरेड गोपालन 'वाक आउट' कर देते हैं! गांधी जी ने केवल दूसरों को वाइसराय के सामने हिन्दी बोलने का उपदेश न दिया था; उन्होंने साहस से अपने उपदेश के अनुसार आचरण भी किया था।

1931 में संयुक्त भारत के चेम्बर ऑफ़ कॉमर्स का अधिवेशन कराची में हुआ। उसमें विभिन्न प्रान्तों के सेठ और व्यापारी मौजूद थे। अंग्रेज़ भी थे। किन्तु गांधी जी ने अपना भाषण हिन्दी में दिया। इस भाषण में उन्होंने बताया कि सन् '18 में वाइसराय के सामने वह हिन्दी में बोले थे। सन् '18! अंग्रेज़ वाइसराय! अंग्रेज़ और अंग्रेज़ियत का वह आतंक! उस वातावरण में वाइसराय के सामने हिन्दी बोलने खड़े हुए कर्मवीर गांधी।

करांचीवाले भाषण में उन्होंने कहा था : "मेरे अंग्रेज़ मित्र मुझे क्षमा करेंगे कि जो कुछ मुझे कहना है, वह मैं राष्ट्रभाषा में कहूँगा। इस अवसर पर मुझे उस सभा की याद आती है जो यहीं 1918 में बुलाई गई थी। बहुत बहस-मुबाहसे के बाद जब मैं इस सभा में आने को तैयार हुआ तो मैंने उनसे प्रार्थना की कि मुझे हिन्दी या हिन्दुस्तानी में बोलने की अनुमति दी जाए। मैं जानता हूँ कि इसके लिए प्रार्थना करना ज़रूरी नहीं था, फिर भी सभ्यता का तकाज़ा था; वरना वाइसराय को बुरा

लगता। उन्होंने तुरन्त मुझे अनुमति दे दी और तब से इस मामले में मेरी हिम्मत और खुल गई है। और आज फिर मैं उसी जगह अपने उस अमल को दोहराने जा रहा हूँ। और इस चेम्बर के सदस्यों से मैं विनय करूँगा कि आपका यह कर्तव्य है कि अपना सारा काम राष्ट्रभाषा में करें। इस संगठन में आपको अपनी जनता से ही वास्ता पड़ता है। देश का वातावरण भी इस समय ऐसा है कि उसका प्रभाव आप पर भी ज़रूर पड़ेगा।" ('थॉट्स ऑन नेशनल लैंग्वेज', पृ. 24)

आज किसी अखिल भारतीय संगठन में लोगों से कहा जाए कि अपना काम राष्ट्रभाषा में कीजिए तो बहुत-से देशभक्त कह उठेंगे—हम पर हिन्दी लादी जा रही है! उन पर अंग्रेज़ी पहले से लदी हुई है, यह वे भूल जाते हैं। अंग्रेज़ी के लिए स्वेच्छा, हिन्दी के लिए अनिच्छा—यह है उनकी देशभक्ति!

5 जुलाई, 1928 के 'यंग इंडिया' में गांधी जी ने अंग्रेज़ी के प्रभुत्व से होनेवाली देश की हानि के बारे में लिखा था, हज़ारों नवयुवक अपना कीमती समय इस विदेशी भाषा को सीखने में नष्ट करते हैं : "जबकि उनके दैनिक जीवन में उसकी कोई उपयोगिता नहीं है। अंग्रेज़ी सीखने में समय लगाते हुए वे मातृभाषा की उपेक्षा करते हैं। वे इस अन्धविश्वास के शिकार होते हैं कि ऊँचे दर्जे के विचार अंग्रेज़ी ही में प्रकट किये जा सकते हैं, अंग्रेज़ी के लादे जाने से राष्ट्र की शक्ति सूख गई है, विद्यार्थियों की आयु क्षीण हो गई है। आम जनता से वे दूर जा पड़े हैं। शिक्षा पाना बड़े ख़र्चे का काम हो गया है। यदि यही सिलसिला जारी रहा तो बहुत सम्भव है कि राष्ट्र की आत्मा का नाश हो जाए।"

और सब तरह की हानि तो होती ही है, ख़र्च ज़्यादा होता है, उम्र कम होती है, मातृभाषा की उपेक्षा होती है; गांधी जी के लिए सबसे बड़ा खतरा यह था कि अंग्रेज़ी का प्रभुत्व राष्ट्र की आत्मा का नाश कर देगा। वह ऐसा क्यों सोचते थे? इसलिए सोचते थे कि वह स्वाधीनता-आन्दोलन के सन्दर्भ में भाषा-समस्या पर विचार करते थे। उनके लिए प्रश्न यह नहीं था कि अंग्रेज़ी विश्व-भाषा है और हिन्दी दरिद्र है; प्रश्न यह था कि विदेशी भाषा के व्यवहार से राष्ट्रीय चरित्र पर असर क्या पड़ता है। इसलिए वह तुरन्त अंग्रेज़ी को विदा करने के पक्ष में थे। लेकिन जिसे गांधी जी राष्ट्र की आत्मा कहते थे, उसे अंग्रेज़ी-प्रेमी नेता मानसिक संकीर्णता कहते हैं!

गांधी जी अंग्रेज़ी पढ़ने के विरुद्ध नहीं थे। वह उसे वाणिज्य और कूटनीति की भाषा मानते थे। किन्तु वह यह सहन न कर सकते थे कि वह किसी भारतीय भाषा के हक मारे। वह बहुत अच्छी तरह जानते थे कि अंग्रेज़ी का विश्व-महत्त्व ब्रिटिश साम्राज्य के कारण है। उन्होंने 1918 में ही घोषित किया था : "हमें ऐसी हालत पैदा कर देनी चाहिए कि हमारे राजनीतिक या सामाजिक सम्मेलनों में, कांग्रेस तथा प्रान्तीय सभाओं आदि में अंग्रेज़ी का एक शब्द भी न सुना जाए। अंग्रेज़ी का

व्यवहार हमें पूरी तरह बन्द कर देना चाहिए। अंग्रेज़ी ने विश्वभाषा की जगह पा ली है लेकिन यह इसलिए कि अंग्रेज़ सारी दुनिया में फैल गए है और हर जगह अपने पैर उन्होंने जमा लिये हैं। जब उनकी यह स्थिति नहीं रहेगी, तब अंग्रेज़ी का प्रसार भी संकुचित हो जाएगा।" ('थॉट्स ऑन नेशनल लैंग्वेज', पृ. 9)

साम्राज्यवाद के पतन के साथ अंग्रेज़ी के प्रसार का दायरा कम हो गया है। अन्य भाषाएँ विश्व-स्तर पर अंग्रेज़ी में स्पर्धा करती हैं। बोलनेवालों की संख्या की दृष्टि से संसार की तीसरी भाषा हिन्दी भी विश्वभाषा के रूप में अंग्रेज़ी का महत्त्व कम कर सकती है, विश्वभाषा के रूप में उससे स्पर्धा कर सकती है यदि अंग्रेज़ी-प्रेमी भारतवासी अपने देश को अंग्रेज़ी की गुलामी से आज़ाद कर दें।

सन् '47 से पहले हर देशभक्त मानता था कि शिक्षा-संस्थाओं, राजनीतिक संगठनों आदि में अंग्रेज़ी का चलन मानसिक पराधीनता का लक्षण है। राजा राममोहन राय जैसे समाज-सुधारक समझते थे कि भारत की राष्ट्रभाषा अंग्रेज़ी हो जाएगी। 6 जून, 1965 के 'न्यू एज' (साप्ताहिक) में डी.सी. होम नाम के सज्जन ने लिखा है कि उन्नीसवीं सदी के मध्य में जब भारत में नया औद्योगिक युग शुरू हो रहा था, तब भारत के प्रमुख नागरिकों ने अंग्रेज़ी को शिक्षा का माध्यम बनाने के लिए खूब ज़ोरदार आन्दोलन किया। राजा राममोहन राय ने इनका नेतृत्व किया।

दिलचस्प बात है कि जो भी अंग्रेज़ी को भारत की अमली राष्ट्रभाषा मानता है, वह किसी-न-किसी रूप में ब्रिटिश साम्राज्यवाद की प्रगतिशील भूमिका भी मानता है। डी.सी. होम के अनुसार : "प्लासी के सतहत्तर वर्ष बाद, यानी जब ब्रिटिश साम्राज्यवाद की वस्तुगत रूप से प्रगतिशील भूमिका का एक चक्कर पूरा हो गया था, तब क्या इससे यह पता नहीं चलता कि समाज में नये कार्य पूरा करने की उत्सुकता पैदा हो गई थी?"

जैसे कुछ लोग कहते हैं कि हर देश में समाजवाद अपने ढंग से आता है और उसका अपना रूप होता है, वैसे ही क्या अजब जो हर देश में पूँजीवाद भी अपने ढंग से आए और उसका अपना रूप हो! भारतीय पूँजीवाद की विशेषताएँ क्या हैं? इसकी सबसे बड़ी विशेषता यह है कि यह आरम्भ से ही अंग्रेज़ी बोलता रहा है! आख़िर देश की एकता तो क़ायम रखनी ही थी; यहाँ संस्कृत राष्ट्रभाषा बन न सकती थी। प्रादेशिक भाषाएँ बोलियाँ थीं नहीं कि वे किसी एक राष्ट्रभाषा के नीचे दब जातीं। द्रविड़ और संस्कृत भाषा-परिवारों का भेद अलग! अंग्रेज़ी के सिवा भारतीय पूँजीवाद कौन-सी भाषा बोलता? इसलिए जिन लोगों ने लॉर्ड मैकाले के लिए रास्ता साफ़ किया, जिन्होंने मैकाले की भाषा-नीति का समर्थन किया, वे सब प्रगतिशील थे! जिन्होंने अंग्रेज़ी का विरोध किया, वे सब दकियानूसी और प्रतिक्रियावादी थे!

संस्कृत और द्रविड़-परिवारों में ऐसी भयानक शत्रुता है तो मलयालम, तेलगू आदि भाषाओं में संस्कृत के इतने शब्द कैसे पहुँच गए? द्रविड़ देश के शंकराचार्य

ने संस्कृत में अपने विचार क्यों प्रकट किये? क्या उस समय तक कोई द्रविड़ भाषा उत्पन्न ही न हुई थी? वह तमिल कहाँ थी जो प्राचीनता में समकक्ष कही जाती है?

वास्तव में यहाँ तमिल भी थी, अनेक द्रविड़ और ग़ैर-द्रविड़ भाषाएँ भी थीं। फिर भी शिक्षितजन संस्कृत का व्यवहार करते थे क्योंकि सामन्ती व्यवस्था के बावजूद, डी.सी. होम सम्प्रदाय की अपेक्षा, उनमें राष्ट्रीयता का बोध ज़्यादा था।

जनता के दृष्टिकोण से न सोचने पर आज के गुमराह प्रगतिशील विचारक को पूँजीवाद और समाजवाद, दोनों के विकास के लिए अंग्रेज़ी आवश्यक दिखाई देती है।

श्री मोहनकुमार मंगलम ने 'भारत का भाषा-संकट' नामक पुस्तक में लिखा है : "हम यह याद किये बिना नहीं रह सकते कि महान राजा राममोहन राय उस दिन का स्वप्न देखते थे, जब भारत की भाषाएँ रंगमंच से हट जाएँगी और अंग्रेज़ी यहाँ की करोड़ों जनता की सामान्य भाषा हो जाएगी।" (पृ. 4)

लॉर्ड मैकाले और इन महान् समाज-सुधारकों का सम्बन्ध इस प्रकार है : "इस तरह इन प्रारम्भिक समाज-सुधारकों ने भी अंग्रेज़ी को उठाने और भारतीय भाषाओं का विकास रोकने में लॉर्ड मैकाले के प्रयत्न में मदद दी।" (पृ. 5)

भारत की भाषाओं और संस्कृति की हालत उस समय क्या थी? "भारत और पूर्व की संस्कृति अधिक प्राचीन थी परन्तु इस समय वह ठहराव की हालत में (स्टंग्नैंट) थी। वह पश्चिम के शक्तिशाली सांस्कृतिक उभार के सम्पर्क में आई।"

भले ही शेली, मैथ्यू आर्नल्ड, येट्स आदि लेखक भारतीय संस्कृति से प्रभावित रहे हों, श्री मोहनकुमार मंगलम के लिए यहाँ की संस्कृति गतिरुद्ध ही थी। इसलिए आज राजभाषा के पद के लिए तमिल को योग्य बनाना उन्हें हिमालय पहाड़ उठाने जैसा लगता है (उप., पृ. 98)।

होम और मोहनकुमार मंगलम, दोनों का मत है कि भारत में संस्कृत के बाद कोई भी सम्पर्क भाषा न थी। इसलिए अंग्रेज़ी सम्पर्क भाषा के रूप में स्वाधीनता-प्राप्ति के पहले भी ज़रूरी थी और आज भी ज़रूरी है। भारतीय इतिहास के ये विशेषज्ञ भूल जाते हैं कि अंग्रेज़ों का राज क़ायम होने से पहले यहाँ सम्पर्क भाषा के रूप में हिन्दी का प्रचार और प्रसार सर्वत्र था। इसीलिए अंग्रेज़ों ने अपने अफ़सरों के लिए हिन्दुस्तानी का ज्ञान अनिवार्य कर दिया था।

दिल्ली के असिस्टेंट रेजिडेंट मेटकाफ ने 29 अगस्त, 1806 को हिन्दुस्तानी के अपने शिक्षक गिलक्रिस्ट के नाम एक पत्र में लिखा था : "भारत के जिस भाग में भी मुझे काम करना पड़ा है, कलकत्ता से लेकर लाहौर तक, कुमाऊँ के पहाड़ों से नर्मदा तक; अफगानों, मराठों, राजपूतों, जाटों, सिखों और उन प्रदेशों के सभी कबीलों में जहाँ मैंने यात्रा की है, मैंने उस भाषा का आम व्यवहार देखा है जिसकी शिक्षा आपने मुझे दी थी। अपने अनुभव से और दूसरों से सुनी हुई बातों के बल

पर मैं कन्याकुमारी से कश्मीर तक या आवा से सिंधु के मुहाने तक इस विश्वास से यात्रा करने की हिम्मत कर सकता हूँ कि मुझे हर जगह ऐसे लोग मिल जाएँगे जो हिन्दुस्तानी बोल लेते होंगे।" (जे.बी. गिलक्रिस्ट, ए वोकेबुलरी, हिन्दुस्तानी एंड इंग्लिश, इंग्लिश एंड हिन्दुस्तानी, एडिनबरा में उद्धृत)

राजा राममोहन राय ने अंग्रेज़ी को शिक्षा का माध्यम बनाने के लिए मेमोरेंडम पेश किया, होम-सम्प्रदाय को यह तो दिखाई देता है लेकिन जिस भाषा को कश्मीर से कन्याकुमारी तक भारत की करोड़ों जनता अपनी सम्पर्क भाषा बना रही थी, वह उन्हें बहुत आँखें गड़ाकर देखने पर भी नहीं दिखाई देती।

गांधी जी न लॉर्ड मैकाले के रौब में थे, न राजा राममोहन राय के। उन्होंने सन् '20 में लिखा था : "हम अपने विचार से अपने राष्ट्रीय जीवन में प्रादेशिक भाषाओं (वर्नाक्यूलर्स) को उनका उचित स्थान दे रहे हैं। भाग्य राजा राममोहन राय की इस भविष्यवाणी का साथ नहीं दे रहा कि भारत एक दिन अंग्रेज़ी-भाषी देश हो जाएगा। लेकिन उन महान समाज-सुधारक का भूत अब भी कुछ लोगों पर सवार है। कुछ प्रसिद्ध आदमी बहुत जल्दी यह फैसला दे देते हैं कि राष्ट्र की सम्पर्क भाषा अंग्रेज़ी होगी।" ('थॉट्स ऑन नेशनल लैंग्वेज़', पृ. 17)

गांधी जी का सम्बन्ध भी भारतीय पूँजीवाद के विकास से रहा है। उनके स्वदेशी आन्दोलन से भारतीय पूँजीपतियों को अपने उद्योग-धन्धे विकसित करने में सहायता मिली। बिड़ला जैसे उद्योगपति गांधी जी के नज़दीकी लोगों में थे। होम महाशय को सन् बीस के बाद का पूँजीवादी विकास नहीं दिखाई देता क्योंकि तब अंग्रेज़ी का विरोध और भारतीय भाषाओं का समर्थन होने लगा था!

गांधी जी को ज़रूर मैकाले-भक्तों से बराबर साबका पड़ा होगा। ये लोग सीधे मैकाले का नाम न लेकर राजा राममोहन राय की दुहाई देते रहे होंगे। इसीलिए राममोहन राय का नाम अक्सर उनके लेखों में आता है। सन् '21 में उन्होंने इस बात पर दुःख प्रकट किया था कि अंग्रेज़ी ने प्रान्तीय भाषाओं की जगह ले ली है। उन्होंने कहा था कि राजा राममोहन राय और भी बड़े समाज-सुधारक होते यदि उन्हें अंग्रेज़ी में सोचने और उसी में अपने विचार प्रकट करने की अस्वाभाविक क्रिया न करनी पड़ती। (उप., पृ. 201)

अंग्रेज़ों ने आस्ट्रेलिया, न्यूजीलैंड, दक्षिणी अफ्रीका, उत्तरी अमरीका आदि में भरसक वहाँ की भाषा का नाश किया। लाखों नीग्रोजन अपनी भाषाएँ छोड़कर—गुलाम बनाए जाकर—अंग्रेज़ी-भाषी हो गए। भारतीय जनता ने 1857 में अंग्रेज़ों को इस जन-घाती, भाषा-घाती नीति पर चलने का मजा चखा दिया। सन् 1857 से पहले भी महाराष्ट्र के शिक्षा-शास्त्रियों ने जमकर मैकाले की भाषा-नीति का विरोध किया। वहाँ के समाज-सुधारक डी.सी. होम एंड कम्पनी को नहीं दिखाई देते। 'दिये लोभ चसमा चखनि लघु पुनि बड़ी दिखाय'। अंग्रेज़ियत के चश्मे से अंग्रेज़ी-परस्त तो

बहुत बड़े समाज-सुधारक मालूम होते हैं, अंग्रेज़ी के विरोधी इतने छोटे हो जाते हैं कि उनके अस्तित्व का उल्लेख भी आवश्यक नहीं होता।

गांधी जी ने राजा राममोहन राय के साथ लोकमान्य तिलक का नाम भी लिया था और कहा था कि यदि उनकी शिक्षा-दीक्षा कम अस्वाभाविक व्यवस्था में हुई होती तो जनता पर उनका प्रभाव और भी गहरा पड़ा होता।

लोकमान्य तिलक मराठी के समर्थ लेखक थे। वह भारतीय भाषाओं का स्थान अंग्रेज़ी को देने के पक्ष में नहीं थे। इसके अलावा राजा राममोहन राय के विपरीत वह हिन्दी को राष्ट्रभाषा मानते थे। कानपुर में जनता ने उनका स्वागत किया तो उन्होंने इस बात पर खेद प्रकट किया कि वह हिन्दी में भाषण नहीं कर सकते। "यद्यपि मैं उन लोगों में से हूँ जो चाहते हैं और जिनका विचार है कि हिन्दी ही भारत की राष्ट्रभाषा हो सकती है। मैं हिन्दी समझ सकता हूँ और टूटी-फूटी बोल भी सकता हूँ, व्याख्यान नहीं दे सकता।" ('सरस्वती', फरवरी, 1917)

इस विचार को अमली रूप देने के लिए उन्होंने 'केसरी' का एक हिस्सा हिन्दी में प्रकाशित करना शुरू कर दिया था।

लोकमान्य तिलक-जैसे समाज-सुधारक होम-जैसे अंग्रेज़ी-प्रेमियों की दृष्टि से ओझल रहते हैं।

स्वाधीनता-प्राप्ति से साल-भर पहले गांधी जी ने उस दिमागी गुलामी की निन्दा की थी जो अंग्रेज़ी को अपनी राजभाषा बनाने के लिए नेताओं को मजबूर करती है। सोवियत संघ की मिसाल देते हुए उन्होंने लिखा था : "रूस ने अपनी सारी वैज्ञानिक प्रगति अंग्रेज़ी के बिना ही की है। यह हमारी दिमागी गुलामी है जो हम कहते हैं कि अंग्रेज़ी के बिना काम नहीं चल सकता। मैं इस पराजयवादी मत को कभी स्वीकार नहीं कर सकता।" ('थॉट्स ऑन नेशनल लैंग्वेज़', पृ. 201)

स्वाधीनता-प्राप्ति के बाद गांधी जी ने 21 सितम्बर, 1947 के 'हरिजन' में 'दिमागी काहिली' की निन्दा की जिससे प्रेरित होकर अफ़सर और नेता कहते थे कि शिक्षा और शासन में अंग्रेज़ी ही चलेगी।

गांधी जी ने अपने राजनीतिक जीवन के आरम्भ से लेकर भारत के स्वाधीन होने के बाद तक, अपने जीवन की आख़िरी घड़ियों तक अंग्रेज़ी का विरोध किया, अंग्रेज़ी के ऊपर निर्भर रहने की आदत को राष्ट्र के लिए हानिकर बताया, अंग्रेज़ी की हिमायत को राष्ट्रीय चरित्र के लिए घातक बताया। जो लोग अंग्रेज़ी क़ायम रखकर भाषा-समस्या का समाधान खोजते रहे हैं, उनमें राष्ट्रीय आत्मसम्मान की कमी है।

राष्ट्रभाषा की समस्या राष्ट्रीय चेतना के आधार पर ही हल हो सकती है। जो लोग भाषा-समस्या को साम्राज्य-विरोधी संघर्ष के सन्दर्भ से अलग हटाकर हल करना चाहते हैं, वे समस्या को बराबर उलझाते जाएँगे। उसे सुलझाना उनके लिए सम्भव न होगा। यह गांधी जी का दूसरा सूत्र हुआ।

गांधी जी का तीसरा सूत्र है—भारतीय जनता की अमली राष्ट्रभाषा हिन्दी है।

यदि राजनीतिज्ञ जनता के व्यवहार को देखें, इस बात को समझें कि अंग्रेज़ी न जाननेवाले साधारण जनों को भी परस्पर सम्पर्क के लिए एक सामान्य भाषा की ज़रूरत होती है, तो उन्हें यह दिखाई देने लगे कि जनता के अन्तर्प्रादेशिक सम्पर्क की भाषा कौन-सी है। महाराष्ट्र-गुजरात-पंजाब के लोग आपस में हिन्दी को सम्पर्क भाषा के तौर पर इस्तेमाल करते हैं, इसे बहुत-से लोग मानते हैं। सवाल है, दक्षिण भारत का। क्या वहाँ के साधारण लोग भी हिन्दी को सम्पर्क-भाषा के रूप में अपनाते हैं?

गांधी जी ने दक्षिण अफ्रीका के अपने इस अनुभव का उल्लेख किया था कि वहाँ तमिल और तेलगू बोलनेवाले लोग परस्पर सम्पर्क के लिए हिन्दी काम में लाते हैं। जो कार्य वे दक्षिण अफ्रीका में करते थे, उसे वे दक्षिण भारत में भी अवश्य करते रहे होंगे। वास्तव में तमिल-तेलगू-भाषियों को उत्तर भारत से सम्पर्क क़ायम करने के लिए ही हिन्दी की ज़रूरत नहीं होती, उन्हें आपस में सम्पर्क-भाषा के लिए भी ज़रूरत हिन्दी की होती है।

एक मित्र ने अंडमान से मुझे वहाँ की भाषा-स्थिति के बारे में यह लिखा है : "अधिकतर यहाँ बंगला, तमिल, तेलगू, कन्नड़ और मलयालम बोली जाती हैं। आपस में व्यवहार की भाषा हिन्दी है जो 'हम बोलता है, आप करना माँगता है' पद्धति से बोली जाती है। हिन्दी ही राष्ट्रभाषा है, यहाँ स्वत: सिद्ध हो जाता है। तमिल तेलगू से हिन्दी में ही बात कर पाता है। इसी प्रकार अन्य भाषा-भाषी।"

दक्षिण भारत में गांधी जी का अनुभव ऐसा ही था : "यह कहना सही नहीं है कि मद्रास में अंग्रेज़ी के बिना काम नहीं चलता। मैंने अपने सारे कामों के लिए वहाँ सफलतापूर्वक हिन्दी का व्यवहार किया है। मैंने रेल में मद्रासी मुसाफ़िरों को दूसरों से हिन्दी में बातें करते सुना है।" ('थॉट्स ऑन नेशनल लैंग्वेज़', पृ. 6)।

सी.एफ. एंड्रूज़ का अनुभव भी यही था। उनकी मातृभाषा अंग्रेज़ी थी लेकिन उन्हें हिन्दी बोलने में उतना कष्ट न होता था जितना राज्य सभा या लोक सभा के कुछ भारतीय सदस्यों को। 'द ट्रू इंडिया' (1939) पुस्तक में उन्होंने लिखा था : "कल एक व्यक्ति मुझसे मिलने आया था; उससे जब मैंने अंग्रेज़ी में बातचीत करने की कोशिश की तो उसने कहा, 'कृपा करके हिन्दुस्तानी में बातचीत कीजिए।' और जब मैं उस भाषा में बोला तो वह मेरी बात आसानी से समझ गया।"

राजनीतिज्ञों को उत्तर-दक्षिण में सम्पर्क के लिए नई भाषा गढ़ना नहीं है; वह भाषा जनता में पहले से प्रचलित है; उसे केवल सरकारी स्तर पर सम्पर्क-भाषा के रूप में स्वीकार करना है। जहाँ तक बंगाल का सम्बन्ध है, वहाँ की भाषा हिन्दी के बहुत ही नज़दीक है। इस नज़दीकीपन के अलावा कलकत्ता की लगभग आधी आबादी हिन्दुस्तानी है। इस आबादी में ज़्यादातर लोग मेहनत-मजूरी करके गुज़र करनेवाले हैं। उनके मालिकों को उनसे हिन्दी में ही बात करनी होती है। गांधी जी ने लिखा

था कि "उत्तर भारत का जो भैया बम्बई के सेठ के यहाँ दरबानगीरी करता है, वह गुजराती नहीं बोलता। उसका मालिक सेठ ही मजबूर होकर उससे टूटी-फूटी हिन्दी में बातचीत करता है।" ('थॉट्स ऑन नेशनल लैंग्वेज़', पृ. 6) यही स्थिति बंगाल की है। वहाँ न जाने कितने 'हिन्दुस्तानी' दरबान का काम करते रहे हैं। उनके मालिक उनसे टूटी-फूटी हिन्दी में ही बातें करने को बाध्य हुए हैं।

डॉ. सुनीतिकुमार चाटुर्ज्या ने पहले हिन्दी इसी तरह के लोगों से सीखी थी। "कलकत्ता में अपने बचपन में ही लेखक ने हाट-बाज़ारों में तथा घर के बिहारी नौकरों से बंगाल में प्रयुक्त 'बाज़ारू हिन्दी' कहलाने योग्य भाषा का ज्ञान प्राप्त कर लिया था।" ('भारतीय आर्य-भाषा और हिन्दी', पृ. 244) यद्यपि डॉ. सुनीतिकुमार भाषा को धर्म से और धर्म को संस्कृति से जोड़कर यह नतीजा निकालते हैं कि "हिन्दी के संस्कृत उपादान को क्रमश: कम करने की प्रवृत्ति भारतीय परम्परा एवं भारतीय संस्कृति पर प्रत्यक्ष आघात-सा है।" (उप., पृ. 238) फिर भी वह मानते हैं कि "हिन्दी (हिन्दुस्तानी) के साढ़े चौबीस करोड़ बोलने या समझनेवालों में से लगभग बीस करोड़ हिन्दुस्तानी का यही सहज रूप बोलते हैं" (उप., पृ. 209); मौलवी, मुंशी और मुल्ला लोग "फ़ारसी-भरी उर्दू का निर्माण एवं वर्द्धन करते रहे। उसी प्रकार पंडित लोग तथा अन्य लोग संस्कृत-भरी हिन्दी का निर्माण करते रहे। परन्तु साधारण जनों का हिन्दुस्थानी के विषय में एक ही रुख रहा; इनमें पश्चिमी पंजाब से लगाकर पूर्वी बंगाल तक के हिन्दू-मुसलमान सभी थे। वे अब भी, साधारण जीवन में अपने से भिन्न भाषावालों से बातचीत करना चाहते हैं तो प्रचलित हिन्दुस्थानी का ही व्यवहार करते हैं।" (उप., पृ. 206)

पश्चिमी पंजाब से पूर्वी बंगाल तक, जैसे कश्मीर से कन्याकुमारी तक, जन-सम्पर्क की भाषा बोलचाल की हिन्दी है। व्याकरण के अनुसार शुद्ध रूप में, संस्कृत शब्दों से सजाकर जनता इसे नहीं बोलती। उसके स्थानीय भेद हैं, जैसे ब्रिटेन, अमरीका और आस्ट्रेलिया की अंग्रेज़ी में भेद हैं। बोलचाल की हिन्दी बंगाल में भी समझी जाती है और जनता के व्यवहार में आती है। फिर भी बंगाल में हिन्दी का तीव्र विरोध है—सभी लोगों में नहीं किन्तु मध्यवर्ग और पढ़े-लिखे लोगों में है, इसमें कोई सन्देह नहीं।

गांधी जी ने सन् '21 में 'यंग इंडिया' में लिखा था कि बंगाल के लोग अपने पूर्वग्रह के कारण भारत की और कोई भाषा सीखना नहीं चाहते। ('थॉट्स ऑन नेशनल लैंग्वेज़', पृ. 19) हिन्दी-प्रचार के काम में बंगाली विद्वानों ने महत्त्वपूर्ण योग दिया है। हिन्दी के समर्थकों में डॉ. सुनीतिकुमार चाटुर्ज्या जैसे भाषाविद् रहे हैं। उन्होंने भारतीय भाषाओं के लिए—विशेष कर बंगला और हिन्दी के लिए—बहुत काम किया है। आज वह हिन्दी और अन्य भारतीय भाषाओं के विरुद्ध अंग्रेज़ी का समर्थन करते हैं, इससे उनका पहले किया हुआ काम निरर्थक नहीं हो जाता। उसके लिए कृतज्ञता प्रकट करना

धर्म है। उनसे पहले बंकिमचन्द्र चटर्जी के समय में 'बंगदर्शन' पत्र ने लिखा था : "हिन्दी भाषार साहाय्ये भारतवर्षेर विभिन्न प्रदेशेर मध्ये जांहारा ऐक्यबन्धन संस्थापन करिते पारिबेन ताहाराईप्रकृत भारतबन्धु नामे अभिहित हइबार योग्य।" (बालमुकुन्द गुप्त द्वारा उद्धृत, 'बालमुकुन्द गुप्त निबन्धावली', कलकत्ता, पृ. 159)

फिर भी बंगाल में ऐसे बुद्धिजीवी बहुतायत से हैं जो किसी भी भारतीय भाषा को सीखना अपने लिए हेठी की बात समझते हैं। डॉ. सुनीतिकुमार चाटुर्ज्या ने ही लिखा है : "कोई भी महाराष्ट्रीय या बंगाली व्यक्ति इस बात का अनुभव नहीं करता कि अपनी मातृभाषा की अपेक्षा नागरी-हिन्दी या उर्दू के माध्यम द्वारा उच्चतर संस्कृति की प्राप्ति हो सकती है; बाज़ारू हिन्दी का तो प्रश्न ही दूर है।" ('भारतीय आर्यभाषा और हिन्दी', पृ. 215)

इसी तरह तमिलनाडु के श्री मोहनकुमार मंगलम ने यह राय ज़ाहिर की है कि "स्वाधीनता-प्राप्ति के समय हिन्दी शायद सबसे कम विकसित भाषा थी।" ('भारत का भाषा-संकट', पृ. 31) वाक्य में 'शायद' उन्होंने शालीनतावश लगा दिया है, वरना हिन्दी को पिछड़ी हुई भाषा कहना प्रत्येक भारतवासी का संवैधानिक अधिकार है।

तमिलनाडु और बंगाल के अंग्रेज़ी-प्रेमी बुद्धिजीवियों को एक विशेष ऐतिहासिक परिस्थिति ध्यान में रखनी चाहिए। किसी समय असम, उड़ीसा, बिहार आदि प्रदेश संयुक्त बंगाल के अन्तर्गत थे। इसी प्रकार केरल और आन्ध्र तमिलनाडु के साथ जुड़े हुए थे। इन बड़े-बड़े प्रान्तों में तमिल और बंगाली बुद्धिजीवी अंग्रेज़ी के कारण सरकारी नौकरियाँ पाते थे, अफ़सर बनकर दूसरों पर हुकूमत करते थे; वकील, डॉक्टर, इंजीनियर आदि के पेशों में इन्हीं का बोलबाला था। मद्रास प्रेसीडेंसी टूट गई, रह गया तमिलनाडु। उड़ीसा, असम और बिहार अलग हो गए, रह गया विभाजित बंगाल। असम में बंगालियों और असमियों के बीच दंगे हुए। फ़ौरी कारणों के अलावा दंगों के पीछे दोनों जातियों के बीच पुराना तनाव भी काम कर रहा था। तमिलनाडु और आन्ध्र के शिक्षितजनों में उससे मिलता-जुलता तनाव है। तमिलनाडु में भाषावार प्रान्त बनाने का आन्दोलन नहीं चला। यह आन्दोलन चलाया उन्होंने, जो तमिल पूँजीपतियों या तमिल बुद्धिजीवियों के संग से परेशान हो चुके थे। बंगाल वैसे ही कटा-छँटा था; वहाँ भाषावार प्रान्त बनाने के आन्दोलन का सवाल नहीं था। इन दो प्रदेशों में हिन्दी-विरोध सबसे ज़्यादा है। तमिलनाडु में इस विरोध ने हिंसात्मक रूप लिया।

यह विरोध मध्यवर्ग के कुछ लोगों और पूँजीपतियों तक सीमित है। ये लोग आम जनता को यह भय दिखलाकर कि उनकी भाषा ख़त्म कर दी जाएगी, उसे भड़काते हैं। लेकिन तमिलनाडु में तमिल राजभाषा बन गई हो, विद्यालयों में शिक्षा का माध्यम हो, ऐसा नहीं है। सरकारी नौकरियाँ पाने के लिए लोग वहाँ अपने बच्चों को अंग्रेज़ी के माध्यम से ही शिक्षा देना पसन्द करते हैं। श्री मोहनकुमार मंगलम के अनुसार मद्रास सरकार के श्रम-विभाग का कार्य भी अंग्रेज़ी में होता है। श्रमिक

संघों और कारख़ानों के इंस्पेक्टरों के बीच पत्र-व्यवहार अंग्रेज़ी में होता है। राज्य सेक्रेटेरियट का सारा काम केवल अंग्रेज़ी में होता है। छोटे-मोटे व्यापार और धन्धों तक में अंग्रेज़ी चलती है : "इसमें अतिशयोक्ति नहीं है कि मद्रास में तमिल का एक शब्द सीखे बिना भी आदमी वर्षों तक रह सकता है, नौकरों के मामले में थोड़ी परेशानी ज़रूर होगी।" ('भारत का भाषा-संकट', पृ. 69-70)

हिन्दी-विरोध का कारण मातृभाषा-प्रेम नहीं है, अंग्रेज़ी-प्रेम है।

बंगाल की तरह तमिलनाडु में अनेक विद्वान् और नेता हिन्दी प्रचार में योग देते रहे हैं। इनमें श्री चक्रवर्ती राजगोपालाचारी मुख्य हैं। डॉ. सुनीतिकुमार चाटुर्ज्या की तरह वह भी अब अंग्रेज़ी के प्रबल समर्थक बन गए हैं। सर टी. विजयराघवाचारी ने सन् '28 में हिन्दी को भारतीय शिक्षा-व्यवस्था में अनिवार्य बना देने पर ज़ोर दिया था। श्री राजगोपालाचारी ने दस साल बाद उसी सुझाव पर अमल किया था। दिसम्बर, 1916 में लखनऊ की एक सभा में गांधी जी के निर्देश से हिन्दी और देवनागरी को लेकर जो प्रस्ताव पास हुआ, उसके समर्थकों में श्री रामस्वामी अय्यर और श्री रंगस्वामी आयंगर थे। ('सरस्वती', फरवरी, 1917)

भारत की राष्ट्रभाषा देवनागरी लिपि में लिखी जानेवाली हिन्दी होगी—यह प्रस्ताव संविधान सभा में श्री गोपालस्वामी आयंगर ने पेश किया था।

तमिलनाडु के हिन्दी-प्रचारकों ने राष्ट्रीय एकता और हिन्दी-प्रचार के लिए जो काम किया है, उसकी जितनी भी प्रशंसा की जाए, थोड़ी है। परिस्थितियाँ अक्सर उनके प्रतिकूल रही हैं। यह न समझना चाहिए कि आज से तीस साल पहले हिन्दी-प्रचार के लिए परिस्थितियाँ ज़्यादा अनुकूल थीं।

दिसम्बर, 1916 में कांग्रेस का इकतीसवाँ अधिवेशन लखनऊ में हुआ। भारतीय कुलियों का विदेश भेजना बन्द करने के विषय में गांधी जी ने एक प्रस्ताव कांग्रेस में उपस्थित किया। "आपकी हार्दिक इच्छा थी कि आप हिन्दी में भाषण करें। आपने हिन्दी में भाषण आरम्भ भी कर दिया था। इतने में मद्रासी प्रतिनिधियों की ओर से आवाज़ आई—'English, Please' अर्थात् अंग्रेज़ी में बोलिए। उत्तर में गांधी जी बोले : "आपकी आज्ञा मुझे स्वीकार है, पर एक शर्त है—अगले साल की कांग्रेस तक आपको यह Lingua Franca (अर्थात् राष्ट्रभाषा हिन्दी) अवश्य सीख लेना चाहिए। देखिए, इसमें ग़लती या लापरवाही न हो!" उस समय जान पड़ता था मानो कोई 'देवदूत—ईश्वर का कोई प्रतिनिधि—आकर हमें ईश्वरीय आज्ञा सुना रहा है।" ('सरस्वती', फरवरी, 1917) गांधी जी ने हिन्दी और राष्ट्रीय एकता के लिए कितना भगीरथ प्रयत्न किया, उनके इस प्रयत्न का कैसा प्रभाव हिन्दी-भाषियों पर पड़ा, यह द्विवेदी जी के उपर्युक्त विवरण से मालूम हो जाता है।

गांधी जी चाहते थे, साल-भर में लोग हिन्दी सीख लें और कांग्रेस के अधिवेशनों में अंग्रेज़ी के बदले हिन्दी बोलें। अब भारत को स्वाधीन हुए अठारह साल हो गए;

फिर भी नेता कहते हैं, हिन्दी के मामले में जल्दी न करना चाहिए। ध्यान देने की बात है कि पराधीन भारत में हिन्दी के प्रचार-कार्य से ही कुछ लोग यह शोर करने लगे थे कि उनकी भाषाओं का दमन किया जा रहा है! उस समय गांधी जी मौजूद थे; हिन्दी प्रचार-कार्य उन्हीं की देख-रेख में चल रहा था। केन्द्र में सत्ता कांग्रेस के हाथ में न थी; मद्रास में राजाजी का मंत्रिमंडल भी क़ायम न हुआ था। फिर भी आवाज़ यह उठी कि हिन्दी-प्रचारक दक्षिण की भाषाओं का नाश कर देना चाहते हैं!

गांधी जी ने सन् '35 में इन्दौर साहित्य-सम्मेलन के सभापति-पद से भाषण देते हुए कहा था : "अपनी यात्रा (दक्षिण-यात्रा) के दौरान काका साहब (काका कालेलकर) ने देखा कि कुछ लोग समझते हैं कि हम उनकी प्रादेशिक भाषाओं का नाश कर देना चाहते हैं और सारे देश में एक ही भाषा चलाना चाहते हैं। कहीं-कहीं हमारा उद्देश्य न समझकर लोगों ने हमारे हिन्दी-प्रचारक कार्य का विरोध किया है।" ('थॉट्स ऑन नेशनल लैंग्वेज़', पृ. 35)

आश्चर्य की बात है कि कांग्रेसी मंत्रिमंडल बनने से पहले ही, केन्द्र में सत्ता-परिवर्तन से बहुत पहले, जो लोग हिन्दी से अहिन्दी भाषाओं के लिए खतरा पैदा होने की बात कहते थे, वे अंग्रेज़ी के बारे में चुप रहते थे। अंग्रेज़ी उन्हें लादी हुई भाषा न मालूम होती थी। उससे उन्हें अपनी भाषाओं के लिए खतरा न दिखाई देता था!

सरकारी नौकरियों के उम्मीदवारों के लिए राजभाषा अंग्रेज़ी, आम जनता की सम्पर्क भाषा हिन्दी—देश की भाषा-सम्बन्धी स्थिति तब भी यह थी, आज भी है। गांधी जी का मत यह था कि भारत की अमली राष्ट्रभाषा हिन्दी है; सरकारी तौर पर उसी को राजभाषा बनाना चाहिए।

गांधी जी की भाषा-नीति का चौथा सूत्र है—कांग्रेस की अपनी राजनीतिक कार्यवाही की भाषा हिन्दी होनी चाहिए।

यह बात देखने में बहुत साधारण मालूम होती है लेकिन वास्तव में है सबसे महत्त्वपूर्ण। भारत की राजनीतिक पार्टियाँ भाषा-समस्या पर प्रस्ताव करके दूसरों को सिखाती रही हैं कि उन्हें क्या करना चाहिए। वे स्वयं अंग्रेज़ी हटाने के लिए क्या करने जा रही हैं, इसकी सूचना वे दूसरों को कम देती हैं। आप कल्पना कीजिए, यदि कांग्रेस का सारा राजकाज हिन्दी में हुआ करता तो क्या हुकूमत की बागडोर सँभालते ही अंग्रेज़ी हटाने में कांग्रेसी नेताओं को साल-भर से ज़्यादा देर लगती? ये कम्युनिस्ट और सोशलिस्ट नेता जो पहले कांग्रेस के ही सदस्य थे, स्वाधीनता-प्राप्ति के दो साल पहले तक जो कांग्रेस में थे, क्या उससे अलग होने पर अपने यहाँ भी हिन्दी का व्यवहार न करते? यदि ये विभिन्न पार्टियों के नेता अंग्रेज़ी के बिना अपना काम चलाने के आदी होते, तो क्या संविधान सभा में हिन्दी अंग्रेज़ी को लेकर इतनी बहस होती? क्या संविधान सभा हिन्दी को राष्ट्रभाषा स्वीकार करने के बाद पन्द्रह साल तक अंग्रेज़ी को चालू रखने का नियम बनाती? क्या पन्द्रह साल

बीतने से पहले अंग्रेज़ी को आगे भी सह-राजभाषा—अमल में एकमात्र केन्द्रीय राजभाषा—बनाए रखने का कानून पास होता? क्या पन्द्रह साल बीतने पर अंग्रेज़ी को अनिश्चित काल तक क़ायम रखने की नौबत आती?

इससे आप समझ लीजिए कि कांग्रेस के अन्दर से अंग्रेज़ी हटाने का संघर्ष कितना महत्त्वपूर्ण था और यह संघर्ष चलाकर गांधी जी ने कितनी बड़ी वीरता और बुद्धिमत्ता का परिचय दिया था। उन्हें अपने संघर्ष में सफलता नहीं मिली, इससे यह भी समझ लीजिए कि अंग्रेज़ी के हिमायती इस देश में कितने शक्तिशाली हैं। गांधी जी को हिन्दू-मुस्लिम सम्प्रदायवाद खत्म करने में सफलता नहीं मिली, उन्हें देश का विभाजन रोकने में सफलता नहीं मिली, उन्हें सरकार और कांग्रेस के अन्दर से अंग्रेज़ी हटाने में सफलता नहीं मिली। इन तमाम असफलताओं को लिए हुए वह भारतीय प्रतिक्रियावाद की गोली खाकर संसार से चले गए। लेकिन रास्ता वही है जिस पर वह चले थे और उस रास्ते पर चलकर भारत एक दिन अवश्य विजयी होगा।

दिसम्बर, 1916। लखनऊ में कांग्रेस का इकतीसवाँ अधिवेशन। गांधी जी हिन्दी में बोलना शुरू करते हैं। 'इंग्लिश, प्लीज़!' की आवाज़ें आती हैं। वह सदस्यों से कहते हैं—साल-भर में हिन्दी अवश्य सीख लीजिए। अगले साल की कांग्रेस में अंग्रेज़ी न चलनी चाहिए।

1918 : वह कहते हैं : "हमारी राष्ट्रीय संस्थाओं में हिन्दी का ही व्यवहार होना चाहिए। कांग्रेस के नेता और कार्यकर्ता इस दिशा में बहुत-कुछ कर सकते हैं और उन्हें करना चाहिए। मैं चाहता हूँ कि यह सम्मेलन (हिन्दी साहित्य-सम्मेलन) कांग्रेस के दूसरे अधिवेशन के समय उसके सामने इस आशय का प्रस्ताव रखे।" ('थॉट्स ऑन नेशनल लैंग्वेज़', पृ. 12)

1921 : वह बंगाल और दक्षिण के लोगों से खास तौर से कहते हैं : "मैं आशा करता हूँ कि बंगाली और द्रविड़ लोग दूसरी कांग्रेस में (यानी कांग्रेस के अगले अधिवेशन में) काम लायक हिन्दी सीखकर आएँगे। हमारी यह महान् सभा जनता की शिक्षक तब तक नहीं बन सकती, जब तक वह ऐसी भाषा में न बोले, जिसे ज़्यादा-से-ज़्यादा जनता समझती हो।" (उप., पृ. 19)

1925 : कांग्रेस का नया विधान, धारा 33 : "जहाँ तक सम्भव होगा, कांग्रेस की कार्यवाही हिन्दुस्तानी में होगी। यदि कोई हिन्दुस्तानी न बोल सके या ज़रूरत पड़े तो अंग्रेज़ी तथा प्रान्तीय भाषा का व्यवहार भी किया जा सकेगा।" इस प्रस्ताव में अंग्रेज़ी-प्रेमियों पर तगड़ी पाबन्दी न लगाई गई थी, फिर भी जो लोग हिन्दी-हिन्दुस्तानी का व्यवहार करना चाहें, उनके लिए छूट थी।

1928 : गांधी जी ने श्री विजयराघवाचारी के इस कथन का उल्लेख किया कि "हम लोग उत्सुकता से उस दिन की राह देख रहे हैं जब हम हिन्दुस्तानी पहले होंगे,

मद्रासी या बंगाली बाद को। वह दिन जल्दी आएगा यदि मद्रासी, जो इस मामले में सबसे ज़्यादा गाफिल हैं, बड़ी तादाद में हिन्दी सीखने लगें।" इसके बाद गांधी जी ने 'यंग इंडिया' में लिखा : "दक्षिण के लोगों को हिन्दी प्रचार-सभा के कारण हिन्दी सीखने के लिए हर तरह की सुविधा है। यदि भारत के लिए हमारे हृदय में वैसे ही सच्चा प्यार है, जैसे अपने प्रान्तों के लिए है तो हम अवश्य ही जल्दी सीख लेंगे और हमें यह अपमानजनक दृश्य न देखना पड़ेगा कि अखिल भारतीय कांग्रेस कमेटी की कार्यवाही—पूरी-की-पूरी नहीं तो अधिकांश—अंग्रेज़ी में हो रही है।" ('थॉट्स ऑन नेशनल लैंग्वेज़', पृ. 29)

1931 : "दक्षिण के लोग वादा कर चुके हैं कि अगले साल की कांग्रेस के लिए वे ऐसे प्रतिनिधि भेजेंगे जो हिन्दी में बोलेंगे और हिन्दी समझेंगे। हम अस्वाभाविक परिस्थितियों में न रहते होते तो दक्षिण के लोगों को हिन्दी सीखना बोझ न मालूम होता, व्यर्थ की बात तो और भी नहीं।" (उप., पृ. 30)

1937 : मद्रास में हिन्दी साहित्य-सम्मेलन के मंच से उन्होंने यह प्रस्ताव पेश किया कि सम्मेलन कांग्रेस से हिन्दी का व्यवहार करने की प्रार्थना करता है। उन्होंने प्रस्ताव पर बोलते हुए कहा : "हम राष्ट्रभाषा हिन्दी के समर्थन में प्रस्ताव पास करते रहें और कांग्रेस पुरानी लीक पर चलती रहे तो हमारे काम की रफ्तार बहुत धीमी होगी। इस प्रस्ताव में कांग्रेस से अपील की गई है कि यह अन्तर्प्रान्तीय भाषा के रूप में अंग्रेज़ी का बहिष्कार करे। इसके अनुसार : अंग्रेज़ी को न तो प्रान्तीय भाषा, न हिन्दी की जगह देनी चाहिए।" (उप., पृ. 52)

अन्त में अपने और अन्य सहयोगियों के सुदीर्घ प्रयत्नों का विहंगावलोकन करते हुए उन्होंने अपने जीवन के अन्तिम चरण में लिखा : "1925 में कांग्रेस ने अपने कानपुर-अधिवेशन के प्रसिद्ध प्रस्ताव में इस अखिल भारतीय भाषा को हिन्दुस्तानी कहा। तब से कम-से-कम कहने-भर को हिन्दुस्तानी राष्ट्रभाषा हो गई है। कहने-भर को इसलिए कि कांग्रेसियों ने भी उस प्रस्ताव पर उस तरह अमल नहीं किया, जैसे उन्हें करना चाहिए था। 1920 में जमकर यह कोशिश शुरू हुई कि आम जनता की राजनीतिक शिक्षा के लिए भारतीय भाषाओं का महत्त्व पहचाना जाए, साथ ही एक अखिल भारतीय सामान्य भाषा का महत्त्व पहचाना जाए, जिसे राजनीति में प्रबुद्ध भारत आसानी से बोल सके और जिसे विभिन्न प्रान्तों के सदस्य कांग्रेस के अखिल भारतीय अधिवेशनों में समझ सकें। मुझे यह कहते हुए दुःख होता है कि बहुत-से कांग्रेसी जनों ने उस प्रस्ताव पर अमल नहीं किया। और इसलिए यह दृश्य उपस्थित होता है जो मेरी समझ में शर्मनाक है कि कंग्रेसमैन अंग्रेज़ी बोलने की ज़िद करते हैं और दूसरों को भी अपनी खातिर अंग्रेज़ी बोलने पर मजबूर करते हैं। अंग्रेज़ी का जादू अभी खत्म नहीं हुआ। उस जादू के असर से हम देश को अपने लक्ष्य की ओर बढ़ने से रोकते हैं। जनता के लिए हमारा प्रेम एकदम सतही है, यदि

हम हिन्दुस्तानी सीखने के लिए उतने महीने भी नहीं देना चाहते जितने साल हम अंग्रेज़ी सीखने में लगाते हैं।" ('थॉट्स ऑन नेशनल लैंग्वेज़', पृ. 92)

भारत स्वाधीन हुआ। गांधी जी ने चेतावनी दी कि "सरकार और सेक्रेटेरियट सावधान न रहे तो सम्भव है कि अंग्रेज़ी हिन्दुस्तानी की जगह ले ले। इससे भारत की करोड़ों जनता का बेहद नुक़सान होगा जो अंग्रेज़ी समझ न पाएगी।" (उप., पृ. 168) उन्होंने प्रान्तीय भाषाओं को पुनर्जीवित करने की सलाह दी; साथ ही यह सुझाव रखा कि प्रान्तीय सरकारें ऐसे कर्मचारी रखें जो प्रान्तीय भाषा के साथ अन्तर्प्रान्तीय भाषा हिन्दुस्तानी भी जानते हों।

यह सब न हुआ क्योंकि जिन लोगों के हाथ में शासन की बागडोर थी, वे अपने राजनीतिक संगठन में अंग्रेज़ी का व्यवहार करते थे। जो विरोधी दल संसद में भारतीय लोकतंत्र के संचालन में शामिल हुए, वे भी अखिल भारतीय सम्पर्क के लिए अंग्रेज़ी का ही व्यवहार करते थे।

इसलिए जो लोग चाहते हैं कि स्वाधीन भारत में अंग्रेज़ी का प्रभुत्व खत्म हो, उन्हें पहला कदम यह उठाना चाहिए कि भारत के राजनीतिक दलों के केन्द्रीय दफ्तरों से अंग्रेज़ी निकालें, इनके अखिल भारतीय अधिवेशनों में अंग्रेज़ी का व्यवहार बन्द कराएँ, उनका अखिल भारतीय प्रचार-कार्य अंग्रेज़ी के माध्यम से बन्द कराएँ। सबसे मुश्किल यह पहला कदम ही है। यदि एक बार भारतीय जनता यह कदम उठाने के लिए पार्टियों के नेताओं को बाध्य करे तो दूसरे कदम उठाना बहुत आसान हो जाएगा।

पहले पार्टियों के अन्दर से अंग्रेज़ी की जड़ काटिए।

फिर लोक सभा में अपने प्रतिनिधियों को भारतीय भाषाओं में बोलने—और अंग्रेज़ी छोड़ने—पर मजबूर कीजिए।

इसके बाद नौकरशाहों पर दबाव डालिए कि वे दफ्तरों से अंग्रेज़ी निकालें। जब नेता लोग अंग्रेज़ी का बहिष्कार कर देंगे तब मंत्री जी के सामने कोई फाइल अंग्रेज़ी में न आएगी। अफ़सर लोग लोक सभा का अनुसरण करेंगे। इस समय विश्वविद्यालय अखिल भारतीय सेवाओं से नत्थी हैं। शिक्षा का एक उद्देश्य और मुख्य उद्देश्य अफ़सर तैयार करना है। जब आई.ए.एस. में अंग्रेज़ी का चलन न होगा, तब विश्वविद्यालयों में भी अंग्रेज़ी का प्रभुत्व न रहेगा।

पार्टी—लोक सभा—नौकरशाही—यूनिवर्सिटियाँ, इस क्रम से अंग्रेज़ी के किलों पर हमला करना चाहिए।

गांधी जी की भाषा-नीति का पाँचवाँ सूत्र है—भारत का विकास और राष्ट्रीय एकता की रक्षा प्रादेशिक भाषाओं को दबाकर नहीं, उनके पूर्ण विकास से ही सम्भव है।

गांधी जी ने अपने राजनीतिक जीवन के आरम्भ से ही अंग्रेज़ी का विरोध किया और प्रान्तीय भाषाओं की हिमायत की। 1909 में ही उन्होंने प्रान्तीय भाषाओं और

राष्ट्रभाषा का सम्बन्ध अच्छी तरह समझ लिया था। उन्होंने लिखा था : "हिन्दुस्तान में आजकल हिन्दू, मुसलमान, पारसी वगैरह 'अपने देश' की बात करने लगे हैं। इस समय मैं इस बात पर राजनीतिक दृष्टि से विचार नहीं कर रहा हूँ। भाषा की दृष्टि से यह ज़रूरी है कि इसके पहले कि हम अपने देश को अपना कहें, हमारे दिलों में अपनी भाषाओं के लिए प्रेम और आदर पैदा होना चाहिए। ऐसा मालूम होता है कि सारे भारत में लोग अपनी भाषाओं की ओर ध्यान देने लगे हैं। यह प्रसन्नता की बात है।" ('थॉट्स ऑन नेशनल लैंग्वेज़', पृ. 188)

इस लेख में गुजरातियों को अंग्रेज़ी बोलने पर उन्होंने फटकारा। उन्होंने इस बात पर हर्ष प्रकट किया कि लोग गुजराती, मराठी, बंगला, उर्दू आदि की प्रगति के लिए संस्थाएँ बना रहे हैं।

सन् '15 में संग्रामपुर के विद्यार्थियों के सामने भाषण (जिसका उल्लेख पहले हो चुका है) करते हुए उन्होंने मातृभाषा की अवज्ञा करनेवालों की निन्दा की।

सन् '27 में जब हिन्दी प्रचार-आन्दोलन शक्तिशाली होने लगा था, उन्होंने स्पष्ट कर दिया कि "हिन्दी या हिन्दुस्तानी का उद्‌देश्य यह नहीं है कि वह प्रान्तीय भाषाओं की जगह ले ले। वह अतिरिक्त भाषा होगी और अन्तर्प्रान्तीय सम्पर्क के काम आएगी।" (उप., पृ. 26)

1935 में जब काका कालेलकर ने गांधी जी को बताया कि लोग यह कहते हैं कि हिन्दी-प्रचार का उद्‌देश्य प्रान्तीय भाषाओं का दमन है तब गांधी जी ने साहित्य-सम्मेलन के मंच से घोषित किया : "मेरा कहना बराबर यही रहा है कि प्रान्तीय भाषाओं का ज़रा भी अहित हम नहीं करना चाहते, उनका दमन या नाश करना तो दूर की बात है।" (उप., पृ. 38)

गांधी जी स्वयं गुजराती के श्रेष्ठ लेखक थे। उनकी प्रेरणा से गुजराती बुद्धिजीवियों ने अंग्रेज़ी का मोह छोड़ा और मातृभाषा की सेवा की। गुजराती भाषा के सेवक अंग्रेज़ी की गुलामी से मुक्त होने के कारण हिन्दी के समर्थक हुए। हिन्दी-भाषी प्रदेशों के नेता, विशेष कर उत्तर प्रदेश (भूतपूर्व संयुक्त प्रान्त) के अधिकांश कांग्रेसी और कम्युनिस्ट नेता गांधी जी की तरह मातृभाषा के सेवक नहीं थे। अंग्रेज़ी का प्रभुत्व क़ायम रखने में उनका बहुत हाथ रहा है। गांधी जी स्वयं गुजराती के समर्थ लेखक थे, इसलिए वह प्रान्तीय भाषाओं और हिन्दी का सम्बन्ध अच्छी तरह समझते थे।

सन् '36 में उन्होंने बंगलोर में कहा था : "लोगों ने एक हौवा खड़ा कर रखा है जिसे मैं आप लोगों के दिमाग से निकाल देना चाहता हूँ। क्या हिन्दी की शिक्षा कन्नड़ को हटाकर दी जाएगी? क्या यह सम्भावना है कि वह कन्नड़ की जगह ले ले? इसके विपरीत मेरा कहना है कि हम जितना ही हिन्दी-प्रचार करेंगे, उतना ही अपनी मातृभाषाओं के अध्ययन को और सशक्त बनाएँगे। इन भाषाओं की शक्ति और सामर्थ्य को और भी बढ़ा सकेंगे। मैं विभिन्न प्रान्तों में अपने अनुभव के आधार

पर यह कहता हूँ।" ('थॉट्स ऑन नेशनल लैंग्वेज़', पृ. 50) गांधी जी खूब जानते थे कि प्रादेशिक भाषाओं का मुख्य अन्तर्विरोध अंग्रेज़ी से है, न कि हिन्दी से। उन्होंने मद्रास में कहा था : "अगर अंग्रेज़ी ने जनता की भाषाओं की जगह न ले ली होती तो आज वे अत्यन्त समृद्ध अवस्था में होतीं।" (1937; पृ. 52)

गांधी जी की नीति स्पष्ट थी किन्तु कांग्रेस के कुछ नेता, विशेष कर उत्तर प्रदेश के नेता, यह कहते थे कि उच्च शिक्षा और शासन-व्यवस्था में अंग्रेज़ी की तरह हिन्दी भी प्रादेशिक भाषाओं की जगह लेगी। इससे अंग्रेज़ी और भारतीय भाषाओं का मुख्य अन्तर्विरोध गौण हो जाता था, और हिन्दी-अहिन्दी भाषाओं का नया अन्तर्विरोध सामने आ जाता था। हिन्दी को राष्ट्रभाषा बनाने के जो हिमायती प्रादेशिक भाषाओं के हक मारकर उसे अंग्रेज़ी की जगह देने की बात कहते रहे हैं, वे हिन्दी के मार्ग में काँटे बिछाते रहे हैं और इससे लाभ हुआ है अंग्रेज़ी को।

गांधी जी जानते थे कि भारत ऐसा राष्ट्र है जिसमें अनेक भाषाएँ बोली जाती हैं। वह ब्रिटेन या फ्रांस की तरह एक भाषावाला राष्ट्र नहीं है। इसलिए वह इस पक्ष में थे कि भाषाओं के आधार पर राज्यों का पुनर्गठन हो जिससे प्रदेशों का राजकाज वहाँ की भाषाओं में हो सके। गांधी जी के कहने से जातीय इलाकों के आधार पर कांग्रेस कमेटियों का संगठन किया गया था। स्वाधीनता-प्राप्ति के बाद गांधी जी ने लिखा : "प्रान्तीय भाषाओं को अपना पूर्ण विकास करना है तो भाषा के आधार पर प्रान्तों का पुनर्गठन आवश्यक है। हिन्दुस्तानी राष्ट्रभाषा होगी लेकिन वह प्रान्तीय भाषाओं की जगह न लेगी। वह प्रान्तों में शिक्षा का माध्यम न होगी—अंग्रेज़ी शिक्षा का माध्यम हो, इसका सवाल नहीं है। हिन्दुस्तानी का उद्देश्य यह होगा कि वह लोगों को महसूस कराए कि वे भारत के अभिन्न अंग हैं। बाहर के लोग हमें गुजराती, महाराष्ट्री, तमिल आदि कहकर नहीं जानते हैं। उनके लिए हम सब हिन्दुस्तानी हैं। इसलिए हमें सभी विघटनकारी प्रवृत्तियों को दृढ़ता से रोकना चाहिए। इस मुख्य बात को ध्यान में रखते हुए हम मानेंगे कि भाषावार प्रान्त बनाने से शिक्षा और व्यापार को प्रोत्साहन मिलेगा।" (1948; उप., पृ. 202)

केन्द्रीय सरकार ने भाषावार प्रान्त बनाने का प्रबल विरोध किया। तमिलनाडु और गुजरात के बड़े पूँजीपति यह नहीं चाहते थे कि उनके विशाल प्रान्त खंडित हों। इनके अंग्रेज़ी अख़बारों ने भाषावार प्रान्त-निर्माण का ज़ोरों से विरोध किया। गांधी जी ने कहा था कि भाषावार प्रान्त बनाने से शिक्षा और व्यापार को प्रोत्साहन मिलेगा। गांधी जी की निगाह छोटे व्यापारियों और पूँजीपतियों पर थी, जो बड़े प्रान्तों में उदीयमान इजारेदारों से पीड़ित थे। लेकिन दिल्ली की सरकार इन इजारेदारों की बात ज़्यादा सुनती थी, गांधी जी और मध्यम पूँजीपतियों की कम। यही कारण है कि उसने प्राणपण से महाराष्ट्र और आन्ध्र के नये प्रान्त बनाने के आन्दोलन का विरोध किया।

गांधी जी के नाम पर जनता से वोट लेनेवाला, गांधीवाद-विरोधी दिल्ली का सरकारी कांग्रेस-नेतृत्व भाषावार प्रान्त-निर्माण का विरोध करके हिन्दी का अहित और अंग्रेज़ी का हित कर रहा था। कुछ अहिन्दी-भाषियों में यह भय उत्पन्न हुआ कि उनकी भाषाओं का दमन किया जाएगा और उन पर हिन्दी लादी जाएगी। इधर दिल्ली सरकार के नेता जानते थे कि अंग्रेज़ी न आज जानेवाली है, न कल। फिर भी वे बराबर हिन्दी को राष्ट्रभाषा बनाने का दावा करते जाते थे क्योंकि इसके बिना विशाल हिन्दी-भाषी क्षेत्र से उन्हें वोट न मिल सकते थे।

इसमें कोई सन्देह नहीं कि भाषावार प्रान्त-निर्माण का विरोध करने में दिल्ली सरकार ने बड़े पूँजीपतियों के दबाव में आकर अपनी नीति निर्धारित की। इन बड़े पूँजीपतियों की साँठ-गाँठ ब्रिटेन के इजारेदारों से भी थी। दिल्ली सरकार भारत के बड़े पूँजीपतियों के अलावा जब-तब ब्रिटेन के इजारेदारों का रुख़ देखकर भी काम करती थी। ब्रिटिश पूँजीपति चाहते थे कि भारत में अंग्रेज़ी रहे। इससे एक तो भारत सांस्कृतिक रूप से ब्रिटेन के साथ नत्थी रहता है; दूसरे, अंग्रेज़ी किताबों की बिक्री के लिए इतना बड़ा बाज़ार ब्रिटिश प्रकाशकों के हाथ में बना रहता है! इसीलिए जो लोग भाषावार प्रान्त बनाने के विरोधी थे, वे अंग्रेज़ी के बहुत बड़े समर्थक थे। दिल्ली सरकार न तो ब्रिटिश साम्राज्यवाद की दलाल थी, न वह केवल भारत के बड़े पूँजीपतियों की प्रतिनिधि थी। उसने भारत के उद्योगीकरण में, विशेष कर सरकारी उद्योग-धन्धों के निर्माण में, भारत की स्वतंत्र विदेश-नीति निर्धारित करने में और समाजवादी देशों से मैत्री-सम्बन्ध क़ायम करने में बहुत बड़ा योग दिया। फिर भी उसने भारत और ब्रिटेन के बड़े पूँजीपतिपों के हित में कुछ ग़लत कदम उठाए।

कुछ प्रगतिशील विचारक भाषावार प्रान्त-निर्माण के पक्ष में गांधी जी के विचार बड़े गर्व से उद्धृत करते हैं किन्तु गांधी जी ने अंग्रेज़ी हटाने के बारे में जो कुछ कहा था, उसे वे बड़े प्रेम से नज़रअन्दाज कर देते हैं। ये विचारक उन मध्यवर्गी बुद्धिजीवियों के प्रतिनिधि हैं जो केन्द्र में अंग्रेज़ी चालू रखकर अखिल भारतीय नौकरियों के उम्मीदवार हैं।

गांधी जी के नाम की दुहाई देकर केन्द्र में 'फ़िलहाल' अंग्रेज़ी चलाते रहने की बात करना हास्यास्पद है।

प्रान्तीय भाषाओं के सम्बन्ध में गांधी जी का यह उदार दृष्टिकोण ध्यान देने योग्य है कि अंग्रेज़ी की जगह जहाँ अन्तर्प्रान्तीय सम्पर्क के लिए लोग हिन्दी न बोल सकें, वहाँ वे प्रान्तीय भाषा का ही व्यवहार करें।

1942 में बनारस विश्वविद्यालय में गांधी जी ने हिन्दी में भाषण करते हुए कहा था : "यहाँ मंच पर एक के बाद दूसरा वक्ता आया और मैं अधीरता से राह देखता रहा कि कोई हिन्दी या उर्दू या हिन्दुस्तानी में, या संस्कृत में ही भाषण करे, यह न सही तो मराठी में या और किसी भारतीय भाषा में बोले। लेकिन मुझे यह सौभाग्य

प्राप्त न हुआ। क्यों? इसलिए कि हम गुलाम हैं और उन्हीं की भाषा को छाती से चिपकाये हुए हैं जिन्होंने हमें गुलाम बना रखा है।"

विद्यार्थियों को लक्ष्य करके उन्होंने कहा : "ये ज़रा-जरा-सी बात पर हड़ताल कर देते हैं, भूख-हड़ताल कर देते हैं। ये राष्ट्रभाषा में शिक्षा पाने के लिए क्यों नहीं लड़ते? मुझे बताया गया है कि आन्ध्र प्रदेश के ढाई सौ विद्यार्थी हैं। उन्हें सर राधाकृष्णन् के पास जाना चाहिए और कहना चाहिए कि विश्वविद्यालय में एक आन्ध्र विभाग खोला जाए। वे राष्ट्रभाषा नहीं सीखना चाहते तो तेलगू के माध्यम से शिक्षा पाने की माँग करें।" ('थॉट्स ऑन नेशनल लैंग्वेज़', पृ. 92-93)

"राष्ट्रभाषा नहीं सीखना चाहते तो तेलगू के माध्यम से शिक्षा पाने की माँग करें"—इस सूत्र को आज की परिस्थितियों में लागू करें तो हम नेताओं से कहेंगे कि आप हिन्दी नहीं बोल सकते तो अपनी मातृभाषा में भाषण कीजिए। श्री कामराज नाडार इसी नीति का पालन करते हैं और तमिल में बोलते हैं। अनुवाद की व्यवस्था करके उन लोगों की कठिनाई दूर की जा सकती है जो हिन्दी का व्यवहार नहीं कर सकते या जान-बूझकर नहीं करना चाहते।

गांधी जी झरिया गए। सभा में हज़ारों मज़दूर थे। गांधी जी का अभिनन्दन अंग्रेज़ी में किया गया! इस पर उन्होंने 'यंग इंडिया' में लिखा : "अधिकांश श्रोता आसानी से हिन्दी समझ लेते और काफ़ी लोग बंगला समझ लेते। उस संघ के पदाधिकारी बंगाली थे। अगर उन्होंने अंग्रेज़ी का व्यवहार मेरे लिए किया तो बिलकुल अनावश्यक था। वे अभिनन्दन (या भाषण) बंगला में लिख सकते थे और मुझे उसका हिन्दी-अनुवाद दे देते। अंग्रेज़ी में भी अनुवाद करके दे सकते थे। लेकिन उतनी बड़ी सभा पर अंग्रेज़ी थोपना उसका अपमान करना था।"

इसके आगे दक्षिण भारत को लक्ष्य करके उन्होंने लिखा : "यह घटना सभाएँ संगठित करनेवालों के लिए हर जगह चेतावनी का काम करे, खास तौर से आन्ध्र, तमिलनाडु, केरल और कर्नाटक के सभा-संयोजकों को सावधान कर दे, यह मैं चाहता हूँ। मैं उनकी कठिनाई समझता हूँ। लेकिन छह साल से उनके बीच हिन्दी-प्रचार-सभा ज़ोरों से काम कर रही है। उनके भाषण प्रान्तीय भाषाओं में होने चाहिए और मेरी सुविधा के लिए उनके हिन्दी-अनुवाद दे देने चाहिए।" ('थॉट्स ऑन नेशनल लैंग्वेज़', पृ. 22-23)

गांधी जी ने यह सब सन् '27 में लिखा। तब से अब तक हिन्दी-प्रचार-सभा लाखों आदमियों को हिन्दी सिखा चुकी है। फिर भी वे या अन्य अहिन्दी-भाषी राष्ट्रभाषा का व्यवहार न कर सकें या न करना चाहें तो उन्हें अपनी मातृभाषा में बोलना चाहिए और उनके भाषण के अनुवाद की व्यवस्था होनी चाहिए।

27-28 जून को इस साल बरेली में साहित्य-सम्मेलन का जो अधिवेशन हुआ, उसके प्रस्ताव में कहा गया है : "केन्द्रीय सरकार और हिन्दी-भाषी राज्य सरकारों

से उत्तर प्रदेश सरकार केवल हिन्दी में सम्पूर्ण पत्र-व्यवहार करे तथा इतर भाषी राज्य सरकारों से पत्र-व्यवहार मूल रूप से हिन्दी में करे और साथ में तत्क्षेत्रीय भाषा में रूपान्तर संलग्न कर दिया करे।" ('राष्ट्रभाषा सन्देश', इलाहाबाद; 8 जुलाई, 1965)

गांधी जी की नीति को वर्तमान परिस्थिति में कैसे अमली रूप दिया जाए, सम्मेलन का सुझाव इसकी बहुत अच्छी मिसाल है। प्रस्ताव में यह नहीं कहा गया कि उत्तर प्रदेश की सरकार अन्य प्रदेशों की सरकार से केवल हिन्दी में पत्र-व्यवहार करे, या हिन्दी के साथ अंग्रेज़ी में अनुवाद भेजे। प्रस्ताव में अंग्रेज़ी के मुक़ाबले प्रान्तीय भाषाओं को ऊँचा आसन दिया गया है। इस प्रकार अनुवाद की व्यवस्था करके अन्य प्रदेशों की सुविधा का ध्यान रखते हुए अंग्रेज़ी को हटाया जा सकता है।

गांधी जी ने कहा था कि आन्ध्र के विद्यार्थी राष्ट्रभाषा के माध्यम से शिक्षा पाना नहीं चाहते तो वे तेलगू में शिक्षा पाने की माँग करें। वे उत्तर प्रदेश के सांस्कृतिक केन्द्र काशी में प्रादेशिक-भाषा तेलगू और हिन्दी को समान अधिकार देने के लिए तैयार थे। पाठक विचार करें, संयुक्त राष्ट्रसंघ का काम कैसे चलता है। वह विश्व-संस्था है। उसके सेक्रेटेरियट में न जाने कितनी भाषाओं में बोलनेवालों की बातों का हिसाब-किताब रखना पड़ता है। सेक्रेटेरियट में दुनिया की सभी भाषाओं में कार्यवाही नहीं दर्ज की जाती; न संयुक्त राष्ट्रसंघ ने अंग्रेज़ी को विश्व-भाषा मानकर केवल उसी में दफ्तर चलाने का नियम बनाया है। उसने अंग्रेज़ी, फ्रांसीसी, रूसी, चीनी और स्पेनी को बराबर अधिकार देकर उन्हें अपने काम-काज की भाषा बनाया है। हर भाषण का अनुवाद इन भाषाओं में एक साथ किया जाता है।

भारत में जब तक अहिन्दी प्रदेशों के नेता स्वेच्छा से हिन्दी स्वीकार नहीं करते, तब तक यदि हिन्दी, बंगला, तमिल, तेलगू और मराठी को समान रूप से केन्द्रीय भाषा मान लिया जाए, तो क्या यह समाधान हिन्दी-अहिन्दी नेताओं को मान्य न होना चाहिए?

यदि विश्व-संस्था का दफ्तर एक से अधिक भाषाओं में चल सकता है तो क्या हम लोक सभा में एक से अधिक भाषाओं में बोलने और पाँच स्वीकृत भाषाओं में भाषण के अनुवाद की व्यवस्था नहीं कर सकते? इसी तरह केन्द्रीय सरकारी दफ्तरों का काम एक से अधिक भाषाओं में हो सकता है।

गांधी जी ने लिखा था : "दक्षिण अफीका जैसे देश में अंग्रेज़ी और डच भाषाओं की टक्कर थी। अन्त में फैसला यह हुआ कि दोनों भाषाओं को बराबरी का दर्जा देना चाहिए।" ('थॉट्स ऑन नेशनल लैंग्वेज़', पृ. 24)

इसी तरह कनाडा में अंग्रेज़ी-फ्रांसीसी, बेल्जियम में फ्रांसीसी-फ्लेमिश, पाकिस्तान में उर्दू-बंगला, लंका में सिंहली-तमिल भाषाओं की टक्कर है। इन देशों में भाषा-समस्या का एक ही समाधान है कि दो भाषाओं को बराबर अधिकार देकर उन्हें केन्द्रीय भाषाएँ माना जाए।

जो लोग यह समझते हैं कि अंग्रेज़ी हटाने की माँग दूसरी भाषाओं पर ज़बर्दस्ती हिन्दी लादने की माँग है, उनके विचार और चिन्तन के लिए मेरा उपर्युक्त प्रस्ताव है। इसमें न तो केन्द्रीय सेवाओं के लिए सभी से एक भाषा सीखने का आग्रह है, न भारत की सभी भाषाओं को केन्द्रीय भाषा बना देने की माँग है। यह मध्यमार्गी प्रस्ताव है और अमल में लाया जा सकता है बशर्ते कि पहले कांग्रेस, कम्युनिस्ट पार्टी तथा अन्य दल अपने केन्द्रीय दफ्तरों से अंग्रेज़ी निकाल दें।

गांधी जी की भाषा-नीति का अन्तिम सूत्र है—हिन्दी-उर्दू बुनियादी तौर से एक ही भाषा हैं और आगे चलकर उनका एक ही सम्मिलित साहित्यिक रूप होगा।

हिन्दी-उर्दू की बुनियादी एकता के बारे में उन्होंने लिखा था : "हिन्दी और उर्दू या हिन्दुस्तानी में कोई भी फ़र्क़ नहीं है। दोनों का व्याकरण एक है। फ़र्क़ केवल लिपि का है। विचार कीजिए तो मालूम होगा कि हिन्दी, उर्दू और हिन्दुस्तानी—इन तीन शब्दों से एक ही भाषा का बोध होता है। इनके शब्दकोश देखें तो पता चलेगा कि अधिकांश शब्द एक से हैं।" ('थॉट्स ऑन नेशनल लैंग्वेज़', पृ. 50)

गांधी जी ने जो कुछ लिखा था, वह बोलचाल की भाषा की दृष्टि से सही था। हिन्दी-उर्दू मूलत: एक ही भाषा हैं और आम जनता उनके व्यवहार में कोई भेद नहीं करती।

गांधी जी ने यह भी स्पष्ट कर दिया था कि उर्दू भाषा और लिपि केवल मुसलमानों की सम्पत्ति नहीं है। "ऐसे काफ़ी हिन्दू और अन्य धर्मों के लोग भी हैं जिनकी मातृभाषा उर्दू है और जो केवल उर्दू लिपि जानते हैं।" ('थॉट्स ऑन नेशनल लैंग्वेज़', पृ. 175)

इससे जो नतीजा निकलता है, वह यह कि उर्दू धार्मिक अल्पसंख्यकों की भाषा न होकर सांस्कृतिक अल्पसंख्यकों की भाषा है। वह स्वतंत्र भाषा नहीं, इसलिए उसकी तब तक रक्षा करनी चाहिए जब तक एक ही बोलचाल की भाषा के दोनों शिष्ट रूप घुल-मिलकर एक न हो जाएँ।

देश में हिन्दू-मुस्लिम समस्या अंग्रेज़ों के हाथ में बहुत बड़ा हथियार थी जिसे वे राष्ट्रीय आन्दोलन को तोड़ने के लिए इस्तेमाल करते थे। उर्दू का सम्बन्ध मुसलमानों के विशेषाधिकारों से जुड़ गया। उर्दू की रक्षा का प्रश्न—विशेष रूप से उसकी लिपि की रक्षा का प्रश्न—धार्मिक अल्पसंख्यकों की रक्षा का प्रश्न बन गया। गांधी जी ने हिन्दी-हिदुस्तानी का नारा देकर हिन्दुओं और मुसलमानों को मिलाने का भगीरथ प्रयत्न किया। किन्तु भाषा केवल बहाना थी; अलगाव के कारण दूसरे थे। बंगाल में उर्दू लिपि की रक्षा का प्रश्न न था; फिर उसका विभाजन हुआ। सिन्धी भाषा के लिए फ़ारसी लिपि का ही संशोधित रूप काम में आता था। फिर भी सिन्ध पाकिस्तान में गया। जिनकी भाषा उर्दू थी, वे यहीं रहे। उर्दू के दमन का नारा लगाकर मुस्लिम जनता को भड़काया गया; साम्राज्यवादियों और उनके साम्प्रदायिक सहायकों ने भाषा-समस्या से लाभ उठाकर राष्ट्रीय आन्दोलन को कमज़ोर किया।

इस परिस्थिति को बदलने का एक ही तरीक़ा था, साम्राज्यवाद के ख़िलाफ़ आम जनता का संगठन किया जाए। उत्तर भारत में किसान-सभाओं और मज़दूर-संघों में एक ही भाषा का व्यवहार किया जाए, इन जन-संगठनों में फ़ारसी संस्कृत शब्दों के व्यवहार पर रोक न लगाकर एक ही लिपि देवनागरी के व्यवहार पर ज़ोर दिया जाए। एक लिपि के माध्यम से जो किसान-मज़दूर अपना राजनीतिक-सांस्कृतिक काम करते, वे अरबी-संस्कृत के शब्दों की छँटाई खुद कर लेते। वे लेखक जो मार्क्सवाद से प्रभावित थे, हिन्दी-उर्दू साहित्य का प्रकाशन एक ही लिपि देवनागरी में करके दोनों के बीच का फासला कम करने में मदद दे सकते थे। गांधी जी गुजराती थे। वह आधुनिक हिन्दी साहित्य से बहुत कम परिचित थे। उर्दू साहित्य के विकास से और भी कम परिचित थे। उत्तर प्रदेश के प्रगतिशील लेखक गांधी जी की बहुत बड़ी मदद कर सकते थे। लेकिन इन लेखकों की भाषा-नीति में ख़ामियाँ थीं जिनकी चर्चा अन्य निबन्ध में है।

हिन्दी-उर्दू का भेद नगण्य नहीं था। पंडिताऊ हिन्दी और मौलवियाना उर्दू की निन्दा करके यह भेद समाप्त न किया जा सकता था। कोशों से शब्द चुनकर साल-दो साल में एक सामान्य शिष्ट भाषा गढ़ी न जा सकती थी। गांधी जी भारत की तमाम भाषाओं के लिए एक लिपि के व्यवहार पर ज़ोर देते थे। किन्तु राष्ट्रभाषा हिन्दुस्तानी के लिए वह दोनों लिपियों का व्यवहार आवश्यक बतलाते थे। वह जानते थे और कहते थे कि देवनागरी लिपि अधिक वैज्ञानिक है और आगे चलकर वही रहेगी। उर्दू लिपि और उर्दू साहित्य को सुरक्षित रखने की बात सही थी। किन्तु यदि एक ही किसान-सभा में पचास आदमी हिन्दी में अपना काम करते हैं और दस आदमी उर्दू में, तो इससे किसानों का वर्ग-संगठन कमज़ोर होता है। सारे देश में राष्ट्रभाषा की दो लिपियाँ हों, तो इससे सारे देश का काम कठिन हो जाता है। सारे देश के शिक्षित लोग दोनों लिपियाँ सीखें, राष्ट्रभाषा दोनों ही लिपियों में लिखी जाए, यह बात अव्यावहारिक थी।

व्यावहारिक बात यह थी कि हिन्दी-उर्दू की लिपियों को बराबरी का दर्जा न देकर एक को प्रधान और प्रादेशिक व्यवहार के लिए स्वीकार किया जाए और दूसरी को अल्पसंख्यकों के लिए आवश्यक मानकर संरक्षण प्रदान किया जाए। यदि उर्दू को मुसलमानों की लिपि मान ही लिया जाए तो भी वह अल्पसंख्यकों की लिपि होगी; उसे देवनागरी का दर्जा देना ग़लत था।

हिन्दू और मुस्लिम सम्प्रदायवादियों से भिन्न गांधी जी हिन्दी-उर्दू की बुनियादी एकता में विश्वास करते थे और समझते थे कि जब साम्प्रदायिक तनाव कम हो जाएगा, तब दोनों शैलियाँ घुल-मिलकर एक हो जाएँगी। उन्होंने सन् '27 में लिखा था : "जब तक हिन्दू-मुस्लिम तनाव बना हुआ है, तब तक वह कभी फ़ारसी-अरबी शब्दों से लदी हुई फ़ारसी लिपि में लिखी जानेवाली उर्दू का रूप लेता है, कभी

संस्कृत शब्दों से लदी हुई देवनागरी लिपि में लिखी जानेवाली हिन्दी का रूप लेता है। जब दोनों के दिल मिलेंगे तब एक ही भाषा के ये दो रूप घुल-मिलकर एक हो जाएँगे और इस भाषा में संस्कृत, फ़ारसी, अरबी या अन्य भाषाओं के उतने ही शब्द होंगे जितने उसके पूर्ण विकास और पूर्ण व्यंजना-शक्ति के लिए दरकार होंगे।" ('थॉट्स ऑन नेशनल लैंग्वेज़', पृ. 26-27)

इन वाक्यों में ज़ोर भाषा की मूल प्रकृति पर है। कितने शब्द किस भाषा से लिये जाएँगे, यह भाषा के अपने विकास पर, उसके बोलनेवालों के विकास पर निर्भर है; इसका फैसला कोशकार नहीं कर सकते। लेकिन दोनों मिलेंगी ज़रूर, गांधी जी का यह दृढ़ विश्वास था। उनका यह विश्वास बिलकुल सही था। बंगाल के विभाजन से बंगला के दो रूप नहीं हो गए, पंजाब के बँटवारे से दो पंजाबी भाषाएँ नहीं बन गईं। भाषाओं के विकास के नियम साम्राज्यवादी योजनाओं से ज़्यादा शक्तिशाली हैं। उर्दू पाकिस्तान की नहीं, हिन्दुस्तान की भाषा है। हम उसका संरक्षण करेंगे, साथ ही हिन्दी-उर्दू का भेद मिटाने का प्रयत्न भी करेंगे। हिन्दी-उर्दू लिखने-बोलनेवालों का प्रदेश एक, जाति एक, आर्थिक सम्बन्ध एक। बोलचाल की भाषा के दोनों साहित्यिक रूपों को एक दिन मिलना ही होगा।

गांधी जी की भाषा-नीति के ये छह महत्त्वपूर्ण सूत्र हैं जिन्हें आज की परिस्थितियों में विवेक से लागू करके हम भाषा-समस्या के सही समाधान की ओर बढ़ सकते हैं।

[1965]

3
प्रेमचन्द और भाषा-समस्या

प्रेमचन्द ने भाषा के सम्बन्ध में काफ़ी विचार किया था और उसके सम्बन्ध में लिखा भी काफ़ी है। जब उन्होंने उर्दू छोड़कर हिन्दी में लिखना शुरू किया था तब भी उनके सामने भाषा का प्रश्न महत्त्वपूर्ण होकर आया था। इसीलिए 'सेवासदन' में भी हम उन्हें इस विषय पर सोचते-विचारते देखते हैं। डॉ. श्यामाचरण मोटर से उतरकर अंग्रेज़ी में अपने देर होने की क्षमा चाहते हैं, तब कुँवर साहब उन्हें याद दिलाते हैं : "डॉक्टर साहब, आप भूलते हैं, यह काले आदमियों का समाज है।" डॉक्टर साहब अंग्रेज़ी को देश की लिंगुआ फ्रांका मानते हैं, परन्तु कुँवर साहब इसका कारण देश के कुछ अंग्रेज़ी-भक्तों को बताते हैं। अंग्रेज़ी से कुँवर साहब को "ऐसी ही घृणा होती है, जैसी किसी अंग्रेज़ के उतारे कपड़े पहनने से।"

उर्दू और हिन्दी का प्रश्न प्रेमचन्द के सामने ताज़ा था। उसके बारे में कुँवर साहब कहते हैं : "फारस और काबुल के मूर्ख सिपाहियों और हिन्दू व्यापारियों के समागम से उर्दू जैसी भाषा का प्रादुर्भाव हो गया। अगर हमारे देश के भिन्न-भिन्न प्रान्तों के विद्वज्जन अपनी ही भाषा में सम्भाषण करते तो अब तक कभी एक सार्वदेशिक भाषा बन गई होती।"

दिसम्बर, 1931 के 'हंस' में एक पुस्तक की आलोचना करते हुए प्रेमचन्द ने लिखा था : "साहित्य-मंडल ने उर्दू के केन्द्र दिल्ली में हिन्दी प्रकाशन का भार उठाया है, यह उद्योग प्रशंसनीय है।" प्रेमचन्द हिन्दी-उर्दू का भेद मिटाने के पक्ष में थे क्योंकि वास्तव में भाषाएँ दोनों एक हैं। इसके लिए वह काफ़ी उदारता से काम लेना चाहते थे। भाषा शुद्ध ही हो, इसके वह कायल न थे। परन्तु राष्ट्रभाषा को कुछ गिने-चुने आदमियों की न होकर देश के समूह की समझ में आनेवाली होना चाहिए, जैसा उन्होंने 'हंस' में लिखा था : "राष्ट्रभाषा केवल रईसों और अमीरों की भाषा नहीं हो सकती। उसे किसानों और मज़दूरों की भाषा बनना पड़ेगा।" कौन-सी भाषा किसानों और मज़दूरों की भाषा बन सकती है, यह उनकी कहानियों और उपन्यासों के ही किसान-मज़दूरों की भाषा देखकर बताया जा सकता है।

अन्य भाषा-भाषियों की सुगमता के लिए वह हिन्दी का शब्दकोश बढ़ाना चाहते थे परन्तु वह ऐसे शब्द लेने के पक्ष में न थे जिनसे हिन्दी हिन्दी न रहे। नवम्बर, '35 के 'हंस' में उन्होंने लिखा था : "इसका ध्यान रखना पड़ेगा कि अपना कोश बढ़ाने की धुन में वह अपना रूप ही न खो बैठे...हिन्दी की एक मर्यादा है, और उसका चाहे जितना भी विस्तार हो, उसकी इस मर्यादा की रक्षा होनी आवश्यक है।" इन शब्दों में उन्होंने अपने जीवन-पर्यन्त के अनुभव और चिन्तन का सार रख दिया है।

सरल भाषा लिखने के पक्षपाती होते हुए भी प्रेमचन्द साहित्यिक की कठिनाइयों को जानते थे। उन्होंने स्वीकार किया है : दर्शन, विज्ञान आदि में और कथा-साहित्य में भी जहाँ वह विवेचनात्मक हो जाता है, जनसाधारण की भाषा से अलग कठिन शब्द अपनाने पड़ते हैं। भाषा-काठिन्य के विरुद्ध कुछ लोगों की तरह आवाज़ न उठाकर प्रेमचन्द ने जनसाधारण में ही अधिकाधिक भाषा और साहित्य के प्रचार पर ज़ोर दिया है। जो लोग उच्चकोटि का गम्भीर साहित्य रचनेवालों की भाषा-सम्बन्धी कठिनाइयों को न समझकर उस पर तुरन्त ही दुरूहता, अस्वाभाविकता आदि का आक्षेप कर बैठते हैं, उन्हें प्रेमचन्द के इन शब्दों को ध्यान में रखना चाहिए : "जब तक जनता में शिक्षा का अच्छा प्रचार नहीं हो जाता, उसकी व्यावहारिक शब्दावली बढ़ नहीं जाती, हम उसके समझने लायक भाषा में तात्त्विक विवेचनाएँ नहीं लिख सकते।" शिक्षा का प्रचार होने पर वही कठिन शब्द "जिन्हें देखकर आज हम भयभीत हो जाते हैं, जब अभ्यास में आ जाएँगे तो उनका हौवापन जाता रहेगा।" ('हंस', जनवरी, 1935)

राष्ट्रभाषा के राजनीतिक महत्त्व को वह पूरी तरह स्वीकार करते थे और इसके लिए उन्होंने नेताओं पर यह दोष भी लगाया है कि वे इस सम्बन्ध में अधिक सचेष्ट नहीं रहे। "जब हमारे नेता हिन्दी साहित्य से बेख़बर-से हैं, जब हम लोग थोड़ी-सी अंग्रेज़ी लिखने की सामर्थ्य होते ही हिन्दी को तुच्छ और ग्रामीणों की भाषा समझने लगते हैं, तब यह कैसे आशा की जा सकती है कि हिन्दी में ऊँचे दर्जे के साहित्य का निर्माण हो?" ('हंस', जनवरी, 1936)

फिर भी उनका विचार था : देश का साहित्य यदि उन्नति कर सकता है तो राष्ट्रभाषा के द्वारा ही, अन्य उपभाषाओं से नहीं। राष्ट्रभाषा का साहित्य अन्तरराष्ट्रीय प्रतिद्वन्द्विता में ठहर सकेगा, दूसरा नहीं। "यह स्वप्न देखना कि भारत की सभी प्रान्तीय भाषाएँ संसार की समुन्नत भाषाओं के बराबर हो सकती हैं, भूल है। एक राष्ट्र एक ही भाषा को लेकर अन्तरराष्ट्रीय संघों के सामने खड़ा हो सकता है।" ('हंस', नवम्बर, 1935)

इससे मालूम होता है, राष्ट्रभाषा के प्रश्न को प्रेमचन्द कितना महत्त्वपूर्ण समझते थे और उसके साहित्य की उन्नति के लिए उनमें कैसी उत्कट अभिलाषा थी। उसी लगन से साहित्य रचकर उन्होंने राष्ट्रभाषा का मस्तक भी ऊँचा किया है।

लिपि के सम्बन्ध में उन्होंने विशेष कुछ विवेचनात्मक नहीं लिखा, परन्तु जैसे भाषा के सम्बन्ध में उनकी पहली कसौटी बोधगम्यता की है, उसी प्रकार लिपि के लिए उन्होंने पहले-पहल उसका सरल और सुबोध होना आवश्यक समझा है। इसलिए उन्होंने देवनागरी लिपि का ही समर्थन किया था : "हिन्दुस्तानी भाषा के लिए हिन्दी लिपि रखना ही सुविधा की बात है।" ('हंस', नवम्बर, 1935)

[1940]

2

प्रेमचन्द ने साहित्यकारों के लिए लिखा था कि उन्होंने क़ौम की तारीख़ बनाई है, उसकी संस्कृति बनाई है। प्रेमचन्द किस क़ौम की तारीख़ बनानेवाले साहित्यकार थे? वैसे तो उनके साहित्य का आदर सारे हिन्दुस्तान में हुआ है लेकिन वह ख़ास तौर से हिन्दी-भाषी जाति के लेखक थे। वह हिन्दुस्तानी क़ौम की तारीख़ बनानेवाले साहित्यकार थे। उन्होंने हिन्दी और उर्दू, दोनों ही में रचनाएँ कीं। हिन्दी और उर्दू के लेखकों को नज़दीक लाने में, हिन्दी और उर्दू के सामन्ती साहित्य का मुक़ाबला करने में, हिन्दी और उर्दू के नये साहित्य में आज़ादी और जनतंत्र के भाव और विचार भरने में प्रेमचन्द ने हमारी जाति की अद्वितीय सेवा की है। तुलसीदास के बाद हिन्दी के वह सबसे बड़े साहित्यकार थे जिन्हें हमारी किसान-जनता ने अपनाया। जहाँ-जहाँ हिन्दी-उर्दू पढ़नेवालों ने प्रेमचन्द की रचनाओं में रस लिया, वहाँ-वहाँ जातीय एकता का भाव और मज़बूत हुआ।

हिन्दुस्तानी क़ौम की एकता में हिन्दी-उर्दू का विवाद एक बहुत बड़ी बाधा बना हुआ था। प्रेमचन्द इसके लिखनेवालों को दो क़ौमों का लेखक न मानते थे। वह उन्हें नज़दीक लाना चाहते थे जिससे कि एक मिली-जुली साहित्यिक भाषा का चलन हो सके। दिल्ली में हिन्दुस्तानी सभा के स्थापित होने पर उन्होंने उसका स्वागत किया था क्योंकि उसमें हिन्दी और उर्दू के लेखक एक साथ बैठते और बहस करते थे। हिन्दी-उर्दू के लेखकों का परस्पर मिलना-जुलना और एक साथ भाषा और साहित्य की समस्याओं पर विचार करना उनकी नज़र में कितना ज़रूरी था, यह 'हिन्दुस्तानी सभा' पर उनकी टिप्पणी से ज़ाहिर होता है। इसमें उन्होंने लिखा था : "जब उर्दू का अदीब अपनी कोई रचना ऐसे समाज के सामने पढ़ेगा, जिसमें हिन्दी के लेखक भी शरीक हैं, तो वह ऐसी भाषा लिखने की कोशिश करेगा जो हिन्दीवालों की समझ में आए। इसी तरह हिन्दी का लेखक उर्दू के अदीबों की मंडली में अपनी भाषा को सुबोध रखने पर मजबूर होगा।" इस तरह के परस्पर प्रभाव और आदान-प्रदान से वह एक मिली-जुली साहित्यिक शैली के विकास की आशा करते थे।

इस तरह के प्रयोग की सफलता एक दूसरी बात पर भी निर्भर है और वह यह कि इस तरह की सभाओं में शामिल होनेवाले लेखक किस हद तक जनता के लिए लिखते हैं और किस हद तक अपने जीवन में जनता के नज़दीक हैं। जनता के लिए न लिखने पर साहित्यकार उसी पुरानी लफ़्फ़ाजी और उन्हीं पुराने अलंकारों की दुनिया में चक्कर लगाता रहता है और तब हिन्दी और उर्दू के लेखक एक-दूसरे से सीखने के बदले एक-दूसरे के कठिन शब्दों को ढूँढ़ने में लग जाते हैं। एक मिली-जुली साहित्यिक भाषा के ज़रिये क़ौम की सेवा करने और उसको संगठित करने का सवाल पीछे पड़ जाता है। जहाँ पर हिन्दी-उर्दू लेखकों के मिलकर काम करने और सभाएँ चलाने के काम पूरी तरह सफल नहीं हुए, वहाँ असफलता का मुख्य कारण जनता से लेखकों के अलगाव को समझना चाहिए।

एक साहित्यिक शैली गढ़ने के पक्ष में होते हुए भी प्रेमचन्द उसे गढ़ने की कठिनाइयों को जानते थे। 'भारतीय साहित्य परिषद्' में हिन्दुस्तानी को जगह न देने पर मौलाना अब्दुल हक़ की आलोचना का जवाब देते हुए उन्होंने जून, सन् '36 के 'हंस' में लिखा था : "और जो हिन्दुस्तानी अभी व्यवहार में नहीं आई, उसके और ज़्यादा हिमायती नहीं निकले तो कोई ताज्जुब नहीं। जो लोग हिन्दुस्तानी का वकालतनामा लिये हुए हैं, और उनमें एक इन पंक्तियों का लेखक भी है। वे भी अभी तक हिन्दुस्तानी का कोई रूप खड़ा नहीं कर सके। केवल उसकी कल्पना-मात्र कर सके हैं यानी वह ऐसी भाषा हो, जो उर्दू और हिन्दी, दोनों ही के संगम की सूरत में हो; जो सुबोध हो और आम बोलचाल की हो।"

इससे नतीजा यही निकलता था कि एक मिली-जुली साहित्यिक शैली के लिए वक्त की ज़रूरत थी। हिन्दी को बहुत ज़्यादा संस्कृतमय और उर्दू को फ़ारसी-अरबीमय बनाने का विरोध करना सही था लेकिन हिन्दी और उर्दू की जो दो शैलियाँ चल रही थीं, उन्हें एकाएक छोड़ा नहीं जा सकता था। प्रेमचन्द हिन्दी और उर्दू, दोनों में लिखते थे और उनकी हिन्दी-उर्दू में भेद भी रहता था। इस पर कुछ लोगों ने उन पर यह तोहमत लगाई कि वह मुँह से तो हिन्दुस्तानी की हिमायत करते हैं, अमल से हिन्दी का प्रचार करते हैं।

'हंस' के 'प्रेमचन्द-स्मृति अंक' में श्री अशफ़ाक़ हुसेन ने एक दिलचस्प घटना का जिक्र किया है। "अलीगढ़ से 'सुहैल' नाम का एक उर्दू अख़बार निकलता है। उसमें छापने के लिए प्रेमचन्द जी ने अपनी दो रचनाएँ भेजी थीं, जिनमें एक तो हिन्दी में थी और दूसरी उर्दू में। इसके लिए एक साहब ने प्रेमचन्द के बारे में बहुत-सी उल्टी-सीधी बातें लिख डाली थीं। उनकी हिन्दीवाली रचना में तो संस्कृत के कई शब्द थे और उर्दूवाली रचना में उससे भी अधिक फ़ारसी के शब्द थे। इसकी आलोचना जिस तरह के लोगों को करनी चाहिए थी, उसी

तरह के लोगों ने की थी और कहा था कि 'प्रेमचन्द जी दोरुखी चालें चलते हैं, दोनों तरफ मिले रहना चाहते हैं और दोनों तरफ से अच्छे बने रहना चाहते हैं।"

अगर प्रेमचन्द का यह दावा होता कि हिन्दी-उर्दू का बायकाट करके, तुरन्त हिन्दुस्तानी रायज़ की जा सकती है, तो शायद इस आलोचना में कुछ तथ्य होता। लेकिन जैसाकि हम देख चुके हैं, प्रेमचन्द हवाई सिद्धान्तकार नहीं थे; वह अमल में तुरन्त एक मिली-जुली भाषा-शैली ईजाद करने की कठिनाइयों को जानते थे। इसलिए हिन्दी और उर्दू, दोनों में कुछ हेर-फेर के साथ लिखने की उनकी नीति सही थी; बोलचाल की क़ौमी ज़बान हिन्दुस्तानी का समर्थन करना भी ठीक था।

'प्रेमचन्द-स्मृति अंक' में श्री मोहम्मद आक़िल ने इस तरह की दूसरी घटना का जिक्र किया है। "इस सिलसिले में देहली के रिसाले 'साक़ी' ने जो तनक़ीद की थी कि प्रेमचन्द जी उर्दू के लिए मरहूम हो चुके हैं, उसके बारे में हँसकर कहने लगे कि 'साक़ी' के एडीटर को मैंने लिखा है कि मैं उर्दू के लिए न सिर्फ ज़िन्दा हूँ बल्कि ज़्यादा ज़ोरों से जी रहा हूँ।" प्रेमचन्द उन थोड़े-से लेखकों में थे जिनमें हिन्दी-उर्दू को लेकर बढ़ा-चढ़ी का भाव नहीं था। यह भाव तब पैदा होता है जब लेखक के दिमाग में हिन्दी-उर्दू के पीछे हिन्दुस्तानी क़ौम नहीं होती बल्कि हिन्दू धर्म और इस्लाम होता है। प्रेमचन्द ने अपने अमल से दिखलाया कि साहित्य का जातीय रूप समृद्ध करने से, उसमें जनवादी विचारों का समावेश करने से भाषा की समस्या हल करने में मदद मिलती है। प्रेमचन्द के जल्दबाज़ आलोचक, जो तुरन्त हिन्दुस्तानी रायज़ करना चाहते थे, इस दिशा में ऐसा कोई बड़ा काम नहीं कर पाए।

प्रेमचन्द ने राष्ट्रभाषा और हिन्दुस्तान के सम्बन्ध में जो भाषण दिये थे, उनमें एक तरफ तो साम्राज्यवादियों की गुलामी के हर रूप से बेहद नफ़रत ज़ाहिर होती है, दूसरी तरफ हर जगह उनका यह दृढ़ विश्वास भी ज़ाहिर होता है कि हिन्दी और उर्दू एक ही क़ौम की ज़बान हैं और इनका एक होना लाज़मी है।

प्रेमचन्द को देश के सामाजिक और सांस्कृतिक जीवन में अंग्रेज़ी भाषा की प्रभुता खलती थी। यह उनकी साम्राज्य-विरोधी राष्ट्रीय चेतना, उनके आत्मसम्मान की भावना का ज़बर्दस्त सबूत था। किसी ने साम्राज्यवादियों की अंग्रेज़ी लादने की नीति के ख़िलाफ़, बुद्धिजीवियों ने इस नीति के सामने सिर झुकाने की नीति के ख़िलाफ़ इतने रोष और तर्क के साथ बग़ावत की थी, जैसे प्रेमचन्द ने। सन् '34 में बम्बई के राष्ट्रभाषा-सम्मेलन में उन्होंने पशुओं और मनुष्यों में यह भेद बतलाया कि मनुष्य भाषा इस्तेमाल करते हैं, पशु नहीं करते। "समाज की बुनियाद भाषा है।"—इस महत्त्व की जगह से अंग्रेज़ी यहाँ की भाषाओं को हटाने की कोशिश करती रही थी। सारे देश के लोग आपस में किस भाषा का व्यवहार करें, इस बारे में नेताओं वगैरह की उदासीनता का जिक्र करते हुए उन्होंने इस सम्मेलन में कहा

था : "इस लापरवाही का ख़ास सबब है—अंग्रेज़ी ज़बान का बढ़ता हुआ प्रचार और हममें आत्मसम्मान की वह कमी, जो गुलामी की शर्म को नहीं महसूस करती।"

किसी भी देश और जाति की उन्नति में वह आत्मसम्मान की भावना जनता में जोश भर देती है, उसे संगठित होकर नये-नये मोर्चे फतह करने में बेहद मदद देती है। प्रेमचन्द का स्वाभिमान यह देखकर तिलमिला उठता था कि गुलाम देश के बुद्धिजीवी अपने मालिकों की भाषा पर अभिमान करते हैं। अंग्रेज़ी भाषा के प्रभुत्व को उन्होंने साम्राज्यवादी प्रभुत्व का ही अटूट हिस्सा बतलाते हुए कहा था : "अंग्रेज़ी राजनीति का, व्यापार का, साम्राज्यवाद का हमारे ऊपर जैसा आतंक है, उससे कहीं ज़्यादा अंग्रेज़ी भाषा का है। अंग्रेज़ी राजनीति से, व्यापार से, साम्राज्यवाद से तो आप बग़ावत करते हैं, लेकिन अंग्रेज़ी भाषा को आप ग़ुलामी के तौक़ की तरह गर्दन में डाले हुए हैं।"

प्रेमचन्द के इन उचित क्रोध से भरे हुए वाक्यों के सामने कोई दलील कारगर नहीं हो सकती। सवाल है राष्ट्रीय आत्मसम्मान का। कौन-सा देश, जो स्वाधीन है या स्वाधीनता के लिए लड़ रहा है, हमारी तरह दूसरों की ज़बान को अपने राजकाज की ज़बान बनाए हुए है? प्रेमचन्द ने उन लोगों को कड़ी फटकार बताई जो इस ग़ुलामी पर नाज़ करते थे। उन्होंने तमाम अंग्रेज़ी-भक्तों पर घड़ों पानी उड़ेलते हुए कहा था : "अंग्रेज़ी राज्य की जगह आप स्वराज्य चाहते हैं। उनके व्यापार की जगह अपना व्यापार चाहते हैं; लेकिन अंग्रेज़ी भाषा का सिक्का हमारे दिलों पर बैठ गया है, उसके बिना हमारा पढ़ा-लिखा समाज अनाथ हो जाएगा! पुराने समय में आर्य और अनार्य का भेद था, आज अंग्रेज़ीदाँ और ग़ैर-अंग्रेज़ीदाँ का भेद है। अंग्रेज़ीदाँ आर्य है। उसके हाथ में, अपने स्वामियों की कृपा-दृष्टि की बदौलत कुछ अख़्तियार हैं, रौब है, सम्मान है; ग़ैर-अंग्रेज़ीदाँ अनार्य है और उसका काम केवल आर्यों की सेवा-टहल करना है और उनके भोग-विलास और भोजन के लिए सामग्री जुटाना है।" प्रेमचन्द ने भारत के अंग्रेज़ी-प्रेमी आर्यों के लिए ये शब्द अठारह साल पहले कहे थे। उनका महत्त्व आज भी कम नहीं हुआ।

प्रेमचन्द हिन्दी-उर्दू को एक ज़बान मानते थे। राष्ट्रभाषा सम्मेलन वाले भाषण में उन्होंने हिन्दी-उर्दू का भेद संस्कृत और फ़ारसी शब्दों के प्रयोग पर निर्भर बतलाया था। इस भाषण में उन्होंने हिन्दी की बोलियों के स्वभाव की तरफ ध्यान दिलाया था कि किस तरह वे संस्कृत शब्दों को ज्यों-का-त्यों नहीं लेतीं। उन्होंने इस कुतर्क का ज़ोरों से खंडन किया कि हिन्दी में संस्कृत शब्दों की भरमार करने से वह सभी प्रान्तों के लोगों के लिए आसान हो जाएगी।

हिन्दी-उर्दू की बुनियादी एकता के बारे में प्रेमचन्द कहते हैं : "हमारे सूबे के देहातों में रहनेवाले मुसलमान प्राय: देहातियों की भाषा ही बोलते हैं। जो बहुत-से मुसलमान देहातों से जाकर शहरों में आबाद हो गए हैं, वे भी अपने घरों में देहाती

ज़बान ही बोलते हैं। बोलचाल की हिन्दी समझने में न तो साधारण मुसलमानों को ही कोई कठिनाई होती है और न बोलचाल की उर्दू समझने में साधारण हिन्दुओं को ही। बोलचाल की हिन्दी और उर्दू प्राय: एक-सी हैं।"

यहाँ पर प्रेमचन्द ने इस अवैज्ञानिक सिद्धान्त का खंडन किया है कि भाषा का आधार धर्म है और इसलिए हिन्दुओं की भाषा हिन्दी है और मुसलमानों की भाषा उर्दू है। उन्होंने धर्म के नाम पर भाषा और क़ौम का बँटवारा करनेवाले साम्राज्यवादी और सामन्ती भाषा-वैज्ञानिकों का खंडन किया और हिन्दुस्तानी जाति की भाषा और संस्कृति के विकास में बहुत बड़ी मदद की। इस जाति की भाषा की लिपि के लिए वह देवनागरी लिपि के पक्षपाती थे। राष्ट्रभाषा-सम्मेलन में उन्होंने कहा था : "प्रान्तीय भाषाओं को हम प्रान्तीय लिपियों में लिखते जाएँ, कोई एतराज नहीं; लेकिन हिन्दुस्तानी भाषा के लिए हिन्दी लिपि रखना ही सुविधा की बात है, इसलिए नहीं कि हमें हिन्दी लिपि से ख़ास मोह है; बल्कि हिन्दी लिपि का प्रचार बहुत ज़्यादा है और उसके सीखने में भी किसी को दिक़्क़त नहीं हो सकती। और जो लोग उर्दू लिपि के आदी हैं, उन्हें हिन्दी लिपि का व्यवहार करने के लिए मजबूर नहीं किया जा सकता। अगर ज़बान एक हो जाए, तो लिपि का भेद कोई महत्त्व नहीं रखता।"

हिन्दी-उर्दू को एक करने, क़ौमी भाषा और संस्कृति का नया विकास करने की ज़िम्मेदारी प्रेमचन्द अगली पीढ़ी पर छोड़ गए थे। उनके बताये हुए रास्ते पर चलकर ही हम उस ज़िम्मेदारी को पूरा कर सकते हैं।

[1952]

4
उत्तर प्रदेश की सरकार और हिन्दी

15 अगस्त, 1965 की 'उत्तर प्रदेश पंचायती राज्य' नामक पत्रिका में श्रीमती सुचेता कृपलानी का एक लेख छपा है : 'उत्तर प्रदेश और राष्ट्रभाषा'। इसमें उन्होंने हिन्दी को राष्ट्रभाषा बनाने के सिलसिले में जो बातें कही हैं, उनका सम्बन्ध राजनीतिज्ञों से अधिक साहित्यकारों से है। आशा है, हिन्दी लेखक उन पर उचित ध्यान देंगे।

पहले तो उन्होंने यह बताया कि हिन्दी का प्रचार ग़लत ढंग से किया गया और वह ग़लत ढंग छोड़ देना चाहिए। फिर उन्होंने बताया कि हिन्दी को राष्ट्रभाषा बनाने का सही तरीका क्या है।

जिस तरीके से हिन्दी का प्रचार हुआ, उससे अहिन्दी जनता के मन में यह प्रतिक्रिया पैदा हुई : 'हम क्यों हिन्दी सीखें?'

'भाषा का प्रचार तलवार से नहीं होता।'

बिलकुल सही बात है। राज्यसत्ता कांग्रेस के हाथ में है। तलवार का किसी ने प्रयोग किया होगा तो वह कांग्रेसी नेता ही होगा। उत्तर भारत में तमिल के विरोध में या अंग्रेज़ी के विरोध में स्टेशनों, डाकखानों वग़ैरह पर हमला नहीं हुआ। इस तरह की कार्यवाही तमिलनाडु में हुई। इसे तलवार का प्रयोग कहा जाए या प्रेम-प्रदर्शन, यह कांग्रेसी नेता तय करें। एक बात निश्चित है कि तलवार का प्रयोग हिन्दी जनता या हिन्दी प्रचारकों ने नहीं किया।

हिन्दी को राष्ट्रभाषा बनाने का सही तरीका उन्होंने यह बताया :

'हिन्दी भाषा को प्रगति पर लाएँ। हिन्दी को उस स्तर पर लाएँ कि हरेक हिन्दी को ख़ुशी से सीखे।

'अगर भाषा उन्नत हो, भाषा मधुर हो, भाषा सुन्दर हो, भाषा में इतने शब्द हों या भाषा इस स्तर में पहुँची हो कि हमारी हरेक ज़रूरियात को पूरी कर सके तब लोग आप-से-आप भाषा को सीख लेते हैं।

'हिन्दी को अगर भारत की भाषा बनाना है, भारत की राष्ट्रभाषा बनाना है तो हिन्दी-प्रेमी बैठकर खोज करें, अनुसन्धान करें, किताबें लिखें, लोगों को बैठकर

हिन्दी सिखाएँ। ऐसी सुन्दर किताबें लिखी जाएँ, ऐसी भाषा में किताबें लिखी जाएँ कि लोग उसे ग्रहण करने के लिए आग्रह करें।

'हिन्दी को लोगों द्वारा ग्राह्य बनाने के लिए तलवार से नहीं बल्कि साहित्य के महत्त्व से, साहित्य की उच्चता और सुन्दरता से और प्रचार और प्रसार करने के सुन्दर तरीके से यह होगा।'

जहाँ तक भाषा के सुन्दर और मधुर होने का सम्बन्ध है, हिन्दी जैसी है, वैसी है। हर व्यक्ति को अपनी भाषा सबसे ज़्यादा मीठी लगती है। यदि वह कहे कि दूसरे की भाषा ज़्यादा मीठी है तो समझना चाहिए कि उसके संस्कारों में कहीं कोई दोष है। मिठास के कारण कोई अपनी भाषा के मुक़ाबले दूसरी भाषा को महत्त्व नहीं देता।

जहाँ तक भाषा में 'हरेक ज़रूरियात' के शब्द होने का सवाल है, दस साल तक कांग्रेसी सरकार का शिक्षा-मंत्रालय और उसके विशेषज्ञ यह काम करते रहे हैं। यदि हिन्दी अभी तक आवश्यक शब्द इकट्ठे न कर पाई, तो इसमें दोष सुचेताजी की पार्टी के नेताओं का है। लेकिन राजकाज के लिए उन तमाम शब्दों की ज़रूरत नहीं होती जिन्हें गढ़ने या इकट्ठा करने में दस साल से विशेषज्ञ लग रहे हैं। राजकाज की ज़रूरियात-भर को तो हिन्दी में शब्द हैं, भले ही हरेक ज़रूरियात के लिए न हों।

जहाँ तक साहित्य की उच्चता का सम्बन्ध है, अंग्रेज़ी काफ़ी उच्च भाषा है। लेकिन आगरा विश्वविद्यालय की बी.एस-सी. परीक्षाओं में जब से अंग्रेज़ी ऐच्छिक विषय हो गई है, तब से अंग्रेज़ी लेनेवाले छात्रों की संख्या लगभग अस्सी फीसदी कम हो गई है। जो बी.ए. में अंग्रेज़ी पढ़ते हैं, उनका हाल मत पूछिए। किताबें पढ़े बिना ही बाज़ार से या प्रोफेसर के लिखाये हुए नोट पढ़कर पास होना चाहते हैं। जो छात्र एम.ए. में अंग्रेज़ी पढ़ते हैं, उनमें निन्यानवे फीसदी ऐसे होते हैं जो किसी तरह पास होना चाहते हैं या डिवीजन बनाना चाहते हैं। साहित्य-प्रेम से उन्हें कोई वास्ता नहीं है।

अंग्रेज़ी के अलावा भारत की जो दूसरी मधुर भाषाएँ हैं, उनके साहित्य को वे फूटी आँखों भी नहीं देखते। आगरा और लखनऊ में ऐसे हिन्दी-भाषी छात्र कम मिलेंगे जिन्होंने रवीन्द्रनाथ की रचनाएँ बंगला में पढ़ी हों। कलकत्ता के बंगलाभाषी युवक सुब्रह्मण्य भारती या वल्लत्तोल की रचनाएँ बड़े चाव से पढ़ते हों, ऐसा भी मेरे देखने में नहीं आया।

भारत की शिक्षा-व्यवस्था नौकरियों से जुड़ी है और नौकरियों भी भाषा है अंग्रेज़ी। इसके लिए सुचेताजी की पार्टी के नेता ज़िम्मेदार हैं, हिन्दी साहित्यकार नहीं।

मान लिया कि हिन्दी भाषा सुन्दर नहीं है और उसका साहित्य घटिया क़िस्म का है। भारत की किन भाषाओं का साहित्य—अनुवादित हुए बिना—अन्य प्रदेशों

में बहुतायत से पढ़ा जाता है? अंग्रेज़ी को भारतीय जीवन में जो महत्त्व दिया गया है, उससे समस्त भारतीय भाषाओं के पठन-पाठन में बाधा पड़ती है, हिन्दी के प्रचार-प्रसार में ही नहीं।

मान लिया, हिन्दी-प्रचारकों के ग़लत उत्साह के कारण लोग अहिन्दी प्रान्तों में हिन्दी से नाख़ुश हो गए। बंगाल में बंगला राजभाषा क्यों नहीं है? वहाँ बंगला के व्यवहार पर किन लोगों ने प्रतिबन्ध लगाया है? तमिलनाडु में तमिल के व्यवहार पर किसने रोक लगाई है?

हिन्दी-प्रचारकों को दोष देना एक बहाना है जिससे केन्द्र और प्रान्तों में अंग्रेज़ी का चलन बना रहे।

ख़ुद उत्तर प्रदेश में राजभाषा हिन्दी का क्या हाल है?

'राष्ट्रभाषा सन्देश' (प्रयाग) ने 2 सितम्बर, 1965 के अंक में लिखा है : "वास्तविक स्थिति कम-से-कम उत्तर प्रदेश में यह है कि यहाँ निन्यानवे प्रतिशत से अधिक सरकारी काम अंग्रेज़ी में किया जाता है।"

उत्तर प्रदेश भारत का सबसे बड़ा हिन्दी-भाषी राज्य है। सारे देश में हिन्दी की स्थिति क्या होती है, यह बहुत कुछ उत्तर प्रदेश में हिन्दी की स्थिति पर निर्भर है।

उत्तर प्रदेश की मुख्यमंत्री श्रीमती सुचेता कृपलानी ने हिन्दी भाषा में उच्च साहित्य की आवश्यकता पर जो विचार प्रकट किये हैं, वैसे विचार सन् '36-'40 में कांग्रेसी नेता पहले भी प्रकट किया करते थे। लेकिन वे हिन्दी लिख-पढ़ लेते थे। सुचेता जी ने अपने उपर्युक्त लेख में बताया है कि उन्होंने 'मर-मरकर रोज़ सुबह एक घंटा लगाकर' 'रामचरितमानस' पढ़ा। उसमें उन्हें कोई चीज़ मिली। लेकिन मालूम होता है, लिखने में उन्हें अब भी कठिनाई होती है।

'मैं हिन्दी लिख नहीं सकती'—श्रीमती सुचेता कृपलानी का यह वाक्य पढ़कर किसे दुःख न होगा? आशा है, अगले चुनाव तक वह अपनी यह कठिनाई भी दूर कर लेंगी। तब शायद हिन्दी साहित्यकारों को वह जो उपदेश देंगी, वे और भी मधुर और लाभप्रद होंगे।

[1965]

5

भारत का भाषा-संकट

श्री मोहनकुमार मंगलम ने अंग्रेज़ी में एक बहुत सुन्दर पुस्तक लिखी है जिसका नाम है : 'भारत का भाषा-संकट'।[1] जो लोग चाहते हैं कि भारत में अंग्रेज़ी का प्रभुत्व ख़त्म हो, उन्हें यह पुस्तक ज़रूर पढ़नी चाहिए। उत्तर भारत में लाखों आदमी ऐसे हैं जो चाहते हैं कि हिन्दी राष्ट्रभाषा हो। वे चाहते हैं कि विभिन्न प्रदेशों में वहाँ की भाषाएँ राजभाषा के गौरवमय आसन पर प्रतिष्ठित हों। प्रश्न यह है कि वे राजभाषा क्यों नहीं बन पातीं? कौन-सी शक्ति उन्हें अपने उचित आसन पर बैठने से रोकती है?

श्री मोहनकुमार मंगलम की पुस्तक के छठे अध्याय में इस विषय का विवेचन किया गया है कि तमिलनाडु में तमिल अभी तक क्यों राजभाषा नहीं बन पाई। तमिल को सरकारी तौर पर सन् '57-'58 में राजभाषा बना दिया गया था किन्तु इसके बाद मद्रास में अंग्रेज़ी का रुतबा बढ़ा है, कम नहीं हुआ। अधिकांश विद्यालयों में शिक्षा का माध्यम अंग्रेज़ी है। कुछ साल पहले अंग्रेज़ी की शिक्षा छठे दर्जे से शुरू होती थी, अब वह तीसरे दर्जे से शुरू होती है। शिक्षा-केन्द्रों में अंग्रेज़ी का प्रभुत्व अटल है। "माता-पिता सोचते हैं कि बेटे को तरक़्क़ी करनी है तो बढ़िया अंग्रेज़ी सीखकर ही वह आगे बढ़ सकता है। इसलिए जिन स्कूलों में शिक्षा का माध्यग तमिल थी, उनमें छात्रों की संख्या लगातार कम होती गई और वे अंग्रेज़ी के माध्यम से शिक्षा पाने लगे।"

तमिलनाडु की जनता अपने मातृभाषा-प्रेम के लिए प्रसिद्ध है। उसे अपनी भाषा की प्राचीनता और साहित्य की समृद्धि पर उचित गर्व है। फिर क्या कारण है कि स्कूलों और कॉलेजों में तमिल शिक्षा का माध्यम नहीं हो पाती?

इस प्रश्न का उत्तर श्री मोहनकुमार मंगलम ने बहुत स्पष्ट शब्दों में दिया है। उन्होंने लिखा है : "ऐसा इसलिए होता है कि सरकार और यूनिवर्सिटी-अधिकारियों

---

1. इंडियाज लैंग्वेज़ क्राइसिस : मोहनकुमार मंगलम, प्रकाशक : न्यू सेंच्यूरी बुक हाउस, मद्रास, पृ. 122

ने छात्रों के सामने लक्ष्य यह रखा है : 'अंग्रेज़ी खूब अच्छी तरह सीखो जिससे अखिल भारतीय स्तर पर ऊँची नौकरियों के लिए होड़ कर सको और यूनिवर्सिटी में भी कारगर ढंग से शिक्षा प्राप्त कर सको।"

हमारे देश में शिक्षा-संस्थाएँ नौकरियों से जुड़ी हुई हैं। अंग्रेज़ों ने शासन-तंत्र चलाने के लिए क्लर्क से लेकर कमिश्नर तक के लिए अंग्रेज़ी की शिक्षा अनिवार्य कर दी थी। वही स्थिति आज भी है।

श्री मोहनकुमार मंगलम ने दो साल पहले दिया हुआ श्री भक्तवत्सलता का भाषण उद्धृत किया है। इसमें उन्होंने कहा था : "माता-पिता चाहते हैं कि उनके बच्चे सरकारी नौकरियाँ पाएँ। राज्य की नौकरियों के मुक़ाबले में केन्द्रीय नौकरियाँ ज़्यादा आकर्षक होती हैं। इसलिए माता-पिता और छात्रों की भी पहली तमन्ना यह होती है कि वे आई.ए.एस. और आई.पी.एस. जैसी केन्द्रीय सेवाओं की परीक्षा में बैठें।" यही कारण है कि तमिलनाडु में तमिल राजभाषा नहीं बन पाती। उसे काग़ज़ी तौर पर राजभाषा बना दिया जाता है लेकिन वास्तविक प्रभुसत्ता रहती है अंग्रेज़ी के हाथ में। श्री मोहनकुमार मंगलम के शब्दों में : "अंग्रेज़ी की शिक्षा पाये बिना किसी भी तमिलभाषी के लिए केन्द्रीय नौकरी पाने का सवाल नहीं उठता।"

कांग्रेसी नेताओं ने केन्द्र में अंग्रेज़ी का प्रभुत्व क़ायम रखकर राज्यों में वहाँ की भाषाओं को पददलित कर रखा है। तमिल-जैसी प्राचीन और सम्पन्न भाषा अंग्रेज़ी की दासी बनी हुई है। मद्रास में तमिल राजभाषा नहीं बन पाई, इसका कारण यह नहीं है कि हिन्दी उसका दमन कर रही है, इसका कारण यह है कि कांग्रेसी नेताओं ने साम्राज्यवादियों की चलाई हुई—शासन-तंत्र और शिक्षा के बारे में अंग्रेज़ी के व्यवहार की—नीति को बरकरार रखा है। इस नीति के लिए केवल हिन्दी-क्षेत्र के नेता ज़िम्मेदार नहीं हैं—यद्यपि उन्हें ज़्यादा शर्म आनी चाहिए क्योंकि वे हिन्दी को राष्ट्रभाषा बनाने का दावा भी करते हैं—अहिन्दी क्षेत्रों के नेता भी उतने ही ज़िम्मेदार हैं।

भारतीय भाषाओं में मुख्य अन्तर्विरोध हिन्दी-अहिन्दी का नहीं है, मुख्य अन्तर्विरोध अंग्रेज़ी और समस्त भारतीय भाषाओं का है। राज्यों में अंग्रेज़ी के प्रभुत्व का कारण है—केन्द्रीय सेवाओं में उसका व्यवहार।

ऊपर के विवेचन से यह स्पष्ट हो जाता है कि जब तक केन्द्रीय सेवाओं से अंग्रेज़ी न हटेगी, तब तक तमिल भी मद्रास में व्यावहारिक रूप में राजभाषा न बनेगी। इसलिए समाधान ऐसा होना चाहिए जिससे केन्द्रीय सेवाओं में अंग्रेज़ी का चलन खत्म हो।

श्री मोहनकुमार मंगलम ने कांग्रेस के पुराने प्रस्ताव का हवाला देते हुए सभी भारतीय भाषाओं को अखिल भारतीय परीक्षाओं का माध्यम बनाने की बात कही

है। उनका सुझाव सही है। कमी इतनी है कि उन्होंने केन्द्रीय सेवाओं में केवल परीक्षाओं के लिए भारतीय भाषाओं के ऐच्छिक माध्यम होने का सवाल उठाया है। जब मद्रास के छात्र तमिल में परीक्षा देकर अफ़सर बनेंगे, तब वे अंग्रेज़ी का व्यवहार करेंगे, या भारतीय भाषाओं का—इस प्रश्न पर उन्होंने विचार नहीं किया। अखिल भारतीय सेवाओं का माध्यम अंग्रेज़ी ही रहेगी—इसलिए संकट ज्यों-का-त्यों बना रहता है। परीक्षा आप चाहे जिसमें दे लें, काम अंग्रेज़ी में ही करना पड़ेगा।

श्री मोहनकुमार मंगलम ने तीन भाषाओं वाले फार्मूले का समर्थन किया है। इस फार्मूले में अंग्रेज़ी का स्थान सुरक्षित है। अंग्रेज़ी का स्थान सुरक्षित रखकर अंग्रेज़ी का प्रभुत्व नहीं खत्म किया जा सकता। फलत: तमिलनाडु में भी तमिल को राजभाषा और उच्च शिक्षा का माध्यम नहीं बनाया जा सकता।

अंग्रेज़ी की शिक्षा वैकल्पिक हो—यह माँग करनी चाहिए। किसी भी स्वाधीन देश के विद्यालयों में किसी विशेष विदेशी भाषा का अध्ययन सभी छात्रों के लिए अनिवार्य नहीं होता। केन्द्र में अंग्रेज़ी का प्रभुत्व खत्म करना चाहिए। उसकी जगह हिन्दी चले या अनेक भारतीय भाषाओं का व्यवहार हो—श्री मोहनकुमार मंगलम जो फैसला करेंगे, मैं उसका समर्थन करूँगा। लेकिन केन्द्र में अंग्रेज़ी चलाते रहने से भारत का भाषा-संकट हल न होगा, उल्टे वह और गहरा होगा और इससे तमिल की उतनी ही हानि होगी, जितनी हिन्दी की।

भारतीय भाषाओं को प्रदेशों में राजभाषा का पद न दिया जाए—इसके लिए अंग्रेज़ी-प्रेमी विद्वान तर्क देते हैं कि वे भाषाएँ पिछड़ी हुई हैं। यद्यपि किसी ने भारतीय भाषाओं में एक भाषा लेकर वैज्ञानिक परीक्षा करके यह नहीं दिखाया कि पिछड़ापन किस बात में है—फिर भी यह सर्वमान्य सत्य बन गया है कि अंग्रेज़ी के मुक़ाबले में भारतीय भाषाएँ आम तौर से—और हिन्दी ख़ास तौर से—पिछड़ी हुई हैं।

तमिल विकसित भाषा है या नहीं? उसमें मद्रास राज्य का सरकारी काम हो सकता है या नहीं? उसमें उच्च शिक्षा दी जा सकती है या नहीं?

श्री मोहनकुमार मंगलम ने इन प्रश्नों के परस्पर-विरोधी उत्तर दिये हैं। उनकी समझ में भारत के भाषा-संकट का मुख्य कारण यह है कि सरकारी परवरिश के कारण हिन्दी को विकसित होने का मौक़ा मिला लेकिन अहिन्दी भाषाएँ अविकसित रह गईं। इसलिए समस्या का समाधान यह है कि पहले इन भाषाओं को राजभाषा बना दिया जाए, उन्हें विकसित होने दिया जाए, इसके बाद ही केन्द्र से अंग्रेज़ी हटाने का सवाल उठेगा।

उन्होंने लिखा है : "हमें यह न भूलना चाहिए कि अपनी प्राचीनता, अपनी देन, अपने उत्कृष्ट साहित्य आदि गुणों के बावजूद वे किसी भी समय, बहुत-से-बहुत, एक संकुचित गुट के विचारों का वाहन ही रही हैं।"

इसका अर्थ है कि वे वर्तमान सभ्य समाज की शिक्षा-संस्कृति-राजनीति का माध्यम बनने के योग्य नहीं हैं।

उनके विचार से अंग्रेज़ों के आने से पहले भारत की संस्कृति प्राचीन होते हुए भी गतिरुद्ध (स्टैग्नेंट कल्चर ऑफ़ इंडिया) हो चुकी थी। अंग्रेज़ी के प्रभुत्व से भारतीय भाषाओं की प्रगति रुक गई थी : "अर्थात् आधुनिक भाषाओं के रूप में, आधुनिक विचारों को प्रकट करनेवाले माध्यम के रूप में विकसित होने से रोका गया।"

मैं नहीं जानता कि वे आधुनिक विचार कौन-से हैं जो तमिल या हिन्दी के माध्यम से प्रकट नहीं किये जा सकते। इतना ज़रूर कह सकता हूँ कि आदरणीय बन्धु मोहनकुमार मंगलम ने जो विचार इस पुस्तक में प्रकट किये हैं, वे किसी भी भारतीय भाषा में बखूबी प्रकट किये जा सकते हैं।

मोहनकुमार मंगलम जी ने यह मत भी बड़ी स्पष्टता से प्रकट किया है कि भारतीय भाषाएँ सामाजिक आवश्यकताओं के अनुरूप पूर्णतः विकसित हैं। उन्होंने पुस्तक के पृष्ठ 40 पर लिखा है :

"हक़ीक़त यह है कि (आठवीं अनुसूची में उल्लिखित) सभी भाषाएँ विकसित भाषाएँ हैं। इन्हें करोड़ों आदमी बोलते हैं और मानते हैं कि उच्च शिक्षा का माध्यम बनने के लिए वे पूरी तरह विकसित हैं।"

यदि भारतीय भाषाएँ विकसित हैं तो भाषा-संकट इसलिए नहीं पैदा हो गया कि सरकार ने हिन्दी को ज़्यादा विकसित कर दिया है और तमिल पीछे रह गई है। भाषाएँ अविकसित हैं—यह एक बहाना है जो हिन्दी और तमिल, सभी भारतीय भाषाओं के ख़िलाफ़ इस्तेमाल किया जाता है। संकट का असली कारण है केन्द्र में अंग्रेज़ी का प्रभुत्व। इसी प्रभुत्व के कारण तमिल अपने प्रदेश में राजभाषा नहीं बनी। इसी कारण वह शिक्षा का माध्यम नहीं बनी। जो भी केन्द्र में अंग्रेज़ी क़ायम रखकर राज्यों से अंग्रेज़ी हटाने का सपना देखता है, वह अपने को और दूसरों को धोखा देता है। जब तक केन्द्रीय सेवाओं में अंग्रेज़ी का चलन रहेगा, तब तक मद्रास का विद्यार्थी कभी अंग्रेज़ी छोड़ने को राज़ी न होगा।

श्री मोहनकुमार मंगलम कम्युनिस्ट पार्टी के पुराने कार्यकर्ता हैं। श्रमिक जनता के आन्दोलन से उनका गहरा सम्बन्ध रहा है। उनसे हम आशा कर सकते हैं कि वे मज़दूर वर्ग की एकता और भाषा-समस्या पर भी कुछ कहेंगे। लेकिन उन्होंने इस पर कुछ नहीं कहा।

अखिल भारतीय स्तर पर मज़दूरों के संगठन की भाषा अंग्रेज़ी क्यों है? अखिल भारतीय किसान-सभा के केन्द्रीय दफ्तर की कार्यवाही अंग्रेज़ी में क्यों होती है (या होती थी)? कम्युनिस्ट पार्टी के नेता सम्पर्क-भाषा के रूप में अंग्रेज़ी का व्यवहार क्यों करते हैं? कम्युनिस्ट पार्टी के केन्द्रीय दफ्तर में अंग्रेज़ी का व्यवहार क्यों होता है? पार्टी और जन-संगठनों में अंग्रेज़ी के इस प्रभुत्व से हानि होती है या लाभ? श्री मोहनकुमार मंगलम ने ऐसा एक भी सवाल अपनी पुस्तक में नहीं उठाया। यह उसकी सबसे बड़ी कमज़ोरी है।

इस देश में जब अंग्रेज़ आए, तब यहाँ के राजा और नवाब, मिलकर उनसे लड़ने के बजाए, आपस में लड़ते रहे। आपस में लड़ने के लिए वे बारी-बारी से अंग्रेज़ों की मदद लेते रहे और अंग्रेज़ बारी-बारी से उन्हें ख़त्म करके उनका राज्य हड़पते रहे।

वर्तमान काल में जातीय विद्वेष ज़ोर से बढ़ा है। गोवा को लेकर मैसूर के मुख्यमंत्री ने जितनी सरगर्मी महाराष्ट्र के विरुद्ध दिखाई है, उतनी सरगर्मी पुर्तगाल के ख़िलाफ़ न दिखाई थी। भाषा की समस्या जातीय समस्या का अंग है। भारतीय भाषाओं के हिमायती आपस में लड़ते हैं और अंग्रेज़ी की जय बोलते हैं। जातीय विद्वेष का एक रूप भाषागत विद्वेष है। इस तरह का द्वेष पूँजीपतियों के लिए स्वाभाविक है; पूँजीवादी विचारधारा से प्रभावित मध्यवित्त श्रेणी के बुद्धिजीवियों के लिए यह विद्वेष बहुत कुछ सुखकर और जीवन की मुख्य प्रेरणा है। केवल मज़दूर वर्ग में यह क्षमता है कि वह इस विद्वेष से ऊपर उठकर अन्तर्जातीय भाईचारे के आधार पर राष्ट्रीय एकता दृढ़ करे। इसीलिए अंग्रेज़ी और मज़दूर वर्ग की अखिल भारतीय एकता का प्रश्न अत्यन्त महत्त्वपूर्ण है।

भाषा-संकट क्यों पैदा हुआ, मद्रास में अंग्रेज़ी क्यों क़ायम रहती है, संविधान के निर्माताओं की किन ग़लतियों से प्रादेशिक भाषाओं का चलन न हुआ, यह समस्त सूक्ष्म विश्लेषण, कम्युनिस्ट पार्टी के अन्दर अंग्रेज़ी के व्यवहार पर नज़र डालते ही, वकीलों की जिरह की तरह क़ानूनी तौर पर सही परन्तु न्याय के प्रतिकूल मालूम होने लगता है। भला भाषाओं के विकास में 'इम्बैलेंस' पैदा हो जाने से कम्युनिस्ट पार्टी में अंग्रेज़ी का चलन क्यों हो?

भारतीय जनतंत्र को चलाने के लिए आसमान से फ़रिश्ते नहीं आते। वर्तमान युग में जनतंत्र को चलाती हैं पाटियाँ और पार्टियों के नेता। जब तक देश की राजनीतिक पार्टियाँ अपना अखिल भारतीय काम अंग्रेज़ी में करती हैं, तब तक न तो वे देश की भाषा-समस्या हल कर सकती हैं, न दरअसल उन्हें इस समस्या पर बोलने का नैतिक अधिकार है।

श्री मोहनकुमार मंगलम ने लिखा है कि हर नागरिक को यह अधिकार होना चाहिए कि वह लोक सभा में अपनी मातृभाषा में बोल सके।

मैं इस माँग का समर्थन करता हूँ। हमारे साथी बोलें तो भारतीय भाषाओं में। फिर देखें, हिन्दी और अहिन्दी-भाषियों का कैसा ज़बर्दस्त अंग्रेज़ी-विरोधी मोर्चा बनता है! लेकिन वे खुद बोलेंगे अंग्रेज़ी में; दूसरों के लिए मातृभाषा में बोलने का अधिकार माँगेंगे! इस तरह सात जन्म में भी अंग्रेज़ी का प्रभुत्व दूर न होगा।

लोक सभा में भारतीय भाषाओं का व्यवहार कीजिए। जन-संगठनों का अखिल भारतीय काम देशी भाषाओं में कीजिए। अपने केन्द्रीय दफ्तर से अंग्रेज़ी निकालिए। भारत का भाषा-संकट हल करने का यही कारगर तरीका है।

[1935]